**시스템 설계 면접
완벽 가이드**

# 시스템 설계 면접
# 완벽 가이드
노련한 소프트웨어 엔지니어가 되기 위한
시스템 설계의 모든 것

지은이 지용 탄

옮긴이 나정호

펴낸이 박찬규   엮은이 전이주   디자인 북누리   표지디자인 Arowa & Arowana

펴낸곳 위키북스   전화 031-955-3658, 3659   팩스 031-955-3660

주소 경기도 파주시 문발로 115 세종출판벤처타운 311호

가격 35,000   페이지 508   책규격 188 x 240mm

초판 발행 2025년 05월 15일
ISBN 979-11-5839-590-2 (93000)

등록번호 제406-2006-000036호   등록일자 2006년 05월 19일
홈페이지 wikibook.co.kr   전자우편 wikibook@wikibook.co.kr

ACING THE SYSTEM DESIGN INTERVIEW by Zhiyong Tan
© WIKIBOOKS 2025. Authorized translation of the English edition © 2024 ManningPublications.
This translation is published by an sold by permission of Manning Publications,
the ownerof all rights to publish and sell the same.

이 책의 한국어판 저작권은 대니홍 에이전시를 통한 저작권사와의 독점 계약으로 위키북스에 있습니다.
신저작권법에 의해 한국 내에서 보호를 받는 저작물이므로 무단 전재와 복제를 금합니다.

이 책의 내용에 대한 추가 지원과 문의는 위키북스 출판사 홈페이지 wikibook.co.kr이나
이메일 wikibook@wikibook.co.kr을 이용해 주세요.

# 시스템 설계 면접 완벽 가이드

노련한 소프트웨어 엔지니어가 되기 위한
시스템 설계의 모든 것

**지용 탄** 지음
**나정호** 옮김

위키북스

어머니와 아버지께 바칩니다.

## 머리말

지난 20년간 기술 업계 선두기업들(구글, 트위터, 우버)은 분산 시스템 엔지니어 팀을 구축하는 데 집중했다. 경험상 이러한 회사에서 효율적인 팀을 구축하는 기본 패턴은 면접 과정을 통해 시스템 설계에서 전문성을 보여줄 수 있는 엔지니어링 인재를 발굴하는 것이다. 《시스템 설계 면접 완벽 대비(Acing the System Design Interview)》는 신입 소프트웨어 엔지니어와 노련한 전문가 모두에게 기술 면접의 가장 중요한 사항 중 뛰어난 성과를 거두는 데 필요한 지식과 기술을 알려주는 귀중한 안내서다. 확장 가능하고 안정적인 시스템을 설계하는 능력이 가장 중요한 상황에서 이 책은 독자가 시스템 설계 면접 과정의 복잡성을 직접 헤쳐 나가는 데 도움이 될 통찰력과 전략, 실용적인 팁이 가득한 안내서다.

견고하고 확장 가능한 시스템 수요가 계속 증가함에 따라 기업은 채용 과정에서 시스템 설계 전문 지식을 더욱 중시한다. 효과적인 시스템 설계 면접은 지원자의 기술적 능력을 평가하고 비판적 사고와 정보에 입각한 의사 결정, 복잡한 문제 해결 능력도 평가한다. 저자의 숙련된 소프트웨어 엔지니어로서의 관점과 시스템 설계 면접 분야의 깊은 이해는 이 중요한 기술을 마스터하고자 하는 독자에게 완벽한 안내자가 되어줄 것이다.

이 책에서 저자는 독자를 시스템 설계 면접 과정의 각 단계로 안내하는 포괄적인 로드맵을 제시한다. 기본 원칙과 개념을 설명한 후, 확장성, 신뢰성, 성능, 데이터 관리 등 다양한 설계 측면을 깊이 있게 다룬다. 명확하고 정확하게 각 주제를 분석하고 간결한 설명과 실제 예시를 통해 실용적인 활용 방법을 보여준다. 자신의 경험과 현장 전문가와의 면접을 바탕으로 시스템 설계 면접 과정을 명확히 설명한다. 면접관의 사고방식과 자주 묻는 질문 유형, 그리고 면접관이 지원자의 수행 능력을 평가할 때 고려하는 주요 요소에 관한 귀중한 통찰을 제공한다. 이를 통해 독자는 면접에서 무엇을 기대해야 하는지 이해하고 중요한 환경에서 뛰어난 성과를 거두는 데 필요한 자신감과 도구를 갖출 수 있다.

1부의 이론과 2부의 실전을 결합함으로써, 저자는 독자가 이론적 기초를 이해할 뿐만 아니라 그 지식을 실제 상황에 적용할 수 있는 능력을 기르게 보장한다. 또한 이 책은 기술적 노하우를 넘어 시스템 설계 면접 과정에서 효과적인 의사소통의 중요성을 강조한다. 저자는 아이디어를 효과적으로 표현하고 해결책을 제시하며, 면접관과 협력하는 전략을 탐구한다. 이러한 전체적인 접근 방식은 성공적인 시스템 설계가 기술적인 뛰어남에만 의존하는 것이 아니라, 아이디어를 전달하고 다른 사람과 협력해 일할 수 있는 능력에도 달려 있다는 점을 인식한다.

직장을 구하기 위해 면접을 준비하든, 시스템 설계에 관한 전문 지식을 향상시키고자 하든 상관없이, 이 책은 당신이 가장 복잡한 시스템 설계 과제도 자신감과 능숙함으로 다룰 수 있게 힘을 실어주는 필수 동반자가 될 것이다.

그러니 이제 앞으로 펼쳐질 페이지 속으로 뛰어들어, 지식과 통찰을 받아들이고, 확장 가능하고 신뢰할 수 있는 시스템을 만드는 기술을 마스터하는 여정을 시작해 보자. 당신은 틀림없이 어떤 조직에서든 귀중한 자산이 될 것이며, 소프트웨어 엔지니어로서 성공적인 경력을 쌓게 될 것이다.

시스템 설계 면접 합격으로 가는 길을 출발하자!

— 앤서니 아스타(Anthony Asta)
링크드인 엔지니어링 디렉터
(전 구글, 트위터, 우버 엔지니어링 관리자)

소프트웨어 개발은 **모든 것**(everything)이 연속적인 세계다. 지속적인 개선, 지속적인 배포, 지속적인 모니터링, 그리고 사용자 요구사항과 용량 예측에 대한 지속적인 재평가는 모든 중요한 소프트웨어 시스템의 특징이다. 소프트웨어 엔지니어로 성공하려면 지속적 학습과 개인적 성장에 대한 열정이 있어야 한다. 열정이 있다면 소프트웨어 엔지니어는 우리 사회가 서로 연결되는 방식, 지식을 공유하는 방식, 생활 방식을 관리하는 방식을 바꿀 수 있다.

소프트웨어 트렌드는 인기 있는 프로그래밍 언어와 프레임워크, 클라우드 네이티브 인프라 등으로 계속 진화해왔다. 수십 년간 이 업계에 몸 담고 있으면, 저자가 그랬듯이 여러 차례의 변화 사례를 목격할 것이다. 하지만 이 모든 과정에는 한 가지 불변의 상수가 남아 있다. 소프트웨어 시스템이 작업을 관리하고, 데이터를 구성하며, 사람과 상호 작용하는 방식의 체계적인 추론을 이해하는 것이 효과적인 소프트웨어 엔지니어나 기술 리더가 되는 데 중요하다는 점이다.

소프트웨어 엔지니어로, 그리고 IBM 수석 엔지니어로서 설계상의 트레이드오프가 소프트웨어 시스템의 성공적인 결과를 좌우할 수 있다는 것을 직접 경험했다. 첫 직장을 찾는 신입 엔지니어든, 새로운 회사에서 새로운 도전을 원하는 경험 많은 기술 전문가든, 이 책은 설계 선택 접근 방식에 내재된 트레이드오프를 설명함으로써 독자의 설계 접근 방식을 다듬는 데 도움을 줄 수 있다. 《시스템 설계 면접 완벽 대비(Acing the System Design Interview)》에서는 모든 소프트웨어 시스템에서 고려해야 할 시스템 설계의 다양한 사례를 한데 모아 정리한다. 저자는 시스템 설계의 트레이드오프에 관한 기본 사항을 속성 과정으로 훌륭하게 구성했으며, 가장 까다로운 시스템 설계 면접에도 대비할 수 있게 많은 실제 연구 사례를 제시한다.

1부는 시스템 설계의 중요한 측면에 관한 유익한 조사로 시작한다. 비기능적 요구사항부터 시작해 시스템 설계상 트레이드오프를 고려할 때 명심해야 할 많은 사항을 배운다. 이어서 애플리케이션 프로그래밍 인터페이스(API) 명세를 어떻게 구성할지 단계별로 살펴보면서 시스템 설계가 면접 문제 진술의 사용 사례를 어떻게 처리하는지 설명할 것이다. API 설계한 후에는 업계 표준 데이터 스토어를 활용해 시스템 데이터 모델을 구성하고 몇 가지 모범 사례와 분산 트랜잭션 관리 패턴을 배운다. 또한, 표면적인 사용 사례를 다루는 것을 넘어서, 관찰 가능성과 로그 관리에 대한 최신 접근 방법을 비롯해 시스템 운영의 핵심 측면을 배우게 될 것이다.

2부에서는 문자 메시징부터 에어비앤비(Airbnb)까지 11가지의 시스템 설계 문제를 함께 살펴본다. 각 면접 문제에서 비기능적 시스템의 요구사항을 정리하기 위한 적절한 질문을 도출하는 방법과 어떤 트레이드오프를 더 논의해야 할지에 관한 새 기술을 익힐 수 있다. 시스템 설계는 종종 경험에 뿌리를 둔 기술 집합으로, 이전의 기술과 다른 사람의 경험을 바탕으로 한 사례에서 배우기에 적합하다. 이 책에서 제시된 많은 교훈과 지혜를 내면화한다면 가장 어려운 시스템 설계 면접 문제에도 잘 대비할 수 있을 것이다.

저자가 이 책으로 업계에 기여한 바를 보게 되어 기쁘다. 최근에 학교를 졸업했든, 이미 업계에서 여러 해 일해왔든 상관없이, 나처럼 《**시스템 설계 면접 완벽 대비**(Acing the System Design Interview)》에 담긴 경험을 흡수하면서 개인적 성장의 새로운 기회를 발견하기 바란다.

— 마이클 D. 엘더(Michael D. Elder)
페이팔(PayPal) 수석 엔지니어 겸 수석 디렉터,
전 IBM 수석 엔지니어 및 IBM 마스터 발명가

## 서문

수요일 오후 4시다. 꿈꾸던 회사의 마지막 화상 면접을 마치고 나오면서 익숙한 감정이 뒤섞인다. 지침, 좌절, 그리고 데자뷰다. 1~2일 후면 엔지니어로 지내는 동안 여러 번 받아본 이메일을 또 받게 될 것이라는 걸 이미 안다. "XXX의 시니어 소프트웨어 엔지니어 직책에 관심을 가져주셔서 감사합니다. 귀하의 경험과 기술은 인상적이지만 신중한 검토 끝에 귀하의 지원을 더 이상 진행하지 않기로 결정했음을 알려드립니다."

또다시 시스템 설계 면접이었다. 면접에서 사진 공유 앱을 설계해달라는 요청을 받았고, 확장 가능하고 탄력적이며 유지보수가 용이한 뛰어난 아키텍처를 설계했다. 최신 프레임워크를 사용했고 소프트웨어 개발 수명 주기의 모범 사례를 적용했다. 하지만 면접관이 감명받지 않은 것이 보였다. 아득한 눈빛과 지루하고 차분하며 공손한 어조로 면접에 임하는 태도를 보면 그들이 전문성을 갖추고 '훌륭한 지원자 경험'을 제공하기 위해 시간을 투자했다고 믿고 있음을 말해주었다.

4년 동안 이 회사에 7번째 면접을 시도했으며, 정말 입사하고 싶은 그 밖의 회사에도 반복해서 면접을 봤다. 수십억 명의 사용자를 보유하고 업계를 주도하는 가장 인상적인 개발자 프레임워크와 프로그래밍 언어 중 일부를 개발하는 이 회사에 입사하는 것이 꿈이었다. 이 회사에서 만날 사람과 배울 내용이 경력에 도움이 되고 시간을 투자할 가치가 있을 것이다.

한편 지금까지 일한 회사에서 여러 번 승진했고 이제 시니어 소프트웨어 엔지니어다. 그래서 꿈꾸는 회사의 동급 직책 면접에 합격하지 못할 때마다 더 힘들어진다. 여러 시스템의 기술 리더였고, 주니어 엔지니어 팀을 이끌고 멘토링했으며, 시니어 및 스태프 엔지니어와 시스템 설계를 작성하고 논의하면서 여러 시스템 설계에 실질적이고 가치 있는 기여를 했다. 꿈꾸는 회사의 면접을 볼 때마다 지난 3년간 발행된 모든 엔지니어링 블로그 포스트를 읽고 모든 엔지니어링 강연을 시청했다. 또한 마이크로서비스(Microservice), 데이터 집약적 애플리케이션, 클라우드 네이티브 패턴, 도메인 주도 설계에 관해 평이 좋은 책은 모두 읽었다. 그런데 왜 시스템 설계 면접을 제대로 통과하지 못하는 걸까?

이 모든 시도가 그저 운이 없었던 걸까? 그 회사의 지원자와 일자리의 수요와 공급 때문일까? 통계적으로 선발될 가능성이 낮은 걸까? 그냥 복권 같은 건가? 운이 트일 때까지 6개월마다 계속 시도해야 하는 걸까? 면접/성과 평가/승진의 신(예전 학창시절에는 시험의 신으로 알려졌던)에게 향을 피우고 더 후한 제물을 바쳐야 하는 걸까?

깊은 숨을 쉬고 눈을 감고 성찰해보면 시스템 설계를 논의하는 45분 동안 개선할 수 있는 점이 많다는 걸 깨닫는다. (각 면접이 한 시간이지만, 소개와 질의응답 시간을 제외하면 일반적으로 수년에 걸쳐 발전하는 복잡한 시스템을 설계하는 데 단 45분밖에 주어지지 않는다.) 동료 엔지니어 친구와의 대화를 통해 내 가설을 확인했다. 설계할 때 시스템 요구사항을 완전히 명확히 파악하지 않았다. 모바일 앱에서 사진을 저장하고 공유하는 서비스를 제공하는 백엔드를 위한 최소 기능의 제품이 필요하다고 가정하고 샘플 API 명세를 적기 시작했다. 면접관이 중간에 끼어들어 10억 명의 사용자까지 확장 가능해야 한다고 설명해야 했다. CDN을 포함한 시스템 설계도를 그렸지만 설계 선택의 트레이드오프와 대안을 고려하지 않았다. 면접 초반에 면접관이 제시한 좁은 범위를 넘어 가장 인기 있는 사진을 결정하는 분석이나 사용자에게 공유할 사진을 추천하는 개인화 같은 그 밖의 가능성을 제안하는 데 적극적이지 않았다. 올바른 질문을 하지 않았고 로깅, 모니터링, 경보(Alert) 같은 중요한 개념을 언급하지 않았다.

엔지니어링 경험과 업계 최신 동향과 모범 사례를 따라가기 위한 공부와 독서에도 불구하고, 시스템 설계의 범위가 방대하다는 것을 깨닫는다. 또한 로드 밸런서(Load Balancer)나 특정 NoSQL 데이터베이스와 같이 직접 다루지 않을 많은 시스템 설계 구성 요소에 공식적인 지식과 이해가 부족하다는 것을 알게 된다. 그래서 면접관이 기대하는 수준의 완성도를 가진 시스템 설계 다이어그램을 만들 수 없고, 시스템의 다양한 수준을 논의할 때 유창하게 확대하거나 축소할 수 없다. 그렇게 할 수 있게 되기 전까지는 채용 기준을 충족할 수 없고 복잡한 시스템을 진정으로 이해하거나 더 높은 엔지니어링 리더나 멘토 역할로 올라갈 수 없다.

## 옮긴이 서문

오늘날 소프트웨어 엔지니어링 분야에서는 시스템 설계 면접이 필수적인 평가 요소로 자리 잡았습니다. 기술 발전과 서비스 규모 확대로 인해 단순한 코딩 능력뿐 아니라, 대규모 분산 시스템을 설계하고 최적화하는 능력이 더욱 중요해졌습니다. 『시스템 디자인 인터뷰』는 이러한 면접을 준비하기 위한 실질적인 가이드를 제공하며, 다양한 개념과 사례를 통해 체계적인 접근법을 제시합니다.

번역 과정에서는 원서의 의미를 정확하고 자연스럽게 전달하는 데 집중했습니다. 시스템 설계와 관련된 전문 용어와 개념을 독자들이 쉽게 이해할 수 있도록 적절한 용어 선택과 부연 설명을 추가하였으며, 기존 파편화된 학습 자료와 달리 이 책만의 논리적이고 구조적인 흐름을 최대한 유지하려 노력했습니다.

이 책은 단순한 면접 대비서를 넘어, 효율적인 시스템 설계를 고민하는 엔지니어들에게 실질적인 인사이트를 제공하는 가이드북입니다. 시스템 설계는 정답을 찾는 과정이 아니라, 주어진 제약 속에서 최적의 솔루션을 도출하기 위한 트레이드오프의 예술입니다. 면접 준비뿐 아니라 실무에서도 유용한 지식과 사고방식을 습득하시길 바랍니다.

이 책이 여러분의 커리어와 학습에 든든한 길잡이가 되기를 기원합니다.

## 옮긴이

### 나정호

클라우드 아키텍처 및 대규모 시스템 설계 분야에서 10년 이상의 경험을 보유하고 있다. 금융, 제조, IT 서비스 등 다양한 산업에서 클라우드 전환, 시스템 아키텍처 설계, DevOps 및 CI/CD 자동화 환경 구축을 통해 대규모 시스템의 확장성과 안정성을 최적화하는 데 주력해 왔다. 특히, 금융 및 핀테크 분야에서는 클라우드 기반 금융 시스템 운영과 마이크로서비스 아키텍처(MSA) 설계를 통해 안정적이고 확장 가능한 인프라를 구축하였으며, 제조 분야에서는 디지털 전환(DT) 플랫폼 구축과 Vision AI/MLOps 환경 최적화를 주도했다. 이와 같은 실무 경험을 바탕으로 《시스템 설계 면접 완벽 가이드》 번역을 진행하였으며, 이 책을 통해 국내 개발자들이 시스템 디자인 인터뷰를 효과적으로 준비하고 실무에서 활용할 수 있는 인사이트를 얻기를 기대한다.

## 감사의 글

직장에서 여러 가지 어렵고 시간이 많이 걸리는 프로젝트에 뛰어들고, 다양한 앱을 개발하고, 이 책을 집필하는 등 다양한 노력을 하는 동안 한결같이 격려해준 아내 엠마에게 감사한다. 나에게 영감을 주고 코딩과 글쓰기의 좌절과 지루함을 견디게 해준 내 딸 에이다에게도 감사한다.

초안에 대해 귀중한 피드백을 준 동생 질롱에게 감사한다. 그는 메타(Meta)에서 시스템 설계와 비디오 인코딩 프로토콜 전문가로 일하고 있다. 항상 지지해주고 더 많은 것을 성취하게 밀어준 큰 누나 슈민에게도 감사한다.

모든 것을 가능하게 해주신 부모님께도 깊이 감사드린다.

처음부터 끝까지 도움을 주신 매닝의 직원, 특히 책 제안서를 검토해 준 안드레아스 폰 린든, 아무단 가네샨, 마크 룰로, 딘 찰타스, 빈센트 리아르드에게 감사드린다. 아무단은 자세한 피드백과 훌륭한 질문으로 제안된 주제를 개선하는 데 큰 도움을 주었다. 1년 반 동안 원고를 검토하고 수정하는 과정에서 길잡이가 된 케이티 스포사토 존슨에게 감사한다. 그녀는 각 장을 교정해 주었고, 그녀의 피드백 덕분에 책의 가독성과 표현이 크게 향상되었다. 기술 편집자인 모히트 칠코티는 명확성을 높이는 좋은 제안을 많이 해주었고 오류를 지적해 주었다. 검토 편집자인 아드리아나 사보와 그녀의 팀은 패널 리뷰를 조직해서 이 책을 크게 개선하는 데 도움을 준 귀중한 피드백을 모았다. 이 모든 리뷰어, 압둘 카림 메몬, 아지트 말레리, 알레산드로 버진, 알레산드로 캄페이스, 안드레스 사코, 안토 아라빈트, 아슈위니 굽타, 클리포드 서버, 커티스 워싱턴, 딥쿠마르 파텔, 파시 카티브, 가네쉬 스와미나탄, 하임 라만, 하레쉬 랄라, 자비드 아스가로프, 옌스 크리스티안 B. 매드센, 제레미 첸, 존 리들, 조나단 리브스, 카메쉬 가네산, 키란 아난타, 로드 벤틸, 로라 바다로바, 매트 페데러, 맥스 사드리에, 마이크 B., 무니브 샤이크, 나지브 아리프, 나렌드란 솔라이 스리다란, 놀란 토, 누란 마흐무드, 패트릭 완자우, 페이티 리, 페터르 사보, 피에르-미셸 안셀, 프라딥 첼라판, 라훌 모드푸르, 라제쉬 모하난, 사다나 가나파티라주, 삼손 하일루, 사무엘 보쉬, 산지브 킬라라푸, 시메온 레이저존, 스라반티 레디, 빈센트 응오, 조헤브 아이나포르, 조로다자이 무쿠야에게 감사드린다. 여러분의 제안 덕분에 이 책이 더 좋아질 수 있었다.

마크 룰로, 안드레아스 폰 린든, 아무단 가네샨, 롭 코너리, 스콧 한셀만에게, 지원과 추가 자료의 추천에 대해 감사드리고 싶다.

(나약한 남부인이 아닌) 강인한 북부인 출신의 앤드류 월드론과 이안 호프에게도 감사를 표하고 싶다. 앤디는 모든 장에서 많은 유용한 세부 사항을 채우게 해주었고, 삽화를 올바르게 형식화하는 방법을 지도해 주었다. 덕분에 내가 생각보다 훨씬 더 유능하다는 것을 깨달았다. 아이라 두치치와 맛코 흐르바틴은 마케팅에 많은 도움을 주었으며, 드라가나 부티간-베르베로비치와 이반 마르티노비치는 형식을 훌륭하게 다듬어 주었다. 스티예판 유레코비치와 니콜라 디미트리에비치는 홍보 영상을 만드는 데 많은 지도를 해 주었다.

## 저자 소개

**지용 탄**(Zhiyong Tan)은 페이팔의 매니저다. 이전에는 우버의 시니어 풀스택 엔지니어, 테라데이터의 소프트웨어 엔지니어, 여러 스타트업의 데이터 엔지니어로 일했다. 수년간 수많은 시스템 설계 면접에서 면접관과 지원자 양쪽 입장을 경험했다. 지용은 또한 아마존, 애플, 바이트댄스/틱톡 같은 유명 기업에서 귀중한 입사 제안을 받기도 했다.

## 기술 편집자 소개

모힛 칠코티(Mohit Chilkoti)는 차지비(Chargebee)의 플랫폼 아키텍트다. AWS 인증 솔루션 아키텍트이며 모건 스탠리(Morgan Stanley)를 위한 대체 투자 거래 플랫폼과 테키온 주식회사(Tekion Corp)를 위한 소매 플랫폼을 설계했다.

## 이 책의 활용 방법

이 책은 웹 서비스에 관한 것이다. 면접 지원자는 시스템 요구사항을 논의한 후 그 요구사항을 충족하는 적절한 복잡성과 비용의 시스템을 설계해야 한다.

코딩 면접 외에도 대부분의 소프트웨어 엔지니어링, 소프트웨어 아키텍처, 엔지니어링 관리자 면접에서 시스템 설계 면접을 실시한다.

대규모 시스템을 설계하고 검토하는 능력은 엔지니어링 연차가 높아질수록 더 중요하게 여겨진다. 이에 따라 시스템 설계 면접은 고위직 면접에서 더 큰 비중을 차지한다. 면접관과 지원자 모두에게 시스템 설계 면접 대비는 기술 경력을 위한 가치 있는 시간 투자다.

시스템 설계 면접은 개방형 질문이 많기 때문에 면접을 준비하고 면접에서 무엇을 어떻게 논의해야 할지 파악하기가 어렵다. 게다가 해당 주제의 전문 서적이 전무하다. 그 이유는 시스템 설계가 과학일 뿐만 아니라 예술이기도 하기 때문이다. 완벽을 추구하는 것이 아니다. 주어진 리소스와 시간으로 현재와 예상 가능한 미래의 요구사항에 가장 잘 맞는 시스템을 설계하기 위해 트레이드오프와 타협을 하는 것이다. 이 책을 통해 독자는 지식 기반을 구축하거나 지식의 간극을 식별하고 채울 수 있다.

시스템 설계 면접은 언어적 의사소통 능력, 순발력, 좋은 질문, 성능 불안에 대한 대처 능력도 평가한다. 이 책은 1시간 미만의 면접에서 시스템 설계 전문 지식을 효과적이고 간결하게 표현하고 면접관에게 적절한 질문을 함으로써 면접을 원하는 방향으로 이끌어야 한다는 점을 강조한다. 이 책을 읽고 다른 엔지니어들과 시스템 설계 토론을 연습한다면 시스템 설계 면접을 통과하고 입사한 조직에서 시스템 설계에 잘 참여하는 데 필요한 지식과 유창성을 기를 수 있을 것이다. 또한, 시스템 설계 면접을 진행하는 면접관에게도 유용한 자료가 될 수 있다.

## 이 책의 대상 독자

이 책은 소프트웨어 엔지니어, 소프트웨어 아키텍트, 경력을 발전시키고자 하는 엔지니어링 관리자를 위한 책이다.

이 책은 소프트웨어 엔지니어링 입문서가 아니다. 최소한의 업계 경험을 쌓은 후에 사용하는 것이 가장 좋다. 예를 들어 첫 인턴십을 하는 학생이라면 익숙하지 않은 툴의 문서 웹사이트와 입문 자료를 참고하고, 이 책에서 낯설게 느껴지는 개념은 회사의 엔지니어와 함께 논의할 수 있다. 이 책은 시스템 설계 면접에 접근하는 방법을 다루며 온라인이나 그 밖의 책에서 쉽게 찾을 수 있는 입문 자료를 중복해서 다루지 않는다. 코딩과 SQL에 대한 중급 이상의 숙련도가 있다고 전제한다.

## 이 책의 구성: 로드맵

이 책은 2부로 나눠, 17개의 장과 4개의 간단한 부록으로 구성된다.

1부는 일반적인 교과서처럼 구성돼 있으며, 시스템 설계 면접에서 논의되는 다양한 주제를 다루는 장으로 이뤄져 있다.

2부는 1부에서 다룬 개념을 참조하는 예시 면접 질문 내용으로 구성돼 있다. 각 장은 1부에서 다룬 개념의 일부나 대부분을 활용한다. 이 책은 일반적인 웹 서비스에 초점을 맞추며 결제, 비디오 스트리밍, 위치 서비스, 데이터베이스 개발과 같은 고도로 전문화되고 복잡한 주제는 제외한다. 게다가 면접 지원자에게 10분 동안 데이터베이스 선형화 가능성이나 조정 서비스, 정족수, 가십 프로토콜 같은 주제에 관해 논의하게 요구하는 것은 해당 주제를 10분 동안 논의할 수 있을 만큼 자료를 읽었다는 것 외에는 어떤 전문성도 알아낼 수 없다고 생각한다. 전체 면접의 핵심은 고도로 전문화된 주제에 대한 전문성이 필요한 특수 직무 면접이어야 하며, 그에 관한 전문 서적이 필요하다. 이 책에서 그러한 주제를 언급할 때는 해당 주제를 다루는 다른 책이나 자료를 참조한다.

## 예제 코드 다운로드

- 위키북스 깃허브: https://github.com/wikibook/asdi
- 위키북스 홈페이지: https://wikibook.co.kr/asdi/
- 저자 깃허브: https://github.com/donnemartin/system-design-primer

## 온라인 참고 자료

- https://bigmachine.io/products/mission-interview/
- http://geeksforgeeks.com
- http://algoexpert.io
- https://www.learnbay.io/
- http://leetcode.com
- https://bigmachine.io/products/mission-interview/

## 표지 그림 소개

이 책의 표지 그림은 "토볼스크 지역의 타타르 여인"으로, 자크 그라세 드 생소뵈르(Jacques Grasset de Saint-Sauveur)가 1784년에 출판한 컬렉션에서 가져왔다. 이 삽화는 섬세하게 그려지고 손으로 채색됐다.

당시에는 입은 옷만 보고도 사는 곳과 직업, 사회적 지위를 쉽게 알 수 있었다. 매닝은 수세기 전 지역 문화의 풍부한 다양성을 바탕으로 한 책 표지를 통해 컴퓨터 산업의 창의성과 진취성을 기념한다. 표지는 이와 같은 컬렉션의 그림으로 장식된다.

# 1부

## 01. 시스템 설계 개념 둘러보기   2
    1.1 트레이드오프 논의   2
    1.2 이 책을 어떻게 읽어야 할까?   3
    1.3 이 책의 개요   5
    1.4 시스템의 다양한 서비스 확장 방식   5
        요약   25

## 02. 일반적인 시스템 설계 면접 흐름   27
    2.1 요구사항 명확화와 트레이드오프 논의   29
    2.2 API 명세 초안 작성   31
    2.3 사용자와 데이터 간의 연결과 처리   32
    2.4 데이터 모델 설계   33
    2.5 로깅, 모니터링, 경보   38
    2.6 검색창   46
    2.7 기타 논의 가능한 주제   51
    2.8 면접 후 회고와 평가   54
    2.9 회사 면접하기   58
        요약   60

## 03. 비기능적 요구사항   62
    3.1 확장성   63
    3.2 가용성   68
    3.3 내결함성   69
    3.4 성능/지연 시간과 처리량   75

| | | |
|---|---|---|
| 3.5 | 일관성 | 77 |
| 3.6 | 정확성 | 82 |
| 3.7 | 복잡성과 유지보수성 | 82 |
| 3.8 | 비용 | 84 |
| 3.9 | 보안 | 85 |
| 3.10 | 프라이버시 | 86 |
| 3.11 | 클라우드 네이티브 | 87 |
| 3.12 | 추가 자료 | 88 |
| | 요약 | 89 |

## 04. 데이터베이스 확장 90

| | | |
|---|---|---|
| 4.1 | 저장 서비스의 이해 | 90 |
| 4.2 | 데이터베이스 사용 결정 | 92 |
| 4.3 | 복제 | 93 |
| 4.4 | 샤딩된 데이터베이스로 저장 용량 확장하기 | 102 |
| 4.5 | 이벤트 집계하기 | 103 |
| 4.6 | 배치와 스트리밍 ETL | 108 |
| 4.7 | 비정규화 | 115 |
| 4.8 | 캐싱 | 116 |
| 4.9 | 독립 서비스로서의 캐싱 | 120 |
| 4.10 | 캐시할 수 있는 다양한 종류의 데이터와 캐싱 방법 예시 | 121 |
| 4.11 | 캐시 무효화 | 122 |
| 4.12 | 캐시 워밍 | 124 |
| 4.13 | 추가 자료 | 124 |
| | 요약 | 125 |

## 05. 분산 트랜잭션     127

- 5.1 이벤트 기반 아키텍처(EDA)     128
- 5.2 이벤트 소싱     129
- 5.3 변경 데이터 캡처     131
- 5.4 이벤트 소싱과 CDC 비교     132
- 5.5 트랜잭션 감독자     133
- 5.6 사가 패턴     133
- 5.7 다른 트랜잭션 유형     139
- 5.8 추가 자료     140
- 요약     140

## 06. 기능적 분할을 위한 공통 서비스     141

- 6.1 다양한 서비스의 공통 기능     142
- 6.2 서비스 메시/사이드카 패턴     144
- 6.3 메타데이터 서비스     145
- 6.4 서비스 디스커버리     147
- 6.5 기능적 분할과 다양한 프레임워크     147
- 6.6 라이브러리와 서비스     154
- 6.7 일반적인 API 패러다임     158
- 요약     164

# 2부

**07. 크레이그리스트 설계** — 168
- 7.1 사용자 스토리와 요구사항 — 168
- 7.2 API — 170
- 7.3 SQL 데이터베이스 스키마 — 171
- 7.4 초기 고수준 아키텍처 — 172
- 7.5 모놀리스 아키텍처 — 173
- 7.6 SQL 데이터베이스와 객체 스토리지 사용 — 175
- 7.7 마이그레이션은 번거롭다 — 176
- 7.8 게시물 작성과 읽기 — 179
- 7.9 기능적 분할 — 181
- 7.10 캐싱 — 183
- 7.11 CDN — 183
- 7.12 SQL 클러스터로 읽기 확장 — 184
- 7.13 쓰기 처리량 확장 — 184
- 7.14 이메일 서비스 — 185
- 7.15 검색 — 186
- 7.16 오래된 게시물 제거 — 186
- 7.17 모니터링과 알림 — 187
- 7.18 아키텍처 논의 내용 요약 — 188
- 7.19 기타 논의 가능한 주제 — 188
- 요약 — 197

**08. 속도 제한 서비스 설계** — 198
- 8.1 속도 제한 서비스의 대안과 그것이 실현 불가능한 이유 — 199
- 8.2 속도 제한을 하지 말아야 할 때 — 201
- 8.3 기능적 요구사항 — 202
- 8.4 비기능적 요구사항 — 202

| | | |
|---|---|---:|
| 8.5 | 사용자 스토리와 필요한 서비스 구성 요소 | 205 |
| 8.6 | 고수준 아키텍처 | 206 |
| 8.7 | 상태 저장 접근 방식/샤딩 | 208 |
| 8.8 | 모든 호스트에 모든 카운트 저장 | 211 |
| 8.9 | 속도 제한 알고리즘 | 216 |
| 8.10 | 사이드카 패턴 적용 | 223 |
| 8.11 | 로깅, 모니터링, 경보 | 223 |
| 8.12 | 클라이언트 라이브러리로 기능 제공 | 224 |
| 8.13 | 추가 읽을거리 | 225 |
| | 요약 | 225 |

## 09. 알림/경보 서비스 설계 227

| | | |
|---|---|---:|
| 9.1 | 기능 요구사항 | 227 |
| 9.2 | 비기능적 요구사항 | 232 |
| 9.3 | 초기 고수준 아키텍처 | 232 |
| 9.4 | 객체 스토리지: 알림 구성과 전송 | 237 |
| 9.5 | 알림 템플릿 | 239 |
| 9.6 | 예약된 알림 | 242 |
| 9.7 | 알림 수신자 그룹 | 244 |
| 9.8 | 구독 취소 요청 | 247 |
| 9.9 | 실패한 전달 처리 | 249 |
| 9.10 | 중복 알림에 관한 클라이언트 사이드 고려사항 | 250 |
| 9.11 | 우선순위 | 251 |
| 9.12 | 검색 | 252 |
| 9.13 | 모니터링과 경보 | 252 |
| 9.14 | 알림/경보 서비스의 가용성 모니터링과 경보 | 253 |
| 9.15 | 기타 논의 가능한 주제 | 253 |
| 9.16 | 최종 참고사항 | 255 |
| | 요약 | 255 |

## 10. 데이터베이스 배치 감사 서비스 설계 — 256
- 10.1 감사는 왜 필요한가? — 257
- 10.2 SQL 쿼리 결과에 대한 조건문으로 유효성 검사 정의 — 260
- 10.3 간단한 SQL 배치 감사 서비스 — 263
- 10.4 요구사항 — 267
- 10.5 고수준 아키텍처 — 268
- 10.6 데이터베이스 쿼리 제약 — 273
- 10.7 과도한 동시 쿼리 방지 — 275
- 10.8 데이터베이스 스키마 메타데이터의 사용자 — 276
- 10.9 데이터 파이프라인 감사 — 277
- 10.10 로깅, 모니터링, 경보 — 278
- 10.11 기타 감사 가능 유형 — 279
- 10.12 기타 논의 가능한 주제 — 279
- 10.13 참고 문헌 — 280
- 요약 — 280

## 11. 자동 완성/타입어헤드 — 281
- 11.1 자동 완성의 가능한 사용 사례 — 281
- 11.2 검색 vs. 자동 완성 — 282
- 11.3 기능 요구사항 — 283
- 11.4 비기능적 요구사항 — 286
- 11.5 상위 수준 아키텍처 계획 — 287
- 11.6 가중치 트라이(Trie) 접근법과 초기 고수준 아키텍처 — 288
- 11.7 상세 구현 — 289
- 11.8 샘플링 접근 방식 — 298
- 11.9 저장소 요구사항 처리하기 — 299
- 11.10 단일 단어 대신 구문 처리하기 — 301

| | |
|---|---|
| 11.11 로깅, 모니터링과 경보 | 302 |
| 11.12 기타 논의 가능한 주제 | 302 |
| 요약 | 303 |

## 12. 플리커 설계 304

| | |
|---|---|
| 12.1 사용자 스토리와 기능 요구사항 | 304 |
| 12.2 비기능적 요구사항 | 305 |
| 12.3 고수준 아키텍처 | 307 |
| 12.4 SQL 스키마 | 308 |
| 12.5 CDN에서 디렉터리와 파일 구성하기 | 309 |
| 12.6 사진 업로드하기 | 310 |
| 12.7 이미지와 데이터 다운로드하기 | 320 |
| 12.8 모니터링과 경보 | 321 |
| 12.9 기타 서비스 | 322 |
| 12.10 기타 논의 가능한 주제 | 324 |
| 요약 | 325 |

## 13. 콘텐츠 배포 네트워크 설계하기 326

| | |
|---|---|
| 13.1 CDN의 장단점 | 326 |
| 13.2 요구사항 | 330 |
| 13.3 CDN 인증과 권한 부여 | 330 |
| 13.4 상위 수준 아키텍처 | 334 |
| 13.5 저장소 서비스 | 335 |
| 13.6 일반적인 작업 | 336 |
| 13.7 캐시 무효화 | 346 |
| 13.8 로깅, 모니터링, 경보 | 346 |
| 13.9 미디어 파일 다운로드에 대한 기타 가능한 논의 | 347 |
| 요약 | 347 |

## 14. 문자 메시징 앱 설계 — 349

- 14.1 요구사항 — 349
- 14.2 초기 구상 — 350
- 14.3 초기 고수준 설계 — 351
- 14.4 연결 서비스 — 352
- 14.5 발신자 서비스 — 357
- 14.6 메시지 서비스 — 362
- 14.7 메시지 전송 서비스 — 363
- 14.8 검색 — 368
- 14.9 로깅, 모니터링, 경보 — 369
- 14.10 기타 논의 가능한 주제 — 369
- 요약 — 371

## 15. 에어비앤비 설계 — 372

- 15.1 요구사항 — 372
- 15.2 설계 결정 — 377
- 15.3 고수준 아키텍처 — 379
- 15.4 기능적 분할 — 380
- 15.5 목록 생성 또는 업데이트 — 380
- 15.6 승인 서비스 — 383
- 15.7 예약 서비스 — 388
- 15.8 가용성 서비스 — 393
- 15.9 로깅, 모니터링, 경보 — 395
- 15.10 기타 논의 가능한 주제 — 395
- 요약 — 397

## 16. 뉴스 피드 설계 — 398
- 16.1 요구사항 — 398
- 16.2 상위 수준 아키텍처 — 400
- 16.3 사전에 피드 준비하기 — 404
- 16.4 검증과 콘텐츠 조정 — 408
- 16.5 로깅, 모니터링, 경보 — 413
- 16.6 기타 논의 가능한 주제 — 418
- 요약 — 419

## 17. 판매량 기준 아마존 상위 10개 제품 대시보드 설계 — 420
- 17.1 요구사항 — 421
- 17.2 초기 구상 — 422
- 17.3 초기 고수준 아키텍처 — 423
- 17.4 집계 서비스 — 424
- 17.5 배치 파이프라인 — 428
- 17.6 스트리밍 파이프라인 — 430
- 17.7 근사 — 434
- 17.8 람다 아키텍처를 사용한 대시보드 — 437
- 17.9 카파 아키텍처 접근 방식 — 438
- 17.10 로깅, 모니터링, 경보 — 441
- 17.11 기타 논의 가능한 주제 — 441
- 17.12 참고 문헌 — 442
- 요약 — 442

# 부록

**A. 모놀리스 vs. 마이크로서비스**     444
    A.1    모놀리스의 장점     444
    A.2    모놀리스의 단점     445
    A.3    서비스의 장점     446
    A.4    서비스의 단점     448
    A.5    참고 문헌     452

**B. OAuth 2.0 인가와 OpenID Connect 인증**     453
    B.1    인가 vs. 인증     453
    B.2    개요: 간단한 로그인, 쿠키 기반 인증     454
    B.3    단일 로그인     454
    B.4    단순 로그인의 단점     455
    B.5    OAuth 2.0 흐름     456
    B.6    다른 OAuth 2.0 흐름     461
    B.7    OpenID Connect 인증     462

**C. C4 모델**     464

**D. 2단계 커밋(2PC)**     470

# 1부

이 책의 1부에서는 시스템 설계 면접에서 흔히 다루는 주제를 설명한다. 이는 2부에서 시스템 설계 면접 질문 예시를 다룰 때 기반이 된다.

1장에서는 샘플 시스템을 살펴보며 여러 시스템 설계 개념을 소개한다. 이 장에서는 세부적인 설명은 하지 않으며, 이어지는 장에서 개념을 깊이 있게 다룰 예정이다.

2장에서는 전형적인 시스템 설계 면접 경험을 설명한다. 문제의 요구사항을 명확히 파악하고 특정 측면 최적화를 파악하는 방법을 배운다. 그런 다음 데이터 저장과 검색, 모니터링과 경보 같은 운영상의 문제, 에지(Edge) 케이스와 새로운 제약 조건 등 흔히 다루는 주제를 설명한다.

3장에서는 비기능적 요구사항을 깊이 있게 다룬다. 이는 보통 고객이나 면접관이 명시적으로 요청하지 않으므로 시스템 설계 전에 명확히 파악해야 한다.

대규모 시스템은 수억 명의 사용자를 지원하고 매일 수십억 건의 데이터 읽기와 쓰기 요청을 처리할 수 있어야 한다. 4장에서는 트래픽을 처리하는 데이터베이스를 확장하는 방법을 설명한다.

시스템은 여러 서비스로 나눌 수 있으며, 이러한 여러 서비스 데이터를 작성해야 할 수도 있다. 이 내용은 5장에서 설명할 예정이다.

많은 시스템은 특정한 공통 기능을 필요로 한다. 6장에서는 이러한 기능을 중심으로 많은 시스템에 서비스를 제공할 수 있는 방법을 설명한다.

# 01

# 시스템 설계 개념 둘러보기

**이 장에서 다루는 내용**
- 시스템 설계 면접의 중요성 이해하기
- 서비스 확장하기
- 클라우드 호스팅과 베어 메탈(Bare metal) 비교하기

시스템 설계 면접은 지원자와 면접관이 일반적으로 네트워킹을 통해 제공되는 소프트웨어 시스템 설계를 논의하는 과정이다. 면접관은 특정 소프트웨어 시스템을 설계해달라는 짧고 모호한 요청으로 면접을 시작한다. 시스템에 따라 사용자층은 비기술적이거나 기술적일 수 있다.

시스템 설계 면접은 대부분의 소프트웨어 엔지니어링, 소프트웨어 아키텍처, 엔지니어링 관리자 직무 면접에서 실시한다. (이 책에서는 소프트웨어 엔지니어, 아키텍트, 관리자를 통틀어 **엔지니어**라고 부른다.) 면접 과정의 다른 구성 요소로는 코딩 테스트와 컬처핏[1] 면접이 있다.

## 1.1 트레이드오프 논의

다음 요소들은 시스템 설계 면접의 중요성과 지원자와 면접관으로서 면접을 잘 준비해야 하는 이유를 보여준다.

---

[1] (옮긴이) 직원의 가치관과 행동 방식이 회사의 문화와 얼마나 잘 맞는지를 나타내는 개념으로, 조직의 성과와 개인의 직무 만족도에 영향을 미치지만 다양성과 능력도 함께 고려해야 한다.

시스템 설계 면접에서 지원자의 수행 능력은 시스템 설계 전문성의 폭과 깊이, 다른 엔지니어와 시스템 설계를 소통하고 논의하는 능력을 평가하는 데 사용된다. 이는 회사에 채용될 때 직급을 결정하는 중요한 요소다. 대규모 시스템을 설계하고 검토하는 능력은 엔지니어링 직급이 올라갈수록 더 중요하게 여겨진다. 그에 따라 시스템 설계 면접은 고위직 면접에서 더 큰 비중을 차지한다. 면접관과 지원자 모두에게 이를 준비하는 것은 IT 업계 경력을 위한 좋은 투자다.

IT 업계는 다른 업계와 달리, 엔지니어가 몇 년마다 회사를 옮기는 것이 흔하다는 특징이 있다. 이는 한 회사에 장기간 근무하는 것이 일반적인 다른 업계와 대조된다. 이는 일반적인 엔지니어가 경력 기간 동안 시스템 설계 면접을 여러 번 거치게 됨을 의미한다. 인기 있는 회사에 근무하는 엔지니어는 면접관으로서 더 많은 시스템 설계 면접을 경험한다. 면접 지원자로서 최선의 인상을 남기는 데 1시간도 채 주어지지 않으며, 경쟁 상대인 다른 지원자는 세계에서 가장 똑똑하고 의욕 넘치는 사람이다.

시스템 설계는 과학이 아니라 예술이다. 이는 완벽함을 추구하기보다는, 주어진 리소스와 시간 안에서 현재와 미래의 요구사항을 가장 잘 만족시키는 시스템을 설계하기 위해 트레이드오프와 타협이 필요하다는 의미다. 이 책에서 다루는 다양한 시스템의 모든 논의는 추정과 가정을 포함하며 학문적으로 엄밀하거나 철저하거나 과학적이지 않다. 소프트웨어 설계 패턴과 아키텍처 패턴을 언급할 수 있지만, 이러한 원칙을 공식적으로 설명하지는 않는다. 더 자세한 내용이 필요하다면 다른 자료를 참고해야 할 것이다.

시스템 설계 면접은 정답을 찾는 것이 아니다. 요구사항을 충족하기 위한 여러 가능한 접근 방식을 논의하고 그 트레이드오프를 평가하는 능력을 본다. 1부에서 논의한 다양한 유형의 요구사항과 일반적인 시스템 지식은 아키텍처를 설계하고, 다양한 접근 방식을 평가하며, 트레이드오프를 논의하는 데 도움이 될 것이다.

## 1.2 이 책을 어떻게 읽어야 할까?

시스템 설계 면접은 개방형 질문이 많기 때문에 면접을 준비하고 면접 중 무엇을 어떻게 논의해야 할지 파악하기가 어렵다. 시스템 설계 면접 온라인 학습 자료를 찾는 엔지니어나 학생은 다루는 주제의 다양성 면에서 차이가 나는 방대한 양의 콘텐츠를 발견한다. 이는 혼란만 줄 것이고 학습을 방해할 수 있다. 게다가 최근까지 시스템 설계 면접 주제의 전문 서적이 거의 없었지만, 이제는 소수의 관련 서적이 출판되기 시작했다. 19세기 프랑스의 유명한 시인이자 소설가인 빅토르 위고의 말을 인용하자면, 시스템 설계 면접이라는 주제를 다루는 수준 높은 책이 '때가 된 아이디어'이기 때문이라고 생각한다. 여러 사람이 거의 같은 시기에 이 동일한 아이디어를 떠올리게 될 것이고, 이는 그 아이디어의 적절성을 확인시켜 준다.

이 책은 입문용 소프트웨어 공학 서적이 아니다. 최소한의 업계 경험을 쌓은 후에 이 책을 활용하는 것이 좋다. 첫 인턴십을 하는 학생이라면 익숙하지 않은 도구의 문서 웹사이트와 다른 입문 자료를 읽고, 직장의 엔지니어와 함께 이 책에 나오는 익숙하지 않은 개념을 논의할 수 있다. 이 책은 시스템 설계 면접에 접근하는 방법을 다루며, 온라인이나 다른 책에서 쉽게 찾을 수 있는 입문 자료의 중복을 최소화한다. 코딩과 SQL 중급 이상의 숙련도를 전제로 한다.

이 책은 시스템 설계 면접을 준비하거나 방대한 양의 파편화된 자료를 공부하면서 생긴 지식과 이해의 간극을 메우기 위한 구조화되고 체계적인 접근법을 제시한다. 이에 못지않게 중요한 점은 시스템 설계 면접 중 엔지니어링 성숙도와 의사소통 능력을 보여주는 방법을 가르친다는 것이다. 예를 들어 약 50분이라는 짧은 시간 동안 자신의 아이디어, 지식, 질문을 면접관에게 명확하고 간결하게 표현하는 방법을 다룬다.

시스템 설계 면접은 다른 면접과 마찬가지로 의사소통 능력, 순발력, 좋은 질문을 하는 능력, 그리고 성과에 대한 불안감 등을 평가한다. 면접관이 기대하는 점을 언급하는 것을 잊을 수도 있다. 이러한 면접 형식이 결함이 있는지에 대해서는 끝없이 논쟁할 수 있다. 개인적인 경험으로 볼 때 직급이 올라갈수록 회의에 더 많은 시간을 보내게 되며, 순발력, 좋은 질문을 할 수 있는 능력, 가장 중요하고 관련 있는 주제로 토론을 이끄는 능력, 그리고 자신의 생각을 간결하게 전달하는 능력이 필수 능력이 된다. 이 책은 1시간도 안 되는 면접 시간 동안 자신의 시스템 설계 전문성을 효과적이고 간결하게 표현해야 하며, 면접관에게 적절한 질문을 함으로써 면접을 원하는 방향으로 이끌어야 한다는 점을 강조한다. 이 책을 읽고 다른 엔지니어와 시스템 설계 토론을 연습하면 시스템 설계 면접을 통과하고 입사한 회사에서 시스템 설계에 잘 참여하는 데 필요한 지식과 유창성을 기를 수 있다. 또한 시스템 설계 면접을 진행하는 면접관에게도 유용한 자료가 될 수 있다.

글로 쓰는 것이 말로 하는 의사소통보다 더 뛰어난 사람도 있을 것이며, 약 50분 동안 진행되는 면접에서 중요한 점을 언급하는 것을 잊어버릴 수도 있다. 시스템 설계 면접은 말로 하는 의사소통 능력이 뛰어난 엔지니어에게 유리하고 그런 의사소통 능력이 부족한 엔지니어에게는 불리하다. 후자가 상당한 시스템 설계 전문성을 갖추고 있고 근무한 조직에서 가치 있는 시스템 설계 기여를 했더라도 마찬가지다. 이 책은 엔지니어가 이러한 시스템 설계 면접의 여러 과제에 대비하고, 체계적으로 접근하는 방법을 보여주며, 위축되지 않는 방법을 조언한다.

시스템 설계 개념 지식을 넓히고 싶거나, 시스템을 설명하는 능력을 향상시키고 싶거나, 시스템 설계 개념과 시스템 설계 사례를 모아놓은 것을 찾고 있는 소프트웨어 엔지니어라면 이 책을 계속 읽기 바란다.

## 1.3 이 책의 개요

이 책은 두 부분으로 나뉜다. 1부는 일반적인 교과서처럼 구성돼 있으며, 시스템 설계 면접에서 설명되는 다양한 주제를 다루는 장으로 이뤄져 있다. 2부는 1부에서 다룬 개념을 참조하는 예시 면접 질문 설명으로 구성돼 있으며, 안티 패턴[2]과 흔한 오해와 실수에 대해서도 다룬다.

이러한 논의에서 모든 분야의 지식을 갖출 것으로 기대하지 않는다는 점도 명시한다. 오히려 특정 접근 방식이 일정 트레이드오프를 가지면서도 요구사항을 더 잘 충족시킬 수 있다는 점을 추론할 수 있어야 한다. 예를 들어, Gzip 압축으로 파일 크기가 얼마나 줄어들지나 CPU와 메모리 리소스가 얼마나 필요한지 계산할 필요는 없지만, 파일을 보내기 전에 압축하면 네트워크 트래픽은 줄어들지만 송신자와 수신자 모두의 CPU와 메모리 리소스를 더 많이 소비한다고 말할 수 있어야 한다.

이 책의 목표 중 하나는 관련 자료를 한데 모아 하나의 책으로 정리해 지식 기반을 구축하거나 지식의 간극을 파악하고, 이를 바탕으로 그 외 자료를 공부할 수 있게 하는 것이다.

이 장의 나머지 부분은 1부에서 다룰 일부 개념을 언급하는 샘플 시스템 설계의 서막이다. 이러한 맥락을 바탕으로 각 장에서 많은 개념을 설명할 것이다.

## 1.4 시스템의 다양한 서비스 확장 방식

이 책은 앱의 일반적인 초기 설정과 필요에 따라 앱 서비스에 확장성을 추가하는 일반적인 접근 방식에 대한 간략한 설명으로 시작한다. 그 과정에서 기술 회사에 필요한 수많은 용어와 개념, 다양한 유형의 서비스를 소개하며, 책의 나머지 부분에서 더 자세히 논의한다.

---

[2] (옮긴이) 소프트웨어 개발이나 설계에서 흔히 발생하지만 비효율적이거나 역효과를 내는 잘못된 관행이나 해결책을 가리킨다.

> **정의**
> 서비스의 **확장성**(scalability)은 부하에 대응해 할당된 리소스를 쉽고 비용 효율적으로 조정할 수 있는 능력을 말한다. 이는 시스템 사용자 수나 요청의 증가/감소 모두에 적용된다. 이에 관해서는 3장에서 더 자세히 다룰 예정이다.

### 1.4.1 시작: 앱의 소규모 초기 배포

장인이 만든 베이글에 관심이 높아짐에 따라 우리는 사용자가 근처 베이글 카페에 대한 게시물을 읽고 작성할 수 있는 멋진 소비자 대상 앱인 'Beigel'이라는 앱을 만들었다.

초기에 Beigel 앱은 주로 다음 구성 요소로 이뤄져 있다.

- 소비자 앱. 기본적으로 동일한 앱으로, 세 가지 공통 플랫폼에 각각 하나씩 제공된다.
  - 브라우저 앱. 자바스크립트 런타임 서비스에 요청을 보내는 React.JS 브라우저 소비자 앱이다. 사용자가 다운로드해야 하는 자바스크립트 번들의 크기를 줄이기 위해 브로틀리(Brotli)[3]로 압축한다. Gzip이 더 오래되고 널리 사용되는 방법이지만, 브로틀리는 더 작은 압축 파일을 만든다.
  - iOS 앱. 소비자의 iOS 기기에 다운로드된다.
  - 안드로이드 앱. 마찬가지로 소비자의 안드로이드 기기에 다운로드된다.
- 소비자 앱을 제공하는 상태 비저장[4] 백엔드 서비스. Go나 자바 서비스일 수 있다.
- 단일 클라우드 호스트에 포함된 SQL 데이터베이스.

두 가지 주요 서비스인 프론트엔드 서비스와 백엔드 서비스가 있다. 그림 1.1은 이러한 구성 요소를 보여준다. 보다시피 소비자 앱은 클라이언트 측 구성 요소이고, 서비스와 데이터베이스는 서버 측 구성 요소다.

> **노트**
> 브라우저와 백엔드 서비스 사이에 프론트엔드 서비스가 필요한 이유에 대해서는 6.5.1절과 6.5.2절을 참조한다.

---

[3] (옮긴이) 구글이 개발한 고효율 데이터 압축 알고리즘으로, 웹 콘텐츠의 빠른 전송과 로딩으로 기존 방식보다 높은 압축률을 제공한다.
[4] (옮긴이) 각 요청이 이전 요청과 독립적으로 처리돼 서버가 클라이언트의 상태 정보를 저장하지 않는 시스템 설계 방식이다.

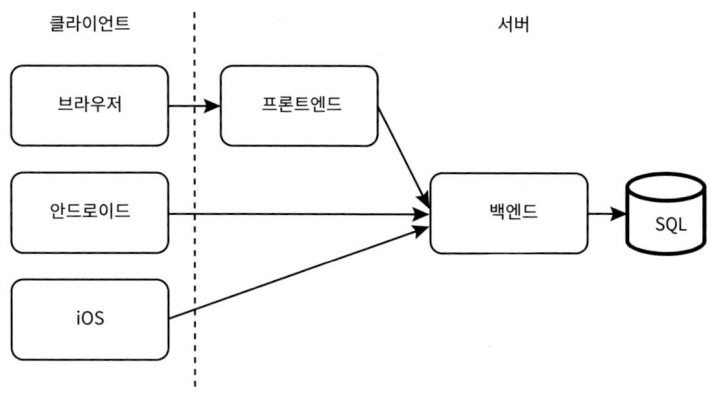

그림 1.1 앱의 초기 시스템 설계. 세 가지 클라이언트 애플리케이션과 두 가지 서버 애플리케이션(SQL 애플리케이션/데이터베이스 제외)이 필요한 이유에 관한 더 자세한 설명은 6장을 참조한다.

서비스를 처음 출시할 때는 사용자 수가 적고 요청 빈도가 낮을 수 있다. 단일 호스트로도 낮은 요청 빈도를 처리하기에 충분할 수 있다. DNS를 설정해 모든 요청을 이 호스트로 보내게 한다.

처음에는 두 서비스를 같은 데이터 센터 내에서 각각 단일 클라우드 호스트에 배치할 수 있다. (클라우드와 베어 메탈의 비교는 다음 절에서 다룬다.) 브라우저 앱의 모든 요청을 Node.js 호스트로, Node.js 호스트와 두 모바일 앱의 요청을 백엔드 호스트로 보내게 DNS를 구성한다.

### 1.4.2 GeoDNS를 통한 확장

몇 달 후 Beigel 앱은 아시아, 유럽, 북미에서 수십만 명의 일일 활성 사용자[5]를 확보했다. 트래픽이 가장 많은 시간대에는 백엔드 서비스가 초당 수천 건의 요청을 받고 있으며, 모니터링 시스템에서 시간 초과로 인한 상태 코드 504 응답이 늘어나기 시작했다. 시스템을 확장해야 한다.

트래픽 증가를 관찰했고 이러한 상황에 대비했다. 표준 모범 사례에 따라 서비스는 상태 비저장이므로 여러 개의 동일한 백엔드 호스트를 프로비저닝하고 각 호스트를 세계 각지의 다른 데이터 센터에 배치할 수 있다. 그림 1.2를 참조하면 클라이언트가 beigel.com 도메인을 통해 백엔드에 요청을 보낼 때 GeoDNS[6]를 사용해 클라이언트를 가장 가까운 데이터 센터로 라우팅한다.

---

5 (옮긴이) 일일 활성 사용자(DAU, Daily Active Users)는 하루 동안 특정 서비스나 애플리케이션을 실제로 사용한 고유 사용자의 수를 나타내는 핵심 성과 지표다.
6 (옮긴이) 사용자의 지리적 위치에 따라 가장 가까운 서버나 최적의 리소스로 트래픽을 라우팅하는 DNS 기술.

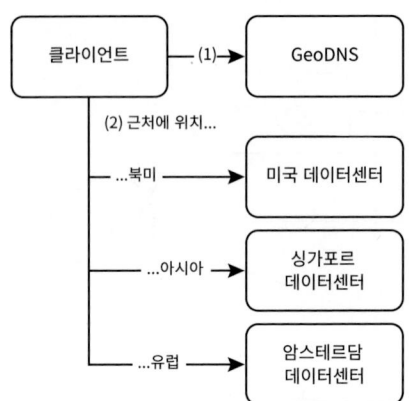

그림 1.2 서비스를 지리적으로 분산된 여러 데이터 센터에 프로비저닝할 수 있다. 클라이언트의 위치(IP 주소에서 유추)에 따라 클라이언트는 가장 가까운 데이터 센터 호스트의 IP 주소를 받아 요청을 보낸다. 클라이언트는 이 호스트 IP 주소를 캐시할 수 있다.

서비스가 특정 국가나 지역의 사용자를 대상으로 한다면 일반적으로 지연 시간을 최소화하기 위해 인근 데이터 센터에 서비스를 호스팅한다. 서비스가 지리적으로 넓게 분산된 사용자 기반을 대상으로 한다면 여러 데이터 센터에 호스팅하고 GeoDNS를 사용해 사용자에게 가장 가까운 데이터 센터에 호스팅된 서비스의 IP 주소를 반환할 수 있다. 이는 도메인에 여러 위치와 여러 A 레코드의 기본 IP 주소를 할당해 수행한다. **A 레코드(A record)**는 도메인을 IP 주소에 매핑하는 DNS 구성이다.

클라이언트가 서버에 요청을 보내면 GeoDNS는 클라이언트의 IP 주소에서 위치를 얻어 해당하는 호스트 IP 주소를 클라이언트에 할당한다. 가능성은 낮지만 데이터 센터에 접근할 수 없다면 GeoDNS는 다른 데이터 센터의 서비스 IP 주소를 반환할 수 있다. 이 IP 주소는 사용자의 인터넷 서비스 제공업체(ISP), OS, 브라우저를 포함한 다양한 수준에서 캐시될 수 있다.

### 1.4.3 캐싱 서비스 추가

그림 1.3을 참조하면, 다음으로 소비자 앱에서 캐시[7]된 요청을 제공하기 위해 레디스(Redis) 캐시 서비스를 설정한다. 트래픽이 많은 특정 백엔드 엔드포인트[8]를 선택해 캐시에서 제공하게 한다. 덕분에 사용자 기반과 요청 부하가 계속 증가하는 동안 시간을 벌 수 있었다. 이제 더 확장하려면 추가 단계가 필요하다.

---

7 (옮긴이) 자주 접근하는 데이터를 빠르게 검색할 수 있는 임시 스토리지로, 시스템의 성능과 응답률을 향상시키는 기술이다.
8 (옮긴이) API나 서비스와 상호작용하는 통신의 한 엔드포인트로, 클라이언트가 서버의 특정 기능에 접근할 수 있는 URL이나 네트워크 주소를 의미한다.

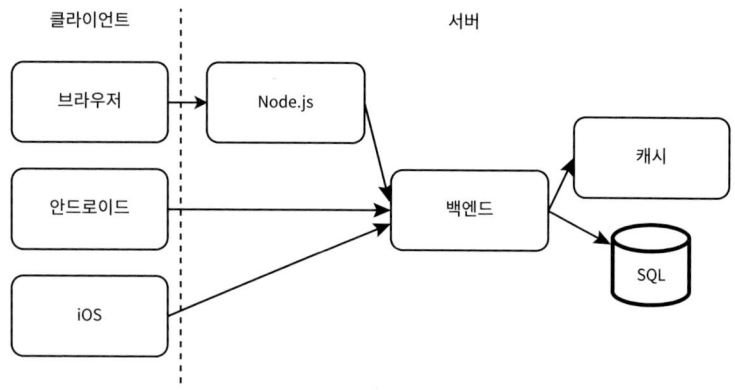

그림 1.3 서비스에 캐시 추가. 트래픽이 많은 특정 백엔드 엔드포인트를 캐시할 수 있다. 캐시 미스가 발생하거나 캐시되지 않은 SQL 데이터베이스/테이블에서는 백엔드가 데이터베이스에 데이터를 요청한다.

## 1.4.4 콘텐츠 배포 네트워크(CDN)

브라우저 앱은 자바스크립트, CSS 라이브러리, 일부 이미지와 동영상 등 모든 사용자에게 동일하게 표시되고 사용자 입력의 영향을 받지 않는 정적 콘텐츠/파일을 호스팅했다. 이러한 파일을 앱의 소스 코드 스토리지 내에 두었고, 사용자는 앱의 나머지 부분과 함께 Node.js 서비스에서 다운로드했다. 그림 1.4를 참조하면, 정적 콘텐츠를 호스팅하기 위해 서드파티 콘텐츠 배포 네트워크(Contents Delivery Network, CDN)[9]를 사용하기로 했다. CDN에서 충분한 용량을 선택하고 프로비저닝해 파일을 호스팅하고, CDN 인스턴스에 파일을 업로드했으며, CDN의 URL에서 파일을 가져오게 코드를 다시 작성하고 소스 코드 스토리지에서 파일을 제거했다.

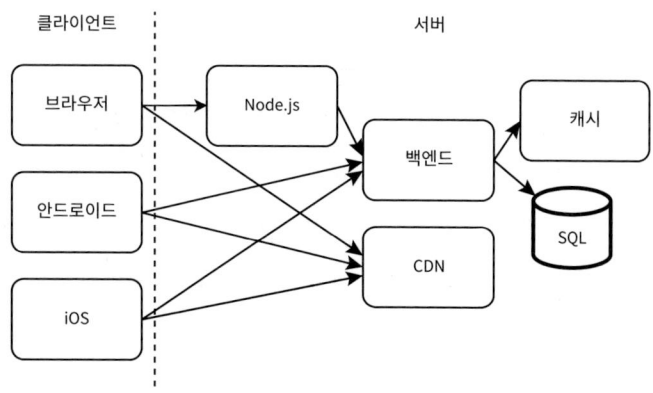

그림 1.4 서비스에 CDN 추가. 클라이언트는 백엔드에서 CDN 주소를 얻거나 특정 CDN 주소를 클라이언트나 Node.js 서비스에 하드코딩할 수 있다.

[9] (옮긴이) 지리적으로 분산된 네트워크로 웹 콘텐츠를 사용자와 가까운 위치로 빠르게 전달하는 시스템

그림 1.5를 참조하면, CDN은 전 세계 여러 데이터 센터에 정적 파일의 복사본을 저장하므로 사용자는 가장 낮은 지연 시간으로 이 파일을 제공할 수 있는 데이터 센터에서 다운로드할 수 있다. 지리적으로 가장 가까운 데이터 센터가 해당하지만 가장 가까운 데이터 센터에서 과도한 트래픽을 처리하거나 부분적인 장애가 발생했다면 다른 데이터 센터가 더 빠를 수 있다.

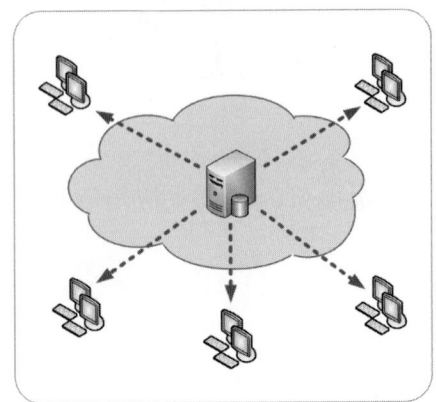
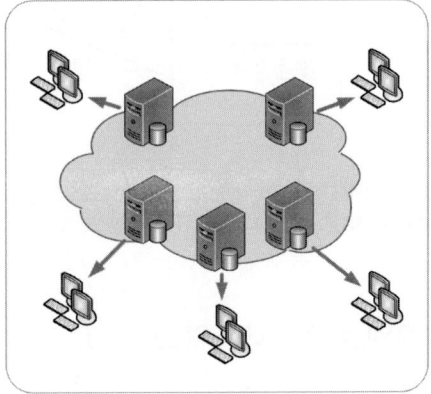

**그림 1.5** 왼쪽 그림은 모든 클라이언트가 같은 호스트에서 다운로드하는 모습을 보여준다. 오른쪽 그림은 클라이언트가 CDN의 여러 호스트에서 다운로드하는 모습을 보여준다. (저작권 cc-by-sa[10], 이미지 출처: Kanoha[11])

CDN을 사용하면 지연 시간, 처리량, 신뢰성, 비용이 개선된다. (이 모든 개념은 3장에서 다룬다.) CDN을 사용하면 유지보수, 통합 부담, 고객 지원이 더 큰 부하에 분산되므로 수요가 증가함에 따라 단위 비용이 감소한다.

인기 있는 CDN으로는 클라우드플레어(CloudFlare), 랙스페이스(Rackspace), AWS 클라우드프론트(CloudFront) 등이 있다.

### 1.4.5 수평적 확장성과 클러스터 관리, 지속적 통합, 지속적 배포에 관한 간단한 논의

프론트엔드와 백엔드 서비스는 멱등성[12]을 가지므로(멱등성의 몇 가지 장점과 그 이점에 대해 4.6.1절, 6.1.2절, 7.7절에서 다룬다) 수평적으로 확장 가능하다. 따라서 소스 코드를 다시 작성하지 않고도 더 많은 호스트를 프로비저닝해 더 큰 요청 부하를 지원할 수 있으며, 필요에 따라 프론트엔드나 백엔드 서비스를 이러한 호스트에 배포할 수 있다.

---

**10** https://creativecommons.org/licenses/by-sa/3.0/
**11** https://upload.wikimedia.org/wikipedia/commons/f/f9/NCDN_-_CDN.png
**12** (옮긴이) 멱등성(idempotency)은 동일한 요청을 여러 번 수행해도 결과가 항상 같은 상태를 유지하는 속성을 의미한다.

각 서비스에는 여러 엔지니어가 소스 코드 작업을 한다. 엔지니어는 매일 새로운 커밋을 제출한다. 대규모 클러스터(Cluster)를 관리하는 인프라를 개발할 데브옵스(DevOps) 엔지니어 두 명을 고용하여 대규모 팀과 더 빠른 개발을 지원하기 위해 소프트웨어 개발과 릴리스 방식을 변경했다. 서비스의 확장 요구사항이 빠르게 변할 수 있으므로 클러스터 크기를 쉽게 조정할 수 있어야 한다. 새로운 호스트에 서비스와 필요한 구성을 쉽게 배포할 수 있어야 한다. 또한 서비스 클러스터의 모든 호스트에 코드 변경사항을 쉽게 빌드하고 배포할 수 있어야 한다. 다양한 호스트에 다른 코드나 구성을 배포해 대규모 사용자 기반을 실험에 활용할 수 있다. 이 절에서는 수평적 확장성과 실험을 위한 클러스터 관리를 간단히 설명한다.

## CI/CD와 코드로서의 인프라(IaC)

새로운 기능을 빠르게 출시하면서 버그 출시 위험을 최소화하기 위해 젠킨스(Jenkins)와 단위 테스트와 통합 테스트 도구를 사용한 지속적 통합(Continuous Integration, CI)과 지속적 배포(Continuous Deployment, CD)를 채택한다. (CI/CD에 관한 자세한 설명은 이 책의 범위를 벗어난다.) 도커(Docker)를 사용해 서비스를 컨테이너화하고, 쿠버네티스(Kubernetes)나 도커 스웜(Docker Swarm)을 사용해 확장과 부하 분산을 포함한 호스트 클러스터를 관리하며, 앤서블(Ansible)이나 테라폼(Terraform)을 사용해 다양한 클러스터에서 실행되는 여러 서비스의 구성을 관리한다.

> 노트 아파치 메소스(Apache Mesos)는 현재는 구식 컨테이너 플랫폼이 됐고, 쿠버네티스가 명백하게 승자라 할 수 있다. 관련 뉴스기사[13]를 참고하라.

테라폼을 사용하면 인프라 엔지니어가 여러 클라우드 제공업체와 호환되는 단일 구성을 만들 수 있다. 구성은 테라폼의 도메인 특화 언어(Domain-Specific Language, DSL)로 작성되며 클라우드 API와 통신해 인프라를 프로비저닝한다. 실제로 테라폼 구성에는 일부 벤더 특화 코드가 포함될 수 있는데, 이를 최소화해야 전반적으로 벤더(Vendor) 종속성이 줄어든다.

이 접근 방식을 **코드로서의 인프라**라고도 한다. 코드로서의 인프라[14]는 물리적 하드웨어 구성이나 대화형 구성 도구가 아닌 서버가 읽을 수 있는 정의 파일을 통해 컴퓨터 데이터 센터를 관리하고 프로비저닝하는 과정이다.

---

[13] https://thenewstack.io/apache-mesos-narrowly-avoids-a-move-to-the-attic-for-now/
https://www.datacenterknowledge.com/business/after-kubernetes-victory-its-former-rivals-change-tack
[14] 안드레아스 비티히, 미하엘 비티히, 《아마존 웹 서비스 인 액션(AWS 활용에서 인프라 자동화와 데브옵스까지)》(한빛미디어, 2017)

## 점진적 롤아웃과 롤백

이 절에서는 점진적 롤아웃과 롤백[15]을 간단히 설명해 다음 절의 실험과 대조할 수 있게 한다.

빌드된 앱은 운영 환경에 점진적으로 배포할 수 있다. 특정 비율의 호스트에 앱을 배포하고 모니터링한 후 연결 트래픽 비율을 높이는 방식으로, 운영 호스트의 100%가 빌드를 실행할 때까지 이 과정을 반복할 수 있다. 예를 들어 1%, 5%, 10%, 25%, 50%, 75%, 그리고 마지막으로 100%까지 점진적인 배포를 진행할 수 있다. 다음의 문제가 감지되면 수동이나 자동으로 배포를 롤백할 수 있다.

- 테스트에서 누락된 버그
- 충돌
- 지연 시간 증가나 시간 초과
- 메모리 누수
- CPU, 메모리, 스토리지 사용률 등 리소스 소비 증가
- 사용자 이탈 증가. 점진적 롤아웃에서 사용자 이탈도 고려해야 한다. 즉, 새로운 사용자가 가입하고 앱을 사용하며, 일부 사용자는 앱 사용을 중단할 수 있다. 새 빌드에 노출되는 사용자 비율을 점진적으로 늘리면서 이탈에 미치는 영향을 연구할 수 있다. 사용자 이탈은 언급한 요인이나 많은 사용자가 변경 사항을 싫어하는 등의 예상치 못한 문제로 인해 발생할 수 있다.

예를 들어, 새로 빌드된 버전의 앱이 허용 가능한 수준 이상으로 지연 시간을 증가시킬 수 있다. 이를 처리하기 위해 캐싱과 동적 라우팅을 조합해 사용할 수 있다. 서비스에서 1초의 지연 시간을 지정할 수 있다. 클라이언트가 새 빌드 버전으로 라우팅되는 요청을 보내고 시간 초과가 발생하면 클라이언트는 캐시에서 읽거나 요청을 반복해 이전 버전의 빌드가 있는 호스트로 라우팅될 수 있다. 시간 초과 문제를 해결할 수 있게 요청과 응답을 로깅해야 한다.

CD 파이프라인을 구성해 운영 환경의 클러스터를 여러 그룹으로 나눌 수 있으며, CD 도구는 각 그룹의 적절한 호스트 수를 결정하고 호스트를 그룹에 할당한다. 클러스터 크기를 조정하면 재할당과 재배포가 발생할 수 있다.

## 실험

애플리케이션에서 새로운 기능을 개발하거나 기능을 제거하거나 디자인을 변경할 때 모든 사용자에게 한 번에 적용하는 대신 점진적으로 사용자 비율을 늘려가며 롤아웃할 수 있다. 실험의 목적은 UX 변경이 사용자 행동에 미치는 영향을 파악하는 것으로, 애플리케이션 성능과 사용자 이탈을 새로운 배포의

---

[15] (옮긴이) 롤아웃은 새로운 소프트웨어나 기능을 단계적으로 배포하는 과정이며, 롤백은 문제 발생 시 이전의 안정적인 버전으로 되돌리는 과정을 말한다.

영향을 다루는 점진적 롤아웃과는 대조적이다. 일반적인 실험 접근 방식으로는 A/B 테스트와 멀티암드 밴딧[16](Multi-armed Bandit) 같은 다변량 테스트가 있다. 이러한 주제는 이 책의 범위를 벗어난다. A/B 테스트의 자세한 정보[17]를 참조할 수 있다. 다변량 테스트[18]를 참조하거나 멀티암드 밴딧 소개[19]를 참조한다.

또한, 개인화된 사용자 경험을 제공하기 위해 실험을 수행한다.

실험과 점진적 롤아웃, 롤백의 또 다른 차이점은 실험에서는 다양한 빌드를 실행하는 호스트의 비율이 주로 그 목적으로 설계된 실험과 기능 토글 도구로 조정되는 반면, 점진적 롤아웃과 롤백에서는 문제가 감지되면 CD 도구를 사용해 수동이나 자동으로 호스트를 이전 버전의 빌드로 롤백한다.

CD와 실험을 통해 새로운 배포와 기능에 대한 피드백 주기를 단축할 수 있다.

웹과 백엔드 애플리케이션에서는 각 사용자 경험(UX)이 보통 서로 다른 빌드에 패키징된다. 특정 비율의 호스트에 다른 빌드가 포함된다. 모바일 앱은 보통 다르다. 많은 사용자 경험이 같은 빌드에 코딩되지만, 각 개별 사용자는 이러한 사용자 경험의 일부에만 노출된다. 주요 이유는 다음과 같다.

- 모바일 애플리케이션 배포는 앱 스토어를 통해 이뤄져야 한다. 새 버전을 사용자 기기에 배포하는 데 시간이 많이 걸릴 수 있다. 배포를 빠르게 롤백할 방법이 없다.
- Wi-Fi에 비해 모바일 데이터는 더 느리고, 신뢰성이 떨어지며, 더 비싸다. 속도가 느리고 신뢰성이 떨어지므로 많은 콘텐츠를 이미 앱에서 오프라인으로 제공해야 한다. 많은 국가에서 모바일 데이터 요금제는 여전히 비싸며 데이터 한도와 초과 요금이 있을 수 있다. 사용자가 이러한 비싼 요금을 받지 않게 해야 한다. 그렇지 않으면 앱 사용을 줄이거나 완전히 제거할 수 있다. 구성 요소와 미디어 다운로드에 따른 데이터 사용량을 최소화하면서 실험을 수행하려면 이러한 모든 구성 요소와 미디어를 앱에 포함시키고 각 개별 사용자에게 원하는 하위 집합을 노출하기만 하면 된다.
- 모바일 앱에는 일부 사용자에게 해당되지 않아 절대 사용하지 않을 많은 기능이 포함될 수 있다. 예를 들어, 15.1절에서는 앱의 다양한 결제 방법을 논의한다. 전 세계에는 수천 가지의 결제 솔루션이 있을 수 있다. 앱은 모든 결제 솔루션의 모든 코드와 SDK를 포함해야 각 사용자에게 가질 수 있는 소수의 결제 솔루션 하위 집합을 제시할 수 있다.

이 모든 결과로 모바일 앱의 크기가 100MB를 넘을 수 있다. 이 문제를 해결하는 기술은 이 책의 범위를 벗어난다. 균형을 맞추고 트레이드오프를 고려해야 한다. 예를 들어, 유튜브 모바일 앱 설치에 많은 유튜브 동영상을 포함할 수는 없다.

---

16 (옮긴이) 여러 선택 옵션 중 최적의 옵션을 찾고 탐색(exploration)과 활용(exploitation)의 균형을 맞추는 확률적 학습 알고리즘이다.
17 https://www.optimizely.com/optimization-glossary/ab-testing/
18 David Sweet, 《Experimentation for Engineers》(Manning Publications, 2023)
19 https://www.optimizely.com/optimization-glossary/multi-armed-bandit/

### 1.4.6 기능적 분할과 교차 관심사의 중앙 집중화

기능적 분할은 다양한 기능을 그 밖의 서비스나 호스트로 분리한다. 많은 서비스에는 공유 서비스로 추출할 수 있는 공통 관심사가 있다. 6장에서 동기, 이점, 트레이드오프를 설명한다.

**공유 서비스**

회사는 빠르게 성장하고 있다. 일일 활성 사용자 수가 수백만 명으로 늘었다. 엔지니어링 팀을 iOS 엔지니어 5명, 안드로이드 엔지니어 5명, 프론트엔드 엔지니어 10명, 백엔드 엔지니어 100명으로 확장하고 데이터 사이언스 팀을 만들었다.

확장된 엔지니어링 팀은 소비자가 직접 사용하는 앱 외에도 확장되는 고객 지원과 운영 부서를 위한 서비스 등 많은 서비스에 관해 작업할 수 있다. 소비자가 고객 지원팀에 연락할 수 있고 운영팀이 제품의 다양한 변형을 만들고 출시할 수 있게 소비자 앱 내에 기능을 추가한다.

많은 앱에 검색창이 있다. 일래스틱서치(Elasticsearch)로 공유 검색 서비스를 만든다.

수평적 확장 외에도 기능과 지역에 따라 분할해 지리적으로 분산된 다수의 호스트에 데이터 처리와 요청을 분산하는 기능적 분할을 사용한다. 이미 캐시, Node.js 서비스, 백엔드 서비스, 데이터베이스 서비스를 별도의 호스트로 기능적 분할했으며, 다른 서비스에 대해서도 기능적 분할을 수행해 각 서비스를 지리적으로 분산된 호스트의 자체 클러스터에 배치한다. 그림 1.6은 Beigel 앱에 추가한 공유 서비스를 보여준다.

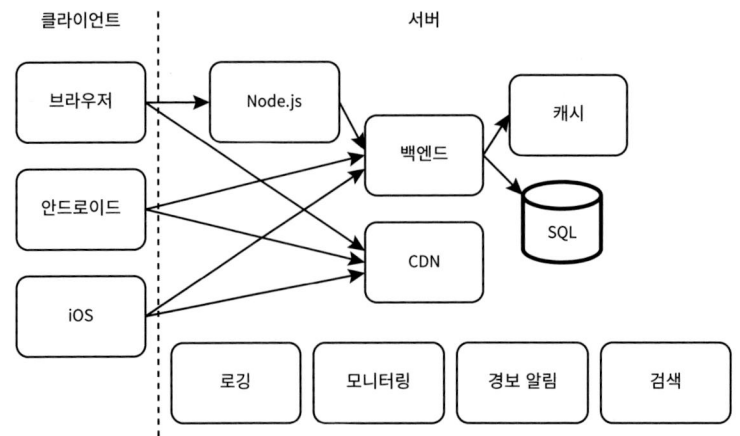

**그림 1.6** 기능적 분할. 공유 서비스 추가

로그 기반 메시지 브로커로 구성된 로깅 서비스를 추가했다. 일래스틱 스택(Elastic Stack; Elasticsearch, Logstash, Kibana, Beats)을 사용할 수 있다. 또한 집킨(Zipkin)이나 예거(Jaeger)와 같은 분산 추적 시스템이나 분산 로깅을 사용해 요청이 수많은 서비스를 통과하는 과정을 추적한다. 서비스는 각 요청에 스팬(Span) ID를 첨부해 이를 추적으로 조립하고 분석할 수 있게 한다. 2.5절에서 로깅, 모니터링, 경보에 관해 설명할 예정이다.

모니터링과 경보 서비스도 추가했다. 고객 지원 담당자가 고객을 더 잘 지원할 수 있게 내부 브라우저 앱을 만든다. 이 앱은 고객이 생성한 소비자 앱 로그를 처리하고 고객 지원 담당자가 고객의 문제를 더 쉽게 이해할 수 있게 좋은 UI로 제공한다.

API 게이트웨이와 서비스 메시(Service Mesh)는 공통 관심사를 중앙 집중화하는 두 가지 방법이다. 다른 방법으로는 데코레이터(Decorator) 패턴[20]과 관점 지향(Aspect-Oriented) 프로그래밍[21]이 있는데, 이는 이 책의 범위를 벗어난다.

### API 게이트웨이

이 시점에는 앱 사용자가 API 요청의 절반 미만을 차지한다. 대부분의 요청은 앱 내 활동을 기반으로 사용자에게 유용한 제품과 서비스를 추천하는 등의 서비스를 제공하는 다른 회사로부터 온다. 일부 API를 외부 개발자에게 노출하기 위해 API 게이트웨이 계층(Layer)을 개발한다.

API 게이트웨이는 클라이언트 요청을 적절한 백엔드 서비스로 라우팅하는 리버스 프록시(Reverse Proxy)다. 여러 서비스에 공통 기능을 제공하므로 개별 서비스에서 중복되지 않는다.

- 인가와 인증, 다른 접근 제어와 보안 정책
- 요청 수준의 로깅, 모니터링, 경보
- 속도 제한
- 요금 청구
- 분석

초기 API 게이트웨이와 서비스를 포함한 아키텍처가 그림 1.7에 나와 있다. 서비스 요청은 중앙 집중식 API 게이트웨이를 통과한다. API 게이트웨이는 앞서 설명한 모든 기능을 수행하고 DNS 조회를 한

---

[20] (옮긴이) 객체의 기능을 동적으로 확장할 수 있게 해주는 구조적 디자인 패턴으로, 상속 대신 합성을 사용해 유연성을 제공한다.
[21] (옮긴이) 관점 지향 프로그래밍(AOP)은 공통 관심사를 분리해 모듈화하는 프로그래밍 패러다임으로, 코드의 재사용성과 유지보수성을 향상시킨다.

다음 관련 서비스의 호스트로 요청을 전달한다. API 게이트웨이는 DNS, 인증과 접근 제어 관리, 속도 제한 구성 서비스에 요청한다. 또한 API 게이트웨이로 이뤄진 모든 구성 변경을 로깅한다.

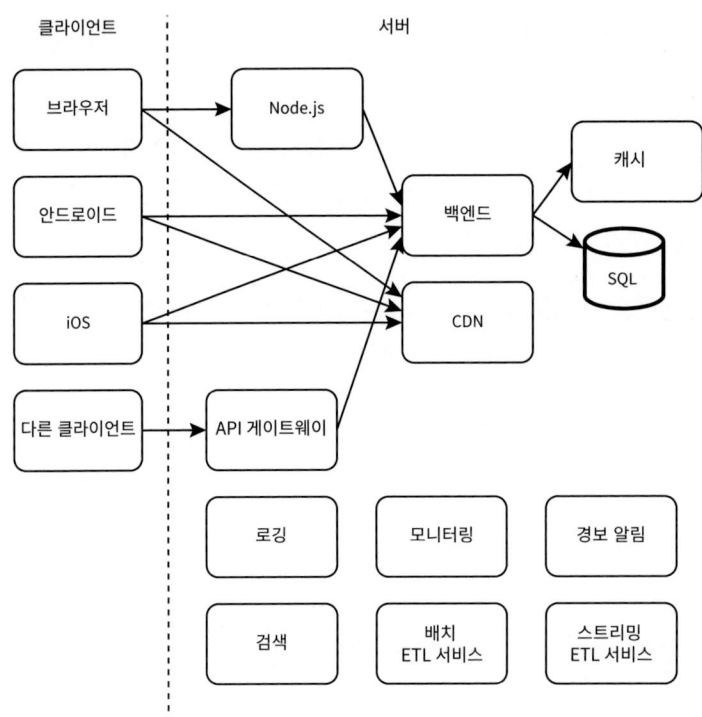

**그림 1.7** API 게이트웨이와 서비스를 포함한 초기 아키텍처. 서비스 요청은 API 게이트웨이를 통과한다.

그러나 이 아키텍처에는 다음과 같은 단점이 있다. API 게이트웨이는 지연 시간을 추가하고 대규모 호스트 클러스터를 필요로 한다. 특정 요청을 처리하는 API 게이트웨이 호스트와 서비스의 호스트가 다른 데이터 센터에 있을 수 있다. API 게이트웨이 호스트와 서비스 호스트를 통해 요청을 라우팅하려는 시스템 설계는 어색하고 복잡한 설계가 된다.

해결책은 사이드카(Sidecar) 패턴이라고도 불리는 서비스 메시를 사용하는 것이다. 서비스 메시에 대해서는 6장에서 더 자세히 논의한다. 그림 1.8은 서비스 메시 구성을 보여준다. 이스티오(Istio) 같은 서비스 메시 프레임워크를 사용할 수 있다. 각 서비스의 모든 호스트는 주 서비스와 함께 사이드카를 실행할 수 있고 쿠버네티스 파드(POD)를 사용한다. 각 파드는 서비스(한 컨테이너)와 사이드카(다른 컨테이너)를 모두 포함할 수 있다. 정책을 구성하기 위한 관리 인터페이스를 제공하며, 이러한 구성을 모든 사이드카에 배포할 수 있다.

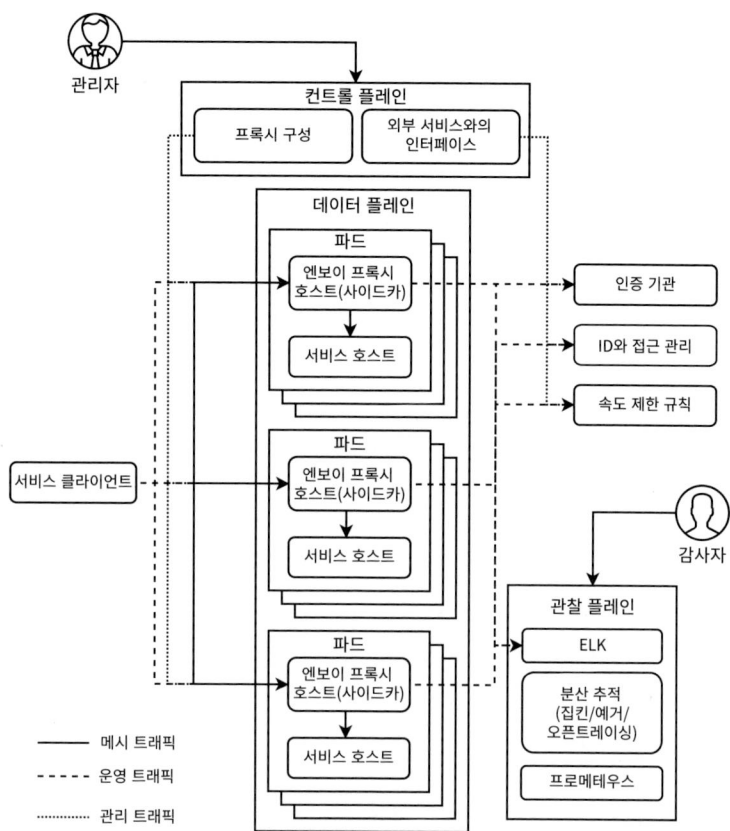

그림 1.8 서비스 메시 다이어그램. 프로메테우스(Prometheus)는 각 프록시 호스트에 메트릭을 가져오기/스크래핑하기 위한 요청을 보내지만, 너무 많은 화살표로 인해 복잡하고 혼란스러워질 수 있어 다이어그램에는 표시하지 않았다. 그림 출처[22]에서 발췌 후 수정.

이 아키텍처에서는 모든 서비스 요청과 응답이 사이드카를 통해 라우팅된다. 서비스와 사이드카는 같은 호스트(같은 기기)에 있으므로 로컬 호스트(localhost)를 통해 서로 주소를 지정할 수 있고 네트워크 지연이 없다. 그러나 사이드카는 시스템 리소스를 소비한다.

## 사이드카 없는 서비스 메시 – 최신 기술

서비스 메시로 인해 시스템의 컨테이너 수가 거의 두 배로 늘어났다. 내부 서비스 간 통신(일명 인그레스(Ingress)나 서비스 간(East-West) 통신[23])을 포함하는 시스템은, 사이드카 프록시 로직을 서비스

---

[22] https://livebook.manning.com/book/cloud-native/chapter-10/146

[23] (옮긴이) 인그레스(Ingress) 통신은 외부에서 클러스터 내부로의 트래픽을 관리하지만, 동서(East-West) 통신은 클러스터 내부 서비스 간의 트래픽을 다룬다.

호스트에 요청을 보내는 클라이언트 호스트에 배치해 이러한 복잡성을 줄일 수 있다. 사이드카 없는 서비스 메시 설계에서 클라이언트 호스트는 컨트롤 플레인(Control Plane)에서 구성을 받는다. 클라이언트 호스트는 컨트롤 플레인 API를 지원해야 하므로 적절한 네트워크 통신 라이브러리도 포함해야 한다.

사이드카 없는 서비스 메시의 한계는 서비스와 같은 언어를 사용하는 클라이언트가 있어야 한다는 점이다.

사이드카 없는 서비스 메시 플랫폼의 개발은 초기 단계에 있다. 구글 클라우드 플랫폼(Google Cloud Platform, GCP) 트래픽 디렉터[24](Traffic Director)는 2019년 4월에 출시된 서비스다.

### 명령 쿼리 책임 분리(CQRS)

명령 쿼리 책임 분리(Command Query Responsibility Segregation, CQRS)는 명령/쓰기 작업과 쿼리/읽기 작업을 기능적으로 분리해 별도의 서비스로 나누는 마이크로서비스 패턴이다. 메시지 브로커와 ETL[25] 작업이 CQRS의 예다. 데이터를 한 테이블에 쓰고 변환해 다른 테이블에 삽입하는 모든 설계가 CQRS의 예다. CQRS는 복잡성을 증가시키지만 지연 시간이 낮고 확장성이 좋으며 유지보수와 사용이 더 쉽다. 쓰기와 읽기 서비스를 별도로 확장할 수 있다.

이 책에서 CQRS의 다양한 예를 보겠지만, 명시적으로 언급하지는 않을 것이다. 15장에 좋은 사례가 있는데, 에어비앤비 호스트는 목록 서비스(Listing Service)에 쓰지만 방문자(Guest)는 예약 서비스(Booking Service)에서 읽는다. (예약 서비스는 방문자가 예약을 요청할 수 있는 쓰기 엔드포인트도 제공하지만, 이는 호스트가 숙소 정보를 업데이트하는 것과는 무관하다.)

다른 소스에서 CQRS에 대한 자세한 정의를 쉽게 찾을 수 있다.

### 1.4.7 배치 및 스트리밍 추출, 변환, 적재(ETL)

일부 시스템에서는 예측할 수 없는 트래픽 급증이 발생하고, 특정 데이터 처리 요청은 동기식(즉, 즉시 처리하고 응답을 반환)일 필요가 없다.

- 데이터베이스에 대한 대규모 쿼리를 포함하는 일부 요청(예: 기가바이트 단위의 데이터를 처리하는 쿼리)

---

[24] https://cloud.google.com/blog/products/networking/traffic-director-global-traffic-management-for-open-service-mesh
[25] (옮긴이) Extract(추출), Transform(변환), Load(적재)의 약자로, 데이터를 원본에서 추출해 변형한 후 목적지 시스템에 로드하는 데이터 통합 프로세스다.

- 요청이 있을 때만 처리하는 것보다 특정 데이터를 주기적으로 미리 처리하는 것이 더 합리적일 수 있다. 예를 들어, 앱의 홈페이지에 지난 1시간 또는 7일 동안 모든 사용자가 가장 자주 학습한 상위 10개 단어를 표시할 수 있다. 이 정보는 1시간에 한 번이나 하루에 한 번 미리 처리해야 한다. 또한 처리 결과를 각 사용자마다 반복하지 않고 모든 사용자에게 재사용할 수 있다.
- 사용자에게 며칠이나 몇 시간 지난 데이터를 보여주는 것이 허용될 수 있다. 예를 들어 사용자는 자신이 공유한 콘텐츠를 본 사용자 수의 가장 최신 통계를 볼 필요가 없다. 몇 시간 지난 통계를 보여주는 것도 무방하다.
- 즉시 실행할 필요가 없는 쓰기 작업(예: INSERT, UPDATE, DELETE 데이터베이스 요청)도 있다. 예를 들어 로깅 서비스 쓰기는 로깅 서비스 호스트의 하드 디스크 드라이브에 즉시 기록할 필요가 없다. 이러한 쓰기 요청은 큐에 넣어 나중에 실행할 수 있다.

로깅과 같은 특정 시스템은 다른 시스템으로부터 대량의 요청을 받는다. ETL과 같은 비동기 접근 방식을 사용하지 않으면 로깅 시스템 클러스터는 이러한 모든 요청을 동기적으로 처리하기 위해 수천 개의 호스트가 필요하다.

이러한 배치(Batch) 작업에는 카프카(Kafka)(또는 AWS를 사용한다면 키네시스(Kinesis)) 같은 이벤트 스트리밍 시스템과 에어플로(Airflow) 같은 배치 ETL 도구를 조합하여 사용할 수 있다.

주기적으로 배치 작업을 실행하는 대신 데이터를 지속적으로 처리하려면 플링크(Flink) 같은 스트리밍 도구를 사용할 수 있다. 예를 들어 사용자가 앱에 데이터를 입력하고 이를 사용해 몇 초나 몇 분 내에 특정 추천이나 알림을 보내려면 최근 사용자 입력을 처리하는 플링크 파이프라인을 만들 수 있다. 로깅 시스템은 일반적으로 끊임없는 요청 스트림을 처리하는 스트리밍 방식이다. 요청 빈도가 낮다면 배치 파이프라인으로 충분하다.

## 1.4.8 기타 필요 서비스

회사가 성장하고 사용자 기반이 확대되면서 더 많은 제품이 개발되고, 점점 더 커지고 다양해지는 사용자 기반에 맞춰 제품을 더욱 맞춤화하고 개인화해야 한다. 이러한 성장에 따른 새로운 요구사항을 충족하고 이를 활용하려면 다음과 같은 수많은 다른 서비스가 필요하다.

- 외부 사용자 인증과 권한 부여를 위한 고객/외부 사용자 자격 증명 관리
- 데이터베이스 서비스를 포함한 다양한 스토리지 서비스. 각 시스템의 특정 요구사항은 사용하는 데이터를 유지, 처리, 제공해야 하는 최적의 방법이 있음을 의미한다. 다양한 기술과 기법을 사용하는 여러 공유 스토리지 서비스를 개발하고 유지보수해야 한다.
- 비동기 처리. 대규모 사용자 기반으로 인해 더 많은 호스트가 필요하고 서비스에 예측할 수 없는 트래픽 급증이 발생할 수 있다. 트래픽 급증을 처리하려면 하드웨어를 효율적으로 활용하고 불필요한 하드웨어 지출을 줄이기 위해 비동기 처리가 필요하다.

- 실험, 모델 생성, 배포를 포함한 분석과 머신러닝을 위한 노트북 서비스. 대규모 고객 기반을 활용해 실험을 수행해 사용자 선호도를 발견하고, 사용자 경험을 개인화하며, 더 많은 사용자를 유치하고, 수익을 늘릴 수 있는 다른 방법을 찾을 수 있다.

- 내부 검색과 하위 문제(예: 자동 완성/타입어헤드(typeahead)[26] 서비스). 많은 웹 또는 모바일 애플리케이션에는 사용자가 원하는 데이터를 검색할 수 있는 검색창이 있다.

- 프라이버시 준수 서비스와 팀. 늘어나는 사용자 수와 대량의 고객 데이터는 데이터를 훔치려는 악의적인 외부 및 내부 행위자를 끌어들인다. 대규모 사용자 기반의 개인정보 유출은 수많은 사람과 조직에 영향을 미친다. 사용자 프라이버시 보호에 투자해야 한다.

- 사기 탐지(Fraud detection). 회사의 수익이 증가하면 범죄자와 사기꾼에게 매력적인 표적이 될 것이므로 효과적인 사기 탐지 시스템이 필수적이다.

## 1.4.9 클라우드 vs. 베어 메탈

자체 호스트와 데이터 센터를 관리하거나 이를 클라우드 공급업체에 아웃소싱할 수 있다. 이 절에서는 두 접근 방식을 비교 분석한다.

### 고려 사항

이 절의 시작 부분에서 베어 메탈(자체 물리적 기기를 소유하고 관리) 대신 클라우드 서비스(아마존의 AWS, 디지털오션(DigitalOcean), 마이크로소프트 애저 같은 제공업체에서 호스트 대여)를 사용하기로 했다.

클라우드 제공업체는 CI/CD, 로깅, 모니터링, 경보, 캐시, SQL, NoSQL을 포함한 다양한 데이터베이스 유형의 간소화된 설정 및 관리 등 우리가 필요로 하는 많은 서비스를 제공한다.

처음부터 베어 메탈을 선택했다면 필요한 모든 서비스를 직접 설정하고 유지해야 했을 것이다. 이는 기능 개발에 쏟아야 할 관심과 시간을 빼앗아 회사에 많은 비용을 초래할 수 있다.

엔지니어링 인력 비용과 클라우드 도구 비용도 고려해야 한다. 엔지니어는 매우 비싼 리소스이며, 금전적으로 비용이 많이 들 뿐만 아니라 우수한 엔지니어는 도전적인 일을 선호하는 경향이 있다. 일반적인 서비스의 소규모 설정과 같은 단순 작업으로 그들을 지루하게 만들면 다른 회사로 이직할 수 있고, 경쟁이 치열한 채용 시장에서 대체하기 어려울 수 있다.

---

26 (옮긴이) 사용자가 입력을 시작할 때 가능한 완성 옵션을 실시간으로 제안하는 자동완성 기능으로, 검색 효율성과 사용자 경험을 향상시킨다.

클라우드 도구는 엔지니어를 고용해 베어 메탈 인프라를 설정하고 유지하는 것보다 종종 더 저렴하다. 보통은 전문 클라우드 제공업체가 가진 규모의 경제와 그에 따른 단위 비용 효율성이나 전문성을 보유하고 있지 않다. 회사가 성공한다면 베어 메탈을 고려할 수 있는 규모의 경제에 도달하는 성장 단계에 이를 수 있다.

베어 메탈 대신 클라우드 서비스를 사용하면 다음과 같은 다른 이점도 있다.

**설정의 단순성**

클라우드 제공업체의 브라우저 앱에서 목적에 가장 적합한 패키지를 쉽게 선택할 수 있다. 베어 메탈에서는 아파치와 같은 서버 소프트웨어를 설치하거나 네트워크 연결과 포트 포워딩을 설정하는 등의 단계가 필요하다.

**비용 이점**

클라우드는 물리적 기기/서버를 구매하는 초기 선행 비용이 없다. 클라우드 벤더는 사용량 증가에 따른 비용을 지불하고 대량 구매 할인을 제공할 수 있다. 예측할 수 없이 변하는 요구사항에 대응해 확장하거나 축소하는 것이 쉽고 빠르다. 베어 메탈을 선택하면 물리적 기기가 너무 적거나 너무 많은 상황에 처할 수 있다. 또한 일부 클라우드 제공업체는 현재 부하에 맞춰 클러스터 크기를 자동으로 조정하는 '자동 확장(Auto Scaling)' 서비스를 제공한다.

다만 클라우드가 항상 베어 메탈보다 저렴한 것은 아니다. 드롭박스(Dropbox)[27]와 우버(Uber)[28]는 자체 데이터 센터를 운영하는 회사의 대표적인 사례다. 각 회사의 요구사항으로 인해 자체 데이터 센터 운영 비용이 훨씬 더 효율적인 선택이었기 때문이다.

**클라우드 서비스가 더 나은 지원과 품질을 제공할 수 있다**

클라우드 서비스는 일반적으로 우수한 성능, 사용자 경험, 지원을 제공하고 장애가 적고 심각성도 덜하다. 이것이 가능한 이유는 클라우드 서비스가 고객을 유치하고 유지하고자 시장에서 경쟁력이 있어야 하는 반면, 베어 메탈은 조직의 사용자가 별다른 선택의 여지없이 사용해야 하기 때문이다. 많은 조직은 내부 사용자나 직원보다 고객에 가치를 두고 주의를 기울이는 경향이 있는데, 이는 고객 수익은 직접 측정할 수 있는 반면 내부 사용자에게 고품질 서비스와 지원을 제공함으로써 얻는 이점은 정량화하

---

[27] https://www.geekwire.com/2018/dropbox-saved-almost-75-million-two-years-building-tech-infrastructure/
[28] https://www.datacenterknowledge.com/uber/want-build-data-centers-uber-follow-simple-recipe

기 어려울 수 있기 때문이다. 그 결과로 품질이 낮은 내부 서비스로 인한 수익과 사기(의욕)의 손실도 정량화하기 어렵다. 클라우드 서비스는 그 팀의 노력이 더 많은 사용자층에 분산되어 있기 때문에 베어 메탈에는 없는 규모의 경제를 누릴 수도 있다.

문서 사례도 외부 문서가 내부 문서보다 나을 수 있다. 더 잘 작성되고, 더 자주 업데이트되며, 검색하기 쉬운 잘 정리된 웹사이트에 배치될 수 있다. 더 많은 리소스가 할당돼 동영상과 단계별 튜토리얼로 제공될 수도 있다.

서비스 사례도 외부 서비스가 내부 서비스보다 더 고품질의 입력 유효성 검사를 제공할 수 있다. 간단한 예로, 특정 UI 필드나 API 엔드포인트 필드에 사용자가 이메일 주소를 입력해야 할 때 서비스는 사용자의 입력이 실제로 유효한 이메일 주소인지 검증해야 한다. 입력 유효성 검사 품질에 대해 불만을 제기하는 외부 사용자가 회사 제품 사용 및 결제를 중단할 수 있기 때문에 회사는 더 많은 주의를 기울일 수 있다. 선택권이 거의 없는 내부 사용자의 유사한 피드백은 무시될 수 있다.

오류가 발생했을 때 고품질 서비스는 사용자에게 오류를 해결하는 방법을 안내하는 유용한 오류 메시지를 반환해야 하며, 가급적 지원 인력이나 서비스 개발자에게 연락하는 시간 소모적인 과정 없이 해결할 수 있어야 한다. 외부 서비스는 더 나은 오류 메시지를 제공하고 고품질 지원을 제공하기 위해 더 많은 리소스와 인센티브를 할당할 수 있다.

고객이 메시지를 보내면 몇 분이나 몇 시간 내에 답변을 받을 수 있지만, 직원의 질문 응답에는 몇 시간이나 며칠이 걸릴 수 있다. 때로는 내부 헬프 데스크 채널에 보낸 질문에 전혀 응답이 없을 수도 있다. 직원에 대한 대응은 제대로 작성되지 않은 문서로 안내하는 것일 수 있다.

조직의 내부 서비스는 조직이 적절한 자원과 인센티브를 제공할 때만 외부 서비스만큼 좋을 수 있다. 더 나은 사용자 경험과 지원은 사용자의 사기와 생산성을 향상시키므로, 조직은 내부 사용자의 서비스 품질을 측정하는 지표를 설정하는 것을 고려할 수 있다. 이러한 복잡성을 피하는 한 가지 방법은 클라우드 서비스를 사용하는 것이다. 이러한 고려사항은 외부나 내부 서비스로 일반화될 수 있다.

마지막으로, 개별 개발자는 스스로 높은 기준을 지킬 책임이 있지만, 다른 사람의 작업 품질에 대해 섣부른 판단을 하지 않아야 한다. 하지만 내부 종속성의 품질이 지속적으로 떨어지면 조직의 생산성과 사기를 해칠 수 있다.

### 업그레이드

조직의 베어 메탈 인프라에 사용되는 하드웨어와 소프트웨어 기술은 모두 노후화되어 업그레이드하기가 어렵다. 이는 메인프레임을 사용하는 금융 회사라면 당연한 일이다. 메인프레임에서 상용 서버로 전환하는 것은 매우 비용이 많이 들고 어렵고 위험하므로 이러한 회사는 상용 서버의 동등한 처리 능력보다 훨씬 더 비싼 새로운 메인프레임을 계속 구매한다. 상용 서버를 사용하는 조직도 하드웨어와 소프트웨어를 지속적으로 업그레이드하기 위한 전문 지식과 노력이 필요하다. 예를 들어, 대규모 조직에서 사용하는 MySQL 버전을 업그레이드하는 것만도 상당한 시간과 노력이 필요하다. 많은 조직은 이러한 유지보수를 클라우드 제공업체에 아웃소싱하는 것을 선호한다.

### 몇 가지 단점

클라우드 제공업체의 한 가지 단점은 벤더 종속성이다. 앱의 일부나 모든 구성 요소를 다른 클라우드 벤더로 이전하기로 결정할 경우 이 과정이 순조롭지 않을 수 있다. 한 클라우드 제공업체에서 다른 제공업체로 데이터와 서비스를 이전하는 데 상당한 엔지니어링 노력이 필요할 수 있으며, 이 전환 기간 동안 서비스 비용을 중복해서 지불해야 할 수 있다.

벤더에서 마이그레이션하려는 이유는 여러 가지가 있을 수 있다. 오늘날 벤더는 경쟁력 있는 가격으로 까다로운 SLA를 충족하는 잘 관리된 회사일 수 있지만, 이것이 항상 그렇다는 보장은 없다. 향후 회사의 서비스 품질이 저하되어 SLA를 충족하지 못할 수 있다. 베어 메탈이나 다른 클라우드 벤더가 향후 더 저렴해져 가격 경쟁력이 떨어질 수 있다. 또는 해당 벤더가 보안이나 다른 중요 특성이 부족한 것으로 밝혀질 수도 있다.

또 다른 단점은 데이터와 서비스의 프라이버시와 보안에 대한 소유권이 없다는 점이다. 클라우드 제공업체가 데이터를 보호하거나 서비스의 보안을 보장할 것이라고 신뢰하지 못할 수 있다. 베어 메탈을 사용하면 프라이버시와 보안을 직접 확인할 수 있다.

이러한 이유로 많은 회사는 단일 클라우드 벤더 대신 여러 클라우드 벤더를 사용하는 멀티 클라우드 전략을 채택한다. 이를 통해 갑작스러운 필요가 생기면 특정 벤더에서 단시간에 마이그레이션할 수 있다.

### 1.4.10 서버리스: 서비스로서의 함수(FaaS)

특정 엔드포인트나 함수를 자주 사용하지 않거나 엄격한 지연 시간 요구사항이 없다면 AWS 람다(Lambda)나 애저 펑션(Azure Functions) 같은 서비스로서의 함수(FaaS)[29] 플랫폼에서 함수로 구현

---

[29] (옮긴이) 개발자가 서버 인프라를 관리하지 않고도 개별 기능을 클라우드에 배포하고 실행할 수 있게 해주는 클라우드 컴퓨팅 모델이다.

하는 것이 더 저렴할 수 있다. 필요할 때만 함수를 실행하면 호스트가 이 함수의 요청을 계속 기다릴 필요가 없다.

오픈파스(OpenFaaS)와 케이네이티브(Knative)는 자체 클러스터에서 FaaS를 지원하거나 AWS 람다 위에 계층으로 사용해 클라우드 플랫폼 간 함수의 이식성을 개선할 수 있는 오픈소스 FaaS 솔루션이다. 이 책을 쓰는 시점에는 오픈소스 FaaS 솔루션과 애저 펑션 같은 다른 벤더 관리 FaaS 간의 통합이 없다.

람다 함수는 15분의 시간 제한이 있다. FaaS는 이 시간 내에 완료할 수 있는 요청을 처리하기 위한 것이다.

일반적인 구성에서 API 게이트웨이 서비스는 들어오는 요청을 받아 해당 FaaS 함수를 트리거한다. 요청을 기다리는 서비스가 지속적으로 실행돼야 하므로 API 게이트웨이가 필요하다.

FaaS의 또 다른 이점은 서비스 개발자가 배포와 확장을 관리할 필요 없이 비즈니스 로직 코딩에 집중할 수 있다는 것이다.

FaaS 함수의 단일 실행에는 도커 컨테이너 시작, 프로그래밍 언어 런타임(자바, 파이썬, Node.js 등) 시작과 함수 실행, 런타임과 도커 컨테이너 종료 등의 단계가 필요하다는 점에 유의해야 한다. 이를 흔히 콜드스타트라고 한다. 특정 자바 프레임워크처럼 시작하는 데 몇 분이 걸리는 프레임워크는 FaaS에 적합하지 않을 수 있다. 이로 인해 GraalVM[30]과 같이 빠른 시작과 낮은 메모리 사용량을 가진 JDK가 출시됐다.

이러한 오버헤드가 필요한 이유는 무엇인가? 모놀리스 방식처럼 모든 함수를 단일 패키지로 묶어 모든 호스트 인스턴스에서 실행할 수 없는 이유는 무엇인가? 그 이유는 모놀리스 방식의 단점 때문이다(부록 A 참조).

자주 사용되는 함수를 만료 시간을 둔 특정 시간 동안 특정 호스트에 배포하지 않는 이유는 무엇인가? 이러한 시스템은 자동 확장 마이크로서비스와 유사하며 시작하는 데 오랜 시간이 걸리는 프레임워크를 사용할 때 고려할 수 있다.

FaaS의 이식성은 논란의 여지가 있다. 얼핏 보면 AWS 람다와 같은 독점 FaaS에서 많은 작업을 수행한 조직은 다른 솔루션으로의 마이그레이션이 어렵고 시간이 많이 걸리며 비용이 많이 들기 때문에 플랫폼에 종속될 수 있다. 오픈소스 FaaS 플랫폼은 완전한 해결책이 아니다. 자체 호스트를 프로비저닝

---

[30] https://www.graalvm.org/

하고 유지하므로 FaaS의 확장성 목적과 맞지 않다. 이 문제는 서비스 규모가 커질 때 더 중요해지는데, FaaS가 베어 메탈보다 훨씬 더 비싸질 수 있기 때문이다.

그러나 FaaS의 함수는 두 계층으로 작성할 수 있다. 함수의 주요 로직을 포함하는 내부 계층/함수와 FaaS 제공 벤더별 구성을 포함하는 외부 계층/함수로 감싸는 방식이다. 특정 FaaS의 함수를 사용하고자 벤더를 전환하려면 외부 함수만 변경하면 된다.

스프링 클라우드 펑션(Spring Cloud Function)[31]은 이러한 개념을 일반화한 새로운 FaaS 프레임워크다. AWS 람다, 애저 펑션, 구글 클라우드 펑션(Google Cloud Functions), 알리바바 펑션 컴퓨트(Alibaba Function Compute)에서 지원되며, 향후 다른 FaaS 벤더에서도 지원될 수 있다.

## 1.4.11 결론: 백엔드 서비스 확장

1부의 나머지 부분에서는 백엔드 서비스를 확장하기 위한 개념과 기술을 설명한다. 프론트엔드/UI 서비스는 보통 Node.js 서비스로, ReactJS나 Vue.js 같은 자바스크립트 프레임워크로 작성된 동일한 브라우저 앱을 모든 사용자에게 제공하기 때문에 클러스터 크기를 조정하고 GeoDNS를 사용해 간단히 확장할 수 있다. 백엔드 서비스는 동적으로 각 요청에 다른 응답을 반환할 수 있다. 그 확장성 기술은 더 다양하고 복잡하다. 이번 장의 여러 예시에서 기능적 분할을 설명했으며, 앞으로 이어질 여러 장에서 필요에 따라 다룰 것이다.

## 요약

- 시스템 설계 면접 준비는 경력에 중요하며 회사에도 도움이 된다.
- 시스템 설계 면접은 일반적으로 엔지니어 간 네트워크로 제공되는 소프트웨어 시스템 설계 논의 방식이다.
- GeoDNS, 캐싱, CDN은 서비스 확장을 위한 기본적인 기술이다.
- CI/CD 도구와 방식을 사용하면 버그를 줄이면서 더 빠르게 기능을 출시할 수 있다. 또한 사용자를 그룹으로 나누고 실험 목적으로 각 그룹에 서로 다른 버전의 앱을 제공할 수 있다.
- 테라폼 같은, 코드로서의 인프라(IaC)[32] 도구는 클러스터 관리, 확장, 기능 실험을 위한 유용한 자동화 도구다.

---

[31] https://spring.io/projects/spring-cloud-function
[32] (옮긴이) 수동 프로세스 대신 코드를 사용해 IT 인프라를 관리하고 프로비저닝하는 방식이다.

- 기능적 분할과 관심사의 중앙 집중화는 시스템 설계의 핵심 요소다.
- ETL 작업을 사용해 트래픽 급증을 장기간에 걸쳐 분산 처리할 수 있으므로 필요한 클러스터 크기를 줄일 수 있다.
- 클라우드 호스팅은 많은 장점이 있다. 비용은 종종 장점이지만 항상 그렇지는 않다. 벤더 종속성과 잠재적인 프라이버시와 보안 위험과 같은 단점도 있을 수 있다.
- 서버리스는 서비스에 대한 대안적 접근 방식이다. 호스트를 지속적으로 운영할 필요가 없다는 비용적 이점이 있는 대신 제한된 기능을 가진다.

# 02

# 일반적인 시스템 설계 면접 흐름

### 이 장에서 다루는 내용

- 시스템 요구사항을 명확히 하고 가능한 트레이드오프 최적화
- 시스템의 API 명세 초안 작성
- 시스템의 데이터 모델 설계
- 로깅, 모니터링, 경보나 검색과 같은 관심사 논의
- 면접 경험 반영과 회사 평가

이 장에서는 1시간 동안의 시스템 설계 면접에서 따라야 할 몇 가지 원칙을 설명한다. 이 책을 다 읽고 나서 이 목록을 다시 참조하라. 면접 시 다음 원칙을 명심한다.

1. QPS(초당 쿼리 수)와 P99 지연 시간 같은 기능적 요구사항과 비기능적 요구사항을 명확히 구분한다(3장 참조). 면접관이 단순한 시스템에서 시작해 그것을 확장하여 더 많은 기능을 설계하기를 원하는지, 아니면 즉시 확장 가능한 시스템 설계를 시작하기를 원하는지 물어본다.
2. 모든 것은 트레이드오프다. 시스템의 특성 중 완전히 확신할 수 있고 트레이드오프가 없는 것은 거의 없다. 확장성이나 일관성, 지연 시간을 개선하기 위해 시스템에 새로 추가되는 모든 것은 복잡성과 비용을 증가시키며 보안, 로깅, 모니터링, 경보가 필요하다.
3. 면접을 주도한다. 면접관의 관심을 계속 유지한다. 면접관이 원하는 것을 논의한다. 계속해서 논의 주제를 제안한다.
4. 시간을 신경 쓴다. 앞서 말했듯이 1시간 동안 논의할 내용이 너무 많다.
5. 로깅, 모니터링, 경보, 감사를 논의한다.
6. 디버깅 가능성, 복잡성, 보안, 프라이버시를 포함한 테스트와 유지보수성을 논의한다.

7. 전체 시스템과 모든 구성 요소의 성능 저하와 실패를 고려하고 논의한다. 조용하고 위장된 실패를 포함하여 전체 시스템과 모든 구성 요소의 점진적인 성능 저하와 실패를 고려하고 논의하라. 오류는 조용할 수 있다. 아무것도 믿지 않는다. 외부 또는 내부 시스템을 믿지 않는다. 자신의 시스템도 믿지 않는다.
8. 시스템 다이어그램, 순서도, 시퀀스 다이어그램을 그린다. 이를 시각적 보조 자료로 사용한다.
9. 시스템은 항상 개선될 수 있다. 논의할 내용은 항상 더 있다.

시스템 설계 면접 질문에 관한 논의는 몇 시간이나 지속될 수 있다. 면접관에게 다양한 논의 방향을 제안하고 어느 방향으로 갈지 물어봄으로써 특정 측면에 집중해야 한다. 내가 가진 지식 전부를 전달하거나 암시하는 데 주어진 시간은 1시간도 안 된다. 관련 세부 사항을 고려하고 평가할 수 있는 능력과 함께 고수준 아키텍처와의 관계, 그리고 모든 구성 요소의 저수준 구현 세부 사항을 논의하려면 부드럽게 확대하고 축소할 수 있는 능력이 있어야 한다. 무언가를 언급하는 것을 잊거나 소홀히 하면 면접관은 그것을 모른다고 생각할 것이다. 이 기술을 향상시키려면 동료 엔지니어와 시스템 설계 질문을 논의하는 연습을 해야 한다. 유명 회사는 많은 지원자를 면접하며, 합격하는 지원자는 잘 훈련돼 있고 세련된 시스템 설계 언어를 유창하게 구사한다.

이 절에서 질문할 사항은 시스템 설계 면접에서 다양한 주제를 논의하기 위해 사용할 수 있는 접근 방식의 예시다. 이러한 주제는 공통되는 부분이 많아서 논의 간에 반복되는 부분이 있을 것이다. 일반적인 업계 용어의 사용과 시간이 제한이 있는 토론에서 얼마나 많은 문장이 유용한 정보로 채워져 있는지 주의해야 한다.

다음 목록은 대략적인 안내다. 시스템 설계 논의는 동적이며, 이 목록의 순서대로 진행될 것이라고 기대해서는 안 된다.

1. 요구사항을 명확히 한다. 트레이드오프를 논의한다.
2. API 명세 초안을 작성한다.
3. 데이터 모델을 설계한다. 가능한 분석을 논의한다.
4. 실패 설계, 성능 저하, 모니터링, 경보를 논의한다. 병목 현상, 부하 분산, 단일 장애 지점 제거, 고가용성, 재해 복구, 캐싱 등 기타 주제도 포함한다.
5. 복잡성과 트레이드오프, 유지보수와 폐기 프로세스, 비용을 논의한다.

## 2.1 요구사항 명확화와 트레이드오프 논의

면접 중 가장 먼저 체크해야 할 항목은 질문의 요구사항을 명확히 파악하는 것이다. 3장에서 기능적 요구사항과 비기능적 요구사항 논의에 관한 세부 사항과 중요성을 설명한다.

이 장의 끝에서는 면접에서 요구사항을 논의하는 일반적인 지침을 제공한다. 2부의 각 질문에서 면접 요구사항별 논의 연습을 거친다. 어떤 면접 상황은 독특할 수 있으며, 상황에 따라 이 지침에서 벗어나야 할 수도 있음을 명심해야 한다.

기능적 요구사항은 면접 시간의 20% 이상을 차지하기 때문에 10분 이내에 논의해야 한다. 그렇지만 세부 사항에 대한 주의는 중요하다. 기능적 요구사항을 하나씩 적어 나가면서 논의하면 안 된다. 그렇게 하면 특정 요구사항을 놓칠 수 있다. 대신 빠르게 브레인스토밍하고 기능적 요구사항 목록을 작성한 다음 논의해야 한다. 면접관에게 모든 중요한 요구사항을 포착했는지 확인하고 싶지만 시간도 신경 쓰고 있다고 말할 수도 있다.

30초에서 1분 정도 시스템의 전반적인 목적과 큰 그림의 비즈니스 요구사항에 어떻게 부합하는지 논의하는 것으로 시작할 수 있다. 거의 모든 시스템에 공통적인 엔드포인트인 상태 확인, 회원가입, 로그인 등을 간단히 언급할 수 있다. 간단한 논의를 넘어선다면 면접 범위를 벗어난 것일 가능성이 높다. 그 다음 일부 공통적인 기능적 요구사항에 관한 세부 사항을 논의한다.

1. **사용자 범주/역할을 고려한다.**
   a. 누가 이 시스템을 어떻게 사용할 것인가? 사용자 스토리를 논의하고 작성한다. 수동 방식이나 프로그래밍 방식, 소비자나 기업과 같은 다양한 사용자 범주의 조합을 고려한다. 예를 들어, 수동/소비자 조합은 모바일이나 브라우저 앱을 통한 소비자의 요청을 포함한다. 프로그래밍 방식/기업 조합은 다른 서비스나 회사의 요청을 포함한다.
   b. 기술적인가, 아니면 비기술적인가? 개발자나 비개발자를 위한 플랫폼이나 서비스를 설계한다. 기술적 예시로는 키-값 스토리지 같은 데이터베이스 서비스, 일관된 해싱 같은 목적에 따른 라이브러리 또는 분석 서비스 등이 있다. 비기술적 질문은 일반적으로 '잘 알려진 소비자 앱을 설계하라'와 같은 형태다. 이러한 질문에서는 앱의 비기술적 소비자뿐만 아니라 모든 범주의 사용자에 관해 논의한다.
   c. 사용자 역할을 나열한다(예: 구매자, 판매자, 게시자, 조회자, 개발자, 관리자).
   d. 수에 주의를 기울인다. 모든 기능적 및 비기능적 요구사항은 수치를 가지고 있어야 한다. 뉴스 항목을 가져오는가? 가져온 뉴스 항목이 몇 개인가? 얼마나 오래 걸리는가? 몇 밀리초/초/시간/일인가?
   e. 사용자 간 또는 사용자와 운영팀 간의 커뮤니케이션이 있는가?
   f. 국제화(i18n)와 현지화(L10n) 지원, 국가나 지역 언어, 우편 주소, 가격 등을 묻는다. 다중 통화 지원이 필요한지 물어본다.

2. 사용자 범주를 바탕으로 확장성 요구사항을 명확히 한다. 일일 활성 사용자 수를 추정하고 나서 일(day)이나 시간당 요청 빈도를 추정한다. 예를 들어, 검색 서비스에 10억 명의 일일 사용자가 있고 각각 10개의 검색 요청을 제출한다면 일일 100억 건이나 시간당 4억 2천만 건의 요청이 있다.

3. 어떤 사용자가 어떤 데이터에 접근할 수 있는가? 인증과 인가 역할과 메커니즘을 논의한다. API 엔드포인트의 응답 본문 내용을 논의한다. 다음으로 데이터를 얼마나 자주 검색하는지(실시간 또는 월간 보고서, 다른 주기)를 논의한다.

4. 검색. 검색과 관련하여 가능한 사용 사례는 무엇인가?

5. 분석은 일반적인 요구사항이다. A/B 테스트[1]나 멀티암드 밴딧[2]과 같은 실험에 관한 지원을 포함해 가능한 머신러닝 요구사항을 논의한다. 이 주제에 대한 소개를 참조한다.

6. 특정 사용자의 게시물을 가져오는 의사코드 함수 시그니처[3](예: fetchPosts(userId))를 작성하고 사용자 스토리와 일치시킨다. 어떤 요구사항이 필요하고 어떤 것이 범위를 벗어나는지 면접관과 논의한다.

항상 "다른 사용자 요구사항이 있나요?"라고 물어보고 이러한 가능성을 브레인스토밍한다. 면접관이 나 대신 생각하게 하지 않는다. 면접관에게 대신 생각해주기를 원하거나 모든 요구사항을 알려주기를 원한다는 인상을 주지 않는다.

요구사항은 미묘하며, 명확히 했다고 생각해도 종종 세부 사항을 놓친다. 소프트웨어 개발이 애자일 방식을 따르는 한 가지 이유는 요구사항을 전달하기 어렵거나 불가능하기 때문이다. 개발 과정에서 새로운 요구사항이나 제약 사항이 계속 발견된다. 경험이 쌓이면 명확히 해야 할 질문을 배우게 된다.

시스템이 향후 다른 기능적 요구사항을 충족하게끔 확장될 수 있다고 인식하고 있음을 보여주고 그러한 가능성을 브레인스토밍한다.

면접관은 지원자가 모든 도메인 지식을 갖고 있다고 기대해서는 안 되므로, 특정 도메인 지식이 필요한 일부 요구사항을 생각해내지 못할 수 있다. 필요한 것은 비판적 사고, 세부 사항에 대한 관심, 겸손함, 배우고자 하는 의지를 보여주는 것이다.

다음으로 비기능적 요구사항을 논의한다. 비기능적 요구사항에 관한 자세한 설명은 3장을 참조한다. 전 세계 인구를 대상으로 하는 시스템을 설계해야 할 수도 있으며 제품이 완전한 글로벌 시장 지배력을 가진다고 가정할 수도 있다. 즉각적으로 확장성을 설계해야 하는지 면접관과 명확히 논의한다. 그렇지 않다면 복잡한 기능적 요구사항을 어떻게 생각하는지에 관심이 더 있을 수 있다. 여기에는 설계하고자 하는 데이터 모델도 포함된다. 요구사항을 논의한 후에는 시스템 설계에 대한 논의로 넘어갈 수 있다.

---

1 https://www.optimizely.com/optimization-glossary/ab-testing/
2 https://www.optimizely.com/optimization-glossary/multi-armed-bandit/
3 (옮긴이) 함수의 이름, 매개변수 목록, 반환 타입을 포함하는 함수의 기본 구조를 나타낸다.

## 2.2 API 명세 초안 작성

기능적 요구사항을 바탕으로 시스템 사용자가 시스템으로부터 받고 보내길 기대하는 데이터를 결정한다. 일반적으로 5분 미만으로 GET, POST, PUT, DELETE 엔드포인트의 초안을 작성하며, 경로와 쿼리 매개변수를 포함한다. 엔드포인트 초안 작성에 오래 걸리는 것은 대체로 바람직하지 않다. 면접관에게 50분 동안 논의할 내용이 많으므로 여기에 많은 시간을 할애하지 않겠다고 알린다.

엔드포인트를 작성하기 전에 미리 기능적 요구사항을 명확히 해야 한다. 면접에서 기능적 요구사항을 명확히 하기에 적당한 부분을 지났으므로 놓친 것이 없는 한 이 부분에서 다시 하지 않아야 한다.

다음으로 API 명세를 제안하고 기능적 요구사항을 어떻게 충족하는지 설명한 다음, 그에 관해 간단히 논의하고 놓쳤을 수 있는 기능적 요구사항을 식별한다.

### 2.2.1 공통 API 엔드포인트

다음은 대부분의 시스템에 공통적인 엔드포인트다. 이 엔드포인트를 빠르게 살펴보고 그것이 범위를 벗어난다는 것을 명확히 할 수 있다. 이들을 자세히 논의할 가능성은 매우 낮지만, 세부 사항에 주의를 기울이면서도 큰 그림을 보고 있다는 것을 보여주는 것은 항상 도움이 된다.

#### 상태 확인

GET /health는 테스트 엔드포인트다. 4xx나 5xx 응답은 시스템에 운영 문제가 있음을 나타낸다. 간단한 데이터베이스 쿼리만 수행하거나 디스크 공간, 다른 엔드포인트의 상태, 애플리케이션 로직 검사 등의 상태 정보를 반환할 수도 있다.

#### 회원가입과 로그인(인증)

앱 사용자는 일반적으로 앱에 콘텐츠를 제출하기 전에 회원가입(POST /signup)과 로그인(POST /login)이 필요하다. OpenID Connect는 일반적인 인증 프로토콜로, 부록 B에서 설명한다.

#### 사용자와 콘텐츠 관리

사용자 세부 정보를 가져오고, 수정하고, 삭제하는 엔드포인트가 필요할 수 있다. 많은 소비자 앱은 사용자가 부적절한 콘텐츠(예: 불법이거나 커뮤니티 가이드라인을 위반하는 콘텐츠)를 신고/보고할 수 있는 채널을 제공한다.

## 2.3 사용자와 데이터 간의 연결과 처리

2.1절에서는 사용자와 데이터의 유형, 그리고 어떤 데이터를 어떤 사용자가 접근할 수 있는지 논의했다. 2.2절에서는 사용자가 데이터를 CRUD(생성, 읽기, 업데이트, 삭제)할 수 있는 API 엔드포인트를 설계했다. 이제 사용자와 데이터 간의 연결을 나타내고 다양한 시스템 구성 요소와 그 사이에서 발생하는 데이터 처리를 설명하는 다이어그램을 그릴 수 있다.

**1단계**
- 각 사용자 유형을 나타내는 부분을 그린다.
- 기능 요구사항을 제공하는 각 시스템을 나타내는 부분을 그린다.
- 사용자와 시스템 간의 연결을 그린다.

**2단계**
- 요청 처리와 저장소를 분리한다.
- 비기능적 요구사항(실시간성과 최종 일관성)을 기반으로 한 다양한 설계를 만든다.
- 공유 서비스를 고려한다.

**3단계**
- 시스템을 구성 요소로 나눈다. 일반적으로 라이브러리나 서비스로 구분한다.
- 연결을 그린다.
- 로깅, 모니터링, 경보를 고려한다.
- 보안을 고려한다.

**4단계**
- 시스템 설계에 관한 요약을 포함한다.
- 새로운 추가 요구사항을 제공한다.
- 내결함성을 분석한다. 각 구성 요소에서 무엇이 잘못될 수 있는가? 네트워크 지연, 불일치, 선형화 불가능. 각 상황을 방지하거나 해소하고 구성 요소와 전체 시스템의 내결함성을 개선하기 위해 무엇을 할 수 있는가?

시스템을 다양한 추상화 수준으로 분해하는 시스템 아키텍처 다이어그램 기법인 **C4 모델**(model)의 개요에 관해서는 부록 C를 참조한다.

## 2.4 데이터 모델 설계

데이터 모델을 처음부터 설계할지, 아니면 기존 데이터베이스를 사용할지 논의해야 한다. 서비스 간 데이터베이스를 공유하는 것은 일반적으로 안티패턴으로 여겨지므로, 기존 데이터베이스를 사용한다면 프로그래밍 고객을 위해 설계된 API 엔드포인트를 더 많이 구축해야 할 것이다. 또한, 필요에 따라 다른 데이터베이스에서나 데이터베이스로의 배치 및/또는 스트리밍 ETL 파이프라인도 구축해야 할 것이다.

다음은 공유 데이터베이스에서 발생할 수 있는 일반적인 문제다.

- 같은 테이블에 다양한 서비스의 쿼리가 리소스를 놓고 경쟁할 수 있다. 많은 행에 대한 UPDATE나 다른 장기 실행 쿼리를 포함하는 트랜잭션과 같은 특정 쿼리는 테이블을 장시간 잠글 수 있다.
- 스키마(Schema)[4] 마이그레이션이 더 복잡해진다. 한 서비스에 이익이 되는 스키마 마이그레이션이 다른 서비스의 DAO 코드를 손상시킬 수 있다. 즉, 엔지니어가 해당 서비스만 작업하더라도 비즈니스 로직의 하위 수준 세부 사항과 자신이 작업하지 않는 다른 서비스의 소스 코드까지 최신 상태로 유지해야 하는데, 이는 엔지니어의 시간과 해당 변경을 수행하고 이를 다른 엔지니어에게 전달해야 하는 다른 엔지니어의 시간을 모두 비생산적으로 사용하는 것일 수 있다. 문서와 프레젠테이션 슬라이드를 작성하고 읽는 데, 그리고 회의에 더 많은 시간을 보내게 된다. 여러 팀이 제안된 스키마 마이그레이션에 동의하는 데 시간이 걸릴 수 있으며, 이는 엔지니어링 시간을 비생산적으로 사용하는 것일 수 있다. 다른 팀이 스키마 마이그레이션에 동의하지 못하거나 특정 변경 사항에 대해 타협할 수도 있는데, 이는 기술 부채가 되어 전반적인 생산성을 저하시킨다.
- 같은 데이터베이스 세트를 공유하는 여러 서비스는 각 서비스의 사용 사례에 얼마나 적합한지와 관계없이 특정 데이터베이스 기술(예: MySQL, HDFS, 카산드라(Cassandra), 카프카(Kafka) 등)을 사용하게 제한된다. 서비스는 요구사항에 가장 적합한 데이터베이스 기술을 선택할 수 없다.

이는 곧 어느 경우든 서비스에 대해 새로운 스키마를 설계해야 함을 의미한다. 이전 절에서 설명한 API 엔드포인트의 요청과 응답 본문을 시작점으로 사용해 스키마를 설계할 수 있으며, 각 본문을 테이블의 스키마에 밀접하게 매핑하고 같은 경로의 읽기(GET)와 쓰기(POST와 PUT) 요청 본문을 같은 테이블로 결합한다.

### 2.4.1 데이터베이스를 공유하는 여러 서비스의 단점의 예

온라인 쇼핑몰 시스템을 설계한다면 지난 7일간의 총 주문 수와 같은 비즈니스 지표 데이터를 검색할 수 있는 서비스를 원할 것이다. 우리 팀은 비즈니스 지표 정의에 대한 신뢰할 수 있는 출처가 없어서 각

---

4 (옮긴이) 데이터베이스의 구조와 제약 조건을 정의하는 청사진으로, 테이블, 필드, 관계, 뷰 등을 포함한다.

팀마다 지표를 다르게 계산하고 있다는 것을 발견했다. 예를 들어, 총 주문 수에 취소되거나 환불된 주문을 포함해야 하는가? '7일 전'의 기준 시간에 어떤 시간대를 사용해야 하는가? '지난 7일'에 현재 날짜가 포함되는가? 지표 정의를 명확히 하기 위한 여러 팀 간의 의사소통 부담은 비용이 많이 들고 오류가 쉽게 발생했다.

비즈니스 지표 계산이 주문 서비스의 주문 데이터를 사용하지만 지표 정의를 주문 데이터와 독립적으로 수정할 수 있으므로 전용 지표 서비스를 만들기 위한 새로운 팀을 구성하기로 결정했다.

지표 서비스는 주문 데이터를 주문 서비스에 의존한다. 지표에 대한 요청은 다음과 같이 처리한다.

1. 지표를 검색한다.
2. 주문 서비스에서 관련 데이터를 검색한다.
3. 지표를 계산한다.
4. 지표 값을 반환한다.

두 서비스가 같은 데이터베이스를 공유한다면 지표 계산 시 주문 서비스의 테이블을 SQL 쿼리로 수행한다. 스키마 마이그레이션은 더 복잡해진다. 예를 들어, 주문 팀이 주문 테이블 사용자가 너무 많은 대규모 쿼리를 수행하고 있다고 판단했다고 하자. 분석 결과, 팀은 최근 주문에 대한 쿼리가 더 중요하고 오래된 주문에 대한 쿼리보다 더 낮은 지연 시간이 필요하다고 결정했다. 팀은 주문 테이블에 지난 1년간의 주문만 포함하고 오래된 주문은 아카이브 테이블로 이동할 것을 제안한다. 주문 테이블에는 아카이브 테이블보다 더 많은 팔로워/읽기 복제본을 할당할 수 있다.

지표 팀은 이 제안된 변경을 이해하고 두 테이블 모두에서 지표 계산 방식을 변경해야 한다. 지표 팀이 이 제안된 변경에 반대할 수 있으므로 변경이 진행되지 않을 수 있고, 최근 주문 데이터에 대한 더 빠른 쿼리로 인해 조직의 생산성 향상을 달성할 수 없게 된다.

주문 팀이 낮은 쓰기 지연 시간을 활용하기 위해 주문 테이블을 카산드라로 이동하고, 지표 서비스는 단순성과 낮은 쓰기 빈도 때문에 계속 SQL을 사용하려고 한다면 서비스는 더 이상 같은 데이터베이스를 공유할 수 없다.

## 2.4.2 동시 사용자 업데이트 충돌을 방지하는 기법

클라이언트 애플리케이션에서는 여러 사용자가 공유 구성을 편집할 수 있는 상황이 많다. 이 공유 구성에 대한 편집이 사용자에게 쉽지 않을 때(사용자가 편집을 제출하기 전에 몇 초 이상 정보를 입력해야 하는 경우) 여러 사용자가 동시에 이 구성을 편집하고 그것을 저장할 때 서로 변경한 사항을 덮어쓴다면 불만족스러운 사용자 경험이 될 것이다. 소스 코드의 경우 소스 제어 관리를 통해 이를 방지할 수 있지만, 그 외의 대부분 상황은 비기술적 사용자가 관여하며, 이들이 깃(Git)을 배우기를 기대할 수는 없다.

예를 들어, 호텔 객실 예약 서비스에서는 사용자가 체크인과 체크아웃 날짜와 연락처와 결제 정보를 입력하는 데 시간이 걸릴 수 있으며, 그 후 예약 요청을 제출한다. 여러 사용자가 객실을 중복 예약하지 않게 해야 한다.

또 다른 예로 푸시 알림 내용을 구성할 때가 있다. 예를 들어, 회사가 직원이 Beigel앱(1장 참조)으로 보내는 푸시 알림을 구성하기 위한 브라우저 앱을 제공할 수도 있다. 특정 푸시 알림 구성을 하나의 팀이 소유할 수도 있다. 여러 팀원이 동시에 편집할 경우, 서로의 변경 사항이 덮어쓰이지 않도록 해야 한다.

동시 업데이트를 방지하는 방법은 여러 가지가 있다. 이 절에서는 한 가지 가능한 방법을 제시한다.

이러한 상황을 방지하기 위해 편집 중인 구성을 잠글 수 있다. 서비스는 이러한 구성을 저장하기 위한 SQL 테이블을 포함할 수 있다. 관련 SQL 테이블에 'unix_locked'라는 타임스탬프 열과 'edit_username'과 'edit_email'이라는 문자열 열을 추가할 수 있다. (이 스키마 설계는 정규화되지 않았지만 실제로는 괜찮다. 면접관에게 정규화된 스키마를 고집하는지 물어봐야 한다.) 그런 다음 UI가 사용자가 편집 아이콘이나 버튼을 클릭해 편집을 시작할 때 백엔드에 알리는 데 사용할 수 있는 PUT 엔드포인트를 노출할 수 있다. 그림 2.1을 참조하면 두 사용자가 거의 동시에 푸시 알림을 편집하기로 결정할 때 발생할 수 있는 단계는 다음과 같다. 한 사용자가 일정 기간(예: 10분) 동안 구성을 잠그고, 다른 사용자는 잠겨 있음을 발견하는 것이다.

1. 앨리스(Alice)와 밥(Bob)은 모두 알림 브라우저 앱에서 푸시 알림 구성을 보고 있다. 앨리스는 제목을 "베이글의 날을 축하합시다!"에서 "베이글의 날 20% 할인!"으로 업데이트하기로 결정한다. 앨리스는 편집 버튼을 클릭한다. 그러면 다음 단계가 발생한다.

    a. 클릭 이벤트가 PUT 요청을 보내는데, 이는 앨리스의 사용자 이름과 이메일을 백엔드로 전송한다. 백엔드의 로드 밸런서가 이 요청을 호스트에 할당한다.

    b. 앨리스의 백엔드 호스트가 두 개의 SQL 쿼리를 순차적으로 실행한다. 먼저 현재 unix_locked 시간을 결정한다.

```
SELECT unix_locked FROM table_name WHERE config_id = {config_id}.
```

c. 백엔드는 edit_start 타임스탬프가 12분 전보다 작은지 확인한다. (이는 2단계의 카운트다운 타이머가 늦게 시작될 때를 대비한 2분의 버퍼를 포함하며, 호스트의 시계가 완벽하게 동기화될 수 없기 때문이다.) 그렇다면 구성을 잠그게 행을 업데이트한다. UPDATE 쿼리는 edit_start를 백엔드의 현재 유닉스(UNIX) 시간으로 설정하고 edit_username과 edit_email을 Alice의 사용자 이름과 이메일로 덮어쓴다. 그 외 사용자가 그 사이에 변경했을 때를 대비해 unix_locked 필터가 필요하다. UPDATE 쿼리는 성공적으로 실행됐는지를 나타내는 부울 값을 반환한다.

```
UPDATE table_name SET unix_locked = {new_time}, edit_username = {username}, edit_email = {email} WHERE config_id = {config_id} AND unix_locked = {unix_locked}
```

d. UPDATE 쿼리가 성공하면 백엔드는 UI에 {"can_edit": "true"}와 같은 응답 본문과 함께 200 성공을 반환한다.

2. UI는 앨리스가 편집할 수 있는 페이지를 열고 10분 카운트다운 타이머를 표시한다. 앨리스는 이전 제목을 지우고 새 제목을 입력하기 시작한다.

3. 1b 단계와 1c 단계의 SQL 쿼리 사이에 밥도 구성을 편집하기로 결정한다.

    a. 밥은 편집 버튼을 클릭해 PUT 요청을 트리거하는데, 이것이 다른 호스트에 할당된다.

    b. 첫 번째 SQL 쿼리는 1b 단계와 같은 unix_locked 시간을 반환한다.

    c. 두 번째 SQL 쿼리는 1c 단계의 쿼리 직후에 전송한다. SQL DML 쿼리는 같은 호스트로 전송한다(4.3.2절 참조). 이는 이 쿼리가 1c 단계의 쿼리가 완료될 때까지 실행될 수 없음을 의미한다. 쿼리가 실행될 때 unix_time 값이 변경됐으므로 행이 업데이트되지 않고 SQL 서비스는 백엔드에 false를 반환한다. 백엔드는 UI에 {"can_edit": "false", "edit_start": "1655836315", "edit_username": "앨리스", "edit_email": "alice@beigel.com"}과 같은 응답 본문과 함께 200 성공을 반환한다.

    d. UI는 앨리스에게 남은 시간(분)을 계산하고 "앨리스(alice@beigel.com)가 편집 중입니다. 8분 후에 다시 시도하세요."라는 배너 알림을 표시한다.

4. 앨리스가 편집을 마치고 저장 버튼을 클릭한다. 이는 백엔드로 PUT 요청을 트리거하며, 백엔드는 앨리스가 편집한 값을 저장하고 unix_locked, edit_start, edit_username, edit_email을 지운다.

5. 밥이 다시 편집 버튼을 클릭하면 이제 편집할 수 있다. 밥이 edit_start 값으로부터 최소 12분 후에 편집 버튼을 클릭했다면 밥도 편집할 수 있다. 앨리스가 카운트다운이 만료되기 전에 변경 사항을 저장하지 않았다면 UI는 더 이상 변경 사항을 저장할 수 없다는 알림을 표시한다.

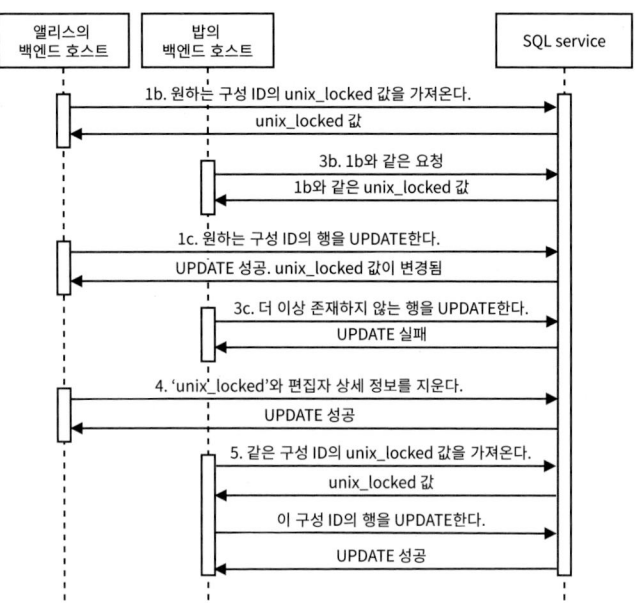

**그림 2.1** SQL을 사용하는 잠금 메커니즘 다이어그램. 여기서 두 사용자가 같은 구성 ID에 해당하는 같은 SQL 행을 업데이트하라고 요청한다. 앨리스의 호스트가 먼저 원하는 구성 ID의 unix_locked 타임스탬프 값을 가져온 다음 해당 행을 업데이트하는 UPDATE 쿼리를 보내므로 앨리스가 특정 구성 ID를 잠근다. 1c 단계에서 앨리스의 호스트가 쿼리를 보낸 직후 밥의 호스트도 UPDATE 쿼리를 보내지만, 앨리스의 호스트가 unix_locked 값을 변경했으므로 밥의 UPDATE 쿼리는 성공적으로 실행될 수 없고 밥은 해당 구성 ID를 잠글 수 없다.

밥이 앨리스가 구성 편집을 시작한 후 푸시 알림 구성 페이지를 방문하면 어떻게 될까? 이 시점에서 가능한 UI 최적화는 편집 버튼을 비활성화하고 배너 알림을 표시해 밥에게 앨리스가 편집 중이므로 편집할 수 없음을 알리는 것이다. 이 최적화를 구현하려면 푸시 알림 구성 GET 응답에 세 개의 필드를 추가하고, UI는 이 필드를 처리해 편집 버튼을 '활성화'나 '비활성화'로 렌더링해야 한다.

자카르타 퍼시스턴트(Jakarta Persistence) API[5]와 하이버네이트(Hibernate)[6]를 사용한 버전 추적에 관한 개요[7]를 참조한다.

---

5  (옮긴이) 자바 애플리케이션에서 관계형 데이터베이스와의 상호작용을 단순화하는 객체–관계 매핑(ORM) 표준이다.
6  (옮긴이) 자바 애플리케이션에서 객체–관계 매핑(ORM)을 구현하는 인기 있는 오픈소스 프레임워크다.
7  https://vladmihalcea.com/jpa-entity-version-property-hibernate/

## 2.5 로깅, 모니터링, 경보

로깅, 모니터링, 경보에 관한 많은 책이 있다. 이 절에서는 면접에서 반드시 언급해야 할 주요 개념과 논의가 예상되는 특정 개념을 자세히 다룬다. 면접관에게 모니터링을 언급하는 것을 절대 잊지 않아야 한다.

### 2.5.1 모니터링의 중요성

모니터링은 모든 시스템에서 고객 경험에 대한 가시성을 제공하는 데 있어 중요하다. 현재와 미래의 가능한 기능적 및 비기능적 요구사항을 만족시키는 시스템 능력의 버그, 성능 저하, 예상치 못한 이벤트와 다른 약점들을 식별해야 한다.

웹 서비스는 언제든 실패할 수 있다. 이러한 실패는 얼마나 긴급하며 빠른 대응이 필요한지에 따라 분류할 수 있다. 긴급성이 높은 실패는 즉시 처리해야 한다. 긴급성이 낮은 실패는 더 높은 우선순위 작업을 완료할 때까지 기다릴 수 있다. 우리가 정의하는 여러 수준의 긴급성은 요구사항과 재량에 따라 결정한다.

서비스가 다른 서비스들의 의존성이라면, 그 서비스가 성능 저하를 겪을 때마다 다른 팀이 우리 서비스를 잠재적인 성능 저하의 원인으로 식별할 수 있으므로, 가능한 성능 저하를 쉽게 조사하고 다른 팀의 질문에 답할 수 있는 로깅과 모니터링 설정이 필요하다.

### 2.5.2 관찰 가능성

이는 관찰 가능성의 개념으로 이어진다. 시스템의 관찰 가능성은 얼마나 측정이 잘 되어 있고 내부에서 무슨 일이 일어나고 있는지 얼마나 쉽게 알 수 있는지를 측정한다[8]. 로깅, 메트릭, 추적 없는 시스템이 불투명하다. 특정 엔드포인트의 P99를 10% 감소시키기 위한 코드 변경이 운영 환경에서 얼마나 잘 작동하는지 쉽게 알 수 없다. P99가 10%보다 훨씬 적게 혹은 훨씬 많이 감소했다면 우리의 예측이 왜 빗나갔는지 관련 통찰을 측정에서 도출할 수 있어야 한다.

모니터링의 네 가지 중요 신호인 지연 시간, 트래픽, 오류, 포화도에 관한 자세한 설명은 구글의 SRE 도서[9]를 참조한다.

---

[8] 존 어런들, 저스틴 도밍거스, 《쿠버네티스를 활용한 클라우드 네이티브 데브옵스》(한빛미디어, 2019)
[9] https://sre.google/sre-book/monitoring-distributed-systems/#xref_monitoring_golden-signals

1. **지연 시간(Latency)** – 서비스 수준 협약(SLA)[10]을 초과하는 지연 시간 경보를 설정할 수 있다(예를 들어 1초 이상). SLA는 개별 요청이 1초 이상이거나, 5초, 10초, 1분, 5분 슬라이딩 윈도우(Sliding Window)[11] 동안의 P99 경보를 트리거할 수 있다.

2. **트래픽(Traffic)** – 초당 HTTP 요청 수로 측정한다. 트래픽이 너무 많을 때 트리거되는 다양한 엔드포인트 경보를 설정할 수 있다. 부하 테스트에서 결정한 부하 한계를 기반으로 적절한 수치를 설정할 수 있다.

3. **오류(Errors)** – 즉시 해결해야 하는 4xx이나 5xx 응답 코드의 높은 긴급성 경보를 설정한다. 감사 실패의 낮은 긴급성이나 요구사항별 높은 긴급성 경보를 트리거한다.

4. **포화(Saturation)** – 시스템의 제약이 CPU, 메모리, I/O인지에 따라 초과해서는 안 되는 사용률 목표를 설정할 수 있다. 사용률 목표에 도달하면 트리거되는 경보를 설정할 수 있다. 다른 예로는 스토리지 사용률이 있다. (파일이나 데이터베이스 사용으로 인해) 스토리지가 수 시간이나 수일 내에 소진될 수 있을 때 트리거되는 경보를 설정할 수 있다.

모니터링과 경보의 세 가지 툴은 메트릭, 대시보드, 경보다. **메트릭(metric)**은 오류 수, 지연 시간, 처리 시간과 같이 측정하는 변수다. **대시보드(dashboard)**는 서비스의 핵심 메트릭에 관한 요약 보기를 제공한다. **경보(alert)**는 서비스에서 발생하는 문제에 대한 반응으로 서비스 소유자에게 보내는 알림이다. 메트릭, 대시보드, 경보는 로그 데이터를 처리해 채워진다. 이를 더 쉽게 생성하고 관리하기 위한 공통 브라우저 UI를 제공할 수도 있다.

CPU 사용률, 메모리 사용률, 디스크 사용률, 네트워크 I/O와 같은 OS 메트릭을 대시보드에 포함시켜 서비스 하드웨어 할당을 적절히 조정하거나 메모리 누수를 감지하는 데 사용할 수 있다.

백엔드 애플리케이션에서 백엔드 프레임워크는 기본적으로 각 요청을 로깅하거나 요청 메서드에 간단한 주석을 제공해 로깅을 활성화할 수 있다. 애플리케이션 코드에 로깅 문을 넣을 수 있다. 또한 코드 내의 특정 변수 값을 수동으로 로깅해 고객의 요청이 어떻게 처리됐는지 이해하는 데 도움을 줄 수 있다.

보리스 숄과 공동 저자들은 책[12]에서 다음과 같은 로깅의 일반적인 고려사항을 제시한다.

- 로그 항목은 툴과 자동화로 쉽게 파싱할 수 있게 구조화돼야 한다.
- 각 항목은 서비스 간 요청을 추적하고 사용자와 개발자 간에 공유할 수 있는 고유 식별자를 포함해야 한다.
- 로그 항목은 작고, 읽기 쉬우며, 유용해야 한다.

---

[10] (옮긴이) 서비스 제공자와 고객 간에 합의된 서비스의 품질, 가용성과 책임사항을 정의하는 공식적인 계약이다.
[11] (옮긴이) 데이터 스트림에서 연속된 하위 집합을 순차적으로 분석하는 기법으로, 네트워크 프로토콜, 시계열 분석 등에서 사용한다.
[12] (옮긴이) 보리스 숄, 트렌트 스완슨, 피터 야우쇼베츠, 《클라우드 네이티브: 클라우드 네이티브 애플리케이션을 설계, 개발, 운영하는 핵심 가이드》(한빛미디어, 2020)

- 타임스탬프는 동일한 시간대와 시간 형식을 사용해야 한다. 다른 시간대와 시간 형식의 항목을 포함하는 로그는 읽거나 파싱하기 어렵다.
- 로그 항목을 분류한다. 디버그, 정보, 오류로 시작한다.
- 비밀번호나 연결 문자열과 같은 개인의 민감한 정보를 로깅하지 않는다. 이러한 정보를 지칭하는 일반적인 용어는 개인 식별 정보(PII)[13]다.

대부분의 서비스 공통 로그는 다음과 같다. 많은 요청 수준 로깅 툴은 이러한 세부 사항을 로깅하게 기본으로 구성돼 있다.

- 호스트 로깅
    - 호스트의 CPU와 메모리 사용률
    - 네트워크 I/O
- 요청 수준 로깅은 모든 요청의 세부 사항을 캡처한다.
    - 지연 시간
    - 누가 언제 요청했는지
    - 함수 이름과 줄 번호
    - 요청 경로와 쿼리 매개변수, 헤더, 본문
    - 반환 상태 코드와 본문(오류 메시지 포함)

특정 시스템에서는 오류와 같은 특정 사용자 경험에 관심이 많을 수 있다. 애플리케이션 내에 로그 메시지를 배치하고 이러한 사용자 경험에 초점을 맞춘 맞춤형 메트릭, 대시보드, 경보를 설정할 수 있다. 예를 들어, 애플리케이션 버그로 5xx 오류에 초점을 맞추기 위해 요청 매개변수, 반환 상태 코드, 오류 메시지 등 특정 세부 사항을 처리하는 메트릭, 대시보드, 경보를 만들 수 있다.

또한 시스템이 고유한 기능적 및 비기능적 요구사항을 얼마나 잘 충족하는지 모니터링하려면 이벤트를 로깅해야 한다. 예를 들어, 캐시를 구축한다면 캐시 결함, 히트, 미스를 로깅하고 싶을 것이다. 메트릭에는 결함, 히트, 미스의 개수가 포함돼야 한다.

회사 내 시스템에서 사용자에게 모니터링의 일부 접근 권한을 제공하거나 사용자를 위한 모니터링 툴을 특별히 구축하고 싶을 수 있다. 예를 들어, 고객이 자신의 요청 상태를 추적하고 URL 경로와 같은 범주로 메트릭과 경보를 필터링하고 집계하는 대시보드를 만들 수 있다.

---

[13] (옮긴이) 개인을 직접 혹은 간접적으로 식별하는 데 사용될 수 있는 모든 데이터를 의미한다.

또한 조용한 실패를 해결하는 방법도 논의해야 한다. 이는 애플리케이션 코드나 라이브러리와 다른 서비스 같은 의존성에 있는 버그 때문에 4xx나 5xx여야 하는데 2xx로 표시되거나 서비스에 로깅과 모니터링 개선이 필요함을 나타내는 것일 수 있다.

개별 요청의 로깅, 모니터링, 경보 외에도 시스템의 데이터를 검증하는 배치와 스트리밍 감사 작업을 만들 수 있다. 이는 시스템의 데이터 무결성을 모니터링하는 것과 유사하다. 작업 결과가 검증 실패를 나타내면 트리거되는 경보를 만들 수 있다. 이러한 시스템은 10장에서 논의한다.

## 2.5.3 경보 대응

서비스를 개발하고 유지보수하는 팀은 일반적으로 몇 명의 엔지니어로 구성된다. 이 팀은 서비스의 높은 긴급성 경보의 온콜(On-Call)[14] 일정을 설정할 수 있다. 온콜 엔지니어가 특정 경보의 원인을 잘 알지 못할 수 있으므로 경보 목록, 발생 가능한 원인, 원인을 찾고 해결하는 절차가 포함된 런북(Runbook)을 준비해야 한다.

런북을 준비하면서 특정 런북 지침이 문제를 해결하기 위한, 쉽게 복사해 붙여넣을 수 있는 명령(예: 호스트 재시작)으로 구성돼 있다면, 이러한 단계가 실행됐다는 로깅과 함께 애플리케이션에서 자동화돼야 한다[15]. 자동화된 실패 복구를 구현하지 않는 것은 런북 남용이다. 특정 런북 지침이 특정 메트릭을 보기 위한 명령을 실행하는 것으로 구성돼 있다면, 이러한 메트릭을 대시보드에 표시해야 한다.

회사에는 중요한 서비스의 높은 신뢰성을 보장하기 위한 툴과 프로세스를 개발하고 종종 이러한 중요 서비스의 온콜을 수행하는 엔지니어로 구성된 사이트 신뢰성 엔지니어링(SRE) 팀이 있을 수 있다. 우리 서비스가 SRE 관리 하에 있다면 서비스 빌드가 배포되기 전에 SRE 팀의 기준을 만족해야 할 수 있다. 이 기준은 일반적으로 높은 단위 테스트 커버리지, SRE 검토를 통과한 기능 테스트 스위트[16], 가능한 문제에 대한 좋은 커버리지와 설명이 있고 SRE 팀의 검토를 받은 잘 작성된 런북으로 구성된다.

장애가 해결된 후에는 무엇이 잘못됐는지, 왜 그랬는지, 팀이 어떻게 재발을 방지할 것인지를 식별하는 사후 분석(Postmortem)을 작성해야 한다. 사후 분석에는 비난이 없어야 한다. 그렇지 않으면 문제를 해결하는 대신 축소하거나 숨기려 할 수 있다.

문제를 해결하기 위해 취한 조치 패턴을 식별하면 문제의 해소를 자동화하는 방법을 파악할 수 있으며, 이를 통해 시스템에 자가 치유(Self-healing) 특성을 도입할 수 있다.

---

**14** (옮긴이) 긴급 상황이나 문제 발생 시 즉시 대응할 수 있게 대기 중인 직원의 근무 체계를 의미한다.
**15** 마이크 줄리안(Mike Julian), 《프랙티컬 모니터링(Practical Monitoring)》(O'Reilly Media Inc, 2017) 3장
**16** (옮긴이) 소프트웨어의 개별 기능이 의도한 대로 작동하는지 확인하기 위해 설계된 자동화된 테스트 집합이다.

### 2.5.4 애플리케이션 수준 로깅 툴

오픈 소스 ELK(일래스틱서치, 로그스태시(Logstash), 비트(Beats), 키바나(Kibana)) 스위트와 유료 서비스인 스플렁크(Splunk)는 일반적인 애플리케이션 수준 로깅 툴이다. 로그스태시는 로그를 수집하고 관리하는 데 사용한다. 일래스틱서치는 로그의 저장, 인덱싱, 검색에 유용한 검색 엔진이다. 키바나는 일래스틱서치를 데이터 소스로 사용해 로그를 시각화하고 대시보드를 만들며 사용자가 로그를 검색할 수 있게 한다. 비트는 2015년에 추가돼 일래스틱서치나 로그스태시로 실시간 데이터를 전송하는 경량 데이터 전송 방식이다.

이 책에서 이벤트를 로깅한다고 언급할 때마다 조직의 다른 서비스에서 로깅에 사용하는 공통 ELK 서비스에 이벤트를 로깅한다고 이해한다.

수많은 모니터링 툴이 있으며, 이는 독점이나 FOSS(Free and Open Source Software 무료 오픈 소스 소프트웨어)일 수 있다. 이러한 툴 중 몇 개를 간단히 설명하겠지만, 그 전체 목록이나 그에 관한 자세한 설명 및 비교는 이 책의 범위를 벗어난다.

이 툴들은 다음과 같이 특성 면에서 차이가 있다.

- 기능 – 다양한 툴이 로깅, 모니터링, 경보, 대시보드의 전체나 일부를 제공.
- 서버 외에 로드 밸런서, 스위치, 모뎀, 라우터, 네트워크 카드 등 다양한 운영 체제와 다른 유형의 장비 지원.
- 리소스 소비.
- 인기도 – 시스템에 익숙한 엔지니어를 찾기 쉬운 정도에 비례.
- 개발자 지원 – 예를 들어 업데이트 빈도.

또한 다음과 같은 주관적인 특성에서도 차이가 있다.

- 학습 곡선.
- 수동 구성의 어려움과 새 사용자가 실수할 가능성.
- 다른 소프트웨어 및 서비스와의 통합 용이성.
- 버그의 수와 심각도.
- 사용자 경험 – 일부 툴은 브라우저나 데스크톱 UI 클라이언트를 가지며, 다양한 사용자가 하나의 UI 사용자 경험을 다른 UI의 사용자 경험보다 선호할 수 있다.

FOSS 모니터링 툴은 다음을 포함한다.

- 프로메테우스(Prometheus)+그라파나(Grafana) – 프로메테우스는 모니터링용, 그라파나는 시각화와 대시보드용으로 사용한다.
- 센수(Sensu)[17] – 레디스를 사용해 데이터를 저장하는 모니터링 시스템. 센수를 구성해 서드파티 경보 서비스로 경보를 보낼 수 있다.
- 나기오스(Nagios) – 모니터링과 경보 시스템.
- 자빅스(Zabbix) – 모니터링 대시보드 툴이 포함된 모니터링 시스템.

솔루션으로는 스플렁크, 데이타독(Datadog), 뉴렐릭(New Relic)이 있다.

**시계열 데이터베이스(TSDB)**는 로깅 시계열 데이터와 함께 발생하는 연속적인 쓰기와 같은 시계열을 저장하고 제공하는 데 최적화된 시스템이다. 예시는 다음과 같다. 대부분의 쿼리는 최근 데이터를 변경할 수 있으므로 오래된 데이터는 가치가 작을 것이며, TSDB에서 다운샘플링을 구성해 저장 공간을 절약할 수 있다. 이는 정의된 간격 평균을 계산해 오래된 데이터를 롤업(Rolls up)[18]한다. 평균값만 저장되고 원본 데이터는 삭제되므로 더 적은 저장 공간을 사용한다. 데이터 보존 기간과 해상도는 요구사항과 예산에 따라 다르다.

오래된 데이터 저장 비용을 더 줄이려면 데이터를 압축하거나 테이프나 광학 디스크와 같은 저렴한 저장 매체를 사용한다. 사용하지 않을 때 속도를 늦추거나 멈추는 하드디스크 저장 서버와 같은 사용자 지정 설정의 예[19]를 참조한다.

- 그라파이트(Graphite) – 일반적으로 OS 메트릭을 로깅하는 데 사용되며(웹사이트와 애플리케이션과 같은 다른 설정도 모니터링할 수 있음), 그라파나 웹 애플리케이션으로 시각화한다.
- 프로메테우스 – 일반적으로 그라파나로 시각화한다.
- OpenTSDB – HBase를 사용하는 분산, 확장 가능한 TSDB.
- InfluxDB – Go로 작성된 오픈 소스 TSDB.

---

17 (옮긴이) 센수(Sensu)는 서버, 컨테이너, 서비스와 애플리케이션의 상태를 모니터링하고 알림을 제공하는 오픈소스 모니터링 플랫폼이다.
18 (옮긴이) 상세한 데이터를 요약해 더 높은 수준의 집계된 형태로 변환하는 과정으로, 주로 분석과 보고에 사용한다.
19 https://www.zdnet.com/article/could-the-tech-beneath-amazons-glacier-revolutionise-data-storage/
https://arstechnica.com/information-technology/2015/11/to-go-green-facebook-puts-petabytes-of-cat-pics-on-ice-and-likes-windfarming/

프로메테우스는 시계열 데이터베이스를 중심으로 구축된 오픈소스 모니터링 시스템이다. 프로메테우스는 대상 HTTP 엔드포인트에서 메트릭을 요청하기 위해 데이터를 가져오며, 푸시게이트웨이(Pushgateway)는 얼럿매니저(Alertmanager)로 경보를 푸시한다. 얼럿매니저는 이메일이나 페이저듀티(PagerDuty) 같은 다양한 채널로 경보를 푸시하게 구성할 수 있다. 프로메테우스 쿼리 언어(PromQL)를 사용해 메트릭을 탐색하고 그래프를 그릴 수 있다.

나기오스는 서버, 네트워크, 애플리케이션 모니터링에 중점을 둔 레거시 IT 인프라 모니터링 툴이다. 수백 개의 서드파티 플러그인, 웹 인터페이스, 고급 시각화 대시보드 툴을 갖추고 있다.

### 2.5.5 데이터 품질에 대한 스트리밍과 배치 감사

데이터 품질은 데이터가 지칭하는 실제 구성을 나타내고 의도한 목적으로 사용될 수 있는지 확인하는 것을 말하는 비공식 용어다. 예를 들어, ETL 작업으로 업데이트되는 특정 테이블에 해당 작업에서 생성한 일부 행이 누락됐다면 데이터 품질이 낮다고 할 수 있다.

데이터베이스 테이블은 데이터 품질 문제를 탐지하기 위해 지속적 혹은 주기적으로 감사(Audit)할 수 있다. 감사는 최근 추가되거나 수정된 데이터를 검증하는 스트리밍과 배치 ETL 작업을 정의해 구현할 수 있다.

이는 특히 이전 유효성 검사에서 탐지되지 않은 오류인 조용한 오류를 탐지하는 데 유용하다. 예를 들어 서비스 요청을 처리하는 동안 발생하는 유효성 검사 등이 있다.

이 개념을 확장해 10장에서 설명할 데이터베이스 배치 감사를 위한 가상의 공유 서비스로 발전시킬 수 있다.

### 2.5.6 데이터 이상 탐지

이상 탐지는 비정상적인 데이터 포인트를 탐지하기 위한 머신러닝 개념이다. 머신러닝 개념에 관한 전체 설명은 이 책의 범위를 벗어난다. 이 절에서는 비정상적인 데이터 포인트를 탐지하기 위한 이상 탐지를 간략히 설명한다. 이는 데이터 품질을 보장하고 분석 인사이트를 도출하는 데 유용하다. 특정 메트릭의 비정상적인 상승이나 하락은 데이터 처리 문제나 시장 조건의 변화를 나타낼 수 있기 때문이다.

가장 기본적인 형태의 이상 탐지는 연속적인 데이터 스트림을 이상 탐지 알고리즘에 입력하는 것으로 구성한다. 머신러닝에서 훈련 세트라고 불리는 정의된 수의 데이터 포인트를 처리한 후, 이상 탐지 알고리즘은 통계적 모델을 개발한다. 이 모델의 목적은 데이터 포인트를 받고 해당 데이터 포인트의 이상 확률을 할당하는 것이다. 각 데이터 포인트가 정상이나 이상으로 수동 레이블링된 검증 세트라고 하는 데이터 포인트 집합에 이 모델을 사용해 모델이 작동하는지 확인할 수 있다. 마지막으로, 수동으로 레이블링된 또 다른 세트인 테스트 세트에서 모델을 테스트해 정확도 특성을 정량화할 수 있다.

사용되는 머신러닝 모델의 종류, 세 가지 세트 각각에 포함된 데이터 포인트 수, 정밀도와 재현율과 같은 특성을 조정하기 위한 모델의 매개변수 등 많은 매개변수를 수동으로 조정할 수 있다. 정밀도와 재현율 같은 머신러닝 개념은 이 책의 범위를 벗어난다.

실제로 이런 접근 방식으로 데이터 이상을 탐지하는 것은 구현, 유지보수, 사용하기가 복잡하고 비용이 많이 든다. 이는 중요한 데이터셋에만 사용하도록 한다.

## 2.5.7 무감지 오류와 감사

엔드포인트가 오류가 발생했음에도 상태 코드 200을 반환하는 버그로 인해 무감지 오류가 발생할 수 있다. 데이터베이스의 최근 변경 사항을 감사하고 감사 실패 시 경보를 발생시키는 배치 ETL 작업을 작성한다. 자세한 내용은 10장에서 다룬다.

## 2.5.8 관찰 가능성 추가 자료

- 클라우드 기반 서버리스와 쿠버네티스 환경에 관찰 가능성 방식을 적용하는 것에 대한 가이드는 《Cloud Observability in Action》[20]을 참조한다.
- 서비스 템플릿의 관찰 가능성 관련 기능을 구현하는 실습 과정은 주석의 링크[21] 내용을 참조한다.
- 관찰 가능성 모범 사례, 장애 대응과 안티 패턴에 관한 내용은 《Practical Monitoring》[22]을 참조한다.
- 관찰 가능성이 클라우드 네이티브 애플리케이션에 필수적임을 강조하는 내용은 《Cloud Native: Using Containers, Functions, and Data to build Next-Generation Applications》[23]를 참조한다.
- 클라우드 네이티브 애플리케이션의 관찰 가능성, 모니터링과 메트릭 내용은 《Cloud Native DevOps with Kubernetes》[24]를 참조한다.

---

20 마이클 하우젠블라스(Michael Hausenblas), 《클라우드 관찰 가능성 인 액션(Cloud Observability in Action)》(Manning Publications, 2023)
21 https://www.manning.com/liveproject/configure-observability
22 마이크 줄리안(Mike Julian), 《프랙티컬 모니터링(Practical Monitoring)》(O'Reilly Media Inc, 2017)
23 보리스 숄, 트렌트 스완슨, 피터 야우쇼베츠, 《클라우드 네이티브: 클라우드 네이티브 애플리케이션을 설계, 개발, 운영하는 핵심 가이드》(한빛미디어, 2020)
24 존 어런들, 저스틴 도밍거스, 《쿠버네티스를 활용한 클라우드 네이티브 데브옵스》(한빛미디어, 2019) 15, 16장

## 2.6 검색창

검색은 많은 애플리케이션의 공통 기능이다. 대부분의 프론트엔드 애플리케이션은 사용자가 원하는 데이터를 빠르게 찾을 수 있게 검색창을 제공한다. 데이터는 일래스틱서치 클러스터에서 인덱싱할 수 있다.

### 2.6.1 소개

검색창은 많은 앱에서 볼 수 있는 일반적인 UI 컴포넌트다. 단일 검색창일 수도 있고 필터링을 위한 다른 프론트엔드 컴포넌트를 포함할 수도 있다. 그림 2.2는 검색창의 예시다.

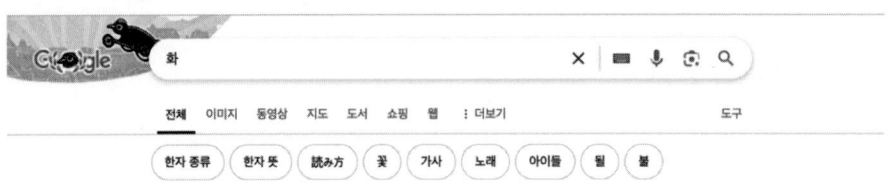

그림 2.2 결과 필터링을 위한 드롭다운 메뉴가 있는 구글 검색창

검색을 구현하는 일반적인 기법은 다음과 같다.

1. SQL 데이터베이스에서 LIKE 연산자와 패턴 매칭을 사용해 검색한다. 쿼리는 SELECT ⟨column⟩ FROM ⟨table⟩ WHERE Lower(⟨column⟩) LIKE "%Lower(⟨search_term⟩)%"와 같은 형태다.
2. match-sorter[25]와 같은 라이브러리를 사용한다. 이는 검색어를 받아 레코드 매칭과 정렬을 수행하는 자바스크립트 라이브러리다. 이런 솔루션은 각 클라이언트 애플리케이션에 별도로 구현해야 한다. 최대 수 GB의 텍스트 데이터(즉, 최대 수백만 개의 레코드)에 적합하고 기술적으로 간단한 솔루션이다. 웹 애플리케이션은 일반적으로 백엔드에서 데이터를 다운로드하며, 이 데이터는 수 메가바이트를 넘지 않을 가능성이 높다. 그렇지 않으면 애플리케이션이 수백만 명의 사용자로 확장되기 어렵다. 모바일 애플리케이션은 데이터를 로컬에 저장할 수 있어 이론적으로 GB 단위의 데이터를 가질 수 있지만, 수백만 대의 모바일폰 간 데이터 동기화는 현실적으로 어려울 수 있다.
3. 일래스틱서치와 같은 검색 엔진을 사용한다. 이 솔루션은 확장 가능하며 PB 단위의 데이터를 처리할 수 있다.

첫 번째 기법에는 여러 제한 사항이 있어 곧 폐기되거나 적절한 검색 엔진으로 변경될 빠른 임시 구현으로만 사용해야 한다. 단점은 다음과 같다.

---

[25] https://github.com/kentcdodds/match-sorter

- 검색 쿼리를 사용자 정의하기 어렵다.
- 부스팅, 가중치, 퍼지 검색, 어간 추출이나 토큰화 같은 텍스트 전처리 등의 정교한 기능이 없다.

여기서는 개별 레코드가 작다고 가정한다. 즉, 텍스트 레코드이지 비디오 레코드가 아니다. 비디오 레코드의 인덱싱과 검색 작업은 비디오 데이터에 직접 수행하지 않고 동반되는 텍스트 메타데이터에 수행한다. 검색 엔진의 인덱싱과 검색 구현은 이 책의 범위를 벗어난다.

2부에서 질문을 설명할 때 이러한 기법을 언급하되, 일래스틱서치 사용에 더 주목할 것이다.

## 2.6.2 일래스틱서치를 활용한 검색창 구현

조직은 많은 서비스의 검색 요구사항을 충족시키기 위해 공유 일래스틱서치 클러스터를 가질 수 있다. 이 절에서는 먼저 기본적인 일래스틱서치 전문 검색 쿼리를 설명한 다음, 기존 일래스틱서치 클러스터가 있다는 전제 하에 서비스에 일래스틱서치를 추가하는 기본 단계를 설명한다. 이 책에서는 일래스틱서치 클러스터 설정에 관해 설명하거나 일래스틱서치 개념과 용어를 자세히 설명하지 않는다. 예시로 Beigel 앱(1장에서 소개)을 사용할 것이다.

기본적인 퍼지 매칭[26]이 포함된 전문(full-text) 검색을 제공하기 위해 검색창을 GET 엔드포인트에 연결해 쿼리를 일래스틱서치 서비스로 전달할 수 있다. 일래스틱서치 쿼리는 일래스틱서치 인덱스(관계형 데이터베이스의 데이터베이스와 유사)를 수행한다.

예를 들어, Beigel 앱이 검색창을 제공하고 사용자가 'sesame'라는 용어를 검색하면 일래스틱서치 요청은 다음 중 하나와 유사할 것이다.

검색어가 쿼리 매개변수에 포함될 수 있으며, 이는 정확한 일치만 허용한다.

```
GET /beigel-index/_search?q=sesame
```

JSON 요청 본문을 사용할 수도 있는데, 이를 통해 이 책의 범위를 벗어나는 전체 일래스틱서치 DSL[27]을 사용할 수 있다.

```
GET /beigel-index/_search
{
```

---

[26] (옮긴이) 정확한 일치가 아닌 유사성을 기반으로 데이터를 검색하거나 비교하는 기술이다.
[27] (옮긴이) DSL(Domain-Specific Language)은 특정 도메인이나 문제 영역에 최적화된 특수 목적의 프로그래밍 언어다.

```
    "query": {
      "match": {
        "query": "sesame",
        "fuzziness": "AUTO"
      }
    }
}
```

**"fuzziness": "AUTO"**는 퍼지(근사) 매칭을 허용하기 위한 것으로, 검색어나 검색 결과에 철자 오류가 있는지 확인하는 등의 여러 사용 사례가 있다.

결과는 연관성이 높은 순으로 정렬된 JSON 배열로 반환된다. 백엔드는 이 결과를 프론트엔드로 다시 전달하고, 프론트엔드는 이를 파싱해 사용자에게 추천 정보를 제시할 수 있다.

### 2.6.3 일래스틱서치 인덱스와 수집

일래스틱서치 인덱스 생성은 사용자가 검색창에서 검색 쿼리를 제출할 때 검색해야 할 문서를 수집한 다음 인덱싱 작업을 수행하는 것으로 구성된다.

주기적 혹은 이벤트 트리거 방식의 인덱싱이나 벌크(Bulk) API[28]를 사용한 삭제 요청으로 인덱스를 최신 상태로 유지할 수 있다.

인덱스의 매핑을 변경하는 한 가지 방법은 새 인덱스를 생성하고 이전 인덱스를 삭제하는 것이다. 또 다른 방법은 일래스틱서치의 재인덱싱 작업을 사용하는 것이지만, 내부 루씬(Lucene)[29] 커밋 작업이 모든 쓰기 요청 후 동기적으로 발생하므로 비용이 많이 든다[30].

일래스틱서치 인덱스를 생성하려면 검색하려는 모든 데이터를 일래스틱서치 문서 스토리지에 저장해야 하므로 전체 저장 요구사항이 증가한다. 인덱싱할 데이터의 일부만 전송하는 다양한 최적화 방법이 있다.

표 2.1은 SQL과 일래스틱서치 용어 간의 대략적인 매핑을 보여준다.

---

28 (옮긴이) 대량의 데이터를 한 번에 효율적으로 처리하기 위해 설계된 인터페이스다.
29 (옮긴이) 고성능 전문 검색(full-text search) 엔진을 구현하기 위한 오픈 소스 자바 라이브러리다.
30 https://www.elastic.co/guide/en/elasticsearch/reference/current/index-modules-translog.html#index-modules-translog

표 2.1 SQL과 일래스틱서치 용어 간의 간략한 매핑. 매핑된 용어 간에는 차이가 있으며, 이 표를 있는 그대로 받아들여서는 안 된다. 이 매핑은 SQL 경험이 있는 일래스틱서치 초보자가 추가 학습을 위한 시작점으로 사용하기 위함이다.

| SQL | 일래스틱서치 |
| --- | --- |
| Database | Index |
| Partition | Shard |
| Table | Type (대체 없이 지원 중단) |
| Column | Field |
| Row | Document |
| Schema | Mapping |
| Index | 모든 것이 인덱싱됨 |

## 2.6.4 SQL 대신 일래스틱서치 사용하기

일래스틱서치는 SQL처럼 사용할 수 있다. 일래스틱서치는 쿼리 컨텍스트와 필터 컨텍스트의 개념으로 나눈다[31]. 문서에 따르면, 필터 컨텍스트에서 쿼리 절은 '이 문서가 이 쿼리 절과 일치하는가?'라는 질문에 답한다. 답은 예나 아니오이며, 점수는 계산되지 않는다. 쿼리 컨텍스트에서 쿼리 절은 '이 문서가 이 쿼리 절과 얼마나 잘 일치하는가?'라는 질문에 답한다. 쿼리 절은 문서가 일치하는지 판단하고 관련성 점수를 계산한다. 본질적으로 쿼리 컨텍스트는 SQL 쿼리와 유사하고, 필터 컨텍스트는 검색과 유사하다.

SQL 대신 일래스틱서치를 사용하면 검색과 쿼리를 모두 할 수 있고, 중복 저장 요구사항을 제거하며, SQL 데이터베이스의 유지보수 부담을 없앨 수 있다. 개인적으로 데이터 저장에 일래스틱서치만 사용하는 서비스를 본 적이 있다.

하지만 일래스틱서치는 관계형 데이터베이스를 대체하기보다는 보완하기 위해 자주 사용한다. 이는 스키마가 없는 데이터베이스이며 정규화나 기본 키와 외래 키 같은 테이블 간의 관계 개념이 없다. SQL과 달리 일래스틱서치는 명령 쿼리 책임 분리(CQRS, 1.4.6절 참조)나 ACID[32]를 제공하지 않는다.

또한 일래스틱서치 쿼리 언어(EQL)는 JSON 기반 언어로, 학습 곡선이 있다. SQL은 데이터 분석가와 같은 비개발자나 비기술 인력에게 익숙하다. 비기술 사용자도 하루 만에 기본적인 SQL을 쉽게 배울 수 있다.

---

[31] https://www.elastic.co/guide/en/elasticsearch/reference/current/query-filter-context.html
[32] (옮긴이) 데이터베이스 트랜잭션의 무결성을 보장하는 4가지 특성(원자성, 일관성, 격리성, 지속성)을 나타내는 약어다.

일래스틱서치 SQL은 2018년 6월 일래스틱서치 6.3.0 출시와 함께 도입됐다[33]. 그것은 모든 일반적인 필터와 집계 작업을 지원한다[34]. 이는 희망적인 발전이다. SQL의 우위는 잘 확립돼 있지만, 앞으로 몇 년 안에 더 많은 서비스가 모든 데이터 저장과 검색에 일래스틱서치를 사용할 가능성이 있다.

### 2.6.5 서비스에서 검색 구현하기

면접에서 사용자 스토리와 기능 요구사항을 논의할 때 검색을 언급하는 것은 고객 중심적인 접근 자세를 보여주는 것이다. 검색 엔진을 설계하는 문제가 아닌 한, 일래스틱서치 인덱스 생성, 수집과 인덱싱, 검색 쿼리 수행, 결과 처리 이상으로 검색 구현을 설명할 가능성은 낮다. 2부의 대부분의 질문 설명에서는 이런 방식으로 검색을 다룬다.

### 2.6.6 검색에 관한 추가 자료

일래스틱서치와 인덱싱에 관한 추가 자료는 다음과 같다.

- 일래스틱서치 공식 가이드[35].
- 일래스틱서치와 키바나로 완전한 기능을 갖춘 검색 엔진을 개발하는 실무 가이드[36].
- 일래스틱서치 7 버전과 일래스틱 스택 강좌[37].
- 일래스틱서치와 키바나를 사용한 클라우드 로깅 실습 강좌[38].
- 일래스틱서치 인덱스를 업데이트하는 방법과 관련된 공식 일래스틱서치 가이드의 훌륭한 대안[39].
- 대규모 재인덱싱 작업의 사례 연구[40].

---

[33] https://www.elastic.co/blog/an-introduction-to-elasticsearch-sql-with-practical-examples-part-1
https://www.elastic.co/what-is/elasticsearch-sql
[34] https://www.elastic.co/guide/en/elasticsearch/reference/current/sql-functions.html
[35] https://www.elastic.co/guide/en/elasticsearch/reference/current/index.html
[36] 마두수단 콘다(Madhusudhan Konda), 《일래스틱서치 인 액션(Elasticsearch in Action)》(Second Edition)(Manning Publications, 2023)
[37] https://www.manning.com/livevideo/elasticsearch-7-and-elastic-stack
[38] https://www.manning.com/liveproject/centralized-logging-in-the-cloud-with-elasticsearch-and-kibana
[39] https://stackoverflow.com/questions/33858542/how-to-really-reindex-data-in-elasticsearch
[40] https://developers.soundcloud.com/blog/how-to-reindex-1-billion-documents-in-1-hour-at-soundcloud

## 2.7 기타 논의 가능한 주제

시스템 설계가 요구사항을 충족하는 시점에 이르면 다른 주제들도 논의할 수 있다. 이 절에서는 추가로 논의가 가능한 몇 가지 주제를 간략히 설명한다.

### 2.7.1 애플리케이션 유지보수와 확장

면접 초반에 요구사항을 논의했고 그에 맞는 시스템 설계를 수립했다. 이제 요구사항을 더 잘 충족하기 위해 설계를 계속 개선할 수 있다.

또한 그 밖의 가능한 요구사항으로 논의를 확장할 수 있다. 기술 업계에서 일하는 사람이라면 누구나 애플리케이션 개발이 끝나는 경우는 거의 없다는 것을 안다. 항상 새롭고 경쟁적인 요구사항이 있다. 사용자는 자신이 개발하거나 변경되기를 원하는 요구사항을 전달한다. API 엔드포인트의 트래픽과 요청 내용을 모니터링해 확장과 개발 결정을 내린다. 어떤 기능을 개발, 유지, 폐기, 해체할지에 관해 끊임없이 논의한다. 다음과 같은 주제로 논의할 수 있다.

- 유지보수는 면접 중에 논의될 수 있다. 어떤 시스템 구성 요소가 기술(예: 소프트웨어 패키지)에 의존하며, 어떤 것이 가장 빠르게 개발되고 가장 많은 유지보수 작업이 필요한가? 모든 구성 요소에서 호환성을 깨는 변경을 도입하는 업그레이드를 어떻게 처리할 것인가?
- 향후 개발해야 할 수 있는 기능과 시스템 설계.
- 향후 필요하지 않을 수 있는 기능은 무엇이고 이를 어떻게 점진적으로 폐기하고 해체할 것인가? 이 과정에서 적절한 수준의 사용자 지원은 무엇이며 이를 어떻게 잘 제공할 수 있을까?

### 2.7.2 다른 유형의 사용자 지원

다른 유형의 사용자를 지원하게 서비스를 확장할 수 있다. 소비자나 기업, 수동이나 자동(프로그래밍) 방식에 중점을 뒀다면 그 밖의 사용자 범주를 지원하게 시스템을 확장하는 방법을 설명할 수 있다. 현재 서비스를 확장하거나 새로운 서비스를 구축하는 방법, 그리고 두 접근 방식의 장단점을 설명할 수 있다.

### 2.7.3 대안적 아키텍처 결정

면접 초반에 대안적 아키텍처 결정에 대해 논의했어야 하므로 더 자세히 살펴보겠다.

### 2.7.4 사용성과 피드백

사용성은 사용자가 원하는 목표를 효과적이고 효율적으로 달성하기 위해 시스템을 얼마나 잘 사용할 수 있는지를 측정하는 지표다. 이는 사용자 인터페이스의 사용 용이성을 평가한다. 사용성 지표를 정의하고, 필요한 데이터를 로깅하며, 주기적으로 이러한 지표를 계산하고 이를 표시하는 대시보드를 업데이트하는 배치 ETL 작업을 구현할 수 있다. 사용성 지표는 사용자가 시스템을 어떻게 사용하기를 원하는지에 따라 정의할 수 있다.

예를 들어, 검색 엔진을 만들었다면 사용자는 원하는 결과를 빠르게 찾기를 원한다. 가능한 지표 중 하나는 사용자가 클릭하는 결과 목록의 평균 인덱스가 될 수 있다. 결과가 관련성이 높은 순서로 정렬되기를 원하며, 선택된 평균 인덱스가 낮다는 것은 사용자가 목록 상단과 가까운 곳에서 원하는 결과를 찾았다는 것을 의미한다고 가정한다.

다른 예시 지표로는 사용자가 애플리케이션을 사용할 때 지원 부서에서 필요로 하는 도움의 양이 있다. 우리 애플리케이션은 셀프 서비스가 이상적이다. 즉, 사용자가 도움을 요청하지 않고도 애플리케이션 내에서 원하는 작업을 완전히 수행할 수 있어야 한다. 애플리케이션에 헬프 데스크가 있다면 이는 하루나 일주일 동안 생성된 헬프 데스크 티켓 수로 측정할 수 있다. 헬프 데스크 티켓 수가 많다는 것은 애플리케이션이 셀프 서비스가 아니라는 것을 나타낸다.

사용성은 사용자 설문조사로도 측정할 수 있다. 일반적인 사용성 설문조사 지표는 **순추천지수(Net Promoter Score, NPS)**다. NPS는 애플리케이션을 친구나 동료에게 추천할 가능성을 0에서 1,083까지의 척도로 평가한 고객 중 9점이나 10점을 준 비율에서 6점 이하를 준 비율을 뺀 값으로 정의한다.

사용자가 피드백을 제출할 수 있게 애플리케이션 내에 UI 컴포넌트를 만들 수 있다. 예를 들어, 웹 UI에 사용자가 피드백과 의견을 이메일로 보낼 수 있는 HTML 링크나 양식을 포함할 수 있다. 스팸과 같은 이유로 이메일을 사용하고 싶지 않다면 피드백을 제출하는 API 엔드포인트를 만들고 양식 제출을 거기에 연결할 수 있다.

좋은 로깅은 사용자의 피드백을 기록된 활동과 매칭하게 도와줌으로써 버그의 재현성을 높일 수 있다.

### 2.7.5 에지 케이스와 새로운 제약 조건

면접 막바지에 면접관은 상상력의 한계 내에서 에지 케이스(Edge case)[41]와 새로운 제약 조건을 제시할 수 있다. 이는 새로운 기능적 요구사항으로 구성되거나 특정 비기능적 요구사항을 극단적으로 밀어

---

[41] 시스템의 한계를 테스트하는 극단적이거나 비정상적인 입력 조건이나 상황이다.

붙일 수 있다. 요구사항 계획 단계에서 이러한 에지 케이스 중 일부를 예상했을 수도 있다. 이를 충족하기 위해 트레이드오프할 수 있는지와 현재 요구사항과 새로운 요구사항을 모두 지원하게 아키텍처를 재설계할 수 있는지 논의할 수 있다. 다음은 몇 가지 예시다.

- 새로운 기능적 요구사항: 신용카드 결제를 지원하는 판매 서비스를 설계했다. 결제 시스템이 각 국가의 다른 신용카드 결제 요구사항을 지원하게 사용자 정의가 필요하다면 어떻게 할 것인가? 상점 크레딧과 같은 다른 결제 유형도 지원해야 한다면 어떻게 할 것인가? 쿠폰 코드를 지원해야 한다면 어떻게 할 것인가?
- 텍스트 검색 서비스를 설계했다. 이를 이미지, 오디오, 비디오로 어떻게 확장할 수 있을까?
- 호텔 객실 예약 서비스를 설계했다. 사용자가 객실을 변경해야 한다면 어떻게 할 것인가? 다른 호텔이라도 이용 가능한 객실을 찾아야 할 것이다.
- 뉴스 피드 추천 서비스에 소셜 네트워킹 기능을 추가하기로 결정한다면 어떻게 할 것인가?

### 확장성과 성능

- 사용자가 백만 명의 팔로워나 백만 명의 메시지 수신자를 가지고 있다면 어떻게 할 것인가? 긴 P99 메시지[42] 전송 시간을 받아들일 수 있는가? 아니면 더 나은 성능을 내기 위해 설계해야 하는가?
- 지난 10년간 판매 데이터의 정확한 감사(Audit)를 수행해야 한다면 어떻게 할 것인가?

### 지연 시간과 처리량

- P99 메시지 전송 시간이 500ms 이내여야 한다면 어떻게 할 것인가?
- 실시간 스트리밍을 지원하지 않는 비디오 스트리밍 서비스를 설계했다면, 실시간 스트리밍을 지원하게 설계를 어떻게 수정할 수 있을까? 100억 개의 기기에서 동시에 백만 개의 고해상도 비디오를 스트리밍하는 것을 어떻게 지원할 수 있을까?

### 가용성과 내결함성

- 모든 데이터가 데이터베이스에도 있으므로 고가용성이 필요하지 않은 캐시를 설계했다. 적어도 특정 데이터에 대한 고가용성을 원한다면 어떻게 할 것인가?
- 판매 서비스가 고빈도의 거래에 사용된다면 어떻게 할 것인가? 어떻게 하면 가용성을 높일 수 있을까?
- 시스템의 각 구성 요소가 어떻게 실패할 수 있을까? 실패를 어떻게 방지 혹은 해소할 수 있을까?

### 비용

- 낮은 지연 시간과 높은 성능을 지원하는 데 비용이 많이 드는 설계 결정을 했을 수 있다. 비용을 낮추려면 무엇을 교환할 수 있을까?
- 필요할 때 서비스를 어떻게 점진적으로 해체할 수 있을까?
- 이식성을 고려했는가? 애플리케이션을 클라우드로 어떻게 이동할 수 있을까? 애플리케이션을 이식 가능하게 만드는 데 따른 트레이드오프는 무엇인가? 더 높은 비용과 복잡성을 대체하고 이식 가능한 객체 스토리지 구성으로 MinIO[43]를 고려해보자.

---

42 (옮긴이) 전체 요청이나 응답 시간 중 99%가 이 값 이하의 성능을 보이는 지점을 나타내는 성능 지표다.
43 https://min.io/

이 책의 2부에 나오는 모든 질문은 추가 토론을 위한 주제 목록으로 끝난다.

### 2.7.6 클라우드 네이티브 개념

마이크로서비스, 공유 서비스를 위한 서비스 메시와 사이드카(이스티오), 컨테이너화(도커), 오케스트레이션(쿠버네티스), 자동화(스캐폴드(Skaffold)[44], 젠킨스), 코드형 인프라(테라폼, 헬름(Helm)) 같은 클라우드 네이티브 개념으로 비기능적 요구사항을 해결하는 방법을 논의할 수 있다. 이러한 주제에 관한 자세한 설명은 이 책의 범위를 벗어난다. 관심 있는 독자는 관련 전문 서적이나 온라인 자료를 쉽게 찾을 수 있다.

## 2.8 면접 후 회고와 평가

면접 경험이 많이 쌓일수록 면접 성과가 향상될 것이다. 각 면접에서 최대한 많은 것을 배우게끔 돕기 위해 면접 직후 가능한 한 빨리 면접 후 회고록을 기록해야 한다. 그러면 면접에 대한 최상의 서면 기록을 확보할 수 있고, 면접 성과에 대한 솔직한 비판적 평가를 작성할 수 있다.

### 2.8.1 면접 직후 회고록 작성하기

이 과정을 돕기 위해 면접이 끝날 때 자신의 다이어그램 사진 촬영에 대한 허락을 정중히 요청하되, 거절하더라도 끝까지 버티지 말아야 한다. 가방에 펜과 노트를 항상 가지고 다닌다. 사진을 찍을 수 없다면 가능한 한 빨리 기억을 되살려 노트에 다이어그램을 다시 그려야 한다. 그다음, 기억나는 모든 세부 사항을 빠르게 적어야 한다.

면접 직후 아직 많은 세부 사항을 기억할 수 있을 때 가능한 한 빨리 회고록을 작성해야 한다. 면접 후 피곤할 수 있지만, 휴식을 취하느라 향후 면접 성과를 개선하는 데 가치 있는 정보를 잊어버리는 것은 비생산적이다. 즉시 집이나 호텔 방으로 돌아가 회고록을 작성해 편안하고 방해받지 않는 환경에서 작성해야 한다.

회고는 다음과 같은 개요로 작성할 수 있다.

---

**44** (옮긴이) 프로젝트의 초기 구조와 기본 코드를 자동으로 생성해 개발 프로세스를 가속화하는 툴이다.

1. 머리글

    a. 면접 대상 회사와 그룹.

    b. 면접 날짜.

    c. 면접관의 이름과 직함.

    d. 면접관이 한 질문.

    e. 다이어그램을 사진으로 찍었는지, 아니면 기억으로 다시 그린 것인지

2. 면접을 대략 10분 단위로 나눈다. 다이어그램을 그리기 시작한 부분에 다이어그램을 배치한다. 사진에 여러 다이어그램이 포함돼 있을 수 있으므로 여러 사진을 개별 다이어그램으로 나눠야 할 수 있다.

3. 기억할 수 있는 면접의 세부 사항을 최대한 채워 넣는다.

    a. 자신이 말한 내용.

    b. 자신이 그린 내용.

    c. 면접관이 말한 내용.

4. 개인적인 평가와 회고를 작성한다. 평가가 부정확할 수 있으므로 연습을 통해 개선하는 것을 목표로 해야 한다.

    a. 면접관의 이력서나 링크드인(LinkedIn) 프로필을 찾아본다.

    b. 면접관의 입장이 되어본다. 면접관이 왜 그 시스템 설계 질문을 선택했다고 생각하는가? 면접관이 무엇을 기대했다고 생각하는가?

    c. 면접관의 표정과 몸짓. 면접관이 자신의 진술과 다이어그램에 만족하거나 불만족한 것처럼 보였는가? 어떤 것이었는가? 면접관이 자신의 진술을 중단하거나 논의하고 싶어 했는가? 어떤 진술이었는가?

5. 향후 며칠 동안 더 많은 세부 사항이 기억난다면 이를 별도 항목으로 추가하여 원래 회고록에 적은 내용에 부정확성을 실수로 도입하지 않게 한다.

회고를 작성하는 동안 다음과 같은 질문을 스스로에게 해야 한다.

- 면접관이 설계에 관해 어떤 질문을 했는가?

- 면접관이 가령 "확실한가요?"라고 물으며 진술에 의문을 제기했는가?

- 면접관이 무엇을 말하지 않았는가? 그것이 지원자가 그것을 언급하는지 보려고 한 것인가, 아니면 면접관이 그에 관한 지식이 부족했던 것인가?

회고를 마쳤다면 충분한 휴식을 취한다.

### 2.8.2 평가 작성하기

평가를 작성하는 것은 면접에서 자신이 보여준 능숙한 영역과 부족한 영역을 최대한 많이 배우는 데 도움을 준다. 면접 후 며칠 내에 평가를 작성해야 한다.

면접 시 받은 질문에 대해 조사를 시작하기 전에, 먼저 다음 사항에 대한 추가 생각을 적어보라. 이는 현재 내 지식의 한계와 시스템 설계 면접에서 얼마나 능숙한지를 인식하기 위함이다.

### 2.8.3 언급하지 않은 세부 사항

50분 내에 시스템을 포괄적으로 논의하는 것은 불가능하다. 그 시간 내에 어느 세부 사항을 언급할 것인지 선택한다. (가령 조사를 시작하기 전에) 현재 지식을 기반으로 어떤 다른 세부 사항을 추가할 수 있다고 생각하는가? 왜 면접 중에 그것을 언급하지 않았는가?

의식적으로 그것을 논의하지 않기로 선택했는가? 왜 그랬는가? 그 세부 사항이 관련이 없거나 너무 낮은 수준이라고 생각했는가, 아니면 면접 시간을 기타 세부 사항을 논의하는 데 사용하기로 결정한 다른 이유가 있었는가?

시간이 부족해서 그랬는가? 논의할 시간을 가질 수 있게 어떻게 면접 시간을 더 잘 관리할 수 있었을까?

내용에 익숙하지 않았는가? 이제 이 부족함을 분명히 인식했다. 더 잘 설명할 수 있게 그 내용을 공부해야 한다.

피곤했는가? 수면 부족 때문이었는가? 전날 너무 많이 공부하는 대신 더 쉬었어야 했는가? 이전 면접 때문이었는가? 면접 전에 짧은 휴식을 요청했어야 했는가? 아마도 면접 테이블에 있는 커피 향이 집중력을 높이는 데 도움이 됐을 것이다.

긴장했는가? 면접관이나 다른 상황 때문에 위축됐는가? 평정을 유지하는 방법에 관한 수많은 온라인 자료를 찾아보라.

자신 혹은 타인의 기대로 인해 부담감을 느꼈는가? 항상 상황을 객관적으로 바라보는 것을 잊지 말자. 수많은 좋은 회사가 있다. 운이 좋아서, 현재는 유명하지 않지만 미래에 뛰어난 사업 실적을 보이는 회사에 들어갈 수도 있다. 그렇게 되면 경험과 지분의 가치가 높아진다. 여러분은 겸손하고 매일 계속 배우기로 결심했다는 것을 알고 있다. 그리고 이것이 무슨 일이 있어도 앞으로 있을 많은 면접에서 성과를 향상시키기 위해 최대한 많이 배우기로 결심하게 한 많은 경험 중 하나가 될 것이다.

어쩌면 어떤 세부 사항이 틀렸을 것 같은가? 이는 당신이 그 개념에 익숙하지 않다는 뜻이다. 조사하고 이러한 개념에 관해 더 많이 공부하라.

이제 받은 질문에 관한 자료를 찾아야 한다. 다음과 같은 책과 온라인 자료를 검색할 수 있다.

- 구글
- 고확장성 아키텍처 학습 사이트[45]
- 유튜브 동영상

이 책 전체에서 강조했듯이 시스템 설계 질문에 접근하는 방식은 여러 가지다. 찾은 자료는 서로 유사점도 있고 많은 차이점도 있다. 자신의 회고로 찾은 자료와 비교해야 한다. 그 자료가 자신과 비교해 다음 사항을 어떻게 다루었는지 검토해야 한다.

- 질문 명확화. 지적인 질문을 했는가? 어떤 점을 놓쳤는가?
- 다이어그램. 자료에 이해하기 쉬운 흐름도가 포함돼 있었는가? 고수준 아키텍처 다이어그램과 저수준 구성 요소 설계 다이어그램을 자신의 것과 비교한다.
- 고수준 아키텍처가 요구사항을 얼마나 잘 다뤘는가? 어떤 트레이드오프가 있었는가? 트레이드오프가 너무 비싸다고 생각하는가? 어떤 기술이 선택됐고 그 이유는 무엇인가?
- 의사소통 능력.
  - 처음 읽거나 본 자료의 얼마나 많은 부분을 이해했는가?
  - 무엇을 이해하지 못했는가? 지식 부족 때문인가, 아니면 설명이 불분명했는가? 처음에 이해할 수 있게 무엇을 바꿀 수 있을까? 이 질문에 답하면 복잡하고 미묘한 아이디어를 명확하고 간결하게 전달하는 능력이 향상된다.

추후 언제든 평가에 더 많은 자료를 추가할 수 있다. 면접 몇 달 후에도 개선 영역부터 제안할 수 있었던 대안적 접근 방식에 이르기까지 모든 종류의 주제에 새로운 통찰을 얻을 수 있으며, 이러한 통찰을 평가에 추가할 수 있다. 면접 경험으로부터 가능한 한 많은 가치를 추출해야 한다.

다른 사람과 질문을 논의할 수 있고 또 그래야 하지만, 절대 그 질문을 받은 회사를 공개해서는 안 된다. 면접관의 프라이버시와 면접 과정의 공정성을 존중하라. 우리 모두는 실력으로 회사에 채용될 수 있고 다른 유능한 엔지니어와 함께 일하고 배울 수 있게 공정한 경쟁의 장을 유지해야 할 윤리적, 전문적 의무가 있다. 우리 모두가 각자의 역할을 다한다면 업계 생산성과 보상이 향상될 것이다.

---

[45] http://highscalability.com/

### 2.8.4 면접 피드백

면접 피드백을 요청해야 한다. 회사에 구체적인 피드백을 제공하지 않는다는 정책이 있다면 많은 피드백을 받지 못할 수도 있지만, 요청하는 것이 해가 되지는 않는다.

회사에서 이메일이나 전화로 피드백을 요청할 수 있다. 요청받으면 면접 피드백을 제공해야 한다. 채용 결정에는 영향이 없더라도 같은 엔지니어로서 면접관을 도울 수 있다는 점을 상기해야 한다.

## 2.9 회사 면접하기

이 책에서는 지원자로서 시스템 설계 면접에 대처하는 방법에 중점을 뒀다. 이 절에서는 지원자가 자신의 유한한 인생의 향후 몇 년을 투자하고 싶은 회사인지 결정하기 위해 물어볼 수 있는 몇 가지 질문을 다룬다.

면접 과정은 양방향으로 진행된다. 회사는 지원자의 경험, 전문성, 적합성을 평가하여 직무에 가장 적합한 사람을 채용하고자 한다. 지원자는 지원한 회사에서 최소한 몇 년의 시간을 보내게 될 것이므로, 찾을 수 있는 최고의 동료와 개발 방식, 그리고 철학과 함께 일하게 되며, 이를 통해 엔지니어링 기술을 최대한 발전시킬 수 있다.

다음은 엔지니어링 기술을 어떻게 발전시킬 수 있는지 추정하기 위한 몇 가지 아이디어다.

면접 전에 회사의 엔지니어링 블로그를 읽어보고 다음 사항을 더 잘 이해해야 한다. 기사가 너무 많다면 가장 인기 있는 10개와 자신의 포지션과 관련 있는 기사를 읽어야 한다. 툴에 관한 글에서는 다음 사항을 이해한다.

1. 이 툴은 무엇인가?
2. 누가 사용하는가?
3. 무엇을 하는 툴인가? 어떻게 작동하는가? 다른 유사한 툴과 어떤 점에서 비슷하고, 어떤 점에서 다르게 작동하는가? 다른 툴이 할 수 없는 일 중 이 툴이 할 수 있는 것은 무엇인가? 이런 일을 어떻게 하는가? 다른 툴은 할 수 있지만 이 툴은 할 수 없는 것은 무엇인가?

각 기사에 대해 최소 두 가지 질문을 작성할 것을 생각해야 한다. 면접 전에 질문을 검토하고 면접 중 어떤 질문을 할지 계획해야 한다.

회사를 이해하기 위한 몇 가지 요점은 다음과 같다.

- 일반적인 회사의 기술 스택
- 회사가 사용하는 데이터 툴과 인프라
- 어떤 툴을 구매했고 어떤 툴을 개발했는가? 이러한 결정은 어떻게 내려지는가?
- 어떤 툴이 오픈소스인가?
- 회사가 어떤 오픈소스에 기여했는가?
- 다양한 엔지니어링 프로젝트의 역사와 발전
- 프로젝트가 소비한 엔지니어링 자원의 양과 내역 – 프로젝트를 감독하는 부사장과 이사, 그리고 엔지니어링 관리자, 프로젝트 관리자, 엔지니어(프론트엔드/백엔드/데이터 엔지니어, 데이터 사이언티스트, 모바일, 보안 등)의 구성, 연공서열, 전문성, 경험 등.
- 툴의 상태. 툴이 사용자의 요구사항을 얼마나 잘 예상하고 해결했는가? 빈번한 피드백에 반영된 회사 툴의 최고의 경험과 문제점은 무엇인가? 어떤 것이 폐기됐고 그 이유는 무엇인가? 이러한 툴은 경쟁사 및 최신 기술과 비교할 때 어떤 차이가 있는가?
- 회사나 관련 팀이 이러한 점을 해결하기 위해 무엇을 했는가?
- 엔지니어의 회사 CI/CD 툴 경험은 어떤가? 엔지니어가 CI/CD 문제를 얼마나 자주 겪는가? CI 빌드는 성공하지만 CD 배포가 실패하는 사례가 있는가? 이러한 문제를 해결하는 데 얼마나 많은 시간을 소비하는가? 지난 달 관련 헬프 데스크 채널로 보낸 메시지 수를 엔지니어 수로 나눈 값은 얼마인가?
- 계획된 프로젝트는 무엇이며 어떤 필요를 충족하는가? 엔지니어링 부서의 전략적 비전은 무엇인가?
- 지난 2년간 조직 전체의 마이그레이션은 무엇이었는가? 마이그레이션의 예는 다음과 같다.
    - 베어메탈에서 클라우드 벤더 간 서비스 이전
    - 특정 툴 사용 중단(예: 카산드라와 같은 데이터베이스, 특정 모니터링 솔루션)
- 갑작스러운 U턴이 있었는가? 예를 들어, 베어메탈에서 구글 클라우드 플랫폼으로 마이그레이션한 후 1년 만에 AWS로 마이그레이션할 때 이러한 U턴이 예측 불가능한 요인 대비 간과됐거나 정치적인 요인에 얼마나 영향을 받았는가?
- 회사 역사상 큰 보안 침해가 있었는가, 얼마나 심각했으며, 향후 침해 위험은 어떤가? 이는 민감한 질문이며 회사는 법적으로 요구되는 것만 공개할 것이다.
- 회사 엔지니어링 역량의 전반적인 수준
- 현재와 이전 역할에서의 경영진 실적

예비 관리자의 기술적 배경을 특히 비판적으로 평가해야 한다. 엔지니어 혹은 엔지니어링 관리자로서 절대 비기술적인 엔지니어링 관리자, 특히 카리스마 있는 관리자는 받아들이지 말아야 한다. 엔지니어링 작업을 비판적으로 평가할 수 없는 엔지니어링 관리자는 엔지니어링 프로세스의 대대적인 변화에 대해 좋은 결정을 내리거나 그러한 변화의 실행을 이끌 수 없으며(예: 수동 배포에서 지속적 배포로 이동하는 클라우드 네이티브 프로세스), 인식하지 못하는 기술 부채를 대가로 빠른 기능 개발을 우선시할 수 있다. 이런 관리자는 일반적으로 같은 회사나 인수된 회사에서 여러 해 동안 일하며 자신의 지위를 얻을 수 있는 정치적 기반을 확립하고, 유능한 엔지니어링 조직을 가진 다른 회사에서는 비슷한 지위를 얻을 수 없다. 이러한 관리자의 성장을 양성하는 대기업은 신흥 스타트업에 뒤쳐지거나 머지않아 뒤쳐질 것이다. 이러한 회사에서 일하는 것이 현재 다른 대안보다 단기적으로는 더 수익성이 있을 수 있지만, 엔지니어로서의 장기적 성장을 수년 동안 지연시킬 수 있다. 또한 단기적인 금전적 이익을 위해 거절한 회사가 시장에서 더 나은 성과를 내고 지분 가치가 더 많이 상승하기 때문에 재정적으로도 더 나빠질 수도 있다. 자신의 책임하에 진행해야 한다.

전반적으로 앞으로 4년 동안 이 회사에서 무엇을 배울 수 있고 무엇을 배울 수 없는가? 제안을 받았을 때 수집한 정보를 검토하고 나서 신중한 결정을 내려야 한다.

예비 관리자와 팀을 면접하는 방법은 주석의 글[46]을 참조한다.

## 요약

- 모든 것은 트레이드오프할 수 있다. 낮은 지연 시간과 높은 가용성은 비용과 복잡성을 증가시킨다. 특정 측면의 개선은 다른 측면에서는 퇴보를 의미하기도 한다.
- 시간을 신중히 사용해야 한다. 논의에서 중요한 점을 명확히 하고 집중해야 한다.
- 시스템의 요구사항을 명확히 하는 것으로 논의를 시작하고 요구사항을 최적화하기 위한 시스템 기능의 가능한 트레이드오프를 논의해야 한다.
- 다음 단계는 기능적 요구사항을 충족하는 API 명세를 작성하는 것이다.
- 사용자와 데이터 간의 연결을 그려야 한다. 사용자가 시스템에서 어떤 데이터를 읽고 쓰며, 데이터가 시스템 구성 요소 간에 이동할 때 어떻게 수정되는가?
- 로깅, 모니터링, 알림, 검색과 논의 과정에서 제기되는 다른 문제를 논의해야 한다.
- 면접 후에는 자기 평가를 작성해 성과를 평가하고 강점과 약점을 파악해야 한다. 이는 향후 자신의 개선점을 추적하는 데 유용한 참조 자료가 된다.

---

46 https://blog.pragmaticengineer.com/reverse-interviewing/

- 앞으로 몇 년 동안 달성하고자 하는 바를 알아야 하고 회사 면접을 보고 자신의 경력을 투자하고 싶은 곳인지 판단할 수 있어야 한다.
- 로깅, 모니터링, 알림은 예상치 못한 이벤트를 신속하게 알리고 이를 해결하기 위한 유용한 정보를 제공하는 데 중요하다.
- 4가지 중요 신호와 3가지 툴을 사용해 서비스의 관찰 가능성을 정량화해야 한다
- 로그 항목은 구문 분석이 쉽고, 작고, 유용하며, 분류돼 있고, 표준화된 시간 형식을 가지며, 개인 정보를 포함하지 않아야 한다.
- 유용하고 따르기 쉬운 런북과 같은 알림 대응 모범 사례를 따르고, 식별한 공통 패턴을 기반으로 런북과 접근 방식을 지속적으로 개선해야 한다.

# 03
# 비기능적 요구사항

이 장에서 다루는 내용

- 면접 시작 시 비기능적 요구사항 논의하기
- 비기능적 요구사항을 충족하기 위한 기법과 기술 사용하기
- 비기능적 요구사항 최적화하기

시스템에는 기능적 요구사항과 비기능적 요구사항이 있다. 기능적 요구사항은 시스템의 입력과 출력을 설명한다. 이는 대략적인 API 명세와 엔드포인트로 표현할 수 있다.

**비기능적 요구사항**(Non-functional requirements)은 시스템 입력과 출력 이외의 요구사항을 말한다. 일반적인 비기능적 요구사항에는 다음이 포함되며, 이 장의 뒷부분에서 자세히 설명한다.

- **확장성**(Scalability) – 시스템이 부하를 비용 효율적으로 지원하기 위해 하드웨어 리소스 사용을 쉽고 번거롭지 않게 조정할 수 있는 능력
- **가용성**(Availability) – 시스템이 요청을 수락하고 원하는 응답을 반환할 수 있는 시간의 백분율
- **성능/지연 시간/P99과 처리량**(Performance/latency/P99 and throughput) – 성능이나 지연 시간은 사용자의 요청에 대해 시스템이 응답을 반환하는 데 걸리는 시간이다. 시스템이 처리할 수 있는 최대 요청 비율이 대역폭이다. 처리량은 시스템이 현재 처리 중인 요청 비율이다. 그러나 '처리량'이라는 용어를 '대역폭' 대신 사용하는 것이 일반적이다. 처리량/대역폭은 지연 시간의 역수다. 지연 시간이 낮은 시스템은 처리량이 높다.
- **내결함성**(Fault-tolerance) – 일부 구성 요소가 실패해도 시스템이 계속 작동할 수 있는 능력과 다운타임 발생 시 영구적인 피해(예: 데이터 손실)를 방지하는 능력
- **보안**(Security) – 시스템 무단 접근 방지

- **프라이버시(Privacy)** – 개인을 고유하게 식별하는 데 사용할 수 있는 개인 식별 정보(PII) 접근 제어
- **정확성(Accuracy)** – 시스템의 데이터가 완벽하게 정확할 필요는 없으며, 비용이나 복잡성을 개선하기 위한 정확도 트레이드오프가 종종 관련 논의의 대상이 된다.
- **일관성(Consistency)** – 모든 노드/서버의 데이터가 일치하는지 여부
- **비용(Cost)** – 시스템의 다른 비기능적 속성과 트레이드오프해 비용을 낮출 수 있다.
- **복잡성, 유지보수성, 디버깅 가능성과 테스트 가능성(Complexity, maintainability, debuggability, and testability)** – 시스템을 구축하고 구축 후 유지보수하는 것이 얼마나 어려운지 결정하는 개념이다.

기술적이든 비기술적이든 고객은 비기능적 요구사항을 명시적으로 요청하지 않을 수 있으며 시스템이 이를 만족할 것이라고 가정할 수 있다. 이는 고객이 진술한 요구사항이 거의 항상 불완전하고 부정확하며 때로는 과도할 수 있다는 것을 의미한다. 명확히 설명하지 않으면 요구사항의 오해가 생길 수 있다. 특정 요구사항을 얻지 못해 불충분하게 충족하거나, 실제로는 필요하지 않은 특정 요구사항을 가정해 과도한 해결책을 제공할 수 있다.

초보자는 비기능적 요구사항을 명확히 파악하지 못할 가능성이 더 높지만, 기능적 요구사항과 비기능적 요구사항 모두에서 명확화 부족이 발생할 수 있다. 모든 시스템 설계 논의를 기능적 요구사항과 비기능적 요구사항 모두에 대한 설명과 명확화로 시작해야 한다.

비기능적 요구사항은 일반적으로 서로 트레이드오프 된다. 모든 시스템 설계 면접에서 다양한 트레이드오프를 위해 어떤 설계 결정을 내릴 수 있는지 논의해야 한다.

특정 기법이 다른 요구사항의 손실로 여러 비기능적 요구사항의 트레이드오프 이득을 가지므로 비기능적 요구사항과 이를 해결하기 위한 기법을 별도로 설명하는 것은 까다롭다. 이 장의 나머지 부분에서는 각 비기능적 요구사항과 이를 충족하기 위한 몇 가지 기법을 간략히 설명한 다음 각 기법을 자세히 설명한다.

## 3.1 확장성

**확장성**은 시스템이 부하를 비용 효율적으로 지원할 때 하드웨어 리소스 사용을 쉽고 번거롭지 않게 조정할 수 있는 능력이다.

더 큰 부하나 사용자 수를 지원하기 위해 확장하는 과정을 스케일링이라고 한다. 스케일링에는 CPU 처리 능력, RAM, 저장 용량, 네트워크 대역폭의 증가가 필요하다. 스케일링은 수직 스케일링과 수평 스케일링이 있다.

수직 스케일링은 개념적으로 간단하며 더 많은 비용을 지불하는 것으로 쉽게 달성할 수 있다. 더 빠른 프로세서, 더 많은 RAM, 더 큰 하드디스크 드라이브, 지연 시간을 낮추기 위한 스피닝 하드디스크[1] 대신 SSD나 더 높은 대역폭의 네트워크 카드를 가진 더 강력하고 비싼 호스트로 업그레이드하는 것을 의미한다. 수직 스케일링에는 세 가지 주요 단점이 있다.

첫째, 금전적 비용이 업그레이드된 하드웨어의 성능보다 더 빠르게 증가하는 지점에 도달한다. 예를 들어, 여러 프로세서를 가진 맞춤형 메인프레임은 각각 하나의 프로세서를 가진 동일한 수의 별도의 범용 서버보다 비싸다.

둘째, 수직 스케일링에는 기술적 한계가 있다. 예산에 관계없이 현재 기술적 한계로 인해 단일 호스트에서 기술적으로 가능한 최대 처리 능력, 램(RAM)이나 저장 용량이 제한된다.

셋째, 수직 스케일링에는 다운타임이 필요할 수 있다. 호스트를 중지하고 하드웨어를 변경한 다음 다시 시작해야 한다. 다운타임을 피하려면 다른 호스트를 프로비저닝하고 그 위에서 서비스를 시작한 다음 새 호스트로 요청을 보내야 한다. 게다가 이는 서비스의 상태가 기존 또는 새 호스트의 다른 서버에 저장돼 있을 때만 가능하다. 이 책의 뒷부분에서 설명하겠지만, 특정 호스트로 요청을 보내거나 다른 호스트에 서비스의 상태를 저장하는 것은 확장성, 가용성, 내결함성과 같은 많은 비기능적 요구사항을 달성하기 위한 기법이다.

수직 스케일링은 개념적으로 간단하므로 이 책에서 달리 명시하지 않는 한 '확장 가능'과 '스케일링'과 같은 용어는 수평 확장 가능한 수평 스케일링을 말한다.

수평 스케일링은 처리와 저장 요구사항을 여러 호스트에 분산하는 것을 말한다. '진정한' 확장성은 수평 스케일링으로만 달성할 수 있다. 수평 스케일링은 거의 항상 시스템 설계 면접에서 논의된다.

다음 질문을 바탕으로 고객의 확장성 요구사항을 결정한다.

- 시스템에 들어오고 시스템에서 검색되는 데이터의 양은 얼마인가?
- 초당 읽기 쿼리 수는 얼마인가?

---

[1] (옮긴이) 회전하는 자기 디스크에 데이터를 저장하고 읽는 컴퓨터 저장 장치다.

- 요청당 데이터양은 얼마인가?
- 초당 비디오 조회 수는 얼마인가?
- 갑작스러운 트래픽 스파이크의 크기는 어느 정도인가?

## 3.1.1 상태 비저장 서비스와 상태 저장 서비스

HTTP는 상태 비저장 프로토콜이므로 이를 사용하는 백엔드 서비스는 수평으로 쉽게 확장할 수 있다. 4장에서는 데이터베이스 읽기의 수평 확장을 설명한다. 상태 비저장 HTTP 백엔드와 수평 확장 가능한 데이터베이스 읽기 작업의 조합은 확장 가능한 시스템 설계를 설명하는 좋은 시작점이다.

공유 스토리지 쓰기는 확장하기가 가장 어렵다. 이 책의 뒷부분에서 복제, 압축, 집계, 비정규화, 메타데이터 서비스를 포함한 기법을 논의한다.

상태 저장과 상태 비저장 간의 트레이드오프를 포함한 다양한 통신 아키텍처에 관한 설명은 6.7절을 참조하면 된다.

## 3.1.2 기본 로드 밸런서 개념

모든 수평 확장 서비스는 다음 중 하나에 해당하는 로드 밸런서를 사용한다.

- 하드웨어 로드 밸런서. 트래픽을 여러 호스트에 분산하는 특수한 물리적 장치. 하드웨어 로드 밸런서는 비싼 것으로 알려져 있으며 수천 달러에서 수십만 달러까지 다양하다.
- 공유 로드 밸런서 서비스. LBaaS(서비스형 로드 밸런싱)라고도 한다.
- 로드 밸런싱 소프트웨어가 설치된 서버. HAProxy와 NGINX(엔진엑스)가 가장 일반적이다.

이 절에서는 면접에서 사용할 수 있는 로드 밸런서의 기본 개념을 논의한다. 이 책의 시스템 다이어그램에서는 다양한 서비스나 다른 구성 요소를 나타내는 직사각형과 그 사이의 요청을 나타내는 화살표를 그린다. 일반적으로 서비스 요청은 로드 밸런서를 통해 서비스의 호스트로 라우팅된다고 본다. 보통 로드 밸런서 자체는 다이어그램으로 그리지 않는다.

면접관에게 시스템 다이어그램에 로드 밸런서 구성 요소를 포함할 필요가 없다고 말할 수 있다. 로드 밸런서는 암묵적으로 포함된 것으로 여겨지며, 이를 다이어그램에 명시하고 논의하는 것은 서비스를 구성하는 다른 구성 요소와 서비스로부터 주의를 분산시킬 수 있기 때문이다.

## 4계층 vs. 7계층

4계층(Level 4)과 7계층(Level 7) 로드 밸런서를 구별할 수 있어야 하며, 특정 서비스에 어떤 것이 더 적합한지 논의할 수 있어야 한다. 4계층 로드 밸런서는 전송 계층(TCP)에서 작동한다. TCP 스트림의 처음 몇 패킷에서 추출한 주소 정보를 기반으로 라우팅 결정을 내리고 다른 패킷의 내용은 검사하지 않는다. 즉, 패킷을 전달만 할 수 있다. 7계층 로드 밸런서는 응용 계층(HTTP)에서 작동하므로 다음과 같은 기능이 있다.

- 로드 밸런싱/라우팅 결정(Load balancing/routing decisions) – 패킷의 내용을 기반으로 한다.
- 인증(Authentication) – 지정된 인증 헤더가 없으면 401을 반환할 수 있다.
- TLS 종료(TLS Termination) – 데이터 센터 내 트래픽 보안 요구사항이 인터넷을 통한 트래픽보다 낮을 수 있으므로 TLS 종료(HTTPS → HTTP)를 수행하면 데이터 센터 호스트 간에 암호화/복호화 부하가 없다. 애플리케이션이 데이터 센터 내 트래픽을 암호화해야 한다면(즉, 전송 중 암호화) TLS 종료를 수행하지 않는다.

## 고정 세션

고정 세션(Sticky session)은 로드 밸런서가 특정 클라이언트의 요청을 로드 밸런서나 애플리케이션이 설정한 기간 동안 특정 호스트로 보내는 것을 말한다. 고정 세션은 상태 저장 서비스에 사용된다. 예를 들어, 온라인 쇼핑몰 웹사이트, 소셜 미디어 웹사이트나 뱅킹 웹사이트는 로그인 정보나 프로필 설정과 같은 사용자 세션 데이터를 유지하기 위해 고정 세션을 사용할 수 있어 사용자가 사이트를 탐색할 때 재인증하거나 설정을 다시 입력할 필요가 없다. 온라인 쇼핑몰 웹사이트는 사용자 장바구니의 고정 세션을 사용할 수 있다.

고정 세션은 기간 기반이나 애플리케이션 제어 쿠키를 사용해 구현할 수 있다. 기간 기반 세션에서 로드 밸런서는 클라이언트에게 기간을 정의하는 쿠키를 발행한다. 로드 밸런서는 요청을 받을 때마다 쿠키를 확인한다. 애플리케이션 제어 세션에서는 애플리케이션이 쿠키를 만든다. 로드 밸런서는 여전히 이 애플리케이션 발행 쿠키 위에 자체 쿠키를 발행하지만, 로드 밸런서의 쿠키는 애플리케이션 쿠키의 수명을 따른다. 이 방식은 로드 밸런서의 쿠키가 만료된 후 클라이언트가 그 외 호스트로 라우팅되지 않게 하지만, 애플리케이션과 로드 밸런서 간의 추가 통합이 필요하므로 구현이 더 복잡하다.

## 세션 복제

**세션 복제(session replication)**에서는 호스트 쓰기가 같은 세션에 할당된 클러스터의 다른 여러 호스트에 복사되므로 해당 세션을 가진 어떤 호스트로도 읽기를 라우팅할 수 있다. 이는 가용성을 향상시킨다.

이러한 호스트는 백업 링을 형성할 수 있다. 예를 들어, 세션에 세 개의 호스트가 있다면 호스트 A가 쓰기를 받으면 호스트 B에 쓰고, 호스트 B는 다시 호스트 C에 쓴다. 다른 방법은 로드 밸런서가 세션에 할당된 모든 호스트에 쓰기 요청을 하는 것이다.

## 로드 밸런싱 vs. 리버스 프록시

다른 시스템 설계 면접 준비 자료에서 '리버스 프록시'라는 용어를 봤을 수 있다. 로드 밸런싱과 리버스 프록시를 간단히 비교해보겠다.

로드 밸런싱은 확장성을 위한 것이고, 리버스 프록시는 클라이언트-서버 통신을 관리하기 위한 기술이다. 리버스 프록시는 서버 클러스터 앞에 위치해 요청 URI나 다른 기준에 따라 적절한 서버로 들어오는 요청을 가로채고 전달함으로써 클라이언트와 서버 사이의 게이트웨이 역할을 한다. 리버스 프록시는 캐싱과 압축 같은 성능 기능과 SSL 종료와 같은 보안 기능을 제공할 수 있다. 로드 밸런서도 SSL 종료를 제공할 수 있지만 주요 목적은 확장성이다.

로드 밸런싱 대 리버스 프록시에 대한 좋은 자료로 주석의 문서[2]를 참조한다.

## 추가 자료

- 다양한 로드 밸런싱 알고리즘에 관한 잘 정리된 간략한 설명[3]
- 쿠버네티스의 로드 밸런싱 소개[4]
- 쿠버네티스 서비스에 외부 클라우드 서비스 로드 밸런서를 연결하는 방법[5]

---

2 https://www.nginx.com/resources/glossary/reverse-proxy-vs-load-balancer/
3 https://www.cloudflare.com/learning/performance/types-of-load-balancing-algorithms/
4 https://www.rancher.cn/three-pillars-kubernetes-container-orchestration
5 https://kubernetes.io/docs/concepts/services-networking/service/#loadbalancer
   https://kubernetes.io/docs/tasks/access-application-cluster/create-external-load-balancer/

## 3.2 가용성

**가용성(Availability)**은 시스템이 요청을 수락하고 원하는 응답을 반환할 수 있는 시간의 백분율이다. 가용성에 관한 일반적인 벤치마크는 표 3.1에 나와 있다.

표 3.1 가용성 벤치마크

| 가용성 % | 연간 다운타임 | 월간 다운타임 | 주간 다운타임 | 일간 다운타임 |
|---|---|---|---|---|
| 99.9 | 8.77시간 | 43.8분 | 10.1분 | 1.44분 |
| 99.99 | 52.6분 | 4.38분 | 1.01분 | 8.64초 |
| 99.999 | 5.26분 | 26.3초 | 6.05초 | 864밀리초 |

높은 가용성을 위한 넷플릭스의 다중 지역 동시 활성화 방식(Active-Active) 배포에 관한 자세한 논의는 주석의 링크[6]를 참조한다. 이 책에서는 다른 대륙의 데이터 센터 내부와 데이터 센터 간 복제와 같은 높은 가용성을 위한 유사한 기법을 설명한다. 또한 모니터링과 알림에 관해서도 논의한다.

대부분의 서비스에서 높은 가용성이 필요하며, 불필요한 복잡성 없이 높은 가용성을 허용하기 위해 다른 비기능적 요구사항을 트레이드오프할 수 있다.

시스템의 비기능적 요구사항을 논의할 때 먼저 높은 가용성이 필요한지 확정해야 한다. 높은 일관성과 낮은 지연 시간이 필요하다고 가정하지 말아야 한다. CAP 정리[7]를 참조하여 가용성을 높이기 위해 이를 트레이드오프할 수 있는지 논의해본다. 가능한 한 4장과 5장에서 설명하는 이벤트 소싱[8]과 사가 패턴[9] 같은 비동기식 커뮤니케이션 기술을 사용하여 이를 달성하도록 제안한다.

요청을 즉시 처리하고 응답을 즉시 반환할 필요가 없는 서비스는 높은 일관성과 낮은 지연 시간이 필요할 가능성이 낮다. 예를 들어 서비스 간에 프로그래밍 방식으로 이뤄지는 요청이 있다. 장기 스토리지에 로깅하거나 에어비앤비에서 지금부터 며칠 후 날짜의 방을 예약하는 요청을 보내는 것 등이 여기에 해당한다.

즉각적인 응답이 절대적으로 필요하면, 일반적으로 앱의 사용자가 직접 하는 요청에 동기식 통신 프로토콜을 사용해야 한다.

---

[6] https://netflixtechblog.com/active-active-for-multi-regional-resiliency-c47719f6685b
[7] (옮긴이) 분산 시스템에서 일관성(Consistency), 가용성(Availability), 분할 내성(Partition tolerance) 세 가지를 동시에 완벽하게 보장할 수 없다는 원리다.
[8] (옮긴이) 시스템의 상태 변화를 이벤트로 저장하고 이를 재생해 현재 상태를 재구성하는 데이터 관리 방식이다.
[9] (옮긴이) 마이크로서비스 환경에서 여러 서비스에 걸친 장기 실행 트랜잭션을 관리하고 데이터 일관성을 유지하기 위한 분산 트랜잭션 관리 기법이다.

그럼에도 불구하고 사용자가 요청한 데이터에 대해 즉각적인 응답이 필요하다고 가정해서는 안 된다. 즉각적인 응답이 승인될 수 있는지, 요청된 데이터를 몇 분 또는 몇 시간 후에 반환할 수 있는지 고려해야 한다. 예를 들어, 사용자가 소득세 납부를 요청하면 이 납부가 즉시 이뤄질 필요는 없다. 서비스는 내부적으로 요청을 큐에 넣고 사용자에게 요청이 몇 분이나 몇 시간 내에 처리할 것이라고 즉시 응답할 수 있다. 납부는 나중에 스트리밍 작업이나 주기적인 배치 작업으로 처리할 수 있으며, 그 후 사용자에게 결과(예: 납부 성공이나 실패 여부)를 이메일이나 문자, 앱 알림과 같은 채널로 통지할 수 있다.

높은 가용성이 필요 없는 상황의 예로 캐싱 서비스가 있다. 캐싱은 요청의 지연 시간과 네트워크 트래픽을 줄이는 데 활용될 수 있고 요청을 충족하는 데 필요하지 않아 캐싱 서비스의 시스템 설계에서 더 낮은 지연 시간을 적용하기 위해 가용성을 트레이드오프하기로 결정할 수 있다. 다른 예로는 8장에서 설명하는 속도 제한 부분이 있다.

가용성은 인시던트 지표로도 측정할 수 있다. 다양한 인시던트를 MTTR(평균 복구 시간)과 MTBF(평균 고장 간격 시간) 같은 지표[10]로 설명할 수 있다. 이러한 지표는 보통 대시보드와 별도의 알림이 있다.

## 3.3 내결함성

내결함성은 일부 구성 요소가 실패해도 시스템이 계속 작동할 수 있는 능력과 다운타임이 발생했을 때 영구적인 데이터 손실 등을 방지하는 능력이다. 이를 통해 시스템의 일부가 실패했을 때 완전한 재앙적 실패 대신 일부 기능을 유지하는 점진적 저하가 가능하다. 이는 엔지니어에게 실패한 부분을 해결하고 시스템을 정상 상태로 복원할 시간을 벌어준다. 또한 대체 구성 요소를 자동으로 프로비저닝하고 시스템에 연결하는 자동 복구 시스템을 구현해 수동 개입 없이, 그리고 서비스 중단 없이 시스템이 복구되게 할 수 있다.

가용성과 내결함성은 종종 함께 논의된다. 가용성이 가동 시간/다운타임의 척도인 반면, 내결함성은 척도가 아니라 시스템 특성이다.

이와 밀접하게 관련된 개념은 원활한 오류 처리를 위한 실패 설계다. 우리가 통제할 수 없는 서드파티 API의 오류뿐만 아니라 무감지/미탐지 오류를 어떻게 처리할 것인지 고려해야 한다. 내결함성을 위한 기법은 다음과 같다.

---

[10] https://www.atlassian.com/incident-management/kpis/common-metrics

### 3.3.1 복제와 중복

복제에 관해서는 4장에서 논의한다.

한 가지 복제 기법은 구성 요소의 중복 인스턴스/복사본을 3개 이상 가지는 것이다. 그래서 최대 2개가 동시에 다운돼도 가동 시간에 영향을 미치지 않게 하는 것이다. 4장에서 논의한 대로 업데이트 작업은 보통 특정 호스트에 할당되므로 다른 호스트가 요청자로부터 지리적으로 더 멀리 있는 다른 데이터 센터에 있는 경우에만 업데이트 성능에 영향을 받지만, 읽기는 모든 복제본에서 수행되므로 구성 요소가 다운되면 읽기 성능이 저하된다.

한 인스턴스는 원본(리더)으로 지정되고, 다른 두 구성 요소는 복제본(팔로워)으로 지정된다. 복제본의 배치 방식은 다양하다. 한 복제본은 같은 데이터 센터 내의 다른 서버 랙에, 다른 복제본은 또 다른 데이터 센터에 있을 수 있다. 또 다른 배치 방식은 세 인스턴스를 모두 다른 데이터 센터에 두는 것으로, 이는 성능 저하를 트레이드오프로 하여 내결함성을 최대화한다.

예를 들어 하둡(Hadoop) 분산 파일 시스템(HDFS)은 '복제 계수'라는 구성 가능한 속성이 있어 모든 블록의 복사본 수를 설정할 수 있다. 기본값은 3이다. 복제는 가용성을 높이는 데도 도움이 된다.

### 3.3.2 전방 오류 수정과 오류 수정 코드

**전방 오류 수정**(Forward error correction, FEC)은 **오류 수정 코드**(Error correction code, ECC)와 같은 중복적인 방식으로 메시지를 인코딩해 노이즈나 불안정한 통신 채널을 통한 데이터 전송에서 오류를 방지하는 기법이다.

FEC는 시스템 수준이 아닌 프로토콜 수준의 개념이다. 시스템 설계 면접 중에 FEC와 ECC 인식을 표현할 수 있지만, 자세히 설명할 필요는 없을 것이므로 이 책에서는 더 이상 설명하지 않는다.

### 3.3.3 서킷 브레이커

서킷 브레이커(Circuit Breaker)는 클라이언트가 실패할 가능성이 높은 작업을 반복적으로 시도하는 것을 막는 메커니즘이다. 다운스트림 서비스와 관련해 서킷 브레이커는 최근 간격 내에 실패한 요청 수를 계산한다. 오류 임곗값을 초과하면 클라이언트는 다운스트림 서비스 호출을 중단한다. 일정 시간이 지난 후 클라이언트는 제한된 수의 요청을 시도한다. 이 요청이 성공하면 클라이언트는 실패가 해결됐다고 가정하고 제한 없이 요청을 다시 보내기 시작한다.

> **정의**
> 서비스 B가 서비스 A에 의존한다면, A는 업스트림 서비스이고 B는 다운스트림 서비스다.

서킷 브레이커는 실패할 가능성이 높은 요청에 리소스를 소비하지 않게 해준다. 또한 이미 과부하 상태인 시스템에 클라이언트가 과하게 부담을 주는 것을 방지한다.

그러나 서킷 브레이커는 시스템 테스트를 더 어렵게 만든다. 예를 들어, 잘못된 요청을 하고 있지만 여전히 시스템의 한계를 제대로 테스트하는 부하 테스트가 있다고 가정해보자. 이 테스트는 이제 서킷 브레이커를 활성화하고, 이전에 다운스트림 서비스에 과부하를 줬을 수 있는 부하가 이제 통과할 것이다. 소비자에 의한 유사한 부하는 서비스 중단을 초래할 수 있다. 또한 적절한 오류 임곗값과 타이머를 추정하기가 어렵다.

서킷 브레이커는 서버 사이드에서 구현할 수 있다. 예를 들면 Resilience4j[11]가 있다. 이는 넷플릭스에서 개발하고 2017년에 유지보수 모드로 전환된 히스트릭스(Hystrix)[12]에서 영감을 받았다[13]. 넷플릭스의 초점은 사전 구성된 설정보다는 애플리케이션의 실시간 성능에 반응하는 더 적응적인 구현으로 옮겨갔으며, 적응형 동시성 제한[14]이 그 예다.

### 3.3.4 지수 백오프와 재시도

지수 백오프와 재시도는 서킷 브레이커와 유사하다. 클라이언트가 오류 응답을 받으면 요청을 재시도하기 전에 대기하고 재시도 사이의 대기 시간을 지수적으로 증가시킨다. 클라이언트는 또한 '지터(jitter)'라고 불리는 기법을 사용해 대기 시간을 무작위 음수나 양수 값으로 조정한다. 이는 여러 클라이언트가 정확히 같은 시간에 재시도를 제출해 다운스트림 서비스를 압도할 수 있는 '재시도 폭풍'을 방지한다. 서킷 브레이커와 유사하게 클라이언트가 성공 응답을 받으면 실패가 해결됐다고 가정하고 제한 없이 요청을 다시 보내기 시작한다.

### 3.3.5 다른 서비스의 응답 캐싱

서비스는 특정 데이터의 외부 서비스에 의존할 수 있다. 외부 서비스를 사용할 수 없으면 어떻게 처리해야 할까? 일반적으로 충돌하거나 오류를 반환하는 대신 점진적 저하가 선호된다. 반환 값 대신 기본

---

[11] https://github.com/resilience4j/resilience4j
[12] https://github.com/Netflix/Hystrix
[13] https://github.com/Netflix/Hystrix/issues/1876#issuecomment-440065505
[14] https://netflixtechblog.medium.com/performance-under-load-3e6fa9a60581

응답이나 빈 응답을 사용할 수 있다. 데이터가 없는 것보다 오래된 데이터가 나올 때 성공적인 요청을 할 때마다 외부 서비스의 응답을 캐시하고 외부 서비스를 사용할 수 없을 때 이 응답을 사용할 수 있다.

### 3.3.6 체크포인팅

서버는 많은 데이터 포인트에 특정 데이터 집계 작업을 수행할 수 있다. 이는 데이터의 하위 집합을 체계적으로 가져와 집계를 수행한 다음 결과를 지정된 위치에 쓰고, 모든 데이터 포인트가 처리될 때까지 반복하거나 이러한 스트리밍 파이프라인의 과정을 무한히 반복하는 방식으로 이뤄진다. 데이터 집계 중 서버가 실패하면 대체 서버는 어느 데이터 포인트부터 집계를 재개해야 하는지 알아야 한다. 이는 각 데이터 포인트 하위 집합이 처리되고 결과가 성공적으로 기록된 후 체크포인트를 작성함으로써 수행할 수 있다. 대체 서버는 체크포인트에서 처리를 재개할 수 있다.

체크포인팅은 카프카와 같은 메시지 브로커를 사용하는 ETL 파이프라인에 일반적으로 적용된다. 서버는 카프카 토픽에서 여러 이벤트를 가져와 처리한 다음 결과를 쓰고 체크포인트를 작성할 수 있다. 이 서버가 실패하면 대체 서버는 가장 최근의 체크포인트에서 재개할 수 있다.

카프카는 카프카 내 파티션 수준에서 오프셋 스토리지를 제공한다[15]. 플링크(Flink)는 카프카 토픽에서 데이터를 소비하고 플링크의 분산 체크포인팅 메커니즘을 사용해 주기적으로 체크포인트를 만든다[16].

### 3.3.7 데드 레터 큐

서드파티 API 쓰기 요청이 실패하면 요청을 데드 레터 큐(Dead Letter Queue)에 넣고 나중에 다시 시도할 수 있다.

데드 레터 큐는 로컬에 저장될까, 아니면 별도의 서비스에 저장될까? 복잡성과 신뢰성을 트레이드오프할 수 있다.

- 가장 단순한 옵션은 요청을 놓치는 것이 허용된다면 실패한 요청을 그냥 버리는 것이다.
- try-catch 블록을 사용해 데드 레터 큐를 로컬에 구현한다. 호스트가 실패하면 요청이 손실된다.
- 더 복잡하고 신뢰할 수 있는 옵션은 카프카와 같은 이벤트 스트리밍 플랫폼을 사용하는 것이다.

---

15 https://kafka.apache.org/22/javadoc/org/apache/kafka/clients/consumer/KafkaConsumer.html
16 https://ci.apache.org/projects/flink/flink-docs-master/docs/dev/datastream/fault-tolerance/checkpointing/

면접에서는 한 가지 접근 방식만 제시하기보다는, 다양한 접근과 그에 따른 트레이드오프를 함께 논의해야 한다.

### 3.3.8 로깅과 주기적 감사

무감지 오류를 처리하는 한 가지 방법은 쓰기 요청을 로깅하고 주기적으로 감사를 수행하는 것이다. 감사 작업은 로그를 처리하고 우리가 쓰는 서비스의 데이터가 예상 값과 일치하는지 확인할 수 있다. 이는 10장에서 더 자세히 논의한다.

### 3.3.9 벌크헤드

벌크헤드(Bulkhead) 패턴은 내결함성 메커니즘으로, 시스템을 격리된 풀로 나눠 한 풀(Pool)의 결함이 전체 시스템에 영향을 미치지 않게 한다.

예를 들어, 서비스의 다양한 엔드포인트는 각각 자체 스레드 풀을 가질 수 있으며 스레드 풀을 공유하지 않는다. 따라서 한 엔드포인트의 스레드 풀이 소진되더라도 다른 엔드포인트가 요청을 처리하는 능력에 영향을 미치지 않는다. 더 자세히 알아보려면 관련 책[17]을 참조한다.

벌크헤드의 또 다른 예는 《Release의 모든 것: 대규모 웹 분산 시스템을 위한 운영 고려 설계, 2판》(한빛미디어, 2023)에서 확인할 수 있다. 특정 요청이 버그로 인해 호스트를 충돌시킬 수 있다. 이 요청이 반복될 때마다 다른 호스트를 충돌시킨다. 서비스를 벌크헤드로 나누는 것, 즉 호스트를 풀로 나누는 것은 이 요청이 모든 호스트를 충돌시키고 전체 중단을 일으키는 것을 방지한다. 이 요청은 조사해야 하므로 서비스에는 로깅과 모니터링이 있어야 한다. 모니터링은 문제가 되는 요청을 탐지하고, 엔지니어는 로그를 사용해 충돌을 해결하고 원인을 파악할 수 있다.

아니면 요청자가 서비스에 대한 요청 비율이 높아서 다른 요청자에게 서비스를 제공하지 못하게 할 수도 있다. 벌크헤드 패턴은 특정 요청자에게 특정 호스트를 할당해 요청자가 서비스의 모든 용량을 소비하는 것을 방지한다. (8장에서 설명하는 속도 제한 방식은 이 상황을 방지하는 또 다른 방법이다.)

서비스의 호스트를 풀로 나누고 각 풀에 요청자를 할당할 수 있다. 이는 특정 요청자에게 더 많은 리소스를 할당해 우선순위를 부여하는 기법이다.

---

[17] 카순 인드라시리, 프라바스 시리와데나, 《엔터프라이즈 환경을 위한 마이크로서비스: 마이크로서비스 아키텍처의 개념 이해부터 적용, 구현까지》(에이콘출판, 2020)

그림 3.1에서 서비스는 두 개의 다른 서비스에 서비스를 제공한다. 서비스의 호스트를 사용할 수 없게 되면 어떤 요청자에게도 서비스를 제공할 수 없게 된다.

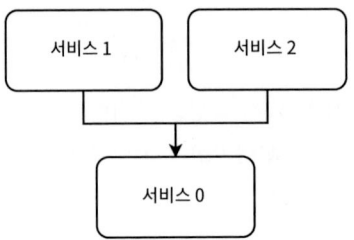

**그림 3.1** 서비스 0에 대한 모든 요청은 해당 호스트 전체에 걸쳐 로드 밸런싱된다. 서비스 0의 호스트를 사용할 수 없게 되면 어떤 요청자에게도 서비스를 제공할 수 없게 된다.

그림 3.2에서는 서비스의 호스트가 풀로 나뉘어 요청자에게 할당된다. 한 풀의 호스트를 사용할 수 없게 돼도 다른 요청자에게는 영향을 미치지 않는다. 이 접근 방식의 명백한 트레이드오프는 특정 요청자로부터 트래픽 스파이크가 있을 때 풀이 서로를 지원할 수 없다는 점이다. 이는 특정 요청자에게 일정 수의 호스트를 할당하기로 한 의도적인 결정이다. 필요에 따라 수동이나 자동으로 풀을 확장할 수 있다.

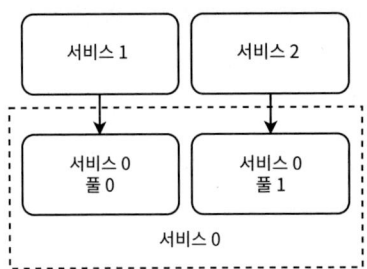

**그림 3.2** 서비스 0이 두 개의 풀로 나뉘어 각각 요청자에게 할당된다. 한 풀을 사용할 수 없게 돼도 다른 풀에는 영향을 미치지 않는다.

벌크헤드 패턴의 다른 예시는 앞에서 언급한 책[18]을 참조한다.

2부의 시스템 설계 설명에서는 벌크헤드를 언급하지 않겠지만, 대부분의 시스템에 일반적으로 적용 가능하며 면접 중에 논의할 수 있다.

---

[18] 마이클 나이가드, 《Release의 모든 것: 대규모 웹 분산 시스템을 위한 운영 고려 설계, 2판》(한빛미디어, 2023)

### 3.3.10 폴백 패턴

폴백(Fallback) 패턴은 문제를 탐지한 다음 대체 코드 경로를 실행하는 것으로 구성된다. 예를 들면 캐시된 응답이나 클라이언트가 정보를 얻으려는 서비스와 유사한 대체 서비스 등이 있다. 예를 들어, 클라이언트가 우리 백엔드에 근처 베이글 카페 목록을 요청할 때 백엔드 서비스에 중단이 발생하면 향후 사용할 수 있게 응답을 캐시할 수 있다. 이 캐시된 응답은 최신 상태가 아닐 수 있지만 사용자에게 오류 메시지를 반환하는 것보다는 낫다. 다른 대안으로는 클라이언트가 빙(Bing)이나 구글맵(Google Maps)과 같은 서드파티 지도 API에 요청하는 것이 있는데, 이는 서비스 백엔드가 제공하는 맞춤 콘텐츠는 없을 수 있다. 폴백을 설계할 때 폴백의 신뢰성과 폴백 자체가 실패할 수 있다는 점을 고려해야 한다.

> 노트 폴백 전략의 자세한 정보와 아마존이 폴백 패턴을 거의 사용하지 않는 이유, 그리고 아마존이 사용하는 폴백 패턴의 대안 내용에 관해서는 주석의 링크[19]를 참조하면 된다.

## 3.4 성능/지연 시간과 처리량

성능이나 지연 시간은 사용자의 요청이 시스템에 도달해 응답을 반환하는 데 걸리는 시간이다. 여기에는 요청이 클라이언트를 떠나 서비스로 이동하는 네트워크 지연 시간, 서비스가 요청을 처리하고 응답을 생성하는 데 걸리는 시간, 그리고 응답이 서비스를 떠나 클라이언트로 이동하는 네트워크 지연 시간이 포함된다. 소비자 대상 앱의 일반적인 요청, 예를 들어 음식 배달 앱에서 레스토랑 메뉴 보기나 온라인 쇼핑몰 앱에서 결제 제출의 사례는 수십 밀리초에서 몇 초의 지연 시간을 원한다. 증권과 같은 초단타 거래 애플리케이션은 수 밀리초의 지연 시간을 요구할 수 있다.

엄밀히 말하면, 지연 시간은 패킷이 출발지에서 목적지로 이동하는 시간을 말한다. 그러나 '지연 시간'이라는 용어는 일반적으로 '성능'과 같은 의미로 사용되며, 두 용어는 종종 서로 바꿔 사용된다. 패킷 이동 시간을 설명해야 할 때는 여전히 지연 시간이라는 용어를 사용한다.

지연 시간이라는 용어는 사용자의 요청-응답 시간이 아닌, 시스템 내 구성 요소 간의 요청-응답 시간을 설명하는 데도 활용될 수 있다. 예를 들어, 백엔드 호스트가 로깅이나 저장 시스템에 데이터를 저장

---

[19] https://aws.amazon.com/builders-library/avoiding-fallback-in-distributed-systems/

하도록 요청하는 경우 시스템의 지연 시간은 데이터를 로깅/저장하고 백엔드 호스트에 응답을 반환하는 데 필요한 시간이다.

시스템의 기능적 요구사항은 사용자가 요청한 정보를 실제로 포함할 필요가 없고, 확인 응답과 함께 지정된 시간 후에 요청된 정보를 사용자에게 보내거나 사용자가 다른 요청을 통해 얻을 수 있다는 약속만으로 충분할 수 있음을 의미할 수 있다. 이러한 트레이드오프는 시스템 설계를 단순화할 수 있으므로, 우리는 항상 요구사항을 명확히 하고 사용자의 요청 후 얼마나 빨리 정보가 필요한지를 설명해야 한다.

낮은 지연 시간을 달성하기 위한 일반적인 설계 결정은 다음과 같다. 사용자와 지리적으로 가까운 데이터 센터에 서비스를 배포하면, 패킷 이동 거리를 줄일 수 사용자가 지리적으로 분산돼 있다면 사용자 클러스터와의 지리적 거리를 최소화하도록 선택된 여러 데이터 센터에 서비스를 배포할 수 있다. 데이터 센터 간 호스트가 데이터를 공유해야 한다면 서비스는 수평 확장 가능해야 한다.

때때로 사용자와 데이터 센터 간의 물리적 거리보다 지연 시간에 더 큰 영향을 미치는 다른 요인이 있을 수 있다. 예를 들어 트래픽이나 네트워크 대역폭과 실제 비즈니스 로직과 영속성 계층(Persistence layer)[20] 등의 백엔드 시스템 처리 등이 있다. 사용자와 다양한 데이터 센터 간의 테스트 요청을 사용하여 특정 위치의 사용자에게 지연 시간이 가장 짧은 데이터 센터를 결정할 수 있다.

다른 기법으로는 CDN 사용, 캐싱, REST 대신 RPC로 데이터 크기 줄이기, 네티(Netty)[21]와 같은 프레임워크로 자체 프로토콜을 설계하여 HTTP 대신 TCP와 UDP를 사용, 그리고 배치와 스트리밍 기법 사용 등이 있다.

지연 시간과 처리량을 검토할 때 데이터의 특성과 시스템 안팎으로 이동하는 방식을 논의하고 나서 전략을 제안할 수 있다. 조회 수를 몇 시간 후에 집계할 수 있는가? 이는 배치나 스트리밍 접근 방식을 허용한다. 응답 시간은 어떠한가? 짧다면 데이터가 이미 집계돼 있어야 하며, 집계는 쓰기 중에 수행돼야 하고 읽기 중에는 최소한의 집계만 하거나 전혀 하지 않아야 한다.

## 3.5 일관성

---

20 (옮긴이) 애플리케이션 재시작이나 서버 종료 후에도 데이터를 유지하는 스토리지 계층을 의미한다.
21 (옮긴이) 비동기 이벤트 기반의 네트워크 애플리케이션 프레임워크로, 고성능 프로토콜 서버와 클라이언트를 쉽게 개발할 수 있게 해주는 자바 기반 도구다.

일관성은 ACID와 CAP 정리에서 다른 의미를 가진다. ACID 일관성은 외래 키와 고유성 같은 데이터 관계에 중점을 둔다. 마틴 클레프만(Martin Kleppmann)이 그의 저서[22]에서 언급했듯이, CAP 일관성은 실제로 선형화 가능성으로, 특정 시점에 동일한 데이터를 포함하는 모든 노드가 선형이어야 하며, 데이터의 변경은 노드가 동시에 변경사항을 제공하기 시작해야 하는 것으로 정의된다.

결과적으로 일관된 데이터베이스는 가용성, 확장성, 지연 시간을 개선하기 위해 일관성을 트레이드오프한다. RDBMS 데이터베이스를 포함한 ACID 데이터베이스는 네트워크 분할이 발생했을 때 쓰기를 수락할 수 없다. 네트워크 분할 중에 쓰기가 발생하면 ACID 일관성을 유지할 수 없기 때문이다. 표 3.2에 요약된 대로 MongoDB, HBase, 레디스는 선형화 가능성을 위해 가용성을 트레이드오프하는 반면, CouchDB, 카산드라, AWS 다이나모(Dynamo), 하둡(Hadoop), 리악(Riak)[23]은 가용성을 위해 선형화 가능성을 트레이드오프한다.

**표 3.2** 가용성 vs. 선형화 가능성을 선호하는 데이터베이스

| 선형성 선호 | 가용성 선호 |
| --- | --- |
| HBase | 카산드라 |
| MongoDB | CouchDB |
| 레디스 | 다이나모 |
|  | 하둡 |
|  | Riak |

논의 중에 ACID와 CAP 일관성의 차이, 그리고 선형화 가능성과 최종 일관성 사이의 트레이드오프를 강조해야 한다. 이 책에서는 다음을 포함한 선형화 가능성과 최종 일관성을 위한 다양한 기법을 설명한다.

- 전체 메시[24]

- 정족수(Quorum)

**단일 위치에 쓰기를 수행하고 이 쓰기를 다른 관련 위치로 전파하는 최종 일관성 기법**
- 이벤트 소싱(5.2절)에서 설명할 트래픽 스파이크를 처리하는 기법

---

22  마틴 클레프만, 《데이터 중심 애플리케이션 설계: 신뢰할 수 있고 확장 가능하며 유지보수하기 쉬운 시스템을 지탱하는 핵심 아이디어》(위키북스, 2018)
23  (옮긴이) 분산형, 고가용성, 내결함성을 갖춘 NoSQL 키-값 데이터베이스로, 대규모 데이터 처리에 적합한 시스템이다.
24  (옮긴이) 모든 노드가 서로 직접 연결돼 데이터를 동기화하는 분산 시스템 토폴로지

- 조정 서비스
- 분산 캐시

**일관성과 정확성을 낮은 비용과 맞바꾸는 최종 일관성 기법**

- 가십 프로토콜[25]
- 무작위 리더 선택

선형화 가능성의 단점은 다음과 같다.

- 대부분 노드나 모든 노드가 요청을 처리하기 전에 합의를 확신해야 하므로 가용성이 낮다. 노드 수가 많아질수록 더 어려워진다.

- 더 복잡하고 비용이 많이 든다.

### 3.5.1 전체 메시

그림 3.3은 전체 메시의 예를 보여준다. 클러스터의 모든 호스트는 다른 모든 호스트의 주소를 가지고 있으며 모든 호스트에 메시지를 브로드캐스트한다.

호스트는 어떻게 서로를 발견하는가? 새 호스트가 추가되면 그 주소를 다른 호스트에게 어떻게 전송하는가? 호스트 발견을 위한 해결책은 다음과 같다.

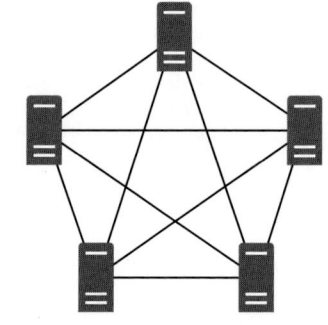

**그림 3.3** 전체 메시 구조. 모든 호스트가 다른 모든 호스트와 연결돼 있으며, 모든 호스트에 메시지를 브로드캐스트한다.

- 구성 파일에 주소 목록을 유지한다. 목록이 변경될 때마다 이 파일을 모든 호스트/노드에 배포한다.

- 모든 호스트로부터 하트비트를 수신하는 서드파티 서비스를 사용한다. 서비스가 하트비트를 받는 한 호스트는 계속 등록된 상태로 유지된다. 모든 호스트는 이 서비스를 사용해 전체 주소 목록을 얻는다.

전체 메시는 다른 기법으로도 쉽게 구현할 수 있지만 확장성이 없다. 메시지 수는 호스트 수에 따라 2차적으로 증가한다. 전체 메시는 작은 클러스터에서는 잘 작동하지만 큰 클러스터는 지원할 수 없다. 정족수 방식에서 시스템이 데이터 동기화가 이뤄졌다고 볼 수 있으려면 과반수의 호스트만 같은 데이터가 있으면 된다. 비트토렌트(BitTorrent)는 분산 P2P 파일 공유를 위해 전체 메시를 사용하는 프로

---

[25] (옮긴이) 노드가 주기적으로 무작위 이웃과 정보를 교환해 전체 네트워크에 데이터를 점진적으로 전파하는 분산 시스템 통신 방식이다.

토콜의 예다. 면접에서는 전체 메시를 간단히 언급하고 확장 가능한 접근 방식과 비교할 수 있다.

### 3.5.2 조정 서비스

그림 3.4는 리더 노드나 리더 노드 집합을 선택하는 서드파티 구성 요소인 조정 서비스를 보여준다. 리더가 있으면 메시지 수가 감소한다. 다른 모든 노드는 리더에게 메시지를 보내고, 리더는 필요한 처리를 수행한 후 최종 결과를 다시 보낼 수 있다. 각 노드는 자신의 리더나 리더 집합과 통신하면 되고, 각 리더는 일정 수의 노드를 관리한다.

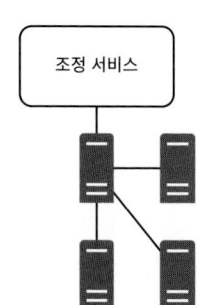

예시 알고리즘으로는 Paxos[26], Raft[27], Zab(ZooKeeper Atomic Broadcast)[28]이 있다. 또 다른 예로는 SQL의 단일 리더 다중 팔로워(4.3.2절)가 있는데, 이는 확장 가능한 읽기를 허용하는 기법이다. 주키퍼(ZooKeeper)[29]는 분산 조정 서비스다. 주키퍼는 단일 호스트에 저장된 구성 파일에 비해 다음과 같은 장점[30]이 있다. 분산 파일 시스템이나 분산 데이터베이스에서 이러한 기능을 구현할 수 있지만, 주키퍼는 이미 이를 제공한다.

**그림 3.4** 조정 서비스 구조

- 접근 제어[31]
- 높은 성능을 위한 메모리 내 데이터 저장
- 주키퍼 앙상블에 호스트를 추가해 수평 확장이 가능한 확장성[32]
- 지정된 시간 범위 내에서 보장된 최종 일관성이나 더 높은 비용으로 강한 일관성 적용[33]. 주키퍼는 일관성을 적용하고 가용성을 트레이드오프하는데, 이는 CAP 정리에서의 CP 시스템이다.
- 클라이언트가 작성된 순서대로 데이터를 읽을 수 있다.

조정 서비스의 주요 단점은 복잡성이다. 조정 서비스는 높은 신뢰성을 가져야 하고 오직 하나의 리더

---

26  (옮긴이) 비동기 네트워크에서 다수의 프로세스 간 합의를 이루기 위한 복잡하지만 강력한 알고리즘이다.
27  (옮긴이) Paxos를 단순화한 알고리즘으로, 리더 선출과 로그 복제를 통해 분산 시스템의 일관성을 유지한다.
28  (옮긴이) 주키퍼에서 사용되는 알고리즘으로, 주키퍼의 원자적 브로드캐스트 프로토콜을 구현해 일관성을 보장한다.
29  https://zookeeper.apache.org/
30  https://stackoverflow.com/q/36312640/1045085
31  https://zookeeper.apache.org/doc/r3.1.2/zookeeperProgrammers.html#sc_ZooKeeperAccessControl
32  https://zookeeper.apache.org/doc/r3.1.2/zookeeperAdmin.html#sc_zkMulitServerSetup
33  https://zookeeper.apache.org/doc/current/zookeeperInternals.html#sc_consistency

만 선출되어야 하는 정교한 구성 요소다. (두 노드가 모두 자신이 리더라고 믿는 상황을 '스플릿 브레인' (Split brain)[34]이라고 부른다.)

### 3.5.3 분산 캐시

레디스나 Memcached[35] 같은 분산 캐시를 사용할 수 있다. 그림 3.5를 참조하면, 서비스의 노드는 새 데이터를 가져올 때 주기적으로 원본에 요청을 보낸 다음, 분산 캐시(예: 레디스와 같은 인메모리 스토리지)에 요청을 보내 데이터를 업데이트할 수 있다. 이 해결책은 단순하고 지연 시간이 낮으며, 분산 캐시 클러스터가 우리 서비스와 독립적으로 확장될 수 있다. 하지만 이 해결책은 전체 메시를 제외한 다른 모든 해결책보다 더 많은 요청을 받는다.

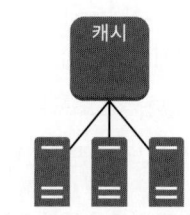

**그림 3.5** 메시지를 브로드캐스트할 때 분산 캐시의 사용 구조. 노드는 레디스와 같은 인메모리 스토리지에 요청을 보내 데이터를 업데이트하거나 새 데이터를 가져올 때 주기적으로 요청을 보낼 수 있다.

> **노트** 레디스는 정의상 일반적인 분산 캐시가 아니라 인메모리 캐시다. 실제 의도와 목적을 위해 분산 캐시로 사용된다. 자세한 내용은 주석의 문서[36]를 참조한다.

송신 호스트와 수신 호스트 모두 메시지가 필요한 필드를 포함하고 있는지 확인할 수 있다. 이는 양쪽에서 모두 수행될 때가 많은데, 추가 비용이 미미한 반면 양쪽의 오류 가능성을 줄여 잘못된 메시지를 방지할 수 있기 때문이다. 송신 호스트가 HTTP 요청을 통해 수신 호스트에 잘못된 메시지를 보내고 수신 호스트가 잘못된 메시지를 감지할 수 있다면, 즉시 400이나 422 오류를 반환할 수 있다. 4xx 오류에 대해 긴급성이 높은 알림을 설정할 수 있으므로 이 오류의 알림을 받고 즉시 조사할 수 있다. 그러나 레디스를 사용하면 노드가 작성한 잘못된 데이터는 다른 노드가 가져갈 때까지 감지되지 않을 수 있어 알림에 지연이 있을 것이다.

한 호스트에서 다른 호스트로 직접 보낸 요청은 스키마 유효성 검사를 거친다. 그러나 레디스는 단순한

---

**34** 마틴 클레프만, 《데이터 중심 애플리케이션 설계: 신뢰할 수 있고 확장 가능하며 유지보수하기 쉬운 시스템을 지탱하는 핵심 아이디어》(위키북스, 2018) 158페이지

**35** (옮긴이) 분산 메모리 캐싱 시스템으로, 데이터베이스 부하를 줄이고 웹 애플리케이션의 성능을 향상시킬 때 사용되는 고성능, 분산 메모리 객체 캐싱 시스템이다.

**36** https://redis.io/docs/about/
https://stackoverflow.com/questions/18376665/redis-distributed-or-not

데이터베이스이므로 스키마를 검증하지 않으며 호스트는 임의의 데이터를 쓸 수 있다. 이는 보안 문제를 일으킬 수 있다[37]. 레디스는 신뢰할 수 있는 환경 내의 신뢰할 수 있는 클라이언트가 접근하게 설계됐다[38]. 레디스는 암호화를 지원하지 않아 프라이버시 문제가 있을 수 있다. 저장 시 암호화를 구현하면 복잡성과 비용이 증가하고 성능이 저하된다[39].

조정 서비스는 이러한 단점을 보완하지만, 대신 더 높은 복잡성과 비용을 수반한다.

### 3.5.4 가십 프로토콜

가십 프로토콜은 전염병이 퍼지는 방식을 모델로 한다. 그림 3.6을 참조하면, 각 노드는 주기적 또는 무작위 간격으로 다른 노드를 무작위로 선택한 다음 데이터를 공유한다. 이 접근 방식은 더 낮은 비용과 복잡성을 위해 일관성을 트레이드오프한다.

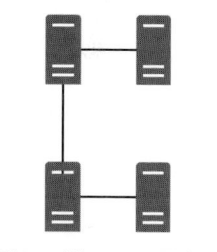

**그림 3.6** 가십 프로토콜 통신 구조

카산드라는 분산 데이터 파티션 전체의 일관성을 유지하기 위해 가십 프로토콜을 사용한다. 다이나모DB는 여러 데이터 센터 간의 일관성을 유지하기 위해 '벡터 시계'라고 불리는 가십 프로토콜을 사용한다.

### 3.5.5 무작위 리더 선택

그림 3.7을 참조하면, 무작위 리더 선택은 리더를 선출할 때 간단한 알고리즘을 사용한다. 이 간단한 알고리즘은 하나이며, 오직 하나의 리더만을 보장하지 않으므로 여러 리더가 있을 수 있다. 각 리더가 모든 다른 호스트와 데이터를 공유할 수 있으므로 모든 리더 포함 모든 호스트가 동일 데이터를 가지는 형태가 될 수 있다. 단점은 중복 요청과 불필요한 네트워크 트래픽이 발생할 수 있다는 것이다.

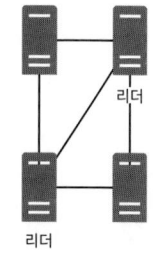

**그림 3.7** 무작위 리더 선택으로 인해 발생할 수 있는 다중 리더 구조

---

[37] https://www.trendmicro.com/en_us/research/20/d/exposed-redis-instances-abused-for-remote-code-execution-cryptocurrency-mining.html
https://www.imperva.com/blog/new-research-shows-75-of-open-redis-servers-infected
[38] https://redis.io/topics/security
[39] https://docs.aws.amazon.com/AmazonElastiCache/latest/red-ug/at-rest-encryption.html

카프카는 내결함성을 제공할 때 무작위 리더 선택과 함께 리더-팔로워 복제 모델을 사용한다. YARN은 호스트 클러스터 전체의 리소스 할당을 관리하기 위해 무작위 리더 선택 접근 방식을 사용한다.

## 3.6 정확성

정확성(Accuracy)은 복잡한 데이터 처리나 높은 쓰기 빈도를 가진 시스템에서 중요한 비기능적 요구사항이다. 데이터의 **정확성(Accuracy)**은 데이터 값이 정확하고 근사치가 아님을 의미한다. 추정 알고리즘은 더 낮은 복잡성을 위해 정확성을 트레이드오프한다. 프레스토(Presto)[40] 분산 SQL 쿼리 엔진의 카디널리티(COUNT DISTINCT)[41] 추정을 위한 HyperLogLog[42]와 데이터 스트림에서 이벤트 빈도를 추정하기 위한 count-min 스케치[43] 등이 추정 알고리즘의 예다.

기본 데이터베이스의 데이터가 수정됐다면 캐시는 오래된 것일 수 있다. 캐시는 정해진 주기로 최신 데이터를 가져오는 새로 고침 정책을 가질 수 있다. 짧은 새로 고침 정책은 더 비용이 많이 든다. 대안으로는 데이터가 수정될 때 시스템이 관련 캐시 키를 업데이트하거나 삭제하는 것인데, 이는 복잡성을 증가시킨다.

정확성은 어느 정도 일관성과 관련이 있다. 최종적으로 일관된 시스템은 가용성, 복잡성, 비용 개선하기 위해 정확성을 트레이드오프한다. 최종적으로 일관된 시스템에 쓰기가 이뤄지면 이 쓰기 후에 이뤄진 읽기의 결과에 쓰기의 영향이 포함되지 않아 부정확할 수 있다. 최종적으로 일관된 시스템은 복제본이 쓰기 작업의 영향으로 업데이트될 때까지 부정확하다. 그러나 이런 상황을 논의할 때 '정확성'이 아닌 '일관성'이라는 용어를 사용한다.

## 3.7 복잡성과 유지보수성

복잡성을 최소화하는 첫 단계는 기능적 요구사항과 비기능적 요구사항을 모두 명확히 하는 것이다. 그래야 불필요한 요구사항에 대해 설계하지 않는다.

---

[40] (옮긴이) 대규모 분산 데이터셋의 빠른 SQL 쿼리를 실행할 때 설계된 오픈소스 분산 SQL 쿼리 엔진이다.
[41] (옮긴이) 데이터셋에서 고유한 값의 개수를 나타내는 지표로, 칼럼이나 집합의 다양성을 측정하는 데 사용된다.
[42] (옮긴이) 대규모 데이터셋에서 고유 요소의 개수(카디널리티)를 추정하는 확률적 알고리즘으로, 적은 메모리로 높은 정확도를 제공한다.
[43] (옮긴이) 대용량 스트림 데이터에서 항목의 빈도를 추정하는 확률적 데이터 구조로, 적은 메모리로 근사 카운트를 제공한다.

설계 다이어그램을 그릴 때 어떤 구성 요소를 독립적인 시스템으로 분리할 수 있는지 주목해야 한다. 복잡성을 줄이고 유지보수성을 개선하려면 다양한 서비스에 적용 가능한 다음의 공통 서비스를 적극적으로 활용해야 한다.

- 로드 밸런서 서비스
- 속도 제한 방식 – 8장 참조
- 인증과 인가 – 부록 B 참조
- 로깅, 모니터링, 알림 – 2.5절 참조
- TLS 종료 – 더 자세한 정보는 다른 자료 참조
- 캐싱 – 4.8절 참조
- 데브옵스와 CI/CD – 이는 이 책의 범위를 벗어난다.

데이터 과학에서 사용자 데이터를 수집하는 조직과 같은 특정 조직에 대해 일반화할 수 있는 서비스에는 분석과 머신러닝이 있다.

복잡한 시스템에 높은 가용성과 내결함성을 확보하려면 시스템이 더 복잡해질 수 있다. 시스템이 불가피하게 복잡하다면 가용성 및 내결함성을 낮추는 대신 복잡성을 줄이는 방법을 고려해야 한다.

실시간으로 발생할 필요가 없는 데이터 처리 작업을 지연시키는 ETL 파이프라인과 같이 복잡성을 개선하기 위한 다른 요구사항의 가능한 트레이드오프를 논의해야 한다.

더 나은 지연 시간과 성능을 위해 복잡성을 트레이드오프하는 일반적인 기법은 네트워크 통신에서 메시지 크기를 최소화하는 것이다. 이러한 기법에는 RPC 직렬화 프레임워크와 메타데이터 서비스가 포함된다(메타데이터 서비스에 관한 설명은 6.3절 참조).

Avro[44], Thrift[45], protobuf[46]와 같은 RPC 직렬화 프레임워크는 스키마 파일을 유지해야 하는 것을 감수하고 메시지 크기를 줄일 수 있다(REST와 RPC에 관한 논의는 6.7절 참조). 모든 면접에서 이러한 직렬화 프레임워크 사용을 항상 제안해야 하나, 이 책에서는 이 점을 다시 언급하지 않는다.

---

44 (옮긴이) 아파치 프로젝트의 데이터 직렬화 시스템으로, 스키마 기반의 컴팩트한 바이너리 포맷을 제공한다.
45 (옮긴이) 페이스북이 개발한 인터페이스 정의 언어와 바이너리 통신 프로토콜로, 다양한 언어 간 서비스 개발을 지원한다.
46 (옮긴이) 구글이 개발한 구조화된 데이터 직렬화 기술로, 작고 빠른 바이너리 메시지 포맷을 제공한다.

또한 중단이 어떻게 발생할 수 있는지, 다양한 중단이 사용자와 비즈니스에 미치는 영향을 평가하고 중단을 예방하고 완화하는 방법을 논의해야 한다. 일반적인 개념으로는 복제, 장애 조치, 런북 작성 등이 있다. 런북은 2.5.3절에서 설명했다.

2부의 모든 장에서 복잡성에 관해 설명한다.

### 3.7.1 지속적 배포(CD)

지속적 배포(CD)는 이 책 1.4.5절에서 처음 언급됐다. 해당 절에서 언급했듯이 CD는 쉬운 배포와 롤백을 가능하게 한다. 시스템의 유지보수성을 개선하는 빠른 피드백 주기가 있다. 실수로 버그가 있는 빌드를 운영 환경에 배포해도 쉽게 롤백할 수 있다. 점진적 업그레이드와 새로운 기능의 빠르고 쉬운 배포는 빠른 소프트웨어 개발 수명 주기로 이어진다. 이는 부록 A에서 설명할 모놀리스에 비해 서비스의 주요 장점이다.

다른 CD 기법으로는 무중단 배포라고도 하는 블루/그린 배포가 있고, 더 자세한 정보는 주석의 링크[47]에서 참조할 수 있다.

소나큐브(SonarQube)[48]와 같은 정적 코드 분석 도구도 시스템의 유지보수성을 개선한다.

## 3.8 비용

시스템 설계 논의에서 더 낮은 비용을 위해 다른 비기능적 요구사항을 트레이드오프할 것을 다음 예시와 같이 제안할 수 있다.

- 수평 확장 대신 수직 확장으로 복잡성을 낮추기 위한 더 높은 비용
- 시스템의 중복성(예: 호스트 수나 데이터베이스의 복제 계수)을 줄임으로써 가용성은 줄고 비용은 절감
- 사용자로부터 더 멀리 있지만 더 저렴한 위치의 데이터 센터를 사용해 비용을 개선하는 대신 지연 시간 증가

구현 비용, 모니터링 비용, 높은 가용성과 같은 각 비기능적 요구사항의 비용을 논의해야 한다.

---

[47] https://spring.io/blog/2016/05/31/zero-downtime-deployment-with-a-database
https://dzone.com/articles/zero-downtime-deployment
https://craftquest.io/articles/what-are-zero-downtime-atomic-deployments
[48] https://www.sonarqube.org/

운영환경 문제는 심각성의 정도나 얼마나 빨리 해결해야 하는지가 다양하므로 필요 이상으로 모니터링과 알림을 구현하지 말아야 한다. 문제 발생 후 몇 시간 뒤에 알림을 생성해도 될 때보다 문제가 발생하자마자 엔지니어에게 알림을 줘야 하는 경우의 비용이 더 높다.

가능한 운영환경 문제를 해결하는 형태의 유지보수 비용 외에도, 시간이 지남에 따라 라이브러리와 서비스가 폐기되면서 발생하는 소프트웨어의 자연적인 노후화로 인한 비용도 있다. 향후 업데이트가 필요할 수 있는 구성 요소를 식별해야 한다. 라이브러리 종속성이 향후 지원되지 않으면 다른 구성 요소의 쉬운 업데이트에 방해가 될 수 있는가? 업데이트가 필요할 때 이러한 종속성을 더 쉽게 교체할 수 있게 시스템을 어떻게 설계할 수 있을까?

향후 종속성, 특히 우리가 통제할 수 없는 서드파티 종속성을 변경해야 할 가능성은 얼마나 되는가? 서드파티 종속성은 신뢰성이나 보안 문제와 같은 요구사항에 맞지 않거나 폐기될 수 있다.

완전한 비용 논의에는 필요할 때 시스템을 폐기하는 비용에 대한 고려가 포함돼야 한다. 팀이 목표를 바꾸기로 결정하거나 시스템의 사용자가 너무 적어 개발과 유지보수 비용을 정당화할 수 없는 등 여러 이유로 시스템을 폐기하기로 결정할 수 있다. 기존 사용자에게 데이터를 제공하기로 결정할 수 있으므로, 사용자에 대한 데이터를 다양한 텍스트나 CSV 파일로 추출해야 한다.

## 3.9 보안

면접 중에 시스템이 가질 수 있는 보안 취약점과 보안 침해를 어떻게 예방하고 해소할 것인지 논의해야 할 수 있다. 여기에는 외부 당사자와 조직 내부로부터의 접근이 모두 포함된다. 보안과 관련해 일반적으로 논의되는 주제는 다음과 같다.

- TLS 종료와 데이터 센터의 서비스나 호스트 간 전송 중 데이터 암호화 유지가 있다. TLS 종료는 일반적으로 내부망 암호화 처리에 드는 비용을 절약할 때 수행되는데, 데이터 센터 내 호스트 간 암호화는 보통 필요하지 않기 때문이다. 전송 중 암호화를 사용하는 민감한 데이터는 예외가 있을 수 있다.
- 암호화하지 않고 저장할 수 있는 데이터와 암호화하여 저장해야 하는 데이터(저장 시 암호화라고 함)를 구분한다. **저장 시 암호화**는 해싱된 데이터 저장과는 개념적으로 다르다.

부록 B에서 설명한 OAuth 2.0과 OpenID Connect를 어느 정도 이해하고 있어야 한다.

또한 DDoS 공격을 방지하기 위한 속도 제한 방식을 논의할 수 있다. 속도 제한 시스템은 그 자체로 면접 질문이 될 수 있으며, 이는 8장에서 논의할 것이다. 이는 거의 모든 외부 지향 시스템의 설계 중에 언급돼야 한다.

## 3.10 프라이버시

개인 식별 정보(PII)는 고객을 고유하게 식별하기 위해 사용할 수 있는 데이터로, 전체 이름, 정부 식별자, 주소, 이메일 주소, 은행 계좌 식별자 등이 포함된다. PII는 일반 데이터 보호 규정(GDPR)과 캘리포니아 소비자 개인정보 보호법(CCPA) 등의 규정을 준수하기 위해 안전하게 보호돼야 한다.

시스템 내에서는 데이터베이스와 파일에 저장된 PII에 접근 제어 메커니즘을 적용해야 한다. 경량 디렉터리 접근 프로토콜(LDAP) 같은 메커니즘을 사용할 수 있다. 전송 중(SSL 사용)과 저장 시 모두 데이터를 암호화할 수 있다.

SHA-2와 SHA-3 같은 해싱 알고리즘을 사용해 PII를 마스킹하고 집계 통계(예: 고객당 평균 거래 수) 계산에서 개별 고객의 프라이버시를 유지하는 것을 고려해야 한다.

PII가 HDFS와 같은 추가 전용 데이터베이스나 파일 시스템에 저장된다면, 일반적인 프라이버시 기법은 각 고객에게 암호화 키를 할당하는 것이다. 암호화 키는 SQL과 같은 가변 저장 시스템에 저장할 수 있다. 특정 고객과 관련된 데이터는 저장되기 전에 해당 고객의 암호화 키로 암호화돼야 한다. 고객의 데이터를 삭제해야 한다면 고객의 암호화 키만 삭제하면 되고, 그러면 추가 전용 스토리지에 있는 고객의 모든 데이터에 접근할 수 없게 돼 효과적으로 삭제된다.

고객 서비스나 머신러닝을 포함한 개인화 등 여러 측면에서 프라이버시의 복잡성, 비용, 영향을 논의할 수 있다.

또한 데이터 보존 정책과 감사와 같은 데이터 침해의 예방과 해소 전략을 논의해야 한다. 세부 사항은 각 조직에 따른 경향성이 다르므로 열린 논의가 된다.

### 3.10.1 외부 서비스 vs. 내부 서비스

외부 서비스를 설계한다면 보안과 프라이버시 메커니즘을 반드시 설계해야 한다. 다른 내부 서비스에만 서비스하는 내부 서비스는 어떤가? 악의적인 외부 공격자를 사용자 서비스의 보안 메커니즘에 의존하고 내부 사용자가 악의적인 행동을 시도하지 않을 것이라고 가정해 속도 제한 서비스에 보안 조치가 필요하지 않다고 결정할 수 있다. 또한 사용자 서비스가 다른 사용자 서비스에서 속도 제한 요청자에 데이터를 요청하지 않을 것이라고 신뢰해 프라이버시 조치가 필요하지 않다고 결정할 수 있다.

그러나 회사는 내부 사용자가 보안 메커니즘을 제대로 구현할 것이라고 믿어서는 안 되고, 내부 사용자가 악의적이지 않다고 믿어서는 안 되며, 내부 사용자가 실수로 또는 악의적으로 고객의 프라이버시를 침해하지 않을 것이라고 믿어서는 안 된다고 판단할 가능성이 높다. 기본적으로 보안과 프라이버시 메커니즘을 구현하는 엔지니어링 문화를 채택해야 한다. 이는 대부분의 조직이 채택한 모든 종류의 서비스와 데이터에 대한 내부 접근 제어나 프라이버시 정책과 일치한다. 예를 들어, 대부분의 조직은 각 서비스의 깃 스토리지와 CI/CD에 역할 기반 접근 제어(RBAC)를 가지고 있다. 또한 대부분의 조직은 직원과 고객 데이터 접근 권한을 그 데이터에 접근해야 한다고 판단되는 사람에게만 부여하는 절차가 있다. 이러한 접근 제어와 데이터 접근은 일반적으로 가능한 한 많이 범위와 기간을 제한한다. 특정 시스템에는 이러한 정책을 채택하고 다른 시스템에는 채택하지 않을 논리적 이유가 없다. 내부 서비스가 보안과 프라이버시 메커니즘을 제외할 수 있다고 결정하기에 앞서 민감한 기능이나 데이터를 노출하지 않는지 확인해야 한다. 또한 외부 서비스든 내부 서비스든 관계없이 모든 서비스는 민감한 데이터베이스 접근을 로깅해야 한다.

또 다른 프라이버시 메커니즘은 사용자 정보 저장에 관한 잘 정의된 정책을 갖는 것이다. 사용자 정보를 저장하는 데이터베이스는 잘 문서화되고 엄격한 보안과 접근 제어 정책을 가진 서비스 뒤에 있어야 한다.

기타 서비스와 데이터베이스에는 사용자 ID만 저장하고 다른 사용자 데이터는 저장하지 않아야 한다. 사용자 ID는 주기적으로 변경하거나 보안이나 프라이버시 침해 발생 시 변경할 수 있다.

그림 1.8은 서비스 메시를 보여주며, 여기에는 ID와 접근 관리 서비스의 외부 요청으로 구조화된 보안과 프라이버시 메커니즘이 포함돼 있다.

## 3.11 클라우드 네이티브

클라우드 네이티브는 확장성, 내결함성, 유지보수성을 포함한 비기능적 요구사항을 해결하기 위한 접근 방식이다. 클라우드 네이티브 컴퓨팅 파운데이션(CNCF, Cloud Native Computing Foundation)의 클라우드 네이티브 정의[49]를 참조하라.

---

49 https://github.com/cncf/toc/blob/main/DEFINITION.md

클라우드 네이티브 기술은 조직이 공용, 사설, 하이브리드 클라우드와 같은 현대적이고 동적인 환경에서 확장 가능한 애플리케이션을 구축하고 실행할 수 있게 한다. **컨테이너, 서비스 메시, 마이크로서비스, 불변 인프라, 선언적 API**가 이 접근 방식의 전형적인 예다.

이러한 기법은 **회복력(resilient)** 있고, **관리 가능(manageable)** 하며, **관찰 가능(observable)** 한 느슨하게 결합된(loosely coupled) 시스템을 가능하게 한다. **강력한 자동화(robust automation)** 와 결합돼 엔지니어가 최소한의 노력으로 **자주(frequently)** 그리고 **예측 가능(predictably)** 하게 큰 영향을 미치는 **변경(changes)** 을 할 수 있게 한다.

CNCF는 오픈 소스, 벤더 중립적 프로젝트의 생태계를 육성하고 유지함으로써 이 패러다임의 채택을 추진하고자 한다. 우리는 최신 패턴을 대중화해 이러한 혁신을 모든 사람이 접근할 수 있게 한다.

이 책은 클라우드 네이티브 컴퓨팅 책은 아니지만, 이 책 전반에 걸쳐 클라우드 네이티브 기법(컨테이너, 서비스 메시, 마이크로서비스, 서버리스 함수, 불변 인프라나 코드형 인프라, 선언적 API, 자동화)을 활용해 이점(회복력, 관리 가능성, 관찰 가능성, 빈번하고 예측 가능한 변경 허용)을 달성하고 관련 개념 자료를 참조한다.

## 3.12 추가 자료

관심 있는 독자는 PACELC[50] 정리를 찾아볼 수 있다. 이 책에서는 더 자세히 설명하지 않는다. PACELC는 CAP 정리의 확장이다. 이는 분산 시스템에서 네트워크 분할이 발생하면 가용성과 일관성 중 하나를 선택해야 하고, 그렇지 않으면 정상 작동 중에 지연 시간과 일관성 중 하나를 선택해야 한다고 말한다.

이 장과 유사한 내용을 다루는 유용한 책[51]을 참조한다.

---

[50] (옮긴이) 분산 시스템에서 파티션(P) 발생 시 가용성(A)과 일관성(C) 사이의 트레이드오프, 그리고 정상 상태에서 지연시간(L)과 일관성(C) 사이의 트레이드오프를 설명하는 이론이다.

[51] 카순 인드라시리, 프라바스 시리와데나, 《엔터프라이즈 환경을 위한 마이크로서비스: 마이크로서비스 아키텍처의 개념 이해부터 적용, 구현까지》(에이콘 출판, 2020)

## 요약

- 시스템의 기능적 요구사항과 비기능적 요구사항을 모두 설명해야 한다. 비기능적 요구사항을 가정하지 말아야 한다. 비기능적 특성은 비기능적 요구사항을 최적화할 때 서로 트레이드오프될 수 있다.

- 확장성은 비용 효율성을 위한 시스템의 하드웨어 리소스 사용을 쉽게 조정할 수 있는 능력이다. 시스템의 트래픽 양을 예측하는 것은 어렵거나 불가능하므로 이는 거의 항상 논의된다.

- 가용성은 시스템이 요청을 수락하고 원하는 응답을 반환할 수 있는 시간의 백분율이다. 모든 시스템은 아니지만 대부분의 시스템이 높은 가용성을 요구하므로 시스템에서 이것이 요구사항인지 명확히 해야 한다.

- 내결함성은 일부 구성 요소가 실패해도 시스템이 계속 작동할 수 있는 능력과 다운타임이 발생했을 때 영구적인 해를 방지하는 능력이다. 이를 통해 사용자가 일부 기능을 계속 사용할 수 있고 엔지니어가 실패한 구성 요소를 수리할 시간을 벌 수 있다.

- 성능이나 지연 시간은 사용자의 요청이 시스템에 도달해 응답을 반환하는 데 걸리는 시간이다. 사용자는 대화형 애플리케이션이 빠르게 로딩되고, 입력에 신속하게 반응하길 기대한다.

- 일관성은 모든 노드가 특정 시점에 동일한 데이터를 포함하고 데이터 변경이 발생할 때 모든 노드가 동시에 변경된 데이터를 제공하기 시작해야 한다고 정의된다. 금융 시스템과 같은 특정 시스템에서는 동일한 데이터를 보는 여러 사용자가 동일한 값을 봐야 하지만, 소셜 미디어와 같은 다른 시스템에서는 데이터가 결국 동일해지는 한 언제든 다른 사용자가 조금씩 다른 데이터를 보는 것이 허용될 수 있다.

- 결과적으로 일관된 시스템은 더 낮은 복잡성과 비용을 위해 정확성을 트레이드오프한다.

- 복잡성은 시스템을 더 저렴하고 쉽게 구축하고 유지할 수 있게 최소화돼야 한다. 가능하면 공통 서비스와 같은 일반적인 기법을 사용해야 한다.

- 비용 논의에는 복잡성 최소화, 중단 비용, 유지보수 비용, 다른 기술로의 전환 비용, 폐기 비용이 포함된다.

- 보안 논의에는 어떤 데이터를 보호해야 하고 어떤 데이터를 보호하지 않아도 되는지, 그다음 전송 중 암호화와 저장 시 암호화와 같은 개념 사용이 포함된다.

- 프라이버시 고려사항에는 접근 제어 메커니즘과 절차, 사용자 데이터 삭제와 난독화, 데이터 유출의 예방과 최소화가 포함된다.

- 클라우드 네이티브는 일반적인 비기능적 요구사항을 달성하기 위해 기법을 사용하는 시스템 설계 접근 방식이다.

# 04

# 데이터베이스 확장

**이 장에서 다루는 내용**

- 다양한 유형의 저장 서비스 이해하기
- 데이터베이스 복제하기
- 데이터베이스 쓰기를 줄이기 위한 이벤트 집계
- 정규화와 비정규화 구분하기
- 빈번한 쿼리를 메모리에 캐싱하기

이 장에서는 데이터베이스 확장의 개념, 트레이드오프 그리고 이러한 개념을 구현에 활용하는 일반적인 데이터베이스를 설명한다. 시스템의 다양한 서비스를 위해 데이터베이스를 선택할 때 이러한 개념을 고려한다.

## 4.1 저장 서비스의 이해

저장 서비스는 상태 저장 서비스다. 상태 비저장 서비스와 비교해 상태 저장 서비스는 일관성을 보장하기 위한 메커니즘이 있으며, 데이터 손실을 피하려면 복제가 필요하다. 상태 저장 서비스는 강한 일관성을 위해 팍소스(Paxos)[1]와 같은 메커니즘을 선택하거나 최종 일관성 메커니즘을 선택할 수 있다. 이는 복잡한 결정이며, 일관성, 복잡성, 보안, 지연 시간, 성능과 같은 다양한 요구사항에 따라 트레이드오프해야 한다. 이는 가능한 한 모든 서비스를 상태 비저장으로 유지하고 상태 저장 서비스에만 상태를 유지하는 한 가지 이유다.

---

[1] (옮긴이) 분산 시스템에서 합의를 이루기 위한 프로토콜로, 네트워크 지연이나 장애가 있어도 일관성을 유지할 수 있게 해준다.

노트 강한 일관성에서는 모든 접근이 모든 병렬 프로세스, 노드, 프로세서에서 동일한 순서로 보인다. 따라서 하나의 일관된 상태만 관찰할 수 있으며, 이는 다른 병렬 프로세스나 노드가 변수를 다른 상태로 인식할 수 있는 약한 일관성과는 대조된다.

또 다른 이유는 웹이나 백엔드 서비스의 개별 호스트에 상태를 유지하면 동일한 사용자를 동일한 호스트로 일관되게 라우팅하는 고정 세션을 구현해야 하기 때문이다. 또한 호스트가 실패할 때를 대비해 데이터를 복제하고 장애 조치, 예를 들어 사용자의 호스트가 실패했을 때 적절한 새 호스트로 사용자를 라우팅하는 방식을 처리해야 한다. 모든 상태를 상태 저장 서비스로 밀어냄으로써 요구사항에 적합한 저장/데이터베이스 기술을 선택할 수 있고, 상태 관리와 관련된 설계, 구현, 실수를 피할 수 있는 이점을 얻을 수 있다.

스토리지는 크게 다음과 같이 분류할 수 있다. 이러한 범주를 구분하는 방법을 알아야 한다. 다양한 스토리지 유형의 완전한 소개는 이 책의 범위를 벗어나므로 필요하면 다른 자료를 참조한다. 다음은 이 책의 설명을 따라가는 데 필요한 간단한 내용이다.

- 데이터베이스(Database)
  - SQL – 테이블과 테이블 간의 관계(기본 키와 외래 키 포함)와 같은 관계형 특성이 있다. SQL은 ACID 속성을 가져야 한다.
  - NoSQL – 모든 SQL 속성을 갖지 않는 데이터베이스
  - 칼럼 지향(Column-oriented) – 효율적인 필터링을 위해 데이터 행 대신 열로 구성한다. 예로는 카산드라와 HBase가 있다.
  - 키-값(Key-value) – 데이터가 키-값 쌍의 컬렉션으로 저장된다. 각 키는 해싱 알고리즘을 통해 디스크 위치에 대응한다. 읽기 성능이 좋다. 키는 해싱 가능해야 하므로 원시 타입이며 객체의 포인터가 될 수 없다. 값은 이런 제한이 없어 원시 타입이나 포인터가 될 수 있다. 키-값 데이터베이스는 주로 캐싱에 사용되며 LRU(Least Recently Used)[2]와 같은 다양한 기법을 사용한다. 캐시는 높은 성능을 가지지만, 캐시를 사용할 수 없다면 요청자가 원본 데이터 소스를 쿼리할 수 있으므로 높은 가용성이 필요하지 않다. 예로는 Memcached와 레디스가 있다.
- 문서(Document) – 값에 크기 제한이 없거나 키-값 데이터베이스보다 훨씬 큰 제한이 있는 키-값 데이터베이스로 해석될 수 있다. 값은 다양한 형식일 수 있다. 텍스트, JSON, YAML이 일반적이다. 예로는 MongoDB가 있다.
- 그래프(Graph) – 엔티티 간의 관계를 효율적으로 저장하게 설계됐다. 예로는 Neo4j, 레디스그래프(RedisGraph), 아마존 넵튠(Amazon Neptune)이 있다.

[2] (옮긴이) 가장 오랫동안 사용되지 않은 항목을 먼저 제거하는 캐시 교체 알고리즘이다.

- **파일 스토리지(File storage)** – 데이터가 파일에 저장되며 디렉터리/폴더로 구성될 수 있다. 경로를 키로 하는 키-값의 한 형태로 볼 수 있다.

- **블록 스토리지(Block storage)** – 데이터를 고유 식별자가 있는 균일한 크기의 청크로 저장한다. 웹 애플리케이션에서는 블록 스토리지를 사용할 가능성이 낮다. 블록 스토리지는 다른 데이터베이스 등 저장 시스템의 저수준 구성 요소를 설계하는 것과 관련이 있다.

- **객체 스토리지(Object storage)** – 파일 스토리지보다 더 평평한 계층 구조를 가진다. 객체는 일반적으로 단순한 HTTP API로 접근한다. 객체 쓰기는 느리고 객체는 수정할 수 없으므로 객체 스토리지는 정적 데이터에 적합하다. 클라우드 예시로 AWS S3가 있다.

## 4.2 데이터베이스 사용 결정

서비스의 데이터 저장 방법을 결정할 때 데이터베이스를 사용할지, 아니면 파일, 블록, 객체 스토리지와 같은 다른 옵션을 사용할지 논의할 수 있다. 면접 중에는 특정 접근 방식을 선호할 수 있고 선호도를 언급할 수 있지만, 모든 관련 요인을 설명하고 다른 사람의 의견을 고려할 수 있어야 한다는 점을 기억해야 한다. 이 절에서는 제시할 수 있는 다양한 요인을 논의한다. 항상 그렇듯이 다양한 접근 방식과 트레이드오프를 논의해야 한다.

데이터베이스나 파일 시스템 중 하나를 선택하는 결정은 보통 재량과 경험적 방법에 기반한다. 학술 연구나 엄격한 원칙은 거의 없다. 2006년 마이크로소프트 논문[3]에서 자주 인용된 결론은 "256K보다 작은 객체는 데이터베이스에 저장하는 것이 가장 좋고 1M보다 큰 객체는 파일 시스템에 저장하는 것이 가장 좋다. 256K와 1M 사이에서는 읽기:쓰기 비율과 객체 덮어쓰기나 교체 비율이 중요한 요인이다"라고 말한다. 몇 가지 다른 요점은 다음과 같다.

- SQL 서버는 2GB보다 큰 파일을 저장하려면 특별한 구성 설정이 필요하다.

- 데이터베이스 객체는 전체가 메모리에 로드되므로 데이터베이스에서 파일을 스트리밍하는 것은 비효율적이다.

- 데이터베이스 테이블 행이 큰 객체일 때 이러한 큰 Blob 객체[4]를 리더 노드에서 팔로워 노드로 복제해야 하므로 복제가 느릴 것이다.

---

[3] https://www.microsoft.com/en-us/research/publication/to-blob-or-not-to-blob-large-object-storage-in-a-database-or-a-filesystem

[4] (옮긴이) Blob(Binary Large Object)은 이미지, 오디오, 비디오와 같은 대용량 바이너리 데이터를 저장하는 데 사용되는 데이터 타입이다.

## 4.3 복제

데이터베이스를 확장(즉, 데이터베이스 용어에서 일반적으로 노드라고 부르는 여러 호스트에 분산 데이터베이스를 구현)하는 방법은 복제, 분할, 샤딩이다. 복제는 복제본이라고 하는 데이터의 사본을 만들어 다른 노드에 저장하는 것이다. 분할과 샤딩은 모두 데이터 집합을 부분 집합으로 나누는 것이다. 샤딩은 부분 집합이 여러 노드에 분산돼 있음을 의미하지만 분할은 그렇지 않다. 단일 호스트는 한계가 있어 요구사항을 충족할 수 없다.

- **내결함성(Fault-tolerance)** – 각 노드는 노드 또는 네트워크 장애 발생 시 데이터 센터 내 또는 다른 노드에 데이터를 백업할 수 있다. 장애가 발생한 노드의 역할과 파티션/샤드를 다른 노드로 전환하도록 장애 조치 프로세스를 정의할 수 있다.
- **더 높은 스토리지 용량(Higher storage capacity)** – 단일 노드는 사용 가능한 가장 큰 용량의 여러 하드 드라이브를 포함하게끔 수직 확장될 수 있지만, 이는 금전적으로 비싸고 그 과정에서 노드의 처리량이 문제가 될 수 있다.
- **더 높은 처리량(Higher throughput)** – 데이터베이스는 여러 동시 프로세스와 사용자의 읽기와 쓰기를 처리해야 한다. 수직 확장은 가장 빠른 네트워크 카드, 더 나은 CPU, 더 많은 메모리로 한계에 도달한다.
- **더 낮은 지연 시간(Lower latency)** – 분산된 사용자와 더 가까워지게 복제본을 지리적으로 분산할 수 있다. 특정 지역에서 해당 데이터 읽기가 더 많다면 해당 데이터 센터의 특정 복제본 수를 늘릴 수 있다.

읽기(SELECT 연산)를 확장하려면 해당 데이터의 복제본 수를 늘리면 된다. 쓰기 확장은 더 어려우며, 이 장의 대부분은 쓰기 작업 확장의 어려움을 다룬다.

### 4.3.1 복제본 분산

일반적인 설계는 같은 랙의 호스트에 하나의 백업을 두고 다른 랙이나 데이터 센터 둘 다에 있는 호스트에 또 다른 백업을 두는 것이다. 이 주제와 관련된 문서는 주석의 내용[5]을 참조한다.

데이터는 샤딩될 수 있으며, 이는 다음과 같은 이점을 제공한다. 샤딩의 주요 트레이드오프는 샤드 위치를 추적해야 하는 복잡성 증가다.

- **스토리지 확장(Scale storage)** – 데이터베이스/테이블이 단일 노드에 맞지 않을 만큼 크다면, 노드 간 샤딩을 통해 데이터베이스/테이블을 단일 논리적 단위로 유지할 수 있다.
- **메모리 확장(Scale memory)** – 데이터베이스가 메모리에 저장된다면, 단일 노드의 메모리 수직 확장이 빠르게 금전적으로 비싸지므로 샤딩이 필요할 수 있다.

---

5  https://learn.microsoft.com/en-us/azure/availability-zones/az-overview

- **처리 확장(Scale processing)** – 샤딩된 데이터베이스는 병렬 처리의 이점을 활용할 수 있다.
- **지역성(Locality)** – 데이터베이스는 특정 클러스터 노드가 필요로 하는 데이터가 다른 노드의 다른 샤드가 아닌 로컬에 저장될 가능성이 높게끔 샤딩될 수 있다.

> **노트** 선형화 가능성을 위해 HDFS와 같은 특정 파티션된 데이터베이스는 삭제를 추가 작업(논리적 소프트 삭제라고 함)으로 구현한다. HDFS에서는 이를 툼스톤(Tombstone)[6] 추가라고 한다. 이는 삭제가 발생하는 동안 여전히 실행 중인 읽기 작업의 중단과 불일치를 방지한다.

### 4.3.2 단일 리더 복제

단일 리더 복제에서는 모든 쓰기 작업이 리더라고 하는 단일 노드에서 발생한다. 단일 리더 복제는 쓰기가 아닌 읽기 확장에 관한 것이다. MySQL과 Postgres[7]와 같은 일부 SQL 배포판에는 단일 리더 복제를 위한 구성이 있다. SQL 서비스는 ACID 일관성을 잃는다. 이는 높은 트래픽의 서비스를 제공하기 위해 SQL 데이터베이스를 수평 확장하기로 선택할 때 고려해야 할 관련 사항이다.

그림 4.1은 주–보조 리더 장애 조치가 있는 단일 리더 복제를 보여준다. 모든 쓰기(SQL에서는 데이터 조작 언어나 DDL 쿼리라고도 함)는 주 리더 노드에서 발생하고 보조 리더를 포함한 팔로워에게 복제된다. 주 리더가 실패하면 장애 조치 프로세스가 보조 리더를 주 리더로 승격시킨다. 실패한 리더가 복구되면 보조 리더가 된다.

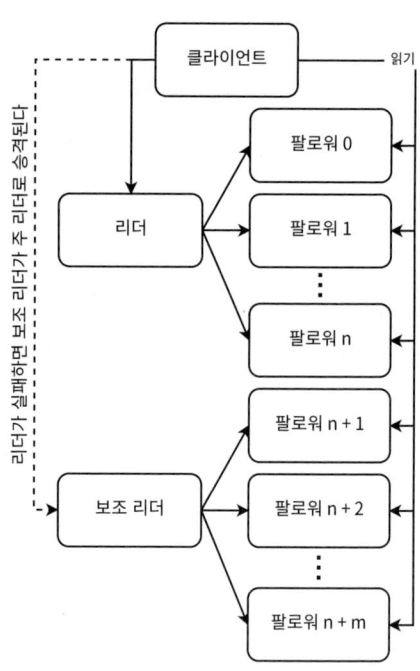

그림 4.1 주–보조 리더 장애 조치가 있는 단일 리더 복제[8]

---

6 (옮긴이) HDFS에서 툼스톤 추가는 삭제된 파일이나 디렉터리를 표시하는 마커로, 일정 기간 동안 유지돼 분산 시스템에서의 일관성을 보장한다.
7 (옮긴이) Postgres(PostgreSQL)는 객체–관계형 데이터베이스 관리 시스템(ORDBMS)으로, 고급 기능과 확장성을 제공하는 오픈 소스 데이터베이스다.
8 (옮긴이) 그림은 아르투르 에즈몬트(Artur Ejsmont)의 《Web Scalability for Startup Engineers(스타트업 엔지니어를 위한 웹 확장성)》(McGraw Hill, 2015) 책에 실린 그림 5.4를 수정한 것이다.

단일 노드는 팔로워와 공유할 수 있는 처리량에 제한이 있으므로 팔로워의 최대 수를 제한하며, 이는 다시 읽기 확장성을 제한한다. 읽기를 더 확장하려면 그림 4.2에 나온 다중 수준 복제를 사용할 수 있다. 피라미드처럼 여러 수준의 팔로워가 있다. 각 수준은 아래 수준으로 복제한다. 각 노드는 처리할 수 있는 수의 팔로워에게 복제하며, 일관성이 더 지연된다는 트레이드오프가 있다.

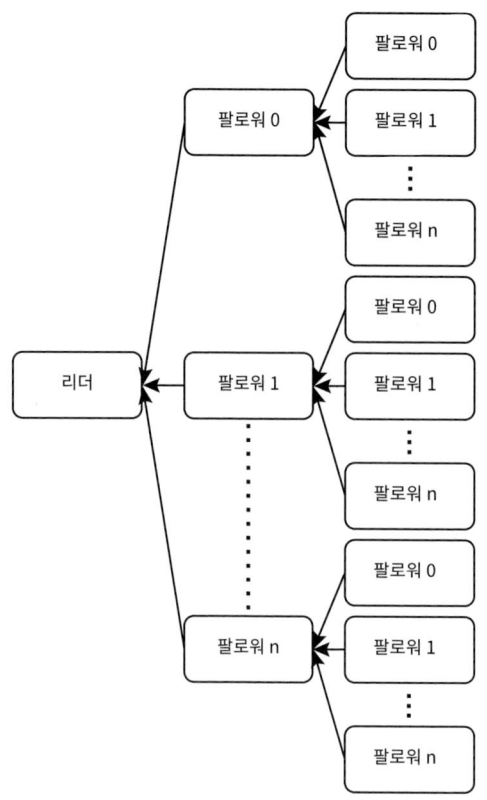

**그림 4.2** 다중 수준 복제. 각 노드는 자신의 팔로워에게 복제하고, 그 팔로워는 다시 자신의 팔로워에게 복제한다. 이 아키텍처는 노드가 처리할 수 있는 수의 팔로워에게 복제하게 보장하지만 일관성이 더 지연된다는 트레이드오프가 있다.

단일 리더 복제는 구현하기가 가장 간단하다. 단일 리더 복제의 주요 제한 사항은 전체 데이터베이스가 단일 호스트에 맞아야 한다는 것이다. 또 다른 제한 사항은 팔로워 쓰기 복제에 시간이 걸리므로 최종 일관성이 있다는 점이다.

MySQL binlog[9] 기반 복제는 단일 리더 복제의 예다. 아르투르 에즈몬트의 책 《Web Scalability for Startup Engineers》 5장에서 이러한 좋은 내용을 참조할 수 있고, 다음의 몇 가지 관련 온라인 문서를 참고할 수 있다.

- https://dev.to/tutelaris/introduction-to-mysql-replication-97c
- https://dev.mysql.com/doc/refman/8.0/en/binlog-replication-configuration-overview.html
- https://www.digitalocean.com/community/tutorials/how-to-set-up-replication-in-mysql
- https://docs.microsoft.com/en-us/azure/mysql/single-server/how-to-data-in-replication
- https://www.percona.com/blog/2013/01/09/how-does-mysql-replication-really-work/
- https://hevodata.com/learn/mysql-binlog-based-replication/

### 단일 리더 복제를 확장하기 위한 좋은 방법: 애플리케이션 계층의 쿼리 로직

수동으로 입력된 문자열은 데이터베이스 크기를 천천히 증가시키며, 이는 간단한 추정과 계산으로 확인할 수 있다. 데이터가 프로그래밍 방식으로 생성됐거나 오랜 기간 축적됐다면 저장 크기가 단일 노드를 넘어설 수 있다.

데이터베이스 크기를 줄일 수 없지만 SQL을 계속 사용하고 싶다면, 가능한 방법은 데이터를 여러 SQL 데이터베이스로 나누는 것이다. 이는 우리 서비스가 둘 이상의 SQL 데이터베이스에 연결되게끔 구성해야 하며, 적절한 데이터베이스에서 쿼리하게 애플리케이션의 SQL 쿼리를 다시 작성해야 함을 의미한다.

단일 테이블을 두 개 이상의 데이터베이스로 분할해야 한다면 애플리케이션은 여러 데이터베이스를 쿼리하고 결과를 결합해야 한다. 쿼리 로직은 더 이상 데이터베이스에 캡슐화되지 않고 애플리케이션으로 확산된다. 애플리케이션은 특정 데이터를 포함하는 데이터베이스를 추적하기 위한 메타데이터를 저장해야 한다. 이는 본질적으로 애플리케이션에 메타데이터 관리가 있는 다중 리더 복제다. 특히 이러한 데이터베이스를 사용하는 여러 서비스가 있다면 서비스와 데이터베이스를 유지보수하기가 더 어렵다.

예를 들어, 우리의 베이글 카페 추천기 Beigel 앱이 매일 수십억 건의 검색을 처리한다면 검색을 기록하는 단일 SQL 테이블 fact_searches는 며칠 내에 TB 단위로 증가할 것이다. 이 데이터를 각각 자체 클러스터에 있는 여러 데이터베이스에 걸쳐 분할할 수 있다. 날짜별로 분할하고 매일 새 테이블을 만들

---

[9] (옮긴이) MySQL binlog(바이너리 로그)는 데이터베이스의 변경 이벤트를 시간 순서대로 기록하는 파일로, 복제와 복구에 사용된다.

어 `fact_searches_YYYY_MM_DD` 형식으로 테이블 이름을 지을 수 있다(예: `fact_searches_2023_01_01`과 `fact_searches_2023_01_02`). 이 테이블을 쿼리하는 모든 애플리케이션은 이 분할 로직을 가져야 하며, 이 경우에는 이를 테이블 명명 규칙이라고 한다. 더 복잡한 예에서는 특정 고객이 너무 많은 거래를 할 때 고객 전용 테이블이 필요할 수 있다. 검색 API에 대한 많은 쿼리가 다른 음식 추천 앱에서 발생하는 경우, 2023년 1월 1일에 문자 A로 시작하는 회사의 모든 검색을 저장하는 테이블(예: `fact_searches_a_2023_01_01`)을 각각 생성할 수 있다. Beigel 앱에 검색 요청을 하는 회사 메타데이터를 저장하는 또 다른 SQL 테이블인 `search_orgs`가 필요할 수 있다.

논의 중에 이를 가능성으로 제안할 수 있지만, 이 설계를 사용할 가능성은 매우 낮다. 다중 리더나 리더 없는 복제가 있는 데이터베이스를 사용해야 한다.

### 4.3.3 다중 리더 복제

다중 리더와 리더 없는 복제는 쓰기 작업과 데이터베이스 저장 용량을 확장하기 위한 기술이다. 이때는 단일 리더 복제에는 없는 경쟁 조건을 처리해야 한다.

다중 리더 복제에서는 이름에서 알 수 있듯이 여러 노드가 리더로 지정되며 모든 리더에서 쓰기를 수행할 수 있다. 각 리더는 자신의 쓰기 내용을 다른 모든 노드에 복제해야 한다.

**일관성 문제와 접근 방식**

이러한 복제는 순서가 중요한 작업에서 일관성 문제와 경쟁 조건 문제를 야기한다. 예를 들어 한 리더에서 행을 업데이트하는 동안 다른 리더에서 해당 행을 삭제하면 어떤 결과가 나와야 할까? 작업 순서를 정하기 위해 타임스탬프를 사용하는 것은 다른 노드의 시계를 완벽하게 동기화할 수 없으므로 작동하지 않는다. 다른 노드에서 동일한 시계를 사용하려고 해도 **각 노드가 시계 신호를 다른 시간에 수신하므로 작동하지 않는다.** 이는 클록 스큐(Clock skew)[10]라고 하는 잘 알려진 현상이다. 따라서 같은 소스와 주기적으로 동기화되는 서버 시간이라도 몇 밀리초 이상 차이가 난다. 이 차이보다 작은 시간 간격 내에 다른 서버에 쿼리를 하면 쿼리가 실행된 순서를 결정할 수 없다.

여기서는 시스템 설계 면접에서 흔히 접하는 일관성과 관련된 복제 문제와 시나리오를 다룬다. 이러한 상황은 데이터베이스와 파일 시스템을 포함한 모든 저장 형식에서 발생할 수 있다. 마틴 클레프만의 《데이터 중심 애플리케이션 설계: 신뢰할 수 있고 확장 가능하며 유지보수하기 쉬운 시스템을 지탱하는 핵심 아이디어》 책에서 복제의 함정을 더 자세히 다루고 있다.

---

10 (옮긴이) 분산 시스템에서 여러 장치나 서버 간의 시간 차이를 나타내며, 동기화 문제와 일관성 오류를 일으킬 수 있는 현상이다.

데이터베이스 일관성의 정의는 무엇인가? 일관성은 데이터베이스 트랜잭션이 데이터베이스를 한 유효한 상태에서 다른 유효한 상태로 전환하면서 데이터베이스 불변성을 유지하게끔 보장한다. 데이터베이스에 기록되는 모든 데이터는 제약 조건, 연쇄, 트리거나 조합을 포함한 모든 정의된 규칙에 따라 유효해야 한다.

이 책의 다른 부분에서 설명했듯이 일관성은 복잡한 정의를 갖는다. 일관성에 흔히 통용되는 간단한 해석은 모든 사용자에게 데이터가 동일해야 한다는 것이다.

1. 여러 복제본에 대한 동일한 쿼리는 복제본이 다른 물리적 서버에 있더라도 동일한 결과를 반환해야 한다.
2. 동일한 행에 영향을 미치는 다른 물리적 서버의 데이터 조작 언어(DML)[11] 쿼리(즉, INSERT, UPDATE나 DELETE)는 전송된 순서대로 실행돼야 한다.

서비스는 결과적 일관성을 받아들일 수 있지만, 특정 사용자는 자신에게 유효한 상태의 데이터를 받아야 할 수 있다. 예를 들어 사용자 A가 카운터 값을 조회하고, 카운터를 1 증가시킨 다음 다시 해당 카운터 값을 조회하면, 사용자 A는 1이 증가된 값을 받는 것이 합리적일 것이다. 한편 카운터를 조회하는 다른 사용자에게는 증가되기 전 값이 제공될 수 있다. 이를 쓰기 후 읽기 일관성이라고 한다.

일반적으로 일관성 요구사항을 유연하게 조정할 방법을 찾아야 한다. 모든 사용자에 대해 일관성을 유지해야 하는 데이터의 양을 최소화하는 접근 방식을 찾아야 한다.

같은 행에 영향을 미치는 다른 물리적 서버의 DML 쿼리는 경쟁 조건을 야기할 수 있다. 가능한 상황은 다음과 같다.

- 기본 키가 있는 테이블에서 같은 행을 삭제하고 삽입한다. DELETE가 먼저 실행되면 행이 존재해야 한다. INSERT가 먼저였다면 기본 키가 실행을 막고, DELETE가 행을 삭제해야 한다.
- 같은 셀에서 다른 값으로 두 개의 업데이트 작업을 수행한다. 하나만 최종 상태가 돼야 한다.

다른 서버에 같은 밀리초에 전송된 DML 쿼리는 어떨까? 이는 극히 드문 상황이며, 이런 상황에서 경쟁 조건을 해결하기 위한 일반적인 관행은 없는 것 같다. 다양한 접근 방식을 제안할 수 있다. 한 가지 방법은 INSERT/UPDATE보다 DELETE에 우선순위를 두고 다른 INSERT/UPDATE 쿼리에 대해서는 무작위로 동점을 매기는 것이다. 어쨌든 유능한 면접관이라면 50분의 면접 시간 중 이와 같이 아무런 신호도 얻을 수 없는 논의에 시간을 낭비하지 않을 것이다.

---

11 (옮긴이) 데이터베이스에서 데이터를 검색, 삽입, 수정, 삭제하는 데 사용되는 SQL 명령어 집합이다.

## 4.3.4 리더 없는 복제

리더 없는 복제에서는 모든 노드가 동등하다. 읽기와 쓰기는 어느 노드에서나 일어날 수 있다. 경쟁 조건은 어떻게 처리될까? 한 가지 방법은 정족수 개념을 도입하는 것이다. 정족수는 합의를 위해 동의해야 하는 최소 노드 수다. 데이터베이스에 n개의 노드가 있고 읽기와 쓰기 모두 n/2 + 1개 노드의 정족수를 가진다면 일관성이 보장된다는 점을 쉽게 추론할 수 있다. 일관성을 원한다면 빠른 쓰기와 빠른 읽기 중 선택해야 한다. 빠른 쓰기가 필요하다면 낮은 쓰기 정족수와 높은 읽기 정족수를 설정하고, 빠른 읽기가 필요할 때는 그 반대로 한다. 그렇지 않으면 최종 일관성만 가능하며 업데이트와 삭제 작업은 일관성을 유지할 수 없다.

카산드라, 다이나모, 리악(Riak), 볼드모트(Voldemort)[12]는 리더 없는 복제를 사용하는 데이터베이스의 예다. 카산드라에서 업데이트 작업은 경쟁 조건의 영향을 받지만, 삭제 작업은 실제로 행을 삭제하는 대신 툼스톤을 사용해 구현한다. HDFS에서는 읽기와 복제가 랙 지역성을 기반으로 하며 모든 복제본이 동등하다.

## 4.3.5 HDFS 복제

이 절은 HDFS, 하둡, 하이브에 관한 간단한 복습 절이다. 자세한 설명은 이 책의 범위를 벗어난다.

HDFS 복제는 이 세 가지 접근 방식 중 어느 것에도 깔끔하게 들어맞지 않는다. HDFS 클러스터는 활성 네임노드, 수동(백업) 네임노드, 여러 데이터노드로 구성된다. 네임노드는 파일과 디렉터리를 열고, 닫고, 이름을 바꾸는 것과 같은 파일 시스템 네임스페이스 작업을 실행한다. 또한 블록을 데이터노드에 매핑하는 것을 결정한다. 데이터노드는 파일 시스템 클라이언트의 읽기와 쓰기 요청을 처리한다. 데이터노드는 또한 네임노드의 지시에 따라 블록 생성, 삭제, 복제를 수행한다. 사용자 데이터는 절대 네임노드를 통과하지 않는다.

HDFS는 테이블을 디렉터리에 하나 이상의 파일로 저장한다. 각 파일은 블록으로 나뉘어 데이터노드에 분산된다. 기본 블록 크기는 64MB이며, 이 값은 관리자가 설정할 수 있다.

하둡은 맵리듀스 프로그래밍 모델을 사용해 분산 데이터를 저장하고 처리하는 프레임워크다. 하이브는 하둡 위에 구축된 데이터 웨어하우스 솔루션이다. 하이브는 효율적인 필터 쿼리를 위해 하나 이상의 열로 테이블을 분할하는 개념을 갖고 있다. 예를 들어, 다음과 같이 분할된 하이브 테이블을 생성할 수 있다.

---

12 (옮긴이) 링크드인에서 개발한 분산형 키-값 스토리지로, 높은 확장성과 가용성을 제공하는 NoSQL 데이터베이스다.

```
CREATE TABLE sample_table (user_id STRING, created_date DATE, country STRING) PARTITIONED BY (cre
ated_date, country);
```

그림 4.3은 이 테이블의 디렉터리 트리를 보여준다. 테이블의 디렉터리에는 날짜 값에 하위 디렉터리가 있고, 내부에 다시 열 값의 하위 디렉터리가 있다. created_date나 country로 필터링된 쿼리는 관련 파일만 처리하므로 전체 테이블 스캔의 낭비를 피할 수 있다.

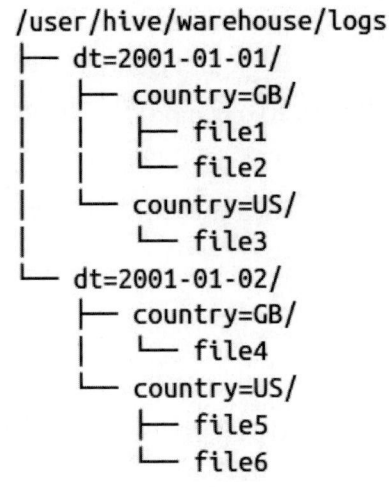

**그림 4.3** date와 country 열을 포함하는 sample_table 테이블의 HDFS 디렉터리 트리 예시. 이 테이블은 이 두 열로 분할된다. sample_table 디렉터리에는 날짜 값 하위 디렉터리가 있고, 내부에 다시 열 값의 하위 디렉터리가 있다[13].

HDFS는 추가 작업만 전용으로 하며 UPDATE나 DELETE 작업을 지원하지 않는다. 이는 UPDATE와 DELETE로 인한 복제 경쟁 조건 때문일 수 있다. INSERT는 경쟁 조건이 없다.

HDFS의 디렉터리 트리에는 이름 할당량, 공간 할당량, 스토리지 유형 할당량이 있다.

- 이름 할당량은 파일과 디렉터리 이름 수에 관한 엄격한 제한이다.
- 공간 할당량은 모든 파일의 바이트 수에 관한 엄격한 제한이다.
- 스토리지 유형 할당량은 특정 스토리지 유형 사용에 관한 엄격한 제한이다. HDFS 스토리지 유형에 대한 설명은 이 책의 범위를 벗어난다.

---

[13] https://stackoverflow.com/questions/44782173/hive-does-hive-support-partitioning-and-bucketing-while-usiing-external-tables

> **팁**
>
> 하둡과 HDFS 초보자는 종종 하둡 INSERT 명령을 사용하는데, 이는 피해야 한다. INSERT 쿼리는 단일 행으로 새 파일을 생성하며, 이는 전체 64MB 블록을 차지해 낭비적이다. 또한 그것은 이름 수에 기여하며, 프로그래밍 방식의 INSERT 쿼리는 곧 이름 할당량을 초과한다. 자세한 내용은 주석의 링크[14]에서 참조할 수 있다. 하둡 INSERT 쿼리 대신 HDFS 파일에 직접 추가해야 하며, 이때 추가된 행이 파일의 기존 행과 같은 필드를 갖게 해 데이터 불일치와 처리 오류를 방지해야 한다.

스파크(Spark)를 사용해 HDFS에 데이터를 저장한다면 다음 예시 코드 스니펫과 같이 saveAsTable이나 saveAsTextFile을 대신 사용해야 한다. 주석의 스파크 문서를 참조하라.

```
val spark = SparkSession.builder().appName("Our app").config("some.config", "value").getOrCreate()
val df = spark.sparkContext.textFile({hdfs_file})
df.createOrReplaceTempView({table_name})
spark.sql({spark_sql_query_with_table_name}).saveAsTextFile({hdfs_directory})
```

### 4.3.6 추가 읽을거리

마틴 클레프만의 저서[16]를 참조하면 다음과 같은 주제에 대해 더 자세히 알 수 있다.

- 읽기 복구, 안티 엔트로피(Anti-entropy)[17], 튜플(Tuple)[18]과 같은 일관성 기법
- CouchDB, MySQL 그룹 복제, Postgres에서의 다중 리더 복제 합의 알고리즘과 구현
- 스플릿 브레인(Split brain)[19]과 같은 장애 조치 문제
- 이러한 경쟁 조건을 해결하기 위한 다양한 합의 알고리즘. 합의 알고리즘은 데이터 값에 대해 동의를 얻기 위한 것이다.

---

14 https://hadoop.apache.org/docs/current/hadoop-project-dist/hadoop-hdfs/HdfsQuotaAdminGuide.html
15 https://spark.apache.org/docs/latest/sql-data-sources-hive-tables.html
16 마틴 클레프만, 《데이터 중심 애플리케이션 설계: 신뢰할 수 있고 확장 가능하며 유지보수하기 쉬운 시스템을 지탱하는 핵심 아이디어》(위키북스, 2018)
17 (옮긴이) 분산 시스템에서 노드 간 데이터 불일치를 감지하고 해결해 일관성을 유지하는 프로세스다.
18 (옮긴이) 파이썬에서 사용되는 불변(immutable)하고 순서가 있는 데이터 구조를 말한다.
19 (옮긴이) 네트워크 문제로 분산 데이터베이스의 노드가 서로 통신하지 못해 독립적으로 작동하는 상황이다.

## 4.4 샤딩된 데이터베이스로 저장 용량 확장하기

데이터베이스 크기가 단일 호스트의 용량을 초과해 증가하면 오래된 행을 삭제해야 한다. 이 오래된 데이터를 보존해야 한다면 HDFS나 카산드라와 같은 샤딩된 스토리지에 저장해야 한다. 샤딩된 스토리지는 수평으로 확장 가능하며 이론상 더 많은 호스트를 추가하는 것만으로 무한한 저장 용량을 지원해야 한다. 100PB가 넘는 운영 HDFS 클러스터가 있다[20]. YB 클러스터 용량도 이론적으로 가능하지만, 그러한 양의 데이터를 저장하고 분석하는 데 필요한 하드웨어의 비용이 엄청나게 비쌀 것이다.

 팁

고객에게 직접 서비스를 제공하는 데 사용되는 데이터를 저장하려면 레디스와 같은 낮은 지연 시간을 가진 데이터베이스를 사용할 수 있다.

다른 접근 방식은 소비자의 기기나 브라우저 쿠키, 로컬스토리지(Local Storage)에 데이터를 저장하는 것이다. 하지만 이는 이 데이터의 모든 처리가 백엔드가 아닌 프론트엔드에서 이뤄져야 함을 의미한다.

### 4.4.1 샤딩된 RDBMS

RDBMS를 사용해야 하고 데이터 양이 단일 노드에 저장할 수 있는 양을 초과한다면 아마존 RDS[21]와 같은 샤딩된 RDBMS 솔루션을 사용하거나 자체 샤딩된 SQL을 구현할 수 있다. 이러한 솔루션은 SQL 작업에 제한을 가한다.

- JOIN 쿼리가 훨씬 느려진다. JOIN 쿼리는 각 노드와 다른 모든 노드 사이에 상당한 네트워크 트래픽을 수반한다. 특정 열의 두 테이블을 조인(JOIN)한다고 가정해보자. 두 테이블이 여러 노드에 걸쳐 샤딩돼 있다면, 한 테이블의 각 샤드는 이 열의 모든 행 값을 다른 테이블의 같은 열에 있는 모든 행 값과 비교해야 한다. JOIN이 샤드 키로 사용되는 열에서 수행된다면 훨씬 더 효율적일 것이다. 각 노드가 JOIN을 수행할 다른 노드를 알 수 있기 때문이다. JOIN 작업을 이러한 열로만 제한할 수도 있다.

- 집계 작업에는 데이터베이스와 애플리케이션이 모두 관여한다. 합계나 평균과 같은 특정 집계 작업은 더 쉽다. 각 노드는 값을 합산하거나 개수를 세어 이 집계된 값을 애플리케이션에 반환하면 되고, 애플리케이션은 간단한 산술 연산으로 최종 결과를 얻을 수 있다. 중앙값이나 백분위수와 같은 특정 집계 작업은 더 복잡하고 느릴 것이다.

---

[20] https://eng.uber.com/uber-big-data-platform/
[21] https://aws.amazon.com/blogs/database/sharding-with-amazon-relational-database-service/

## 4.5 이벤트 집계하기

데이터베이스 쓰기는 확장하기 어렵고 비용이 많이 들므로 시스템 설계에서 가능한 한 데이터베이스 쓰기 빈도를 줄이려 노력해야 한다. 샘플링과 집계는 데이터베이스 쓰기 빈도를 줄이는 일반적인 기법이다. 추가적인 이점으로 데이터베이스 크기가 증가하는 속도가 느려진다.

데이터베이스 쓰기를 줄이는 것 외에도 캐싱과 근사화 같은 기법으로 데이터베이스 읽기를 줄일 수 있다. 17장에서는 연속 데이터 스트림에서 이벤트의 근사 빈도 테이블을 만드는 알고리즘인 카운트-민 스케치(Count-min sketch)[22]를 다룬다.

데이터 샘플링은 특정 데이터 포인트만 고려하고 다른 것은 무시하는 것을 의미한다. n번째 데이터 포인트마다 샘플링하거나 무작위로 샘플링하는 등 다양한 샘플링 전략이 있다. 쓰기에서 샘플링을 하면 모든 데이터 포인트를 쓰는 것보다 낮은 빈도로 데이터를 쓴다. 샘플링은 개념적으로 간단하며 면접 중에 언급할 수 있는 내용이다.

이벤트 집계는 여러 이벤트를 단일 이벤트로 집계/결합하는 것이다. 따라서 여러 번의 데이터베이스 쓰기 대신 단 한 번의 데이터베이스 쓰기만 발생한다. 개별 이벤트의 정확한 타임스탬프가 중요하지 않다면 집계를 고려할 수 있다.

집계는 스트리밍 파이프라인을 사용해 구현할 수 있다. 스트리밍 파이프라인의 첫 번째 단계는 높은 빈도의 이벤트를 수신할 수 있으며 수천 개의 호스트로 구성된 대규모 클러스터가 필요할 수 있다. 집계 없이는 이후의 모든 단계에도 대규모 클러스터가 필요할 것이다. 집계를 통해 이후 각 단계에서 더 적은 수의 호스트를 사용할 수 있다. 또한 호스트 장애에 대비해 복제와 체크포인팅을 사용한다. 5장을 참조하면 사가 패턴이나 정족수 쓰기와 같은 분산 트랜잭션 알고리즘을 사용해 각 이벤트가 최소한의 복제본 수에 복제되게끔 보장할 수 있다.

### 4.5.1 단일 계층 집계

집계는 단일 계층이나 다중 계층으로 이뤄질 수 있다. 그림 4.4는 값의 개수를 세는 단일 계층 집계의 예를 보여준다. 이 예에서 이벤트는 A, B, C 등의 값을 가질 수 있다. 이러한 이벤트는 로드 밸런서에서 호스트로 균등하게 분산된다. 각 호스트는 메모리에 해시 테이블을 갖고 있어 해당 테이블에서 이

---

[22] (옮긴이) 대용량 데이터 스트림에서 항목의 빈도를 추정하기 위한 확률적 데이터 구조로, 적은 메모리를 사용해 근사적인 결과를 제공한다.

개수를 집계할 수 있다. 각 호스트는 주기적(예: 5분마다) 또는 메모리가 부족해질 때 중 더 빠른 시점에 개수를 데이터베이스에 기록할 수 있다.

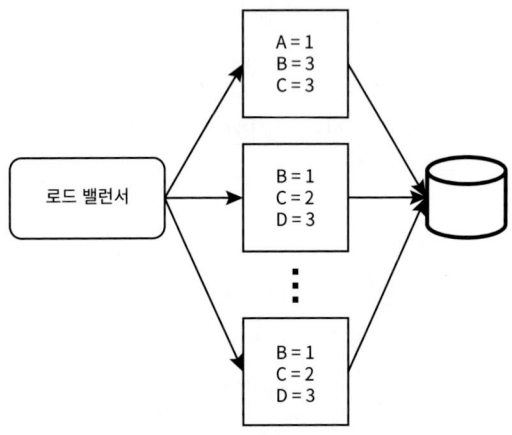

**그림 4.4** 단일 계층 집계의 예시. 로드 밸런서가 단일 계층/티어의 호스트에 이벤트를 분산시키고, 호스트는 이를 집계한 뒤 집계된 개수를 데이터베이스에 기록한다. 개별 이벤트를 직접 데이터베이스에 기록한다면 쓰기 빈도가 훨씬 높아지고 데이터베이스를 확장해야 할 것이다. 여기에는 고가용성과 정확성이 필요할 때 요구되는 호스트 복제본은 표시되지 않았다.

### 4.5.2 다중 계층 집계

그림 4.5는 다중 계층 집계를 보여준다. 각 계층의 호스트는 이전 계층의 상위 호스트로부터 이벤트를 집계할 수 있다. 최종 계층에서 원하는 수의 호스트(이 수는 요구사항과 가용 리소스에 따라 달라짐)에 다다를 때까지 각 계층의 호스트 수를 점진적으로 줄일 수 있다. 최종 계층은 데이터베이스에 기록한다.

집계의 주요 트레이드오프는 최종 일관성과 증가된 복잡성이다. 각 계층은 파이프라인과 데이터베이스 쓰기에 지연을 추가하므로 데이터베이스 읽기 결과가 오래된 것일 수 있다. 복제, 로깅, 모니터링, 경보 구현 또한 이 시스템의 복잡성을 더한다.

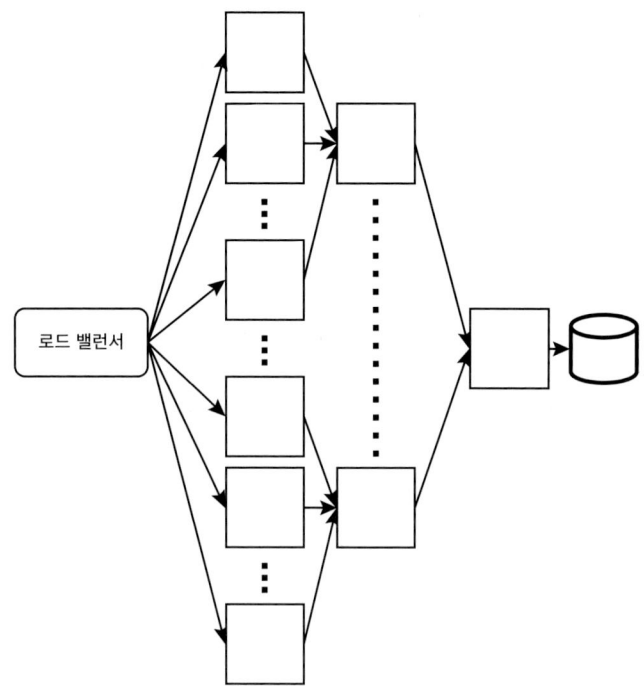

**그림 4.5** 다중 계층 집계의 예시. 이는 다중 계층 복제의 역과 유사하다.

## 4.5.3 분할

분할에는 7계층 로드 밸런서가 필요하다. (7계층 로드 밸런서에 관한 간단한 설명은 3.1.2절을 참조한다.) 로드 밸런서는 들어오는 이벤트를 처리하고 이벤트 내용에 따라 특정 호스트로 전달하게 구성할 수 있다.

그림 4.6의 예를 참조하면, 이벤트가 A–Z 값이라면 로드 밸런서는 A–I 값을 가진 이벤트는 특정 호스트로, J–R 값을 가진 이벤트는 다른 특정 호스트로, S–Z 값을 가진 이벤트는 또 다른 특정 호스트로 전달하게끔 구성할 수 있다. 첫 번째 계층 호스트의 해시 테이블은 두 번째 계층 호스트로 집계되고, 다시 최종 해시 테이블 호스트로 집계된다. 마지막으로 이 해시 테이블은 최대 힙 호스트로 전송돼 최종 최대 힙을 구성한다.

이벤트 트래픽은 정규 분포를 따를 것으로 예상할 수 있으며, 이는 특정 파티션이 불균형적으로 높은 트래픽을 받게 됨을 의미한다. 이를 해결하기 위해 그림 4.6을 참조하면, 각 파티션에 다른 수의 호스트를 할당할 수 있음을 알 수 있다. 파티션 A–I에는 3개의 호스트가, J–R에는 1개의 호스트가, S–Z에는 2개의 호스트가 있다. 이러한 분할 결정을 내리는 이유는 파티션 간 트래픽이 불균등하고, 특정 호스트가 처리 능력 이상의 불균형적으로 높은 트래픽을 받을 수 있기 때문이다.

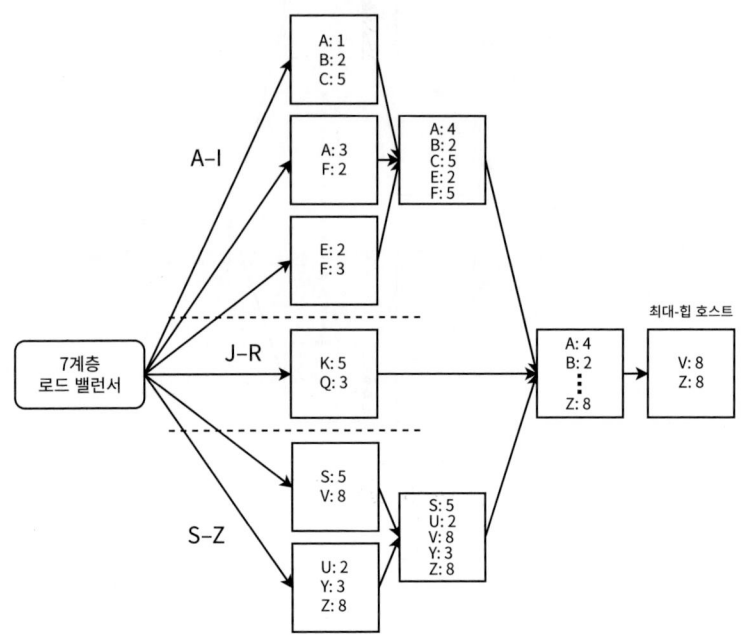

**그림 4.6** 분할을 포함한 다중 계층 집계의 예시

또한 파티션 J-R에는 호스트가 하나뿐이어서 두 번째 계층이 없음을 알 수 있다. 설계자로서 우리는 상황에 따라 이러한 결정을 내릴 수 있다.

파티션별 호스트 수 외에도, 트래픽을 균등하게 분산하려면 파티션 수와 범위를 조정할 수 있다. 예를 들어, {A-I, J-R, S-Z} 대신 {{A-B, D-F}, {C, G-J}, {K-S}, {T-Z}}와 같은 파티션을 만들 수 있다. 즉, 파티션을 3개에서 4개로 변경하고 C를 두 번째 파티션에 넣었다. 시스템의 확장성 요구사항을 해결할 때는 창의적이고 동적일 수 있다.

### 4.5.4 대규모 키 공간 처리하기

이전 절의 그림 4.6은 A-Z까지 26개의 키로 이뤄진 아주 작은 키 공간을 보여준다. 실제 구현에서는 키 공간이 훨씬 더 클 것이다. 특정 계층의 결합된 키 공간이 다음 계층에서 메모리 오버플로[23]를 일으

---

**23** (옮긴이) 데이터가 할당된 저장 공간의 범위를 초과해 발생하는 상황으로, 프로그래밍에서 오류나 예기치 않은 동작을 일으킬 수 있다.

키지 않게 해야 한다. 초기 집계 계층의 호스트는 자신의 메모리가 수용할 수 있는 양보다 적은 키 공간으로 제한해야 한다. 이를 통해 후기 집계 계층의 호스트가 모든 키를 수용할 수 있는 충분한 메모리를 갖게 된다. 이는 초기 집계 계층의 호스트가 더 자주 플러시(Flush)[24]해야 함을 의미할 수 있다.

예를 들어, 그림 4.7은 두 계층만 있는 간단한 집계 서비스를 보여준다. 첫 번째 계층에는 두 개의 호스트가 있고 두 번째 계층에는 한 개의 호스트가 있다. 첫 번째 계층의 두 호스트는 실제로 수용할 수 있는 양의 절반으로 키 공간을 제한해야 한다. 그래야 두 번째 계층의 호스트가 모든 키를 수용할 수 있다.

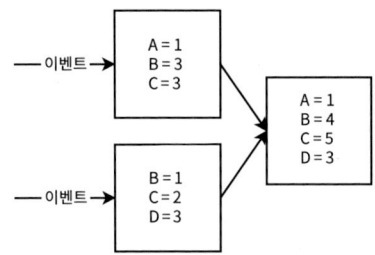

**그림 4.7** 두 계층만 있는 간단한 집계 서비스. 첫 번째 계층에 두 개의 호스트, 두 번째 계층에 한 개의 호스트

또한 초기 집계 계층에는 메모리가 적은 호스트를, 후기 계층에는 메모리가 더 많은 호스트를 제공할 수 있다.

## 4.5.5 복제와 내결함성

지금까지는 복제와 내결함성을 논의하지 않았다. 호스트가 다운되면 집계된 모든 이벤트를 잃게 된다. 더욱이 이는 연쇄 장애를 일으킨다. 이전의 모든 호스트가 오버플로될 수 있고, 이렇게 집계된 이벤트도 마찬가지로 손실될 것이기 때문이다.

이때 3.3.6절과 3.3.7절에서 논의한 체크포인팅과 데드 레터 큐를 사용할 수 있다. 그러나 여러 깊이의 계층에 있는 호스트의 중단으로 많은 수의 호스트가 영향을 받을 수 있으므로 많은 처리를 반복해야 하며, 이는 리소스 낭비다. 이러한 중단은 집계에 상당한 지연을 추가할 수도 있다.

가능한 해결책은 각 노드를 레디스와 같은 공유 인메모리 데이터베이스에 요청을 보내는 여러 상태 비저장 노드 클러스터로 구성된 독립적인 서비스로 전환하는 것이다. 그림 4.8은 이러한 서비스를 보여

---

[24] (옮긴이) 버퍼나 캐시에 있는 데이터를 영구 스토리지나 출력 장치로 즉시 쓰는 작업을 의미한다.

준다. 이 서비스는 여러 호스트(예: 3개의 상태 비저장 호스트)를 가질 수 있다. 공유 로드 밸런싱 서비스가 이 여러 호스트에 요청을 분산시킬 수 있다. 여기서는 확장성이 문제가 되지 않으므로 각 서비스는 단지 몇 개(예: 장애 허용을 위한 3개의 호스트)만 가질 수 있다.

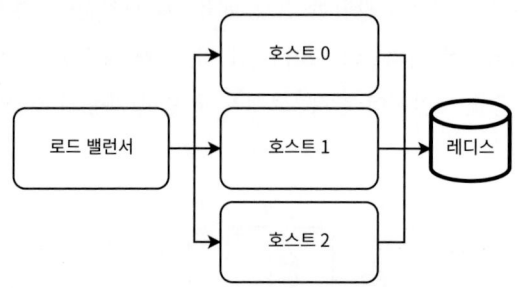

**그림 4.8** 노드를 집계 단위라고 부르는 서비스로 대체할 수 있다. 이 단위는 장애 허용을 위해 3개의 상태 비저장 호스트를 갖지만, 원한다면 더 많은 호스트를 사용할 수 있다.

이 장의 시작 부분에서 데이터베이스 쓰기를 피하고자 한다고 했는데, 여기서는 이와 모순되는 것처럼 보인다. 그러나 각 서비스는 별도의 레디스 클러스터를 갖고 있어 같은 키에 대한 쓰기 경쟁이 없다. 또한 이렇게 집계된 이벤트는 성공적으로 플러시될 때마다 삭제되므로 데이터베이스 크기가 무제한으로 증가하지 않을 것이다.

> **노트** 테라폼을 사용해 이 전체 집계 서비스를 정의할 수 있다. 각 집계 단위는 3개의 파드를 가진 쿠버네티스 클러스터가 될 수 있으며, 파드당 한 개의 호스트(사이드카 서비스 패턴을 사용한다면 두 개의 호스트)를 가질 수 있다.

## 4.6 배치와 스트리밍 ETL

ETL(추출, 변환, 적재)은 하나 이상의 소스에서 데이터를 복사해 대상 시스템으로 옮기는 일반적인 절차다. 대상 시스템은 소스와 다르게 데이터를 표현하거나 소스와 다른 맥락에서 데이터를 표현한다. 배치(batch)는 주기적으로 데이터를 배치하는 것을 의미하지만 수동으로 트리거될 수도 있다. 스트리밍은 실시간으로 처리될 데이터의 연속적인 흐름을 의미한다.

배치와 스트리밍의 관계는 폴링(Polling)[25]과 인터럽트(Interrupt)의 관계와 유사하다고 볼 수 있다. 폴링과 유사하게 배치 작업은 처리할 새 이벤트가 있는지와 관계없이 항상 정의된 주기로 실행되는 반면, 스트리밍 작업은 트리거 조건이 충족될 때마다 실행되며, 이는 보통 새 이벤트가 발행될 때다.

배치 작업의 예시 사용 사례는 고객을 위한 월간 청구서(PDF나 CSV 파일 등)를 생성하는 것이다. 이러한 청구서에 필요한 데이터가 매월 특정 날짜에만 사용 가능하면(예: 고객에게 청구서를 생성하는 데 필요한 공급업체의 청구 명세서) 이런 배치 작업이 특히 관련이 있다. 이러한 주기적인 파일을 생성하는 데 필요한 모든 데이터가 우리 조직 내에서 생성된다면 카파 아키텍처(17장 참조)를 고려하고 각 데이터가 사용 가능해지는 즉시 처리하는 스트리밍 작업을 구현할 수 있다. 이 접근 방식의 장점은 한 달이 끝나자마자 거의 즉시 월간 파일을 사용할 수 있고, 데이터 처리 비용이 한 달에 걸쳐 분산되며, 한 번에 GB 단위의 데이터를 처리하는 배치 작업보다 한 번에 작은 데이터 조각을 처리하는 함수를 디버깅하기가 더 쉽다는 것이다.

에어플로와 루이지(Luigi)[26]는 일반적인 배치 도구다. 카프카와 플링크는 일반적인 스트리밍 도구다. Flume[27]과 Scribe[28]는 로깅을 위한 특화된 스트리밍 도구로, 많은 서버에서 실시간으로 스트리밍되는 로그 데이터를 집계한다. 여기서는 몇 가지 ETL 개념을 간단히 소개한다.

ETL 파이프라인은 작업의 방향성 비순환 그래프(DAG)로 구성된다. DAG에서 노드는 작업에 해당하고, 그 선행자는 의존성을 나타낸다. 작업은 ETL 파이프라인의 단일 실행을 의미한다.

### 4.6.1 간단한 배치 ETL 파이프라인

간단한 배치 ETL 파이프라인은 크론탭(Crontab), 두 개의 SQL 테이블, 각 작업을 위한 스크립트(즉, 스크립트 언어로 작성된 프로그램)를 사용해 구현할 수 있다. 크론(Cron)은 병렬성이 없고 단일 서버로 충분한 작은 규모의 중요하지 않은 작업에 적합하다. 다음은 두 개의 예시 SQL 테이블이다.

```sql
CREATE TABLE cron_dag (
    id INT,           -- 잡의 ID.
    parent_id INT,    -- 상위 잡(job). 하나의 잡은 0개, 1개, 또는 여러 개의 상위 잡을 가질 수 있다.
    PRIMARY KEY (id),
    FOREIGN KEY (parent_id) REFERENCES cron_dag (id)
```

---

[25] (옮긴이) 시스템이나 장치의 상태 변화를 주기적으로 확인하는 기술로, 이벤트 발생을 감지하는 데 반복적으로 상태를 검사하는 방식이다.
[26] (옮긴이) 스포티파이(Spotify)에서 개발한 파이썬 기반의 워크플로 관리 프레임워크로, 복잡한 데이터 처리 파이프라인을 구축하고 실행하는 데 사용된다.
[27] (옮긴이) 대량의 로그 데이터를 효율적으로 수집, 집계하고 이동시키기 위한 분산형 시스템으로, 주로 하둡 생태계에서 사용되는 데이터 수집 도구다.
[28] (옮긴이) 페이스북에서 개발한 대규모 분산 로깅 시스템으로, 여러 서버에서 생성된 로그 데이터를 효율적으로 수집하고 저장하는 데 사용된다.

```
);
CREATE TABLE cron_jobs (
    id INT,
    name VARCHAR(255),
    updated_at INT,
    PRIMARY KEY (id)
);
```

크론탭의 명령은 스크립트 목록이 될 수 있다. 이 예에서는 파이썬 스크립트를 사용했지만 그 어느 스크립트 언어든 사용할 수 있다. 모든 스크립트를 공통 디렉터리 /cron_dag/dag/에 두고, 다른 파이썬 파일/모듈은 다른 디렉터리에 둘 수 있다. 파일을 구성하는 방법에 관한 규칙은 없으며, 가장 좋다고 생각하는 방식으로 정리하면 된다.

```
0 * * * * ~/cron_dag/dag/first_node.py
0 * * * * ~/cron_dag/dag/second_node.py
```

각 스크립트는 다음 알고리즘을 따를 수 있다. 1단계와 2단계는 재사용 가능한 모듈로 추상화할 수 있다.

1. 관련 작업의 updated_at 값이 의존하는 작업보다 작은지를 확인한다.
2. 필요할 때 모니터링을 트리거한다.
3. 특정 작업을 실행한다.

이 설정의 주요 단점은 다음과 같다.

- 확장성이 없다. 모든 작업이 단일 호스트에서 실행되며, 이는 단일 호스트의 모든 일반적인 단점을 가진다.
    - 단일 장애 지점이 있다.
    - 특정 시간에 예약된 모든 작업을 실행하기에 충분한 계산 리소스가 없을 수 있다.
    - 호스트의 저장 용량을 초과할 수 있다.
- 작업은 수백만 개의 기기에 알림을 보내는 것과 같은 수많은 작은 태스크로 구성될 수 있다. 이러한 작업이 실패하고 재시도해야 할 때 성공한 작은 태스크를 반복하지 않게 해야 한다(즉, 개별 태스크는 멱등성을 가져야 한다). 이 간단한 설계는 그러한 멱등성을 제공하지 않는다.
- 파이썬 스크립트와 SQL 테이블에서 작업 ID의 일관성을 보장하는 검증 도구가 없어 이 설정은 프로그래밍 오류에 취약하다.

- 직접 만들지 않는 한 GUI가 없다.
- 로깅이나 모니터링, 경보를 구현하지 않았다. 이는 매우 중요하며 다음 단계에 수행해야 한다. 예를 들어, 작업이 실패하거나 작업을 실행하는 동안 호스트가 충돌하면 어떻게 될까? 예약된 작업이 성공적으로 완료되게끔 보장해야 한다.

> **질문** 이 간단한 배치 ETL 파이프라인의 확장성과 가용성을 개선하기 위해 어떻게 수평적으로 확장할 수 있을까?

전용 작업 스케줄링 시스템으로는 에어플로와 루이지가 있다. 이 도구는 DAG 시각화와 GUI 사용자 친화성을 위한 웹 UI를 제공한다. 또한 수직적으로 확장 가능하며 대량의 작업을 관리하기 위해 클러스터에서 실행할 수 있다. 이 책에서는 배치 ETL 서비스가 필요할 때마다 조직 수준의 공유 에어플로 서비스를 사용한다.

## 4.6.2 메시징 용어

이 절에서는 기술적 논의나 문헌에서 흔히 접하는 다양한 유형의 메시징과 스트리밍 설정의 일반적인 용어를 명확히 한다.

### 메시징 시스템

메시징 시스템은 애플리케이션에서 데이터 전송과 공유의 복잡성을 줄이기 위해 한 애플리케이션에서 다른 애플리케이션으로 데이터를 전송하는 시스템을 일컫는 일반적인 용어다. 이를 통해 애플리케이션 개발자는 데이터 처리에 집중할 수 있다.

### 메시지 큐

메시지는 한 서비스에서 다른 서비스로 전송된 작업 지시 객체를 포함하며, 큐에 대기하면서 처리되기를 기다린다. 각 메시지는 단일 구독자로 한 번만 처리된다.

### 발행자/구독자

발행자/구독자(혹은 pub/sub로 표시)는 이벤트를 생성하는 서비스와 이벤트를 처리하는 서비스를 분리하는 비동기 메시징 시스템이다. 발행자/구독자 시스템은 하나 이상의 메시지 큐를 포함한다.

## 메시지 브로커

메시지 브로커는 발신자의 공식 메시징 프로토콜에서 수신자의 공식 메시징 프로토콜로 메시지를 번역하는 프로그램이다. 메시지 브로커는 번역 계층이다. 카프카와 RabbitMQ는 모두 메시지 브로커다. RabbitMQ는 '가장 널리 배포된 오픈 소스 메시지 브로커'라고 주장한다[29]. AMQP는 RabbitMQ가 구현한 메시징 프로토콜 중 하나다. AMQP에 관한 설명은 이 책의 범위를 벗어난다. 카프카는 자체 사용자 정의 메시지 프로토콜을 구현한다.

## 이벤트 스트리밍

이벤트 스트리밍은 실시간으로 처리되는 연속적인 이벤트 흐름을 지칭하는 일반적인 용어다. 이벤트는 상태 변화 정보를 포함한다. 카프카는 가장 일반적인 이벤트 스트리밍 플랫폼이다.

## 풀(pull)과 푸시(push)

서비스 간 통신은 풀이나 푸시로 수행될 수 있다. 일반적으로 풀이 푸시보다 낫고, 이는 발행자-구독자 아키텍처의 기본 개념이다. 풀에서는 구독자가 메시지 소비 속도를 제어하므로 과부하되지 않는다.

부하 테스트와 스트레스 테스트는 구독자 개발 중에 수행될 수 있으며, 실제 트래픽에서의 처리량과 성능을 모니터링하고 이를 테스트 결과와 비교하면 팀이 테스트 개선에 더 많은 엔지니어링 자원이 필요한지 정확히 판단할 수 있다. 구독자는 시간에 따른 처리량과 발행자 큐 크기를 모니터링할 수 있고, 팀은 필요에 따라 이를 확장할 수 있다.

실제 시스템에 지속적으로 높은 부하가 걸리면 큐가 상당 기간 비어 있을 가능성이 낮으며, 구독자는 계속해서 메시지를 폴링할 수 있다. 예측 불가능한 트래픽 급증을 몇 분 내에 처리하기 위해 대규모 스트리밍 클러스터를 유지해야 하는 상황이라면, 이 클러스터를 그 밖의 우선순위가 낮은 메시지에도 사용해야 한다(즉, 조직을 위한 공통 플링크, 카프카나 스파크 서비스).

사용자가 방화벽 뒤에 있거나 의존성에 빈번한 변경이 있어 너무 많은 푸시 요청을 할 때도 사용자의 폴링이나 풀이 푸시보다 낫다. 풀은 또한 푸시보다 설정 단계가 하나 적다. 사용자는 이미 의존성에 요청을 하고 있다. 그러나 의존성은 보통 사용자에게 요청을 하지 않는다.

반대로 시스템이 크롤러를 사용해 많은 소스에서 데이터를 수집한다면 이 모든 크롤러의 개발과 유지

---

[29] https://www.rabbitmq.com/

보수가 너무 복잡하고 지루할 수 있다[30]. 개별 데이터 제공자가 중앙 스토리지로 정보를 푸시하는 것이 더 확장성 있을 수 있다. 푸시는 또한 더 시기적절한 업데이트를 가능하게 한다.

푸시가 풀보다 나은 또 다른 예외는 오디오와 비디오 실시간 스트리밍과 같은 손실 허용 애플리케이션이다. 이러한 애플리케이션은 첫 번째 전송에 실패한 데이터를 재전송하지 않으며, 일반적으로 UDP를 사용해 수신자에게 데이터를 푸시한다.

### 4.6.3 카프카와 RabbitMQ

실제로 대부분의 회사는 다른 서비스에서 사용하는 공유 카프카 서비스가 있다. 이 책의 나머지 부분에서는 메시징이나 이벤트 스트리밍 서비스가 필요할 때 카프카를 사용할 것이다. 면접에서는 선입견이 있는 면접관의 신경을 거스릴 위험을 감수하기보다는 카프카와 RabbitMQ의 세부사항과 차이점에 관한 지식을 보여주고 트레이드오프를 논의하는 것이 더 안전하다.

둘 다 불균형한 트래픽을 해소하는 데 활용될 수 있어, 트래픽 급증으로 인한 서비스 과부하를 방지하고 서비스 비용을 효율적으로 유지할 수 있다. 높은 트래픽 기간을 처리하려면 많은 수의 호스트를 프로비저닝할 필요가 없기 때문이다.

카프카는 RabbitMQ보다 더 복잡하며 RabbitMQ보다 더 많은 기능을 제공한다. 다시 말해, 카프카는 항상 RabbitMQ 대신 활용될 수 있지만 그 반대는 아니다.

RabbitMQ가 우리 시스템에 적합하다면 RabbitMQ 사용을 제안할 수 있다. 또한 조직에 이미 사용 가능한 카프카 서비스가 있을 것이라고 언급하면서 RabbitMQ와 같은 다른 컴포넌트의 설정과 유지보수(로깅, 모니터링, 경보 포함)의 번거로움을 피할 수 있다고 말할 수 있다. 표 4.1은 카프카와 RabbitMQ의 차이점을 보여준다.

**표 4.1** 카프카와 RabbitMQ의 몇 가지 차이점

| 카프카 | RabbitMQ |
| --- | --- |
| 확장성, 신뢰성, 가용성을 적용하기 위해 설계됐다. RabbitMQ보다 더 복잡한 설정이 필요하다. | 설정이 간단하지만 기본적으로 확장성이 없다. |

[30] https://engineering.linkedin.com/blog/2019/data-hub

| 카프카 | RabbitMQ |
|---|---|
| 카프카 클러스터를 관리하려면 주키퍼가 필요하다. 여기에는 주키퍼에서 모든 카프카 호스트의 IP 주소를 구성하는 것이 포함된다. | 애플리케이션을 로드 밸런서에 연결하고 로드 밸런서에서 생산 및 소비함으로써 애플리케이션 수준에서 직접 확장성을 구현할 수 있다. 그러나 이는 카프카보다 설정에 더 많은 작업이 필요하며 덜 성숙해 여러 면에서 거의 확실히 열등할 것이다. |
| 복제 기능이 있어 내구성 있는 메시지 브로커다. 주키퍼에서 복제 팩터를 조정하고 다른 서버 랙과 데이터 센터에서 복제가 수행되게 설정할 수 있다. | 기본적으로 확장성이 없어 내구성도 없다. 다운타임이 발생하면 메시지가 손실된다. 더 나은 내구성을 적용하기 위해 메시지를 디스크에 유지하는 '지연 큐' 기능이 있지만, 이는 호스트의 디스크 장애를 보호하지는 않는다. |
| 큐의 이벤트는 소비 후에도 제거되지 않아 같은 이벤트를 반복해서 소비할 수 있다. 이는 구독자가 이벤트 처리를 완료하기 전에 실패하고 이벤트를 재처리해야 할 때를 대비한 장애 허용을 위한 것이다. | 큐의 메시지는 디큐잉 시 제거된다. 이는 '큐'의 정의[31]에 따른 것이다. |
| 이런 점에서 카프카에 '큐'라는 용어를 사용하는 것은 개념적으로 정확하지 않다. 실제로는 리스트다. 그러나 '카프카 큐'라는 용어가 흔히 사용된다. | 메시지당 여러 구독자를 허용하기 위해 여러 큐를 만들 수 있다. 구독자당 큐 하나다. 그러나 이것이 여러 큐를 사용하는 본래 목적은 아니다. |
| 카프카에서 보존 기간을 구성할 수 있다. 기본값은 7일이므로 이벤트는 소비 여부와 관계없이 7일 후에 삭제된다. 보존 기간을 무한대로 설정하고 카프카를 데이터베이스로 사용할 수도 있다. | AMQP 표준 메시지별 큐 우선순위 개념이 있다. 우선순위가 다른 여러 큐를 만들 수 있다. 우선순위가 높은 큐가 비어 있을 때까지 큐의 메시지는 디큐되지 않는다. 형평성 원칙이 없으며 리소스 고갈 문제를 고려하지 않는다. |
| 우선순위 개념이 없다. | |

### 4.6.4 람다 아키텍처

람다 아키텍처는 배치와 스트리밍 파이프라인을 병렬로 실행해 빅데이터를 처리하는 데이터 처리 아키텍처다. 비공식적으로 말하면, 같은 목적지를 업데이트하는 병렬 고속과 저속 파이프라인을 갖는 것을 의미한다. 고속 파이프라인은 낮은 지연 시간, 즉 빠른 업데이트를 위해 일관성과 정확성을 타협하고, 저속 파이프라인은 그 반대다. 고속 파이프라인은 다음과 같은 기법을 사용한다.

- 근사 알고리즘(17.7절에서 논의)
- 레디스와 같은 메모리 내 데이터베이스
- 더 빠른 처리를 위해 고속 파이프라인의 노드는 처리하는 데이터를 복제하지 않아서 노드 중단으로 인한 데이터 손실과 낮은 정확도가 있을 수 있다.

---

[31] (옮긴이) RabbitMQ 3.9는 2021년 7월 26일에 출시됐으며, streams(https://www.rabbitmq.com/streams.html) 기능을 통해 각 메시지의 반복 소비를 허용하므로 이 차이는 이전 버전에만 해당한다.

저속 파이프라인은 보통 하이브나 HDFS와 함께 사용되는 스파크와 같은 맵리듀스(MapReduce) 데이터베이스를 사용한다. 빅데이터를 다루고 일관성과 정확성이 필요한 시스템에는 람다 아키텍처를 제안할 수 있다.

> **다양한 데이터베이스 솔루션 참고 사항**
>
> 수많은 데이터베이스 솔루션이 있다. 일반적인 것으로는 여러 가지 SQL 배포판, 하둡과 HDFS, 카프카, 레디스, 일래스틱서치가 있다. MongoDB, Neo4j, AWS 다이나모DB, 구글의 파이어베이스 리얼타임 데이터베이스(Firebase Realtime Database)[32]와 같은 덜 흔한 것도 많다. 일반적으로 시스템 설계 면접에서는 덜 흔한 데이터베이스, 특히 독점 데이터베이스 지식을 기대하지 않는다. 독점 데이터베이스는 거의 채택되지 않는다. 스타트업이 독점 데이터베이스를 채택한다면 가능한 한 빨리 오픈 소스 데이터베이스로 마이그레이션을 고려해야 한다. 데이터베이스가 클수록 마이그레이션 과정이 더 어렵고 오류가 발생하기 쉬우며 비용이 많이 들어 벤더 종속이 더 심해진다.

람다 아키텍처의 대안으로 카파(Kappa) 아키텍처[33]가 있다. **카파 아키텍처**는 단일 기술 스택으로 배치와 스트리밍 처리를 모두 수행해 스트리밍 데이터를 처리하는 소프트웨어 아키텍처 패턴이다. 카프카와 같은 추가 전용 불변 로그를 사용하여 들어오는 데이터를 저장하고, 이어서 스트림 처리와 데이터베이스에 저장하여 사용자가 쿼리할 수 있게 한다. 람다와 카파 아키텍처의 자세한 비교는 17.9.1절을 참조한다.

## 4.7 비정규화

서비스의 데이터를 단일 호스트에 저장할 수 있다면 일반적인 접근 방식은 SQL을 선택하고 스키마를 정규화하는 것이다.

- 일관성이 있고 중복 데이터가 없어 불일치 데이터가 있는 테이블이 없다.
- 하나의 테이블만 쿼리하면 되므로 삽입과 업데이트가 더 빠르다. 비정규화된 스키마에서는 삽입이나 업데이트 시 여러 테이블을 쿼리해야 할 수 있다.
- 중복 데이터가 없어 데이터베이스 크기가 작다. 작은 테이블은 읽기 작업이 더 빠르다.
- 정규화된 테이블은 열이 더 적은 경향이 있어 인덱스도 적다. 인덱스 재구축이 더 빠르다.
- 필요한 테이블만 JOIN할 수 있다.

---

32 (옮긴이) 구글의 클라우드 호스팅 NoSQL 데이터베이스로, 실시간 데이터 동기화와 오프라인 지원 기능을 제공하는 모바일과 웹 애플리케이션용 서비스다.
33 (옮긴이) 모든 데이터를 실시간 스트림으로 처리하는 빅데이터 처리 패턴으로, 배치와 스트림 처리를 단일 데이터 처리 파이프라인으로 통합한다.

정규화의 단점은 다음과 같다.

- JOIN 쿼리가 개별 테이블 쿼리보다 훨씬 느리다. 실제로 비정규화가 자주 수행된다.
- 사실 테이블은 데이터 대신 코드를 포함하므로 우리 서비스와 임시 분석을 위한 대부분의 쿼리에 JOIN 연산이 포함된다. JOIN 쿼리는 단일 테이블 쿼리보다 일반적으로 더 복잡하고 길기 때문에 작성과 유지보수가 더 어렵다.

면접에서 자주 언급되는 더 빠른 읽기 연산을 위한 접근 방식은 JOIN 쿼리를 피하기 위해 스키마를 비정규화[34]해 저장 공간을 속도와 맞바꾸는 것이다.

## 4.8 캐싱

디스크에 데이터를 저장하는 데이터베이스에서는 빈번하거나 최근의 쿼리를 메모리에 캐시할 수 있다. 조직에서는 SQL 서비스나 HDFS와 함께 사용하는 스파크와 같은 다양한 데이터베이스 기술을 공유 데이터베이스 서비스로 사용자에게 제공할 수 있다. 이러한 서비스는 레디스 캐시와 같은 캐싱을 활용할 수도 있다.

이 절에서는 다양한 캐싱 전략을 간단히 설명한다. 캐싱의 이점은 다음과 같은 개선을 포함한다.

- **성능(Performance)**: 이는 캐시의 의도된 이점이며, 아래 두 가지 다른 이점은 부수적이다. 캐시는 디스크를 사용하는 데이터베이스보다 더 빠르고 비싼 메모리를 사용한다.
- **가용성(Availability)**: 데이터베이스를 사용할 수 없더라도 서비스는 여전히 사용 가능해 애플리케이션이 캐시에서 데이터를 검색할 수 있다. 이는 캐시된 데이터에만 적용된다. 비용을 절감하기 위해 캐시는 데이터베이스의 데이터 중 일부만 포함할 수 있다. 그러나 캐시는 고가용성이 아닌 고성능과 낮은 지연 시간을 위해 설계된다. 캐시 설계는 고성능을 위해 가용성과 다른 비기능적 요구사항을 희생할 수 있다. 데이터베이스는 고가용성이어야 하며, 서비스의 가용성을 위해 캐시에 의존해서는 안 된다.
- **확장성(Scalability)**: 자주 요청되는 데이터를 제공함으로써 캐시는 서비스 부하의 상당 부분을 처리할 수 있다. 또한 데이터베이스보다 빨라서 요청이 더 빨리 처리되므로 한 번에 열린 HTTP 연결 수가 줄어들어 더 작은 백엔드 클러스터로 같은 부하를 처리할 수 있다. 그러나 캐시가 일반적으로 지연 시간을 최적화하게끔 설계돼 있고 이를 달성하기 위해 가용성이 희생될 수 있다면 이는 권장할 수 없는 확장성 기술이다. 예를 들어, 데이터 센터 간 요청이 느리고 지연 시간을 개선한다는 캐시의 주요 목적에 반하므로 캐시를 데이터 센터 간에 복제하지 않는다. 따라서 네트워크 문제 등으로 데이터 센터에 장애가 발생하면 캐시를 사용할 수 없게 되고 모든 부하가 데이터베이스로 전송돼 이를 처리하지 못할 수 있다. 백엔드 서비스는 백엔드와 데이터베이스의 용량에 맞춰 조정된 속도 제한 방식을 가져야 한다.

---

**34** (옮긴이) 데이터베이스 성능을 향상시키기 위해 의도적으로 중복 데이터를 허용하고 데이터 무결성을 일부 포기하며 정규화된 데이터 모델을 수정하는 과정이다.

캐싱은 클라이언트, API 게이트웨이[35], 그리고 각 서비스[36]를 포함한 여러 수준에서 수행될 수 있다. 그림 4.9는 API 게이트웨이에서의 캐싱을 보여준다. 이 캐시는 서비스와 독립적으로 확장돼 주어진 시간의 트래픽 양을 처리할 수 있다.

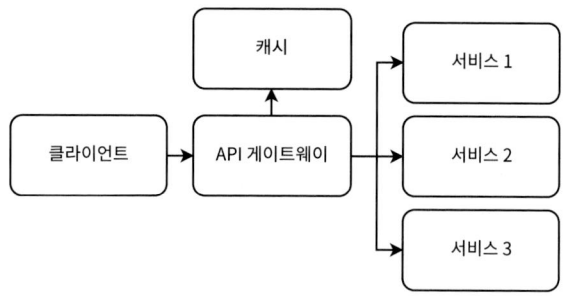

그림 4.9 API 게이트웨이에서의 캐싱 다이어그램[37]

## 4.8.1 읽기 전략

읽기 전략은 빠른 읽기를 위해 최적화된다.

### 캐시 어사이드(지연 로드)

**캐시 어사이드(Cache-aside)**는 캐시가 데이터베이스 '옆에' 위치함을 의미하는 지연 로딩 방식이다. 그림 4.10은 캐시 어사이드를 보여준다. 읽기 요청에서 애플리케이션은 먼저 캐시에 읽기 요청을 하고, 캐시 히트(Hit) 시 데이터를 반환한다. 캐시 미스(Miss) 시 애플리케이션은 데이터베이스에 읽기 요청을 한 다음 데이터를 캐시에 쓴다. 그래서 데이터 후속 요청은 캐시 히트가 된다. 따라서 데이터는 처음 읽을 때만 로드되며, 이를 **지연 로드(Lazy load)**라고 한다.

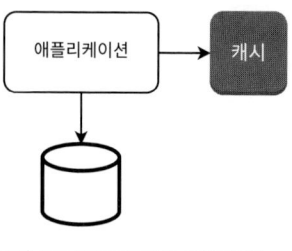

그림 4.10 캐시 어사이드 다이어그램

---

[35] (옮긴이) 롭 베터, 데이비드 콜터, 제네비브 워렌의 "클라우드 기반 애플리케이션의 캐싱(Caching in a cloud-native application)" 2020년 5월 17일 (https://docs.microsoft.com/en-us/dotnet/architecture/cloud-native/azure-caching)

[36] 코넬리아 데이비스, 《클라우드 네이티브 패턴: 변화에 잘 견디는 소프트웨어 개발》(에이콘출판, 2020)

[37] (옮긴이) 다이어그램은 롭 베터, 데이비드 콜터, 제네비브 워렌의 "클라우드 기반 애플리케이션의 캐싱(Caching in a cloud-native application)" 2020년 5월 17일 (https://docs.microsoft.com/en-us/dotnet/architecture/cloud-native/azure-caching)에서 수정됐다.

캐시 어사이드는 읽기 위주의 부하 처리 방식에 가장 적합하다.

장점

- 캐시 어사이드는 읽기 요청 수와 리소스 소비를 최소화한다. 요청 수를 더 줄이기 위해 애플리케이션은 여러 데이터베이스 요청의 결과를 단일 캐시 값으로 저장할 수 있다. 즉, 여러 데이터베이스 요청의 결과에 대해 단일 캐시 키를 사용한다.
- 요청된 데이터만 캐시에 쓰이므로 필요한 캐시 용량을 쉽게 결정하고 필요에 따라 조정해 비용을 절감할 수 있다.
- 구현의 단순성

캐시 클러스터가 다운되면 모든 요청이 데이터베이스로 간다. 데이터베이스가 이 부하를 처리할 수 있게 해야 한다.

단점

- 특히 데이터베이스에 직접 쓰기를 수행하면 캐시된 데이터가 오래되거나 일관성이 없어질 수 있다. 오래된 데이터를 줄이려면 TTL을 설정하거나 쓰기 통과(아래 절 참조)를 사용해 모든 쓰기가 캐시를 통과하게끔 할 수 있다.
- 캐시 미스가 있는 요청은 데이터베이스에 직접 요청하는 것보다 느리다. 캐시 추가 읽기 요청과 추가 쓰기 요청 때문이다.

## 읽기 통과

**읽기 통과(read-through)**나 **쓰기 통과(write-through)**, 또는 **지연 쓰기(write-back)** 캐싱에서 애플리케이션은 캐시에 요청을 보내고, 필요하면 캐시가 데이터베이스에 요청을 보낼 수 있다.

그림 4.11은 읽기 통과나 쓰기 통과, 또는 지연 쓰기 캐싱의 아키텍처를 보여준다. 읽기 통과 캐시에서 캐시 미스가 발생하면 캐시는 데이터베이스에 요청하고 데이터를 캐시에 저장한 다음(즉, 캐시 어사이드와 마찬가지로 지연 로드) 데이터를 애플리케이션에 반환한다.

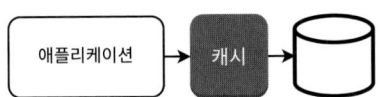

그림 4.11 읽기 통과나 쓰기 통과, 지연 캐싱에서 애플리케이션은 캐시에 요청을 하고, 필요하면 캐시가 데이터베이스에 요청한다. 따라서 이 간단한 아키텍처 다이어그램은 세 가지 캐싱 전략을 모두 나타낼 수 있다.

읽기 통과는 읽기 위주의 부하에 가장 적합하다. 애플리케이션이 데이터베이스에 접촉하지 않으므로 데이터베이스 요청의 구현 부담이 애플리케이션에서 캐시로 이동한다. 트레이드오프는 캐시 어사이드와 달리 읽기 통과 캐시는 여러 데이터베이스 요청을 단일 캐시 값으로 그룹화할 수 없다는 것이다.

## 4.8.2 쓰기 전략

쓰기 전략(Write strategies)은 더 높은 지연 시간이나 복잡성을 대가로 캐시가 오래되지 않도록 최적화한다.

### 쓰기 통과 방식

모든 쓰기 작업은 캐시를 거쳐 데이터베이스로 전달된다.

장점

- 일관성이 있다. 모든 데이터베이스 쓰기 작업에 캐시 데이터가 갱신되므로 캐시가 오래된 상태가 되지 않는다.

단점

- 모든 쓰기 작업이 캐시와 데이터베이스 양쪽에서 이뤄지므로 쓰기 속도가 느리다.
- 새로운 캐시 노드에는 누락된 데이터와 캐시 미스가 발생하는 콜드 스타트(Cold start)[38] 문제가 있다. 이는 캐시 어사이드 방식으로 해결할 수 있다.
- 대부분의 데이터는 읽히지 않으므로 불필요한 비용이 발생한다. TTL(유효 기간)을 설정해 낭비되는 공간을 줄일 수 있다.
- 캐시 크기가 데이터베이스보다 작다면 가장 적절한 캐시 제거 정책을 결정해야 한다.

### 지연 쓰기/후속 쓰기(Write-behind) 방식

애플리케이션은 데이터를 캐시에 쓰지만 캐시는 즉시 데이터베이스에 쓰지 않는다. 캐시는 주기적으로 갱신된 데이터를 데이터베이스에 플러시한다.

장점

- 쓰기 동시 방식보다 평균적으로 쓰기 속도가 빠르다. 데이터베이스 쓰기가 차단되지 않는다.

단점

- 쓰기 속도를 제외하면, 대부분의 단점은 쓰기 통과 방식과 같다.
- 캐시의 가용성이 높아야 하므로 성능/지연 시간을 개선하기 위해 가용성을 줄일 수 없어 복잡도가 높다. 높은 가용성과 성능을 모두 갖춰야 하므로 설계가 더 복잡해진다.

---

[38] (옮긴이) 시스템이나 애플리케이션이 초기 상태에서 시작될 때 충분한 데이터나 리소스가 없어 정상적인 성능을 발휘하지 못하는 현상을 말한다.

### 쓰기 우회 방식

**쓰기 우회(write-around)** 방식에서 애플리케이션은 데이터베이스에만 기록한다. 그림 4.12를 참조하면, 쓰기 우회 방식은 보통 캐시 어사이드 방식이나 읽기 동시 방식과 결합해 사용한다. 애플리케이션은 캐시 미스가 발생할 때 캐시를 갱신한다.

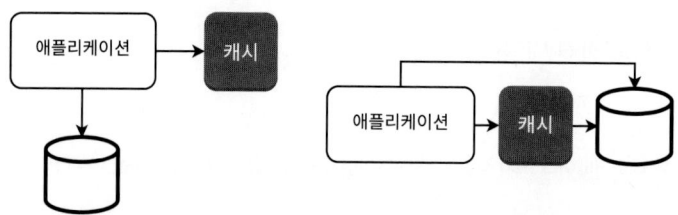

그림 4.12 쓰기 우회 방식의 두 가지 가능한 아키텍처. (왼쪽) 캐시 옆 방식을 이용한 쓰기 우회. (오른쪽) 읽기 동시 방식을 이용한 쓰기 우회.

## 4.9 독립 서비스로서의 캐싱

캐싱을 왜 독립 서비스로 구현할까? 서비스 호스트의 메모리에 캐시하지 않는 이유는 무엇일까?

- 서비스는 상태 비저장으로 설계되므로 각 요청은 무작위로 호스트에 할당된다. 각 호스트가 다른 데이터를 캐시할 수 있어 특정 요청에 캐시된 데이터가 있을 가능성이 낮다. 이는 상태를 유지하고 분할할 수 있어 각 데이터베이스 노드가 동일한 데이터 요청을 처리할 가능성이 높은 데이터베이스와는 다르다.
- 앞서 언급한 점에 더해, 캐싱은 특히 핫 샤드를 유발하는 불균형한 요청 패턴이 있을 때 유용하다. 요청이나 응답이 고유하다면 캐싱은 무의미하다.
- 호스트에 캐시하면 서비스 배포 때마다 캐시가 삭제되는데, 이는 하루에도 여러 번 발생할 수 있다.
- 캐시를 서비스하는 대상과 독립적으로 확장할 수 있다. 캐싱 서비스는 서비스하는 대상과 다를 수 있는 캐싱 서비스의 비기능적 요구사항에 최적화된 특정 하드웨어나 가상머신(VM)을 사용할 수 있다.
- 많은 클라이언트가 동시에 캐싱 미스 같은 요청을 보내면 데이터베이스 서비스가 같은 쿼리를 여러 번 실행한다. 캐시는 요청을 중복 제거해 서비스에 단일 요청만 보낼 수 있다. 이를 요청 병합이라 하며, 서비스의 트래픽을 줄인다.

백엔드 서비스의 캐싱 외에도 네트워크 요청의 부하를 피하려면 브라우저나 모바일 앱과 같은 클라이언트에서도 캐시해야 한다. 그리고 CDN 사용도 고려해야 한다.

## 4.10 캐시할 수 있는 다양한 종류의 데이터와 캐싱 방법 예시

HTTP 응답이나 데이터베이스 쿼리를 캐시할 수 있다. HTTP 응답의 본문을 캐시하고 HTTP 메서드와 요청의 URI인 캐시 키를 사용해 검색할 수 있다. 애플리케이션 내에서는 캐시 옆 패턴을 사용해 관계형 데이터베이스 쿼리를 캐시할 수 있다.

캐시는 개인용 혹은 공용이거나 공유될 수 있다. 개인용 캐시는 클라이언트에 있으며 개인화된 콘텐츠에 유용하다. 공용 캐시는 CDN 같은 프록시나 서비스에 있다.

캐시하지 말아야 할 정보는 다음과 같다.

- 개인 정보는 절대 캐시에 저장하면 안 된다. 은행 계좌 정보가 그 예다.
- 주식 가격, 항공기 도착 시간, 가까운 미래의 호텔 객실 가용성 같은 실시간 공개 정보
- 책이나 동영상처럼 결제가 필요한 유료 저작권 콘텐츠에는 사설 캐싱을 사용하지 않는다.
- 변경될 수 있는 공개 정보는 캐시할 수 있지만, 원본 서버를 재검증해야 한다. 다음 달 항공권이나 호텔 객실 가용성이 그 예다. 서버 응답은 캐시된 응답이 최신임을 확인하는 304 응답 코드만 전송하므로, 캐싱이 없을 때보다 응답 크기가 훨씬 작다. 이는 네트워크 지연 시간과 처리량을 개선한다. 캐시된 응답이 최신 상태로 유지되는 기간 평가를 나타내는 max-age 값을 설정한다. 하지만 향후 상황 변화로 이 max-age 값이 너무 길어질 수 있다고 판단되면 백엔드에 캐시된 응답이 여전히 최신인지 빠르게 확인하는 로직을 구현할 수 있다. 이때 응답에 `must-revalidate`를 반환해 클라이언트가 캐시된 응답을 사용하기 전에 백엔드에서 재검증하게 한다.

오랫동안 변경되지 않을 공개 정보는 긴 캐시 만료 시간으로 캐시할 수 있다. 버스나 기차 시간표가 그 예다.

일반적으로 기업은 가능한 한 많은 처리와 저장을 클라이언트 기기로 옮기고 데이터 센터는 중요 데이터 백업과 사용자 간 통신에만 사용함으로써 하드웨어 비용을 절감할 수 있다. 예를 들어 왓츠앱(WhatsApp)은 사용자의 인증 정보와 연결 정보는 저장하지만, 사용자 저장 공간의 대부분을 차지하는 메시지는 저장하지 않는다. 구글 드라이브 백업을 제공해 메시지 백업 비용을 다른 회사로 전가한다. 이 비용에서 자유로워진 왓츠앱은 계속해서 무료로 서비스할 수 있고, 사용자는 무료 저장 공간을 초과할 때 구글에 비용을 지불한다.

하지만 로컬스토리지 캐싱이 의도대로 작동한다고 가정하지 말고 항상 캐시 미스를 예상해 이러한 요청을 받을 준비를 해야 한다. 모든 계층(클라이언트/브라우저, 로드 밸런서, 프론트엔드/API 게이트웨이/사이드카, 백엔드)에서 캐시해 **요청이 가능한 한 적은 수의 서비스를 통과하게 한다.** 이를 통해 **지연 시간과 비용을 낮출 수 있다.**

브라우저는 웹페이지의 모든 CSS 파일을 다운로드하고 처리한 후에야 렌더링을 시작하므로, CSS의 브라우저 캐싱은 브라우저 앱 성능을 상당히 개선할 수 있다.

> 노트  브라우저가 웹페이지의 모든 CSS를 최대한 빨리 다운로드하고 처리하게끔 해 웹페이지 성능을 최적화하는 방법에 관해서는 주석에 있는 링크의 설명[39]을 참조할 수 있다.

클라이언트에서의 캐싱의 단점은 백엔드가 클라이언트가 이 데이터에 접근했다는 표시를 받지 못해 사용 분석이 복잡해진다는 것이다. 클라이언트가 캐시된 데이터에 접근했다는 정보를 백엔드에서 확인할 필요가 있다면, 클라이언트에서 이러한 사용 횟수를 기록하고 이 로그를 백엔드로 전송하는 추가적인 기능 구현이 필요할 것이다.

## 4.11 캐시 무효화

**캐시 무효화(Cache invalidation)** 는 캐시 항목을 교체하거나 제거하는 과정이다. **캐시 버스팅(Cache busting)** 은 특히 파일에 대한 캐시 무효화다.

### 4.11.1 브라우저 캐시 무효화

브라우저 캐시에서는 보통 각 파일에 `max-age`를 설정한다. 캐시 만료 전에 파일이 새 버전으로 교체되면 어떻게 할까? **핑거프린팅(fingerprinting)** 이라는 기법을 사용해 이러한 파일에 새로운 식별자(버전 번호, 파일 이름이나 쿼리 문자열 해시)를 부여한다. 예를 들어 'style.css'라는 파일은 'style.b3d716.css'로 이름 지을 수 있고, 파일 이름의 해시는 새로운 배포 시 교체할 수 있다. 다른 예로, 이미지 파일 이름을 포함하는 HTML 태그 `<img src=/assets/image.png />`는 `<img src=/assets/image.png?hash=a3db6e />`로 바꿀 수 있다. 쿼리 매개변수 `hash`를 사용해 파일 버전을 나타낸다. 핑거프린팅을 사용하면 `immutable` cache-control 옵션을 사용해 원본 서버에 대한 불필요한 요청을 방지할 수 있다.

핑거프린팅은 서로 의존하는 여러 GET 요청이나 파일을 캐싱할 때 중요하다. GET 요청 캐싱 헤더는 특정 파일이나 응답이 상호 의존적임을 표현할 수 없어 파일의 이전 버전이 배포될 수 있다.

---

[39] https://csswizardry.com/2018/11/css-and-network-performance/

예를 들어 보통 CSS와 자바스크립트는 캐시하지만 HTML은 캐시하지 않는다. (웹페이지가 정적이지 않은 경우 우리가 구축하는 많은 브라우저 앱은 방문할 때마다 다른 콘텐츠를 표시한다.) 하지만 모두 브라우저 앱의 새로운 배포에서 변경될 수 있다. 새로운 HTML을 이전 CSS나 자바스크립트와 함께 제공하면 웹페이지가 깨질 수 있다. 사용자는 본능적으로 브라우저의 새로고침 버튼을 클릭할 것이고, 이는 브라우저가 페이지를 다시 로드할 때 원본 서버를 재검증하므로 문제를 해결할 수 있다. 하지만 이는 좋지 않은 사용자 경험이다. 이러한 문제는 테스트 중에 발견하기 어렵다. 핑거프린팅은 HTML이 올바른 CSS와 자바스크립트 파일 이름을 포함하게 보장한다.

핑거프린팅 없이 이 문제를 피하기 위해 HTML과 CSS, 자바스크립트를 모두 캐시하고 이 모든 파일에 동일한 max-age를 설정해 동시에 만료되게 할 수 있다. 하지만 브라우저가 다른 파일 요청을 몇 초 간격으로 다른 시간에 할 수 있다. 이러한 요청 중에 새로운 배포가 진행 중이라면 브라우저는 여전히 이전 파일과 새 파일이 섞여 있는 상태로 받을 수 있다.

의존적인 파일 외에도 애플리케이션은 의존적인 GET 요청을 포함할 수 있다. 예를 들어 사용자가 항목 목록(할인 상품, 호텔 객실, 샌프란시스코행 항공편, 사진 썸네일 등) GET 요청을 하고, 이어서 항목 상세 정보 GET 요청을 할 수 있다. 첫 번째 요청을 캐시하면 더 이상 존재하지 않는 상품의 상세 정보를 요청할 수 있다. REST 아키텍처 모범 사례에 따르면 요청은 기본적으로 캐시 가능해야 하지만, 이러한 고려사항에 따라 캐시하지 않거나 짧은 만료 시간을 설정해야 한다.

### 4.11.2 캐싱 서비스의 캐시 무효화

클라이언트의 캐시에 직접 접근할 수 없으므로 캐시 무효화 옵션은 max-age 설정이나 핑거프린팅 같은 기법으로 제한된다. 하지만 캐싱 서비스의 항목을 직접 생성, 교체, 제거할 수 있다. 캐시 교체 정책에 관한 많은 온라인 자료가 있고, 그 구현은 이 책의 범위를 벗어나므로 여기서는 몇 가지 정책만 간단히 정의하고자 한다.

- 무작위 교체: 캐시가 가득 찼을 때 무작위 항목을 교체한다. 가장 단순한 전략이다.
- 최근 최소 사용(LRU): 가장 최근에 사용된 항목을 먼저 교체한다.
- 선입선출(FIFO): 사용/접근 빈도와 관계없이 추가된 순서대로 항목을 교체한다.
- 후입선출(LIFO), 선입후출(FILO)이라고도 함: 사용/접근 빈도와 관계없이 추가된 순서의 역순으로 항목을 교체한다.

## 4.12 캐시 워밍

**캐시 워밍(Cache warming)**은 해당 항목에 대한 첫 요청 전에 캐시를 항목으로 미리 채우는 것을 의미한다. 이를 통해 항목별 첫 요청을 캐시 미스 없이 캐시에서 처리할 수 있다. 캐시 워밍은 CDN이나 프론트엔드나 백엔드 서비스 같은 서비스에 적용되며 브라우저 캐시에는 적용되지 않는다.

캐시 워밍의 장점은 사전 캐시된 데이터 첫 요청이 후속 요청과 동일한 낮은 지연 시간을 가진다는 것이다. 하지만 캐시 워밍에는 다음과 같은 여러 단점이 있다.

- 캐시 워밍을 구현하는 데 따르는 추가적인 복잡성과 비용. 캐싱 서비스는 수천 개의 호스트를 포함할 수 있으며 이를 워밍하는 것은 복잡하고 비용이 많이 드는 과정일 수 있다. 가장 자주 요청될 항목으로 캐시를 부분적으로만 채워 비용을 줄일 수 있다. 넷플릭스의 캐시 워머 시스템 설계에 관한 설명[40]을 참조하라.
- 캐시 워밍은 캐시를 채우기 위해 서비스에 쿼리하는 과정에서 발생하는 추가적인 트래픽으로, 프론트엔드, 백엔드, 그리고 데이터베이스 서비스를 포함한다. 캐시 워밍으로 인한 부하가 서비스에 과도하게 작용할 수 있다.
- 수백만 명의 사용자 기반을 가정할 때, 해당 데이터에 접근한 첫 사용자만 느린 경험을 한다. 이는 캐시 워밍의 복잡성과 비용을 정당화하지 못할 수 있다. 자주 접근되는 데이터는 첫 요청일 때 캐시되지만, 드물게 접근되는 데이터는 캐싱이나 캐시 워밍을 할 만한 가치가 없다.
- 캐시 만료 시간이 짧으면 캐시 항목이 사용되기 전에 만료되어 캐시 워밍이 시간 낭비가 될 수 있다. 따라서 서비스에 긴 만료 시간을 설정하고 캐시 서비스의 규모와 비용을 증가시키거나 각기 다른 항목에 다른 만료 시간을 설정해 시스템의 복잡도를 높이고 오류 가능성을 증가시키는 방안을 선택해야 한다.

캐싱 없이 처리된 요청의 P99는 일반적으로 1초 미만이어야 한다. 이 요구사항을 해소하더라도 10초를 초과해서는 안 된다. 캐시 워밍 대신 캐싱 없이 처리된 요청의 P99가 합리적인 수준이 되게끔 보장할 수 있다.

## 4.13 추가 자료

이 장은 《Web Scalability for Startup Engineers》[41]의 내용을 사용한다.

---

[40] https://netflixtechblog.com/cache-warming-agility-for-a-stateful-service-2d3b1da82642
[41] 아르투르 에즈몬트(Artur Ejsmont)의 《Web Scalability for Startup Engineers(스타트업 엔지니어를 위한 웹 확장성)》(McGraw Hill, 2015)

## 4.13.1 캐싱 참고 자료

- 케빈 크롤리(Kevin Crawley)의 Scaling Microservices(마이크로서비스 확장) — Understanding and Implementing Cache(캐시 이해와 구현) 2019년 8월 22일(https://dzone.com/articles/scaling-microservices-understanding-and-implementi)

- 롭 베터(Rob Vettor), 데이비드 콜터(David Coulter), 제네비브 워렌(Genevieve Warren)의 클라우드 기반 애플리케이션의 캐싱(Caching in a cloud-native application) 2020년 5월 17일 (https://docs.microsoft.com/en-us/dotnet/architecture/cloud-native/azure-caching)

- 코넬리아 데이비스, 《클라우드 네이티브 패턴: 변화에 잘 견디는 소프트웨어 개발》(에이콘출판, 2020)

- https://jakearchibald.com/2016/caching-best-practices/

- https://developer.mozilla.org/en-US/docs/Web/HTTP/Headers/Cache-Control

- 톰 바커(Tom Barker)의 《Intelligent Caching(지능형 캐싱)》(O'Reilly Media, 2017)

## 요약

- 상태 저장 서비스는 상태 비저장 서비스보다 훨씬 더 복잡하게 설계되며, 오류 발생 가능성도 높다. 따라서 시스템 설계는 서비스를 상태 비저장으로 유지하고 공유 상태 저장 서비스를 사용하려고 한다.
- 각 저장 기술은 특정 범주에 속한다. 이러한 범주를 구분하는 방법을 알아야 하며, 범주는 다음과 같다.
  - 데이터베이스: SQL이나 NoSQL일 수 있다. NoSQL은 열 지향이나 키-값으로 분류할 수 있다.
  - 문서
  - 그래프
  - 파일 스토리지
  - 블록 스토리지
  - 객체 스토리지
- 서비스의 데이터 저장 방식을 결정할 때는 데이터베이스 사용과 다른 스토리지 범주 사용 중 선택해야 한다.
- 데이터베이스를 확장하기 위한 다양한 복제 기술이 있다. 단일 리더 복제, 다중 리더 복제, 리더 없는 복제, 그리고 이 세 가지 접근 방식에 깔끔하게 들어맞지 않는 HDFS 복제 같은 다른 기술이 포함된다.
- 데이터베이스가 단일 호스트의 저장 용량을 초과하면 샤딩이 필요하다.

- 데이터베이스 쓰기는 비용이 많이 들고 확장하기 어려우므로 가능한 한 최소화해야 한다. 이벤트를 집계하면 데이터베이스 쓰기 빈도를 줄일 수 있다.
- 람다 아키텍처는 동일한 데이터를 처리하는 데 병렬 배치와 스트리밍 파이프라인을 사용해 두 접근 방식의 장점을 실현하고 서로의 단점을 보완할 수 있게 한다.
- 비정규화는 읽기 지연 시간을 최적화하고 SELECT 쿼리를 단순화하는 데 자주 사용되지만, 일관성, 느린 쓰기, 더 많은 저장 공간 요구, 느린 인덱스 재구축 등의 상충 관계가 있다.
- 자주 사용하는 쿼리를 메모리에 캐싱하면 평균 쿼리 지연 시간을 줄일 수 있다.
- 읽기 전략은 빠른 읽기를 위한 것으로, 오랫동안 저장된 캐시와 트레이드오프 관계에 있다.
- 캐시 어사이드 방식은 읽기 위주 부하에 가장 적합하지만, 캐시된 데이터가 오래될 수 있고 캐시 미스는 캐시가 없을 때보다 느리다.
- 읽기 통과 캐시는 데이터베이스에 직접 요청을 보냄으로써 애플리케이션의 로직 부담을 줄인다.
- 쓰기 통과 캐시는 절대 오래되지 않지만 속도가 느리다.
- 지연 쓰기 캐시는 주기적으로 갱신된 데이터를 데이터베이스에 플러시한다. 다른 캐시 설계와 달리 장애로 인한 데이터 손실을 방지하려면 높은 가용성이 필요하다.
- 쓰기 우회 캐시는 쓰기가 느리고 캐시가 오래될 가능성이 높다. 캐시된 데이터가 변경될 가능성이 낮은 상황에 적합하다.
- 전용 캐싱 서비스는 서비스 호스트의 메모리에 캐싱하는 것보다 사용자에게 훨씬 더 나은 서비스를 제공할 수 있다.
- 개인 데이터는 캐시하지 않는다. 공개 데이터는 캐시하되, 재검증과 캐시 만료 시간은 데이터가 얼마나 자주, 그리고 얼마나 쉽게 변경될 수 있는지에 따라 다르다.
- 캐시 무효화 전략은 서비스와 클라이언트에서 다르다. 전자의 호스트에는 접근할 수 있지만 후자에는 접근할 수 없기 때문이다.
- 캐시 워밍을 통해 캐시된 데이터의 첫 번째 사용자도 후속 사용자만큼 빠르게 서비스 받을 수 있지만, 캐시 워밍에는 많은 단점이 있다.

# 05

# 분산 트랜잭션

**이 장에서 다루는 내용**

- 여러 서비스에 걸친 데이터 일관성 생성
- 확장성, 가용성, 비용 절감, 일관성을 위한 이벤트 소싱 사용
- 변경 데이터 캡쳐(CDC)[1]를 통한 여러 서비스 변경 작성
- 코레오그래피(Choreography) 패턴[2]과 오케스트레이션 패턴을 통한 트랜잭션 수행

시스템에서 하나의 작업 단위에는 여러 서비스에 데이터를 쓰는 작업이 포함될 수 있다. 각 서비스에 대한 쓰기는 별도의 요청/이벤트다. 어떤 쓰기든 실패할 수 있으며, 그 원인으로는 버그나 호스트, 네트워크 중단 등이 있다. 이로 인해 서비스 간 데이터 불일치가 발생할 수 있다. 예를 들어, 고객이 항공권과 호텔 객실로 구성된 여행 패키지를 구매했다면 시스템은 티켓 서비스, 객실 예약 서비스, 결제 서비스에 쓰기를 해야 할 수 있다. 어떤 쓰기라도 실패하면 시스템은 불일치 상태가 된다. 다른 예로, 수신자에게 메시지를 보내고 메시지가 전송되었다는 로그를 데이터베이스에 기록하는 메시징 시스템이 있다. 메시지가 수신자의 기기로 성공적으로 전송되었지만 데이터베이스에 쓰기를 실패하면 메시지가 전달되지 않은 것으로 보일 것이다.

트랜잭션은 서비스 간 데이터 일관성을 유지하기 위해 여러 읽기와 쓰기를 논리적 단위로 그룹화하는 방법이다. 트랜잭션은 원자적으로 단일 작업으로 실행되며, 전체 트랜잭션이 성공해 커밋하거나 실패해 중단 혹은 롤백한다. 트랜잭션은 ACID 속성을 갖지만, ACID 개념에 대한 이해는 데이터베이스마다 다르므로 구현도 다르다.

---

1 (옮긴이) 데이터베이스에서 발생한 변경 사항을 실시간으로 식별하고 추적해 다른 시스템과 동기화하는 기술이다.
2 (옮긴이) 코레오그래피 패턴은 중앙 조정자 없이 분산 시스템의 서비스가 독립적으로 작동하면서 이벤트를 주고받아 전체 프로세스를 구성하는 설계 방식이다.

카프카 같은 이벤트 스트리밍 플랫폼을 사용해 이러한 쓰기를 분산하고 다운스트림 서비스가 이러한 쓰기를 푸시가 아닌 풀 방식으로 가져올 수 있다면 그렇게 해야 한다. 풀과 푸시에 관한 설명은 4.6.2절을 참조한다. 또 다른 상황에 대해서는 **분산 트랜잭션**(distributed transaction)이라는 개념을 도입한다. 이는 별개의 쓰기 요청을 하나의 분산된(원자적) 트랜잭션으로 결합한다. 여기서 **합의**(consensus)라는 개념을 소개한다. 이는 모든 서비스가 쓰기 이벤트가 발생했거나 발생하지 않았다는 것에 동의하는 것을 의미한다. 서비스 간의 일관성을 위해 쓰기 이벤트 중 문제가 생기더라도 합의가 이뤄져야 한다. 이 절에서는 분산 트랜잭션에서 일관성을 유지하기 위한 알고리즘을 설명한다.

- 이벤트 소싱, 변경 데이터 캡처, 이벤트 기반 아키텍처(EDA)의 관련 개념
- 체크포인팅과 데드 레터 큐는 3.3.6절과 3.3.7절에서 설명했다.
- 사가(Saga) 패턴[3]
- 2단계 커밋. 2단계 커밋에 관한 간단한 설명은 부록 D를 참조하라. 상세 설명은 이 책의 범위를 넘어선다.

2단계 커밋과 사가 패턴은 (모두 커밋 또는 모두 중단 등의) 합의를 달성하는 반면, 다른 기술은 쓰기 실패로 인해 불일치가 발생할 때 특정 데이터베이스를 기준 데이터로 지정하게 설계됐다.

## 5.1 이벤트 기반 아키텍처(EDA)

아르투르 에즈몬트의 저서[4]에서 '이벤트 기반 아키텍처(Event Driven Architecture, EDA)는 다른 구성 요소 간의 대부분의 상호 작용이 작업 수행을 요청하는 대신 이미 발생한 이벤트를 알림으로써 실현되는 아키텍처 스타일'이라고 쓰여 있다(295페이지).

EDA는 비동기적이고 논블로킹(Non-blocking)[5] 방식이다. 요청은 처리될 필요가 없으며, 이는 상당한 시간이 걸리고 높은 지연을 초래할 수 있다. 대신 이벤트를 발행하기만 하면 된다. 이벤트가 성공적으로 발행되면 서버는 성공 응답을 반환한다. 이벤트는 그 후에 처리될 수 있다. 필요하다면 서버는 요청자에게 응답을 보낼 수 있다. EDA는 느슨한 결합, 확장성, 그리고 응답성(낮은 지연 시간)을 강화한다.

---

[3] (옮긴이) 분산 시스템에서 장기 실행 트랜잭션을 관리하는 데 로컬 트랜잭션을 사용하며, 각 단계가 실패할 때 보상 트랜잭션을 통해 일관성을 유지하는 방법이다.
[4] 《Scalability for Startup Engineers》(2015)
[5] (옮긴이) 한 작업이 완료되기를 기다리지 않고 다른 작업을 계속 수행할 수 있게 하는 프로그래밍 모델이나 시스템 설계 방식을 말한다.

EDA의 대안은 서비스가 다른 서비스에 직접 요청하는 것이다. 그러한 요청이 블로킹이든 논블로킹이든 상관없이 어느 서비스의 사용 불가나 성능 저하는 전체 시스템의 사용 불가능을 의미한다. 이 요청은 각 서비스에서 스레드를 소비하므로 요청 처리에 걸리는 시간 동안 사용 가능한 스레드가 하나 줄어든다. 이 효과는 특히 요청 처리에 오랜 시간이 걸리거나 트래픽이 급증할 때 두드러진다. 트래픽 급증은 서비스의 처리 능력을 초과해 504 타임아웃을 유발할 수 있다. 클라이언트도 영향을 받게 된다. 각 클라이언트는 요청이 완료되지 않는 한 계속해서 스레드를 유지해야 하므로 클라이언트 시스템에서는 다른 작업을 위한 리소스가 줄어들게 된다.

트래픽 급증으로 인한 실행 중단을 방지하려면 복잡한 자동 확장 솔루션을 사용하거나 대규모 호스트 클러스터를 유지해야 하며, 이는 더 많은 비용을 초래한다. (속도 제한 방식은 또 다른 가능한 해결책이며, 관련 내용은 8장에서 논의한다.)

이러한 대안은 더 비싸고, 복잡하며, 오류가 발생하기 쉽고, 확장성이 떨어진다. 그들이 제공하는 강력한 일관성과 낮은 지연 시간이 실제로 사용자에게 필요하지 않을 수 있다.

리소스 소비가 적은 접근 방식은 이벤트 로그에 이벤트를 발행하는 것이다. 발행자 서비스는 구독자 서비스가 이벤트 처리를 완료할 때까지 기다리면 스레드를 계속 소비할 필요가 없다.

실제로는 요청할 때 요청 유효성 검사를 수행하는 등 EDA의 논블로킹 개념을 완전히 따르지 않기로 선택할 수 있다. 예를 들어, 서버는 요청에 모든 필수 필드와 유효한 값이 포함돼 있는지 검증할 수 있다. 즉, 문자열 필드가 비어 있지 않고 null이 아니어야 할 수 있으며, 최소와 최대 길이도 있을 수 있다. 이러한 선택을 하는 이유는 잘못된 요청이 빠르게 실패하게 하여 잘못된 데이터를 유지하는 데 리소스와 시간을 낭비하지 않고 나중에 오류를 발견하는 것을 방지하기 위해서다. 이벤트 소싱과 변경 데이터 캡처는 EDA의 예다.

## 5.2 이벤트 소싱

이벤트 소싱은 추가 전용 로그에 이벤트로 데이터나 데이터 변경을 저장하는 패턴이다. 데이비스(Davis)의 저서[6]에 따르면, 이벤트 소싱의 개념은 이벤트 로그가 신뢰할 수 있는 단일 데이터 출처이며, 다른 모든 데이터베이스는 이벤트 로그에서 파생된 데이터 표현이라는 것이다. 모든 쓰기는 먼저

---

6 코넬리아 데이비스, 《Cloud Native Patterns(클라우드 네이티브 패턴)》(Manning Publications, 2019)

이벤트 로그에 이뤄져야 한다. 이 쓰기가 성공한 후 하나 이상의 이벤트 핸들러가 이 새로운 이벤트를 소비하고 다른 데이터베이스에 쓴다.

이벤트 소싱은 특정 데이터 소스에 묶여 있지 않다. 사용자 상호 작용, 외부와 내부 시스템 등 다양한 소스에서 이벤트를 캡처할 수 있다. 그림 5.1을 참조하면, 이벤트 소싱은 엔티티의 세분화된 상태 변경 이벤트를 발행하고 지속하는 것으로 구성된다. 이러한 이벤트는 로그에 저장되며, 구독자는 로그의 이벤트를 처리해 엔티티의 현재 상태를 결정한다. 따라서 발행자 서비스는 이벤트 로그를 통해 구독자 서비스와 비동기적으로 통신한다.

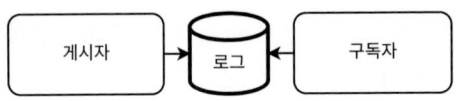

**그림 5.1** 이벤트 소싱에서 게시자는 엔티티 상태의 변경을 나타내는 이벤트를 로그에 발행한다. 구독자는 로그 이벤트를 순차적으로 처리해 엔티티의 현재 상태를 결정한다.

이벤트 소싱은 다양한 방식으로 구현할 수 있다. 게시자는 카프카 토픽과 같은 이벤트 스토리지나 추가 전용 로그에 이벤트를 발행하거나, 관계형 데이터베이스(SQL)에 행을 쓰거나, MongoDB나 Couchbase 같은 문서 데이터베이스에 문서를 쓰거나, 심지어 낮은 지연 시간을 위해 레디스나 아파치 이그나이트(Apache Ignite)[7] 같은 인메모리 데이터베이스에 쓸 수 있다.

> **질문** 구독자 호스트가 이벤트를 처리하는 동안 충돌이 일어나면 어떻게 될까? 구독자 서비스는 해당 이벤트를 다시 처리해야 한다는 것을 어떻게 알 수 있을까?

이벤트 소싱은 시스템의 모든 이벤트에 대한 완전한 감사 추적을 제공하며, 디버깅이나 분석을 위한 이벤트를 다시 실행함으로써 시스템의 과거 상태에 대해 이해할 수 있게 해준다. 이벤트 소싱은 또한 기존 데이터에 영향을 주지 않고 새로운 이벤트 유형과 핸들러를 도입해 비즈니스 로직을 변경할 수 있게 한다.

이벤트 소싱은 이벤트 스토리지, 복원, 버전 관리, 스키마 변화를 관리해야 하므로 시스템 설계와 개발에 복잡성이 더해지고 저장 요구사항이 증가한다. 로그가 커질수록 이벤트 복원에 더 비용이 많이 들고 시간도 오래 걸린다.

---

[7] (옮긴이) 분산 컴퓨팅을 위한 고성능, 인메모리 데이터 그리드 플랫폼으로, 대규모 데이터 처리와 트랜잭션을 위한 분산 데이터베이스 기능을 제공한다.

## 5.3 변경 데이터 캡처

**변경 데이터 캡처(Change Data Capture, CDC)**는 데이터 변경 이벤트를 변경 로그 이벤트 스트림에 기록하고 이 이벤트 스트림을 API를 통해 제공하는 방식이다.

그림 5.2는 CDC를 보여준다. 단일 변경이나 변경 그룹을 변경 로그 이벤트 스트림에 단일 이벤트로 발행할 수 있다. 이 이벤트 스트림에는 각각 서비스/애플리케이션/데이터베이스에 해당하는 여러 소비자가 있다. 각 소비자는 이벤트를 소비하고, 이를 다운스트림 서비스에 제공하여 처리한다.

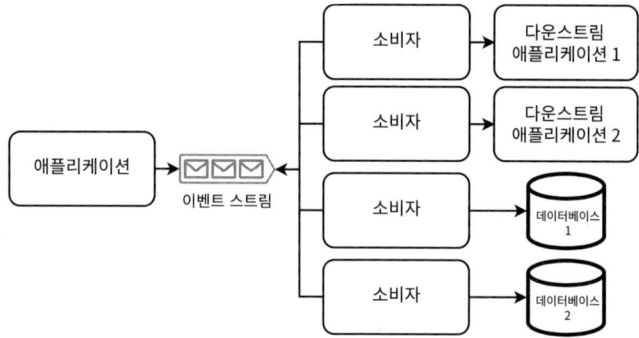

**그림 5.2** 변경 로그 이벤트 스트림을 사용해 데이터 변경을 동기화한다. 소비자 외에도 서버리스 함수를 사용해 변경 사항을 다운스트림 애플리케이션이나 데이터베이스로 전파할 수 있다.

CDC는 이벤트 소싱보다 일관성이 높고 지연 시간이 낮다. 이벤트 소싱에서 소비자가 처리하기 전에 요청이 로그에 일정 시간 머무를 수 있는 것과 달리, CDC는 요청을 거의 실시간으로 처리한다.

트랜잭션 로그 테일링 패턴[8]은 또 다른 시스템 설계 패턴으로, 프로세스가 데이터베이스에 쓰거나 카프카에 생성해야 할 때 발생할 수 있는 불일치를 방지하기 위한 것이다. 두 쓰기 중 하나가 실패하면 불일치가 발생할 수 있다.

그림 5.3은 트랜잭션 로그 테일링 패턴을 보여준다. 트랜잭션 로그 테일링에서는 트랜잭션 로그 마이너라는 프로세스가 데이터베이스의 트랜잭션 로그를 테일링하고 각 업데이트를 이벤트로 생성한다.

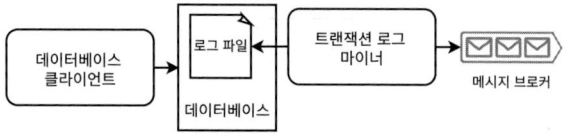

**그림 5.3** 트랜잭션 로그 테일링 패턴의 다이어그램. 서비스가 데이터베이스에 쓰기 쿼리를 수행하면 데이터베이스는 이 쿼리를 로그 파일에 기록한다. 트랜잭션 로그 마이너는 로그 파일을 테일링하고 이 쿼리를 선택한 다음 메시지 브로커에 이벤트를 생성한다.

8 크리스 리처드슨, 《마이크로서비스 패턴: 모놀리식 지옥에서 벗어나재》(길벗, 2020)

CDC 플랫폼으로는 Debezium[9], 데이터버스(Databus)[10], 다이나모DB 스트림(DynamoDB Streams)[11], Eventuate CDC Service[12] 등이 있다. 이 플랫폼들은 트랜잭션 로그 마이너로 사용할 수 있다.

트랜잭션 로그 마이너는 중복 이벤트를 생성할 수 있다. 중복 이벤트를 처리하는 한 가지 방법은 메시지 브로커의 '정확히 한 번 전달' 메커니즘을 사용하는 것이다. 다른 방법은 이벤트를 멱등하게 정의하고 처리하는 것이다.

## 5.4 이벤트 소싱과 CDC 비교

이벤트 기반 아키텍처(EDA), 이벤트 소싱, CDC는 분산 시스템에서 관심 있는 소비자와 다운스트림 서비스로 데이터 변경을 전파하기 위해 사용되는 관련 개념이다. 비동기 통신 패턴을 사용해 이러한 데이터 변경을 전달함으로써 서비스를 분리한다. 일부 시스템 설계에서는 이벤트 소싱과 CDC를 함께 사용할 수 있다. 예를 들어, 서비스 내에서는 이벤트 소싱을 사용해 데이터 변경을 이벤트로 기록하고, CDC를 사용해 이러한 이벤트를 다른 서비스로 전파할 수 있다. 이는 목적, 세분성, 기준 데이터에서 차이가 있다. 이러한 차이점을 표 5.1에 정리했다.

**표 5.1** 이벤트 소싱과 변경 데이터 캡처(CDC)의 차이점

| | 이벤트 소싱 | 변경 데이터 캡처(CDC) |
|---|---|---|
| 목적 | 이벤트를 기준 데이터로 기록한다. | 소스 서비스에서 다운스트림 서비스로 이벤트를 전파해 데이터 변경을 동기화한다. |
| 기준 데이터 | 로그나 로그에 발행된 이벤트가 기준 데이터다. | 발행자 서비스의 데이터베이스. 발행된 이벤트는 기준 데이터가 아니다. |
| 세분성 | 특정 작업이나 상태 변경을 나타내는 세분화된 이벤트 | 새로 생성, 업데이트, 삭제된 행이나 문서 같은 개별 데이터베이스 수준의 변경 |

---

[9] https://debezium.io/
[10] https://github.com/linkedin/databus
[11] https://docs.aws.amazon.com/amazondynamodb/latest/developerguide/Streams.html
[12] https://github.com/eventuate-foundation/eventuate-cdc

## 5.5 트랜잭션 감독자

트랜잭션 감독자는 트랜잭션이 성공적으로 완료되거나 취소되게 보장하는 프로세스다. 주기적인 배치 작업이나 서버리스 함수로 구현할 수 있다. 그림 5.4는 트랜잭션 감독자의 예를 보여준다.

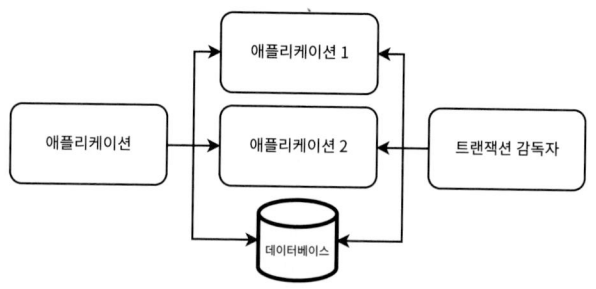

그림 5.4 트랜잭션 감독자의 예시 다이어그램. 하나의 애플리케이션이 여러 다운스트림 애플리케이션과 데이터베이스에 쓸 수 있다. 트랜잭션 감독자는 쓰기가 실패할 때를 대비해 주기적으로 다양한 목적지를 동기화한다.

트랜잭션 감독자는 일반적으로 불일치 수동 검토와 보상 트랜잭션의 수동 실행을 위한 인터페이스로 먼저 구현돼야 한다. 보상 트랜잭션을 자동화하는 것은 일반적으로 위험하며 주의를 기울여 접근해야 한다. 보상 트랜잭션을 자동화하기 전에 먼저 광범위한 테스트를 거쳐야 한다. 또한 다른 분산 트랜잭션 메커니즘이 없는지 확인해야 한다. 그렇지 않으면 서로 간섭해 데이터 손실이나 디버그하기 어려운 상황으로 이어질 수 있다.

보상 트랜잭션은 수동으로 실행되었든 자동으로 실행되었든 상관없이 항상 기록돼야 한다.

## 5.6 사가 패턴

사가 패턴은 트랜잭션으로 작성할 수 있는 장기 실행 트랜잭션이다. 모든 트랜잭션이 성공적으로 완료돼야 하며, 그렇지 않으면 실행된 트랜잭션을 롤백하기 위한 보상 트랜잭션이 실행된다. 사가는 실패를 관리하는 데 도움이 되는 패턴이다. 사가 패턴 자체는 상태 비저장이다.

일반적인 사가 패턴 구현은 카프카나 RabbitMQ 같은 메시지 브로커를 통해 통신하는 서비스를 포함한다. 이 책에서 사가와 관련된 논의에서 카프카를 사용한다.

사가 패턴의 중요한 사용 사례는 특정 서비스가 특정 요구사항을 충족할 때만 분산 트랜잭션을 수행하는 것이다. 예를 들어, 여행 패키지를 예약할 때 여행 서비스는 항공권 서비스에 쓰기 요청을 하고, 호텔 객실 서비스에 또 다른 쓰기 요청을 할 수 있다. 사용 가능한 항공편이나 호텔 객실이 없으면 전체 사가를 롤백해야 한다.

항공권 서비스와 호텔 객실 서비스는 결제 서비스에도 쓰기를 해야 할 수 있는데, 이는 다음과 같은 가능한 이유로 항공권 서비스 및 호텔 서비스와는 별개다.

- 결제 서비스는 항공권 서비스가 티켓이 가용함을 확인하고 호텔 객실 서비스가 객실이 가용함을 확인할 때까지 어떤 결제도 처리해서는 안 된다. 그렇지 않으면 전체 여행 패키지를 확인하기 전에 사용자에게서 돈을 받을 수 있다.
- 항공권 및 호텔 객실 서비스는 다른 회사의 소유일 수 있으며, 우리는 사용자의 개인 결제 정보를 다른 회사에 전달할 수 없다. 대신 서비스 운영사가 결제를 처리해야 하며, 서비스 운영사가 다른 회사에 대금을 지불해야 한다.

결제 서비스 트랜잭션이 실패하면 다른 두 서비스 보상 트랜잭션을 사용해 역순으로 전체 사가를 롤백해야 한다.

조정을 구성하는 두 가지 방법으로는 코레오그래피(병렬)와 오케스트레이션(선형) 방법이 있다. 이 절의 나머지 부분에서는 코레오그래피 방식의 한 예와 오케스트레이션 방식의 예를 각각 소개한 다음, 코레오그래피 방식과 오케스트레이션 방식을 비교한다. 또 다른 예[13]는 주석의 링크를 참고하라.

### 5.6.1 코레오그래피 방식

코레오그래피 방식에서 사가 패턴을 시작하는 서비스는 두 개의 카프카 토픽[14]과 통신한다. 분산 트랜잭션을 시작하기 위해 하나의 카프카 토픽에서 생성하고 최종 로직을 수행하기 위해 다른 카프카 토픽에서 소비한다. 사가 패턴의 다른 서비스들은 카프카 토픽을 통해 서로 직접 통신한다.

그림 5.5는 여행 패키지를 예약하기 위한 코레오그래피 사가 패턴을 보여준다. 이 장에서 카프카 토픽이 포함된 그림은 토픽에서 멀어지는 방향으로 화살표 머리를 둔 선으로 이벤트 소비를 보여준다. 이 책의 다른 장에서는 화살표 머리가 토픽을 가리키는 선으로 이벤트 소비를 보여준다. 이러한 차이가 있는 이유는 다른 장과 동일한 규칙을 따르면 이 장의 다이어그램이 혼란스러울 수 있기 때문이다. 이 장의 다이어그램은 여러 서비스가 여러 특정 토픽에서 이벤트를 소비하고, 다른 토픽에 이벤트를 생성하는 과정을 보여주며, 이러한 방식으로 화살표 방향을 표시하는 것이 더 명확하다.

---

[13] https://microservices.io/patterns/data/saga.html
[14] (옮긴이) 카프카에서 메시지를 분류하고 저장하는 논리적 채널로, 발행자가 데이터를 발행하고 소비자가 구독해 처리하는 스트림의 기본 단위다.

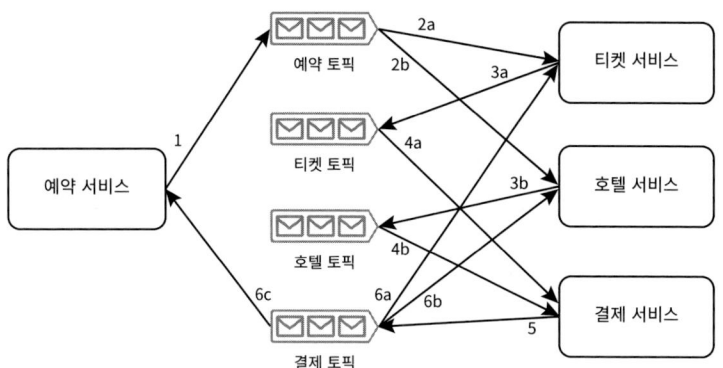

**그림 5.5** 여행 패키지를 위해 항공권과 호텔 객실을 예약하는 코레오그래피 사가 패턴. 같은 번호지만 다른 문자를 가진 두 레이블은 병렬로 발생하는 단계를 나타낸다.

성공적인 예약의 단계는 다음과 같다.

1. 사용자가 예약 서비스에 예약 요청을 한다. 예약 서비스는 예약 토픽에 예약 요청 이벤트를 생성한다.

2. 티켓 서비스와 호텔 서비스가 이 예약 요청 이벤트를 소비한다. 두 서비스 모두 요청을 충족할 수 있음을 확인한다. 두 서비스는 각 데이터베이스에 이 이벤트를 기록할 수 있으며, 예약 ID와 'AWAITING_PAYMENT' 같은 상태를 포함한다.

3. 티켓 서비스와 호텔 서비스는 각각 티켓 토픽과 호텔 토픽에 결제 요청 이벤트를 생성한다.

4. 결제 서비스는 티켓 토픽과 호텔 토픽에서 이러한 결제 요청 이벤트를 소비한다. 이 두 이벤트는 다른 시간에, 그리고 다른 호스트가 소비하므로 결제 서비스는 이 이벤트의 수신을 데이터베이스에 기록해야 한다. 이를 통해 서비스의 호스트는 모든 필요한 이벤트가 수신되었는지 알 수 있게 된다. 필요한 모든 이벤트가 수신되면 결제 서비스가 결제를 처리한다.

5. 결제가 성공하면 결제 서비스는 결제 토픽에 결제 성공 이벤트를 생성한다.

6. 티켓 서비스, 호텔 서비스, 예약 서비스가 이 이벤트를 소비한다. 티켓 서비스와 호텔 서비스 모두 이 예약을 확인하는데, 이는 해당 예약 ID의 상태를 CONFIRMED로 변경하거나 필요에 따라 다른 처리와 비즈니스 로직을 수행하는 것을 포함할 수 있다. 예약 서비스는 사용자에게 예약이 확인됐음을 알릴 수 있다.

1~4단계는 보상 트랜잭션으로 롤백할 수 있는 보상 가능한 트랜잭션이다. 5단계는 피벗 트랜잭션이다. 피벗 트랜잭션 이후의 트랜잭션은 성공할 때까지 재시도할 수 있다. 6단계 트랜잭션은 재시도 가능한 트랜잭션이다. 이는 5.3절에서 설명한 CDC의 예시다. 예약 서비스는 티켓 서비스나 호텔 서비스의 응답을 기다릴 필요가 없다.

타사 서비스가 자사 서비스의 카프카 토픽을 어떻게 구독하는지 질문이 제기될 수 있다. 보안상의 이유로 자사 서비스는 절대 카프카 서비스에 직접적인 타사 서비스 접근을 허용하지 않는다. 이 설명의 세부 사항을 명확히 하기 위해 간소화했다. 티켓 서비스와 호텔 서비스는 실제로 자사 서비스에 속한다. 이들은 카프카 서비스/토픽과 직접 통신하고 외부 서비스에 요청을 보낸다. 그림 5.5는 설계 다이어그램을 복잡하게 만들지 않기 위해 이러한 세부 사항을 표시하지 않았다.

결제 서비스가 가령 요청한 항공편이 만석이거나 취소돼 티켓을 예약할 수 없다는 오류를 응답하면 앞서 설명한 6단계 방식이 달라진다. 예약을 확인하는 대신 티켓 서비스와 호텔 서비스는 예약을 취소하고, 예약 서비스는 사용자에게 적절한 오류 응답을 반환한다. 호텔 서비스나 결제 서비스의 오류 응답으로 인한 보상 트랜잭션은 이미 설명한 상황과 유사하므로 설명하지 않겠다. 코레오그래피 방식에서 주목할 다른 사항은 다음과 같다.

- 양방향 선이 없다. 즉, 서비스가 동일한 토픽에 생성하거나 구독하지 않는다.
- 두 개의 서비스가 동일한 토픽에 생성하지 않는다.
- 서비스는 여러 토픽을 구독할 수 있다. 서비스가 작업을 수행하기 전에 여러 토픽에서 여러 이벤트를 받아야 한다면 특정 이벤트를 받았다는 것을 데이터베이스에 기록해야 한다. 이를 통해 필요한 모든 이벤트가 수신되었는지 확인할 수 있다.
- 토픽과 서비스 간의 관계는 '1:다'이거나 '다:1'일 수 있지만, '다:다'는 아니다.
- 순환이 있을 수 있다. 그림 5.5의 순환에 주목한다(호텔 토픽〉 결제 서비스〉 결제 토픽〉 호텔 서비스〉 호텔 토픽).

그림 5.5에는 여러 토픽과 서비스 사이에 많은 선이 있다. 더 많은 수의 토픽과 서비스 간의 코레오그래피 방식은 지나치게 복잡하고, 오류가 발생하기 쉬우며, 유지보수가 어려워질 수 있다.

## 5.6.2 오케스트레이션 방식

오케스트레이션 방식에서 사가 패턴을 시작하는 서비스가 오케스트레이터다. 오케스트레이터는 카프카 토픽을 통해 각 서비스와 통신한다. 사가 패턴의 각 단계에서 오케스트레이터는 이 단계를 시작하게 요청하기 위해 토픽에 생성하고, 그 단계의 결과를 받기 위해 다른 토픽에서 소비해야 한다.

오케스트레이터는 이벤트에 반응하고 명령을 발행하는 유한 상태 기계다. 오케스트레이터는 단계의 순서만 포함해야 한다. 보상 메커니즘을 제외하고는 다른 비즈니스 로직을 포함해서는 안 된다.

그림 5.6은 여행 패키지를 예약하기 위한 오케스트레이션 사가 패턴을 보여준다. 성공적인 예약 과정의 단계는 다음과 같다.

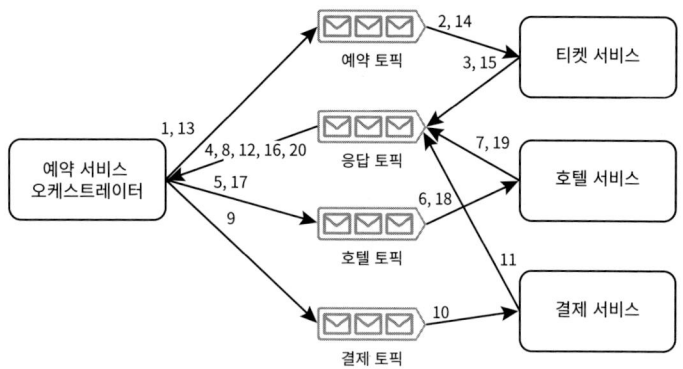

그림 5.6 여행 패키지를 위해 항공권과 호텔 객실을 예약하는 오케스트레이션 사가 패턴

1. 오케스트레이터가 예약 토픽에 티켓 요청 이벤트를 생성한다.

2. 티켓 서비스가 이 티켓 요청 이벤트를 소비하고 예약 ID에 대해 'AWAITING_PAYMENT' 상태로 항공권을 예약한다.

3. 티켓 서비스가 응답 토픽에 '티켓 결제 대기' 이벤트를 생성한다.

4. 오케스트레이터가 '티켓 결제 대기' 이벤트를 소비한다.

5. 오케스트레이터가 호텔 토픽에 호텔 예약 요청 이벤트를 생성한다.

6. 호텔 서비스가 호텔 예약 요청 이벤트를 소비하고 예약 ID에 대해 'AWAITING_PAYMENT' 상태로 호텔 객실을 예약한다.

7. 호텔 서비스가 응답 토픽에 '객실 결제 대기' 이벤트를 생성한다.

8. 오케스트레이터가 '객실 결제 대기' 이벤트를 소비한다.

9. 오케스트레이터가 결제 토픽에 결제 요청 이벤트를 생성한다.

10. 결제 서비스가 결제 요청 이벤트를 소비한다.

11. 결제 서비스가 결제를 처리한 다음 응답 토픽에 결제 확인 이벤트를 생성한다.

12. 오케스트레이터가 결제 확인 이벤트를 소비한다.

13. 오케스트레이터가 예약 토픽에 결제 확인 이벤트를 생성한다.

14. 티켓 서비스가 결제 확인 이벤트를 소비하고 해당 예약의 상태를 'CONFIRMED'로 변경한다.

15. 티켓 서비스가 응답 토픽에 티켓 확인 이벤트를 생성한다.

16. 오케스트레이터가 응답 토픽에서 이 티켓 확인 이벤트를 소비한다.

**17.** 오케스트레이터가 호텔 토픽에 결제 확인 이벤트를 생성한다.

**18.** 호텔 서비스가 이 결제 확인 이벤트를 소비하고 해당 예약의 상태를 'CONFIRMED'로 변경한다.

**19.** 호텔 서비스가 응답 토픽에 호텔 객실 확인 이벤트를 생성한다.

**20.** 예약 서비스 오케스트레이터가 호텔 객실 확인 이벤트를 소비한다. 그런 다음 사용자에게 성공 응답을 보내거나 예약 서비스 내부의 추가 로직을 수행하는 등의 다음 단계를 진행할 수 있다.

18단계와 19단계는 불필요해 보이는데, 18단계는 실패하지 않을 것이기 때문이다. 성공할 때까지 계속 재시도할 수 있다. 18단계와 20단계는 병렬로 수행할 수 있다. 그러나 접근 방식을 일관되게 유지하기 위해 이 단계를 선형적으로 수행한다.

1~13단계는 보상 가능한 트랜잭션이다. 14단계는 피벗 트랜잭션이다. 15단계 이후는 재시도 가능한 트랜잭션이다.

세 서비스 중 어느 하나라도 예약 토픽에 오류 응답을 생성하면 오케스트레이터는 다양한 다른 서비스에 이벤트를 생성해 보상 트랜잭션을 실행할 수 있다.

### 5.6.3 비교

표 5.2는 코레오그래피 방식과 오케스트레이션 방식을 비교한 것이다. 특정 시스템 설계에서 어떤 접근 방식을 사용할지 평가하기 위해 차이점과 상충 관계를 이해해야 한다. 최종 결정은 일부 임의적일 수 있지만, 차이점을 이해함으로써 하나의 접근 방식을 선택할 때 무엇을 제외하는지도 이해할 수 있다.

**표 5.2** 코레오그래피 사가 패턴과 오케스트레이션 사가 패턴

| 코레오그래피 방식 | 오케스트레이션 방식 |
| --- | --- |
| 서비스 요청이 병렬로 이뤄진다. 이는 관찰자 객체 지향 설계 패턴이다. | 서비스 요청이 선형적으로 이뤄진다. 이는 컨트롤러 객체 지향 설계 패턴이다. |
| 사가 패턴을 시작하는 서비스는 두 개의 카프카 토픽과 통신한다. 분산 트랜잭션을 시작하기 위해 하나의 카프카 토픽을 생성하고 최종 로직을 수행하기 위해 다른 카프카 토픽에서 소비한다. | 오케스트레이터는 카프카 토픽을 통해 각 서비스와 통신한다. 사가 패턴의 각 단계에서 오케스트레이터는 이 단계를 시작하게 요청하기 위해 토픽에 생성해야 하고, 단계의 결과를 받기 위해 다른 토픽에서 소비해야 한다. |
| 사가 패턴을 시작하는 서비스는 사가 패턴의 첫 번째 토픽에 생성하고 마지막 토픽에서 소비하는 코드만 있다. 개발자는 사가 패턴과 관련된 모든 서비스의 코드를 읽어야 단계를 이해할 수 있다. | 오케스트레이터는 사가 패턴의 단계에 해당하는 카프카 토픽을 생성하고 소비하는 코드가 있어, 오케스트레이터의 코드를 읽으면 분산 트랜잭션의 서비스와 단계를 이해할 수 있다. |

| 코레오그래피 방식 | 오케스트레이션 방식 |
|---|---|
| 서비스는 리처드슨의 책[15]에 나와 있는 그림 5.5의 회계 서비스처럼 여러 카프카 토픽을 구독해야 할 수 있다. 이는 여러 서비스에서 특정한 다른 이벤트를 소비했을 때만 특정 이벤트를 생성할 수 있기 때문이다. 이는 이미 소비한 이벤트를 데이터베이스에 기록해야 함을 의미한다. | 오케스트레이터를 제외하고 각 서비스는 하나의 카프카 토픽(다른 하나의 서비스로부터)만 구독한다. 다양한 서비스 간의 관계를 이해하기가 더 쉽다. 코레오그래피와 달리 서비스가 특정 이벤트를 생성하기 전에 별도의 서비스에서 여러 이벤트를 소비할 필요가 없으므로 데이터베이스 쓰기 횟수를 줄일 수 있다. |
| 덜 자원 집약적이고, 통신량이 적으며, 네트워크 트래픽이 적어 전반적으로 지연 시간이 낮다. | 모든 단계가 오케스트레이터를 거쳐야 하므로 이벤트 수가 코레오그래피 패턴의 두 배다. 전반적인 효과는 오케스트레이션이 더 자원 집약적이고, 통신량이 많으며, 네트워크 트래픽이 많아 지연 시간이 높다. |
| 병렬 요청도 지연 시간을 낮춘다. | 요청이 선형적이므로 지연 시간이 높다. |
| 개발자가 하나의 서비스를 변경하기 위해 모든 서비스를 이해해야 하므로 서비스의 소프트웨어 개발 수명 주기가 덜 독립적이다. | 서비스가 더 독립적이다. 서비스 변경은 오케스트레이터에만 영향을 미치고 다른 서비스에는 영향을 미치지 않는다. |
| 오케스트레이션과 같은 단일 장애 지점이 없다(즉, 카프카 서비스를 제외하고 높은 가용성이 필요한 서비스가 없다). | 오케스트레이션 서비스가 실패하면 전체 사가가 실행될 수 없다(즉, 오케스트레이터와 카프카 서비스는 높은 가용성을 가져야 한다). |
| 보상 트랜잭션은 사가 패턴과 관련된 다양한 서비스에 트리거된다. | 보상 트랜잭션은 오케스트레이터에 의해 트리거된다. |

## 5.7 다른 트랜잭션 유형

다음 합의(Consensus) 알고리즘은 일반적으로 분산 데이터베이스에서 많은 수의 노드 합의를 달성하는 데 더 유용하다. 이 책에서는 이에 관해 더 설명하지는 않는다. 자세한 내용은 마틴 클레프만의 책[16]을 참조하기 바란다.

- 정족수 쓰기
- 팍소스와 EPaxos[17]
- Raft
- Zab(주키퍼 원자적 브로드캐스트 프로토콜) – 아파치 주키퍼에서 사용

---

15 크리스 리처드슨, 《마이크로서비스 패턴: 모놀리식 지옥에서 벗어나재》(길벗, 2020)
16 마틴 클레프만, 《데이터 중심 애플리케이션 설계: 신뢰할 수 있고 확장 가능하며 유지보수하기 쉬운 시스템을 지탱하는 핵심 아이디어》(위키북스, 2018)
17 (옮긴이) EPaxos(Egalitarian Paxos)는 분산 시스템에서 높은 가용성과 낮은 지연 시간을 제공하는 합의 프로토콜로, 리더 없이 모든 복제본이 동등하게 명령을 제안하고 실행할 수 있다.

## 5.8 추가 자료

- 마틴 클레프만, 《데이터 중심 애플리케이션 설계: 신뢰할 수 있고 확장 가능하며 유지보수하기 쉬운 시스템을 지탱하는 핵심 아이디어》(위키북스, 2018)
- 보리스 숄, 트렌트 스완슨, 피터 야우쇼베츠, 《클라우드 네이티브: 클라우드 네이티브 애플리케이션을 설계, 개발, 운영하는 핵심 가이드》(한빛미디어, 2020)
- 코넬리아 데이비스, 《클라우드 네이티브 패턴: 변화에 잘 견디는 소프트웨어 개발》(에이콘출판, 2020)
- 크리스 리처드슨, 《마이크로서비스 패턴: 모놀리식 지옥에서 벗어나자!》(길벗, 2020). 3.3.7절에서 트랜잭션 로그 테일링 패턴을 논의한다. 4장에서 사가 패턴에 관해 상세하게 설명했다.

## 요약

- 분산 트랜잭션은 최종 일관성이나 합의를 통해 동일한 데이터를 여러 서비스에 기록한다.
- 이벤트 소싱에서 쓰기 이벤트는 로그에 저장되며, 이는 이벤트를 재생하여 시스템 상태를 재구성할 수 있는 핵심 소스이자 감사 추적이다.
- 변경 데이터 캡처(CDC)에서는 이벤트 스트림에 여러 소비자가 있으며, 각 소비자는 다운스트림 서비스에 해당한다.
- 사가 패턴은 모두 성공적으로 완료되거나 모두 롤백되는 트랜잭션이다.
- 코레오그래피(병렬) 방식이나 오케스트레이션(선형) 방식은 사가 패턴을 조정하는 두 가지 방법이다.

# 06

# 기능적 분할을 위한 공통 서비스

**이 장에서 다루는 내용**

- API 게이트웨이나 서비스 메시/사이드카를 통한 공통 관심사 중앙 집중화
- 메타데이터 서비스를 통한 네트워크 트래픽 최소화
- 요구사항을 충족하기 위한 웹과 모바일 프레임워크 고려
- 라이브러리 vs. 서비스로서의 기능 구현
- REST, RPC, GraphQL[1] 간의 적절한 API 패러다임 선택

이 책의 앞부분에서 특정 기능을 백엔드에서 분할해 전용 클러스터에서 실행하는 확장성 기법으로 기능적 분할을 설명했다. 이 장에서는 먼저 API 게이트웨이를 설명하고, 이어서 최근의 혁신인 서비스 메시라고도 하는 사이드카 패턴을 설명한다. 다음으로 공통 데이터를 메타데이터 서비스로 중앙 집중화하는 방법에 대해 설명한다. 이러한 서비스의 공통 주제는 많은 백엔드 서비스에 공통적인 기능을 포함하고 있으며, 이러한 서비스를 공유 공통 서비스로 분할할 수 있다는 것이다.

> **노트** 인기 있는 서비스 메시 구현인 이스티오(Istio)는 2018년에 첫 운영 버전을 릴리스했다.

마지막으로 시스템 설계의 다양한 구성 요소를 개발하는 데 사용할 수 있는 프레임워크를 설명한다.

---

[1] (옮긴이) 클라이언트가 필요한 데이터를 정확히 요청하고 서버가 그에 맞춰 응답할 수 있게 해주는 API를 위한 쿼리 언어와 런타임이다.

## 6.1 다양한 서비스의 공통 기능

서비스마다 다양한 비기능적 요구사항이 존재할 수 있으며, 서로 다른 기능을 가진 서비스라도 동일한 비기능적 요구사항을 공유할 수 있다. 예를 들어, 판매세를 계산하는 서비스와 호텔 객실 가용성을 확인하는 서비스는 모두 성능을 개선하기 위해 캐싱을 활용하거나 등록된 사용자의 요청만 수락할 수 있다.

엔지니어가 각 서비스에 기능을 별도로 구현하면 작업이나 코드의 중복이 발생할 수 있다. 부족한 엔지니어링 리소스가 더 많은 작업에 분산되므로 오류나 비효율성이 발생할 가능성이 높다.

한 가지 가능한 해결책은 이 코드를 라이브러리에 넣어 다양한 서비스에서 사용하는 것이다. 그러나 이 해결책에는 단점이 있다(6.7절에서 설명). 라이브러리 업데이트는 사용자가 제어하므로 서비스는 새 버전에서 수정된 버그나 보안 문제가 있는 이전 버전을 계속 실행할 수 있다. 서비스를 실행하는 각 호스트도 라이브러리를 실행하므로 다른 기능을 독립적으로 확장할 수 없다.

해결책은 **API 게이트웨이(API Gateway)**로 이러한 공통 관심사를 중앙 집중화하는 것이다. API 게이트웨이는 여러 데이터 센터에 위치한 상태 비저장 서버로 구성된 경량 웹 서비스다. 이는 다양한 서비스에 걸친 공통 관심사를 중앙에서 관리하기 위해 조직의 많은 서비스에 공통 기능을 제공하며, 이는 서비스가 다른 프로그래밍 언어로 작성됐더라도 가능하다. 다양한 기능을 수행함에도 불구하고 가능한 한 단순하게 유지돼야 한다. 아마존 API 게이트웨이(Amazon API Gateway)[2]와 콩(Kong)[3]은 클라우드에서 제공하는 API 게이트웨이의 예다.

API 게이트웨이의 기능은 다음과 같으며, 이는 카테고리로 그룹화할 수 있다.

### 6.1.1 보안

이러한 기능은 서비스 데이터의 무단 접근을 방지한다.

- **인증(Authentication)**: 요청이 인가된 사용자로부터 온 것인지 확인한다.
- **인가(Authorization)**: 사용자가 이 요청을 할 수 있는 권한이 있는지 확인한다.
- **SSL 종료(SSL termination)**: 종료는 보통 API 게이트웨이 자체가 아니라 동일한 호스트에서 프로세스로 실행되는 별도의 HTTP 프록시에 의해 처리된다. 로드 밸런서에서의 종료는 비용이 많이 들므로 API 게이트웨이에서 종료를 수행한다. 'SSL 종료'라는 용어를 일반적으로 사용하지만 실제 프로토콜은 SSL의 후속 버전인 TLS[4]다.

---

[2] https://aws.amazon.com/api-gateway/
[3] https://konghq.com/kong
[4] (옮긴이) 인터넷 통신을 암호화해 데이터의 기밀성과 무결성을 보장하는 보안 프로토콜이다.

- **서버 사이드 데이터 암호화(Server-side data encryption)**: 백엔드 호스트나 데이터베이스에 데이터를 안전하게 저장해야 할 때 API 게이트웨이는 저장 전에 데이터를 암호화하고 요청자에게 보내기 전에 데이터를 복호화할 수 있다.

## 6.1.2 오류 검사

오류 검사는 잘못되거나 중복된 요청이 서비스 호스트에 도달하는 것을 방지해 유효한 요청만 처리하게 한다.

- **요청 유효성 검사(Request validation)**: 유효성 검사의 한 단계는 요청이 제대로 형식화됐는지 확인하는 것이다. 예를 들어, POST 요청 본문은 유효한 JSON이어야 한다. 요청에 모든 필수 매개변수가 있고 그 값이 제약 조건을 준수하는지 확인한다. API 게이트웨이의 서비스에 이러한 요구사항을 구성할 수 있다.

- **요청 중복 제거(Request deduplication)**: 중복은 성공 상태의 응답이 요청자/클라이언트에 도달하지 못할 때 발생할 수 있는데, 이는 요청자/클라이언트가 이 요청을 재시도할 수 있기 때문이다. 중복을 피하기 위해 보통 캐싱을 사용해 이전에 본 요청 ID를 저장한다. 서비스가 멱등성을 가지거나, 상태 비저장이거나, '최소 한 번' 전달을 사용한다면 중복 요청을 처리할 수 있으며 요청 중복이 오류를 일으키지 않는다. 그러나 서비스가 '정확히 한 번'이나 '최대 한 번' 전달을 예상한다면 요청 중복이 오류를 일으킬 수 있다.

## 6.1.3 성능과 가용성

API 게이트웨이는 캐싱, 속도 제한, 요청 디스패칭을 제공해 서비스의 성능과 가용성을 개선할 수 있다.

- **캐싱(Caching)**: API 게이트웨이는 데이터베이스나 다른 서비스의 일반적인 요청을 캐시할 수 있다. 예를 들면 다음과 같다.
    - 서비스 아키텍처에서 API 게이트웨이는 메타데이터 서비스에 요청을 할 수 있다(6.3절 참조). 가장 활발하게 사용되는 엔티티의 정보를 캐시할 수 있다.
    - 인증과 권한 부여 서비스 호출을 줄이기 위해 사용자 식별 정보를 사용한다.

- **속도 제한(Rate Limiting, 스로틀링(Throttling)[5]이라고도 함)**: 요청으로 인해 서비스가 과부하되는 것을 방지한다. (샘플 속도 제한 방식 서비스에 대한 설명은 8장 참조)

- **요청 디스패칭(Request dispatching)[6]**: API 게이트웨이는 다른 서비스에 원격 호출한다. 이러한 다양한 서비스의 HTTP 클라이언트를 생성하고 서비스의 요청이 적절히 격리되게 보장한다. 한 서비스가 속도 저하를 경험할 때 다른 서비스의 요청은 영향을 받지 않는다. 벌크헤드와 서킷 브레이커와 같은 일반적인 패턴은 리소스 격리를 구현하고 원격 호출이 실패할 때 서비스를 더 탄력적으로 만드는 데 도움이 된다.

---

5 (옮긴이) 시스템 리소스 사용이나 네트워크 트래픽을 의도적으로 제한해 과부하를 방지하고 성능을 최적화하는 기술이다.
6 (옮긴이) 작업, 리소스, 데이터를 적절한 처리 유닛이나 목적지로 효율적으로 할당하고 분배하는 과정이다.

### 6.1.4 로깅과 분석

API 게이트웨이가 제공하는 또 다른 공통 기능은 요청 로깅이나 사용 데이터 수집으로, 분석, 감사, 청구, 디버깅 등 다양한 목적으로 실시간 정보를 수집한다.

## 6.2 서비스 메시/사이드카 패턴

1.4.6절에서 API 게이트웨이의 단점을 해결하기 위해 서비스 메시를 사용한다고 간단히 설명했으며, 여기서 다시 설명한다.

- 추가 서비스를 통해 요청을 라우팅해야 하므로 각 요청에 추가 지연이 발생한다.
- 대규모 호스트 클러스터로, 비용을 제어하기 위해 확장이 필요하다.

그림 6.1은 서비스 메시를 보여주는 그림 1.8을 다시 보여준다. 이 설계의 작은 단점은 서비스가 작동 중이더라도 사이드카를 사용할 수 없으면 서비스의 호스트를 사용할 수 없다는 것이다. 이것이 일반적으로 단일 호스트에서 여러 서비스나 컨테이너를 실행하지 않는 이유다.

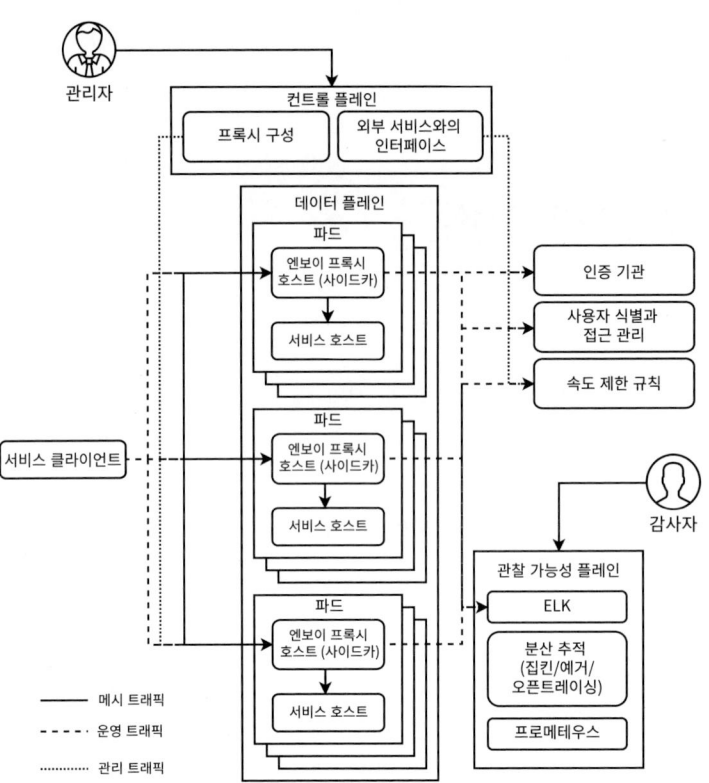

그림 6.1 그림 1.8에서 보여준 서비스 메시 다이어그램

이스티오의 문서에 따르면 서비스 메시는 컨트롤 플레인과 데이터 플레인(Data plane)으로 구성[7]되며, 엔진엑스의 젠 길(Jenn Gile)은 관찰 가능성 플레인[8]도 설명했다. 그림 6.1은 이 세 가지 유형의 플레인을 모두 포함한다.

관리자는 제어 플레인을 사용해 프록시를 관리하고 외부 서비스와 인터페이스할 수 있다. 예를 들어, 제어 플레인은 인증 기관에 연결해 인증서를 얻거나 ID와 접근 제어 서비스에 연결해 특정 구성을 관리할 수 있다. 또한 인증서 ID나 ID 접근 제어 서비스 구성을 프록시 호스트로 푸시할 수 있다. 서비스 간이나 서비스 내 요청은 엔보이(Envoy)[9] 프록시 호스트 간에 발생하며, 이를 메시 트래픽이라고 한다. 사이드카 프록시 간 통신은 HTTP와 gRPC[10]를 포함한 다양한 프로토콜을 사용할 수 있다. 관찰 가능성 플레인은 로깅, 모니터링, 경보, 감사를 제공한다.

속도 제한은 서비스 메시로 관리할 수 있는 또 다른 공통 공유 서비스의 예다. 8장에서 이에 관해 더 자세히 설명한다. AWS 앱 메시[11]는 클라우드에서 제공하는 서비스 메시다.

> **노트**
> 사이드카 없는 서비스 메시에 대한 간단한 설명은 1.4.6절을 참조한다.

## 6.3 메타데이터 서비스

메타데이터 서비스는 시스템 내의 여러 구성 요소가 사용하는 정보를 저장한다. 구성 요소들이 서로 정보를 전달할 때, 전체 데이터를 직접 넘기기보다 ID만 전달할 수 있다. ID를 받은 구성 요소는 메타데이터 서비스에 해당 ID에 대응하는 정보를 요청할 수 있다. SQL 정규화와 유사하게 시스템 내 중복 정보가 줄어들어 일관성이 향상된다.

한 예로 ETL 파이프라인이 있다. 사용자가 가입한 특정 제품의 환영 이메일을 보내는 ETL 파이프라인을 고려해보자. 이메일 메시지는 제품에 따라 다른 많은 단어와 이미지를 포함하는 수MB 용량의 HTML 파일일 수 있다. 그림 6.2를 참조하면, 발행자가 파이프라인 큐에 메시지를 생성할 때 전체 HTML 파일을 메시지에 포함하는 대신 파일의 ID만 포함할 수 있다. 파일은 메타데이터 서비스에 저

---

[7] https://istio.io/latest/docs/ops/deployment/architecture/
[8] https://www.nginx.com/blog/how-to-choose-a-service-mesh/
[9] https://www.envoyproxy.io/
[10] https://docs.microsoft.com/en-us/dotnet/architecture/cloud-native/service-mesh-communication-infrastructure
[11] https://aws.amazon.com/app-mesh

장할 수 있다. 소비자가 메시지를 소비할 때 해당 ID에 대응하는 HTML 파일을 메타데이터 서비스에 요청할 수 있다. 이 접근 방식은 큐가 대량의 중복 데이터를 포함하는 것을 방지한다.

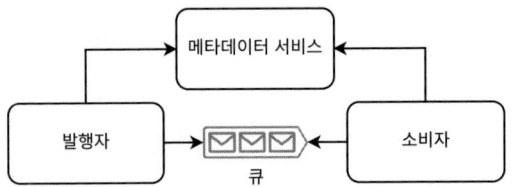

**그림 6.2** 메타데이터 서비스를 사용하여 큰 객체를 메타데이터 서비스에 배치하고 개별 메시지에는 ID만 넣어 큐의 개별 메시지 크기를 줄일 수 있다.

메타데이터 서비스 사용의 트레이드오프 관계는 복잡성과 전반적인 지연 시간의 증가다. 이제 발행자는 메타데이터 서비스와 큐 모두에 쓰기를 해야 한다. 특정 설계에서는 이전 단계에서 메타데이터 서비스를 채울 수 있어 발행자가 메타데이터 서비스에 쓰기를 할 필요가 없다.

발행자 클러스터가 트래픽 급증을 경험하면 메타데이터 서비스에 높은 비율의 읽기 요청을 하게 되므로 메타데이터 서비스는 높은 읽기 볼륨을 지원할 수 있어야 한다.

요약하면, 메타데이터 서비스는 ID 조회를 위한 것이다. 2부의 많은 샘플 질문 논의에서 메타데이터 서비스를 사용한다.

그림 6.3은 API 게이트웨이와 메타데이터 서비스의 도입으로 인한 아키텍처 변경을 보여준다. 클라이언트는 백엔드에 직접 요청하는 대신 API 게이트웨이에 요청을 하고, 게이트웨이는 일부 기능을 수행하고 메타데이터 서비스나 백엔드 둘 다에 요청을 보낼 수 있다. 그림 1.8은 서비스 메시를 보여준다.

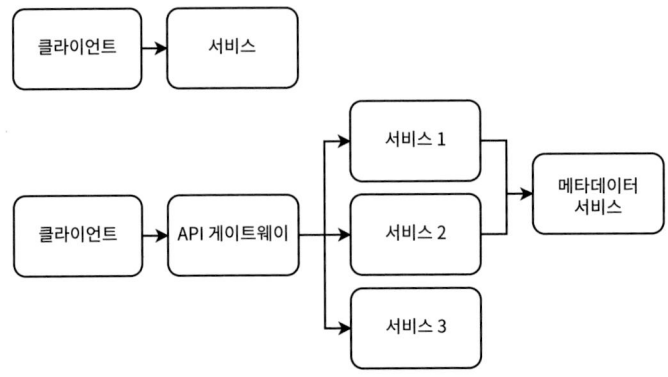

**그림 6.3** 서비스의 기능적 분할(위)을 통해 API 게이트웨이와 메타데이터 서비스를 분리(아래). 이 분할 전에는 클라이언트가 서비스에 직접 쿼리한다. 분할 후에는 클라이언트가 API 게이트웨이에 쿼리하고, 게이트웨이는 일부 기능을 수행하고 요청을 서비스 중 하나로 라우팅할 수 있으며, 이 서비스는 다시 특정 공유 기능을 메타데이터 서비스에 쿼리할 수 있다.

## 6.4 서비스 디스커버리

서비스 디스커버리(Service discovery)는 면접에서 여러 서비스를 관리하는 맥락에서 간단히 언급할 수 있는 마이크로서비스 개념이다. 서비스 디스커버리는 내부적으로 수행되며, 대부분의 엔지니어는 그 세부 사항을 이해할 필요가 없다. 대부분의 엔지니어는 각 내부 API 서비스에 일반적으로 접근할 수 있는 포트 번호가 할당된다는 것만 알면 된다. 외부 API 서비스와 대부분의 UI 서비스에는 접근할 수 있는 URL이 할당된다. 서비스 디스커버리는 인프라를 개발하는 팀의 면접에서 다뤄질 수 있다. 서비스 디스커버리의 세부 사항은 다른 엔지니어에게 논의될 가능성이 낮다. 이는 면접에서 유의미한 평가 요소를 거의 제공하지 않기 때문이다.

매우 간단히 말해, 서비스 디스커버리는 클라이언트가 사용 가능한 서비스 호스트를 식별하는 방법이다. 서비스 레지스트리는 서비스의 사용 가능한 호스트를 추적하는 데이터베이스다. 쿠버네티스와 AWS의 서비스 레지스트리에 관한 자세한 내용은 주석의 링크[12]를 참조할 수 있다. 또한 클라이언트 사이드 디스커버리[13]와 서버 사이드 디스커버리[14]에 관한 자세한 내용도 확인해보기 바란다.

## 6.5 기능적 분할과 다양한 프레임워크

이 절에서는 시스템 설계 다이어그램의 다양한 구성 요소를 개발하기 위해 사용할 수 있는 수많은 프레임워크 중 몇 가지를 설명한다. 새로운 프레임워크가 계속 개발되고 있으며, 다양한 프레임워크가 업계에서 인기를 얻었다가 잃기도 한다. 프레임워크의 방대한 수는 초보자에게 혼란을 줄 수 있다. 더욱이 특정 프레임워크는 하나 이상의 구성 요소에 사용될 수 있어 전체 그림을 더욱 혼란스럽게 만든다. 이 절에서는 다음을 포함한 다양한 프레임워크에 관해 광범위하게 논의한다.

- 웹
- 모바일(안드로이드와 iOS 포함)
- 백엔드
- PC

---

12 https://docs.aws.amazon.com/whitepapers/latest/microservices-on-aws/service-discovery.html
13 https://microservices.io/patterns/client-side-discovery.html
14 https://microservices.io/patterns/server-side-discovery.html

언어와 프레임워크의 세계는 이 절에서 다룰 수 있는 것보다 훨씬 크며, 모두를 설명하는 것이 이 절의 목적은 아니다. 이 절의 목적은 여러 프레임워크와 언어에 관해 인식을 제공하는 것이다. 이 절을 마치면 프레임워크의 문서를 더 쉽게 읽고 그 목적과 시스템 설계에서의 위치를 이해할 수 있을 것이다.

### 6.5.1 앱의 기본 시스템 설계

그림 1.1에서 앱의 기본 시스템 설계를 소개했다. 오늘날 거의 모든 경우, 백엔드 서비스에 요청하는 모바일 앱을 개발하는 회사는 iOS 앱 스토어에 iOS 앱을, 구글 플레이 스토어에 안드로이드 앱을 갖게 된다. 모바일 앱과 동일한 기능을 가진 브라우저 앱을 개발하거나, 사용자에게 모바일 앱 다운로드를 안내하는 간단한 페이지를 만들 수도 있다. 다양한 형태가 있을 수 있다. 예를 들어, 회사에서 PC 앱을 개발할 수도 있다. 하지만 가능한 모든 조합을 설명하려고 하는 것은 효율적이지 않으므로 여기서는 그렇게 하지 않을 것이다.

그림 1.1에 관한 다음 질문을 먼저 설명한 후, 다양한 프레임워크와 프로그래밍 언어로 설명을 확장해 보자.

- 백엔드와 브라우저 앱에서 별도의 웹 서버 애플리케이션이 있는 이유는 무엇인가?
- 브라우저 앱이 이 Node.js 앱에 요청을 하고, 이 앱이 다시 안드로이드와 iOS 앱과 공유하는 백엔드에 요청을 하는 이유는 무엇인가?

### 6.5.2 웹 서버 앱의 목적

웹 서버 앱의 목적은 다음과 같다.

- 웹 브라우저를 사용하는 누군가가 URL(예: https://google.com/)에 접근하면 브라우저는 Node.js 앱에서 브라우저 앱을 다운로드한다. 1.4.1절에서 언급했듯이 브라우저 앱은 빠르게 다운로드할 수 있게 가급적 용량이 작아야 한다.
- 브라우저가 특정 URL 요청을 할 때(예: https://google.com/about과 같은 특정 경로) Node.js는 URL의 라우팅을 처리하고 해당 페이지를 제공한다.
- URL에는 특정 백엔드 요청이 필요한 경로나 쿼리 매개변수가 포함될 수 있다. Node.js 앱은 URL을 처리하고 적절한 백엔드 요청을 한다.
- 양식 작성과 제출, 또는 버튼 클릭과 같은 브라우저 앱의 특정 사용자 작업에는 백엔드 요청이 필요할 수 있다. 단일 작업이 여러 백엔드 요청에 해당할 수 있으므로 Node.js 앱은 브라우저 앱에 자체 API를 노출한다. 그림 6.4를 참조하면, 각 사용자 행동에 대해 브라우저 앱에서 Node.js 앱/서버에 API 요청을 하고, 이는 다시 하나 이상의 적절한 백엔드 요청을 하고 요청된 데이터를 반환한다.

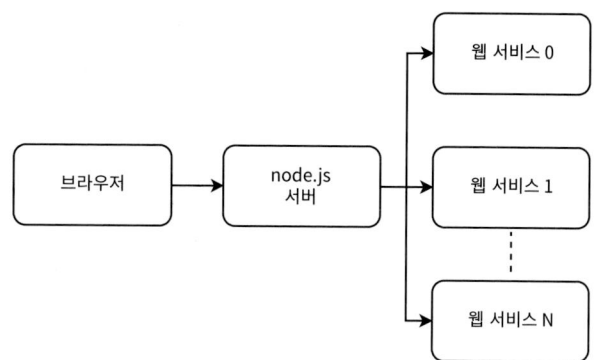

**그림 6.4** Node.js 서버는 하나 이상의 웹 서비스에 적절한 요청을 하고, 그 응답을 집계 및 처리해 브라우저에 적절한 응답을 반환함으로써 브라우저의 요청을 처리할 수 있다.

브라우저가 백엔드에 직접 요청하지 않는 이유는 무엇인가? 백엔드가 REST 앱이라면 그 API 엔드포인트가 브라우저가 필요로 하는 정확한 데이터를 반환하지 않을 수 있다. 브라우저는 여러 API 요청을 하고 필요 이상의 데이터를 가져와야 할 수 있다. 이 데이터 전송은 인터넷을 통해 사용자의 기기와 데이터 센터 사이에서 일어나는데, 이는 비효율적이다. Node.js 앱이 이러한 대규모 요청을 하는 것이 더 효율적인데, 데이터 전송이 같은 데이터 센터 내의 인접한 호스트 간에 일어날 가능성이 높기 때문이다. 그런 다음 Node.js 앱은 브라우저가 필요로 하는 정확한 데이터를 반환할 수 있다.

GraphQL 앱은 사용자가 필요한 데이터를 정확히 요청할 수 있지만, 엔드포인트 보호에는 REST보다 더 많은 작업이 필요해 개발 시간이 더 길어지고 보안 취약점이 발생할 수 있다. 그 밖의 단점은 다음과 같다. GraphQL에 관한 자세한 설명은 6.7.4절을 참조한다.

- 유연한 쿼리는 성능 최적화에 더 많은 작업이 필요함을 의미한다.
- 클라이언트에 더 많은 코드가 필요하다.
- 스키마를 정의하기 위해 더 많은 작업이 필요하다.
- 요청이 더 커진다.

### 6.5.3 웹과 모바일 프레임워크

이 절은 다음과 같이 분류된 프레임워크 목록을 포함한다.

- 웹/브라우저 앱 개발
- 모바일 앱 개발

- 백엔드 앱 개발

- PC나 데스크톱 앱 개발(윈도우, 맥, 리눅스 용)

전체 목록은 매우 길어질 것이며, 많은 사람이 경력을 쌓는 동안 접할 가능성이 낮거나 심지어 읽어본 적도 없는 많은 프레임워크를 포함할 것이다. 저자의 의견으로는 이는 독자에게 유용하지 않다. 이 목록은 단지 현재 주목받고 있거나 과거에 주목받았던 일부 프레임워크만을 언급한다.

이러한 영역의 유연성으로 인해 완전하고 객관적인 논의가 어렵다. 프레임워크와 프로그래밍 언어는 수많은 방식으로 개발되는데, 어떤 것은 타당하고 어떤 것은 그렇지 않다.

## 브라우저 앱 개발

브라우저는 HTML, CSS, 자바스크립트만을 인식하므로 이전 버전과의 호환성을 위해 브라우저 앱은 반드시 이들 언어로 작성돼야 한다. 브라우저는 사용자 기기에 설치되므로 사용자 스스로 업그레이드해야 하며, 다른 언어를 받아들이는 브라우저를 다운로드하게 사용자를 설득하거나 강제하는 것은 어렵고 비현실적이다. 프레임워크 없이 순수 자바스크립트로 브라우저 앱을 개발하는 것이 가능하지만, 가장 작은 브라우저 앱이 아니라면 이는 비현실적이다. 프레임워크에는 순수 자바스크립트로 다시 구현해야 할 많은 기능, 예를 들어 애니메이션이나 테이블 정렬이나 차트 그리기 같은 데이터 렌더링 등이 포함돼 있기 때문이다.

브라우저 앱은 이 세 가지 언어로 작성돼야 하지만 프레임워크는 다른 언어를 제공할 수 있다. 이러한 언어로 작성된 브라우저 앱 코드는 HTML, CSS, 자바스크립트로 변환된다.

가장 인기 있는 브라우저 앱 프레임워크로는 리액트(React), Vue.js, 앵귤러(Angular)가 있다. 다른 프레임워크로는 메테오(Meteor)[15], jQuery, Ember.js, Backbone.js 등이 있다. 이러한 프레임워크의 공통 주제는 개발자가 마크업을 위한 별도의 HTML 파일과 로직을 위한 자바스크립트 파일을 갖는 대신 같은 파일에 마크업과 로직을 섞는 것이다. 이러한 프레임워크는 마크업과 로직을 위한 자체 언어를 포함할 수도 있다. 예를 들어, 리액트는 HTML과 유사한 마크업 언어인 JSX를 도입했다. JSX 파일은 마크업과 자바스크립트 함수와 클래스를 모두 포함할 수 있다. Vue.js는 HTML과 유사한 템플릿 태그가 있다.

다음은 주목받는 자바스크립트로 변환된 웹 개발 언어 중 일부다.

---

**15** (옮긴이) 자바스크립트를 사용해 실시간, 반응형 웹과 모바일 애플리케이션을 빠르게 개발할 수 있게 해주는 풀스택 오픈소스 플랫폼이다.

- 타입스크립트(TypeScript)[16]는 정적 타입 언어다. 자바스크립트를 감싸는 상위 집합이다. 설정 작업을 통해 거의 모든 자바스크립트 프레임워크에서 타입스크립트를 사용할 수 있다.

- Elm(https://elm-lang.org/)은 HTML, CSS, 자바스크립트로 직접 변환되거나 리액트 같은 다른 프레임워크 내에서 사용될 수 있다.

- PureScript(https://www.purescript.org/)는 하스켈(Haskell)[17]과 유사한 문법을 목표로 한다.

- Reason(https://reasonml.github.io/).

- ReScript(https://rescript-lang.org/).

- Clojure(https://clojure.org/)는 범용 언어다. ClojureScript(https://clojurescript.org/) 프레임워크는 Clojure를 자바스크립트로 변환한다.

- CoffeeScript(https://coffeescript.org/).

이러한 브라우저 앱 프레임워크는 브라우저/클라이언트 사이드를 위한 것이다. 다음은 몇 가지 서버 사이드 프레임워크다. 모든 서버 사이드 프레임워크는 데이터베이스에 요청을 보내고 백엔드 개발에 사용될 수 있다. 실제로 회사는 서버 개발에 프레임워크를, 백엔드 개발에 다른 프레임워크를 선택할 때가 많다. 이는 '서버 사이드 프론트엔드' 프레임워크와 '백엔드' 프레임워크를 구분하려는 초보자에게 흔한 혼란을 야기한다. 그 사이에 엄격한 구분은 없다.

- Express(https://expressjs.com/)는 Node.js(https://nodejs.org/) 서버 프레임워크다. Node.js는 크롬의 V8 자바스크립트 엔진 위에 구축된 자바스크립트 런타임 환경이다. V8 자바스크립트 엔진은 원래 크롬을 위해 만들어졌지만 리눅스나 윈도우 같은 운영 체제에서도 실행될 수 있다. Node.js의 목적은 자바스크립트 코드를 운영 체제에서 실행한다. Node.js를 요구사항으로 명시하는 대부분의 프론트엔드나 풀스택 엔지니어의 채용 공고는 실제로 Express 프레임워크 기술을 요구한다.

- Deno(https://deno.land/)는 자바스크립트와 타입스크립트를 지원한다. Node.js의 원 제작자인 라이언 달(Ryan Dahl)이 Node.js에서 본인이 하지 못한 부분을 다시 하고자 새로 만들었다.

- Goji(https://goji.io/)는 Golang 프레임워크다.

- Rocket(https://rocket.rs)은 러스트(Rust) 프레임워크다. 러스트 웹 서버와 백엔드 프레임워크의 더 많은 예[18]를 참조할 수 있다.

- Vapor(https://vapor.codes/)는 스위프트(Swift)[19] 언어를 위한 프레임워크다.

---

16 https://www.typescriptlang.org/
17 (옮긴이) 순수 함수형 프로그래밍을 지원하는 정적 타입의 고급 프로그래밍 언어로, 수학적 추상화와 강력한 타입 시스템을 특징으로 한다.
18 https://blog.logrocket.com/the-current-state-of-rust-web-frameworks/
19 (옮긴이) 애플이 개발한 안전하고 빠른 현대적 프로그래밍 언어로, iOS, macOS, watchOS, tvOS 앱 개발에 주로 사용된다.

- Vert.x(https://vertx.io/)는 자바, 그루비(Groovy), 코틀린(Kotlin)[20]으로 개발할 수 있다.
- PHP(https://www.php.net/). (PHP가 언어인지 프레임워크인지에 대한 보편적 동의는 없다. 저자의 의견으로는 이 의미론적 논쟁에는 실질적 가치가 없다.) 일반적인 솔루션 스택은 LAMP(리눅스, 아파치, MySQL, PHP) 약어다. PHP 코드는 아파치(https://httpd.apache.org/) 서버에서 실행될 수 있으며, 이는 다시 리눅스 호스트에서 실행된다. PHP는 2010년 이전에 인기[21]가 있었지만, 저자의 경험상 새 프로젝트에서 PHP 코드를 직접 사용하는 경우는 드물다. PHP는 워드프레스 플랫폼을 통해 웹 개발에서 여전히 두각을 나타내며, 간단한 웹사이트 구축에 유용하다. 더 정교한 사용자 인터페이스와 맞춤화는 리액트와 Vue.js 같은 상당한 코딩이 필요한 프레임워크를 사용하는 웹 개발자에 의해 더 쉽게 수행된다. 메타(페이스북)는 주요 PHP 사용자였다. 페이스북 브라우저 앱은 이전에 PHP로 개발됐다. 2014년 페이스북은 Hack 언어(https://hacklang.org/)와 힙합 가상머신(HipHop Virtual Machine, HHVM)(https://hhvm.com/)을 도입했다. Hack은 PHP의 나쁜 보안과 성능 문제가 없는 PHP와 유사한 언어다. 이는 HVVM에서 실행된다. 메타는 Hack과 HHVM의 광범위한 사용자다.

### 모바일 앱 개발

주요 모바일 운영 체제는 각각 구글과 애플이 개발한 안드로이드와 iOS다. 구글과 애플은 각각 자체 안드로이드나 iOS 앱 개발 플랫폼을 제공하는데, 이를 일반적으로 '네이티브' 플랫폼이라고 한다. 네이티브 안드로이드 개발 언어는 코틀린과 자바이며, 네이티브 iOS 개발 언어는 스위프트와 오브젝트 C(Objective-C)다.

### 크로스 플랫폼 개발

크로스 플랫폼 개발 프레임워크는 이론적으로 여러 플랫폼에서 동일한 코드를 실행함으로써 중복 작업을 줄인다. 실제로는 각 플랫폼에 맞게 앱을 코딩하기 위해 추가 코드가 필요할 수 있어 이 이점의 일부가 상쇄될 수 있다. 이러한 상황은 운영 체제가 제공하는 UI(사용자 인터페이스) 구성 요소가 서로 너무 다를 때 발생한다. 안드로이드와 iOS 간의 크로스 플랫폼 프레임워크는 다음과 같다.

- 리액트 네이티브는 리액트와 구별된다. 후자는 웹 개발용이다. 리액트 네이티브 포 웹(React Native for Web)[22]이라는 프레임워크도 있어 리액트 네이티브를 사용한 웹 개발이 가능하다.
- 플러터(Flutter)(https://flutter.dev/)는 안드로이드, iOS, 웹, PC에서 크로스 플랫폼이 가능하다.
- Ionic(https://ionicframework.com/)은 안드로이드, iOS, 웹, PC에서 크로스 플랫폼이 가능하다.
- Xamarin(https://dotnet.microsoft.com/en-us/apps/xamarin)은 안드로이드, iOS, 윈도우에서 크로스 플랫폼이 가능하다.

---

20 (옮긴이) JVM에서 실행되는 간결하고 안전한 현대적 프로그래밍 언어로, 자바와 100% 호환되며 안드로이드 앱 개발에 주로 사용된다.
21 https://www.tiobe.com/tiobe-index/php/
22 https://github.com/necolas/react-native-web

- Electron(https://www.electronjs.org/)은 웹과 PC 간 크로스 플랫폼이 가능하다.
- Cordova(https://cordova.apache.org/)는 HTML, CSS, 자바스크립트를 사용한 모바일과 PC 개발을 위한 프레임워크다. Cordova를 사용하면 Ember.js 같은 웹 개발 프레임워크로 크로스 플랫폼 개발이 가능하다.

다른 기법으로는 **프로그레시브 웹 앱(Progressive web app, PWA)**을 코딩하는 것이 있다. PWA는 일반적인 데스크톱 브라우저 경험을 제공할 수 있는 브라우저 앱이나 웹 애플리케이션으로, **서비스 워커(Service workers)**와 **앱 매니페스트(App manifests)** 같은 특정 브라우저 기능을 사용해 모바일 기기와 유사한 모바일 사용자 경험을 제공한다. 예를 들어, 서비스 워커를 사용해 PWA는 푸시 알림 같은 사용자 경험을 제공하고 네이티브 모바일 앱과 유사한 오프라인 경험을 제공하기 위해 브라우저에 데이터를 캐시할 수 있다. 개발자는 앱 매니페스트를 구성해 PWA를 데스크톱이나 모바일 기기에 설치하게 할 수 있다. 사용자는 기기의 홈 화면, 시작 메뉴, 데스크톱에 앱 아이콘을 추가하고 그 아이콘을 탭하여 앱을 열 수 있다. 이는 안드로이드나 iOS 앱 스토어에서 앱을 설치하는 것과 유사한 경험이다. 기기마다 화면 크기가 다르므로 디자이너와 개발자는 **반응형 웹 디자인(Responsive web design)** 접근 방식을 사용해야 한다. 이는 다양한 화면 크기에서나 사용자가 브라우저 창 크기를 조절할 때 웹 앱이 잘 렌더링되게 하는 웹 디자인 접근 방식이다. 개발자는 **미디어 쿼리스(Media queries)**[23]나 **리사이즈 옵저버(ResizeObserver)**[24] 같은 접근 방식을 사용해 다양한 브라우저나 화면 크기에서 앱이 잘 렌더링되게 할 수 있다.

## 백엔드 개발

다음은 백엔드 개발 프레임워크 목록이다. 백엔드 프레임워크는 RPC, REST, GraphQL로 분류할 수 있다. 일부 백엔드 개발 프레임워크는 풀스택이다. 즉, 데이터베이스 요청을 하는 모놀리식 브라우저 애플리케이션을 개발하는 데 사용할 수 있다. 그것들을 브라우저 앱 개발에 사용하고 다른 프레임워크로 개발된 백엔드 서비스에 요청을 보내게 선택할 수도 있지만, 저자는 이런 방식으로 프레임워크가 사용되는 것을 들어본 적이 없다.

- gRPC(https://grpc.io/)는 C#, C++, Dart, Golang, 자바, 코틀린, Node.js, 오브젝트C, PHP, 파이썬, 루비로 개발할 수 있는 RPC 프레임워크다. 향후 다른 프로그래밍 언어로 확장될 수 있다.
- 쓰리프트(Thrift)(https://thrift.apache.org/)와 프로토콜 버퍼(Protocol Buffers)(https://developers.google.com/protocol-buffers)는 데이터 객체를 직렬화해 네트워크 트래픽을 줄이기 위해 압축하는 데 사용된다. 객체는 정의 파일에서 정의할 수 있다. 그런 다음 정의 파일에서 클라이언트와 웹 서버가 아닌 백엔드 서버의 코드를 생성할 수 있다. 클라이언트는 클

---

[23] https://developer.mozilla.org/en-US/docs/Web/CSS/Media_Queries/Using_media_queries
[24] https://developer.mozilla.org/en-US/docs/Web/API/ResizeObserver

라이언트 코드를 사용해 백엔드에 요청을 직렬화할 수 있고, 백엔드는 백엔드 코드를 사용해 요청을 역직렬화할 수 있으며, 백엔드의 응답도 마찬가지다. 정의 파일은 또한 가능한 변경에 제한을 두어 이전과 이후 버전과의 호환성을 유지하는 데 도움이 된다.

- Dropwizard(https://www.dropwizard.io/)는 자바 REST 프레임워크의 예다. 스프링 부트(Spring Boot)(https://spring.io/projects/spring-boot)는 REST 서비스를 포함한 자바 애플리케이션을 만드는 데 사용할 수 있다.
- Flask(https://flask.palletsprojects.com/)와 Django(https://www.djangoproject.com/)는 파이썬의 REST 프레임워크의 두 가지 예다. 이는 웹 서버 개발에도 사용할 수 있다.

다음은 풀스택 프레임워크의 여러 예다.

- Dart(https://dart.dev)는 모든 솔루션을 위한 프레임워크를 제공하는 언어다. 풀스택, 백엔드, 서버, 브라우저, 모바일 앱에 사용할 수 있다.
- 레일스(Rails)(https://rubyonrails.org/)는 REST에도 사용할 수 있는 루비 풀스택 프레임워크다. 루비 온 레일스(Ruby on Rails)는 다른 프레임워크에 루비를 사용하거나 다른 언어에 레일스를 사용하는 대신 단일 솔루션으로 사용되는 경우가 많다.
- Yesod(https://www.yesodweb.com/)는 REST에만 사용할 수도 있는 하스켈 프레임워크다. Yesod를 사용한 브라우저 앱 개발은 HTML, CSS, 자바스크립트로 변환되는 셰익스피어식 템플릿 언어[25]를 사용해 수행할 수 있다.
- 통합 하스켈 플랫폼(Integrated Haskell Platform)(https://ihp.digitallyinduced.com/)은 또 다른 하스켈 프레임워크다.
- Phoenix(https://www.phoenixframework.org/)는 엘릭서(Elixir) 언어[26]를 위한 프레임워크다.
- JavaFX(https://openjfx.io/)는 데스크톱, 모바일, 임베디드 시스템을 위한 자바 클라이언트 애플리케이션 플랫폼이다. 자바 프로그램의 GUI 개발을 위한 자바 스윙(Java Swing)(https://docs.oracle.com/javase/tutorial/uiswing/)에서 파생됐다.
- Beego(https://github.com/beego/beego)와 Gin(https://gin-gonic.com/)은 Golang 프레임워크다.

## 6.6 라이브러리와 서비스

시스템의 구성 요소를 결정한 후, 각 구성 요소를 클라이언트 사이드와 서버 사이드, 라이브러리와 서비스로 구현하는 것의 장단점을 논의할 수 있다. 특정 컴포넌트에 어떤 선택이 최선이라고 즉시 단정 짓지 말아야 한다. 대부분의 상황에서 라이브러리와 서비스 사용 사이에 명확한 선택은 없으므로 두 옵션 모두에 대해 설계와 구현 세부사항과 트레이드오프 관계를 설명할 수 있어야 한다.

---

[25] https://www.yesodweb.com/book/shakespearean-templates
[26] (옮긴이) Erlang VM 위에서 동작하는 함수형, 동시성 지향 프로그래밍 언어로, 높은 확장성과 내결함성을 갖춘 분산 시스템 개발에 적합하다.

라이브러리는 독립적인 코드 묶음일 수도 있고, 클라이언트와 서버 사이의 모든 요청과 응답을 각각 전달하는 최소한의 중간층일 수도 있고 이 두 가지 요소를 모두 포함할 수도 있다. 다시 말해, API 로직의 일부는 라이브러리 내에서 구현되고 나머지는 라이브러리가 호출하는 서비스에 구현될 수 있다. 이 장에서 라이브러리와 서비스를 비교하는데, 여기서 '라이브러리'라는 용어는 독립적인 라이브러리를 지칭한다.

표 6.1은 라이브러리와 서비스를 비교 요약한 것이다. 표에 있는 대부분의 내용은 이 장의 나머지 부분에서 자세히 논의된다.

**표 6.1** 라이브러리와 서비스의 요약 비교

| 라이브러리 | 서비스 |
| --- | --- |
| 사용자가 사용할 버전/빌드를 선택하고 새 버전으로 업그레이드할 때 더 많은 선택권을 갖는다. | 개발자가 빌드를 선택하고 업그레이드 시기를 제어한다. |
| 단점은 사용자가 새 버전에서 수정된 버그나 보안 문제가 있는 라이브러리의 이전 버전을 계속 사용할 수 있다는 것이다. | |
| 자주 업데이트되는 라이브러리의 최신 버전을 항상 사용하고자 하는 사용자는 프로그래밍 방식의 업그레이드를 직접 구현해야 한다. | |
| 기기 간 통신이나 데이터 공유가 없어 애플리케이션이 제한된다. 사용자가 다른 서비스이고 이 서비스가 수평적으로 확장되어 호스트 간 데이터 공유가 필요한 경우 고객 서비스의 호스트가 서로 통신하여 데이터를 공유할 수 있어야 한다. 이 통신은 사용자 서비스의 개발자가 구현해야 한다. | 그러한 제한이 없다. 여러 호스트 간 데이터 동기화는 서로 요청하거나 데이터베이스에 요청해 수행할 수 있다. 사용자는 이 부분을 신경 쓸 필요가 없다. |
| 언어 특정적이다. | 기술에 구애받지 않는다. |
| 예측 가능한 지연 시간 | 네트워크 상태에 따라 지연 시간이 덜 예측 가능하다. |
| 예측 가능하고 재현 가능한 동작 | 네트워크 문제는 예측할 수 없고 재현하기 어려워 동작이 덜 예측 가능하고 덜 재현 가능할 수 있다. |
| 라이브러리의 부하를 확장해야 할 때 전체 애플리케이션도 함께 확장해야 한다. 확장 비용은 사용자의 서비스가 부담한다. | 독립적으로 확장 가능하다. 확장 비용은 서비스가 부담한다. |
| 사용자가 코드를 역컴파일해 지적 재산을 도용할 수 있다. | 코드를 사용자에게 노출하지 않는다. (API는 역공학이 가능하지만, 이는 이 책의 범위를 벗어난다.) |

## 6.6.1 언어 특정적 vs. 기술에 구애받지 않음

사용의 편의성을 위해 라이브러리는 클라이언트의 언어로 돼 있어야 하며, 따라서 지원되는 각 언어에서 동일한 라이브러리를 재구현해야 한다.

대부분의 라이브러리는 잘 정의된 관련 작업 집합을 수행하게 최적화돼 있어 단일 언어를 사용할 때 최적으로 구현될 수 있다. 그러나 특정 라이브러리는 특정 목적에 더 적합한 언어와 프레임워크가 있을 수 있어 부분적 혹은 완전히 다른 언어로 작성될 수 있다. 이 로직을 완전히 동일한 언어로 구현하면 사용 중 비효율성이 발생할 수 있다. 또한 라이브러리를 개발하는 동안 다른 언어로 작성된 라이브러리를 활용하고 싶을 수 있다. 다른 언어의 구성 요소를 포함하는 라이브러리를 개발하기 위해 사용할 수 있는 다양한 유틸리티 라이브러리가 있다. 이는 이 책의 범위를 벗어난다. 실제적인 어려움은 이 라이브러리를 개발하는 팀이나 회사가 이 모든 언어에 능숙한 엔지니어를 필요로 한다는 것이다.

서비스는 기술에 구애받지 않는다. 클라이언트가 자신이나 서비스의 기술 스택과 관계없이 서비스를 활용할 수 있기 때문이다. 서비스는 그 목적에 가장 적합한 언어와 프레임워크로 구현할 수 있다. 클라이언트에게는 서비스의 HTTP, RPC, GraphQL 연결을 초기화하고 유지해야 하는 추가 오버헤드가 있다.

## 6.6.2 지연 시간의 예측 가능성

라이브러리는 네트워크 지연이 없고, 보장되고 예측 가능한 응답 시간을 가지며, 불꽃 그래프(Flame graph)[27]와 같은 도구로 쉽게 프로파일링할 수 있다.

서비스는 다음과 같은 여러 요인에 따라 예측할 수 없고 제어할 수 없는 지연 시간이 있다.

- 사용자의 인터넷 연결 품질에 따른 네트워크 지연
- 현재 트래픽 양을 처리하는 서비스의 능력

## 6.6.3 동작의 예측 가능성과 재현성

서비스는 다음과 같은 더 많은 의존성으로 인해 라이브러리보다 덜 예측 가능하고 재현 가능한 동작을 한다.

---

[27] (옮긴이) 프로그램의 CPU 사용량이나 메모리 할당을 시각적으로 표현하는 도구로, 스택 트레이스의 빈도를 계층적이고 직관적인 그래프로 보여준다.

- 배포 롤아웃은 보통 점진적으로 진행된다. 즉, 빌드가 한 번에 몇 개의 서비스 호스트에 배포된다. 요청이 로드 밸런서에 다른 빌드를 실행하는 호스트로 라우팅돼 다른 동작을 할 수 있다.
- 사용자는 서비스의 데이터를 완전히 제어할 수 없으며, 요청 사이에 서비스 개발자에 의해 변경될 수 있다. 이는 사용자가 자신의 기기의 파일 시스템을 완전히 제어하는 라이브러리와 다르다.
- 서비스는 다른 서비스에 요청을 보내고, 서비스의 예측할 수 없고 재현할 수 없는 동작에 영향을 받을 수 있다.

이러한 요인에도 불구하고 서비스는 종종 라이브러리보다 디버깅하기 쉽다.

- 서비스 개발자는 로그에 접근할 수 있지만, 라이브러리 개발자는 사용자 기기의 로그에 접근할 수 없다.
- 서비스 개발자는 환경을 제어하고 가상머신(VM)이나 도커와 같은 도구를 사용해 호스트를 위해 균일한 환경을 설정할 수 있다. 라이브러리는 하드웨어, 펌웨어, OS와 모바일 앱OS(안드로이드와 iOS)와 같은 다양한 환경에서 사용자에 의해 실행된다. 사용자가 개발자에게 충돌 로그를 보내기로 선택할 수 있지만, 사용자의 기기와 정확한 환경에 접근하지 않고는 디버깅하기 어려울 수 있다.

## 6.6.4 라이브러리의 확장성 고려사항

라이브러리는 사용자의 애플리케이션 내에 포함돼 있으므로 독립적으로 확장할 수 없다. 단일 사용자 기기에서 라이브러리를 확장하는 것은 의미가 없다. 사용자의 애플리케이션이 여러 기기에서 병렬로 실행되면 사용자는 그것을 사용하는 애플리케이션을 확장함으로써 라이브러리를 확장할 수 있다. 라이브러리만 확장하려면 사용자가 해당 라이브러리를 감싸는 자체 서비스를 만들고 그 서비스를 확장할 수 있다. 하지만 이는 더 이상 라이브러리가 아니라 사용자가 소유한 서비스가 되므로 확장 비용은 사용자가 부담한다.

## 6.6.5 기타 고려사항

이 절에서는 저자의 개인적 경험에서 얻은 몇 가지 일화적 관찰 내용을 간단히 설명한다.

일부 엔지니어는 자신의 코드를 라이브러리와 번들링하는 것에 심리적 주저함을 가지지만 서비스에 연결하는 것에는 개방적이다. 엔지니어는 라이브러리가 특히 자바스크립트 번들의 빌드 크기를 증가시킬 것을 우려할 수 있다. 또한 라이브러리의 악성 코드 포함 가능성을 우려하지만 서비스 엔지니어가 서비스로 보내는 데이터를 제어하고 서비스의 응답을 완전히 볼 수 있으므로 이는 우려할 사항이 아니다.

보통 라이브러리에서 주요 변경이 일어날 것으로 예상하지만 서비스, 특히 내부 서비스의 주요 변경에는 덜 관대하다. 서비스 개발자는 '/v2', '/v3' 등과 같은 용어를 엔드포인트 이름에 포함시키는 등의 어색한 API 엔드포인트 명명 규칙을 채택해야 할 수 있다.

개발자로서의 경험에 따르면, 어댑터 패턴은 서비스보다 라이브러리를 사용할 때 더 자주 사용되는 경향이 있다.

## 6.7 일반적인 API 패러다임

이 절에서는 다음과 같은 일반적인 통신 패러다임을 소개하고 비교한다. 서비스의 패러다임을 선택할 때는 그 트레이드오프 관계를 고려해야 한다.

- REST(Representational State Transfer)
- RPC(Remote Procedure Call)
- GraphQL
- 웹소켓(WebSocket)

### 6.7.1 개방형 시스템 상호 연결(OSI) 모델

**7계층 OSI 모델(7-layer OSI model)**은 기본 내부 구조와 기술에 관계없이 네트워킹 시스템의 기능을 특징짓는 개념적 프레임워크/모델이다. 표 6.2는 각 계층을 간단히 설명한다. 이 모델을 생각하는 편리한 방법은 각 수준의 프로토콜이 하위 수준의 프로토콜을 사용해 구현된다는 것이다.

액터(Actor), GraphQL, REST, 웹소켓은 HTTP 위에 구현된다. RPC는 HTTP와 같은 상위 수준 프로토콜에 의존하지 않고 연결, 포트, 세션을 직접 처리하므로 5번 세션 계층으로 분류된다.

**표 6.2** OSI 모델

| 계층 번호 | 이름 | 설명 | 예시 |
| --- | --- | --- | --- |
| 7 | 응용 | 사용자 인터페이스 | FTP, HTTP, 텔넷 |
| 6 | 표현 | 데이터를 표현한다. 암호화가 이뤄진다. | UTF, ASCII, JPEG, MPEG, TIFF |
| 5 | 세션 | 개별 응용 프로그램의 데이터를 구분한다. 연결을 유지한다. 포트와 세션을 제어한다. | RPC, SQL, NFX, X 윈도우 |

| 계층 번호 | 이름 | 설명 | 예시 |
| --- | --- | --- | --- |
| 4 | 전송 | 종단 간 연결. 신뢰할 수 있는 전송과 신뢰할 수 없는 전송, 흐름 제어를 정의한다. | TCP, UDP |
| 3 | 네트워크 | 논리 주소 지정. 데이터가 사용하는 물리적 경로를 정의한다. 라우터가 이 계층에서 작동한다. | IP, ICMP |
| 2 | 데이터 링크 | 네트워크 형식. 물리 계층의 오류를 정정할 수 있다. | 이더넷, 와이파이 |
| 1 | 물리 | 물리적 매체를 통한 원시 비트 | 광섬유, 동축 케이블, 리피터, 모뎀, 네트워크 어댑터, USB |

## 6.7.2 REST

필자는 독자가 상태 비저장 통신 아키텍처로서 HTTP 메서드와 일반적으로 JSON이나 XML로 인코딩된 요청/응답 본문을 사용하는 REST의 기본 사항에 익숙하다고 가정한다. 이 책에서는 API에 REST를, POST 요청과 응답 본문에 JSON을 사용한다. JSON 스키마는 JSON 스키마 조직(https://json-schema.org/)의 명세로 표현할 수 있다. 그러나 이 책에서는 그렇게 하지 않는다. 왜냐하면 50분 동안 진행되는 시스템 설계 면접에서 JSON 스키마를 상세히 논의하기에는 대개 너무 복잡하고 기술적으로 상세하기 때문이다.

REST는 배우기 쉬우며 설정, 실험, 디버깅 또한 간단하다. 다른 장점으로는 하이퍼미디어(Hypermedia)와 캐싱 기능이 있으며, 이에 대해서는 아래에서 설명한다.

### 하이퍼미디어

하이퍼미디어 제어(HATEOAS)[28] 또는 하이퍼미디어는 응답 내에서 '다음에 가능한 작업'의 정보를 클라이언트에 제공한다. 이는 응답 JSON 내의 'links'와 같은 필드 형태로, 클라이언트가 논리적으로 다음에 쿼리할 수 있는 API 엔드포인트를 포함한다.

예를 들어, 온라인 쇼핑몰 앱에서 청구서를 표시한 후 다음 단계는 고객이 결제를 하는 것이다. 청구서 엔드포인트 응답 본문에는 다음과 같이 결제 엔드포인트로의 링크가 포함될 수 있다.

```
{
  "data": {
```

---

[28] (옮긴이) HATEOAS(Hypermedia as the Engine of Application State)는 RESTful API 설계 원칙 중 하나로, 클라이언트가 서버로부터 받은 하이퍼미디어 링크를 통해 동적으로 애플리케이션의 상태를 탐색하고 상호작용할 수 있게 하는 방식이다.

```
    "type": "invoice",
    "id": "abc123",
  },
  "links": {
    "pay": "https://api.acme.com/payment/abc123"
  }
}
```

여기서 응답은 청구서 ID를 포함하고, 다음 단계는 해당 청구서 ID의 결제를 POST한다.

또한 OPTIONS HTTP 메서드가 있는데, 이는 사용 가능한 작업, 업데이트할 수 있는 필드, 특정 필드가 예상하는 데이터 등 엔드포인트의 메타데이터를 가져오는 데 사용된다.

실제로 하이퍼미디어와 OPTIONS는 클라이언트 개발자가 사용하기 어려우며, REST는 OpenAPI(https://swagger.io/specification/)를 사용하거나 RPC와 GraphQL 프레임워크의 내장 문서화 도구를 사용하는 등 각 엔드포인트나 기능의 API 문서를 클라이언트 개발자에게 제공하는 것이 더 합리적이다.

요청/응답 JSON 본문 명세에 관한 규칙[29]을 참조하라.

RPC나 GraphQL 같은 다른 통신 아키텍처는 하이퍼미디어를 제공하지 않는다.

## 캐싱

개발자는 가능하면 항상 REST 리소스를 캐시 가능하게 선언해야 하며, 이는 다음과 같은 이점을 가진다.

- 일부 네트워크 호출을 피할 수 있어 지연 시간이 낮아진다.
- 서비스를 사용할 수 없더라도 리소스를 사용할 수 있어 가용성이 높아진다.
- 서버의 부하가 낮아져 확장성이 향상된다.

캐싱에는 Expires, Cache-Control, ETag, Last-Modified HTTP 헤더를 사용한다.

Expires HTTP 헤더는 캐시된 리소스의 절대 만료 시간을 지정한다. 서비스는 현재 시계 시간보다 최대 1년 앞선 시간 값을 설정할 수 있다. 예시 헤더는 Expires: Mon, 11 Dec 2021 18:00 PST이다.

[29] https://jsonapi.org/

Cache-Control 헤더는 요청과 응답 모두에서 캐싱을 위한 쉼표로 구분된 지시어(지침)로 구성된다. 예시 헤더는 Cache-Control: max-age=3600으로, 이는 응답을 3600초 동안 캐시할 수 있음을 의미한다. POST나 PUT 요청(명사)에는 이 데이터를 캐시하라는 서버의 지시어로 Cache-Control 헤더가 포함될 수 있지만, 이는 서버가 이 지시를 따를 것임을 의미하지 않으며 이 데이터 응답에 이 지시어를 포함하지 않을 수 있다. 모든 캐시 요청과 응답 지시어[30]에 관해서는 주석의 링크를 참조하라.

ETag 값은 리소스의 특정 버전의 식별자인 불투명한 문자열 토큰이다. 불투명 토큰은 발행자만 알고 있는 독점적 형식을 가진 토큰이다. 불투명 토큰을 검증하려면 토큰 수신자가 토큰을 발행한 서버를 호출해야 한다. 클라이언트는 GET 요청에 ETag 값을 포함시켜 더 효율적으로 리소스를 새로 고칠 수 있다. 서버는 리소스의 ETag가 다를 때만 리소스 값을 반환한다. 다시 말해, 리소스 값이 변경됐으므로 클라이언트가 이미 있다면 불필요하게 리소스 값을 반환하지 않는다.

Last-Modified 헤더는 리소스가 마지막으로 수정된 날짜와 시간을 포함하며, ETag 헤더를 사용할 수 없으면 대체로 사용하게 된다. 관련 헤더로는 If-Modified-Since와 If-Unmodified-Since가 있다.

### REST의 단점

단점은 하이퍼미디어나 OPTIONS 엔드포인트 외에 통합된 문서화 메커니즘이 없다는 것이다. 이는 개발자가 제공하지 않기로 선택할 수 있다. REST 프레임워크를 사용해 구현된 서비스에 OpenAPI 문서화 프레임워크를 추가해야 한다. 그렇지 않으면 클라이언트는 사용 가능한 요청 엔드포인트나 경로나 쿼리 매개변수, 요청과 응답 본문 필드와 같은 세부 정보를 알 수 없다. REST는 또한 표준화된 버전 관리 절차가 없다. 일반적인 관행은 버전 관리에 '/v2', '/v3' 등의 경로를 사용한다. REST의 또 다른 단점은 혼란을 초래하는 보편적인 명세가 없다는 것이다. OData와 JSON-API는 두 가지 인기 있는 명세다.

### 6.7.3 RPC (원격 프로시저 호출)

RPC는 프로그래머가 네트워크 세부 사항을 처리하지 않고도 다른 주소 공간이나 다른 호스트에서 프로시저를 실행하게 하는 기술이다. 인기 있는 오픈 소스 RPC 프레임워크로는 구글의 gRPC, 페이스북의 쓰리프트, 파이썬의 RPyC가 있다.

---

[30] https://developer.mozilla.org/en-US/docs/Web/HTTP/Headers/Cache-Control

면접에서는 다음과 같은 일반적인 인코딩 형식에 익숙해야 한다. 인코딩(직렬화 또는 마샬링이라고도 함)과 디코딩(파싱, 역직렬화, 언마샬링이라고도 함)이 어떻게 이뤄지는지 이해해야 한다.

- CSV, XML, JSON
- 쓰리프트
- 프로토콜 버퍼(protobuf)
- Avro[31]

gRPC 같은 RPC 프레임워크가 REST보다 나은 주요 장점은 다음과 같다.

- RPC는 리소스 최적화를 위해 설계되어 스마트 홈 기기와 같은 IoT 기기 등 저전력 기기에 가장 적합한 통신 아키텍처 선택이다. 대규모 웹 서비스에서는 REST나 GraphQL에 비해 낮은 리소스 소비가 규모에 따라 중요해진다.
- 프로토콜 버퍼(Protobuf)는 효율적인 인코딩 방식이다. JSON은 반복적이고 불필요한 정보가 많아 요청과 응답의 크기를 키운다. 규모가 커질수록 네트워크 트래픽 감소 효과가 두드러진다.
- 개발자는 파일에 엔드포인트의 스키마를 정의한다. 일반적인 형식으로는 Avro, 쓰리프트, 프로토콜 비퍼가 있다. 클라이언트는 이 파일을 사용해 요청을 생성하고 응답을 해석한다. 스키마 문서화가 API 개발의 필수 단계이므로 클라이언트 개발자는 항상 좋은 API 문서를 갖게 된다. 이러한 인코딩 형식에는 스키마 수정 규칙도 있어 개발자가 스키마 수정 시 이전이나 이후 버전과의 호환성을 유지하는 방법을 명확히 알 수 있다.

RPC의 주요 단점도 바이너리 프로토콜이라는 특성에서 비롯된다. 특히 회사 외부에서는 클라이언트가 최신 버전의 스키마 파일로 업데이트해야 하는 것이 불편하다. 또한, 회사가 내부 네트워크 트래픽을 모니터링하고자 할 때 RPC와 같은 바이너리 프로토콜보다는 REST와 같은 텍스트 프로토콜을 사용하는 것이 더 쉽다.

### 6.7.4 GraphQL

GraphQL은 클라이언트가 API에서 필요한 데이터를 명확히 지정할 수 있도록 하는 선언적 쿼리 언어다. 이는 정확한 요청을 위한 API 데이터 쿼리와 조작 언어를 제공한다. 또한 이러한 유연성을 탐색하는 데 필수적인 통합 API 문서화 도구를 제공한다. 주요 이점은 다음과 같다.

---

31 (옮긴이) 아파치 프로젝트의 데이터 직렬화 시스템으로, 구조화된 데이터를 효율적으로 인코딩하고 전송하는 데 사용되는 오픈소스 프레임워크다.

클라이언트가 원하는 데이터와 그 형식을 결정한다.

서버는 효율적이며 클라이언트가 요청한 것을 정확히 제공한다. 이는 불충분한 요청(여러 번의 요청을 필요로 함)이나 과도한 요청(응답 크기를 불필요하게 키움) 없이 이뤄진다.

**트레이드오프 관계**

- 간단한 API에는 너무 복잡할 수 있다.
- RPC와 REST보다 학습 곡선이 높으며, 보안 메커니즘도 포함된다.
- RPC와 REST보다 사용자 커뮤니티가 작다.
- JSON으로만 인코딩돼 JSON의 모든 트레이드오프 관계를 가진다.
- 각 API 사용자가 다른 쿼리를 수행하므로 사용자 분석이 더 복잡할 수 있다. REST와 RPC에서는 각 API 엔드포인트의 쿼리 수를 쉽게 볼 수 있지만, GraphQL에서는 이것이 덜 명확하다.
- 외부 API에 GraphQL을 사용할 때는 주의해야 한다. 데이터베이스를 노출하고 클라이언트가 SQL 쿼리를 수행하게 허용하는 것과 유사하다.

GraphQL의 많은 이점은 REST에서도 구현할 수 있다. 간단한 API는 간단한 REST HTTP 메서드(GET, POST, PUT, DELETE)와 간단한 JSON 본문으로 시작할 수 있다. 요구사항이 더 복잡해지면 OData[32]와 같은 더 많은 REST 기능을 사용하거나, JSON-API 기능[33]을 사용해 여러 리소스의 관련 데이터를 단일 요청으로 결합할 수 있다. GraphQL은 기능의 표준 구현과 문서화를 제공하므로 복잡한 요구사항을 해결하는 데는 REST보다 더 편리할 수 있다. 반면 REST는 보편적인 표준이 없다.

## 6.7.5 웹소켓

웹소켓은 HTTP처럼 요청마다 새 연결을 생성하고 응답 후 연결을 닫는 방식이 아니라 지속적인 TCP 연결을 통해 전이중 통신[34]을 가능하게 하는 통신 프로토콜이다. REST, RPC, GraphQL와 액터 모델은 설계 방식 또는 개념이며, 웹소켓과 HTTP는 통신 프로토콜이다. 그러나 웹소켓을 다른 네 가지 선택 대신 API를 구현하는 데 사용할 수 있으므로 API 아키텍처 스타일로서 웹소켓을 나머지와 비교하는 것이 합리적이다.

---

[32] https://www.odata.org/
[33] https://jsonapi.org/format/#fetching-includes
[34] (옮긴이) 두 장치가 동시에 데이터를 송수신할 수 있는 통신 방식이다.

웹소켓 연결을 생성하기 위해 클라이언트는 서버에 웹소켓 요청을 보낸다. 웹소켓은 초기 연결을 생성하는 데 HTTP 핸드셰이크를 사용하고 서버에 HTTP에서 웹소켓으로 업그레이드를 요청한다. 이후 메시지는 이 지속적인 TCP 연결을 통해 웹소켓을 사용할 수 있다.

웹소켓은 연결을 열린 상태로 유지해 모든 참여자의 오버헤드를 증가시킨다. 이는 웹소켓이 상태 비저장인 REST와 HTTP와 비교할 때 상태 저장(Stateful)임을 의미한다. 모든 호스트가 모든 요청을 처리할 수 있는 REST와 달리, 요청은 관련 상태/연결이 포함된 호스트에서 처리해야 한다. 웹소켓의 상태 저장 특성과 연결 유지에 따른 리소스 오버헤드는 모두 웹소켓의 확장성이 낮다는 것을 의미한다.

웹소켓은 P2P 통신을 허용하므로 백엔드가 필요 없다. 확장성을 낮은 지연 시간과 높은 성능과 교환한다.

### 6.7.6 비교

면접 중에 이러한 아키텍처 스타일 간의 트레이드오프 관계와 스타일과 프로토콜 선택 시 고려해야 할 요소를 평가해야 할 수 있다. REST와 RPC가 가장 일반적이다. 스타트업은 보통 REST를 사용해 단순화하고, 대규모 조직은 RPC의 효율성과 이전/이후 버전 호환성의 이점을 얻을 수 있다. GraphQL은 비교적 새로운 기술이다. 웹소켓은 P2P 통신을 포함한 양방향 통신에 유용하다. 주석에 있는 다른 참고 문서[35]를 확인하기 바란다.

## 요약

- API 게이트웨이는 상태 비저장으로 경량화하여 설계된 웹 서비스로, 다양한 서비스에 걸쳐 많은 공통 기능을 처리하며, 이는 보안, 오류 검사, 성능과 가용성, 그리고 로깅으로 분류될 수 있다.
- 서비스 메시나 사이드카 패턴은 대안적인 패턴이다. 각 호스트가 자체 사이드카를 가지므로 어떤 서비스도 불공평한 몫을 소비할 수 없다.
- 네트워크 트래픽을 최소화하기 위해 시스템 내의 여러 구성 요소에 의해 처리되는 데이터를 저장하는 메타데이터 서비스 사용을 고려할 수 있다.
- 서비스 디스커버리는 클라이언트가 사용 가능한 서비스 호스트를 식별하기 위한 것이다.

---

35 https://apisyouwonthate.com/blog/picking-api-paradigm/
https://www.baeldung.com/rest-vs-websockets

- 브라우저 앱은 두 개 이상의 백엔드 서비스를 가질 수 있다. 그중 하나는 다른 백엔드 서비스의 요청과 응답을 가로채는 웹 서버 서비스다.

- 웹 서버 서비스는 백엔드와의 집계와 필터링 작업을 수행함으로써 브라우저와 데이터 센터 간의 네트워크 트래픽을 최소화한다.

- 브라우저 앱 프레임워크는 브라우저 앱 개발을 할 때 사용된다. 서버 사이드 프레임워크는 웹 서비스 개발을 할 때 사용된다. 모바일 앱 개발은 네이티브나 크로스 플랫폼 프레임워크로 수행할 수 있다.

- 브라우저 앱, 모바일 앱, 웹 서버 개발을 위한 크로스 플랫폼이나 풀스택 프레임워크가 있다. 이는 트레이드오프 관계가 있어 특정 요구사항에 적합하지 않을 수 있다.

- 백엔드 개발 프레임워크는 RPC, REST, GraphQL 프레임워크로 분류할 수 있다.

- 일부 구성 요소는 라이브러리나 서비스로 구현할 수 있다. 각 접근 방식에는 트레이드오프 관계가 있다.

- 대부분의 통신 패러다임은 HTTP 위에 구현된다. RPC는 성능 최적화를 위한 저수준 프로토콜이다.

- REST는 배우고 사용하기 쉽다. 가능할 때마다 REST 리소스를 캐시 가능하다고 선언해야 한다.

- REST는 OpenAPI와 같은 별도의 문서화 프레임워크가 필요하다.

- RPC는 리소스 최적화를 위해 설계된 바이너리 프로토콜이다. 스키마 수정 규칙은 이전과 이후 버전 호환성도 허용한다.

- GraphQL은 정확한 요청을 허용하고 통합된 API 문서화 도구가 있다. 그러나 복잡하고 보안 설정이 어렵다.

- 웹소켓은 전이중 통신을 위한 상태 저장 통신 프로토콜이다. 다른 통신 패러다임보다 클라이언트와 서버 모두에 더 많은 오버헤드가 있다.

**memo**

## 2부

1부에서는 시스템 설계 면접에서 자주 다루는 주제를 알아봤다. 이제 2부에서는 시스템 설계 면접 예제 질문을 살펴본다. 각 질문에서 1부에서 배운 개념을 적용하고 해당 질문과 관련된 개념도 소개한다.

7장에서는 단순성에 최적화된 시스템인 크레이그리스트(Craigslist)[1]와 같은 시스템을 설계하는 방법을 다룬다.

8~10장에서는 다른 많은 시스템의 공통 구성 요소인 시스템의 설계를 설명한다.

11장에서는 자동 완성/타입어헤드 서비스를 다룬다. 이는 대량의 데이터를 지속적으로 수집하고 처리해 사용자가 특정 목적으로 쿼리하는 몇 메가바이트 크기의 데이터 구조로 만드는 전형적인 시스템이다.

12장에서는 이미지 공유 서비스를 다룬다. 이미지와 동영상을 공유하고 상호 작용하는 기능은 사실상 모든 소셜 애플리케이션의 기본 기능이며, 면접에서 자주 다루는 주제다. 이어서 13장에서는 콘텐츠 전송 네트워크(CDN)를 다룬다. CDN은 이미지와 동영상 같은 정적 콘텐츠를 전 세계 사용자에게 비용 효율적으로 제공하기 위해 흔히 사용되는 시스템이다.

14장에서는 문자 메시징 앱을 다룬다. 이 시스템은 많은 사용자가 보낸 메시지를 다른 많은 사용자에게 전달하며 실수로 중복 메시지를 전달하지 않아야 한다.

15장에서는 숙소 예약과 거래 플랫폼을 다룬다. 호스트는 숙소를 대여할 수 있고, 게스트는 예약과 결제를 할 수 있다. 이 시스템은 또한 내부 운영팀이 이슈 처리와 콘텐츠 관리를 수행할 수 있게 해야 한다.

16장과 17장에서는 데이터 피드를 처리하는 시스템을 다룬다. 16장에서는 많은 관심 있는 사용자에게 배포할 데이터를 정렬하는 뉴스 피드 시스템을 다루고, 17장에서는 대량의 데이터를 집계해 의사 결정에 활용할 수 있는 대시보드로 만드는 데이터 분석 서비스를 다룬다.

---

1 (옮긴이) 지역별 온라인 광고와 커뮤니티 게시판 웹사이트로, 구인구직, 주택, 중고물품 거래 등 다양한 생활 정보를 공유하는 플랫폼이다.

# 07

# 크레이그리스트 설계

**이 장에서 다루는 내용**

- 두 가지 뚜렷한 유형의 사용자를 위한 애플리케이션 설계
- 사용자 분할을 위해 지리적 위치 라우팅 고려
- 읽기 위주 vs. 쓰기 위주 애플리케이션 설계
- 면접 중 사소한 편차 처리

여기서는 분류 광고 게시물을 위한 웹 애플리케이션을 설계하고자 한다. 크레이그리스트는 10억 명이 넘는 사용자를 보유할 수 있는 전형적인 웹 애플리케이션의 예다. 이 애플리케이션은 지리적으로 분할된다. 브라우저와 모바일 앱, 상태 비저장 백엔드, 간단한 스토리지 요구사항, 분석 등을 포함한 전체 시스템을 논의할 수 있다. 열린 논의를 위해 더 많은 사용 사례와 제약 조건을 추가할 수 있다. 이 장은 책 전체에서 유일하게 모놀리스 아키텍처를 고려한 시스템 설계를 다루는 장으로, 그 점에서 독특하다.

## 7.1 사용자 스토리와 요구사항

크레이그리스트의 사용자 스토리를 설명해보자. 두 가지 주요 사용자 유형인 조회자와 게시자로 구분한다.

게시자는 게시물을 작성 및 삭제하고, 특히 프로그래밍 방식으로 생성된 경우 게시물이 많을 수 있으므로 자신의 게시물을 검색할 수 있어야 한다. 이 게시물에는 다음 정보가 포함돼야 한다.

- 제목
- 설명 문단 몇 개
- 가격. 단일 통화를 가정하고 통화 변환은 무시한다.
- 위치
- 최대 10장의 사진(각 1MB)
- 동영상. 애플리케이션의 후속 버전에서 추가될 수 있음.

게시자는 7일마다 게시물을 갱신할 수 있다. 게시물을 갱신할 수 있는 클릭 링크가 포함된 이메일 알림을 받게 된다.

조회자는 다음을 할 수 있어야 한다.

1. 지난 7일 동안 특정 도시에서 작성된 모든 게시물을 보거나 검색한다. 결과 목록을 끝없이 스크롤하여 본다.
2. 결과에 필터를 적용한다.
3. 개별 게시물을 클릭해 세부 정보를 본다.
4. 이메일 등으로 게시자에게 연락한다.
5. 사기성과 오해의 소지가 있는 게시물을 신고한다(예: 게시물에는 낮은 가격을 명시하고 설명에는 더 높은 가격을 기재하는 클릭베이트(Clickbait)[1] 기법).

비기능적 요구사항은 다음과 같다.

- **확장성(Scalable)** – 단일 도시에서 최대 1,000만 명의 사용자 수용
- **높은 가용성(High availability)** – 99.9% 가동 시간
- **높은 성능(High performance)** – 조회자가 게시물 작성 후 몇 초 내에 볼 수 있어야 한다. 검색과 게시물 조회의 P99가 1초여야 한다.
- **보안(Security)** – 게시자는 게시물을 작성하기 전에 로그인해야 한다. 인증 라이브러리나 서비스를 사용할 수 있다. 부록 B에서는 인기 있는 인증 메커니즘인 OpenID Connect를 설명한다. 이 장의 나머지 부분에서는 이를 더 이상 설명하지 않는다.

필요한 스토리지의 대부분은 크레이그리스트 게시물용이다. 필요한 저장 공간의 양은 적다.

---

1 (옮긴이) 사용자의 호기심을 자극해 클릭을 유도하는, 과장되거나 오해의 소지가 있는 제목이나 썸네일을 사용하는 온라인 마케팅 전략이다.

- 크레이그리스트 사용자에게 해당 지역의 게시물만 표시할 수 있다. 이는 개별 사용자를 서비스하는 데이터 센터가 전체 게시물 중 일부만 저장하면 된다는 의미다. 다만 다른 데이터 센터의 게시물도 백업할 수 있다.
- 게시물은 자동이 아닌 수동으로 생성되므로 스토리지 증가 속도가 느리다.
- 자동으로 생성되는 데이터는 처리하지 않는다.
- 게시물은 1주일 후 자동으로 삭제될 수 있다.

스토리지 요구사항이 낮다는 것은 모든 데이터를 단일 호스트에 저장할 수 있다는 의미로, 분산 스토리지 솔루션이 필요하지 않다. 평균적인 게시물이 1,000자나 1KB의 텍스트를 포함한다고 가정해보자. 대도시에 1,000만 명의 인구가 있고 그중 10%가 게시자이며 하루 평균 10개의 게시물을 작성한다고 가정하면(즉, 10GB/일), SQL 데이터베이스로 몇 달치 게시물을 쉽게 저장할 수 있다.

## 7.2 API

게시물 관리와 사용자 관리로 나누어 몇 가지 API 엔드포인트를 간단히 적어보자. 면접에서는 OpenAPI 형식이나 GraphQL 스키마와 같은 정식 API 명세를 작성할 시간이 없으므로, 면접관에게 정식 명세를 사용해 API를 정의할 수 있다고 말하고 시간 관계상 면접에서는 대략적인 스케치를 사용하겠다고 할 수 있다. 이 책의 나머지 부분에서는 이를 더 이상 언급하지 않겠다.

CRUD 게시물
- GET과 DELETE /post/{id}
- GET /post?search={search_string}. 이는 모든 게시물을 GET하는 엔드포인트다. 게시물 내용을 검색하기 위한 'search' 쿼리 매개변수를 가질 수 있다. 12.7.1절에서 설명할 페이지네이션(pagination)[2] 쿼리 매개변수도 구현할 수 있다.
- POST와 PUT /post
- POST /contact
- POST /report
- DELETE /old_posts

---

2 (옮긴이) 대량의 콘텐츠를 여러 페이지로 나누어 사용자가 쉽게 탐색할 수 있게 하는 웹 디자인 기법이다.

### 사용자 관리

- POST /signup. 사용자 계정 관리를 논의할 필요는 없다.
- POST /login
- DELETE /user

### 기타

- GET /health. 보통 프레임워크가 자동 생성한다. 구현은 간단한 GET 요청을 만들고 200을 반환하는지 확인하는 정도로 간단할 수도 있고, P99와 다양한 엔드포인트의 가용성 같은 통계를 포함하는 상세한 것일 수도 있다.

다양한 필터가 있으며, 제품 카테고리에 따라 다를 수 있다. 단순화를 위해 고정된 필터 세트를 가정한다. 필터는 프론트엔드와 백엔드 모두에서 구현할 수 있다.

- **동네 정보(Neighborhood)**: enum
- **최소 가격(Minimum price)**
- **최대 가격(Maximum price)**
- **물품 상태(Item condition)**: enum. NEW, EXCELLENT, GOOD, ACCEPTABLE 값을 포함한다.

GET /post 엔드포인트는 게시물을 검색하기 위한 'search' 쿼리 매개변수를 가질 수 있다.

## 7.3 SQL 데이터베이스 스키마

크레이그리스트 사용자와 게시물 데이터를 위해 다음과 같은 SQL 스키마를 설계할 수 있다.

- **User**: id PRIMARY KEY, first_name text, last_name text, signup_ts integer
- **Post**: 이 테이블은 비정규화돼 있어 게시물의 모든 세부 정보를 가져오기 위해 JOIN 쿼리가 필요하지 않다. id PRIMARY KEY, created_at integer, poster_id integer, location_id integer, title text, description text, price integer, condition text, country_code char(2), state text, city text, street_number integer, street_name text, zip_code text, phone_number integer, email text
- **Images**: id PRIMARY KEY, ts integer, post_id integer, image_address text
- **Report**: id PRIMARY KEY, ts integer, post_id integer, user_id integer, abuse_type text, message text

- **이미지 저장(Storing images)**: 객체 스토리지(Object Storage)에 이미지를 저장할 수 있다. AWS S3와 애저 블롭 스토리지(Azure Blob Storage)는 신뢰성이 높고, 사용과 유지보수가 간단하며, 비용 효율적이어서 인기가 있다.
- **image_address**: 객체 스토리지에서 이미지를 검색하는 데 사용되는 식별자다.

사용자 쿼리에 응답할 때와 같이 낮은 지연 시간이 필요할 때는 보통 SQL이나 레디스와 같은 낮은 지연 시간의 인메모리 데이터베이스를 사용한다. HDFS와 같은 분산 파일 시스템을 사용하는 NoSQL 데이터베이스는 대규모 데이터 처리 작업용이다.

## 7.4 초기 고수준 아키텍처

그림 7.1을 참조해, 복잡성 순서대로 초기 크레이그리스트 설계의 여러 가능성을 설명할 수 있다. 다음 두 절에서 이 두 가지 설계를 설명한다.

1. 사용자 인증 서비스와 게시물 객체 스토리지를 사용하는 모놀리스
2. 클라이언트 프론트엔드 서비스, 백엔드 서비스, SQL 서비스, 객체 스토리지, 사용자 인증 서비스

모든 설계에서 로깅 서비스도 포함한다. 로깅은 거의 항상 필수이므로 시스템을 효과적으로 디버깅할 수 있기 때문이다. 단순화를 위해 모니터링과 알림은 제외할 수 있다. 그러나 대부분의 클라우드 벤더는 설정이 쉬운 로깅, 모니터링, 알림 도구를 제공하므로 이를 사용해야 한다.

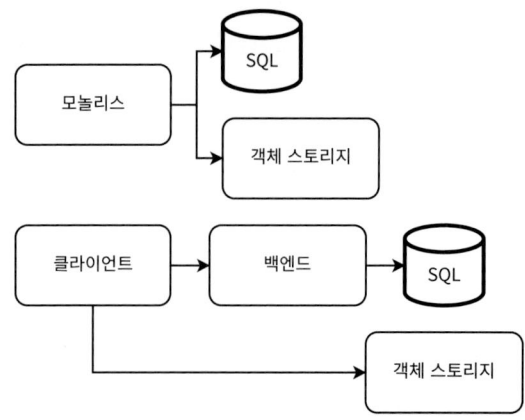

**그림 7.1** 고수준 아키텍처를 위한 간단한 초기 설계(위). 고수준 아키텍처는 모놀리스와 객체 스토리지로만 구성된다. UI 프론트엔드 서비스와 백엔드 서비스가 있는 일반적인 고수준 아키텍처(아래). 이미지 파일은 클라이언트가 요청하는 객체 스토리지에 저장된다. 게시물의 나머지 부분은 SQL에 저장된다.

## 7.5 모놀리스 아키텍처

모놀리스를 사용하는 첫 번째 제안 설계는 직관적이지 않으며, 면접관이 놀랄 수도 있다. 실무에서 웹 서비스에 모놀리스 아키텍처를 사용할 가능성은 낮다. 그러나 모든 설계 결정이 트레이드오프에 관한 것임을 명심하고 이러한 설계를 제안하고 트레이드오프를 설명하는 것을 두려워하지 말아야 한다.

UI와 백엔드 기능을 모두 포함하는 모놀리스로 애플리케이션을 구현하고 전체 웹페이지를 객체 스토리지에 저장할 수 있다. 핵심 설계 결정은 게시물의 사진을 포함해 게시물 웹페이지 전체를 객체 스토리지에 저장할 수 있는 것이다. 이러한 설계 결정은 7.3절에서 설명한 Post 테이블의 많은 열을 사용하지 않을 수 있다는 의미이다. 이 테이블은 이 장의 후반부에서 설명할 그림 7.1 하단에 나온 고수준 아키텍처에 사용한다.

그림 7.2를 참조하면, 홈페이지는 위치 내비게이션 바('SF bay area'와 같은 지역 위치와 'sfc', 'sby' 등과 같은 더 구체적인 위치 링크를 포함)와 다른 도시 목록이 있는 'nearby cl' 섹션을 제외하고는 정적 페이지이다. 'craigslist app'과 'about craigslist' 같은 왼쪽 내비게이션 바의 사이트와 'help', 'safety', 'privacy' 등과 같은 하단 내비게이션 바의 사이트를 포함한 기타 사이트는 정적 페이지이다.

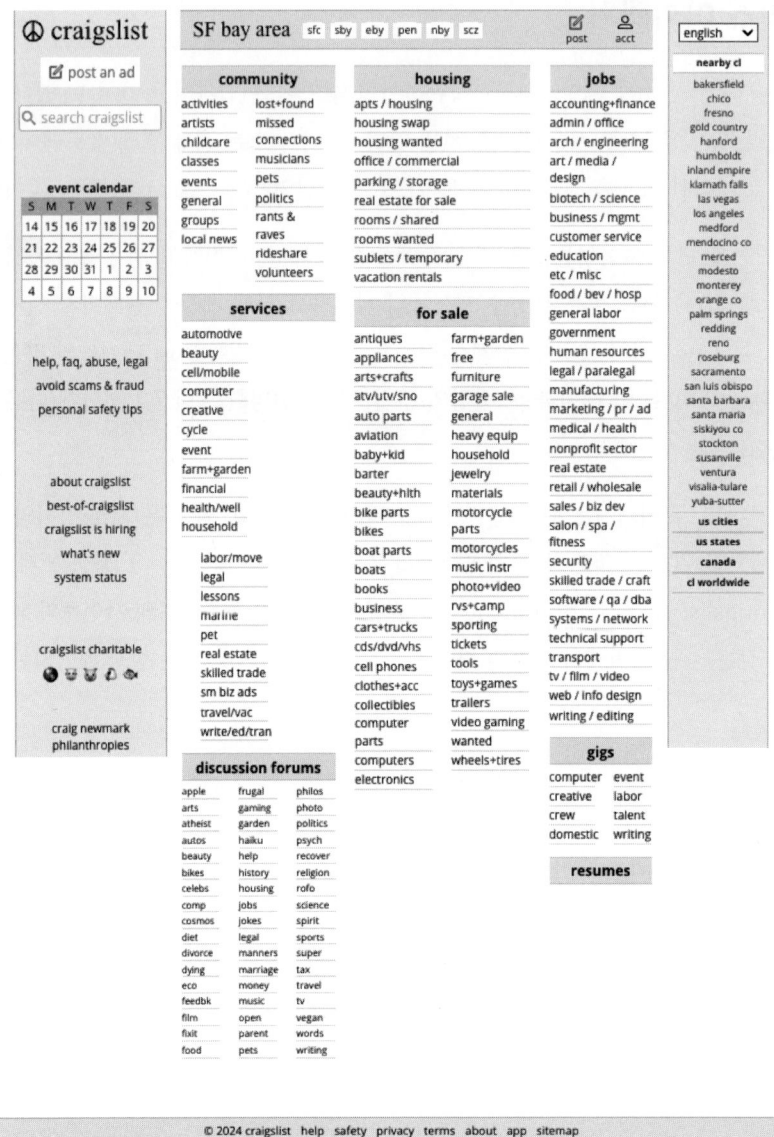

그림 7.2 크레이그리스트 홈페이지 (출처: https://sfbay.craigslist.org/)

이 접근 방식은 구현과 유지보수가 간단하다. 주요 트레이드오프는 다음과 같다.

1. HTML 태그, CSS, 자바스크립트가 모든 게시물에서 중복된다.
2. 네이티브 모바일 앱을 개발하면 브라우저 앱과 백엔드를 공유할 수 없다. 가능한 해결책은 프로그레시브 웹 앱(6.5.3절에서 설명)을 개발하는 것이다. 이는 모바일 기기에 설치할 수 있고 모든 기기의 웹 브라우저에서 사용할 수 있다.

3. 게시물 분석은 HTML을 파싱해야 한다는 사소한 단점이 있다. 게시물 페이지를 가져와 HTML을 파싱하는 자체 유틸리티 스크립트를 개발하고 유지보수할 수 있다.

첫 번째 트레이드오프의 단점은 중복된 페이지 구성 요소를 저장하기 위해 추가 저장 공간이 필요하다는 점이다. 또 다른 단점은 새로운 기능이나 필드를 오래된 게시물에 적용할 수 없다는 것이다. 그러나 게시물이 1주일 후 자동으로 삭제되므로 요구사항에 따라 이는 허용될 수 있다. 시스템을 설계할 때 어떤 요구사항도 가정해서는 안 된다는 예시로 이를 면접관과 논의할 수 있다.

브라우저 앱을 반응형 디자인 접근 방식으로 작성하고, 모바일 앱을 웹뷰(WebView)를 사용한 브라우저 앱을 감싸는 형태로 구현함으로써 두 번째 트레이드오프 관계를 부분적으로 해소할 수 있다. 리액트 네이티브용 웹뷰 라이브러리[3]와 네이티브 안드로이드용 웹뷰 라이브러리[4]가 있으며 아이폰은 네이티브 iOS용 웹뷰 라이브러리[5]가 있다. CSS 미디어 쿼리[6]를 사용해 모바일폰 디스플레이, 태블릿 디스플레이, 노트북과 데스크톱 디스플레이의 다른 페이지 레이아웃을 표시할 수 있다. 이렇게 하면 모바일 프레임워크의 UI 컴포넌트를 사용할 필요가 없다. 이 접근법을 사용하는 것과 모바일 개발 프레임워크의 UI 컴포넌트를 사용하는 일반적인 접근법 간의 UX 비교는 이 책의 범위를 벗어난다.

백엔드 서비스와 객체 스토리지 서비스를 인증하기 위해 타사 사용자 인증 서비스를 사용하거나 자체적으로 유지보수할 수 있다. 간단한 로그인과 OpenID Connect 인증 메커니즘에 관한 자세한 설명은 부록 B를 참조한다.

## 7.6 SQL 데이터베이스와 객체 스토리지 사용

그림 7.1의 하단 다이어그램은 더 일반적인 고수준 아키텍처를 보여준다. 백엔드 서비스와 객체 스토리지 서비스에 요청을 보내는 UI 프론트엔드 서비스가 있다. 백엔드 서비스는 SQL 서비스에 요청을 보낸다.

이 접근법에서 객체 스토리지는 이미지 파일용이며, SQL 데이터베이스는 7.4절에서 설명한 대로 게시물 데이터의 나머지 부분을 저장한다. 이미지를 포함한 모든 데이터를 SQL 데이터베이스에 저장하고

---

[3] https://github.com/react-native-webview/react-native-webview
[4] https://developer.android.com/reference/android/webkit/WebView
[5] https://developer.apple.com/documentation/webkit/wkwebview
[6] (옮긴이) 디바이스의 화면 크기나 해상도 등의 조건에 따라 다른 스타일을 적용할 수 있게 해주는 기능이다.

객체 스토리지를 전혀 사용하지 않을 수도 있었다. 그러나 이는 클라이언트가 백엔드 호스트를 통해 이미지 파일을 다운로드해야 함을 의미한다. 이는 백엔드 호스트에 추가적인 부담을 주고, 이미지 다운로드 지연 시간을 증가시키며, 갑작스러운 네트워크 연결 문제로 인한 전반적인 다운로드 실패 가능성을 높인다.

초기 구현을 단순하게 유지하고 싶다면 게시물에 이미지를 포함하는 기능 없이 시작하고 이 기능을 구현하고 싶을 때 객체 스토리지를 추가하는 것을 고려할 수 있다.

그렇다고 해도, 각 게시물이 1MB씩 10개의 이미지 파일로 제한되고 대용량 이미지 파일을 저장하지 않을 것이므로, 이 요구사항이 향후 변경될 수 있는지 면접관과 논의할 수 있다. 더 큰 이미지가 필요할 가능성이 낮다면 SQL에 이미지를 저장할 수 있다고 제안할 수 있다. 이미지 테이블은 post_id text 열과 image blob 열을 가질 수 있다. 이 설계의 장점은 단순성이다.

## 7.7 마이그레이션은 번거롭다

비기능적 요구사항에 적합한 데이터 스토리지를 선택하는 주제에 있어, 다른 기능과 요구사항을 설명하기 전에 데이터 마이그레이션 문제를 논의해보자.

SQL에 이미지 파일을 저장하는 것의 또 다른 단점은 향후 이를 객체 스토리지에 저장하게 마이그레이션해야 한다는 점이다. 한 데이터 스토리지에서 다른 스토리지로의 마이그레이션은 일반적으로 까다롭고 힘든 작업이다.

다음을 가정하고 최대한 간단한 마이그레이션 프로세스를 논의하자.

1. 두 데이터 스토리지를 단일 엔티티로 취급할 수 있다. 즉, 복제는 추상화돼 있으며, 지연 시간이나 가용성과 같은 비기능적 요구사항을 최적화하기 위해 다양한 데이터 센터에 데이터가 어떻게 분산되는지 고려할 필요가 없다.
2. 다운타임이 허용된다. 데이터 마이그레이션 중에 애플리케이션 쓰기를 비활성화할 수 있으므로, 이전 데이터 스토리지에서 새로운 데이터 스토리지로 데이터를 전송하는 동안 사용자가 이전 데이터 스토리지에 새 데이터를 추가하지 않는다.
3. 다운타임이 시작될 때 진행 중인 요청을 끊거나 종료할 수 있으므로, 쓰기(POST, PUT, DELETE) 요청을 하는 사용자는 500 오류를 받게 된다. 이메일, 브라우저와 모바일 푸시 알림, 또는 클라이언트의 배너 알림과 같은 다양한 채널을 통해 사용자에게 이 다운타임을 사전 통지할 수 있다.

개발자의 노트북에서 실행돼 한 스토리지에서 레코드를 읽고 다른 스토리지에 쓰는 파이썬 스크립트를 작성할 수 있다. 그림 7.3을 참조하면, 이 스크립트는 현재 데이터 레코드를 가져오기 위해 백엔드에 GET 요청을 보내고 새 객체 스토리지에 POST 요청을 보낸다. 일반적으로 이 간단한 기술은 데이터 전송이 몇 시간 내에 완료될 수 있고 한 번만 수행하면 될 때에 적합하다. 개발자가 이 스크립트를 작성하는 데 몇 시간이 걸리므로, 데이터 전송 속도를 높이고 스크립트를 개선하는 데 더 많은 시간을 투자하는 것은 가치가 없을 수 있다.

마이그레이션 작업이 버그나 네트워크 문제로 인해 갑자기 중단될 수 있으며 스크립트 실행을 다시 시작해야 할 수 있음을 예상해야 한다. 새 데이터 스토리지에 중복 레코드가 쓰이는 것을 방지하기 위해 쓰기 엔드포인트는 멱등성을 가져야 한다. 스크립트는 체크포인팅을 수행해야 하므로 이미 전송된 레코드를 다시 읽고 다시 쓰지 않는다. 간단한 체크포인팅 메커니즘으로 충분하다. 각 쓰기 후에 객체의 ID를 로컬 서버의 하드 디스크에 저장할 수 있다. 작업이 중간에 실패하면 다시 시작할 때 체크포인트부터 필요하면 버그 수정 후 작업을 재개할 수 있다.

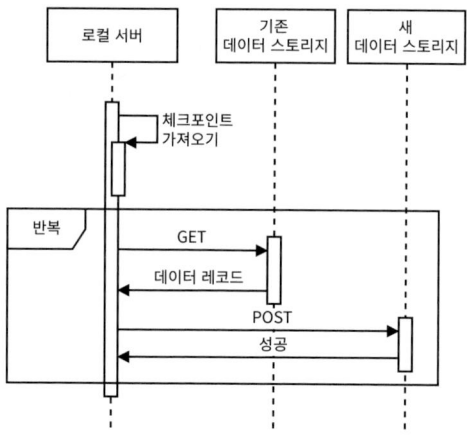

**그림 7.3** 간단한 데이터 마이그레이션 프로세스의 시퀀스 다이어그램. 로컬 서버는 먼저 체크포인트가 있는지 확인한 다음, 각 레코드를 오래된 데이터 스토리지에서 새로운 데이터 스토리지로 이동하기 위해 관련 요청을 한다.

주의 깊은 독자라면 이 체크포인트 메커니즘이 작동할 때 스크립트가 실행될 때마다 같은 순서로 레코드를 읽어야 한다는 것을 알아챌 수 있을 것이다. 이를 달성하기 위한 여러 가지 방법이 있으며, 다음과 같은 방법이 있다.

- 레코드 ID의 전체 및 정렬된 목록을 가져와 로컬 컴퓨터의 하드 디스크에 저장할 수 있다면, 스크립트는 데이터 전송을 시작하기 전에 이 목록을 메모리에 로드할 수 있다. 스크립트는 ID로 각 레코드를 가져와 새 데이터 스토리지에 쓰고, 이 ID가 전송됐

음을 하드 디스크에 기록한다. 하드 디스크 쓰기가 느리므로 이러한 완료된 ID를 배치로 쓰거나 체크포인트할 수 있다. 이 배치 처리로 인해 ID 배치가 체크포인트되기 전에 작업이 실패할 수 있으므로 이 객체를 다시 읽고 다시 쓸 수 있으며, 멱등성 쓰기 엔드포인트가 중복 레코드를 방지한다.

- 데이터 객체에 타임스탬프와 위치를 나타내는 같은 순서의 필드가 있다면, 스크립트는 이 필드를 사용해 체크포인트할 수 있다. 예를 들어, 날짜로 체크포인트하면 스크립트는 먼저 가장 이른 날짜의 레코드를 전송하고, 이 날짜를 체크포인트하고, 날짜를 증가시킨 다음 이 날짜의 레코드를 전송하는 식으로 전송이 완료될 때까지 계속한다.

이 스크립트는 데이터 객체의 필드를 적절한 테이블과 열로 읽고, 해당 위치에 데이터를 저장해야 한다. 데이터 마이그레이션 전에 더 많은 기능을 추가할수록 마이그레이션 스크립트는 더 복잡해진다. 더 많은 기능은 더 많은 클래스와 속성을 의미한다. 더 많은 데이터베이스 테이블과 열이 생기고, 더 많은 ORM[7]/SQL 쿼리를 작성해야 하며, 이러한 쿼리문도 더 복잡해지고 테이블 간 JOIN이 필요할 수 있다.

데이터 전송이 이 기술로 완료하기에 너무 크다면 데이터 센터 내에서 스크립트를 실행해야 한다. 데이터가 여러 호스트에 분산돼 있다면 각 호스트에서 별도로 실행할 수 있다. 여러 호스트를 사용하면 다운타임 없이 데이터 마이그레이션을 수행할 수 있다. 네이터 스토리지가 여러 호스트에 분산돼 있다면 그만큼 사용자가 많기 때문이며, 그러한 상황에서는 서비스 중단이 매출과 이미지에 너무 큰 타격을 준다.

각 호스트에서 다음 단계를 따라 한 번에 하나씩 이전 데이터 스토리지를 폐기할 수 있다.

1. 호스트의 연결을 드레인(Drain)한다. **연결 드레이닝(Connection draining)**은 새로운 요청을 받지 않으면서 기존 요청이 완료되게 허용하는 것을 말한다. 연결 드레이닝의 자세한 내용이 있는 자료[8]를 참조할 수 있다.
2. 호스트가 드레인된 후 해당 호스트에서 데이터 전송 스크립트를 실행한다.
3. 스크립트 실행이 완료되면 이 호스트는 더 이상 필요하지 않다.

쓰기 오류를 어떻게 처리해야 할까? 이 마이그레이션을 완료하는 데 몇 시간 또는 며칠이 걸린다면 데이터를 읽기 또는 쓰기에 오류가 발생할 때마다 전송 작업이 충돌하여 종료되는 것은 실용적이지 않다. 대신 스크립트는 오류를 로깅하고 계속 실행돼야 한다. 오류가 발생할 때마다 읽거나 쓰고 있는 레코드를 로깅하고, 다른 레코드를 계속 읽고 쓴다. 오류를 검토하고, 필요하다면 버그를 수정한 후 스크립트를 다시 실행해 이 특정 레코드를 전송할 수 있다.

---

[7] (옮긴이) 객체 지향 프로그래밍 언어와 관계형 데이터베이스 사이의 데이터를 변환하는 기술로, 개발자가 SQL 대신 프로그래밍 언어로 데이터베이스를 다룰 수 있게 해준다.

[8] https://cloud.google.com/load-balancing/docs/enabling-connection-draining
https://aws.amazon.com/blogs/aws/elb-connection-draining-remove-instances-from-service-with-care/
https://docs.aws.amazon.com/elasticloadbalancing/latest/classic/config-conn-drain.html

여기서 얻을 수 있는 교훈은 데이터 마이그레이션이 복잡하고 비용이 많이 드는 작업이므로 가능하면 피해야 한다는 점이다. 한 시스템에 사용할 데이터 스토리지를 선택할 때 실험적 모델로 소량의 데이터만 처리하는 시스템을 구현하는 경우가 아니라면 처음부터 적절한 데이터 스토리지를 구축해야 한다. 여기서 실험적 모델이란 없어지거나 제거돼도 문제가 없는 중요도가 낮은 데이터를 다루는 것을 말한다. 이렇게 하면 나중에 스토리지를 설정한 후 데이터 마이그레이션을 해야 하는 상황을 피할 수 있다.

## 7.8 게시물 작성과 읽기

그림 7.4는 7.6절의 아키텍처를 사용해 게시자가 게시물을 작성하는 과정의 시퀀스 다이어그램이다. 둘 이상의 서비스에 데이터를 쓰고 있지만, 일관성을 위한 분산 트랜잭션 기술은 필요하지 않다. 다음 단계가 발생한다.

1. 클라이언트는 이미지를 제외한 게시물을 백엔드에 POST 요청을 한다. 백엔드는 게시물을 SQL 데이터베이스에 쓰고 게시물 ID를 클라이언트에 반환한다.
2. 클라이언트는 이미지 파일을 한 번에 하나씩 객체 스토리지에 업로드하거나 스레드를 분기해 병렬 업로드 요청을 할 수 있다.

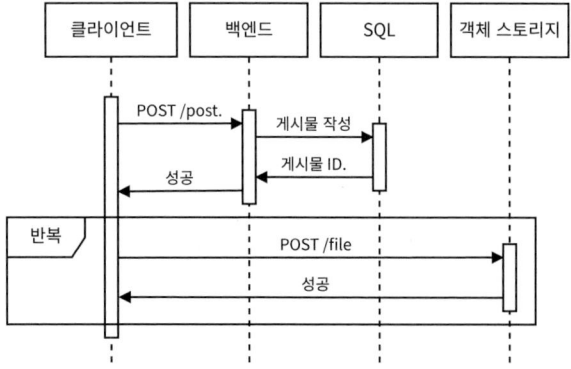

**그림 7.4** 클라이언트가 이미지 업로드를 처리하는 새 게시물 작성의 시퀀스 다이어그램

이 접근법에서 백엔드는 이미지 파일이 객체 스토리지에 성공적으로 업로드됐는지 알지 못한 채 200 성공을 반환한다. 백엔드가 전체 게시물이 성공적으로 업로드됐는지 확인하려면 백엔드 자체에서 이미지를 객체 스토리지에 업로드해야 한다.

그림 7.5는 이러한 접근법을 보여준다. 백엔드는 모든 이미지 파일이 객체 스토리지에 성공적으로 업로드된 후에만 클라이언트에 200 성공을 반환할 수 있다. 이는 이미지 파일 업로드가 실패할 수 있기 때문이다. 이는 업로드 과정 중 백엔드 호스트가 충돌하거나, 네트워크 연결 문제가 발생하거나, 객체 스토리지를 사용할 수 없을 때 등의 이유로 발생할 수 있다.

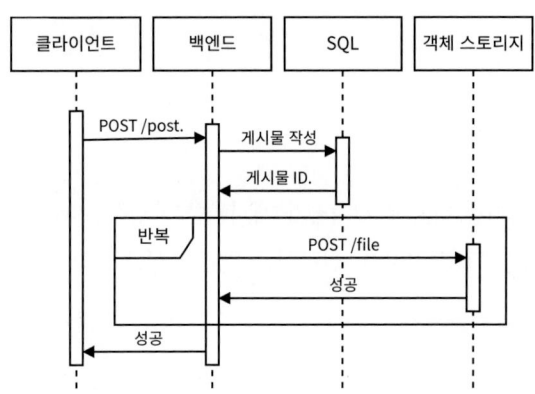

**그림 7.5** 백엔드가 이미지 업로드를 처리하는 새 게시물 작성의 시퀀스 다이어그램

두 접근법의 트레이드오프를 논의해보자. 이미지 업로드에서 백엔드를 제외하는 방식의 장점은 다음과 같다.

- **적은 리소스(Fewer resources)** – 이미지 업로드 오버헤드를 클라이언트로 넘긴다. 이미지 파일 업로드가 백엔드를 거친다면 백엔드는 객체 스토리지와 함께 확장해야 한다.
- **전반적인 지연 시간 감소(Lower overall latency)** – 이미지 파일이 추가 호스트를 거칠 필요가 없다. 이미지 저장에 CDN을 사용하기로 결정하면 클라이언트가 자신의 위치에 가까운 CDN 에지를 활용할 수 없어 이 지연 시간 문제는 더 심각해진다.

이미지 업로드에 백엔드를 포함하는 방식의 장점은 다음과 같다.

- 객체 스토리지에 인증과 권한 부여 메커니즘을 구현하고 유지보수할 필요가 없다. 객체 스토리지가 외부 네트워크에 노출되지 않으므로 해당 시스템의 전반적인 공격 대상 영역이 더 축소된다.
- 조회자가 게시물의 모든 이미지를 볼 수 있음이 보장된다. 이전 접근법에서는 일부나 모든 이미지를 성공적으로 업로드하지 않으면 조회자가 게시물을 볼 때 이를 볼 수 없다. 이것이 허용 가능한 트레이드오프인지 면접관과 논의할 수 있다.

두 접근법의 장점을 대부분 취하는 한 가지 방법은 클라이언트가 이미지 파일을 백엔드에 쓰지만 CDN에서 이미지 파일을 읽는 것이다.

> 각 이미지 파일을 별도의 요청으로 업로드하는 것과 모든 파일을 단일 요청으로 업로드하는 것의 트레이드오프는 무엇인가?

클라이언트가 정말로 각 이미지 파일을 별도의 요청으로 업로드해야 할까? 이러한 복잡성은 불필요할 수 있다. 쓰기 요청의 최대 크기는 10MB를 약간 넘을 것이며, 이는 몇 초 내에 업로드할 수 있을 만큼 작다. 하지만 이는 재시도 또한 더 비용이 많이 든다는 의미다. 이러한 트레이드오프를 면접관과 논의해본다.

조회자가 게시물을 읽는 시퀀스 다이어그램은 POST 요청 대신 GET 요청을 사용한다는 점을 제외하면 그림 7.4와 같다. 조회자가 게시물을 읽을 때 백엔드는 SQL 데이터베이스에서 게시물을 가져와 클라이언트에 반환한다. 그다음 클라이언트는 객체 스토리지에서 게시물의 이미지를 가져와 표시한다. 이미지 가져오기 요청은 병렬로 이뤄질 수 있으므로 파일은 다른 스토리지 호스트에 저장되고 복제되며, 별도의 스토리지 호스트에서 병렬로 다운로드할 수 있다.

## 7.9 기능적 분할

확장의 첫 단계는 도시와 같은 지리상 지역별로 기능적 분할을 사용하는 것이다. 이는 일반적으로 지리적 위치 라우팅이라고 하며, 예를 들어 사용자의 지리적 위치에서 시작되는 DNS 쿼리의 위치를 기반으로 트래픽을 서비스한다. 애플리케이션을 여러 데이터 센터에 배포하고 각 사용자를 해당 도시를 서비스하는 데이터 센터로 라우팅할 수 있는데, 이는 보통 가장 가까운 데이터 센터가 된다. 따라서 각 데이터 센터의 SQL 클러스터는 서비스하는 도시의 데이터만 포함한다. 4.3.2절에서 설명한 MySQL의 바이너리 로그[9] 기반 복제를 사용해 각 SQL 클러스터를 다른 데이터 센터의 두 개의 다른 SQL 서비스로 복제할 수 있다.

크레이그리스트는 각 도시에 서브도메인(예: sfbay.craiglist.org, shanghai.craiglist.org 등)을 할당해 이러한 지리적 분할을 수행한다. 브라우저에서 craiglist.org에 접속하면 다음 단계가 진행된다. 예시는 그림 7.6에 나와 있다.

1. 인터넷 서비스 제공업체가 craigslist.org DNS 조회를 수행하고 IP 주소를 반환한다. (브라우저와 OS에는 DNS 캐시

---

[9] (옮긴이) 데이터베이스의 변경 사항을 시간 순서대로 기록하는 파일로, 데이터 복구와 복제에 사용된다.

가 있으므로 브라우저는 향후 DNS 조회에 자체 DNS 캐시나 OS의 DNS 캐시를 사용할 수 있으며, 이는 ISP에 DNS 조회 요청을 보내는 것보다 빠르다.)

2. 브라우저가 craigslist.org의 IP 주소로 요청을 보낸다. 서버는 이 IP 주소를 기반으로 사용자의 위치를 파악하고 우리 위치에 해당하는 서브도메인이 포함된 3xx 응답을 반환한다. 이 반환된 주소는 브라우저와 사용자의 OS, ISP 같은 중간 경로의 다른 매개체에 캐시될 수 있다.

3. 이 서브도메인의 IP 주소를 얻기 위해 또 다른 DNS 조회가 필요하다.

4. 브라우저가 서브도메인의 IP 주소로 요청을 보낸다. 서버는 해당 서브도메인의 웹페이지와 데이터를 반환한다.

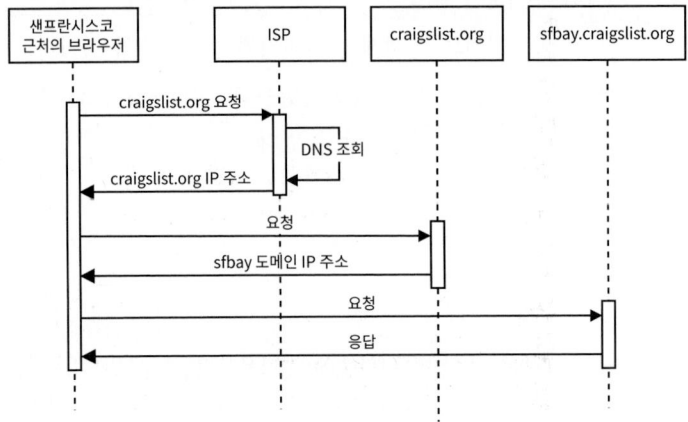

그림 7.6 GeoDNS를 사용해 사용자 요청을 적절한 IP 주소로 안내하는 시퀀스 다이어그램

GeoDNS를 해당 크레이그리스트 서비스에 활용할 수 있다. 브라우저는 craigslist.org에 DNS 조회를 한 번만 수행하면 되고, 반환되는 IP 주소는 사용자 위치에 해당하는 데이터 센터의 주소가 된다. 그러면 브라우저는 이 데이터 센터에 요청을 보내 해당 도시의 게시물을 가져올 수 있다. 브라우저의 주소 표시줄에 서브도메인을 지정하는 대신 UI의 드롭다운 메뉴에서 도시를 선택할 수 있다. 사용자는 이 드롭다운 메뉴에서 도시를 선택해 적절한 데이터 센터에 요청을 보내고 해당 도시의 게시물을 볼 수 있다. UI는 또한 모든 크레이그리스트 도시가 포함된 간단한 정적 웹페이지를 제공할 수 있으며, 사용자는 이를 통해 원하는 도시로 이동할 수 있다.

AWS와 같은 클라우드 서비스는 지리적 위치 라우팅 구성 가이드[10]를 제공한다.

---

10 https://docs.aws.amazon.com/Route53/latest/DeveloperGuide/routing-policy-geo.html

## 7.10 캐싱

예를 들어, 시장 가치보다 훨씬 저렴한 가격의 물품을 소개하는 게시물처럼 특정 게시물이 매우 인기 있고 높은 조회 수를 기록할 수 있다. 지연 시간 SLA(예: 1초 P99)를 준수하고 504 시간 초과 오류를 방지하기 위해 인기 있는 게시물을 캐시할 수 있다.

레디스를 사용해 LRU 캐시를 구현할 수 있다. 키는 게시물 ID가 될 수 있고, 값은 게시물의 전체 HTML 페이지가 된다. 객체 스토리지 앞에 이미지 서비스를 구현할 수 있으므로 객체 식별자를 이미지에 매핑하는 자체 캐시를 포함할 수 있다.

게시물의 정적 특성으로 인해 게시자가 글을 업데이트할 수는 있지만, 캐싱의 오래됨의 가능성은 제한된다. 이 경우 호스트는 해당 캐시 항목을 새로 고쳐야 한다.

## 7.11 CDN

그림 7.7을 참조하면, CDN 사용을 고려해볼 수 있다. 하지만 크레이그리스트는 모든 사용자에게 표시되는 정적 미디어, 즉 이미지와 동영상이 매우 적다. 정적 콘텐츠는 CSS와 자바스크립트 파일로, 전체 크기가 몇 MB에 불과하다. CSS와 자바스크립트 파일을 브라우저 캐싱도 사용할 수 있다. (브라우저 캐싱은 4.10절에서 설명했다.)

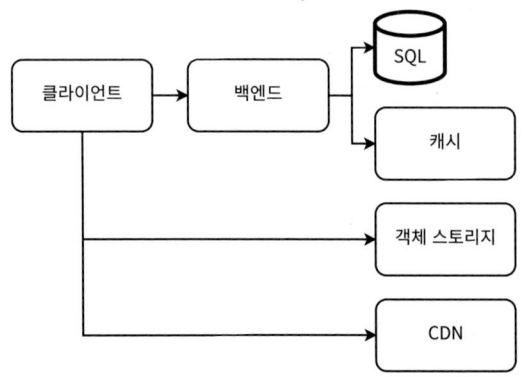

**그림 7.7** 캐시와 CDN을 추가한 후의 크레이그리스트 아키텍처 다이어그램

## 7.12 SQL 클러스터로 읽기 확장

기능별 분할과 캐싱을 넘어설 필요는 없을 것이다. 읽기 작업의 확장이 필요하다면 3장에서 설명한 접근 방식을 따를 수 있으며, 그중 하나가 SQL 복제다.

## 7.13 쓰기 처리량 확장

이 장의 시작 부분에서 애플리케이션이 읽기 위주라고 언급했다. 게시물의 프로그래밍적 생성을 허용할 필요는 없다. 이 절에서는 게시물 생성을 프로그래밍 방식으로 허용하고 공개 API를 제공하는 가상의 상황을 다룬다.

SQL 호스트에 삽입과 업데이트 트래픽 급증이 있으면, 필요한 처리량이 최대 쓰기 처리량을 초과할 수 있다. 이 문서[11]를 참조하면, 특정 SQL 구현은 빠른 INSERT를 위한 방법을 제공한다. 예를 들어, SQL 서버의 ExecuteNonQuery는 초당 수천 건의 INSERT를 수행한다. 또 다른 해결책은 개별 INSERT 문 대신 배치 커밋을 사용하는 것으로, 각 INSERT 문 로그 플러시 오버헤드가 없어진다.

### 카프카와 같은 메시지 브로커 사용

쓰기 트래픽 급증을 처리하기 위해 카프카 같은 스트리밍 솔루션을 사용할 수 있다. SQL 서비스 앞에 카프카 서비스를 배치하는 방식이다.

그림 7.8은 가능한 설계를 보여준다. 게시자가 새 게시물을 제출하거나 기존 게시물을 업데이트할 때 Post Writer 서비스의 호스트가 Post 토픽에 생성할 수 있다. 이 서비스는 상태 비저장이며 수평적으로 확장 가능하다. 'Post Writer'라는 새 서비스를 만들어 Post 토픽에서 지속적으로 소비하고 SQL 서비스에 쓸 수 있다. 이 SQL 서비스는 3장에서 설명한 리더-팔로워 복제를 사용할 수 있다.

---

[11] https://stackoverflow.com/questions/2861944/how-to-do-very-fast-inserts-to-sql-server-2008

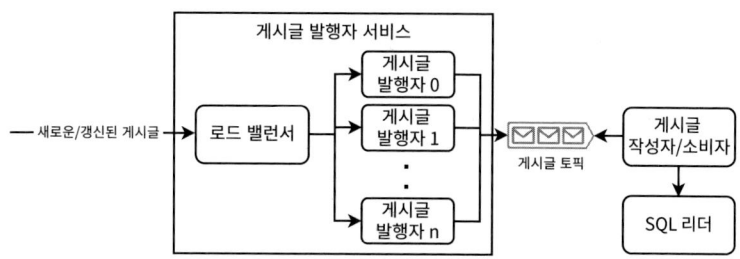

그림 7.8 쓰기 트래픽 급증을 처리하기 위해 수평적 확장과 메시지 브로커를 사용하는 모습

이 접근법의 주요 트레이드오프는 복잡성과 최종 일관성이다. 조직에 이미 사용할 수 있는 카프카 서비스가 있을 가능성이 높으므로 자체 카프카 서비스를 만들 필요가 없어 복잡성이 어느 정도 상쇄된다. 쓰기가 SQL 팔로워에 도달하는 데 시간이 더 오래 걸리므로 최종 일관성 지속 시간이 늘어난다.

필요한 쓰기 처리량이 단일 SQL 호스트의 평균 쓰기 처리량을 초과하면 SQL 클러스터의 추가 기능적 분할을 수행하고 쓰기 트래픽이 많은 카테고리에 전용 SQL 클러스터를 둘 수 있다. 이 해결책은 이상적이지 않은데, 게시물을 보는 애플리케이션 로직이 카테고리에 따라 특정 SQL 클러스터에서 읽어야 하기 때문이다. 쿼리 로직이 더 이상 SQL 서비스에만 캡슐화되지 않고 애플리케이션에도 존재한다. SQL 서비스가 더 이상 백엔드 서비스와 독립적이지 않게 돼 두 서비스의 유지보수가 더 복잡해진다.

더 높은 쓰기 처리량이 필요하다면 카산드라나 HDFS가 있는 카프카와 같은 NoSQL 데이터베이스를 사용할 수 있다.

또한 DDoS 공격을 방지하기 위해 백엔드 클러스터 앞에 속도 제한기(8장 참조)를 추가하는 것을 논의할 수 있다.

## 7.14 이메일 서비스

백엔드는 유 이메일 서비스에 이메일 전송을 요청할 수 있다.

게시물이 7일이 되면 게시자에게 갱신 알림을 보내는 것은 SQL 데이터베이스에서 7일 된 게시물을 쿼리하고 각 게시물에 대해 이메일 서비스에 이메일 전송을 요청하는 배치 ETL 작업으로 구현할 수 있다.

다른 앱의 알림 서비스는 예측할 수 없는 트래픽 급증 처리, 낮은 지연 시간, 짧은 시간 내 알림 전달 같은 요구사항이 있을 수 있다. 이러한 알림 서비스에 관해서는 다음 장에서 설명한다.

## 7.15 검색

2.6절을 참조해 사용자가 게시물을 검색할 수 있게 Post 테이블에 일래스틱서치 인덱스를 생성한다. 사용자, 가격, 상태, 위치, 게시물 최신성 등으로 검색 전후에 게시물을 필터링할 수 있게 할지 논의하고 그에 따라 인덱스를 적절히 수정할 수 있다.

## 7.16 오래된 게시물 제거

크레이그리스트 게시물은 일정 일수가 지나면 만료돼 더 이상 접근할 수 없게 된다. 이는 크론 작업이나 에어플로를 사용해 DELETE /old_posts 엔드포인트를 매일 호출하는 방식으로 구현할 수 있다. DELETE /old_posts는 DELETE /post/{id}와 별도의 엔드포인트일 수 있다. 후자는 단순한 데이터베이스 삭제 작업인 반면, 전자는 먼저 적절한 타임스탬프 값을 계산한 다음 이 타임스탬프 값보다 오래된 게시물을 삭제하는 더 복잡한 로직을 포함하기 때문이다. 두 엔드포인트 모두 레디스 캐시에서 해당 키를 삭제해야 할 수도 있다.

이 작업은 간단하고 중요도가 낮다. 삭제 예정이었던 게시물이 며칠 동안 계속 접근 가능한 상태로 남아있어도 괜찮으므로 크론 작업으로 충분할 수 있으며, 에어플로를 사용하면 불필요한 복잡성이 생길 수 있다. 게시물을 예정된 시간보다 일찍 삭제하지 않게 주의해야 하므로, 이 기능에 대한 모든 변경사항은 운영환경 배포 전에 스테이징 환경에서 철저히 테스트해야 한다. 에어플로와 같은 복잡한 워크플로 관리 플랫폼 대신 크론의 단순성을 선택하면 유지보수성이 향상된다. 특히 기능을 개발한 엔지니어가 떠나고 다른 엔지니어가 유지보수를 담당하게 된 경우에 더욱 그렇다.

오래된 게시물을 제거하거나 전반적으로 오래된 데이터를 삭제하는 것의 장점은 다음과 같다.

- 스토리지 프로비저닝과 유지보수 비용 절감
- 읽기와 인덱싱 같은 데이터베이스 작업 속도 향상

- 모든 데이터를 새 위치로 복사해야 하는 유지보수 작업의 속도가 빨라지고 복잡성이 낮아지며 비용이 줄어든다. 예를 들어 다른 데이터베이스 솔루션 추가나 마이그레이션 등이 있다.
- 조직의 프라이버시 보호 우려가 줄어들고 데이터 유출의 영향이 제한되지만, 이는 공개 데이터이므로 이러한 이점이 크게 느껴지지는 않을 것이다.

단점

- 데이터를 보관함으로써 얻을 수 있는 분석과 유용한 인사이트 손실
- 정부 규정으로 인해 특정 기간 동안 데이터를 보관해야 할 수 있음
- 삭제된 게시물의 URL이 새로운 게시물에 활용될 가능성이 아주 작지만 존재하며, 조회자가 옛 게시물을 보고 있다고 착각할 수 있다. 링크 단축 서비스를 사용할 때 이런 일이 발생할 확률이 더 높아진다. 하지만 이런 일이 일어날 확률이 매우 낮고 사용자에게 미치는 영향도 작아서 이 위험은 허용할 만하다. 민감한 개인 데이터가 노출될 수 있다면 이 위험은 허용할 수 없다.

비용이 문제이고 오래된 데이터에 대한 접근이 빈번하지 않다면, 데이터 삭제의 대안으로 압축 후 테이프와 같은 저비용 아카이브 하드웨어나 AWS 글래시어(Glacier)나 애저 아카이브 스토리지(Azure Archive Storage) 같은 온라인 데이터 아카이브 서비스에 저장하는 방법을 고려할 수 있다. 특정한 오래된 데이터가 필요할 때는 데이터 처리 작업 전에 디스크 드라이브에 쓸 수 있다.

## 7.17 모니터링과 알림

2.5절에서 설명한 내용 외에도 다음 사항을 모니터링하고 알림을 보내야 한다.

- 10장에서 설명할 예정인 데이터베이스 모니터링 시스템은 오래된 게시물이 제거되지 않았을 때 낮은 중요도의 경보를 발생시켜야 한다.
- 이상 감지 사례
    - 추가되거나 제거된 게시물 수
    - 특정 용어의 높은 검색 횟수
    - 부적절한 것으로 신고된 게시물 수

## 7.18 아키텍처 논의 내용 요약

그림 7.9는 지금까지 설명한 많은 서비스를 포함한 크레이그리스트 아키텍처를 보여준다. 여기에는 클라이언트, 백엔드, SQL, 캐시, 알림 서비스, 검색 서비스, 객체 스토리지, CDN, 로깅, 모니터링, 알림, 배치 ETL이 포함된다.

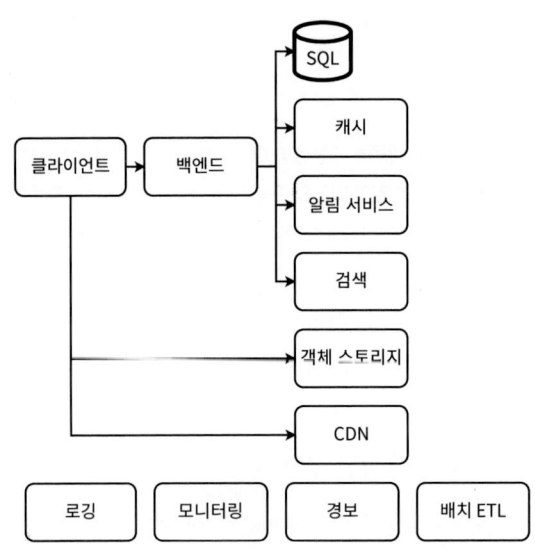

**그림 7.9** 알림 서비스, 검색, 로깅, 모니터링, 알림 기능이 포함된 크레이그리스트 아키텍처. 로깅, 모니터링, 알림 기능은 다양한 다른 컴포넌트에 서비스를 제공할 수 있기 때문에 다이어그램에서는 독립적인 컴포넌트로 표시된다. 오래된 게시물을 주기적으로 제거하는 등의 목적을 위해 배치 ETL 서비스에서 작업을 정의할 수 있다.

## 7.19 기타 논의 가능한 주제

우리의 시스템 설계는 이 장의 시작 부분에서 언급한 요구사항을 충족한다. 면접의 나머지 부분은 새로운 제약 조건과 요구사항에 관한 것일 수 있다.

### 7.19.1 게시물 신고

사용자가 게시물을 신고하는 기능은 간단하므로 따로 설명하지 않았다. 이 논의에는 다음과 같은 요구사항을 충족하는 시스템 설계가 포함될 수 있다.

- 일정 수의 신고가 접수되면 게시물이 삭제되고 게시자에게 이메일 알림이 전송된다.
- 게시자의 계정과 이메일이 자동으로 차단돼 크레이그리스트에 로그인하거나 게시물을 작성할 수 없게 된다. 그러나 로그인하지 않고 게시물을 계속 볼 수 있으며 다른 게시자에게 이메일을 보낼 수 있다.
- 게시자는 관리자에게 연락해 이 결정의 이의를 제기할 수 있어야 한다. 이러한 상호작용과 결정을 추적하고 기록하는 시스템이 필요한지 면접관과 논의해야 할 수 있다.
- 게시자가 이메일을 차단하고 싶다면 자신의 이메일 계정에서 발신자의 이메일 주소를 차단하게 설정해야 한다. 크레이그리스트는 이를 처리하지 않는다.

## 7.19.2 점진적 성능 저하

각 구성 요소의 장애를 어떻게 처리할 수 있을까? 장애를 일으킬 수 있는 가능한 예외 상황은 무엇이며 어떻게 처리할 수 있을까?

## 7.19.3 복잡성

크레이그리스트는 소규모 팀이 유지보수하기 쉽도록 단순성을 최우선으로 설계된 간단한 분류 광고 앱으로 설계됐다. 기능 세트는 의도적으로 제한되고 잘 정의돼 있으며, 새로운 기능은 거의 도입되지 않는다. 이를 달성하기 위한 전략을 설명할 수 있다.

### 종속성 최소화

라이브러리나 서비스에 의존성을 가진 모든 앱은 시간이 지남에 따라 자연스럽게 성능이 저하되며, 현재의 기능을 계속 제공하기 위해서는 개발자의 지속적인 유지보수가 필요하다. 오래된 라이브러리 버전과 때로는 전체 라이브러리가 더 이상 사용되지 않으며, 서비스가 중단될 수 있으므로 개발자가 최신 버전을 설치하거나 대안을 찾아야 한다. 새로운 라이브러리 버전이나 서비스 배포로 인해 애플리케이션이 중단될 수도 있다. 현재 사용 중인 라이브러리에서 버그나 보안 결함이 발견되면 라이브러리 업데이트가 필요할 수도 있다. 시스템의 기능 세트를 최소화하면 종속성이 최소화돼 디버깅, 문제 해결, 유지보수가 간단해진다.

이 접근 방식은 각 지역이나 고객층별로 광범위한 맞춤화가 필요하지 않은 최소한의 유용한 기능 세트를 제공하는 데 중점을 두는 적절한 기업 문화를 필요로 한다. 예를 들어, 크레이그리스트가 결제를 제공하지 않는 주요 이유는 결제를 처리하는 비즈니스 로직이 각 도시마다 다를 수 있기 때문이다.

기타 통화, 세금, 결제 처리업체(마스터카드(MasterCard), 비자(Visa), 페이팔, 위페이(WePay) 등)를 고려해야 하며, 이러한 요소의 변화에 대응하기 위한 지속적인 작업이 필요하다. 많은 대형 기술 기업은 프로그램 관리자와 엔지니어가 새로운 서비스를 구상하고 구축하는 것을 장려하는 엔지니어링 문화가 있다. 하지만 이런 문화는 여기에서는 적합하지 않다.

## 클라우드 서비스 사용

그림 7.9에서 클라이언트와 백엔드를 제외한 모든 서비스는 클라우드 서비스에 배포할 수 있다. 예를 들어, 그림 7.9의 각 서비스에 다음과 같은 AWS 서비스를 사용할 수 있다. 애저나 GCP 같은 다른 클라우드 벤더도 유사한 서비스를 제공한다.

- **SQL**: RDS (https://aws.amazon.com/rds/)
- **객체 스토리지(Object Storage)**: S3 (https://aws.amazon.com/s3/)
- **캐시(Cache)**: 일래스틱캐시(ElastiCache) (https://aws.amazon.com/elasticache/)
- **CDN**: 클라우드프론트(CloudFront) (https://www.amazonaws.cn/en/cloudfront/)
- **알림 서비스(Notification service)**: Simple Notification Service (https://aws.amazon.com/sns)
- **검색(Search)**: 클라우드서치(CloudSearch) (https://aws.amazon.com/cloudsearch/)
- **로깅, 모니터링, 알림(Logging, monitoring, and alerting)**: 클라우드와치(CloudWatch) (https://aws.amazon.com/cloudwatch/)
- **배치 ETL(Batch ETL)**: 비율과 크론 표현식이 있는 람다 함수[12]

## 전체 웹페이지를 HTML 문서로 저장

웹페이지는 일반적으로 HTML 템플릿과 그 사이에 삽입된 자바스크립트 함수들로 구성되며, 이 함수들은 세부 정보를 채우기 위해 백엔드에 요청을 보낸다. 크레이그리스트의 경우, 게시물의 HTML 페이지 템플릿에는 제목, 설명, 가격, 사진 등의 필드가 포함될 수 있으며, 각 필드의 값은 자바스크립트로 채워질 수 있다.

크레이그리스트의 게시물 웹페이지의 단순하고 작은 디자인은 7.5절에서 처음 설명한 더 간단한 해결책을 가능하게 하며, 여기서 더 자세한 내용을 논의할 수 있다. 게시물의 웹페이지를 데이터베이스나

---

[12] https://docs.aws.amazon.com/lambda/latest/dg/services-cloudwatchevents-expressions.html

CDN에 단일 HTML 문서로 저장할 수 있다. 이는 키가 게시물의 ID이고 값이 HTML 문서인 간단한 키-값 쌍일 수 있다. 이 해결책은 모든 데이터베이스 항목에 중복된 HTML이 포함되므로 일부 저장 공간을 트레이드오프한다. 이 게시물의 ID 목록에 검색 인덱스를 구축할 수 있다.

이 접근 방식은 새 게시물에 필드를 추가하거나 제거하는 것도 덜 복잡하게 만든다. 새로운 필수 필드(예: 부제목)를 추가하기로 결정하면 SQL 데이터베이스 마이그레이션 없이 필드를 변경할 수 있다. 보존 기간이 있고 자동으로 삭제될 오래된 게시물의 필드를 수정할 필요가 없다. Post 테이블은 단순화되어 게시물의 필드가 게시물의 CDN URL로 대체된다. 열은 'id, ts, poster_id, location_id, post_url'이 된다.

### 관찰 가능성

유지보수성의 모든 설명 논의에서는 2.5절에서 자세히 다룬 관찰 가능성의 중요성을 강조해야 한다. 로깅, 모니터링, 알림, 자동화된 테스트에 투자해야 하며, 좋은 모니터링 대시보드, 런북, 디버깅 자동화를 포함한 우수한 SRE 사례를 채택해야 한다.

### 7.19.4 품목 카테고리/태그

'자동차', '부동산', '가구' 등의 품목 카테고리/태그를 제공하고 게시자가 목록에 특정 수(예: 3개)의 태그를 붙이게 할 수 있다. 태그를 위한 SQL 차원 테이블을 만들 수 있다. Post 테이블에는 쉼표로 구분된 태그 목록 열을 둘 수 있다. 대안으로는 그림 7.10과 같이 'post_tag'라는 연관/교차 테이블을 사용할 수 있다.

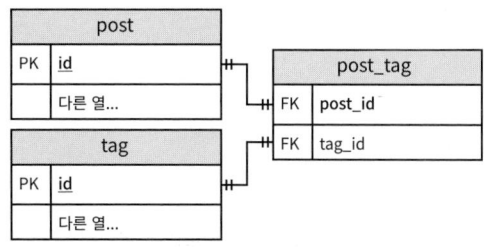

그림 7.10 게시물과 태그를 위한 연관/교차 테이블. 이 스키마 정규화는 중복 데이터를 피함으로써 일관성을 유지한다. 데이터가 단일 테이블에 있다면 행 전체에 중복 값이 생긴다.

이를 단순 목록에서 계층형 목록으로 확장할 수 있으며, 이를 통해 사용자들은 더 정확한 필터를 적용해 자신의 관심사와 더 관련 있는 게시물을 볼 수 있다. 예를 들어, '부동산'은 다음과 같은 중첩된 하위 카테고리를 가질 수 있다.

- 부동산〉 거래 유형〉 임대
- 부동산〉 거래 유형〉 판매
- 주택 유형〉 아파트
- 주택 유형〉 단독 주택
- 주택 유형〉 타운하우스

### 7.19.5 분석과 추천

SQL 데이터베이스를 쿼리하고 다양한 지표 대시보드를 채우는 일일 배치 ETL 작업을 만들 수 있다.

- 태그별 품목 수
- 가장 많은 클릭을 받은 태그
- 조회자가 게시자에게 가장 많이 연락한 태그
- 가장 빠른 판매를 기록한 태그. 게시자가 게시 후 얼마나 빨리 게시물을 삭제했는지로 측정 가능
- 신고된, 의심되는, 확인된 사기성 게시물의 수와 지리적, 시간적 분포

크레이그리스트는 개인화 기능을 제공하지 않고 게시물은 가장 최근 것부터 순서대로 정렬된다. 사용자 활동을 추적하고 게시물을 추천하는 것을 포함한 개인화를 논의할 수 있다.

### 7.19.6 A/B 테스팅

1.4.5절에서 간단히 설명한 바와 같이, 애플리케이션에 새로운 기능과 미적 디자인을 개발할 때 모든 사용자에게 한 번에 적용하기보다는 점진적으로 많은 비율의 사용자에게 롤아웃하고 싶을 수 있다.

## 7.19.7 구독과 저장된 검색

조회자가 문자 제한이 있는 검색어를 저장하고 저장된 검색과 일치하는 새 게시물에 관한 알림을 받을 수 있는 이메일, 문자 메시지, 앱 내 메시지 등으로 API 엔드포인트를 제공할 수 있다. 이 엔드포인트 POST 요청은 'saved_search'라는 이름의 SQL 테이블에 타임스탬프, user_id, search_term 데이터를 포함한 행을 쓸 수 있다.

이 저장된 검색 구독 서비스는 이 절에서 설명하는 바와 같이 그 자체로 복잡한 시스템이 될 수 있다.

사용자는 모든 저장된 검색을 포함하는 단일 일일 알림을 받아야 한다. 이 알림은 검색어 목록과 각 검색어에 해당하는 최대 10개의 결과로 구성될 수 있다. 각 결과는 해당 검색어의 게시물 데이터 목록으로 구성된다. 데이터에는 게시물 링크와 알림에 표시할 제목, 가격, 설명의 처음 100자 등 일부 요약 정보가 포함될 수 있다.

예를 들어, 사용자에게 '샌프란시스코 스튜디오 아파트'와 '시스템 설계 면접 책'이라는 두 개의 저장된 검색어가 있다면 알림에는 다음과 같은 내용이 포함될 수 있다. 면접 중에 이 모든 내용을 적을 필요는 없다. 간단한 스니펫을 적고 그 의미를 구두로 설명하면 된다.

```
[
  {
    "search_term": "샌프란시스코 스튜디오 아파트",
    "results": [
      {
        "link": "sfbay.craigslist.org/12345",
        "title": "완전히 리모델링된 스튜디오",
        "price": 3000,
        "description_snippet": "미션 지역의 아름답고 아늑한 원룸 아파트. 아름답고 안전한 동네에서 멋진 전망을 즐길 수 있습니다."
      },
      {
        "link": "sfbay.craigslist.org/67890"
        "title": "크고 아름다운 스튜디오",
        "price": 3500,
        "description_snippet": "편의 시설\n편안한 오픈 플로어 플랜\n세탁기 내장\n큰 옷장\n반려동물 허용\n천장 선풍기\n"
      },
      ...
```

```
    ]
  },
  {
    "search_term": "시스템 설계 면접 책",
    "results": [
      ...
    ]
  }
]
```

사용자에게 저장된 검색에 대한 새로운 결과를 보내기 위해 일일 배치 ETL 작업을 구현할 수 있다. 이 작업을 구현하는 방법으로 적어도 두 가지를 제안할 수 있다. 하나는 검색 서비스에 중복 요청을 허용하는 더 단순한 방법이고, 다른 하나는 이러한 중복 요청을 피하는 더 복잡한 방법이다.

### 7.19.8 검색 서비스 중복 요청 허용

일래스틱서치는 빈번한 검색 요청을 캐싱[13]하므로 같은 검색어로 빈번한 요청을 해도 많은 리소스를 낭비하지 않는다. 배치 ETL 작업에서 사용자와 개별 저장 검색어를 한 번에 하나씩 처리할 수 있다. 각 처리는 사용자의 검색어를 검색 서비스에 별도의 요청으로 보내고, 결과를 통합한 다음 알림 서비스(9장의 주제)에 요청을 보내는 것으로 구성된다.

### 7.19.9 검색 서비스에 중복 요청 피하기

배치 ETL 작업은 다음 단계로 실행된다.

1. 검색어 중복을 제거해 각 용어에 한 번만 검색을 실행하면 된다. SELECT DISTINCT LOWER(search_term) FROM saved_search WHERE timestamp >= UNIX_TIMESTAMP(DATEADD(CURDATE(), INTERVAL -1 DAY)) AND timestamp < UNIX_TIMESTAMP(CURDATE())와 같은 SQL 쿼리를 실행해 어제의 검색어를 중복 제거할 수 있다. 검색은 대소문자를 구분하지 않을 수 있으므로 중복 제거의 일환으로 검색어를 소문자로 바꾼다. 크레이그리스트 설계가 도시별로 분할돼 있으므로 1억 개 이상의 검색어가 있을 수 없다. 검색어당 평균 10자를 가정하면 1GB의 데이터가 되며, 이는 단일 호스트의 메모리에 쉽게 들어간다.

---

[13] https://www.elastic.co/blog/elasticsearch-caching-deep-dive-boosting-query-speed-one-cache-at-a-time

2. 검색어별 작업 순서

    a. 일래스틱서치 검색 서비스에 요청을 보내고 결과를 받는다.

    b. 이 검색어와 연관된 사용자 ID를 'saved_search' 테이블에서 쿼리한다.

    c. 각 사용자 ID, 검색어, 결과 튜플 알림 서비스에 요청을 보낸다.

2단계에서 작업이 실패하면 어떻게 될까? 사용자에게 알림을 다시 보내는 것을 어떻게 피할 수 있을까? 5장에서 설명한 분산 트랜잭션 메커니즘을 사용할 수 있다. 알림을 표시하기 전에 이미 표시됐는지와 닫혔는지를 확인하는 로직을 클라이언트에 구현할 수 있다. 이는 브라우저나 모바일 앱 같은 특정 유형의 클라이언트에서는 가능하지만 이메일이나 문자 메시지에서는 불가능하다.

저장된 검색이 만료되면 만료 날짜보다 오래된 행에 SQL DELETE 문을 실행하는 일일 배치 작업으로 오래된 테이블 행을 정리할 수 있다.

## 7.19.10 속도 제한

서비스 요청은 모두 속도 제한기를 거치도록 설계해야 한다. 이는 개별 사용자가 너무 자주 요청을 보내 과도한 리소스를 소비하는 것을 방지한다. 속도 제한기 설계는 8장에서 설명한다.

## 7.19.11 대량의 게시물

위치에 관계없이 모든 목록이 누구나 접근할 수 있는 단일 URL을 제공하고 싶다면 어떻게 할까? 이 경우 Post 테이블이 단일 호스트에 비해 너무 클 수 있고, 게시물 일래스틱서치 인덱스도 단일 호스트에 비해 너무 클 수 있다. 그러나 단일 호스트에서 검색 쿼리를 계속 제공해야 한다. 여러 호스트에서 쿼리를 처리하고 조회자에게 반환하기 전에 단일 호스트에서 결과를 집계하는 설계는 지연 시간이 길고 비용이 많이 든다. 단일 호스트에서 계속 검색 쿼리를 제공하려면 어떻게 해야 할까? 가능성은 다음과 같다.

- 게시물 만료(보존 기간)를 1주일로 정하고 만료된 게시물을 삭제하는 일일 배치 작업을 구현한다. 짧은 보존 기간은 검색하고 캐시할 데이터가 적다는 의미이므로 시스템의 비용과 복잡성을 줄인다.
- 게시물에 저장되는 데이터의 양을 줄인다.

- 게시물 카테고리에 기능적 분할을 수행한다. 다양한 카테고리에 별도의 SQL 테이블을 만들 수 있다. 하지만 애플리케이션이 적절한 테이블 매핑을 포함해야 할 수 있다. 매핑을 레디스 캐시에 저장하고, 애플리케이션이 어떤 테이블을 쿼리할지 결정하기 위해 레디스 캐시를 쿼리해야 할 수 있다.
- 압축된 데이터를 검색하는 것은 비용이 너무 많이 들므로 압축은 고려하지 않을 수 있다.

## 7.19.12 지역 규정

국가, 주, 카운티, 도시 등 각 관할 구역은 크레이그리스트에 영향을 미치는 자체 규정을 가질 수 있다. 예를 들면 다음과 같다.

- 크레이그리스트에서 허용되는 제품이나 서비스 유형이 관할 구역마다 다를 수 있다. 우리 시스템은 이 요구사항을 어떻게 처리할 수 있을까? 15.10.1절에서 가능한 접근 방식을 설명한다.
- 고객 데이터와 프라이버시 규정으로 인해 회사가 고객 데이터를 국외로 내보내는 것이 허용되지 않을 수 있다. 고객 요구에 따라 고객 데이터를 삭제하거나 정부와 데이터를 공유해야 할 수 있다. 이러한 고려사항은 면접 범위를 벗어날 가능성이 높다.

정확한 요구사항을 설명해야 한다. 사용자 위치에 따라 클라이언트 애플리케이션에서 특정 제품과 서비스 구역을 선택적으로 표시하는 것으로 충분한가, 아니면 사용자가 금지된 제품과 서비스를 보거나 게시하는 것도 방지해야 하는가?

구역을 선택적으로 표시하는 초기 접근 방식은 사용자 IP 주소의 국가에 따라 구역을 표시하거나 숨기는 로직을 클라이언트에 추가한다. 더 나아가 이러한 규정이 많거나 자주 변경된다면 크레이그리스트 관리자가 규정을 구성할 수 있는 규정 서비스를 만들고, 클라이언트가 이 서비스에 요청을 보내 어떤 HTML을 표시하거나 숨길지 결정해야 할 수 있다. 이 서비스는 읽기 트래픽이 많고 쓰기 트래픽이 훨씬 적으므로 쓰기가 성공하게 CQRS 기법을 적용할 수 있다. 예를 들어, 관리자와 조회자를 위한 별도의 규정 서비스를 두고 각각 확장하며 서비스 간 주기적으로 동기화할 수 있다.

크레이그리스트에 금지된 콘텐츠가 게시되지 않게 해야 한다면 금지된 단어나 문구를 감지하는 시스템이나 머신러닝 접근법을 설명해야 할 수 있다.

마지막으로, 크레이그리스트는 국가별로 목록을 맞춤화하려고 시도하지 않는다. 2018년 미국에서 통과된 새로운 규제에 따라 개인 광고 섹션을 제거한 것이 좋은 예다. 다른 국가에서는 이 섹션을 유지하려고 시도하지 않았다. 이러한 접근법의 트레이드오프를 논의할 수 있다.

## 요약

- 사용자와 텍스트, 이미지, 동영상 등 다양한 필요 데이터 유형을 설명해 비기능적 요구사항을 결정한다. 크레이그리스트 시스템은 확장성, 고가용성, 고성능을 모두 고려한다.

- CDN은 이미지나 동영상을 제공하는 일반적인 솔루션이지만 항상 적절한 솔루션이라고 가정하지 말아야 한다. 이러한 미디어를 소수의 사용자에게만 제공할 때 객체 스토리지를 사용한다.

- GeoDNS에 의한 기능적 분할이 확장 설명의 첫 단계다.

- 다음은 캐싱과 CDN으로, 주로 게시물 제공의 확장성과 지연 시간을 개선하기 위한 것이다.

- 크레이그리스트 서비스는 읽기 위주다. SQL을 사용한다면 읽기 확장을 하기 위해 리더-팔로워 복제를 고려한다.

- 쓰기 트래픽 급증을 처리하기 위해 백엔드와 메시지 브로커의 수평적 확장을 고려한다. 이러한 설정은 여러 백엔드 호스트에 요청을 분산하고 메시지 브로커에 버퍼링해 쓰기 요청을 처리할 수 있다. 소비자 클러스터가 메시지 브로커에서 요청을 소비하고 적절히 처리할 수 있다.

- 실시간 지연이 필요하지 않은 기능에 배치나 스트리밍 ETL 작업을 고려한다. 이는 더 느리지만 확장성이 높고 비용이 낮다.

- 면접의 나머지 부분은 새로운 제약 조건과 요구사항에 관한 것일 수 있다. 이 장에서 언급한 새로운 제약 조건과 요구사항은 게시물 신고, 점진적 성능 저하, 복잡성 감소, 게시물 카테고리/태그 추가, 분석과 추천, A/B 테스팅, 구독과 저장된 검색, 속도 제한, 각 사용자에게 더 많은 게시물 제공, 지역 규정 등이다.

# 08
# 속도 제한 서비스 설계

**이 장에서 다루는 내용**

- 속도 제한 사용
- 속도 제한 서비스 설명
- 다양한 속도 제한 알고리즘 이해

속도 제한(Rate limiting)은 시스템 설계 면접에서 거의 항상 언급해야 하는 일반적인 서비스로, 이 책의 대부분의 예제 질문에서 언급된다. 이 장은 1) 면접관이 면접 중 속도 제한을 언급할 때 더 자세한 내용을 요구할 수 있는 상황과 2) 질문 자체가 속도 제한 서비스를 설계하는 것인 상황을 다루는 것을 목표로 한다.

**속도 제한(Rate limiting)**은 소비자가 API 엔드포인트에 요청할 수 있는 속도를 정의한다. 속도 제한은 특히 봇과 같은 클라이언트의 의도하지 않거나 악의적인 과도한 사용을 방지한다. 이 장에서는 이러한 클라이언트를 '과도한 클라이언트'라고 부른다.

의도하지 않은 과도한 사용의 예는 다음과 같다.

- 클라이언트가 (정상적이든 악의적이든) 트래픽 급증을 경험한 또 다른 웹 서비스다.
- 해당 서비스 개발자가 운영 환경에서 부하 테스트를 실행하기로 결정했다.

이러한 의도하지 않은 과도한 사용은 '시끄러운 이웃' 문제를 일으킨다. 이는 한 클라이언트가 우리 서비스의 리소스를 너무 많이 사용해 다른 클라이언트가 더 높은 지연 시간이나 더 높은 요청 실패율을 경험하게 되는 상황이다.

악의적인 공격에는 다음이 포함된다. 속도 제한이 막지 못하는 다른 봇 공격도 있다. 자세한 내용은 주석[1]의 문서를 참조한다.

- **서비스 거부(Denial-of-service, DoS)나 분산 서비스 거부(distributed denial-of-service, DDoS) 공격(attacks)** – DoS는 대상에 요청을 폭증시켜 정상 트래픽을 처리할 수 없게 한다. DoS는 단일 서버를 사용하고 DDoS는 여러 서버를 사용해 공격한다. 이 장에서는 이 구분이 중요하지 않으므로 이를 통칭해 'DoS'라고 한다.
- **무차별 대입 공격(Brute force attack)** – 무차별 대입 공격은 비밀번호, 암호화 키, API 키, SSH 로그인 자격 증명과 같은 민감한 데이터를 찾기 위해 반복적으로 시도하는 공격이다.
- **웹 스크래핑(Web scraping)** – 웹 스크래핑은 봇을 사용해 웹 애플리케이션의 많은 웹 페이지에 GET 요청을 보내 대량의 데이터를 얻는 방법이다. 예를 들어 아마존 제품 페이지에서 가격과 제품 리뷰를 스크래핑하기 위한 것이다.

속도 제한은 라이브러리로 구현하거나 프론트엔드, API 게이트웨이, 서비스 메시가 호출하는 별도의 서비스로 구현할 수 있다. 이 질문에서는 6장에서 설명한 기능적 분할의 장점을 얻기 위해 이를 서비스로 구현한다. 그림 8.1은 이 장에서 설명할 속도 제한기 설계를 보여준다.

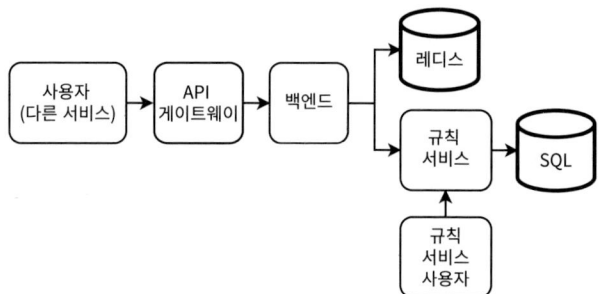

**그림 8.1** 속도 제한기의 초기 고수준 아키텍처. 프론트엔드, 백엔드, 규칙 서비스도 공유 로깅 서비스에 로그를 기록하지만 여기서는 표시하지 않았다. 레디스 데이터베이스는 보통 우리 서비스가 자체 레디스 데이터베이스를 프로비저닝하는 것이 아니라 공유 레디스 서비스로 구현된다. 레디스 서비스 사용자는 브라우저 앱을 통해 규칙 서비스에 API 요청을 할 수 있다. 규칙은 SQL에 저장할 수 있다.

## 8.1 속도 제한 서비스의 대안과 그것이 실현 불가능한 이유

부하를 모니터링하고 필요할 때 더 많은 호스트를 추가하는 방식으로 서비스를 확장하지 않고 왜 속도 제한을 하는가? 서비스를 수평적으로 확장 가능하게 설계하면 더 많은 호스트를 쉽게 추가하여 추가 부하를 처리할 수 있다. 자동 확장도 고려할 수 있다.

---

[1] https://www.cloudflare.com/learning/bots/what-is-bot-management/

트래픽 급증이 감지될 때 새 호스트를 추가하는 과정이 너무 느릴 수 있다. 새 호스트 추가에는 호스트 하드웨어 프로비저닝, 필요한 도커 컨테이너 다운로드, 새 호스트에서 서비스 시작, 새 호스트로 트래픽을 보내게 로드 밸런서 구성 업데이트 등 시간이 걸리는 단계가 포함된다. 이 과정이 너무 느려서 새 호스트가 트래픽을 처리할 준비가 됐을 때는 이미 서비스가 중단됐을 수 있다. 자동 확장 솔루션조차 너무 느릴 수 있다.

로드 밸런서는 각 호스트로 보내는 요청 수를 제한할 수 있다. 로드 밸런서를 사용하여 호스트에 과부하가 걸리지 않게 보장하고 클러스터에 여유 용량이 없을 때 요청을 삭제하는 것은 어떨까?

앞서 언급했듯이 악의적인 요청을 처리해서는 안 된다. 속도 제한은 이러한 요청의 IP 주소를 감지하고 버림으로써 이를 방어한다. 나중에 설명하겠지만, 속도 제한기는 보통 429 Too Many Requests를 반환할 수 있으나, 특정 요청이 악의적이라고 확신한다면 다음 옵션 중 하나를 선택할 수 있다.

- 요청을 버리고 응답을 반환하지 않아 공격자가 서비스에 장애가 발생했다고 생각하게 한다.
- 사용자를 섀도우 밴(Shadow ban)[2]해서 200을 반환하되, 빈 응답이나 오해의 소지가 있는 응답을 보낸다.

속도 제한이 왜 별도의 서비스여야 하는가? 각 호스트가 독립적으로 요청자의 요청 속도를 추적하고 속도를 제한할 수는 없는가?

그 이유는 특정 요청이 그 외 요청보다 비용이 더 많이 들기 때문이다. 특정 사용자는 더 많은 데이터를 반환하거나, 더 비용이 많이 드는 필터링과 집계가 필요하거나, 더 큰 데이터셋 간의 JOIN 연산이 포함된 요청을 할 수 있다. 호스트는 특정 클라이언트의 비용이 많이 드는 요청을 처리하느라 느려질 수 있다.

4계층 로드 밸런서는 요청의 내용을 처리할 수 없다. 사용자의 요청을 같은 호스트로 라우팅하는 고정 세션을 위해서는 7계층 로드 밸런서가 필요한데, 이는 비용과 복잡성을 증가시킨다. 7계층 로드 밸런서를 위한 다른 사용 사례가 없다면 이 목적으로 7계층 로드 밸런서를 사용하는 것은 가치가 없을 수 있으며, 전용 공유 속도 제한 서비스가 더 나은 해결책일 수 있다. 표 8.1은 논의 내용을 요약한 것이다.

---

[2] (옮긴이) 사용자가 인지하지 못하게 콘텐츠나 활동을 제한하거나 숨기는 온라인 플랫폼의 제재 방식이다.

표 8.1 속도 제한과 그 대안 비교

| 속도 제한 | 새 호스트 추가 | 7계층 로드 밸런서 사용 |
| --- | --- | --- |
| 높은 요청 속도를 보이는 사용자에게 429 Too Many Requests 응답을 반환해 트래픽 급증을 처리 | 새 호스트 추가가 트래픽 급증에 대응하기에 너무 느릴 수 있음. 새 호스트가 트래픽을 처리할 준비가 됐을 때 서비스가 이미 중단됐을 수 있음 | 트래픽 급증을 처리하기 위한 해결책이 아님 |
| 오해의 소지가 있는 응답을 제공해 DoS 공격 처리 | 처리하지 말아야 할 악의적인 요청을 처리함 | 해결책이 아님 |
| 비용이 많이 드는 요청을 하는 사용자의 속도 제한 가능 | 비용이 많이 드는 요청을 처리하는 비용 발생 | 비용이 많이 드는 요청을 거부할 수 있지만 독립 솔루션으로는 비용과 복잡성이 너무 높을 수 있음 |

## 8.2 속도 제한을 하지 말아야 할 때

속도 제한이 모든 종류의 클라이언트 과다 사용에 적절한 해결책은 아니다. 예를 들어, 우리가 설계한 소셜 미디어 서비스를 생각해보자. 사용자가 특정 해시태그와 관련된 업데이트를 구독할 수 있다. 사용자가 일정 기간 내에 너무 많은 구독 요청을 하면 소셜 미디어 서비스는 '최근 몇 분 동안 너무 많은 구독 요청을 했습니다'라고 응답할 수 있다. 속도 제한을 설정했다면 사용자의 요청을 버리고 429(Too Many Requests)를 반환하거나 아무것도 반환하지 않아 클라이언트가 응답을 500으로 판단한다. 이는 좋지 않은 사용자 경험이 된다. 브라우저나 모바일 앱에서 요청을 보낸 경우, 앱은 사용자에게 너무 많은 요청을 보냈다고 표시하여 좋은 사용자 경험을 제공할 수 있다.

또 다른 예는 특정 요청 속도의 구독 요금을 부과하는 서비스다(예: 시간당 1,000건의 요청인지, 10,000건의 요청인지에 따라 구독 요금이 다름). 클라이언트가 특정 시간 간격의 할당량을 초과하면 다음 시간 간격까지 추가 요청을 처리하지 않아야 한다. 공유 속도 제한 서비스는 클라이언트가 구독을 초과하는 것을 방지하기 위한 적절한 해결책이 아니다. 아래에서 더 자세히 설명하겠지만, 공유 속도 제한 서비스는 각 클라이언트에 다른 속도 제한을 주는 것과 같은 복잡한 사용 사례가 아닌 단순한 사용 사례를 지원하는 데 국한돼야 한다.

## 8.3 기능적 요구사항

속도 제한 서비스는 공유 서비스로, 주로 회사 외부 사용자가 이용한다. 이러한 서비스를 '사용자 서비스'라고 부른다. 사용자는 최대 요청 속도를 설정할 수 있어야 하며, 이를 초과하는 동일 요청자의 추가 요청은 지연되거나 429 응답과 함께 거부된다. 간격은 10초나 60초라고 가정할 수 있다. 10초 동안 최대 10개의 요청을 설정할 수 있다. 그 외 기능적 요구사항은 다음과 같다.

- 각 사용자 서비스가 호스트 전체에서 요청자의 속도를 제한해야 하지만 서비스 간에 동일한 사용자의 속도를 제한할 필요는 없다고 가정한다. 속도 제한은 각 사용자 서비스에서 독립적이다.
- 사용자는 엔드포인트당 하나씩 여러 개의 속도 제한을 설정할 수 있다. 특정 요청자/사용자에게 다른 속도 제한을 허용하는 것과 같은 더 복잡한 사용자별 구성은 필요하지 않다. 속도 제한기가 이해하고 사용하기 쉬운 저렴하고 확장 가능한 서비스가 되기를 원한다.
- 사용자는 어떤 사용자가 속도 제한이 됐는지, 이러한 속도 제한 이벤트가 언제 시작되고 끝났는지 볼 수 있어야 한다. 이를 위한 엔드포인트를 제공한다.
- 모든 요청을 로깅해야 하는지 면접관과 논의할 수 있다. 이를 위해서는 많은 양의 저장 공간이 필요하며 비용이 많이 든다. 이것이 필요하다고 가정하고 비용을 줄이기 위한 저장 공간 절약 기법을 설명한다.
- 수동 후속 조치와 분석을 위해서는 속도가 제한된 요청자를 로깅해야 한다. 특히 의심되는 공격에 대해 대비가 필요하다.

## 8.4 비기능적 요구사항

속도 제한은 사실상 모든 서비스에 필요한 기본 기능이다. 확장 가능하고, 높은 성능을 가지며, 가능한 한 단순하고, 안전하며, 프라이버시를 보장해야 한다. 속도 제한은 서비스 가용성에 필수적이지 않으므로 고가용성과 내결함성을 트레이드오프할 수 있다. 정확성과 일관성이 중요하긴 하지만, 엄격하게 유지할 필요는 없다.

### 8.4.1 확장성

서비스는 특정 요청자의 속도를 제한해야 하는지 쿼리하는 일일 수십억 건의 요청으로 확장할 수 있어야 한다. 속도 제한을 변경하는 요청은 조직 내부 사용자만 수동으로 할 수 있으므로 이 기능을 외부 사용자에게 노출할 필요는 없다.

얼마나 많은 저장 공간이 필요한가? 서비스에 10억 명의 사용자가 있고 언제든 사용자당 최대 100개의 요청을 저장해야 한다고 가정하자. 사용자 ID와 사용자당 100개의 타임스탬프 큐만 기록하면 되며, 각각 64비트다. 속도 제한기는 공유 서비스이므로 요청을 속도가 제한되는 서비스와 연결해야 한다. 일반적인 대규모 조직에는 수천 개의 서비스가 있다. 그중 최대 100개가 속도 제한이 필요하다고 가정하자.

속도 제한기가 실제로 10억 명의 사용자 데이터를 저장할 필요가 있는지는 검토가 필요하다. 보존 기간은 얼마인가? 속도 제한기는 보통 지난 10초 동안의 사용자 요청 속도를 기반으로 속도 제한 결정을 내리므로 10초 동안만 데이터를 저장하면 된다. 또한, 10초 이내에 100만에서 1,000만 명 이상의 사용자가 있을지에 대해 면접관과 논의할 수 있다. 보수적으로 최악의 경우인 1,000만 명의 사용자를 추정해보자. 전체 저장 공간 요구사항은 100 * 64 * 101 * 10M = 808GB이다. 레디스를 사용하고 각 사용자에게 키를 할당하면 값의 크기는 64 * 100 = 800바이트에 불과하다. 10초가 지난 데이터를 즉시 삭제하는 것은 현실적이지 않을 수 있으므로 실제 필요한 저장 공간의 양은 서비스가 오래된 데이터를 얼마나 빨리 삭제할 수 있는지에 따라 다르다.

## 8.4.2 성능

다른 서비스가 사용자로부터 요청을 받으면(우리는 이를 **사용자 요청**(user requests)이라고 한다) 해당 사용자 요청의 속도를 제한해야 하는지 판단하기 위해 속도 제한 서비스에 요청(우리는 이러한 요청을 **속도 제한기 요청**(rate limiter requests)이라고 한다)을 한다. 속도 제한기 요청은 차단되며, 다른 서비스는 속도 제한기 요청이 완료되기 전에 사용자에게 응답할 수 없다. 속도 제한기 요청의 응답 시간이 사용자 요청의 응답 시간에 추가된다. 따라서 서비스는 매우 낮은 지연 시간이 필요하며, 아마도 P99가 100ms여야 할 것이다. 사용자 요청 속도를 제한할지 말지의 결정은 빨라야 한다. 로그 조회나 분석에는 낮은 지연 시간이 필요하지 않다.

## 8.4.3 복잡성

서비스는 조직의 다른 많은 서비스가 사용하는 공유 서비스가 될 것이다. 설계는 버그와 중단의 위험을 최소화하고, 문제 해결을 돕고, 속도 제한기로써 단일 기능에 집중할 수 있게 하며, 비용을 최소화하려면 단순해야 한다. 다른 서비스의 개발자가 속도 제한 솔루션을 가능한 한 간단하고 원활하게 통합할 수 있어야 한다.

### 8.4.4 보안과 프라이버시

2장에서 외부와 내부 서비스 보안과 프라이버시 기대치를 설명했다. 여기서는 가능한 보안과 프라이버시 위험을 설명한다. 사용자 서비스의 보안과 프라이버시 구현이 외부 공격자가 속도 제한 서비스에 접근하는 것을 막기에 충분하지 않을 수 있다. 내부 사용자 서비스도 다른 사용자 서비스의 요청을 위조해 속도를 제한하는 등의 방식으로 속도 제한기를 공격하려 할 수 있다. 사용자 서비스가 다른 사용자 서비스의 속도 제한기 요청자 데이터를 요청해 프라이버시를 위반할 수도 있다.

이러한 이유로 속도 제한기의 시스템 설계에 보안과 프라이버시를 구현할 것이다.

### 8.4.5 가용성과 내결함성

고가용성이나 내결함성이 필요하지 않을 수 있다. 서비스의 가용성이 99.9% 미만이고 평균적으로 하루에 몇 분 정도 다운되더라도, 사용자 서비스는 그 시간 동안 모든 요청을 처리하고 속도 제한을 적용하지 않을 수 있다. 또한 기용 성이 높아질수록 비용이 증가한다. 99.9% 가용성을 제공하는 것은 꽤 저렴하지만, 99.99999%는 비용이 매우 높을 수 있다.

이 장의 후반부에서 설명하듯이, 간단한 고가용성 캐시를 사용하여 과도한 클라이언트의 IP 주소를 캐시하도록 서비스를 설계할 수 있다. 속도 제한 서비스가 장애 직전에 과도한 클라이언트를 식별했다면, 이 캐시는 장애 동안 계속해서 속도 제한 요청을 처리할 수 있으므로 해당 문제의 클라이언트들은 계속해서 속도 제한을 받게 될 것이다. 속도 제한 서비스가 몇 분간 중단되는 동안 과도한 클라이언트가 발생할 가능성은 통계적으로 낮은데, 발생할 때 이 몇 분 동안 부정적인 사용자 경험을 감수하고 방화벽 등의 다른 기술을 사용해 서비스 중단을 방지할 수 있다.

### 8.4.6 정확성

사용자 경험 저하를 방지하려면 과도한 클라이언트를 잘못 식별해 속도를 제한해서는 안 된다. 의심스러울 때는 사용자의 속도를 제한하지 않아야 한다. 속도 제한 값 자체가 정확할 필요는 없다. 예를 들어, 10초 동안 10개 요청이 제한이라면 때때로 10초 동안 8개나 12개 요청에서 사용자의 속도를 제한하는 것도 허용될 수 있다. 최소 요청 속도를 제공해야 하는 SLA가 있다면 더 높은 속도 제한(예: 10초 동안 12개 이상의 요청)을 설정할 수 있다.

### 8.4.7 일관성

정확성에 관한 이전 설명은 일관성 관련 설명으로 이어진다. 어떤 사용 사례에서도 강한 일관성이 필요하지 않다. 사용자 서비스가 속도 제한을 업데이트할 때 이 새로운 속도 제한이 새 요청에 즉시 적용될 필요는 없으며, 몇 초간의 불일치는 허용될 수 있다. 어떤 사용자가 속도 제한을 받았는지와 같은 로깅된 이벤트를 보거나 이러한 로그 분석을 수행할 때도 최종 일관성이 허용된다. 강한 일관성 대신 최종 일관성을 사용하면 더 단순하고 저렴한 설계가 가능하다.

## 8.5 사용자 스토리와 필요한 서비스 구성 요소

속도 제한 요청에는 사용자 ID와 사용자 서비스 ID가 필수로 포함된다. 속도 제한이 각 사용자 서비스에서 독립적이므로 ID 형식은 각 사용자 서비스에 특화될 수 있다. 사용자 서비스의 ID 형식은 속도 제한 서비스가 아닌 사용자 서비스에 정의되고 유지된다. 사용자 서비스 ID를 사용해 그 외 사용자 서비스의 동일한 사용자 ID를 구분할 수 있다. 각 사용자 서비스마다 그 밖의 속도 제한이 있으므로 속도 제한기는 사용자 서비스 ID를 사용해 적용할 속도 제한 값을 결정한다.

속도 제한기는 사용자 ID, 서비스 ID 데이터를 60초 동안 저장해야 한다. 이는 사용자의 요청 속도가 속도 제한보다 높은지 판단하기 위해 이 데이터를 사용해야 하기 때문이다. 사용자의 요청 속도나 서비스의 속도 제한을 검색하는 지연 시간을 최소화하려면 이 데이터는 인메모리 저장소에 저장이나 캐싱돼야 한다. 로그에는 일관성과 지연 시간이 요구되지 않으므로 HDFS와 같은 최종 일관성 저장소에 로그를 저장할 수 있다. HDFS는 복제를 통해 호스트 장애로 인한 데이터 손실을 방지한다.

마지막으로, 사용자 서비스는 자신의 엔드포인트 속도 제한을 생성하고 업데이트하기 위해 속도 제한 서비스에 가끔 요청을 할 수 있다. 이 요청은 사용자 서비스 ID, 엔드포인트 ID, 원하는 속도 제한(예: 10초 동안 최대 10개의 요청)으로 구성될 수 있다.

이러한 요구사항을 종합하면 다음이 필요하다.

- 카운트에 빠른 읽기와 쓰기가 가능한 데이터베이스. 스키마는 단순할 것이며, (사용자 ID, 서비스 ID)보다 훨씬 복잡하지 않을 것이다. 레디스와 같은 인메모리 데이터베이스를 사용할 수 있다.
- 규칙을 정의하고 검색할 수 있는 서비스. 이를 규칙 서비스라고 부른다.
- 규칙 서비스와 레디스 데이터베이스에 요청을 보내는 서비스. 이를 백엔드 서비스라고 부를 수 있다.

두 서비스가 분리돼 있는 이유는 규칙을 추가하거나 수정시키기 위한 규칙 서비스 요청이 요청의 속도 제한 여부를 결정하는 속도 제한기 요청을 방해하지 않아야 하기 때문이다.

## 8.6 고수준 아키텍처

그림 8.2(그림 8.1과 중복)는 이러한 요구사항과 스토리를 고려한 고수준 아키텍처를 보여준다. 클라이언트가 속도 제한 서비스에 요청을 보내면 이 요청은 처음에 프론트엔드나 서비스 메시를 통과한다. 프론트엔드의 보안 메커니즘이 요청을 허용하면 요청은 백엔드로 이동하며, 다음 단계가 발생한다.

1. 규칙 서비스에서 서비스의 속도 제한을 가져온다. 이는 지연 시간을 줄이고 규칙 서비스 요청 볼륨을 줄이기 위해 캐시될 수 있다.
2. 이 요청을 포함한 서비스의 현재 요청 속도를 결정한다.
3. 요청 속도 제한 여부를 나타내는 응답을 반환한다.

전체 지연 시간을 줄이려면 각 단계 스레드를 분기하거나 공통 스레드 풀의 스레드를 사용해 1단계와 2단계를 병렬로 수행할 수 있다.

그림 8.2의 고수준 아키텍처에서 프론트엔드와 레디스(분산 캐시) 서비스는 수평적 확장을 위한 것이다. 이는 3.5.3절에서 설명한 분산 캐시 접근 방식이다.

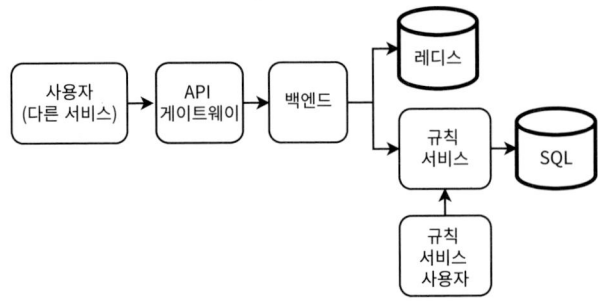

그림 8.2 속도 제한기의 초기 고수준 아키텍처. 프론트엔드, 백엔드, 규칙 서비스도 공유 로깅 서비스에 로그를 기록하지만 여기서는 표시하지 않았다. 레디스 데이터베이스는 보통 우리 서비스가 자체 레디스 데이터베이스를 프로비저닝하는 것이 아니라 공유 레디스 서비스로 구현된다. 규칙 서비스 사용자는 브라우저 앱을 통해 규칙 서비스에 API 요청을 할 수 있다.

그림 8.2에서 요청량이 매우 다른 두 개의 다른 서비스(백엔드와 규칙 서비스 사용자)의 사용자가 있으며, 그중 하나(규칙 서비스 사용자)가 모든 쓰기를 수행한다는 것을 알 수 있다.

3.3.2절과 3.3.3절의 리더-팔로워 복제 개념을 참조하고, 그림 8.3에 나타낸 것처럼 규칙 서비스 사용자는 읽기와 쓰기 모두 포함하는 SQL 쿼리를 리더 노드에 수행할 수 있다. 백엔드는 읽기/SELECT 쿼리만 팔로워 노드에 수행해야 한다. 이렇게 하면 규칙 서비스 사용자는 높은 일관성과 높은 성능을 경험할 수 있다.

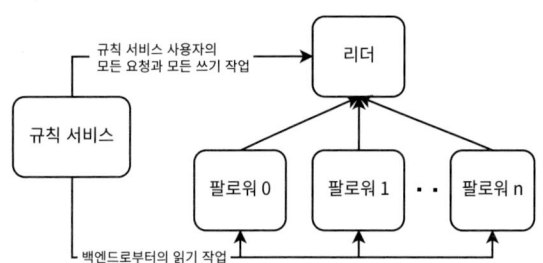

**그림 8.3** 리더 호스트는 규칙 서비스 사용자의 모든 요청과 모든 쓰기 작업을 처리해야 한다. 백엔드의 읽기는 팔로워 호스트에 분산될 수 있다.

그림 8.4를 참조하면, 규칙이 자주 변경되지 않을 것으로 예상되므로 규칙 서비스에 레디스 캐시를 추가해 읽기 성능을 더욱 향상시킬 수 있다. 그림 8.4는 캐시 어사이드 캐싱을 보여주지만 3.8절의 다른 캐싱 전략도 사용할 수 있다. 백엔드 서비스도 레디스에 규칙을 캐시할 수 있다. 8.4.5절에서 설명한 대로 과도한 사용자의 ID도 캐시할 수 있다. 사용자가 속도 제한을 초과하는 즉시 속도 제한이 더 이상 적용되지 않는 만료 시간과 함께 해당 사용자의 ID를 캐시할 수 있다. 그러면 백엔드는 사용자의 요청을 거부하기 위해 규칙 서비스를 쿼리할 필요가 없다.

AWS를 사용하고 있다면 레디스와 SQL 대신 다이나모DB(DynamoDB)를 고려할 수 있다. 다이나모DB는 초당 수백만 개의 요청을 처리[3]할 수 있으며, 강한 일관성[4]을 가질 수 있다. 하지만 이를 사용하면 벤더 락인[5]이 발생한다.

---

3 https://aws.amazon.com/dynamodb/
4 https://docs.aws.amazon.com/whitepapers/latest/comparing-dynamodb-and-hbase-for-nosql/consistency-model.html
5 (옮긴이) 고객이 특정 기술이나 서비스 제공업체에 과도하게 의존하게 돼 기타 공급업체로 전환하기 어려워지는 상황을 말한다.

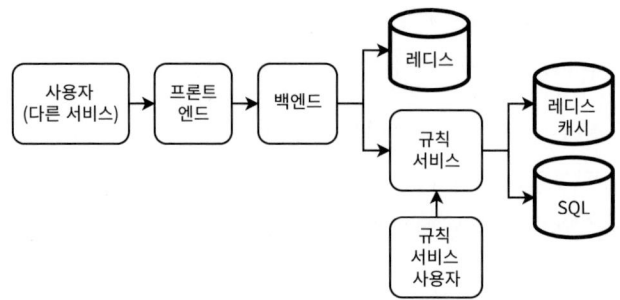

그림 8.4 규칙 서비스에 레디스 캐시가 있는 속도 제한기. 백엔드의 빈번한 요청은 SQL 데이터베이스 대신 이 캐시에서 처리될 수 있다.

백엔드는 모든 비기능적 요구사항을 충족한다. 확장 가능하고, 높은 성능을 가지며, 복잡하지 않고, 안전하며 프라이버시를 보장하고, 일관성이 있다. 리더-리더 복제가 있는 SQL 데이터베이스는 고가용성과 내결함성을 가지며, 이는 요구사항을 넘어선다. 정확성은 뒤에서 설명할 것이다. 이 설계는 8.4.1절에서 설명한 대로 규칙 서비스 사용자에 대해서는 확장할 수 없다.

요구사항을 고려하면 초기 아키텍처가 과도하게 설계되고 복잡하며 비용이 많이 들 수 있다. 이 설계는 매우 정확하고 강한 일관성을 가지지만, 둘 다 비기능적 요구사항에 해당되지 않는다. 비용을 낮추기 위해 정확성과 일관성을 일부 포기할 수 있을까? 먼저 속도 제한기를 확장하기 위한 두 가지 가능한 접근 방식을 논의해보자.

1. 호스트가 상태를 유지하지 않고 공유 데이터베이스에서 데이터를 가져와 모든 사용자를 서비스할 수 있다. 이는 대부분의 질문에서 언급한 상태 비저장 접근 방식이다.
2. 호스트가 고정된 사용자 집합을 서비스하고 해당 사용자의 데이터를 저장한다. 이는 다음 절에서 설명할 상태 저장 접근 방식이다.

## 8.7 상태 저장 접근 방식/샤딩

그림 8.5는 비기능적 요구사항에 더 가까운 상태 저장 솔루션의 백엔드를 보여준다. 요청이 도착하면 로드 밸런서가 해당 호스트로 라우팅한다. 각 호스트는 자신의 클라이언트 수를 메모리에 저장한다. 호스트는 사용자가 속도 제한을 초과했는지 판단하고 참이나 거짓을 반환한다. 사용자가 요청을 했는데 호스트가 다운된 경우, 서비스는 500 오류를 반환하고 요청은 속도 제한이 적용되지 않는다.

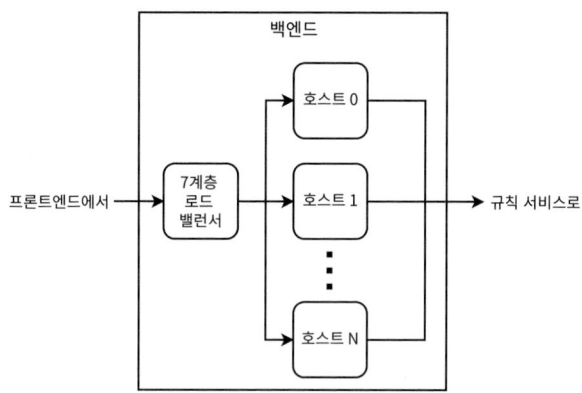

그림 8.5 상태 저장 샤딩 접근 방식을 사용하는 속도 제한기의 백엔드 아키텍처. 카운트는 레디스와 같은 분산 캐시가 아닌 호스트의 메모리에 저장된다.

상태 저장 접근 방식은 7계층 로드 밸런서가 필요하다. 이는 8.1절에서 7계층 로드 밸런서 사용에 대해 설명한 내용과 모순되는 것처럼 보일 수 있지만, 지금은 각 호스트가 비용이 많이 드는 요청을 거부하고 자체 속도 제한을 수행할 수 있게 고정 세션을 위해서가 아니라 분산 속도 제한 솔루션에서 사용하는 것을 설명하고 있음에 주목한다.

이러한 접근 방식에서 즉시 제기되는 질문은 내결함성, 즉 호스트가 다운됐을 때 데이터 손실을 방지해야 하는지 여부다. 그렇다면 이는 복제, 장애 조치, 핫 샤드, 재조정과 같은 주제 설명으로 이어진다. 3.1절에서 간단히 설명했듯이 복제에 고정 세션을 사용할 수 있다. 그러나 이 장의 앞부분에서 요구사항을 설명할 때 우리는 일관성, 고가용성, 내결함성이 필요하지 않다고 했다. 특정 사용자의 데이터가 포함된 호스트가 다운되면 다른 호스트를 해당 사용자에게 할당하고 영향을 받은 사용자의 요청 속도 카운트를 0부터 다시 시작할 수 있다. 대신 관련 설명은 호스트 중단 감지, 대체 호스트 할당과 프로비저닝, 트래픽 재조정에 관한 것이 될 것이다.

500 오류는 새 호스트를 프로비저닝하는 자동화된 응답을 트리거해야 한다. 새 호스트는 구성 서비스에서 주소 목록을 가져와야 한다. 이는 AWS S3와 같은 분산 객체 저장소 솔루션에 저장된 간단한 수동 업데이트 파일이거나 주키퍼와 같은 복잡한 솔루션일 수 있다. 이 파일은 고가용성을 적용하기 위해 단일 호스트가 아닌 분산 저장소 솔루션에 저장돼야 한다. 속도 제한 서비스를 개발할 때 호스트 설정 프로세스가 몇 분을 초과하지 않게 해야 한다. 또한 호스트 설정 기간 모니터링을 하고 설정 기간이 몇 분을 초과하면 낮은 긴급도의 알림을 트리거해야 한다.

핫 샤드를 모니터링하고 주기적으로 호스트 간 트래픽을 재조정해야 한다. 요청 로그를 읽고, 많은 요청을 받는 호스트를 식별하고, 적절한 로드 밸런싱 구성을 결정한 다음 이 구성을 구성 서비스에 쓰는 배치 ETL 작업을 주기적으로 실행할 수 있다. ETL 작업은 새 구성을 로드 밸런서 서비스로 푸시할 수도 있다. 로드 밸런서 호스트가 다운될 때를 대비해 구성 서비스에 쓴다. 호스트가 복구되거나 새 로드 밸런서 호스트가 프로비저닝되면 구성 서비스에서 구성을 읽을 수 있다.

그림 8.6은 재조정 작업이 포함된 백엔드 아키텍처를 보여준다. 이 재조정은 많은 수의 부하가 높은 사용자가 특정 호스트에 할당돼 해당 호스트가 다운되는 것을 방지한다. 우리의 솔루션에는 실패한 호스트의 사용자를 다른 호스트로 분산시키는 장애 조치 메커니즘이 없으므로, 과도한 트래픽으로 인해 호스트가 실패한 다음 그 트래픽이 남은 호스트로 재분배돼 트래픽을 증가시키고 결국 이도 실패하게 되는 연쇄 실패의 위험이 없다.

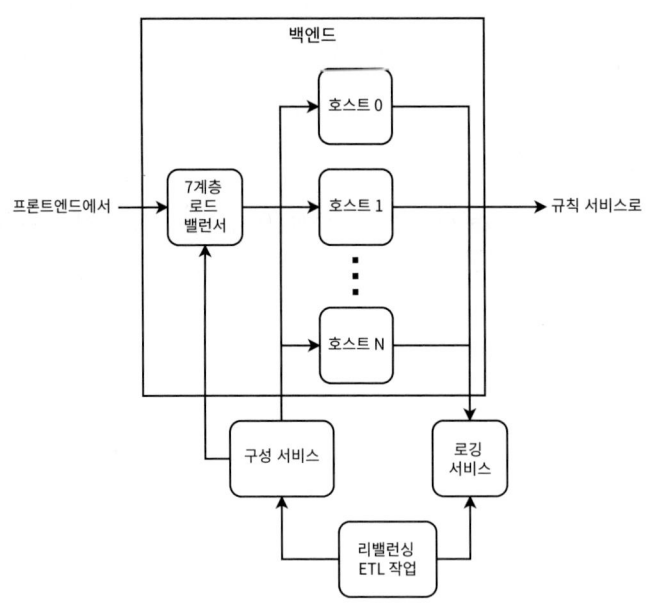

**그림 8.6** 재조정 ETL 작업이 있는 백엔드 아키텍처

이 접근 방식의 트레이드오프는 DoS/DDoS 공격 복원력이 떨어진다는 것이다. 사용자의 요청 속도가 매우 높아 초당 수백 건의 요청을 하면, 할당된 호스트가 이를 처리할 수 없고 이 호스트에 할당된 모든 사용자의 속도를 제한할 수 없게 된다. 이 경우, 알림을 설정하고 모든 서비스에서 이 사용자의 요청을 차단해야 한다. 로드 밸런서는 이 IP 주소의 요청을 드롭해야 한다. 즉, 요청을 어떤 백엔드 호스트로도 보내지 않고 응답도 반환하지 않되, 그 요청의 로깅은 해야 한다.

상태 비저장 접근 방식과 비교하면 상태 저장 접근 방식은 더 복잡하고 일관성과 정확성이 높지만 다음 항목은 더 낮다.

- 비용
- 가용성
- 내결함성

대체로 이 방식은 분산 데이터베이스의 사촌 격이다. 자체 분산 저장소 솔루션을 설계하려 했지만, 널리 사용되는 분산 데이터베이스만큼 정교하거나 성숙하지 않을 것이다. 이는 단순성과 낮은 비용에 최적화돼 있으며 강한 일관성이나 높은 가용성이 없다.

## 8.8 모든 호스트에 모든 카운트 저장

8.6절에서 설명한 상태 비저장 백엔드 설계는 요청 타임스탬프를 저장하기 위해 레디스를 사용했다. 레디스는 분산돼 있고 확장 가능하며 고가용성을 가진다. 또한 지연 시간이 낮고 정확한 솔루션이 될 것이다. 그러나 이 설계는 보통 공유 서비스로 구현되는 레디스 데이터베이스를 사용해야 한다. 속도 제한기를 해당 서비스의 성능 저하 가능성에 노출시키는 외부 레디스 서비스 의존성을 피할 수 있을까?

8.7절에서 설명한 상태 저장 백엔드 설계는 백엔드에 상태를 저장함으로써 이 조회를 피하지만 로드 밸런서가 모든 요청을 처리해 어떤 호스트로 보낼지 결정해야 하며 핫 샤드를 방지하기 위한 재조정도 필요하다. 모든 사용자 요청 타임스탬프가 단일 호스트의 메모리에 맞게 저장 요구사항을 줄일 수 있다면 어떨까?

### 8.8.1 고수준 아키텍처

어떻게 저장 요구사항을 줄일 수 있을까? 속도 제한 서비스를 사용하는 약 100개의 서비스 각각에 대해 새로운 인스턴스를 만들고 프론트엔드를 사용해 서비스별로 적절한 서비스로 요청을 라우팅함으로써 808GB의 저장 요구사항을 $8.08GB \approx 8GB$로 줄일 수 있다. 8GB는 호스트의 메모리에 맞출 수 있다. 높은 요청 속도로 속도 제한에 단일 호스트를 사용할 수 없다. 128개의 호스트를 사용하면 각 호스트는 64MB만 저장한다. 최종적으로 결정하는 숫자는 1에서 128 사이가 될 것이다.

그림 8.7은 이 접근 방식의 백엔드 아키텍처다. 호스트가 요청을 받으면 다음을 병렬로 수행한다.

- 속도 제한 결정을 내리고 이를 반환한다.
- 비동기적으로 다른 호스트와 타임스탬프를 동기화한다.

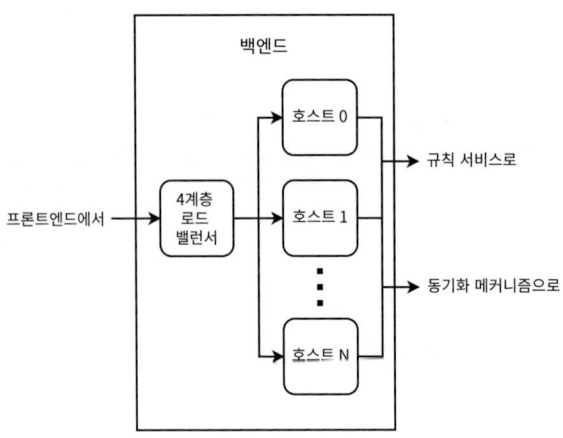

그림 8.7 모든 사용자 요청 타임스탬프가 단일 백엔드 호스트에 맞을 수 있는 속도 제한 서비스의 고수준 아키텍처. 요청은 호스트 간에 무작위로 로드 밸런싱되며, 각 호스트는 다른 서비스나 호스트에 먼저 요청하지 않고도 사용자 요청을 속도 제한 결정으로 응답할 수 있다. 호스트는 별도의 프로세스에서 타임스탬프를 서로 동기화한다.

4계층 로드 밸런서가 요청을 호스트 간에 무작위로 균형 있게 분배하므로 사용자는 각 속도 제한 요청에서 다른 호스트로 안내될 수 있다. 속도 제한이 정확하게 계산되려면 호스트의 속도 제한을 동기화해야 한다. 호스트를 동기화하는 여러 가지 방법이 있다. 자세한 내용은 다음 절에서 설명할 것이다. 여기서는 배치 업데이트가 너무 드물고 설정된 요청 속도보다 훨씬 높은 요청 속도에서 사용자의 속도가 제한되므로 배치 업데이트 대신 스트리밍을 사용한다.

앞서 설명한 다른 두 설계(상태 비저장 백엔드 설계와 상태 저장 백엔드 설계)와 비교하면, 이 설계는 일관성과 정확성을 낮은 지연 시간 및 높은 성능(더 높은 요청 속도로 처리할 수 있음)과 맞바꾸는 방식이다. 호스트가 속도 제한 결정을 내리기 전에 모든 타임스탬프가 메모리에 있지 않을 수 있으므로 실제 값보다 낮은 요청 속도를 계산할 수 있다. 또한 다음과 같은 특성을 가진다.

- 프론트엔드를 통해 4계층 로드 밸런서를 사용해 상태 비저장 서비스처럼 어떤 호스트로든 요청을 전달한다.
- 호스트는 메모리의 데이터로 속도 제한 결정을 내릴 수 있다.
- 데이터 동기화는 독립적인 프로세스에서 수행할 수 있다.

호스트가 다운되고 데이터가 손실되면 어떻게 될까? 속도가 제한될 특정 사용자가 속도 제한 전에 더 많은 요청을 할 수 있게 된다. 앞서 설명했듯이 이는 허용 가능하다. 마틴 클레프만의 저서 《데이터 중심 애플리케이션 설계》를 참조하면, 리더 장애 복구와 발생 가능한 문제점들에 대한 간략한 설명[6]을 볼 수 있다. 표 8.2는 설명한 세 가지 접근 방식을 비교 요약한 것이다.

표 8.2 상태 비저장 백엔드 설계, 상태 저장 백엔드 설계, 모든 호스트에 카운트를 저장하는 설계 비교

| 상태 비저장 백엔드 설계 | 상태 저장 백엔드 설계 | 모든 호스트에 카운트 저장 |
|---|---|---|
| 분산 데이터베이스에 카운트 저장 | 각 사용자의 카운트를 백엔드 호스트에 저장 | 모든 사용자의 카운트를 모든 호스트에 저장 |
| 상태 비저장으로 사용자를 어떤 호스트로 라우팅 가능 | 7계층 로드 밸런서로 각 사용자를 할당된 호스트로 라우팅 필요 | 모든 호스트가 모든 사용자의 카운트를 가져 사용자를 어떤 호스트로 라우팅 가능 |
| 확장 가능. 분산 데이터베이스로 높은 읽기/쓰기 트래픽 처리 | 확장 가능. 로드 밸런서는 높은 요청률을 처리할 수 있는 비용이 많이 드는 수직 확장 가능 컴포넌트 | 각 호스트가 모든 사용자의 카운트를 저장해야 해서 확장 불가능. 사용자를 별도의 서비스 인스턴스로 나누고 사용자를 할당된 인스턴스로 라우팅하기 위해 다른 컴포넌트(예: 프론트엔트) 필요 |
| 효율적인 저장소 사용. 분산 데이터베이스에서 원하는 복제 인자 구성 가능 | 기본적으로 백업이 없어 가장 낮은 저장소 사용량. 13.5절의 클러스터 내/외 접근법으로 저장소 서비스 설계 가능. 백업 없이 가장 저렴한 접근법 | 가장 비용이 많이 드는 접근법. 높은 저장소 사용량. 카운트 동기화를 위한 호스트 간 n-n 통신으로 높은 네트워크 트래픽 |
| 최종 일관성. 동기화 완료 전 속도 제한 결정 시 약간 부정확할 수 있음 | 사용자가 항상 같은 호스트에 요청하므로 가장 정확하고 일관됨 | 모든 호스트 간 카운트 동기화에 시간이 걸려 가장 부정확하고 일관성이 낮음 |
| 백엔드가 상태 비저장으로 분산 데이터베이스의 고가용성/내결함성 속성 사용 | 백업 없이 호스트 장애 시 포함된 모든 사용자 카운트 데이터 손실. 세 설계 중 가장 낮은 가용성/내결함성. 그러나 이는 비기능적 요구사항이 아니므로 중요하지 않을 수 있음. 정확한 카운트를 얻을 수 없으면 요청을 통과시킬 수 있음 | 호스트가 교체 가능해 세 설계 중 가장 고가용성/내결함성이 높음 |
| 외부 데이터베이스 서비스에 의존. 해당 서비스의 중단은 서비스에 영향을 미칠 수 있고 이러한 중단을 복구하는 것은 우리의 통제 범위를 벗어날 수 있음 | 외부 데이터베이스 서비스에 의존하지 않음. 로드 밸런서가 모든 요청을 처리해 어느 호스트로 보낼지 결정해야 함. 핫 샤드 방지를 위한 재조정 필요 | 레디스와 같은 외부 데이터베이스 서비스에 의존하지 않음. 이로 인해 이러한 종속 시스템의 장애로 인한 서비스 중단 위험을 피할 수 있고 구현이 더 쉬움. 특히 데이터베이스 서비스를 준비하거나 수정하는 데 복잡한 절차가 필요할 수 있는 큰 회사에서 더욱 그럴 수 있음 |

---

[6] (옮긴이) 분산 시스템에서 리더 장애가 발생하면 팔로워 중 하나를 새로운 리더로 승격하고 클라이언트를 재구성하여 새로운 리더에 쓰기 요청을 보내도록 해야 한다. 이 과정은 수동 또는 자동으로 수행될 수 있으며, 자동 장애 조치 시 리더의 장애 판정, 새로운 리더 선택, 시스템 재구성 단계가 포함된다. 그러나 비동기 복제로 인한 데이터 손실 가능성, '스플릿 브레인' 문제로 인한 데이터 손상, 잘못된 시간 초과 설정으로 인한 불필요한 장애 조치 등의 다양한 문제들이 발생할 수 있어 주의가 필요하다. 이러한 문제들은 분산 시스템의 근본적인 과제로, 때로는 수동 장애 조치가 선호되기도 한다.

### 8.8.2 카운트 동기화

호스트는 사용자 요청 카운트를 어떻게 동기화할 수 있을까? 이 절에서는 몇 가지 가능한 알고리즘을 설명한다. 전체 대 전체(all-to-all) 방식을 제외한 모든 알고리즘이 우리의 속도 제한기에 적용 가능하다.

동기화 메커니즘은 풀이어야 할까 푸시여야 할까? 우리는 일관성과 정확성을 양보하는 대신 더 높은 성능, 낮은 리소스 소비, 그리고 낮은 복잡도를 얻기 위해 푸시 방식을 선택할 수 있다. 호스트가 다운되면 해당 카운트를 무시하고 사용자가 속도 제한되기 전에 더 많은 요청을 하게 할 수 있다. 이러한 고려사항을 바탕으로 호스트가 TCP 대신 UDP를 사용해 비동기적으로 타임스탬프를 공유하게 결정할 수 있다.

호스트가 다음 두 가지 주요 유형의 요청 트래픽을 처리할 수 있어야 한다는 점을 고려해야 한다.

1. 속도 제한 결정을 내리는 요청. 이러한 요청은 로드 밸런서에 의해 제한되며, 필요에 따라 더 큰 **호스트 클러스터**를 프로비저닝함으로써 제한된다.
2. 호스트의 메모리 내 타임스탬프를 업데이트하는 요청. 동기화 메커니즘은 특히 클러스터의 호스트 수를 늘릴 때 호스트가 높은 속도의 요청을 받지 않게 해야 한다.

#### 전체 대 전체

**전체 대 전체(All-to-all)**는 그룹 내의 모든 노드가 다른 모든 노드에 메시지를 전송하는 것을 의미한다. 이는 수신자에게 메시지를 동시에 전송하는 것을 의미하는 **브로드캐스팅(broadcasting)**보다 더 일반적이다. 그림 3.3(그림 8.8에서 반복)을 참조하면, 전체 대 전체는 네트워크의 모든 노드가 다른 모든 노드와 연결된 **완전 메시(full mesh)** 토폴로지를 필요로 한다. 전체 대 전체는 노드 수에 따라 제곱으로 확장되므로 확장 가능하지 않다. 128개의 호스트로 전체 대 전체 통신을 사용하면 각 전체 대 전체 통신에 128 * 128 * 64MB, 즉 1TB 이상이 필요하며, 이는 실현 불가능하다.

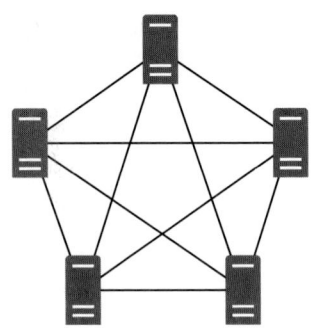

**그림 8.8** 완전 메시 토폴로지. 네트워크의 모든 노드가 다른 노드와 연결돼 있다. 우리의 속도 제한기에서 모든 노드는 사용자 요청을 받고, 요청 속도를 계산하며, 요청을 승인하거나 거부한다.

## 가십 프로토콜

**가십 프로토콜**(Gossip protocol)에서는 그림 3.6(그림 8.9에서 반복)을 참조하면, 노드가 주기적으로 무작위로 다른 노드를 선택해 메시지를 보낸다. 야후(Yahoo)의 분산 속도 제한기는 가십 프로토콜을 사용해 호스트를 동기화[7]하는 것을 알 수 있다. 이 접근 방식은 일관성과 정확성을 낮춰 더 높은 성능과 더 낮은 리소스 소비를 얻을 수 있으나 더 복잡하기도 하다.

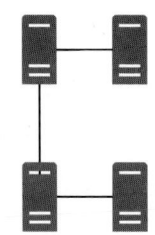

그림 8.9 가십 프로토콜. 각 노드는 주기적으로 무작위로 다른 노드를 선택해 메시지를 보낸다.

이 절에서 전체 대 전체와 가십 프로토콜은 모든 노드가 직접 서로에게 메시지를 보내야 하는 동기화 메커니즘이다. 이는 모든 노드가 다른 노드의 IP 주소를 알아야 한다는 의미다. 노드가 클러스터에 지속적으로 추가되고 제거되므로 각 노드는 다른 노드의 IP 주소를 찾으려면 주키퍼와 같은 구성 서비스에 요청을 보낼 것이다.

다른 동기화 메커니즘에서는 호스트가 특정 호스트나 서비스를 통해 서로 요청을 보낸다.

## 외부 저장소와 조정 서비스

그림 8.10(그림 3.4와 거의 동일)을 참조하면, 이 두 접근 방식은 호스트가 서로 통신하기 위해 외부 컴포넌트를 사용한다.

호스트는 리더 호스트를 통해 서로 통신할 수 있다. 이 호스트는 주키퍼와 같은 클러스터의 구성 서비스에 의해 선택된다. 각 호스트는 리더 호스트의 IP 주소만 알면 되고, 리더 호스트는 주기적으로 호스트 목록을 업데이트해야 한다.

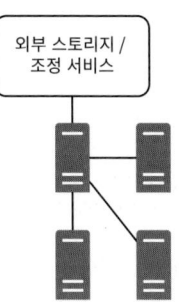

그림 8.10 호스트는 외부 저장소 서비스나 조정 서비스와 같은 외부 컴포넌트를 통해 통신할 수 있다.

## 무작위 리더 선출

리더를 선출하는 간단한 알고리즘을 사용해 복잡성을 낮추는 대신 더 높은 리소스 소비를 택할 수 있다. 그림 3.7(그림 8.11에서 반복)을 참조하면, 이로 인해 여러 리더가 선출될 수 있다. 각 리더가 다른 모든 호스트와 통신하는 한, 모든 호스트는 모든 요청 타임스탬프로 업데이트될 것이다. 불필요한 메시징 오버헤드가 있을 것이다.

---

[7] https://yahooeng.tumblr.com/post/111288877956/cloud-bouncer-distributed-rate-limiting-at-yahoo

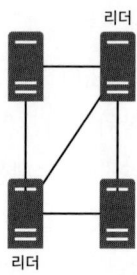

**그림 8.11** 무작위 리더 선택으로 여러 리더가 선출될 수 있다. 이는 불필요한 메시징 오버헤드를 발생시키지만 다른 문제는 없다.

## 8.9 속도 제한 알고리즘

지금까지 사용자의 요청 속도가 요청 타임스탬프로 결정된다고 가정했지만, 실제로 요청 속도를 계산하는 기술을 설명하지 않았다. 이 시점에서 주요 질문 중 하나는 '분산 속도 제한 서비스가 요청자의 현재 요청 속도를 어떻게 결정하는가'이다. 일반적인 속도 제한 알고리즘은 다음을 포함한다.

- 토큰 버킷
- 누수 버킷
- 고정 윈도우 카운터
- 슬라이딩 윈도우 로그
- 슬라이딩 윈도우 카운터

계속 진행하기 전에, 특정 시스템 설계 면접 질문에는 대부분의 지원자가 경험하지 못한 전문 지식과 전문성이 포함될 수 있다는 점을 밝혀둔다. 면접관은 우리가 속도 제한 알고리즘에 익숙할 것을 기대하지 않을 수 있다. 이는 지원자의 의사소통 기술과 학습 능력을 평가할 기회다. 면접관은 속도 제한 알고리즘을 설명하고 요구사항을 충족하는 솔루션을 설계하기 위해 협력하는 능력을 평가할 수 있다.

면접관은 심지어 광범위한 일반화나 오류가 있는 진술을 할 수 있으며, 이를 비판적으로 평가하고 재치 있고 단호하며 명확하고 간결하게 지적인 질문을 하고 기술적 의견을 표현하는 능력을 평가할 수 있다.

서비스에 하나 이상의 속도 제한 알고리즘을 구현하고 각 서비스 사용자가 요구사항에 가장 적합한 알고리즘을 선택할 수 있게 하는 것을 고려할 수 있다. 이 접근 방식에서 사용자는 원하는 알고리즘을 선택하고 규칙 서비스에서 원하는 구성을 설정한다.

설명을 단순화하기 위해 이 절의 속도 제한 알고리즘 설명에서는 속도 제한이 10초 동안 10개의 요청이라고 가정한다.

## 8.9.1 토큰 버킷

그림 8.12를 참조하면, 토큰 버킷 알고리즘은 토큰으로 채워진 버킷의 비유를 기반으로 한다. 버킷은 세 가지 특성을 가진다.

- 최대 토큰 수
- 현재 사용 가능한 토큰 수
- 버킷에 토큰이 추가되는 보충 속도

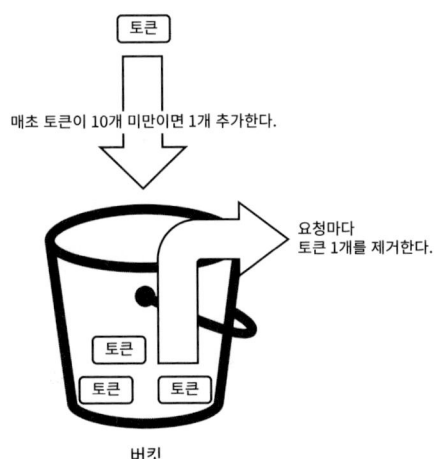

**그림 8.12** 초당 한 번 큐에 넣는 토큰 버킷

요청이 도착할 때마다 버킷에서 토큰을 하나 제거한다. 토큰이 없으면 요청이 거부되거나 속도가 제한된다. 버킷은 일정한 속도로 보충된다.

이 알고리즘의 간단한 구현에서는 각 사용자 요청 시 다음이 발생한다. 호스트는 해시 맵을 사용해 키-값 쌍을 저장할 수 있다. 호스트에 이 사용자의 ID 키가 없으면 시스템은 사용자 ID와 토큰 카운트 9(10-1)로 항목을 초기화한다. 호스트에 이 사용자 ID 키가 있고 그 값이 0보다 크면 시스템은 카운트를 감소시킨다. 카운트가 0이면 참을 반환한다. 즉, 사용자의 속도를 제한해야 한다. 거짓을 반환하면 사용자의 속도를 제한하지 않아야 한다. 우리 시스템은 또한 매초마다 모든 값이 10보다 작으면 1씩 증가시켜야 한다.

토큰 버킷의 장점은 이해하고 구현하기 쉽고 메모리 효율적이라는 것이다. 각 사용자는 토큰을 세는 데 단일 정수 변수만 필요하다.

이 구현의 한 가지 명백한 고려사항은 각 호스트가 해시 맵의 모든 키를 증가시켜야 한다는 것이다. 호스트 메모리의 해시 맵에서 이를 수행하는 것은 가능하다. 저장소가 레디스 데이터베이스와 같이 호스트 외부에 있으면, 레디스는 MSET[8] 명령을 제공해 여러 키를 업데이트할 수 있지만, 단일 MSET 작업에서 업데이트할 수 있는 키 수에 제한[9]이 있을 수 있다. 스택 오버플로(Stack Overflow)는 학술적으로 신뢰할 수 있는 출처가 아니며, MSET 공식 레디스 문서는 요청의 키 수의 상한을 명시하지 않는다. 그러나 시스템을 설계할 때 우리는 항상 합리적인 질문을 해야 하며 공식 문서조차 완전히 신뢰해서는 안 된다. 더욱이 각 키가 64비트라면 1,000만 개의 키를 업데이트하는 요청은 8.08GB로 너무 크다.

업데이트 명령을 여러 요청으로 나눠야 한다면 각 요청은 리소스 오버헤드와 네트워크 지연을 초래한다.

또한 키를 삭제하는 메커니즘(즉, 최근에 요청하지 않은 사용자를 제거하는 메커니즘)이 없기 때문에 시스템은 토큰 보충 요청 속도를 줄이거나 최근에 요청을 한 다른 사용자를 위해 레디스 데이터베이스에 공간을 만들기 위해 언제 사용자를 제거해야 하는지 알 수 없다. 우리 시스템은 사용자의 마지막 요청 타임스탬프를 기록하는 별도의 저장 메커니즘과 오래된 키를 삭제하는 프로세스가 필요할 것이다.

8.8절과 같은 분산 구현에서 모든 호스트는 자체 토큰 버킷을 가질 수 있고 이 버킷을 사용해 속도 제한 결정을 내릴 수 있다. 호스트는 8.8.2절에서 설명한 기술을 사용해 버킷을 동기화할 수 있다. 호스트가 다른 호스트와 버킷을 동기화하기 전에 자신의 버킷 기준으로 속도 제한 여부를 판단하면 사용자가 설정된 속도 제한보다 더 높은 속도로 요청을 할 수 있다. 예를 들어, 두 호스트가 각각 시간상 가까운 요청을 받으면 각각 토큰을 하나 빼고 9개의 토큰이 남은 다음 다른 호스트와 동기화한다. 두 개의 요청이 있었지만 모든 호스트는 9개의 토큰으로 동기화될 것이다.

> **클라우드 바운서(Cloud Bouncer)**
> 2014년 Yahoo에서 개발된 클라우드 바운서[10]는 토큰 버킷을 기반으로 한 분산 속도 제한 라이브러리의 예다.

---

8   https://redis.io/commands/mset/
9   https://stackoverflow.com/questions/49361876/mset-over-400-000-map-entries-in-redis
10  https://yahooeng.tumblr.com/post/111288877956/cloud-bouncer-distributed-rate-limiting-at-yahoo

## 8.9.2 누수 버킷

누수 버킷은 최대 토큰 수가 있고, 고정 속도로 누수되며, 비어 있을 때 누수가 멈춘다. 요청이 도착할 때마다 버킷에 토큰을 추가한다. 버킷이 가득 차면 요청이 거부되거나 속도가 제한된다.

그림 8.13을 참조하면, 누수 버킷의 일반적인 구현은 고정 크기의 FIFO 큐[11]를 사용하는 것이다. 큐는 주기적으로 디큐(Dequeued)된다. 요청이 도착하면 큐에 여유 용량이 있을 때 토큰이 인큐(Enqueued)된다. 고정된 큐 크기이므로 이 구현은 토큰 버킷보다 메모리 효율성이 낮다.

**그림 8.13** 초당 한 번 디큐하는 누수 버킷

이 알고리즘은 토큰 버킷과 몇 가지 같은 문제를 가진다.

- 매초 호스트는 모든 키의 모든 큐를 디큐해야 한다.
- 오래된 키를 삭제하는 별도의 메커니즘이 필요하다.
- 큐는 용량을 초과할 수 없으므로 분산 구현에서는 여러 호스트가 동기화하기 전에 동시에 그 버킷/큐를 완전히 채울 수 있다. 이는 사용자가 속도 제한을 초과했음을 의미한다.

다른 가능한 설계는 토큰 대신 타임스탬프를 인큐하는 것이다. 요청이 도착하면 먼저 큐에 남아 있는 타임스탬프가 보존 기간보다 오래될 때까지 타임스탬프를 디큐한 다음, 큐에 공간이 있으면 요청의 타임스탬프를 인큐한다. 인큐가 성공하면 거짓을 반환하고 그렇지 않으면 참을 반환한다. 이 접근 방식은 매초 모든 큐를 디큐해야 하는 요구사항을 피한다.

 일관성 문제가 발생할 가능성이 있다는 점을 알아챘는가?
질문

알림을 받은 독자는 속도 제한 결정에 부정확성을 초래할 수 있는 두 가지 가능한 일관성 문제를 즉시 알아차릴 수 있다.

---

11 (옮긴이) FIFO(First In First Out) 큐는 먼저 들어온 데이터가 먼저 나가는 자료구조다.

1. 호스트가 리더 호스트에 키-값 쌍을 쓰고 즉시 다른 호스트에 덮어 쓰이는 경쟁 조건이 발생할 수 있다.
2. 호스트의 시간이 동기화되지 않아 호스트가 약간 다른 시간을 가진 다른 호스트가 작성한 타임스탬프를 사용해 속도 제한 결정을 내릴 수 있다.

이러한 부정확성은 허용 가능하다. 이 두 가지 문제는 이 절에서 설명한 타임스탬프를 사용하는 모든 분산 속도 제한 알고리즘, 즉 고정 윈도우 카운터와 슬라이딩 윈도우 로그에도 적용되지만 다시 언급하지는 않을 것이다.

### 8.9.3 고정 윈도우 카운터

고정 윈도우 카운터(Fixed window counter)[12]는 키-값 쌍으로 구현된다. 키는 클라이언트 ID와 타임스탬프의 조합(예: user0_1628825241)일 수 있고, 값은 요청 횟수다. 클라이언트가 요청하면 해당 키가 존재하면 증가하고 존재하지 않으면 생성된다. 카운트가 설정된 속도 제한 내에 있으면 요청이 수락되고 카운트가 설정된 속도 제한을 초과하면 거부된다.

윈도우 간격은 고정돼 있다. 예를 들어, 윈도우는 각 분의 [0, 60)초 사이일 수 있다. 윈도우가 지나면 모든 키가 만료된다. 예를 들어, 'user0_1628825241' 키는 GMT 3:27:00 AM부터 3:27:59 AM까지 유효한데, 1628825241이 GMT 3:27:21 AM으로 GMT 3:27 AM의 1분 이내이기 때문이다.

> **질문** 요청 속도가 설정된 속도 제한을 얼마나 초과할 수 있는가?

고정 윈도우 카운터의 단점은 설정된 속도 제한의 최대 2배까지 요청 속도를 허용할 수 있다는 것이다. 예를 들어, 그림 8.13을 참조하면 속도 제한이 1분에 5개의 요청이면 클라이언트는 [8:00:00 AM, 8:01:00 AM) 사이에 최대 5개의 요청을 하고 [8:01:00 AM, 8:01:30 AM) 사이에 추가로 5개의 요청을 할 수 있다. 클라이언트는 실제로 1분 간격 동안 10개의 요청을 했는데, 이는 분당 5개 요청이라는 설정된 속도 제한의 2배다(그림 8.14).

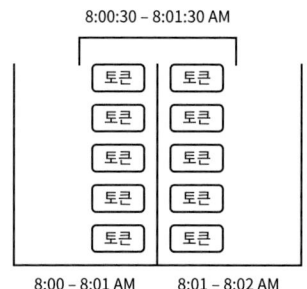

그림 8.14 사용자가 [8:00:30 AM, 8:01:30 AM) 사이에 5개의 요청을 하고 [8:01:00 AM, 8:01:30 AM) 사이에 추가로 5개의 요청을 했다. 고정 윈도우당 5개 요청 제한 내에 있었지만 실제로는 1분 동안 10개의 요청을 했다.

---

[12] (옮긴이) 특정 시간 간격 동안 발생하는 이벤트의 수를 추적하는 간단한 속도 제한 알고리즘이다.

이 접근 방식을 우리의 속도 제한기에 적용하면, 호스트가 사용자 요청을 받을 때마다 해시 맵에 다음 단계를 수행한다. 이 단계의 시퀀스 다이어그램은 그림 8.15를 참조한다.

1. 쿼리할 적절한 키를 결정한다. 예를 들어, 속도 제한이 10초 만료라면 1628825250에서 user0 키는 ["user0_1628825241", "user0_1628825242", ..., "user0_1628825250"]이 될 것이다.

2. 키 요청을 한다. 호스트 메모리 대신 레디스에 키-값 쌍을 저장하고 있다면, MGET[13] 명령을 사용해 지정된 모든 키의 값을 반환할 수 있다. MGET 명령은 검색할 키 수 N에 대해 O(N)이지만, 여러 요청 대신 단일 요청을 하는 것이 네트워크 지연과 리소스 오버헤드가 낮다.

3. 키가 발견되지 않으면 예를 들어 (user0_1628825250, 1)과 같은 새로운 키-값 쌍을 만든다. 하나의 키가 발견되면 그 값을 증가시킨다. 하나 이상의 키가 발견되면 경쟁 조건으로 인해 반환된 모든 키의 값을 합산하고 이 합계를 1 증가시킨다. 이것이 지난 10초 동안의 요청 수다.

4. 병렬 방식

    a. 생성되거나 업데이트된 키-값 쌍을 리더 호스트나 레디스 데이터베이스에 쓴다. 여러 키가 있었다면 가장 오래된 키를 제외한 모든 키를 삭제한다.

    b. 카운트가 10보다 크면 참을 반환하고 그렇지 않으면 거짓을 반환한다.

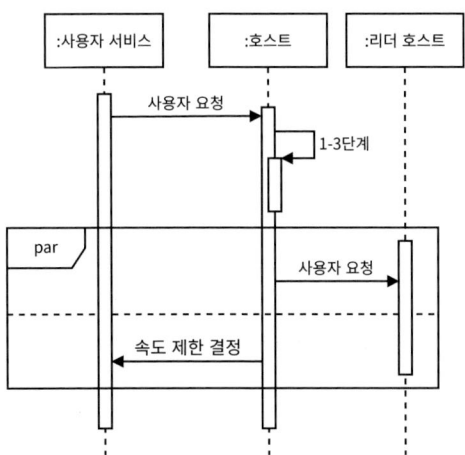

**그림 8.15** 고정 윈도우 카운터 접근 방식의 시퀀스 다이어그램. 이 다이어그램은 레디스 대신 호스트의 메모리를 사용해 요청 타임스탬프를 저장하는 접근 방식을 보여준다. 속도 제한 결정은 호스트의 메모리에 저장된 데이터만을 사용해 호스트에서 즉시 이뤄진다. 동기화를 위한 리더 호스트의 후속 단계는 명시되지 않았다.

---

[13] https://redis.io/commands/mget/

> **질문** 경쟁 조건으로 인해 5단계에서 여러 키가 발견될 수 있는 이유는 무엇인가?

레디스 키는 만료되게 설정[14]할 수 있으므로 키가 10초 후에 만료되게 설정해야 한다. 그렇지 않으면 만료된 키를 지속적으로 찾아 삭제하는 별도의 프로세스를 구현해야 한다. 이 프로세스가 필요하다면, 키 삭제 프로세스가 호스트와 독립적이라는 것이 고정 윈도우 카운터의 장점이다. 이 독립적인 삭제 프로세스는 호스트와 별도로 확장될 수 있으며, 독립적으로 개발될 수 있어 테스트와 디버깅이 더 쉽다.

### 8.9.4 슬라이딩 윈도우 로그

슬라이딩 윈도우 로그(Sliding window log)[15]는 각 클라이언트 키-값 쌍으로 구현된다. 키는 클라이언트 ID이고, 값은 정렬된 타임스탬프 목록이다. 슬라이딩 윈도우 로그는 각 요청 타임스탬프를 저장한다.

그림 8.16은 슬라이딩 윈도우 로그의 간단한 다이어그램이다. 새로운 요청이 들어오면 해당 타임스탬프를 추가하고 첫 번째 타임스탬프가 만료됐는지 확인한다. 만료됐다면 이진 검색을 수행해 마지막으로 만료된 타임스탬프를 찾은 다음, 그 이전의 모든 타임스탬프를 제거한다. 큐는 이진 검색을 지원하지 않으므로 큐 대신 리스트를 사용한다. 리스트에 10개 이상의 타임스탬프가 있으면 참을 반환하고, 그렇지 않으면 거짓을 반환한다.

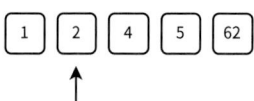

62를 추가할 때 62 - 60 = 2에 대한 이진 검색을 수행한다.

**그림 8.16**은 단순 슬라이딩 윈도우 로그를 보여준다. 새로운 요청이 들어오면 타임스탬프가 추가된다. 그다음, 이진 탐색을 통해 가장 최근에 만료된 타임스탬프를 찾고 모든 만료된 타임스탬프를 제거한다. 리스트의 크기가 제한을 초과하지 않으면 요청을 허용한다.

슬라이딩 윈도우 로그는 정확하다. 다만 분산 구현에서는 8.9.2절의 마지막 단락에서 설명된 요인들로 인해 예외가 있다. 그러나 모든 요청에 타임스탬프 값을 저장하는 것은 토큰 버킷보다 더 많은 메모리를 소비한다.

슬라이딩 윈도우 로그 알고리즘은 속도 제한을 초과한 후에도 요청을 계속 집계하므로 사용자의 요청 속도를 측정할 수 있다.

---

[14] https://redis.io/commands/expire/
[15] (옮긴이) 가장 최근의 요청 타임스탬프를 저장하고 지속적으로 업데이트해 더 정확한 속도 제한을 구현하는 알고리즘이다.

## 8.9.5 슬라이딩 윈도우 카운터

슬라이딩 윈도우 카운터(Sliding window counter)[16]는 고정 윈도우 카운터와 슬라이딩 윈도우 로그를 더욱 발전시킨 것이다. 여러 개의 고정 윈도우 간격을 사용하며, 각 간격은 속도 제한 시간 윈도우의 1/60이다.

예를 들어, 속도 제한 간격이 1시간이라면 1시간짜리 윈도우 하나 대신 1분짜리 윈도 60개를 사용한다. 현재 속도는 마지막 60개 윈도우를 합산해 결정한다. 이 방식은 요청을 약간 과소 계산할 수 있다. 예를 들어, 11:00:35에 요청을 집계할 때 [10:01:00, 10:01:59] 윈도우부터 [11:00:00, 11:00:59] 윈도우까지 60개의 1분 윈도우를 합산하고 [10:00:00, 10:00:59] 윈도우는 무시한다. 이 접근 방식은 여전히 고정 윈도우 카운터보다 정확하다.

## 8.10 사이드카 패턴 적용

이제 속도 제한 정책에 사이드카 패턴을 적용하는 방식을 살펴보자. 그림 1.8은 사이드카 패턴을 사용한 속도 제한 서비스 아키텍처를 보여준다. 1.4.6절에서 설명한 바와 같이, 관리자는 제어 평면에서 사용자 서비스의 속도 제한 정책을 구성할 수 있으며, 이는 사이드카 호스트로 배포된다. 사용자 서비스가 사이드카 호스트에 속도 제한 정책을 포함하는 이 설계를 통해 사용자 서비스 호스트는 속도 제한 정책을 조회하기 위해 속도 제한 서비스에 요청을 보낼 필요가 없어 이러한 요청의 네트워크 오버헤드를 줄일 수 있다.

## 8.11 로깅, 모니터링, 경보

2.5절에서 설명한 로깅, 모니터링, 경보 방식 외에도 다음 사항에 모니터링과 경보를 구성해야 한다. 공유 모니터링 서비스에서 공유 로깅 서비스의 로그 모니터링 작업을 구성할 수 있으며, 이러한 작업은 개발자에게 다음과 같은 문제를 알리기 위해 공유 경보 서비스에 경보를 트리거해야 한다.

- 섀도 밴을 당했음에도 불구하고 계속해서 높은 비율로 요청을 보내는 사용자와 같은 잠재적 악의적 활동의 징후
- 짧은 시간 내에 비정상적으로 많은 수의 사용자가 속도 제한을 받는 것과 같은 잠재적 DDoS 시도의 징후

---

[16] (옮긴이) 고정 윈도와 슬라이딩 윈도 로그의 장점을 결합한 속도 제한 알고리즘으로, 시간에 따라 부드럽게 이동하는 윈도 내의 요청 수를 추적한다.

## 8.12 클라이언트 라이브러리로 기능 제공

사용자 서비스가 모든 요청의 속도 제한 서비스에 질의해야 하는가? 대안으로, 사용자 서비스가 사용자 요청을 집계한 후 다음과 같은 특정 상황에서만 속도 제한 서비스에 질의하는 방법이 있다.

- 배치할 사용자 요청이 쌓였을 때
- 요청 속도가 갑자기 증가한 것을 감지했을 때

이 접근 방식을 일반화하면 속도 제한을 서비스 대신 라이브러리로 구현할 수 있을까? 6.7절에서 라이브러리와 서비스를 설명했다. 완전히 라이브러리로 구현한다면 8.7절의 접근 방식을 사용해야 한다. 이 방식에서는 호스트가 모든 사용자 요청을 메모리에 담고 서로 동기화한다. 호스트는 사용자 요청 타임스탬프를 동기화하려면 서로 통신할 수 있어야 하므로, 라이브러리를 사용하는 서비스 개발자는 주키퍼 같은 구성 서비스를 설정해야 한다. 이는 대부분의 개발자에게 지나치게 복잡하고 오류가 발생하기 쉬울 수 있다. 대안으로, 클라이언트에서 일부 처리를 수행해 속도 제한 서비스의 성능을 개선하는 기능을 갖춘 라이브러리를 제공할 수 있다. 이를 통해 서비스 요청 속도를 낮출 수 있다.

클라이언트와 서버 간에 처리를 나누는 이러한 패턴은 모든 시스템에 일반화될 수 있다. 하지만 이로 인해 클라이언트와 서버 간의 긴밀한 결합이 발생할 수 있는데, 이는 일반적으로 안티패턴으로 여겨진다. 서버 애플리케이션 개발은 오랫동안 구 버전 클라이언트를 계속 지원해야 한다. 이러한 이유로 클라이언트 SDK(소프트웨어 개발 키트)는 보통 REST나 RPC 엔드포인트 집합 계층일 뿐이며 데이터 처리를 수행하지 않는다. 클라이언트에서 데이터 처리를 하고자 한다면 다음 조건 중 최소한 하나는 충족해야 한다.

- 처리가 단순해 서버 애플리케이션의 향후 버전에서도 이 클라이언트 라이브러리를 쉽게 계속 지원할 수 있어야 한다.
- 처리가 리소스 집약적이어서 클라이언트에서 이러한 처리를 수행하는 유지보수 부담이 서비스 운영 비용의 상당한 절감과 맞바꿀 만한 가치가 있어야 한다.
- 클라이언트가 더 이상 지원되지 않을 시기를 사용자에게 명확히 알리는 명시된 지원 수명 주기가 있어야 한다.

속도 제한기 요청 배치와 관련해 배치 크기를 실험해 정확성과 네트워크 트래픽 간의 최적의 균형을 결정할 수 있다.

클라이언트가 요청 속도도 측정하고 요청 속도가 설정된 임곗값을 초과할 때만 속도 제한 서비스를 사용하면 어떨까? 이 방식의 문제는 클라이언트끼리 통신하지 않으므로 클라이언트가 설치된 특정 호스트의 요청 속도만 측정할 수 있고 특정 사용자의 요청 속도를 측정할 수 없다는 점이다. 이는 특정 사용자가 아닌 모든 사용자의 요청 속도를 기반으로 속도 제한이 활성화됨을 의미한다. 사용자는 특정 속도 제한에 익숙해져 있어 이전에는 속도 제한을 받지 않던 특정 요청 속도에서 갑자기 속도 제한을 받게 되면 불만을 제기할 수 있다.

대안으로, 클라이언트가 이상 감지를 사용해 요청 속도의 급격한 증가를 감지한 후 서버에 속도 제한 요청을 보내는 방법이 있다.

## 8.13 추가 읽을거리

- 미하일 스마르쇼크(Mikhail Smarshchok)의 "시스템 설계 면접(System Design Interview)", https://youtu.be/FU4WlwfS3G0 (유튜브 채널, 2019)
- 고정 윈도우 카운터, 슬라이딩 윈도우 로그, 슬라이딩 윈도우 카운터에 관한 설명은 주석의 문서[17]를 참조한다.
- 닐 매든, 《API 보안 인 액션: API 보안 기술과 모범 사례》(에이콘출판, 2024)
- 크리스티안 포스타, 라이너 말로쿠, 《Istio in Action: 서비스 메시 표준, 이스티오 완벽 해부》(에이콘출판, 2024)
- 모건 브루스, 파울로 페레이라, 《마이크로서비스 인 액션: 올바른 마이크로서비스 도입을 위한 완벽 실용서》(위키북스, 2019)

## 요약

- 속도 제한은 서비스 중단과 불필요한 비용을 방지한다.
- 호스트 추가나 로드 밸런서를 사용한 속도 제한과 같은 대안은 실현 불가능하다. 트래픽 급증을 처리하려면 호스트를 추가하는 것은 너무 느릴 수 있으며, 속도 제한에 7계층 로드 밸런서를 사용하면 비용과 복잡성이 크게 증가할 수 있다.
- 사용자 경험을 저하시키거나 구독과 같은 복잡한 사용 사례에는 속도 제한을 사용하지 않는다.
- 속도 제한기의 비기능적 요구사항은 확장성, 성능, 낮은 복잡성이다. 이러한 요구사항을 최적화하기 위해 가용성, 내결함성, 정확성, 일관성을 트레이드오프할 수 있다.
- 속도 제한 서비스의 주요 입력은 사용자 ID와 서비스 ID다. 이는 관리자가 정의한 규칙에 따라 처리돼 속도 제한에 '예'나 '아니오' 응답을 반환한다.

---

17 https://www.figma.com/blog/an-alternative-approach-to-rate-limiting/

- 다양한 속도 제한 알고리즘이 있으며 각각 고유한 트레이드오프가 있다. 토큰 버킷은 이해와 구현이 쉽고 메모리 효율적이지만 동기화와 정리가 까다롭다. 누수 버킷은 이해와 구현이 쉽지만 약간 부정확하다. 고정 윈도우 로그는 테스트와 디버깅이 쉽지만 부정확하고 구현이 더 복잡하다. 슬라이딩 윈도우 로그는 정확하지만 더 많은 메모리가 필요하다. 슬라이딩 윈도우 카운터는 슬라이딩 윈도우 로그보다 메모리를 적게 사용하지만 정확도가 떨어진다.
- 속도 제한 서비스에 사이드카 패턴을 고려할 수 있다.

# 09

# 알림/경보 서비스 설계

**이 장에서 다루는 내용**

- 서비스의 기능 범위와 설명 제한
- 플랫폼별 채널에 위임하는 서비스 설계
- 유연한 구성과 템플릿을 위한 시스템 설계
- 서비스의 다른 일반적인 문제 처리

코딩, 디버깅, 테스트의 중복을 피하고, 유지보수성을 개선하며, 재사용을 가능하게 하기 위해 소스 코드에 함수와 클래스를 생성한다. 마찬가지로 여러 서비스에서 사용하는 공통 기능을 일반화한다(즉, 공통 관심사를 중앙 집중화한다).

사용자에게 알림을 전송하는 기능은 대부분의 시스템에서 필수적인 요구사항이다. 시스템 설계 설명에서 알림 전송을 언급할 때마다 조직을 위한 공통 알림 서비스를 제안해야 한다.

## 9.1 기능 요구사항

알림 서비스는 광범위한 사용자를 가능한 한 단순히 해야 하며, 이로 인해 기능 요구사항에 상당한 복잡성이 발생한다. 알림 서비스가 제공할 수 있는 기능은 많다. 제한된 시간을 고려할 때, 광범위한 사용자층에게 유용할 것으로 예상되는 알림 서비스의 몇 가지 사용 사례와 기능을 명확히 정의해야 한다. 잘 정의된 기능 범위를 통해 비기능적 요구사항을 파악하고 최적화할 수 있다. 초기 시스템을 설계한 후 더 많은 기능을 논의하고 설계할 수 있다.

이 질문은 MVP 설계 연습으로도 좋다. 가능한 기능을 예상하고 새로운 기능과 서비스를 추가하기 쉽고 느슨하게 결합된 구성 요소로 시스템을 설계해 사용자 피드백과 변화하는 비즈니스 요구사항에 대응해 발전할 수 있다.

### 9.1.1 가동 시간 모니터링용이 아님

알림 서비스는 이메일, SMS와 같은 다양한 메시징 서비스 위에 구축된 계층일 가능성이 높다. 이러한 메시지를 보내는 서비스(예: 이메일 서비스)는 그 자체로 복잡한 서비스다. 이 질문에서는 공유 메시징 서비스를 사용하지만 그것을 설계하지는 않는다. 사용자가 다양한 채널을 통해 메시지를 보낼 수 있는 서비스를 설계한다.

이러한 접근 방식을 공유 메시징 서비스를 넘어 일반화하여 저장소, 이벤트 스트리밍, 로깅과 같은 기능에도 다른 공유 서비스를 사용할 예정이다. 또한 조직에서 다른 서비스를 개발하는 데 사용하는 것과 동일한 베어메탈이나 클라우드 인프라 같은 공유 인프라를 사용한다.

질문   모니터링하는 다른 서비스와 동일한 공유 인프라나 서비스를 사용해 가동 시간 모니터링을 구현할 수 있는가?

이 접근 방식에 따라 이 서비스를 가동 시간 모니터링, 즉 다른 서비스의 중단 경보 트리거에 사용해서는 안 된다고 가정한다. 그렇지 않으면 조직의 다른 서비스와 동일한 인프라에서 구축하거나 동일한 공유 서비스를 사용할 수 없다. 왜냐하면 조직에 영향을 미치는 중단이 이 서비스에도 영향을 미치고 중단 경보를 트리거하지 않기 때문이다. 가동 시간 모니터링 서비스는 모니터링하는 서비스와 독립된 인프라에서 실행돼야 한다. 이러한 이유로 페이저듀티(PagerDuty)와 같은 외부 가용성 모니터링 서비스가 널리 사용된다.

9.14절에서는 이 서비스를 가동 시간 모니터링에 사용할 수 있는 가능한 접근 방식에 대해 설명한다.

### 9.1.2 사용자와 데이터

알림 서비스에는 세 가지 주요 사용자 역할이 있다.

- 발신자: 알림을 CRUD(생성, 읽기, 업데이트, 삭제)하고 수신자에게 보내는 사람이나 서비스
- 수신자: 알림을 받는 앱의 사용자. 기기나 앱 자체를 수신자라고도 한다.

- 관리자: 알림 서비스 관리자 접근 권한이 있는 사람. 관리자는 다양한 기능을 가진다. 다른 사용자에게 알림을 보내거나 받을 수 있는 권한을 부여할 수 있으며, 알림 템플릿을 생성하고 관리할 수 있다(9.5절). 실제로는 일부 개발자만 운영 환경 관리자 접근 권한을 가질 수 있지만, 여기서는 알림 서비스의 개발자도 관리자 접근 권한이 있다고 가정한다.

수동 방식과 프로그래밍 방식의 발신자가 모두 있다. 프로그래밍 방식 사용자는 특히 알림을 보내기 위해 API 요청을 보낼 수 있다. 수동 사용자는 알림 전송뿐만 아니라 알림 구성과 전송된 알림과 대기 중인 알림 보기와 같은 관리 기능을 포함한 모든 사용 사례에 대해 웹 UI를 통해 작업할 수 있다.

알림 크기를 1MB로 제한할 수 있으며, 이는 수천 자의 문자와 썸네일 이미지를 담기에 충분하다. 사용자는 알림 내에 비디오나 오디오를 보내서는 안 된다. 대신 알림에 미디어 콘텐츠나 다른 큰 파일 링크를 포함할 수 있고, 수신자 시스템은 알림 서비스와 별도로 개발된 기능을 통해 해당 콘텐츠를 다운로드하고 볼 수 있어야 한다. 해커가 서비스를 가장하고 악성 웹사이트로 연결되는 링크가 포함된 알림을 보내려 할 수 있다. 이를 방지하기 위해 알림에는 디지털 서명이 포함돼야 한다. 수신자는 인증 기관을 통해 서명을 확인할 수 있다. 자세한 내용은 암호화 관련 자료를 참조한다.

### 9.1.3 수신자 채널

다음을 포함한 다양한 채널을 통해 알림을 보낼 수 있는 기능을 지원해야 한다. 알림 서비스는 이러한 각 채널 메시지를 보내는 서비스와 통합돼야 한다.

- 브라우저
- 이메일
- SMS. 단순화를 위해 MMS는 고려하지 않는다.
- 자동 전화 통화
- 안드로이드, iOS 또는 브라우저의 푸시 알림
- 앱 내 맞춤형 알림. 예를 들어, 엄격한 프라이버시와 보안 요구사항이 있는 뱅킹이나 금융 앱은 내부 메시징과 알림 시스템을 사용한다.

### 9.1.4 템플릿

특정 메시징 시스템은 사용자가 메시지를 보내기 전에 채워야 하는 필드 집합이 있는 기본 템플릿을 제공한다. 예를 들어, 이메일에는 발신자 이메일 주소 필드, 수신자 이메일 주소 필드, 제목 필드, 본문 필드, 첨부 파일 목록이 있다. SMS에는 발신자 전화번호 필드, 수신자 전화번호 필드, 본문 필드가 있다.

동일한 알림을 많은 수신자에게 보낼 수 있다. 예를 들어, 앱은 새로 가입한 모든 사용자에게 환영 메시지가 포함된 이메일이나 푸시 알림을 보낼 수 있다. 메시지는 모든 사용자에게 동일할 수 있다. 예를 들면 "베이글(Beigel)에 오신 것을 환영합니다. 첫 구매 시 20% 할인을 즐기세요."와 같다.

메시지에는 사용자 이름과 할인율과 같은 개인화된 매개변수도 포함될 수 있다. 예를 들면 "${first_name}님 환영합니다. 첫 구매 시 ${discount}% 할인을 즐기세요."와 같다. 또 다른 예로 온라인 마켓플레이스 앱이 주문을 제출한 직후 고객에게 보내고자 하는 주문 확인 이메일, 문자 메시지나 푸시 알림이 있다. 메시지에는 고객 이름, 주문 확인 코드, 품목 목록(여러 매개변수가 있을 수 있는 품목), 가격에 대한 매개변수가 들어갈 수 있다. 하나의 메시지에 여러 매개변수가 있을 수 있다.

알림 서비스는 템플릿을 CRUD할 수 있는 API를 제공할 수 있다. 사용자가 알림을 보내고자 할 때마다 전체 메시지를 직접 작성하거나 특정 템플릿을 선택하고 해당 그 템플릿에 값을 채울 수 있다.

템플릿 기능은 알림 서비스로의 트래픽도 줄인다. 관련 내용은 이 장의 뒷부분에서 설명한다.

템플릿을 생성하고 관리하기 위한 다양한 기능을 제공할 수 있으며, 이는 그 자체로 하나의 템플릿 서비스가 될 수 있다. 초기 논의는 템플릿 CRUD로 제한한다.

### 9.1.5 트리거 조건

알림은 수동이나 프로그래밍 방식으로 트리거될 수 있다. 사용자가 알림을 생성하고, 수신자를 추가한 다음 즉시 발송할 수 있는 브라우저 앱을 제공할 수 있다. 알림은 프로그래밍 방식으로도 보낼 수 있으며, 이는 브라우저 앱이나 API에서 구성할 수 있다. 프로그래밍 방식 알림은 일정에 따라 API 요청이 트리거되게 구성된다.

### 9.1.6 구독자, 발신자 그룹, 수신자 그룹 관리

사용자가 한 명 이상의 수신자에게 알림을 보내고자 할 때 수신자 그룹을 관리하는 기능을 제공해야 할 수 있다. 사용자는 매번 수신자 목록을 제공하는 대신 수신자 그룹을 사용해 알림을 보낼 수 있다.

> **주의**
> 수신자 그룹에는 개인 식별 정보(Personally-Identifiable Information, PII)[1]가 포함되므로 GDPR[2]과 CCPA[3] 같은 개인정보 보호법의 적용을 받는다.

사용자는 수신자 그룹을 CRUD할 수 있어야 한다. 역할 기반 접근 제어(RBAC)도 고려할 수 있다. 예를 들어, 그룹에는 읽기와 쓰기 역할이 있을 수 있다. 사용자가 그룹의 구성원과 다른 세부 정보를 보려면 그룹의 읽기 역할이 필요하고, 구성원을 추가하거나 제거하려면 쓰기 역할이 필요하다. 그룹 RBAC는 이 설명의 범위를 벗어난다.

수신자는 알림 수신을 허용하거나 거부할 수 있어야 하며, 그렇지 않으면 알림은 스팸으로 간주될 수 있다. 이 장에서는 이 논의는 생략한다. 이어지는 주제에서 논의할 수도 있다.

### 9.1.7 사용자 기능

다음은 우리가 제공할 수 있는 다른 기능이다.

- 서비스는 발신자의 중복 알림 요청을 식별하고 수신자에게 중복 알림을 보내지 않아야 한다.
- 사용자가 과거 알림 요청을 볼 수 있게 해야 한다. 중요한 사용 사례는 사용자가 이미 특정 알림 요청을 했는지 확인해 중복 알림 요청을 하지 않게 하는 것이다. 알림 서비스에서도 자동으로 중복 알림 요청을 식별하여 중복 요청을 방지할 수 있지만, 사용자가 알림 서비스와 다르게 중복 요청을 정의할 수 있으므로 이러한 구현을 완전히 신뢰하지는 않는다.
- 사용자는 많은 알림 구성과 템플릿을 저장한다. 이름이나 설명과 같은 다양한 필드로 구성이나 템플릿을 찾을 수 있어야 한다. 사용자는 자주 사용하는 알림을 즐겨찾기로 저장할 수도 있다.
- 사용자는 알림의 상태를 조회할 수 있어야 한다. 알림이 예약됐거나 보내는 중(발신함의 이메일과 유사)이거나 실패했을 수 있다. 알림 전달이 실패하면 사용자는 재시도가 예약됐는지와 재시도된 전송 횟수를 볼 수 있어야 한다.
- 시스템은 우선순위가 높은 알림을 낮은 것보다 먼저 처리하거나, 특정 알림이 계속 무시되는 상황을 방지하기 위해 가중치 접근법을 사용할 수 있다.

---

1 (옮긴이) 개인을 식별하거나 추적할 수 있는 모든 정보를 의미한다.
2 (옮긴이) GDPR(General Data Protection Regulation)은 유럽연합(EU)의 개인정보 보호 법규로, 개인의 데이터 권리를 강화하고 기업의 데이터 처리 책임을 규정한다.
3 (옮긴이) CCPA(California Consumer Privacy Act)는 캘리포니아 주민의 개인정보 보호 권리를 강화하고 기업의 데이터 처리 의무를 규정하는 미국 캘리포니아 주의 법률이다.

## 9.1.8 분석

분석은 이 질문의 범위를 벗어난다고 생각할 수 있지만, 알림 서비스를 설계하면서 이에 관해서도 논의할 수 있다.

## 9.2 비기능적 요구사항

다음과 같은 비기능적 요구사항을 설명할 수 있다.

- 스케일: 알림 서비스는 매일 수십억 개의 알림을 보낼 수 있어야 한다. 알림당 1MB로 계산하면 알림 서비스는 매일 페타바이트 단위의 데이터를 처리하고 전송한다. 수천 명의 발신자와 10억 명의 수신자가 있을 수 있다.
- 성능: 알림은 몇 초 내에 전달돼야 한다. 중요한 알림의 전달 속도를 높이기 위해 사용자가 특정 알림에 우선순위를 부여할 수 있게 하는 것을 고려할 수 있다.
- 고가용성: 99.999%의 가동 시간.
- 내결함성: 수신자가 알림을 받을 수 없으면 다음 기회에 알림을 받아야 한다.
- 보안: 인증된 사용자만 알림을 보낼 수 있어야 한다.
- 프라이버시: 수신자는 알림 수신을 거부할 수 있어야 한다.

## 9.3 초기 고수준 아키텍처

다음 사항을 고려해 시스템을 설계할 수 있다.

- 알림 생성을 요청하는 사용자는 단일 인터페이스가 있는 단일 서비스를 통해 이를 수행한다. 사용자는 이 단일 서비스/인터페이스를 통해 원하는 채널과 다른 매개변수를 지정한다.
- 그러나 각 채널은 별도의 서비스로 처리할 수 있다. 각 채널 서비스는 해당 채널에 특화된 로직을 제공한다. 예를 들어, 브라우저 알림 채널 서비스는 웹 알림 API를 사용해 브라우저 알림을 생성할 수 있다. '알림 API 사용하기'[4]와 '알림'[5] 문서를 참조한다. 크롬과 같은 특정 브라우저는 자체 알림 API도 제공한다. 이미지와 프로그레스 바와 같은 풍부한 요소가 포함된 리치 알림은 'chrome.notifications'[6]와 'Rich Notifications API'[7]를 참조한다.

---

[4] https://developer.mozilla.org/en-US/docs/Web/API/Notifications_API/Using_the_Notifications_API
[5] https://developer.mozilla.org/en-US/docs/Web/API/notification
[6] https://developer.chrome.com/docs/extensions/reference/notifications/
[7] https://developer.chrome.com/docs/extensions/mv3/richNotifications/

- 공통 채널 서비스 로직을 다른 서비스에서 중앙 집중화할 수 있으며, 이를 '작업 생성기(Job constructor)'라고 부를 수 있다.
- 다양한 채널을 통한 알림은 그림 9.1에 나타낸 것처럼 타사 서비스에서 처리할 수 있다. 안드로이드 푸시 알림은 파이어베이스 클라우드 메시징(Firebase Cloud Messaging, FCM)을 통해 만들어진다. iOS 푸시 알림은 애플 푸시(Apple Push) 알림 서비스를 통해 만들어진다. 이메일, SMS/문자 메시지, 전화 통화에도 타사 서비스를 사용할 수 있다. 타사 서비스에 요청을 하는 것은 요청 속도를 제한하고 실패한 요청을 처리해야 함을 의미한다.

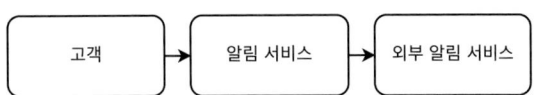

**그림 9.1** 알림 서비스는 외부 알림 서비스에 요청을 할 수 있으므로 요청 속도를 제한하고 실패한 요청을 처리해야 한다.

- 알림을 전적으로 동기 메커니즘을 통해 보내는 방식에는 확장성이 없다. 요청과 응답이 네트워크를 통해 전송되는 동안 스레드를 소비하기 때문이다. 수천 명의 발신자와 수십억 명의 수신자를 지원하려면 이벤트 스트리밍과 같은 비동기 기술을 사용해야 한다.

이러한 고려 사항을 바탕으로 그림 9.2와 9.3은 초기 고수준 아키텍처를 보여준다. 알림을 보내기 위해 클라이언트는 알림 서비스에 요청한다. 요청은 먼저 프런트엔드 서비스나 API 게이트웨이에서 처리된 다음 백엔드 서비스로 전송된다. 백엔드 서비스에는 프로듀서 클러스터, 알림 카프카 토픽, 컨슈머 클러스터가 있다. 프로듀서 호스트는 알림 카프카 토픽에 메시지를 생성하고 200 성공을 반환한다. 컨슈머 클러스터는 메시지를 소비하고 알림 이벤트를 생성한 다음, 그것을 관련 채널 큐에 생성한다. 각 알림 이벤트는 단일 수신자/목적지를 위한 것이다. 이러한 비동기 이벤트 기반 접근 방식을 통해 알림 서비스는 예측할 수 없는 트래픽 급증을 처리할 수 있다.

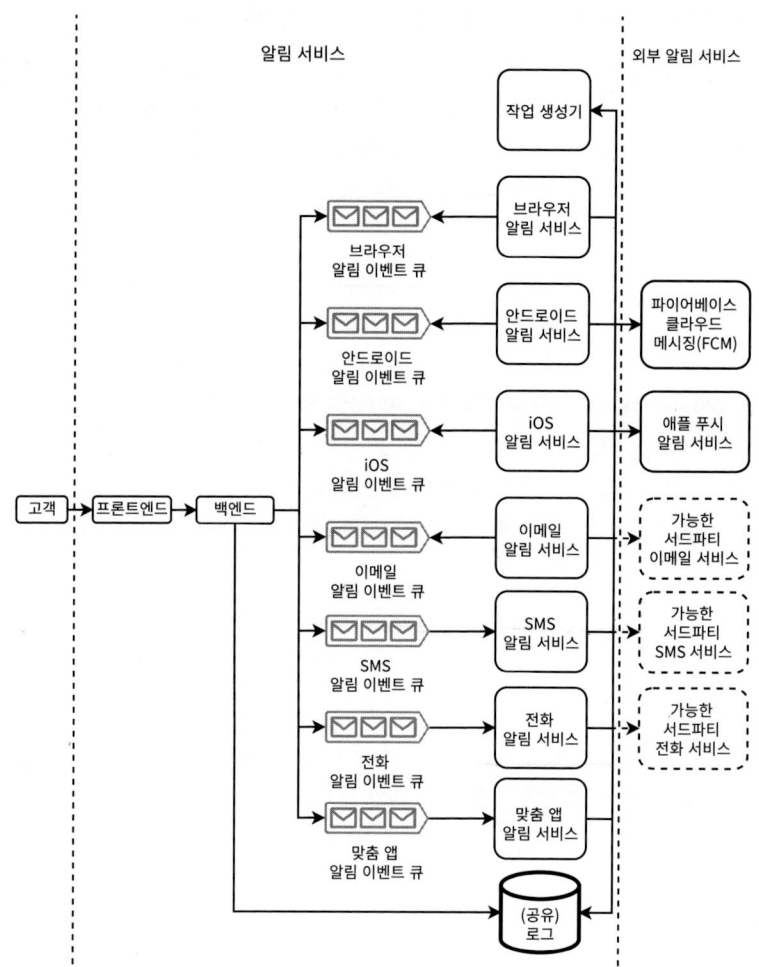

**그림 9.2** 알림 서비스의 고수준 아키텍처. 이는 클라이언트나 사용자가 알림을 보낼 때 발생할 수 있는 모든 요청을 보여준다. 각 특정 채널을 위한 알림 서비스인 여러 카프카 소비자들을 포함해 채널 서비스라고 부른다. 백엔드와 채널 서비스가 공유 로깅 데이터베이스를 사용하는 것을 나타내고 있지만, 알림 서비스의 모든 구성 요소는 공통된 로깅 서비스에 로그를 기록해야 한다.

큐의 다른 쪽에는 각 알림 채널에 대한 별도의 서비스가 있다. 이 중 일부는 안드로이드의 파이어베이스 클라우드 메시징(FCM)과 iOS의 애플 푸시 알림 서비스(Apple Push Notification Service)(APNs)와 같은 외부 서비스에 의존할 수 있다. 브라우저 알림 서비스는 파이어폭스(Firefox)와 크롬과 같은 다양한 브라우저 유형으로 더 세분화될 수 있다.

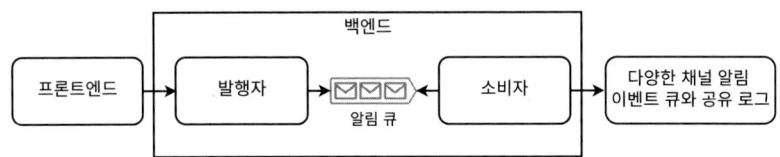

**그림 9.3** 그림 9.2의 백엔드 서비스를 확대한 모습이다. 백엔드 서비스는 프로듀서 클러스터, 알림 카프카 토픽, 그리고 컨슈머 클러스터로 구성돼 있다. 이후의 구조도에서는 백엔드 서비스의 확대 다이어그램을 생략할 예정이다.

각 알림 채널은 채널 서비스라고도 하는 별도의 서비스로 구현돼야 한다. 특정 채널에서 알림을 보내려면 특정 서버 애플리케이션이 필요하고, 채널마다 기능, 구성, 프로토콜이 다르기 때문이다. 이메일 알림은 SMTP를 사용한다. 이메일 알림 시스템을 통해 이메일 알림을 보내기 위해 사용자는 발신자 이메일 주소, 수신자 이메일 주소, 제목, 본문, 첨부 파일을 제공한다. 캘린더 이벤트와 같은 다른 이메일 유형도 있다. SMS 게이트웨이는 HTTP, SMTP, SMPP를 포함한 다양한 프로토콜을 사용한다. SMS 메시지를 보내기 위해 사용자는 발신 번호, 수신 번호, 문자열을 제공한다.

여기서 '목적지'나 '주소'라는 용어를 사용해 단일 알림 객체를 보낼 위치를 식별하는 필드를 지칭한다. 예를 들어 전화번호, 이메일 주소, 푸시 알림을 위한 기기 ID, 내부 메시징을 위한 사용자 ID 등의 사용자 지정 목적지가 있다.

각 채널 서비스는 목적지로 알림을 보내는 핵심 기능에 집중해야 한다. 전체 알림 내용을 처리하고 알림을 목적지로 전달해야 한다. 하지만 특정 채널로 메시지를 전달하는 데 타사 API를 사용해야 할 수도 있다. 예를 들어, 조직이 통신 회사가 아니라면 전화 통화와 SMS를 전달하는 데 통신 회사의 API를 사용한다. 모바일 푸시 알림의 경우 iOS 알림에는 애플 푸시 알림 서비스를, 안드로이드 알림에는 파이어베이스 클라우드 메시징을 사용한다. 브라우저 알림과 사용자 지정 앱 알림만이 타사 API를 사용하지 않고 메시지를 전달할 수 있다. 타사 API를 사용해야 할 때는 해당 채널 서비스가 알림 서비스에서 그 API에 직접 요청을 하는 유일한 구성 요소여야 한다.

알림 서비스에서 채널 서비스와 다른 서비스 간에 연결이 없으므로 시스템의 내결함성이 높아지고 다음과 같은 작업이 가능하다.

- 채널 서비스를 알림 서비스 외의 다른 서비스에서도 사용할 수 있다.
- 채널 서비스를 다른 서비스와 독립적으로 확장할 수 있다.
- 서비스는 서로 독립적으로 내부 구현 세부사항을 변경할 수 있으며, 전문 지식을 가진 별도의 팀이 유지보수할 수 있다. 예를 들어, 자동 전화 통화 서비스 팀은 자동 전화 통화를 거는 방법을 알아야 하고, 이메일 서비스 팀은 이메일을 보내는 방법을 알아야 하지만, 각 팀은 다른 팀의 서비스 작동 방식을 알 필요가 없다.

- 맞춤형 채널 서비스를 개발할 수 있고, 알림 서비스가 그들에게 요청을 보낼 수 있다. 예를 들어, 푸시 알림이 아닌 사용자 정의 UI 구성 요소로 표시되는 브라우저나 모바일 앱 내 알림을 구현하고자 할 수 있다. 채널 서비스의 모듈식 설계를 이용하면 이러한 개발이 더 쉬워진다.

프런트엔드 서비스에서 인증(예: 부록의 OpenID Connect 설명 참조)을 사용해 서비스 계층 호스트와 같은 인가된 사용자만 채널 서비스에 알림 전송을 요청하게 할 수 있다. 프런트엔드 서비스는 OAuth2 인가 서버에 대한 요청을 처리한다.

사용자가 필요한 채널의 알림 시스템만 사용하면 안 되는 이유는 무엇인가? 추가 계층의 개발 및 유지 보수 부담에 따른 이점은 무엇인가?

알림 서비스는 채널 서비스 같은 클라이언트를 위한 공통 UI(그림 13.1에는 표시하지 않음)를 제공할 수 있어 사용자가 단일 서비스에서 모든 채널의 알림을 관리할 수 있으며 여러 서비스를 배우고 관리할 필요가 없다.

프런트엔드 서비스는 다음과 같은 공통 작업을 제공한다.

- 속도 제한(Rate limiting) - 너무 많은 요청으로 알림 클라이언트가 과부하되어 5xx 오류가 발생하는 것을 방지한다. 속도 제한은 8장에서 설명한 별도의 공통 서비스일 수 있다. 스트레스 테스트[8]를 통해 적절한 제한을 결정할 수 있다. 속도 제한기는 특정 채널의 요청 속도가 지속적으로 설정된 제한을 초과하거나 크게 미달할 때는 관리자에게 알려 적절한 확장 결정을 내릴 수 있게 한다. 자동 확장도 고려할 수 있는 옵션이다.
- 프라이버시(Privacy) - 조직은 기기나 계정으로 보내는 알림을 규정하는 특정 프라이버시 정책을 가질 수 있다. 서비스 계층을 사용해 이러한 정책을 구성하고 모든 클라이언트에 적용할 수 있다.
- 보안(Security) - 모든 알림에 인증과 권한 부여.
- 모니터링, 분석, 경보(Monitoring, analytics, and alerting) - 이 서비스는 다양한 폭의 슬라이딩 윈도우를 통해 알림 이벤트를 기록하고 알림 성공률 및 실패율과 같은 집계 통계를 계산할 수 있다. 사용자는 이러한 통계를 모니터링하고 실패율 경보 임곗값을 설정할 수 있다.
- 캐싱(Caching) - 8장에서 설명한 캐싱 전략 중 하나를 사용해 캐싱 서비스를 통해 요청을 할 수 있다.

각 채널에 대해 카프카 토픽을 프로비저닝한다. 알림에 여러 채널이 있을 때는 각 채널에 대해 이벤트를 생성하고 각 이벤트를 해당 토픽에 생성할 수 있다. 각 우선순위 수준에 대한 카프카 토픽도 가질 수 있어 5개의 채널과 3개의 우선순위 수준이 있다면 15개의 토픽을 갖게 된다.

---

[8] (옮긴이) 시스템, 소프트웨어, 하드웨어나 네트워크의 안정성과 성능을 극한 조건에서 평가하는 과정을 말한다.

동기식 요청-응답이 아닌 카프카를 사용하는 접근법은 동기식보다 이벤트 중심이라는 클라우드 네이티브 원칙을 따르며, 이는 결합도 감소, 서비스 구성 요소의 독립적 개발, 과거 메시지 재생을 통한 쉬운 문제 해결, 그리고 차단 호출 없는 높은 처리량 등의 이점을 제공한다. 이는 저장 비용을 수반한다. 매일 10억 개의 메시지를 처리한다면 1주일의 보존 기간으로 매일 1PB, 즉 약 10PB의 저장 공간이 필요하다.

작업 생성기의 일관된 부하의 경우 각 채널 서비스 소비자 호스트가 자체 스레드 풀을 가진다. 각 스레드는 한 번에 하나의 이벤트를 소비하고 처리할 수 있다.

백엔드와 각 채널 서비스는 문제 해결과 감사와 같은 목적으로 요청을 기록할 수 있다.

## 9.4 객체 스토리지: 알림 구성과 전송

알림 서비스는 채널 서비스에 이벤트 스트림을 공급한다. 각 이벤트는 단일 수신자에 대한 단일 알림 작업에 해당한다.

> **질문** 알림에 큰 파일이나 객체가 포함되면 어떨까? 여러 카프카 이벤트에 동일한 대용량 파일/객체가 포함되는 것은 비효율적이다.

그림 9.3에서 백엔드는 전체 1MB 알림을 카프카 토픽에 생성할 수 있다. 그러나 알림에는 큰 파일이나 객체가 포함될 수 있다. 예를 들어, 전화 통화 알림에는 큰 오디오 파일이 포함될 수 있고, 이메일 알림에는 여러 비디오 첨부 파일이 포함될 수 있다. 백엔드는 먼저 이러한 큰 객체를 객체 저장소에 POST하고, 객체 ID를 반환받을 수 있다. 그런 다음 백엔드는 원본 객체 대신 이러한 객체 ID를 포함하는 알림 이벤트를 생성하고 이 이벤트를 적절한 카프카 토픽에 생성할 수 있다. 채널 서비스는 이 이벤트를 소비하고, 객체 저장소에서 객체를 GET하고, 알림을 조립한 다음 수신자에게 전달한다. 그림 9.4에서는 고수준 아키텍처에 메타데이터 서비스를 추가한다.

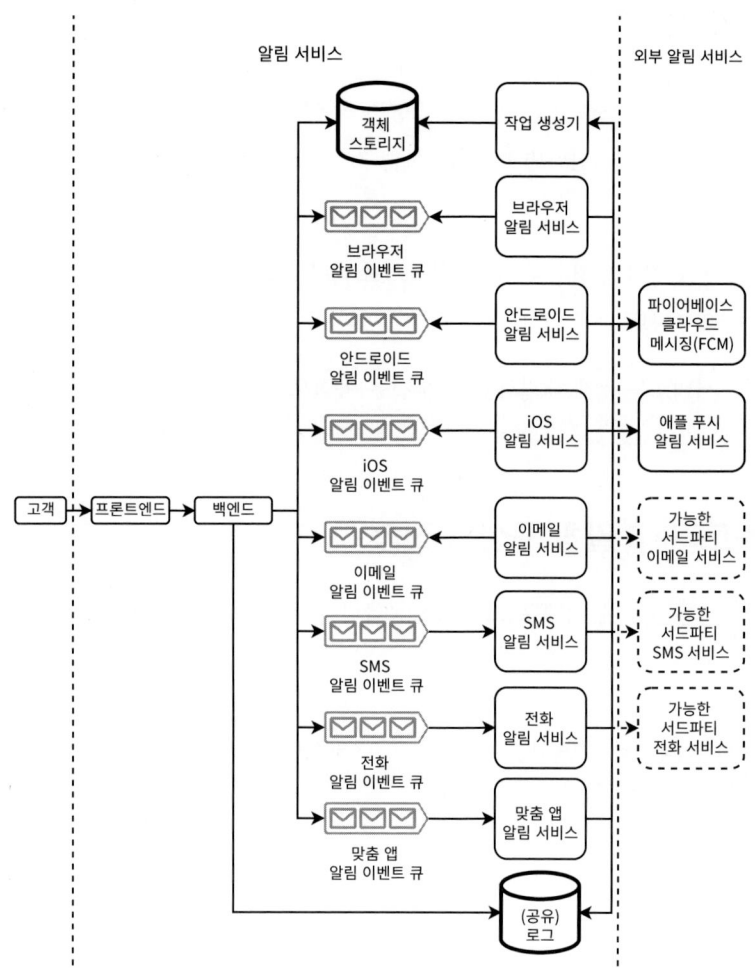

**그림 9.4** 메타데이터 서비스가 포함된 고수준 아키텍처. 백엔드 서비스는 큰 객체를 메타데이터 서비스에 POST할 수 있어 알림 이벤트의 크기를 작게 유지할 수 있다.

특정한 큰 객체를 여러 수신자에게 전달할 때는 백엔드가 이를 객체 저장소에 여러 번 POST한다. 두 번째 POST부터는 객체 저장소가 304 Not Modified 응답을 반환할 수 있다.

## 9.5 알림 템플릿

수백만 개의 목적지가 있는 수신자 그룹은 수백만 개의 이벤트를 생성할 수 있다. 이는 카프카에서 많은 메모리를 차지할 수 있다. 이전 절에서는 메타데이터 서비스를 사용해 이벤트의 중복 콘텐츠를 줄이고 크기를 줄이는 방법을 설명했다.

### 9.5.1 알림 템플릿 서비스

많은 알림 이벤트가 소량의 개인 설정으로 거의 중복된다. 예를 들어, 그림 9.5는 모든 수신자에게 수신자 이름만 다르게 하여 공통된 이미지와 문자열을 보여주는 푸시 알림이다. 이 알림은 수백만 명의 사용자에게 보낼 수 있다. 또 다른 예로, 이메일을 보낼 때 이메일 내용의 대부분은 모든 수신자에게 동일할 것이다. 이메일 제목과 본문은 다른 이름이나 사용자마다 다른 할인율 등 약간 다를 수 있지만, 첨부된 내용은 모든 수신자에게 동일할 가능성이 높다.

그림 9.5 모든 수신자에 대해 수신자 이름만 다르고 공통된 이미지와 내용을 담고 있는 푸시 알림의 예. 공통 콘텐츠는 "안녕하세요 ${name}님! Deliver & Dine에 오신 것을 환영합니다."와 같은 템플릿에 배치할 수 있다. Kafka 큐 이벤트는 ("name"과 수신자 이름, 목적지 ID) 형식의 키-값 쌍을 포함할 수 있다.[9]

9.1.4절에서 이러한 개인화를 관리하는 데 템플릿이 유용하다고 설명했다. 템플릿은 알림 서비스의 확장성을 개선하는 데도 유용하다. 모든 공통 데이터를 템플릿에 배치함으로써 알림 이벤트의 크기를 최소화할 수 있다. 템플릿의 생성과 관리는 그 자체로 복잡한 시스템이 될 수 있다. 이를 알림 템플릿 서비스 또는 줄여서 템플릿 서비스라고 부를 수 있다. 그림 9.6은 템플릿 서비스가 포함된 고수준 아키텍처를 보여준다. 클라이언트는 알림에 템플릿 ID만 포함하면 되고, 채널 서비스는 알림을 생성할 때 템플릿 서비스에서 템플릿을 GET한다.

---

9 이미지 출처: https://buildfire.com/what-is-a-push-notification/

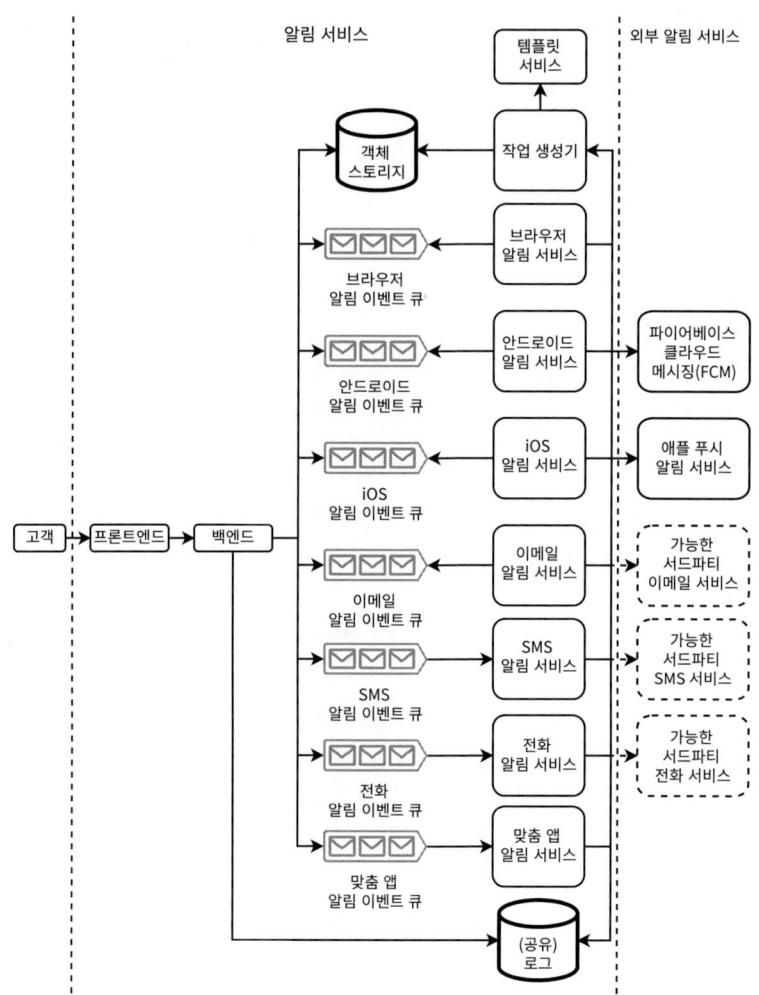

**그림 9.6** 템플릿 서비스가 포함된 고수준 아키텍처. 알림 서비스 사용자는 템플릿을 CRUD할 수 있다. 템플릿 서비스는 자체 인증과 권한 부여와 RBAC(역할 기반 접근 제어)를 가져야 한다. 작업 생성기는 읽기 권한만 있어야 한다. 관리자는 템플릿을 생성, 업데이트, 삭제하거나 다른 사용자에게 역할을 부여할 수 있게 관리자 접근 권한을 가져야 한다.

이 접근 방식을 메타데이터 서비스와 결합하면, 이벤트에는 알림 ID와 키-값 쌍 형태의 개인화된 데이터, 그리고 수신자 정보만 포함하면 된다. 여기서 알림 ID는 알림 템플릿 키로도 활용할 수 있다. 알림에 개인화된 콘텐츠가 없다면(즉, 모든 대상자가 같다면) 메타데이터 서비스는 본질적으로 전체 알림 내용을 포함하고, 이벤트는 대상자와 알림 콘텐츠 ID만 포함한다.

사용자는 알림을 보내기 전에 알림 템플릿을 설정할 수 있다. 사용자는 알림 템플릿에 대한 CRUD 요청을 서비스 계층으로 보내면, 메타데이터 서비스로 전달되어 메타데이터 데이터베이스에서 적절한 쿼리를 수행할 수 있다. 가용 리소스나 사용 편의성을 고려해 사용자가 알림 템플릿을 설정하지 않고 전체 알림 이벤트를 서비스에 직접 보내게 허용할 수도 있다.

### 9.5.2 추가 기능

템플릿에 다음과 같은 추가 기능이 필요하다고 결정할 수 있다. 이러한 추가 기능은 면접 후반부에 후속 주제로 간단히 논의될 수 있다. 면접 중에 이를 깊이 있게 논의할 시간은 충분하지 않을 것이다. 이러한 기능을 예측하고 고려할 수 있는 능력은 엔지니어링 성숙도의 지표가 되며 동시에 이러한 시스템의 세부 사항을 유창하게 확대하고 축소할 수 있으며 면접관에게 명확하고 간결하게 설명할 수 있음을 보여주는 것이 중요하다.

#### 저작, 접근 제어, 변경 관리

사용자는 템플릿을 작성할 수 있어야 한다. 시스템은 템플릿의 데이터를 저장해야 하며, 여기에는 콘텐츠와 그 생성 세부 정보(예: 작성자 ID, 생성 및 업데이트 타임스탬프)가 포함된다.

사용자 역할에는 관리자, 쓰기, 읽기, 없음이 있다. 이는 사용자가 템플릿에 대해 가지는 접근 권한에 해당한다. 알림 템플릿 서비스는 LDAP와 같은 프로토콜을 사용할 수 있는 조직의 사용자 관리 서비스와 통합될 필요가 있을 수 있다.

템플릿의 변경 이력을 기록하고자 할 수 있으며, 여기에는 정확한 변경 내용, 변경을 수행한 사용자, 타임스탬프와 같은 데이터가 포함된다. 더 나아가 변경 승인 프로세스를 개발하고자 할 수 있다. 특정 역할이 수행한 변경은 한 명 이상의 관리자 승인이 필요할 수 있다. 이는 하나 이상의 사용자가 쓰기 작업을 제안하고 하나 이상의 다른 사용자가 작업을 승인하거나 거부하는 모든 애플리케이션에서 사용할 수 있는 공유 승인 서비스로 일반화될 수 있다.

변경 관리를 더 확장하면, 사용자가 이전 변경을 롤백하거나 특정 버전으로 되돌릴 필요가 있을 수 있다.

#### 재사용 가능하고 확장 가능한 템플릿 클래스와 함수

템플릿은 재사용 가능한 하위 템플릿으로 구성될 수 있으며, 각각 별도로 소유되고 관리된다. 이를 템플릿 클래스라고 부를 수 있다.

템플릿의 매개변수는 변수 또는 함수일 수 있다. 함수는 수신자 기기의 동적 동작에 유용하다.

변수는 정수, varchar(255) 등 특정 데이터 유형을 가질 수 있다. 클라이언트가 템플릿에서 알림을 생성할 때 백엔드는 매개변수 값을 검증할 수 있다. 알림 서비스는 최소나 최대 정수 값이나 문자열 길이와 같은 추가 제약 조건/검증 규칙도 제공할 수 있다. 함수 검증 규칙도 정의할 수 있다.

템플릿의 매개변수는 간단한 규칙(예: 수신자 이름 필드 또는 통화 기호 필드)이나 머신러닝 모델(예: 각 수신자에게 다른 할인율 제공)에 의해 채워질 수 있다. 이를 위해서는 동적 매개변수를 채우는 데 필요한 데이터를 제공하는 시스템과의 통합이 필요하다. 콘텐츠 관리와 개인화는 다른 팀이 소유한 다른 기능이며, 서비스와 그 인터페이스는 이러한 소유권과 책임의 분담을 명확히 반영하여 설계돼야 한다.

### 검색

템플릿 서비스에는 많은 템플릿과 템플릿 클래스가 저장될 수 있으며, 그중 일부는 중복되거나 매우 유사할 수 있다. 우리는 검색 기능을 제공하고자 할 수 있다. 2.6절에서는 서비스에서 검색을 구현하는 방법을 설명한다.

### 기타 사항

무궁무진한 가능성이 있다. 예를 들어, 템플릿에서 CSS와 자바스크립트를 어떻게 관리할 수 있을까?

## 9.6 예약된 알림

알림 서비스는 공유 에어플로 서비스나 작업 스케줄러 서비스를 사용해 예약된 알림을 제공할 수 있다. 그림 9.7을 참조하면, 백엔드 서비스는 알림을 예약하기 위한 API 엔드포인트를 제공해야 하며 예약된 알림을 생성할 때 에어플로 서비스에 적절한 요청을 생성하고 보낼 수 있다.

사용자가 주기적인 알림을 설정하거나 수정할 때 에어플로 작업의 파이썬 스크립트가 자동으로 생성돼 스케줄러의 코드 저장소에 병합된다.

에어플로 서비스에 관한 자세한 설명은 이 질문의 범위를 벗어난다. 면접의 목적상 면접관은 에어플로나 루이지와 같은 기존 솔루션을 사용하는 대신 자체 작업 스케줄링 시스템을 설계하게 요청할 수 있다. 4.6.1절에서 설명한 크론 기반 솔루션을 사용할 수 있다.

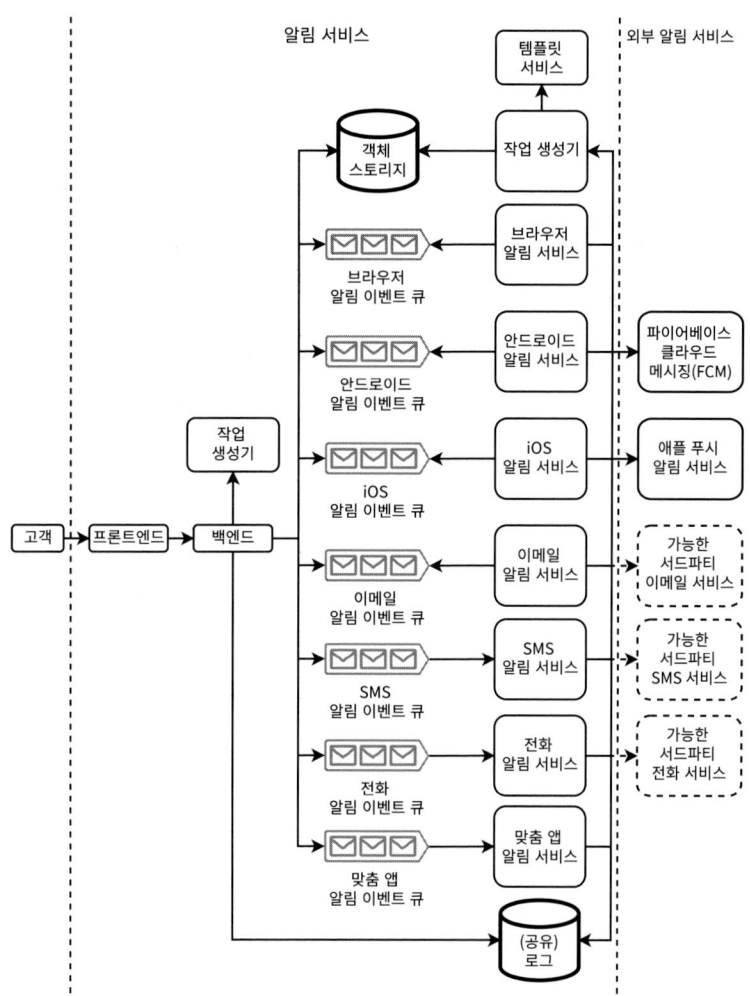

**그림 9.7** 에어플로/작업 스케줄러 서비스가 포함된 고수준 아키텍처. 작업 스케줄러 서비스는 사용자가 주기적인 알림을 구성하기 위한 것이다. 예약된 시간에 작업 스케줄러 서비스는 백엔드에 알림 이벤트를 생성한다.

주기적인 알림은 임시 알림과 경쟁할 수 있다. 둘 다 속도 제한기에 제한될 수 있기 때문이다. 속도 제한기가 알림 요청의 즉시 처리를 막을 때마다 이를 기록해야 한다. 속도 제한 이벤트의 빈도를 표시하는 대시보드가 있어야 한다. 또한 속도 제한 이벤트가 빈번할 때 트리거되는 경보를 추가해야 한다. 이 정보를 바탕으로 클러스터 크기를 확장하거나, 외부 알림 서비스에 더 많은 예산을 할당하거나, 특정 사용자의 과도한 알림을 요청하거나 제한할 수 있다.

## 9.7 알림 수신자 그룹

알림에는 수백만 개의 목적지/주소가 있을 수 있다. 사용자가 이러한 목적지를 각각 지정해야 한다면 각 사용자는 자체 목록을 유지해야 하며 사용자 간에 중복된 수신자 데이터가 많을 수 있다. 또한 이러한 수백만 개의 목적지를 알림 서비스에 전달하는 것은 네트워크 트래픽이 많이 발생한다. 사용자가 알림 서비스에 목적지 목록을 유지하고 알림을 보내는 요청에서 해당 목록의 ID를 사용하는 것이 더 편리하다. 이러한 목록을 '알림 수신자 그룹'이라고 부른다. 사용자가 알림 전달을 요청할 때 요청에는 목적지 목록(최대 한도)이나 수신자 그룹 ID 목록이 포함될 수 있다.

알림 수신자 그룹을 처리하기 위해 주소 그룹 서비스를 설계할 수 있다. 이 서비스의 다른 기능 요구사항은 다음과 같다.

- 읽기 전용, 추가 전용(주소를 추가할 수 있지만 삭제할 수 없음), 관리자(전체 접근 가능)와 같은 다양한 역할의 접근 제어. 여기서 접근 제어는 중요한 보안 기능이다. 권한이 없는 사용자가 10억 명이 넘는 전체 사용자 기반에 알림을 보낼 수 있기 때문이다. 이는 스팸이나 더 악의적인 활동이 될 수 있다.
- 수신자가 스팸을 방지하기 위해 알림 그룹에서 자신을 제거할 수 있게 허용. 이러한 제거 이벤트는 분석으로 기록될 수 있다.
- 기능은 API 엔드포인트로 노출될 수 있으며, 이러한 모든 엔드포인트는 서비스 계층을 통해 접근된다.

또한 다수의 수신자에게 알림을 요청하는 경우 수동 검토와 승인 프로세스가 필요할 수 있다. 테스트 환경에서의 알림은 승인이 필요하지 않지만 운영 환경에서의 알림은 수동 승인이 필요하다. 예를 들어, 100만 명의 수신자에 대한 알림 요청은 운영팀의 수동 승인이 필요할 수 있고, 1,000만 명의 수신자는 관리자의 승인이 필요할 수 있으며, 1억 명의 수신자는 고위 관리자의 승인이 필요할 수 있고, 전체 사용자 기반 알림은 이사급의 승인이 필요할 수 있다. 발신자가 알림을 보내기 전에 사전 승인을 받을 수 있는 시스템을 설계할 수 있다. 이는 이 질문의 범위를 벗어난다.

그림 9.8은 주소 그룹 서비스가 포함된 고수준 아키텍처를 보여준다. 사용자는 알림 요청에서 주소 그룹을 지정할 수 있다. 백엔드는 주소 그룹 서비스에 GET 요청을 보내 주소 그룹의 사용자 ID를 얻을 수 있다. 하나의 그룹에 10억 개 이상의 사용자 ID가 있을 수 있으므로 단일 GET 응답에 모든 사용자 ID가 포함될 수는 없으며, 오히려 최대 사용자 ID 수가 있다. 주소 그룹 서비스는 이 그룹의 주소 수를 반환하는 엔드포인트[10]를 제공한다. 이를 통해 백엔드는 주소 배치를 얻기 위한 GET 요청을 할 수 있다.

---

10 GET /address-group/count/{name}
  GET /address-group/{name}/start-index/{start-index}/end-index/{end-index}

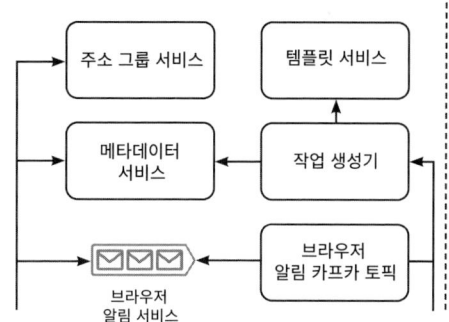

**그림 9.8** 그림 9.6을 확대한 그림으로, 주소 그룹 서비스가 추가됐다. 주소 그룹에는 수신자 목록이 포함돼 있다. 주소 그룹 서비스를 통해 사용자는 각 수신자를 개별적으로 지정하지 않고 단일 주소 그룹을 지정해 여러 사용자에게 알림을 보낼 수 있다.

코레오그래피 사가 패턴(5.6.1절)을 사용해 이러한 주소를 GET하고 알림 이벤트를 생성할 수 있다. 이는 주소 그룹 서비스로의 트래픽 급증을 처리할 수 있다. 그림 9.9는 이 작업을 수행하기 위한 백엔드 아키텍처를 보여준다.

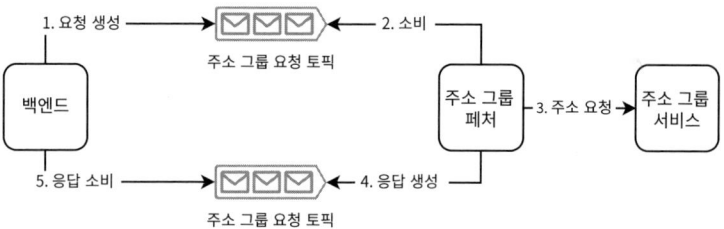

**그림 9.9** 주소 그룹에서 알림 이벤트를 구성하기 위한 백엔드 아키텍처

그림 9.10의 시퀀스 다이어그램을 참조하면, 발행자는 이러한 작업 이벤트를 생성할 수 있다. 소비자는 이 이벤트를 소비하고 다음을 수행한다.

1. GET을 사용해 주소 그룹 서비스에서 주소 배치를 얻는다.
2. 각 주소에서 알림 이벤트를 생성한다.
3. 이벤트 카프카 토픽에 적절한 알림을 생성한다.

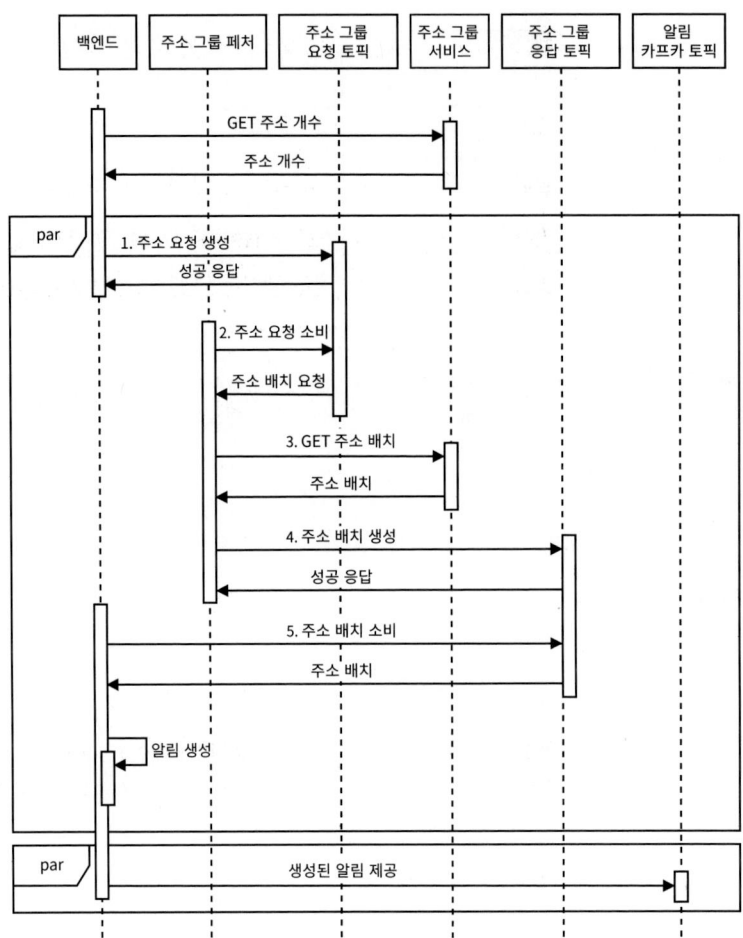

**그림 9.10** 주소 그룹에서 알림 이벤트를 구성하기 위한 백엔드 서비스의 시퀀스 다이어그램

백엔드 서비스를 두 개의 서비스로 분할하여 5단계 이후는 다른 서비스에서 수행하게 해야 할까? 예제에서는 백엔드가 주소 그룹 서비스에 요청을 할 필요가 없을 수 있으므로 이렇게 하지 않았다.

> 💡 **팁**
> 이 백엔드는 하나의 토픽에 생성하고 다른 토픽에서 소비한다. 한 토픽에서 소비하고 다른 토픽에 생성하는 프로그램이 필요하다면 카프카 스트림(Kafka Streams)[11]을 사용하는 것을 고려해본다.

---

[11] https://kafka.apache.org/10/documentation/streams/

**질문** 주소 그룹 가져오기가 주소를 가져오는 동안 새 사용자가 새 주소 그룹에 추가되면 어떻게 되는가?

즉시 발견할 수 있는 문제점은 큰 주소 그룹이 빠르게 변한다는 것이다. 다음과 같은 다양한 이유로 새로운 수신자가 계속 그룹에 추가되거나 제거된다.

- 누군가 전화번호나 이메일 주소를 변경할 수 있다.
- 앱은 언제든 새 사용자를 얻고 현재 사용자를 잃을 수 있다.
- 10억 명의 무작위 인구에서 매일 수천 명이 태어나고 사망한다.

알림이 언제 모든 수신자에게 전달된 것으로 간주되는가? 백엔드가 새로운 수신자의 배치를 계속 가져와 알림 이벤트를 생성하려고 시도한다면 충분히 큰 그룹에서는 이 이벤트 생성은 끝나지 않을 것이다. 알림이 트리거된 시점에 주소 그룹 내에 있던 수신자에게만 알림을 전달해야 한다.

주소 그룹 서비스의 가능한 아키텍처와 구현 세부사항에 대한 논의는 이 질문의 범위를 벗어난다.

## 9.8 구독 취소 요청

모든 알림에는 수신자가 유사한 알림의 구독을 취소할 수 있는 버튼이나 링크, 다른 UI가 포함돼야 한다. 수신자가 향후 알림에서 제외되기를 요청하면 발신자에게 이 요청을 알려야 한다.

또한 그림 9.11과 같이 앱 사용자를 위한 알림 관리 페이지를 앱에 추가할 수 있다. 앱 사용자는 받고 싶은 알림 카테고리를 선택할 수 있다. 알림 서비스는 알림 카테고리 목록을 제공해야 하며, 알림 요청에는 필수 필드인 카테고리 필드가 있어야 한다.

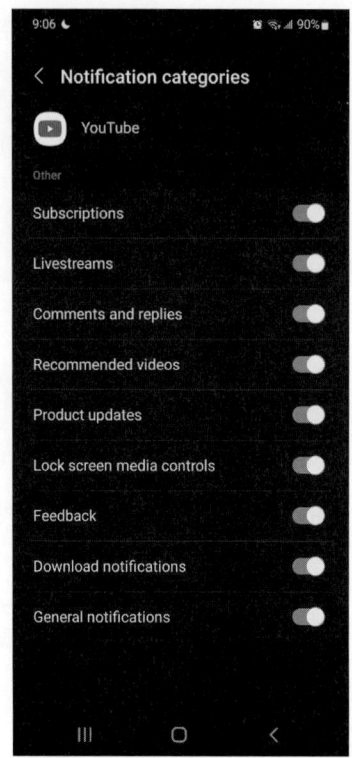

**그림 9.11** 유튜브 안드로이드 앱의 알림 관리. 알림 카테고리 목록을 정의해 앱 사용자가 구독할 카테고리를 선택하게 할 수 있다.

> **질문** 구독 취소를 클라이언트 사이드에서 구현해야 할까, 아니면 서버 사이드에서 구현해야 할까?

답변은 서버 사이드에서 구현하거나 양쪽 모두에서 구현하는 것이다. 클라이언트 사이드에서만 구현해서는 안 된다. 구독 취소를 클라이언트 사이드에서만 구현하면 알림 서비스는 계속해서 수신자에게 알림을 보내고, 수신자 기기의 앱이 알림을 차단한다. 이 접근 방식을 브라우저와 모바일 앱에 구현할 수는 있지만, 이메일, 전화 통화, SMS에는 구현할 수 없다. 또한 클라이언트에 차단될 알림을 생성하고 보내는 것은 리소스 낭비다. 그러나 서버 사이드 구현에 버그가 있어 차단됐어야 할 알림을 계속 보낼 때를 대비해 클라이언트에서도 알림 차단을 구현하고 싶을 수 있다.

구독 취소가 서버에서 구현되면 알림 서비스가 수신자 알림을 차단한다. 백엔드는 알림을 구독하거나 구독 취소하는 API 엔드포인트를 제공해야 하며, 버튼/링크는 이 API에 요청을 보내야 한다.

알림 차단을 구현하는 한 가지 방법은 주소 그룹 서비스 API를 수정해 카테고리를 받아들이게 하는 것이다. 이것은 새로운 GET API 엔드포인트[12]와 같은 형태가 될 수 있다. 주소 그룹 서비스는 해당 카테고리의 알림을 수락하는 수신자만 반환한다. 아키텍처와 추가 구현 세부사항은 이 질문의 범위를 벗어난다.

## 9.9 실패한 전달 처리

알림 전달은 알림 서비스와 무관한 이유로 실패할 수 있다.

- 수신자의 기기에 연락할 수 없었다. 가능한 원인은 다음과 같다.
  - 네트워크 문제
  - 수신자의 기기가 꺼져 있다.
  - 타사 전달 서비스를 사용할 수 없다.
  - 앱 사용자가 모바일 앱을 제거하거나 계정을 취소했다. 앱 사용자가 계정을 취소하거나 모바일 앱을 제거하면 주소 그룹 서비스를 업데이트하는 메커니즘이 있어야 하지만, 아직 업데이트가 적용되지 않았다. 채널 서비스는 요청을 삭제하고 다른 작업을 수행하지 않을 수 있다. 주소 그룹 서비스가 향후 업데이트될 것이며, 그 후 주소 그룹 서비스의 GET 응답에 이 수신자를 더 이상 포함하지 않을 것이라고 가정할 수 있다.
- 수신자가 이 알림 카테고리를 차단했고, 수신자의 기기가 이 알림을 차단했다. 이 알림은 전달되지 않았어야 하지만 버그로 인해 전달됐을 가능성이 높다. 이때는 낮은 긴급도의 경보를 구성해야 한다.

첫 번째 경우 각 하위 사례는 다르게 처리돼야 한다. 데이터 센터에 영향을 미치는 네트워크 문제는 매우 드물며, 발생한다면 관련 팀이 이미 모든 관련 팀에 당연히 영향받는 데이터 센터에 의존하지 않는 채널을 통해 경보를 브로드캐스트했을 것이다. 면접에서 이 부분을 더 논의할 가능성은 낮다.

특정 수신자에게만 영향을 미치는 네트워크 문제가 있거나 수신자의 기기가 꺼져 있으면 타사 전달 서비스는 이 정보와 함께 채널 서비스에 응답을 반환한다. 채널 서비스는 알림 이벤트에 재시도 횟수를 추가하거나 재시도 필드가 이미 있으면, 즉 이 전달이 이미 재시도일 때 횟수를 증가시킬 수 있다. 그다음, 데드 레터 큐 역할을 하는 카프카 토픽에 이 알림을 생성한다. 채널 서비스는 데드 레터 큐에서 소비하고 전달 요청을 재시도할 수 있다. 그림 9.12에서는 고수준 아키텍처에 데드 레터 큐를 추가한다.

---

12 GET /address-group/count/{name}/category/{category}
　GET /address-group/{name}/category/{category}/start-index/{start-index}/end-index/{end-index}

재시도가 3번 실패하면 채널 서비스는 이를 기록하고 주소 그룹 서비스에 사용자에게 연락할 수 없음을 기록하게 요청할 수 있다. 주소 그룹 서비스는 이를 위한 적절한 API 엔드포인트를 제공해야 한다. 주소 그룹 서비스는 또한 향후 GET 요청에 이 사용자를 포함하지 않아야 한다. 구현 세부사항은 이 질문의 범위를 벗어난다.

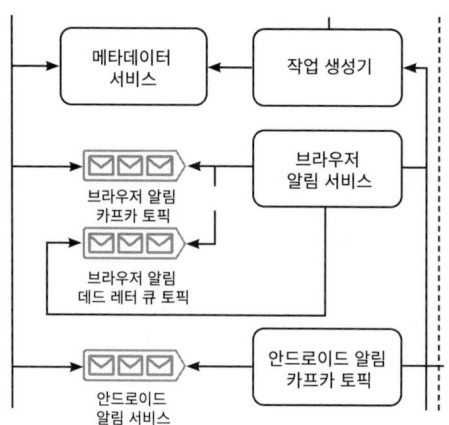

그림 9.12 브라우저 알림 데드 레터 큐를 추가한 그림 9.6의 확대본. 다른 채널 서비스의 데드 레터 큐도 이와 유사할 것이다. 브라우저 알림 서비스가 알림을 전달할 때 503 Service Unavailable 오류를 만나면, 이 알림 이벤트를 데드 레터 큐에 생성/등록한다. 나중에 전달을 재시도할 것이다. 세 번의 시도 후에도 전달에 실패하면, 브라우저 알림 서비스는 이 이벤트를 공유 로깅 서비스에 로그로 남길 것이다. 또한 실패한 전달에 낮은 긴급도의 경보를 구성하게 선택할 수도 있다.

타사 전달 서비스를 사용할 수 없는 경우 채널 서비스는 높은 긴급도의 경보를 트리거하고, 지수 백오프를 적용하며, 동일한 이벤트에 대해 재시도해야 한다. 채널 서비스는 재시도 간격을 늘릴 수 있다.

알림 서비스는 수신자 앱이 놓친 알림을 요청할 수 있는 API 엔드포인트도 제공해야 한다. 수신자 이메일이나 브라우저, 모바일 앱이 알림을 받을 준비가 되면 이 API 엔드포인트에 요청을 할 수 있다.

## 9.10 중복 알림에 관한 클라이언트 사이드 고려사항

수신자 기기로 직접 알림을 보내는 채널 서비스는 푸시와 풀 요청을 모두 허용해야 한다. 알림이 생성되면 채널 서비스는 즉시 수신자에게 푸시해야 한다. 그러나 수신자 클라이언트 기기가 오프라인이거나 어떤 이유로 사용할 수 없을 수 있다. 기기가 다시 온라인 상태가 되면 알림 서비스에서 알림을 풀해야 한다. 이는 브라우저나 사용자 정의 앱 알림과 같이 외부 알림 서비스를 사용하지 않는 채널에 적용된다.

중복 알림은 어떻게 피할 수 있을까? 앞서 푸시 요청과 같은 외부 알림 서비스와 중복 알림을 피하기 위한 해결책을 설명했다. 풀 요청에 대한 중복 알림을 방지하는 기능은 클라이언트 사이드에서 구현해야 한다. 클라이언트가 요청을 반복해야 할 정당한 이유가 있을 수 있으므로 속도 제한 외에는 서비스는 동일한 알림에 대한 요청을 거부해서는 안 된다. 클라이언트는 사용자에게 이미 표시된(그리고 해제된) 알림을 기록해야 하며, 아마도 브라우저 로컬스토리지나 모바일 기기의 SQLite 데이터베이스[13]에 저장할 수 있다. 클라이언트가 풀이나 푸시 요청으로 알림을 받으면 새 알림을 사용자에게 표시하기 전에 기기의 저장소를 조회해 이미 표시된 알림이 있는지 확인해야 한다.

## 9.11 우선순위

알림은 다른 우선순위 수준을 가질 수 있다. 그림 9.13을 참조하면, 2개에서 5개와 같이 필요한 우선순위 수준을 결정하고 각 우선순위 수준에 대해 별도의 카프카 토픽을 만들 수 있다.

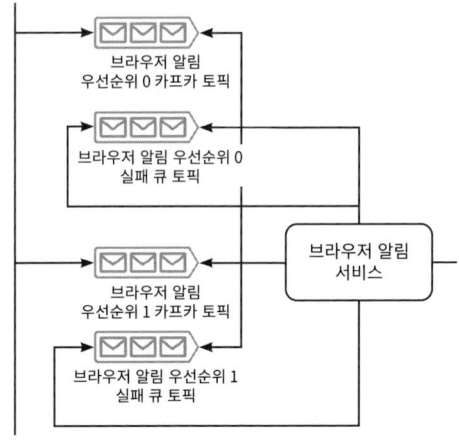

**그림 9.13** 그림 9.12에서 두 가지 우선순위 수준으로 토픽 구분

높은 우선순위 알림을 낮은 우선순위 알림보다 먼저 처리하기 위해 소비자 호스트는 높은 우선순위 카프카 토픽이 비워질 때까지 소비한 다음 낮은 우선순위 카프카 토픽에서 소비할 수 있다. 가중치 접근 방식이면 컨슈머 호스트가 이벤트를 소비할 준비가 될 때마다 먼저 가중치 무작위 선택을 사용해 소비할 카프카 토픽을 선택할 수 있다.

---

13 서버 없이 단일 파일로 작동하는 경량화된 관계형 데이터베이스 시스템을 말한다.

질문  각 채널에 다른 우선순위 구성을 수용하게 시스템 설계를 확장해보라.

## 9.12 검색

사용자가 기존 알림/경보 설정을 검색하고 볼 수 있게 검색 기능을 제공할 수 있다. 알림 템플릿과 알림 주소 그룹을 인덱싱할 수 있다. 2.6.1절을 참조하면, match-sorter[14]와 같은 프런트엔드 검색 라이브러리가 이 사용 사례에 충분할 것이다.

## 9.13 모니터링과 경보

2.5절에서 설명한 내용 외에도 다음 사항을 모니터링하고 경보를 보내야 한다.

사용자는 알림 상태를 추적할 수 있어야 한다. 이는 로그 서비스에서 읽는 다른 서비스를 통해 제공될 수 있다. 사용자가 알림을 생성하고 관리할 수 있는 알림 서비스 UI를 제공할 수 있으며, 여기에는 템플릿과 알림 상태 추적이 포함된다.

다양한 통계 모니터링 대시보드를 만들 수 있다. 앞서 언급한 성공과 실패율 외에도, 큐의 이벤트 수와 시간에 따른 이벤트 크기 백분위수를 채널과 우선순위별로 분류한 것, 그리고 CPU, 메모리, 디스크 저장소 소비와 같은 OS 통계도 유용한 통계다. 메모리 사용량이 많고 큐에 이벤트가 많다는 것은 불필요한 리소스 소비를 의미하며, 큐의 이벤트 크기를 줄이기 위해 이벤트를 검토하여 메타데이터 서비스에 데이터를 배치할 수 있는지 여부를 결정할 수 있다.

주기적인 감사를 통해 감지되지 않는 오류를 탐지할 수 있다. 예를 들어, 사용하는 외부 알림 서비스와 협력해 다음 두 숫자를 비교할 수 있다.

- 외부 알림 서비스에 요청을 보내는 알림 서비스가 받은 200 응답의 수
- 해당 외부 알림 서비스가 받은 유효한 알림의 수

---

14  (옮긴이) 배열의 항목을 검색어와 비교해 가장 적합한 순서로 정렬해주는 자바스크립트 라이브러리다.

이상 감지를 사용해 발신자, 수신자, 채널 등 다양한 매개변수에 따른 알림 속도나 메시지 크기의 비정상적인 변화를 파악할 수 있다.

## 9.14 알림/경보 서비스의 가용성 모니터링과 경보

9.1.1절에서 알림 서비스가 모니터링하는 서비스와 동일한 인프라와 서비스를 공유하므로 가동 시간 모니터링에 사용해서는 안 된다고 설명했다. 하지만 이 알림 서비스가 중단 경보를 위한 일반적인 공유 서비스가 되는 방법을 찾고자 한다면 어떨까? 서비스 자체가 실패하면 어떻게 될까? 경보 서비스는 어떻게 사용자에게 경보를 보낼 수 있을까? 한 가지 해결책은 다양한 데이터 센터에 위치한 서버와 같은 외부 기기를 사용하는 것이다.

이러한 외부 기기에 설치할 수 있는 클라이언트 데몬을 제공할 수 있다. 서비스는 이러한 외부 기기에 주기적으로 하트비트를 보내며, 기기는 이러한 하트비트를 예상하게 구성된다. 기기가 예상 시간에 하트비트를 받지 못하면 서비스에 쿼리를 보내 상태를 확인할 수 있다. 시스템이 2xx 응답을 반환하면 기기는 일시적인 네트워크 연결 문제가 있었다고 가정하고 추가 조치를 취하지 않는다. 요청 시간 초과되거나 오류를 반환하면 기기는 자동 전화 통화, 문자 메시지, 이메일, 푸시 알림이나 그 밖의 채널을 통해 사용자에게 경보를 보낼 수 있다. 이는 본질적으로 독립이고 특화된 소규모 모니터링 경보 서비스로, 단 하나의 특정 목적만 수행하고 소수의 사용자에게만 경보를 보낸다.

## 9.15 기타 논의 가능한 주제

필요할 때 카프카 클러스터의 메모리 양을 조정(증가 또는 감소)할 수 있다. 큐의 이벤트 수가 시간이 지남에 따라 단조롭게 증가하고 알림이 전달되지 않는다면, 이러한 알림 이벤트를 처리하고 전달하기 위해 컨슈머 클러스터를 확장하거나 속도 제한을 구현하고 관련 사용자에게 과도한 사용을 알려야 한다.

이 공유 서비스의 자동 확장을 고려할 수 있다. 그러나 실제로 자동 확장 솔루션을 사용하는 것은 까다롭다. 실제로는 예상치 못한 트래픽 급증으로 인한 중단을 방지하기 위해 서비스의 다양한 구성 요소의 클러스터 크기를 그 한계까지 자동으로 증가시키게 자동 확장을 구성할 수 있으며, 동시에 필요하면 개발자에게 리소스 할당을 더 늘리라는 경보를 보낼 수 있다. 자동 확장이 트리거된 인스턴스를 수동으로 검토하고 그에 따라 자동 확장 구성을 개선할 수 있다.

알림 서비스에 대한 자세한 설명만으로 책 한 권을 채우고 많은 공유 서비스를 포함할 수 있다. 알림 서비스의 핵심 구성 요소에 집중하고 설명을 적절한 길이로 유지하기 위해 이 장에서는 많은 주제를 간략하게 다뤘다. 면접에서 남은 시간 동안 다음 주제를 설명할 수 있다.

- 수신자는 알림을 받아들이고 원치 않는 알림을 거부할 수 있어야 한다. 그렇지 않으면 단순한 스팸이 된다. 이 기능에 관해 논의할 수 있다.
- 이미 많은 사용자에게 보낸 알림을 수정해야 하는 상황을 어떻게 해결할 수 있을까?
  - 알림을 보내는 동안 이 오류를 발견했다면 프로세스를 취소하고 나머지 수신자에게 알림을 보내지 않을 수 있다.
  - 알림이 아직 트리거되지 않은 기기라면 트리거되지 않은 알림을 취소할 수 있다.
  - 알림이 이미 트리거된 기기라면 이 오류를 명확히 하기 위해 후속 알림을 보내야 한다.
- 사용하는 채널에 관계없이 발신자의 속도를 제한하는 대신 개별 채널 속도 제한도 허용하는 시스템을 설계한다.
- 분석 가능성은 다음과 같다.
  - 성능 개선에 사용할 수 있는 다양한 채널의 알림 전달 시간 분석
  - 알림 응답률과 알림에 대한 사용자 행동과 다른 알림 응답에 대한 추적과 분석
  - 알림 시스템을 A/B 테스트 시스템과 통합
- 9.5.2절에서 설명한 추가 템플릿 서비스 기능 API와 아키텍처
- 확장 가능하고 고가용성인 작업 스케줄러 서비스
- 9.7절에서 설명한 기능을 지원하는 주소 그룹 서비스의 시스템 설계. 다음과 같은 다른 기능도 논의할 수 있다.
  - 구독 취소 요청을 처리하는 데 배치 접근 방식을 사용해야 하는가, 아니면 스트리밍 접근 방식을 사용해야 하는가?
  - 수신자를 알림에 수동으로 재구독하는 방법
  - 수신자의 기기나 계정이 조직의 다른 서비스에 요청을 하면 자동으로 알림에 재구독하는 방법
- 많은 수의 수신자에게 알림을 보내기 위해 관련 승인을 얻고 추적하는 승인 서비스 방식. 이 방식을 확장해 남용을 방지하거나 원치 않는 알림을 보내는 메커니즘의 시스템 설계로 확장할 수 있다.
- 정의할 정확한 메트릭과 경보의 예시와 설명을 포함한 모니터링과 경보 추가 세부사항
- 클라이언트 데몬 솔루션 추가 설명
- 다양한 메시징 서비스 설계를 할 수 있다(예: 이메일 서비스, SMS 서비스, 자동 전화 통화 서비스 설계 등).

## 9.16 최종 참고사항

우리 솔루션은 확장 가능하다. 모든 구성 요소가 수평적으로 확장 가능하다. 이 공유 서비스에서 내결함성은 매우 중요하며, 이에 지속적으로 주의를 기울여왔다. 모니터링과 가용성이 강력하다. 즉, 단일 장애 지점이 없으며, 시스템 가용성과 상태에 모니터링 및 경보는 독립적인 기기들을 통해 이뤄진다.

## 요약

- 다른 플랫폼에 동일한 기능을 제공해야 하는 서비스는 공통 처리를 중앙 집중화하고 각 플랫폼의 적절한 구성 요소나 다른 서비스로 요청을 전달하는 단일 백엔드로 구성될 수 있다.
- 메시지 브로커 큐의 부하를 줄이기 위해 메타데이터 서비스나 객체 스토리지를 활용할 수 있다.
- 템플릿을 사용해 사용자 작업을 자동화하는 방법을 고려한다.
- 주기적인 알림에 작업 스케줄링 서비스를 사용할 수 있다.
- 메시지 중복 제거의 한 방법은 수신자의 기기에서 수행하는 것이다.
- 사가 패턴과 같은 비동기 수단을 통해 시스템 구성 요소 간에 통신한다.
- 분석 및 오류 추적을 위한 모니터링 대시보드를 만들어야 한다.
- 다른 메트릭에서 놓친 가능한 오류를 감지하기 위해 주기적인 감사와 이상 감지를 수행한다.

# 10

# 데이터베이스 배치 감사 서비스 설계

**이 장에서 다루는 내용**

- 유효하지 않은 데이터를 찾기 위한 데이터베이스 테이블 감사
- 데이터베이스 테이블을 감사하기 위한 확장 가능하고 정확한 솔루션 설계
- 특이한 질문에 답하기 위해 가능한 기능 탐색

수동으로 정의된 유효성 검사를 위한 공유 서비스를 설계해보자. 이는 일반적인 시스템 설계 면접 기준에서도 이례적으로 개방적인 시스템 설계 면접 질문이며, 이 장에서 설명하는 접근 방식은 많은 가능성 중 하나일 뿐이다.

이 장은 **데이터 품질(Data quality)** 개념에 대한 소개로 시작한다. 데이터 품질의 정의에는 여러 가지가 있다. 일반적으로 데이터 품질은 데이터셋(Dataset)[1]이 목적에 얼마나 적합한지를 나타내며, 그 데이터셋의 목적 적합성을 개선하는 활동을 가리킬 수도 있다. 데이터 품질에는 여러 차원[2]이 있고 주석의 링크에서 제시하는 차원을 채택할 수 있다.

- **정확성(Accuracy)** – 측정값이 실제 값에 얼마나 가까운지
- **완전성(Completeness)** – 데이터에 우리의 목적에 필요한 모든 값이 있는지
- **일관성(Consistency)** – 다른 위치의 데이터가 동일한 값을 가지며, 다른 위치에서 동시에 동일한 데이터 변경 사항을 제공하기 시작하는지

---

1 (옮긴이) 분석이나 모델링, 머신러닝을 적용하기 위해 수집되고 구성된 데이터의 집합을 말한다.
2 https://www.heavy.ai/technical-glossary/data-quality

- **유효성**(Validity) – 데이터가 올바르게 형식화되고 값이 적절한 범위 내에 있는지
- **고유성**(Uniqueness) – 중복되거나 겹치는 데이터가 없는지
- **적시성**(Timeliness) – 필요할 때 데이터를 사용할 수 있는지

데이터 품질을 검증하는 두 가지 접근 방식은 2.5.6절에서 설명한 이상 감지와 수동으로 정의된 유효성 검사다. 이 장에서는 수동으로 정의된 유효성 검사만 설명한다. 예를 들어, 특정 테이블이 매시간 업데이트되고 때때로 몇 시간 동안 업데이트가 없을 수 있지만, 두 업데이트 사이의 간격이 24시간을 초과하는 것은 매우 드문 일이다. 이때 유효성 검사 조건은 '최근 타임스탬프가 24시간 미만인 경우'다.

수동으로 정의된 유효성 검사를 통한 배치 감사는 일반적인 요구사항이다. 트랜잭션 감독자(5.5절)는 많은 가능한 사용 사례 중 하나지만, 트랜잭션 감독자는 데이터의 유효성만 확인하는 것이 아니라 비교 대상인 여러 서비스/데이터베이스 간의 데이터 차이와 이러한 서비스/데이터베이스의 일관성을 복원하기 위해 필요한 작업도 반환한다.

## 10.1 감사는 왜 필요한가?

이 질문의 첫인상은 말이 안 된다는 것일 수 있다. 트랜잭션 감독자의 경우를 제외하고는 배치 감사가 나쁜 관행을 조장할 수 있다고 주장할 수도 있다.

예를 들어, 복제되거나 백업되지 않은 데이터베이스나 파일 시스템에서 데이터 손실로 인해 데이터가 유효하지 않은 상황이라면, 데이터를 잃는 대신 복제나 백업을 구현해야 한다. 그러나 복제나 백업은 몇 초 이상 걸릴 수 있으며, 데이터가 성공적으로 복제되거나 백업되기 전에 리더 호스트가 실패할 수 있다.

> **데이터 손실 방지**
>
> 늦은 복제로 인한 데이터 손실을 방지하는 한 가지 기술은 정족수 일관성(Quorum consistency), 즉 클라이언트에 성공 응답을 반환하기 전에 클러스터의 과반수 호스트/노드에 쓰다. 카산드라에서는 성공 응답을 반환하기 전에 여러 노드의 멤테이블(Memtable)이라는 메모리 내 데이터 구조에 쓰기가 복제된다. 메모리에 쓰는 것은 디스크에 쓰는 것보다 훨씬 빠르다. 멤테이블은 주기적으로 특정 크기(예: 4MB)에 도달하면 SSTable 디스크[3]로 플러시된다.

---

[3] (옮긴이) SSTable(Sorted String Table)은 키-값 쌍을 정렬된 순서로 저장하는 불변의 온디스크 데이터 구조로, 대규모 분산 데이터베이스 시스템에서 효율적인 데이터 검색 및 관리에 사용된다.

리더 호스트가 복구되면 데이터가 복구되어 다른 호스트로 복제될 수 있다. 그러나 이는 구성에 따라 일관성을 유지하기 위해 의도적으로 리더 호스트의 데이터를 잃을 수 있는 MongoDB와 같은 특정 데이터베이스에서는 작동하지 않을 것이다.[4] MongoDB 데이터베이스의 경우 쓰기 우려[5]가 1로 설정되면 모든 노드가 리더 노드와 일관성을 가져야 한다. 리더 노드 쓰기가 성공했지만 복제가 발생하기 전에 리더 노드가 실패하면 다른 노드는 합의 프로토콜을 사용해 새 리더를 선택한다. 이전 리더 노드가 복구되면 이러한 쓰기를 포함한 새 리더 노드와 다른 모든 데이터를 롤백할 것이다.

서비스가 데이터를 받을 때 유효성을 검증해야 하며, 데이터베이스나 파일에 이미 저장된 후에 검증해서는 안 된다고 주장할 수도 있다. 예를 들어, 서비스가 유효하지 않은 데이터를 받으면 적절한 4xx 응답을 반환하고 이 데이터를 유지해서는 안 된다. 다음 4xx 코드는 유효하지 않은 데이터가 있는 쓰기 요청을 반환한다. 자세한 내용은 주석의 문서[6]를 참조한다.

- 400 Bad Request – 서버가 유효하지 않다고 판단하는 모든 요청에 대한 포괄적인 응답이다.
- 409 Conflict – 요청이 규칙과 충돌한다. 예를 들어, 서버에 있는 기존 파일보다 오래된 파일을 업로드할 때다.
- 422 Unprocessable Entity – 요청 엔티티의 구문은 유효하지만 처리할 수 없다. 예를 들어, 유효하지 않은 필드가 포함된 JSON 본문이 있는 POST 요청이다.

감사에 반대하는 입장의 또 다른 주장은 유효성 검사를 외부 감사 프로세스가 아닌 데이터베이스와 애플리케이션에서 수행해야 한다는 것이다. 애플리케이션은 데이터베이스보다 훨씬 빠르게 변하므로 가능한 한 데이터베이스 제약 조건을 사용하는 것을 고려할 수 있다. 데이터베이스 스키마(데이터베이스 마이그레이션 수행)보다 애플리케이션 코드를 변경하는 것이 더 쉽다. 애플리케이션 수준에서는 입력과 출력을 검증해야 하며, 입력과 출력 검증 함수의 단위 테스트가 있어야 한다.

> **데이터베이스 제약 조건**
>
> 데이터베이스 제약 조건이 해롭다는 주장[7], 조기 최적화라는 주장, 모든 데이터 무결성 요구사항을 포착하지 못한다는 주장, 시스템을 테스트하고 변화하는 요구사항에 맞추기가 더 어렵다는 주장 등이 있다. 깃허브(GitHub)[8] 및 알리바바(Alibaba)[9]와 같은 일부 회사는 외래 키 제약을 금지한다.

---

4 아서 에즈몬트(Arthur Ejsmont), 《스타트업 엔지니어를 위한 웹 확장성(Web Scalability for Startup Engineers)》(McGraw Hill Education, 2015)
5 https://www.mongodb.com/docs/manual/core/replica-set-write-concern/
6 https://developer.mozilla.org/en-US/docs/Web/HTTP/Status#client_error_responses
7 https://dev.to/jonlauridsen/database-constraints-considered-harmful-38
8 https://github.com/github/gh-ost/issues/331#issuecomment-266027731
9 https://github.com/alibaba/Alibaba-Java-Coding-Guidelines#sql-rules

실제로는 버그와 감지되지 않는 오류가 발생할 것이다. 다음은 저자가 직접 디버깅한 예시다. POST 엔드포인트 JSON 본문에 미래의 날짜 값을 포함해야 하는 날짜 필드가 있었다. POST 요청은 검증된 후 SQL 테이블에 기록됐다. 또한 현재 날짜로 표시된 객체를 처리하는 일일 배치 ETL 작업도 있었다. 클라이언트가 POST 요청을 할 때마다 백엔드는 클라이언트의 날짜 값이 올바른 형식이고 1주일 후로 설정되었는지 검증했다.

그러나 SQL 테이블에 5년 후로 설정된 날짜가 있는 행이 포함돼 있었고, 이것이 5년 동안 감지되지 않다가 일일 배치 ETL 작업이 이를 처리하고 ETL 파이프라인 끝에서 유효하지 않은 결과가 감지될 때까지 발견되지 않았다. 이 코드를 작성한 엔지니어는 회사를 떠났고, 이로 인해 문제를 디버깅하기가 더 어려워졌다. 저자는 깃 이력을 조사해 이 1주일 규칙이 API가 처음 운영 환경에 배포된 후 몇 달이 지나서야 구현됐음을 발견했고, 유효하지 않은 POST 요청이 이 문제가 있는 행을 기록했다고 추론했다. 로그 보존 기간이 2주였으므로 POST 요청 로그가 없어 이를 확인하는 것은 불가능했다. SQL 테이블에 대한 주기적인 감사 작업은 데이터가 기록된 후 오랜 시간이 지나서 작업이 구현되고 실행되기 시작했더라도 이 오류를 감지했을 것이다.

유효하지 않은 데이터가 유지되는 것을 막기 위한 최선의 노력에도 불구하고, 이런 일이 발생할 수 있다고 가정하고 이에 대비해야 한다. 감사는 또 다른 유효성 검사 계층이다.

배치 감사에 대한 일반적인 실제 사용 사례는 큰(예: >1GB) 파일, 특히 생성 방식을 통제할 수 없었던 조직 외부의 파일을 검증하는 것이다. 단일 호스트가 각 행을 처리하고 검증하는 것은 너무 느리다. MySQL 테이블에 데이터를 저장한다면 INSERT보다 훨씬 빠른 LOAD DATA[10]를 사용한 다음 SELECT 문을 실행해 데이터를 감사할 수 있다. SELECT 문은 파일 스크립트를 실행하는 것보다 훨씬 더 빠르고 쉬울 수 있다. 특히 SELECT가 인덱스를 활용할 때 그렇다. HDFS와 같은 분산 파일 시스템을 사용한다면 빠른 병렬 처리가 가능한 하이브나 스파크와 같은 NoSQL 옵션을 사용할 수 있다.

게다가 유효하지 않은 값이 발견되더라도 우리는 데이터가 없는 것보다는 불완전한 데이터라도 있는 것이 낫다고 판단해 여전히 그것을 데이터베이스 테이블에 저장할 수 있다.

마지막으로, 중복되거나 누락된 데이터와 같이 배치 감사만으로 찾을 수 있는 특정 문제가 있다. 일부 데이터 유효성 검사는 이전에 수집된 데이터가 필요할 수 있다. 예를 들어, 이상 감지 알고리즘은 이전에 수집된 데이터를 사용해 현재 수집된 데이터의 이상을 처리하고 발견한다.

---

[10] https://dev.mysql.com/doc/refman/8.0/en/load-data.html

## 10.2 SQL 쿼리 결과에 대한 조건문으로 유효성 검사 정의

용어 설명: 테이블에는 행과 열이 있다. 특정 (행, 열) 좌표의 항목은 셀이나 요소, 데이터 포인트, 값이라고 할 수 있다. 이 장에서는 이 용어를 혼용한다.

SQL 쿼리 결과에 대해 비교 연산자가 수동으로 정의한 유효성 검사를 어떻게 정의할 수 있는지 알아보자. SQL 쿼리의 결과는 2D 배열이며, 이를 'result'라고 부르겠다. result에 대한 조건문을 정의할 수 있다. 몇 가지 예를 살펴보자. 이 모든 예는 일일 유효성 검사이므로 어제의 행만 검증하며, 예시 쿼리에는 "Date(timestamp) > Curdate() - INTERVAL 1 DAY" WHERE 절이 있다. 각 예에서 유효성 검사를 설명하고, 그다음 SQL 쿼리, 그리고 가능한 조건문을 제시한다.

수동으로 정의된 유효성 검사는 다음을 정의할 수 있다.

- **열의 개별 데이터 포인트** – 예를 들어, 앞서 설명한 '최신 타임스탬프가 24시간 미만'이 있다.

```
SELECT COUNT(*) AS cnt
FROM Transactions
WHERE Date(timestamp) >= Curdate() - INTERVAL 1 DAY
```

가능한 참 조건문은 result[0][0] > 0과 result['cnt'][0] > 0이다.

다른 예를 살펴보자. 특정 쿠폰 코드 ID가 특정 날짜에 만료된다면, 거래 테이블에 대해 해당 날짜 이후에 해당 코드 ID가 나타났을 때 경보를 발생시키는 주기적 유효성 검사를 정의할 수 있다. 이는 쿠폰 코드 ID가 잘못 기록되고 있음을 나타낼 수 있다.

```
SELECT COUNT(*) AS cnt
FROM Transactions
WHERE code_id = @code_id AND Date(timestamp) > @date AND Date(timestamp) = Curdate() - INTERVAL 1 DAY
```

가능한 참 조건문은 result[0][0] == 0과 result['cnt'][0] == 0이다.

- **열의 여러 데이터 포인트** – 예를 들어, 개별 앱 사용자가 하루에 5회 이상 구매할 수 없다면 전날부터 모든 사용자 ID에 대해 5개 이상의 행이 있을 경우 경보를 발생시키는 일일 유효성 검사를 거래 테이블에 정의할 수 있다. 이는 버그를 나타내거나, 사용자가 잘못해 그날 5회 이상 구매할 수 있었거나, 구매가 잘못 기록되고 있음을 나타낼 수 있다.

```
SELECT user_id, count(*) AS cnt
FROM Transactions
WHERE Date(timestamp) = Curdate() - INTERVAL 1 DAY
GROUP BY user_id
```

조건문은 result.length <= 5이다.

다른 가능한 방식은 다음과 같다.

```
SELECT *
FROM (
  SELECT user_id, count(*) AS cnt
FROM Transactions
  WHERE Date(timestamp) = Curdate() - INTERVAL 1 DAY
  GROUP BY user_id
) AS yesterday_user_counts
WHERE cnt > 5;
```

조건문은 result.length == 0이다.

- **단일 행의 여러 열** – 예를 들어, 특정 쿠폰 코드를 사용하는 총판매 수가 하루에 100을 초과할 수 없다.

```
SELECT count(*) AS cnt
FROM Transactions
WHERE Date(timestamp) = Curdate() - INTERVAL 1 DAY AND coupon_code = @coupon_code
```

조건문은 result.length <= 100이다.

대안 쿼리와 조건문은 다음과 같다.

```
SELECT *
FROM (
  SELECT count(*) AS cnt
FROM Transactions
WHERE Date(timestamp) = Curdate() - INTERVAL 1 DAY AND coupon_code = @coupon_code
) AS yesterday_user_counts
WHERE cnt > 100;
```

조건문은 result.length == 0이다.

- **여러 테이블** – 예를 들어, 북미 지역의 판매를 기록하는 country_code 열이 있는 sales_na라는 팩트 테이블이 있다면 각 지역의 국가 코드 목록이 있는 country_codes라는 차원 테이블을 만들 수 있다. 모든 새로운 행이 북미 내 국가의 country_code 값을 가지는지 확인하는 주기적 유효성 검사를 정의할 수 있다.

```
SELECT *
FROM sales_na S JOIN country_codes C ON S.country_code = C.id
WHERE C.region != 'NA';
```

조건문은 result.length == 0이다.

- **여러 쿼리에 대한 조건문** – 예를 들어, 하루의 판매 수가 지난주 같은 요일에 비해 10% 이상 변경되면 경보를 발생시키고 싶을 수 있다. 두 개의 쿼리를 실행하고 다음과 같이 결과를 비교할 수 있다. 쿼리 결과를 result 배열에 추가하므로 이 result 배열은 2D 대신 3D가 된다.

```
SELECT COUNT(*)
FROM sales
WHERE Date(timestamp) = Curdate()

SELECT COUNT(*)
FROM sales
WHERE Date(timestamp) = Curdate() - INTERVAL 7 DAY
```

조건문은 Math.abs(result[0][0][0] - result[1][0][0]) / result[0][0][0] < 0.1이다.

수동으로 정의된 유효성 검사에는 다음과 같은 무수히 많은 다른 가능성이 있다.

- 테이블에 매시간 최소한의 새로운 행이 기록돼야 한다.
- 특정 문자열 열은 null 값을 포함할 수 없으며, 문자열 길이는 1에서 255 사이여야 한다.
- 특정 문자열 열은 특정 정규 표현식과 일치하는 값을 가져야 한다.
- 특정 정수 열은 음수가 아니어야 한다.

이러한 유형의 제약 조건 중 일부는 ORM 라이브러리의 함수 주석으로도 구현될 수 있다. 예를 들어 하이버네이트에서는 @NotNull이나 @Length(min = 0, max = 255)와 같은 방식으로, Golang의 SQL 패키지에서는 제약 조건 타입을 사용해 구현할 수 있다. 이 경우 감사 서비스는 추가적인 유효성 검사 계층 역할을 한다. 감사 실패는 서비스에 감지되지 않는 오류를 나타내며, 이를 조사해야 한다.

이 절의 예시는 SQL로 작성되었다. 이 개념을 일반화해 HiveQL이나 트리노(Trino)(이전 명칭 PrestoSQL)[11], 스파크와 같은 다른 쿼리 언어로 유효성 검사 쿼리를 정의할 수 있다. 우리의 설계는 데이터베이스 쿼리 언어를 사용한 쿼리 정의에 초점을 맞추고 있지만, 범용 프로그래밍 언어로 유효성 검사 함수를 정의할 수도 있다.

---

11 (옮긴이) 여러 데이터 소스에 걸쳐 대규모 분산 SQL 쿼리 실행을 가능하게 하는 오픈소스 분산 SQL 쿼리 엔진이다.

## 10.3 간단한 SQL 배치 감사 서비스

이 절에서는 먼저 SQL 테이블을 감사하는 간단한 스크립트를 설명한다. 다음으로 이 스크립트를 사용해 배치 감사 작업을 만드는 방법을 설명한다.

### 10.3.1 감사 스크립트

가장 간단한 형태의 배치 감사 작업은 다음 단계를 수행하는 스크립트다.

1. 데이터베이스 쿼리를 실행한다.
2. 결과를 변수로 읽는다.
3. 이 변수의 값을 특정 조건과 비교한다.

다음 예제 코드의 파이썬 스크립트 예시는 거래 테이블의 최신 타임스탬프가 24시간 미만인지 확인하는 MySQL 쿼리를 실행하고 결과를 콘솔에 출력한다.

**예제 코드 10.1 최신 타임스탬프를 확인하는 파이썬 스크립트와 MySQL 쿼리**

```
import mysql
cnx = mysql.connector.connect(user='admin', password='password', host='127.0.0.1',
database='transactions')
cursor = cnx.cursor()
query = """
SELECT COUNT(*) AS cnt
FROM Transactions
WHERE Date(timestamp) >= Curdate() - INTERVAL 1 DAY
"""
cursor.execute(query)
results = cursor.fetchall()
cursor.close()
cnx.close()
# result[0][0] > 0이 조건이다.
print(result[0][0] > 0) # result['cnt'][0] > 0도 작동한다.
```

여러 데이터베이스 쿼리를 실행하고 결과를 비교해야 할 수 있다. 예제 코드 10.2는 가능한 예시다.

**예제 코드 10.2 여러 쿼리의 결과를 비교하는 예시 스크립트**

```python
import mysql
queries = [
    {
    'database': 'transactions',
    'query': """
        SELECT COUNT(*) AS cnt
        FROM Transactions
        WHERE Date(timestamp) >= Curdate() - INTERVAL 1 DAY
    """,
},
{
    'database': 'transactions',
    'query': """
        SELECT COUNT(*) AS cnt
        FROM Transactions
        WHERE Date(timestamp) >= Curdate() - INTERVAL 1 DAY
    """,
  }
]
results = []
for query in queries:
    cnx = mysql.connector.connect(user='admin', password='password', host='127.0.0.1', database=query['database'])
    cursor = cnx.cursor()
    cursor.execute(query['query'])
    results.append(cursor.fetchall())
cursor.close()
cnx.close()
print(result[0][0][0] > result[1][0][0])
```

## 10.3.2 감사 서비스

다음으로, 이를 배치 감사 서비스로 확장해보자. 사용자가 다음을 지정할 수 있게 스크립트를 일반화할 수 있다.

1. SQL 데이터베이스와 쿼리
2. 쿼리 결과에 대해 실행할 조건

validation.py.template이라고 이름 지을 수 있는 파이썬 파일 템플릿을 구현해보자. 예제 코드 10.3은 이 파일의 가능한 구현이다. 이는 간소화된 구현이다. 배치 감사 작업은 두 단계로 나뉜다.

1. 데이터베이스 쿼리를 실행하고 그 결과를 사용해 감사 통과 여부를 결정한다.
2. 감사가 실패하면 경보를 트리거한다.

실제 구현에서 로그인 자격 증명은 비밀(Secret) 관리 서비스에서 제공하고 호스트는 구성 파일에서 읽는다. 이러한 세부 사항은 이 질문의 범위를 벗어난다. 이 서비스의 사용자 스토리는 다음과 같다.

1. 사용자가 서비스에 로그인하고 새로운 배치 감사 작업을 만든다.
2. 사용자가 데이터베이스, 쿼리, 조건 값을 입력한다.
3. 서비스는 이 validation.py.template에서 validation.py 파일을 만들고 {database}와 같은 매개변수를 사용자가 입력한 값으로 대체한다.
4. 서비스는 validation.py를 가져오고 유효성 검사 함수를 실행하는 새로운 에어플로나 크론 작업을 만든다.

이 validation.py 파일이 본질적으로 함수라는 점을 알 수 있다. 배치 ETL 서비스는 객체가 아닌 함수를 저장한다.

validation.py.template에서 각 데이터베이스 쿼리에 에어플로 태스크를 만들어야 한다고 언급했다. 백엔드는 이러한 validation.py 파일을 생성해야 한다. 이는 좋은 코딩 테스트 연습이 되겠지만, 시스템 설계 면접의 범위를 벗어난다.

**예제 코드 10.3 감사 서비스를 위한 파이썬 파일 템플릿**

```python
from datetime import datetime, timedelta
from airflow import DAG
from airflow.operators.bash import BranchPythonOperator
import mysql.connector
import os
import pdpyras

# 예시 사용자 입력:
# {name} - ''
# {queries} - ['', '']
# {condition} - result[0][0][0] result[1][0][0]
```

```python
def _validation():
    results = []
    # 데이터베이스 쿼리는 비용이 많이 든다. 여기서 모든 쿼리를 실행하는 것의 문제점은
    # 쿼리 하나가 실패하면 모든 쿼리를 다시 실행해야 한다는 것이다.
    # 대신 각 쿼리에 에어플로 태스크를 생성하는 것을 고려해 볼 수 있다.
    for query in {queries}:
        cnx = mysql.connector.connect(user='admin', password='password', host='127.0.0.1', database=query['database'])
        cursor = cnx.cursor()
        cursor.execute(query['query'])
    results.append(cursor.fetchall())
    cursor.close()
    cnx.close()
    # XCom은 태스크 간 데이터를 공유하기 위한 에어플로의 기능이다.
    ti.xcom_push(key='validation_result_{name}', value={condition})

def _alert():
    # 감사가 실패하면 페이저듀티 경보를 트리거하는 예시 코드다.
    # 이는 단순한 예시이며 실제 작동하는 코드로 여겨서는 안 된다.
    # 이 결과를 우리의 백엔드 서비스로 보내는 것도 고려해 볼 수 있다.
    # 이 부분은 이 장의 후반부에서 설명한다.
    result = ti.xcom_pull(key='validation_result_{name}')
    if result:
        routing_key = os.environ['PD_API_KEY']
        session = pdpyras.EventsAPISession(routing_key)
        dedup_key = session.trigger("{name} validation failed", "audit")

with DAG(
    {name},
    default_args={
        'depends_on_past': False,
        'email': ['zhiyong@beigel.com'],
        'email_on_failure': True,
        'email_on_retry': False,
        'retries': 1,
        'retry_delay': timedelta(minutes=5),
    },
    description={description},
    schedule_interval=timedelta(days=1),
```

```
    start_date=datetime(2023, 1, 1),
    catchup=False,
    tags=['validation', {name}],
) as dag:
t1 = BranchPythonOperator(
    task_id='validation',
    python_callable=_validation
)
# 알림은 별도의 에어플로 태스크이므로 알림이 실패하더라도
# 에어플로 작업이 비용이 많이 드는 검증 함수를 다시 실행하지 않는다.
t2 = BranchPythonOperator(
    task_id='alert',
    python_callable=_alert
)
t1 >> t2
```

## 10.4 요구사항

사용자가 SQL이나 하이브, 트리노(이전 명칭은 프레스토) 쿼리를 정의해 주기적으로 데이터베이스 테이블의 배치 감사를 수행할 수 있는 시스템을 설계한다. 기능 요구사항은 다음과 같다.

- 감사 작업의 CRUD. 감사 작업은 다음 필드를 포함한다.
    - 분, 시간, 일 또는 사용자 지정 시간 간격 등의 간격
    - 소유자
    - SQL이나 HQL, 트리노, 카산드라 등과 같은 관련 방언으로 작성된 유효성 검사 데이터베이스 쿼리
    - SQL 쿼리 결과 조건문

- 실패한 작업은 경보를 발생시켜야 한다.

- 과거와 현재 실행 중인 작업의 로그를 볼 수 있어야 하며, 오류 발생 여부와 조건문의 결과를 포함한다. 사용자는 또한 발생한 경보의 상태와 경보가 발생한 시간, 해결 여부와 해결된 시간 기록을 볼 수 있어야 한다.

- 감사 작업은 최대 6시간 이내에 완료되어야 한다.

- 데이터베이스 쿼리는 15분 이내에 완료돼야 한다. 시스템은 장시간 실행되는 쿼리가 있는 작업을 허용하지 않아야 한다.

비기능적 요구사항은 다음과 같다.

- **스케일(Scale)** – 10,000개 미만의 작업이나 10,000개의 데이터베이스 문(Statement)이 있을 것으로 예상한다. 작업과 그 로그는 UI를 통해서만 읽히므로 트래픽이 낮다.
- **가용성(Availability)** – 이는 다른 시스템이 직접 의존하지 않는 내부 시스템이다. 고가용성은 필요하지 않다.
- **보안(Security)** – 작업에는 접근 제어가 있다. 작업은 소유자만이 CRUD할 수 있다.
- **정확성(Accuracy)** – 감사 작업 결과는 작업 구성에서 정의한 대로 정확해야 한다.

## 10.5 고수준 아키텍처

그림 10.1은 사용자가 자신의 테이블에 대해 주기적인 유효성 검사를 정의할 수 있는 가상의 서비스의 초기 고수준 아키텍처 다이어그램이다. 배치 ETL 서비스가 에어플로 서비스이거나 에어플로와 유사하게 작동한다고 가정한다. 이 서비스는 배치 작업의 파이썬 파일을 저장하고, 정의된 일정에 따라 실행하며, 이러한 작업의 상태와 기록을 저장하고, 감사 조건이 참인지 거짓인지를 나타내는 부울 값을 반환한다. 사용자는 백엔드를 통해 요청을 하는 UI와 상호작용한다.

1. 사용자는 공유 배치 ETL 서비스에 요청하여 이러한 작업의 상태 및 이력 확인을 포함하여 배치 감사 작업을 CRUD한다.
2. 공유 배치 ETL 서비스는 경보 서비스가 아니므로 경보를 트리거하거나 트리거된 경보의 상태와 기록을 보기 위한 API 엔드포인트가 없다. 사용자는 UI와 백엔드를 통해 공유 경보 서비스에 요청해 이 정보를 볼 수 있다.

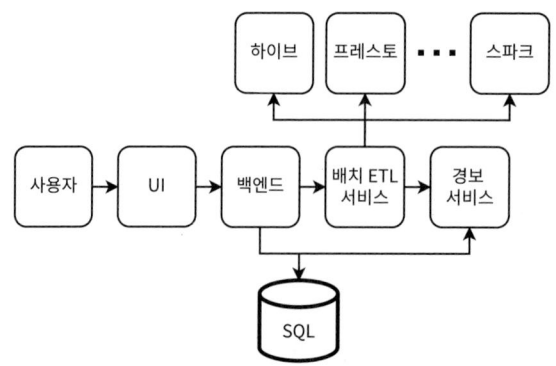

그림 10.1 사용자가 데이터의 주기적인 유효성 검사를 정의할 수 있는 가상의 서비스의 초기 고수준 아키텍처

사용자가 배치 감사 작업을 생성하는 요청을 제출하면 다음 단계가 발생한다.

1. 백엔드 서비스는 사용자의 입력 값을 템플릿에 대입해 validation.py 파일을 생성한다. 이 템플릿은 짧은 문자열이므로 모든 백엔드 서비스 호스트의 메모리에 저장될 수 있다.
2. 백엔드 서비스는 이 파일과 함께 배치 ETL 서비스에 요청을 보낸다. 배치 ETL 서비스는 배치 ETL 작업을 생성하고 이 파일을 저장한 다음 백엔드 서비스에 200 성공 응답을 반환한다.

배치 감사 서비스는 본질적으로 공유 배치 ETL 서비스의 래퍼다. 감사 작업 구성에는 작업 소유자, 크론 표현식, 데이터베이스 유형(하이브, 트리노, 스파크, SQL 등), 실행할 쿼리와 같은 필드가 있다. 주요 SQL 테이블은 `job_config`라고 이름 지을 수 있는 감사 작업 구성을 저장한다. 또한 작업을 소유자에 매핑하는 `owner` 테이블을 만들 수 있으며 `job_id`와 `owner_id` 열이 있다.

유효성 검사 쿼리는 다양한 SQL 유사 언어로 정의될 수 있으므로 배치 ETL 서비스는 SQL, 하이브, 트리노, 스파크, 카산드라 등과 같은 다양한 공유 데이터베이스에 연결된다. 작업이 실패하거나 실패한 감사가 있으면 배치 ETL 서비스는 관련 인원에게 경보를 보내기 위해 공유 경보 서비스에 요청한다. 보안을 위해 부록 B에서 설명한 공유 OpenID Connect 서비스를 인증에 사용할 수 있다.

### 10.5.1 배치 감사 작업 실행

감사 작업은 구성된 시간 간격으로 주기적으로 실행되며 두 가지 주요 단계가 있다.

1. 데이터베이스 쿼리를 실행한다.
2. 데이터베이스 쿼리 결과로 조건문을 실행한다.

4.6.1절을 참조하면, 배치 ETL 작업은 스크립트로 생성된다(예: 에어플로 서비스의 경우 파이썬 스크립트). 사용자가 감사 작업을 생성하면, 백엔드는 그에 맞는 파이썬 스크립트를 생성할 수 있다. 이 생성은 미리 정의하고 구현한 템플릿 스크립트를 활용할 수 있다. 이 템플릿 스크립트에는 적절한 매개변수(간격, 데이터베이스 쿼리, 조건문)를 대체할 수 있는 여러 섹션이 포함될 수 있다.

주요 확장성 문제는 배치 ETL 서비스와 경보 서비스에서 발생하므로 확장성 논의는 확장 가능한 배치 ETL 서비스와 확장 가능한 경보 서비스를 설계하는 것에 관한 것이다. 경보 서비스에 관한 자세한 설명은 9장을 참조한다.

사용자의 감사 작업이 주로 SQL 문을 실행하는 유효성 검사 함수로 정의되므로 서비스로서의 함수(FaaS) 플랫폼을 사용하고 내장된 확장성을 활용하는 것도 제안한다. 쿼리 실행 시간을 15분으로 제한하거나 쿼리 결과가 유효하지 않을 때 작업을 중단하는 등 비정상적인 쿼리의 안전장치를 만들 수 있다.

각 감사 작업 실행 결과는 SQL 데이터베이스에 저장될 수 있으며 사용자는 UI를 통해 이에 접근할 수 있다.

### 10.5.2 경보 처리

실패한 감사 경보를 배치 ETL 서비스에서 트리거해야 하는가, 아니면 백엔드에서 트리거해야 하는가? 첫 번째 생각은 감사 작업을 실행하는 것이 배치 ETL 서비스이므로 그것이 이러한 경보를 트리거해야 한다는 것일 수 있다. 그러나 이는 배치 감사 서비스에서 사용하는 경보 기능이 두 구성 요소로 나뉜다는 것을 의미한다.

- 경보 트리거 요청은 배치 ETL 서비스에서 이루어진다.
- 경보 상태 및 기록 조회 요청은 백엔드 서비스에서 이루어진다.

이는 경보 서비스에 연결하기 위한 구성을 두 서비스 모두에서 해야 한다는 것을 의미하며, 추가적인 유지보수 부담이다. 향후 이 배치 감사 서비스를 유지보수하는 팀에는 코드에 익숙하지 않은 다른 엔지니어가 있을 수 있으며, 경보에 문제가 있으면 처음에는 경보 서비스와의 상호 작용이 모두 한 서비스에 있다고 잘못 생각해 문제가 다른 서비스에 있다는 것을 알기 전까지 잘못된 서비스에 대해 디버깅하는 데 시간을 낭비할 수 있다.

따라서 경보 서비스와의 모든 상호 작용은 백엔드 서비스에서 이뤄져야 한다고 결정할 수 있다. 배치 ETL 작업은 조건이 참인지 거짓인지만 확인하고 이 부울 값을 백엔드 서비스로 보낸다. 값이 거짓이면 백엔드 서비스가 경보 서비스에서 경보를 트리거한다.

하지만 이러한 접근 방식은 잠재적인 버그를 유발할 수 있다. 경보 요청을 생성하고 만드는 백엔드 서비스 호스트가 충돌하거나 사용할 수 없게 되면 경보가 보내지지 않을 수 있다. 이 버그를 방지할 수 있는 몇 가지 방법은 다음과 같다.

- 배치 ETL 서비스에서 백엔드 서비스로의 요청을 차단할 수 있으며, 백엔드 서비스는 경보 요청을 성공적으로 보낸 후에만 200을 반환한다. 경보 요청이 이뤄지게 에어플로 등 배치 ETL 서비스의 재시도 메커니즘에 의존할 수 있다. 그러나 이 접근 방식은 배치 ETL 서비스가 본질적으로 여전히 경보 요청을 하고 있으며, 이 두 서비스를 긴밀하게 결합한다는 것을 의미한다.
- 배치 ETL 서비스는 분할된 카프카 토픽으로 생성할 수 있고, 백엔드 서비스 호스트는 이러한 파티션에서 소비하고 각 파티션에서 (아마도 SQL을 사용해) 체크포인트를 수행할 수 있다. 그러나 이렇게 하면 백엔드 서비스 호스트가 알림 요청을 한 후 체크포인트 전에 실패할 수 있으므로 중복 알림이 발생할 수 있다. 경보 서비스는 경보 중복을 제거할 수 있어야 한다.

현재 아키텍처는 로깅과 모니터링을 모두 수행한다. 감사 결과를 SQL에 기록한다. 이러한 감사 작업을 모니터링하며, 작업이 실패하면 배치 감사 서비스가 경보를 트리거한다. 경보만 공유 서비스에서 수행된다.

대안 접근 방식은 감사 작업 결과를 SQL과 공유 로깅 서비스 모두에 기록하는 것이다. 몇 개의 결과마다 체크포인트를 위해 다른 SQL 테이블을 사용할 수 있다.

그림 10.2의 시퀀스 다이어그램을 참조하면, 호스트가 장애에서 복구될 때마다 이 SQL 테이블을 쿼리해 마지막 체크포인트를 얻을 수 있다. SQL에 중복 로그를 작성하는 것은 문제가 되지 않는다. 'INSERT INTO ⟨table⟩ IF NOT EXISTS...' 문을 사용하면 되기 때문이다. 로깅 서비스에 중복 결과를 작성하는 것은 세 가지 방법으로 처리할 수 있다.

1. 중복 로그의 결과가 사소하다고 가정하고 로깅 서비스에 작성한다.
2. 로깅 서비스가 중복을 처리해야 한다.
3. 로깅 서비스에 쓰기 전에 결과가 존재하는지 확인하기 위해 로깅 서비스를 쿼리한다. 이는 로깅 서비스 트래픽을 두 배로 늘릴 것이다.

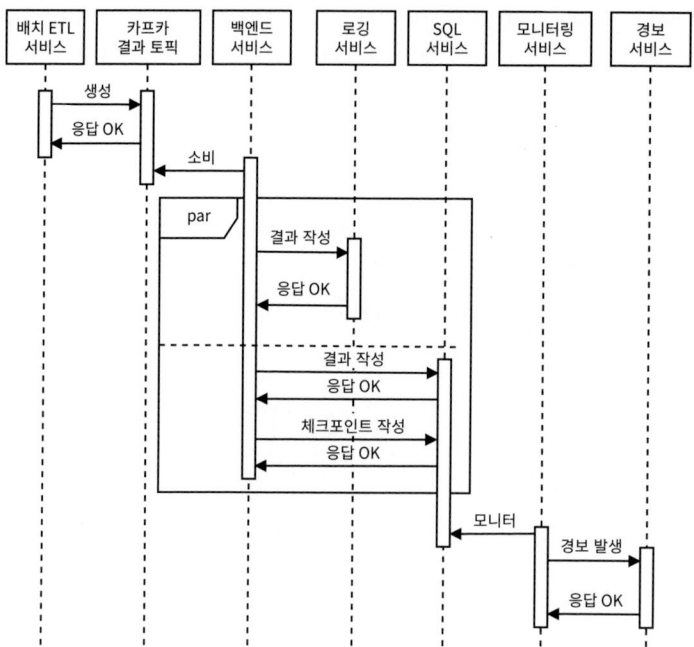

**그림 10.2** 로깅 서비스와 SQL 서비스에 병렬로 로깅하는 것을 보여주는 시퀀스 다이어그램. SQL 서비스를 모니터링하고 경보를 설정할 수 있다.

그림 10.3은 공유 로깅과 모니터링 서비스가 포함된 수정된 고수준 아키텍처를 보여준다. 로깅과 경보가 배치 ETL 서비스에서 분리되었다. 배치 ETL 서비스 개발자는 경보 서비스의 변경을 걱정할 필요가 없으며 그 반대도 마찬가지다. 또한 배치 ETL 서비스는 경보 서비스에 요청을 보내게 구성할 필요가 없다.

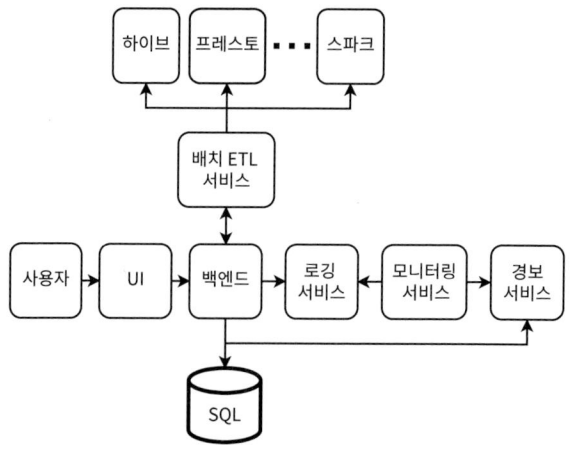

**그림 10.3** 공유 서비스를 사용하는 고수준 아키텍처. 모든 서비스는 공유 로깅 서비스에 로그를 남기지만, 그림에서는 백엔드와 모니터링 서비스와의 관계만 명시했다.

## 10.6 데이터베이스 쿼리 제약

데이터베이스 쿼리는 이 서비스를 포함한 많은 서비스에서 가장 비용이 많이 들고 오래 실행되는 계산이다. 다음과 같은 이유로 배치 ETL 서비스는 실행할 수 있는 쿼리의 속도와 기간에 제약을 받아야 한다.

- 다양한 데이터베이스 서비스가 공유 서비스다. 길고 비용이 많이 드는 쿼리를 실행하는 사용자는 다른 사용자의 쿼리를 처리할 수 있는 서비스의 남은 용량을 크게 감소시키고 전반적인 지연 시간을 증가시킨다. 쿼리는 호스트의 CPU와 메모리를 소비한다. 데이터베이스 서비스의 각 연결도 스레드를 소비한다. 이 스레드의 프로세스는 쿼리를 실행하고 쿼리 결과를 수집해 반환한다. 제한된 수의 스레드를 포함하는 스레드 풀을 할당해 동시 쿼리가 너무 많아지지 않게 할 수 있다.
- 데이터베이스 서비스는 사용량에 따라 요금을 청구하는 타사 클라우드 제공업체에서 제공할 수 있으며, 비싸고 오래 실행되는 쿼리는 비용이 많이 들 것이다.
- 배치 ETL 서비스에는 실행할 쿼리 일정이 있다. 모든 쿼리가 해당 기간 내에 실행될 수 있게 해야 한다. 예를 들어, 시간별 쿼리는 1시간 이내에 완료돼야 한다.

사용자가 작업 구성에서 쿼리 정의를 작성할 때나 나머지 작업 구성과 함께 쿼리를 백엔드에 제출할 때 사용자의 쿼리 정의를 구문 분석하는 기술을 구현할 수 있다.

이 절에서는 시스템 요구사항을 충족하고 비용을 제어하기 위해 사용자 쿼리에 구현할 수 있는 제약 조건을 설명한다.

### 10.6.1 쿼리 실행 시간 제한

비용이 많이 드는 쿼리를 방지하는 간단한 방법은 소유자가 작업 구성을 생성하거나 편집할 때는 쿼리 실행 시간을 10분으로 제한하고, 작업이 실행 중일 때는 15분으로 제한하는 것이다. 사용자가 작업 구성에서 쿼리를 작성하거나 편집할 때 백엔드는 사용자가 쿼리를 실행하고 10분 미만이 걸리는지 확인한 후에만 쿼리 문자열을 저장할 수 있게 요구해야 한다. 이는 사용자가 쿼리를 10분의 제한 시간 내로 유지하도록 훈련되게 보장할 것이다. 대안으로 비차단/비동기 경험을 제공할 수 있다. 사용자가 쿼리를 저장하고 실행하게 허용한 다음, 쿼리가 10분 내에 성공적으로 실행됐는지 여부를 이메일이나 채팅으로 알려 작업 구성이 그에 따라 수락되거나 거부되게 할 수 있다. 이 UX의 단점은 소유자가 쿼리 문자열을 변경하기를 꺼려할 수 있어 가능한 버그나 개선 사항이 해결되지 않을 수 있다는 점이다.

여러 사용자가 동시에 쿼리를 편집할 경우 서로의 수정 사항을 덮어쓰지 않도록 방지해야 할 수 있다. 이를 방지하는 방법에 관한 설명은 2.4.2절을 참조한다.

쿼리 실행이 15분을 초과하면 쿼리를 종료하고, 소유자가 쿼리를 편집하고 검증할 때까지 작업을 비활성화하며, 소유자에게 높은 긴급도의 경보를 트리거한다. 쿼리 실행이 10분을 초과하면 작업 구성 소유자에게 낮은 긴급도의 경보를 트리거해 향후 쿼리가 15분을 초과할 수 있음을 경보한다.

### 10.6.2 제출 전 쿼리 문자열 확인

작업 구성을 저장하기 전에 사용자가 몇 분 동안 기다리게 하거나 구성을 저장한 후 10분 후에 거부되었다고 알리는 대신 UI가 사용자에게 쿼리 문자열의 즉각적인 피드백을 제공해 유효하지 않거나 비용이 많이 드는 쿼리가 포함된 작업 구성을 제출하지 않게 하는 것이 더 편리할 것이다. 이러한 유효성 검사에는 다음이 포함될 수 있다.

전체 테이블 스캔을 허용하지 않는다. 파티션 키가 포함된 테이블에서만 쿼리를 실행할 수 있게 하고, 쿼리에는 파티션 키 필터가 포함돼야 한다. 한 걸음 더 나아가 쿼리 내 파티션 키 값의 수를 제한하는 것도 고려할 수 있다. 테이블의 파티션 키를 확인하기 위해 백엔드는 관련 데이터베이스 서비스에서 DESCRIBE 쿼리를 실행해야 한다. 비용이 상당히 많이 들 수 있는 JOIN이 포함된 쿼리는 허용하지 않는다.

사용자가 쿼리를 정의한 후, 사용자에게 쿼리 실행 계획을 표시해 사용자가 실행 시간을 최소화하게 쿼리를 조정하게 할 수 있다. 이 기능은 관련 데이터베이스 쿼리 언어에서 쿼리를 조정하는 방법에 관한 가이드 참조와 함께 제공돼야 한다. 주석의 링크에서 SQL 쿼리 조정 가이드[12]를 참조할 수 있다. 하이브 쿼리 조정 가이드 출처[13]나 다양 두(Dayang Du)의 저서[14]에서 "성능 고려 사항"이라는 제목의 장을 참조한다.

### 10.6.3 초기 사용자 훈련

쿼리를 작성하는 서비스 사용자들은 이러한 제약 사항들을 초기에 교육받아야 한다. 그래야 그들이 이러한 제약 사항에 적응하는 법을 배울 수 있다. 또한 사용자에게 이러한 제약 조건을 안내하는 좋은 UX와 유익한 문서를 제공해야 한다. 더욱이 이러한 제약 조건은 데이터베이스 배치 감사 서비스의 첫 출시 몇 달 후에 추가되기보다는 초기 릴리스에서 정의하고 설정하는 것이 좋다. 이러한 제약을 가하기 전에 사용자들이 비용이 많이 드는 쿼리를 제출하게 허용했다면, 사용자는 이러한 제약에 저항하고 반발할 수 있다. 그리고 사용자를 설득해 쿼리를 변경하게 하는 것이 어렵거나 불가능할 수 있다.

---

[12] https://www.toptal.com/sql-server/sql-database-tuning-for-developers
[13] https://cwiki.apache.org/confluence/display/Hive/LanguageManual+Explain
[14] 《Apache Hive Essentials》(Packt Publishing, 2018)

## 10.7 과도한 동시 쿼리 방지

배치 ETL 서비스가 실행할 수 있는 동시 쿼리 수에 제한을 설정해야 한다. 사용자가 특정 일정으로 실행될 쿼리를 포함하는 작업 구성을 제출할 때마다 백엔드는 동일한 데이터베이스에서 동시에 실행되게 예약된 쿼리 수를 확인하고 동시 쿼리 수가 예상 용량에 근접하면 서비스 개발자에게 경보를 트리거할 수 있다. 각 쿼리가 실행을 시작하기 전 대기 시간을 모니터링하고 대기 시간이 30분이나 그 외 결정한 기준값을 초과하면 낮은 긴급도의 경보를 트리거할 수 있다. 또한 용량을 추정하기 위한 부하 테스트 방식을 설계하는 것도 고려할 수 있다. 수정된 고수준 아키텍처는 그림 10.4에 있다.

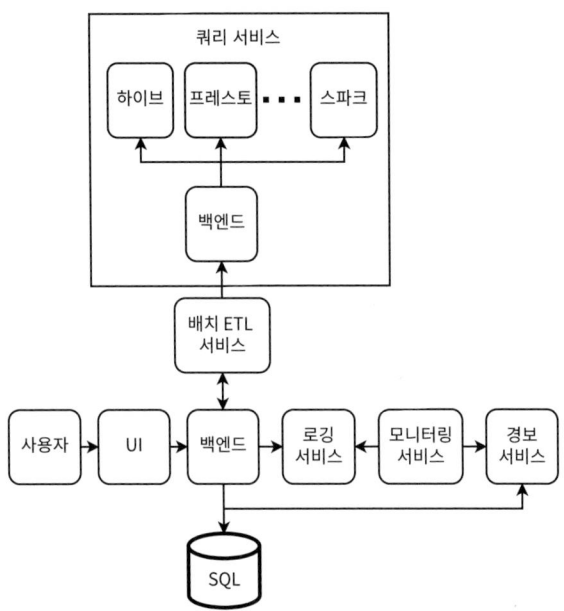

**그림 10.4** 다른 서비스가 데이터베이스 요청을 하는 공유 쿼리 서비스가 포함된 수정된 고수준 아키텍처

그림 10.4에는 새로운 데이터베이스 쿼리 서비스가 포함돼 있다. 데이터베이스는 공유 서비스이므로 동시 쿼리 수에 대한 구성 제한과 같은 공통 관심사는 데이터베이스 감사 서비스가 아니라 데이터베이스 쿼리 서비스에 저장돼야 한다.

또 다른 최적화는 배치 ETL 서비스가 데이터베이스 쿼리를 실행하기 전에 백엔드 서비스를 통해 경보 서비스에 쿼리해 해결되지 않은 경보가 있는지 확인하는 것이다. 그렇다면 감사 작업을 진행할 필요가 없다.

## 10.8 데이터베이스 스키마 메타데이터의 사용자

사용자의 쿼리 작성을 돕기 위해 서비스는 스키마 메타데이터에서 작업 구성을 자동으로 도출할 수 있다. 예를 들어, WHERE 필터는 보통 파티션 열에 정의되므로 UI는 사용자에게 이러한 열을 제안하는 쿼리 템플릿을 제시하거나 최신 파티션만 테스트하는 쿼리를 작성하게 제안할 수 있다. 기본적으로 새 파티션이 감사를 통과하면 서비스는 해당 파티션에 대한 추가 감사를 예약하지 않아야 한다. 사용자는 감사를 통과했음에도 불구하고 동일한 감사를 다시 실행해야 할 이유가 있을 수 있다. 예를 들어, 감사 작업에 버그가 있어 잘못 통과될 수 있으며, 작업 소유자가 감사 작업을 편집하고 통과한 감사를 다시 실행해야 할 수 있다. 따라서 서비스는 사용자가 수동으로 감사를 다시 실행하거나 해당 파티션에 대해 제한된 수의 감사를 예약할 수 있게 허용할 수 있다.

테이블에는 새로운 행이 얼마나 자주 추가되는지에 대한 갱신 주기 SLA가 있을 수 있다. 이는 데이터의 최신성(data freshness)과 관련된 개념이다. 데이터가 준비되기 전에 테이블 감사를 수행해서는 안 된다. 이는 낭비이며 거짓 경보를 트리거할 것이다. 어쩌면 데이터베이스 쿼리 서비스가 테이블 소유자가 테이블 갱신 주기 SLA를 구성할 수 있는 기능을 구현할 수도 있고, 우리가 아문센(Amundsen)[15]이나 데이터허브(DataHub)[16], 메타캣(Metacat)[17] 같은 도구를 사용해 조직의 데이터베이스 메타데이터 카탈로그/플랫폼을 개발할 수도 있다.

데이터베이스 메타데이터 플랫폼의 또 다른 유용한 기능은 테이블과 관련된 사건을 기록하는 것이다. 테이블 소유자나 우리 서비스는 특정 테이블에 문제가 발생하고 있음을 데이터베이스 메타데이터 플랫폼에 업데이트할 수 있다. 데이터베이스 쿼리 서비스는 이 테이블을 쿼리하는 모든 사람이나 서비스에 실패한 감사에 대해 경보할 수 있다. 테이블을 쿼리하는 사용자는 나중에 다시 테이블을 쿼리할 수 있으므로, 데이터베이스 메타데이터 플랫폼의 유용한 기능은 사용자가 테이블의 메타데이터 변경사항을 구독하거나 테이블에 영향을 미치는 문제에 대한 경보를 받을 수 있게 하는 것이다.

배치 ETL 서비스는 또한 데이터베이스 스키마의 변경을 모니터링하고 그에 따라 대응할 수도 있다. 열 이름이 변경되면 해당 열 이름을 포함하는 감사 작업 구성 쿼리 문자열에서 이 열 이름을 업데이트해야 한다. 열이 삭제되면 관련된 모든 작업을 비활성화하고 소유자에게 알려야 한다.

---

[15] https://www.amundsen.io/
[16] https://datahubproject.io/
[17] https://github.com/Netflix/metacat

## 10.9 데이터 파이프라인 감사

그림 10.5는 에어플로 DAG의 데이터 파이프라인과 그 여러 작업을 보여준다. 각 작업은 특정 테이블에 쓸 수 있으며, 다음 단계에서 읽는다. 작업 구성에는 '파이프라인 이름'과 '수준' 필드가 포함될 수 있으며, 이는 `job_config` 테이블에 추가 열로 넣을 수 있다.

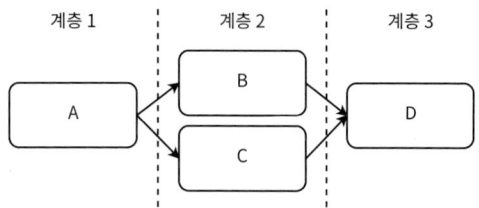

**그림 10.5** 여러 단계가 있는 샘플 데이터 파이프라인. 각 단계에 대한 감사 작업을 만들 수 있다.

특정 감사 작업이 실패하면 서비스는 다음을 수행해야 한다.

- 상위 작업이 실패하면 감사 작업을 실행하는 것은 무의미하므로 하위 감사를 비활성화해 리소스를 절약한다.
- 이 테이블 쿼리를 포함하는 다른 작업과 그 하위 작업도 비활성화한다.
- 모든 비활성화된 작업의 소유자와 모든 하위 작업의 소유자에게 높은 긴급도의 경보를 트리거한다.

또한 이 테이블에 문제가 있음을 데이터베이스 메타데이터 플랫폼에 업데이트해야 한다. 이 테이블을 사용하는 모든 데이터 파이프라인은 이 테이블의 모든 하위 작업을 비활성화해야 한다. 그렇지 않으면 이 테이블의 잘못된 데이터가 하위 테이블로 전파될 수 있다. 예를 들어, 머신러닝 파이프라인은 감사 결과를 사용해 실행 여부를 결정할 수 있으므로 잘못된 데이터로 실험이 실행되지 않는다. 에어플로는 이미 사용자가 **트리거 규칙(Trigger rules)**[18]을 구성해 모든 종속성이나 최소한 하나의 종속성이 성공적으로 실행을 완료할 때 각 작업이 실행되게 허용한다. 새로운 배치 ETL 서비스 기능은 에어플로와 다른 워크플로 관리 플랫폼의 향상된 기능이다.

이 모든 것은 배치 ETL 서비스를 공유 서비스로 일반화해 조직 전체의 배치 ETL 작업에 이 기능을 제공할 수 있음을 시사한다.

---

**18** https://airflow.apache.org/docs/apache-airflow/stable/concepts/dags.html#trigger-rules

사용자가 파이프라인에 새 수준을 추가할 때 모든 하위 작업의 수준 값도 업데이트해야 한다. 그림 10.6에서 보여주듯이, 백엔드는 하위 작업의 계층 번호를 자동으로 증가시켜 사용자를 지원할 수 있다.

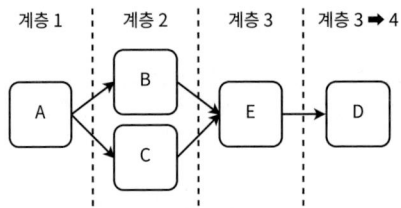

그림 10.6 계층 2와 3 사이에 새로운 작업 E를 추가할 때 해당 계층의 번호를 자동으로 증가시켜 계층 3이 계층 4가 된다.

## 10.10 로깅, 모니터링, 경보

2.5절에서 설명한 내용에 추가해 다음 항목을 모니터링하고 경보를 보내야 한다. 다음 로그는 사용자에게 유용할 수 있으며 UI에 표시할 수 있다.

- 시작, 진행 중, 성공, 실패 등의 현재 작업 상태와 이 상태가 기록된 시간
- 실패한 배치 ETL 서비스 데이터베이스 쿼리. 경보에는 쿼리 시간 초과나 쿼리 실행 오류와 같은 실패 이유도 포함해야 한다.
- 앞서 언급했듯이 데이터베이스 쿼리 실행 시간이 설정된 기준을 초과할 경우 경보를 발생시킨다.
- 앞서 언급했듯이 상위 작업이 실패할 때 작업 소유자에게 경보를 보낸다.
- 백엔드 엔드포인트의 1초 P99와 4xx와 5xx 응답
- 외부 서비스 요청의 1초 P99와 4xx와 5xx 응답
- 부하 테스트를 통해 결정된 부하 한도보다 높은 요청률로 정의되는 높은 트래픽
- 높은 CPU, 메모리나 I/O 사용률
- 공유 서비스를 사용하지 않고 자체 SQL 서비스를 관리할 때의 SQL 서비스의 높은 저장소 사용률

4xx 응답은 높은 긴급도의 경보를 트리거해야 하며, 다른 문제는 낮은 긴급도의 경보를 트리거할 수 있다.

## 10.11 기타 감사 가능 유형

지금까지 설명한 감사/테스트 외에도 다음과 같은 다른 유형의 테스트를 논의할 수 있다.

### 10.11.1 데이터 센터 간 일관성 감사

동일한 데이터를 여러 데이터 센터에 저장하는 것이 일반적이다. 데이터 센터 간 데이터 일관성을 보장하기 위해 데이터베이스 배치 감사 서비스는 데이터 센터 간 데이터를 비교하는 샘플링 테스트를 실행할 수 있는 기능을 제공할 수 있다.

### 10.11.2 업스트림과 다운스트림 데이터 비교

7.7절의 데이터 마이그레이션을 참조하면, 사용자가 한 테이블에서 다른 테이블로 데이터를 복사해야 할 수 있다. 업스트림과 다운스트림 테이블의 최신 파티션을 비교해 데이터 일관성을 보장하는 감사 작업을 만들 수 있다.

## 10.12 기타 논의 가능한 주제

다음은 면접에서 다른 논의가 가능한 주제다.

- 확장 가능한 배치 ETL 서비스나 확장 가능한 경보 서비스를 설계한다. 두 서비스 모두 카프카와 같은 분산 이벤트 스트리밍 플랫폼이 필요하다.
- validation.py.template과 다른 적절한 템플릿에서 에어플로 파이썬 작업을 생성하는 함수를 코딩한다. 각 쿼리에 별도의 에어플로 작업을 만든다. 단, 이 부분은 시스템 설계 질문이 아닌 코딩 테스트 질문이다.
- 감사 작업 경보는 테이블 소유자에게 데이터 무결성 문제를 알릴 수 있으나, 문제의 원인을 어떻게 발견하고 해결할 수 있는지는 별도로 설명되지 않았다. 테이블 소유자는 데이터 무결성 문제를 어떻게 해결할 수 있는가? 감사 서비스를 개선하거나 도움을 줄 수 있는 다른 방법은 무엇인가?
- 특정 감사 작업은 한 번 실행하면 실패했다가 소유자가 문제를 해결 중에 동일한 쿼리를 실행하면 통과할 수 있다. 소유자는 이러한 작업을 어떻게 해결할 수 있으며, 서비스는 이를 지원하기 위해 어떤 로깅이나 기능을 제공할 수 있는가?
- 동일하거나 유사한 감사 작업을 어떻게 찾고 중복을 제거할 수 있는가?

- 데이터베이스 배치 감사 서비스는 다수의 경보를 보낸다. 테이블의 문제가 여러 감사 작업에 영향을 미치고 동일한 사용자에게 여러 경보를 트리거할 수 있다. 경보 중복을 어떻게 제거할 수 있는가? 이 경보 중복 제거 로직의 어느 부분을 데이터베이스 배치 감사 서비스에서 구현하고, 어느 부분을 공유 경보 서비스에서 구현할 것인가?

- 또한 일정에 따라 실행되는 것이 아니라 특정 이벤트에 의해 테스트가 트리거되도록 할 수도 있다. 예를 들어, 각 쿼리 후 변경된 행 수를 추적하고 이 수를 합산한 뒤 지정된 수의 행이 변경된 후에 테스트를 실행할 수 있다. 테스트를 트리거할 수 있는 가능한 이벤트와 그 시스템 설계에 대해 논의할 수 있다.

## 10.13 참고 문헌

이 장은 우버(Uber)의 트러스트(Trust) 데이터 품질 플랫폼에서 영감을 받았지만, 이 장에서 설명한 많은 구현 세부 사항은 트러스트와 상당히 다를 수 있다. 우버의 데이터 품질에 관한 설명은 주석의 문서[19]에서 참고할 수 있지만, 이 출처에서는 트러스트라는 이름을 언급하지 않았다. 우버의 데이터 품질 플랫폼의 개요, 구성 서비스와 서비스 간 상호 작용과 사용자와의 상호 작용에 대한 설명에 관해서는 해당 문서를 참조한다.

## 요약

- 시스템 설계 면접에서 데이터 무결성을 유지하기 위한 일반적인 접근 방식으로 감사를 논의할 수 있다. 이 장에서는 배치 감사를 위한 가능한 시스템 설계를 논의했다.
- 예기치 않은 사용자 활동, 감지되지 않는 오류나 악의적인 활동과 같은 다양한 문제로 인한 데이터 불규칙성을 감지하기 위해 주기적으로 데이터베이스 쿼리를 실행할 수 있다.
- 이러한 주기적 데이터베이스 쿼리의 많은 사용 사례를 포괄하는 데이터 불규칙성 감지를 위한 일반적인 해결책을 정의했으며, 확장 가능하고 가용성이 높으며 정확한 시스템을 설계했다.
- 확장성이 떨어지고 오류가 발생하기 쉬운 자체 크론 작업을 정의하는 대신 에어플로와 같은 작업 스케줄링 플랫폼을 사용해 감사 작업을 예약할 수 있다.
- 성공 또는 실패한 감사 작업을 사용자에게 알리기 위해 적절한 모니터링과 경보를 정의해야 한다. 주기적 데이터베이스 감사 서비스는 9장에서 설명한 경보 서비스와 부록 B에서 설명한 OpenID Connect도 사용한다.
- 사용자가 임시 쿼리를 수행할 수 있게 쿼리 서비스를 제공할 수 있다.

---

19 https://eng.uber.com/operational-excellence-data-quality/

#  11

# 자동 완성/
# 타입어헤드

**이 장에서 다루는 내용**

- 자동 완성과 검색 비교
- 데이터 수집 및 처리를 쿼리와 분리
- 연속적인 데이터 스트림 처리
- 저장 비용을 줄이기 위해 대규모 집계 파이프라인 여러 단계로 나누기
- 데이터 처리 파이프라인의 부산물을 다른 용도로 활용

자동 완성 시스템을 설계하고자 한다. 자동 완성은 지속적으로 대량의 데이터를 수집하고 처리해 특정 목적으로 사용자가 쿼리할 수 있는 작은(수 MB) 데이터 구조로 만드는 분산 시스템을 설계하는 능력을 테스트할 수 있는 유용한 질문 중 하나다. 자동 완성 시스템은 전 세계 수십억 명의 사용자가 입력한 문자열에서 데이터를 수집하고 이 데이터를 가중 트라이(Weighted trie)[1]로 처리한다. 사용자가 문자열을 입력하면 가중 트라이가 자동 완성 제안을 제공한다. 자동 완성 시스템에 개인화와 머신러닝 요소를 추가할 수도 있다.

## 11.1 자동 완성의 가능한 사용 사례

먼저 이 시스템의 의도된 사용 사례를 논의하고 명확히 하여 적절한 요구사항을 결정한다. 자동 완성의 가능한 사용 사례는 다음과 같다.

---

[1] (옮긴이) 가중치가 부여된 트라이(trie) 구조로, 각 노드나 간선에 가중치 정보가 추가돼 데이터의 중요도나 빈도를 표현하는 자료구조다.

- 검색 서비스를 보완한다. 사용자가 검색 쿼리를 입력하는 동안 자동 완성 서비스는 각 키 입력마다 자동 완성 제안 목록을 반환한다. 사용자가 제안을 선택하면 검색 서비스가 이를 수락하고 결과 목록을 반환한다.
  - 구글, 빙, 바이두(Baidu), Yandex[2]와 같은 일반 검색
  - 특정 문서 컬렉션 내 검색. 예로는 위키피디아와 동영상 공유 앱이 있다.
- 워드 프로세서가 자동 완성 제안을 제공할 수 있다. 사용자가 단어를 입력하기 시작하면 현재 입력한 접두사로 시작하는 일반적인 단어에 자동 완성 제안을 제공받을 수 있다. 퍼지 매칭이라는 기술을 사용하면 자동 완성 기능은 사용자가 현재 입력한 접두사와 정확히 일치하지 않지만 근접한 접두사를 가진 단어를 제안하는 맞춤법 검사 기능이 될 수도 있다.
- 코딩용 통합 개발 환경(IDE)에 자동 완성 기능이 있을 수 있다. 자동 완성 기능은 프로젝트 디렉터리 내의 변수 이름이나 상수 값을 기록하고 사용자가 변수나 상수를 선언할 때마다 이를 자동 완성 제안으로 제공할 수 있다. 퍼지 매칭이 없으므로 정확한 일치가 필요하다.

각 사용 사례에 따라 자동 완성 서비스는 서로 다른 데이터 소스와 아키텍처를 사용한다. 시스템 설계 면접에서 실수할 수 있는 것은 성급한 결론을 내리고 자동 완성 서비스가 검색 서비스를 위한 것이라고 가정하는 것이다. 이는 구글이나 빙과 같은 검색 엔진에서 사용되는 자동 완성에 가장 익숙하므로 저지를 수 있는 실수 중 하나다.

면접관이 '구글과 같은 일반 검색 앱용 자동 완성을 제공하는 시스템을 설계하라'와 같은 구체적인 질문을 하더라도 잠깐 동안 자동 완성 기능의 다른 용도에 대해 논의할 수 있다. 질문을 넘어서 생각할 수 있고 성급하게 가정하거나 결론을 내리지 않는다는 것을 보여준다.

## 11.2 검색 vs. 자동 완성

자동 완성과 검색을 구별하고 요구사항을 혼동하지 않아야 한다. 그래야 검색 서비스가 아닌 자동 완성 서비스를 설계할 것이다. 자동 완성이 검색과 어떤 점에서 유사한지는 다음과 같이 확인할 수 있다.

- 두 서비스 모두 사용자의 검색 문자열을 기반으로 사용자의 의도를 파악하고 의도와 가장 일치할 가능성이 높은 순서로 정렬된 결과 목록을 반환하려 한다.
- 부적절한 콘텐츠가 사용자에게 반환되는 것을 방지하기 위해 두 서비스 모두 가능한 결과를 전처리해야 할 수 있다.
- 두 서비스 모두 사용자 입력을 기록하고 이를 사용해 제안/결과를 개선할 수 있다. 예를 들어, 두 서비스 모두 반환된 결과와 사용자가 클릭한 결과를 기록할 수 있다. 사용자가 첫 번째 결과를 클릭하면 이 결과가 해당 사용자와 더 관련이 있음을 나타낸다.

---

2 (옮긴이) 러시아와 CIS 국가에서 널리 사용되는 주요 검색 서비스로, 다국어 지원과 지역 특화 기능을 제공한다.

자동 완성은 개념적으로 검색보다 단순하다. 표 11.1에 몇 가지 상위 수준의 차이점이 설명돼 있다. 면접관이 관심을 보이지 않는 한 면접에서 이러한 차이점에 1분 이상 시간을 할애하지 않는다. 중요한 점은 비판적 사고와 전체적인 그림을 볼 수 있는 능력을 보여주는 것이다.

**표 11.1** 검색과 자동 완성의 몇 가지 차이점

| 검색 | 자동 완성 |
| --- | --- |
| 결과는 일반적으로 웹페이지 URL이나 문서 목록이다. 이러한 문서는 전처리 돼 색인을 생성한다. 검색 쿼리 중에 검색 문자열을 색인과 대조해 관련 문서를 검색한다. | 결과는 사용자 검색 문자열을 기반으로 생성된 문자열 목록이다. |
| 몇 초의 P99 지연 시간이 허용될 수 있다. 특정 상황에서는 최대 1분의 더 긴 지연 시간도 허용될 수 있다. | 우수한 사용자 경험을 위해 P99 기준 약 100ms의 낮은 지연 시간이 필요하다. 사용자는 각 문자를 입력한 후 거의 즉시 제안받기를 기대한다. |
| 문자열, 복잡한 객체, 파일이나 미디어를 포함한 다양한 결과 데이터 유형이 가능하다. | 결과 데이터 유형은 문자열뿐이다. |
| 각 결과에 관련성 점수가 부여된다. | 항상 관련성 점수가 있는 것은 아니다. 예를 들어, IDE의 자동 완성 결과 목록은 사전 순으로 정렬될 수 있다. |
| 사용자가 인식하는 정확도인 관련성 점수를 가능한 한 정확하게 계산하기 위해 많은 노력을 기울인다. | 정확도 요구사항(예: 사용자가 나중 제안이 아닌 처음 몇 개의 제안 중 하나를 클릭함)이 검색만큼 엄격하지 않을 수 있다. 이는 비즈니스 요구사항에 따라 크게 달라지며, 특정 사용 사례에서는 높은 정확도가 요구될 수 있다. |
| 검색 결과는 입력 문서 중 어느 것이든 반환할 수 있다. 이는 모든 문서를 처리하고, 색인화하고, 검색 결과로 반환할 수 있어야 함을 의미한다. 복잡성을 낮추기 위해 문서 내용을 샘플링할 수 있지만 모든 단일 문서를 처리해야 한다. | 높은 정확도가 필요하지 않으면 복잡성을 낮추기 위해 샘플링과 근사 알고리즘과 같은 기술을 사용할 수 있다. |
| 수백 개의 결과를 반환할 수 있다. | 일반적으로 5~10개의 결과를 반환한다. |
| 사용자는 '뒤로' 버튼을 클릭한 다음 다른 결과를 클릭해 여러 결과를 클릭할 수 있다. 이는 다양한 추론을 도출할 수 있는 피드백 메커니즘이다. | 다른 피드백 메커니즘이 있다. 자동 완성 제안 중 일치하는 것이 없으면 사용자는 검색 문자열 입력을 마치고 제출한다. |

## 11.3 기능 요구사항

면접관과 다음과 같은 질의응답을 통해 자동 완성 시스템의 기능 요구사항을 논의할 수 있다.

### 11.3.1 자동 완성 서비스의 범위

먼저 지원해야 할 사용 사례와 언어 등 범위의 세부 사항을 명확히 한다.

- 이 자동 완성은 일반 검색 서비스용인가, 아니면 워드 프로세서나 IDE 같은 다른 사례용인가?
    - 일반 검색 서비스에서 검색어를 제안하기 위한 것이다.
- 영어만 지원하나?
    - 그렇다.
- 지원해야 할 단어 수는 얼마나 되나?
    - 웹스터 영어 사전에는 약 47만 개의 단어가 있고, 옥스퍼드 영어 사전에는 17만 개 이상의 단어가 있다. 이 중 글자 수가 6자 이상인 단어가 몇 개인지 모르므로 가정하지 않겠다. 사전에 없는 인기 있는 단어도 지원하고 싶으므로 최대 10만 개의 단어를 지원하자. 영어 단어의 평균 길이가 4.7자(5자로 올림)이고 1자당 1바이트라고 하면, 필요한 저장 공간은 5MB에 불과하다. 프로그래밍 방식이 아닌 수동 방식으로 단어와 구문을 추가할 수 있게 허용하더라도 저장 공간 요구사항은 무시할 만한 수준으로 증가한다.

노트 1956년에 도입된 IBM 350 RAMAC은 5MB 하드 드라이브를 탑재한 최초의 컴퓨터였다. 무게가 1톤이 넘었고 9m x 15m의 공간을 차지했다. 프로그래밍은 기계어와 플러그보드의 와이어 점퍼로 이뤄졌다. 당시에는 시스템 설계 면접이 없었다.

### 11.3.2 UX 세부 사항

자동 완성 제안이 문장 단위인지 개별 단어 단위인지, 사용자가 몇 자를 입력해야 자동 완성 제안이 표시되는지 등 자동 완성 제안의 UX(사용자 경험) 세부 사항을 명확히 할 수 있다.

- 자동 완성 대상이 단어인가, 문장인가?
    - 일단 단어만 고려하고 시간이 있다면 구문이나 문장으로 확장할 수 있다.
- 제안을 표시하기 전에 입력해야 하는 최소 문자 수가 있는가?
    - 3글자가 적당해 보인다.
- 제안의 최소 길이가 있는가? 3글자를 입력한 후 4~5글자 단어 제안은 1~2글자만 더 입력하면 되므로 유용하지 않다.
    - 6글자 이상의 단어를 고려하자.

- 숫자나 특수 문자도 고려해야 하는가, 아니면 문자만 고려하는가?
  - 문자만 고려한다. 숫자와 특수 문자는 무시한다.
- 한 번에 몇 개의 자동 완성 제안을 보여주어야 하며, 어떤 순서로 보여주어야 하는가?
  - 한 번에 10개의 제안을 표시하고, 가장 빈번한 것부터 가장 덜 빈번한 순서로 정렬한다. 먼저 문자열을 받아 우선순위가 높은 순서로 정렬된 10개의 사전 단어 목록을 반환하는 제안 API GET 엔드포인트를 제공할 수 있다. 그런 다음 사용자 ID도 받아 개인화된 제안을 반환하게 확장할 수 있다.

### 11.3.3 검색 기록 고려

자동 완성 제안이 사용자의 현재 입력만을 기반으로 할지, 아니면 검색 기록과 다른 데이터 소스를 기반으로 할지 고려해야 한다.

- 제안을 단어 집합으로 제한한다는 것은 사용자가 제출한 검색 문자열을 처리해야 함을 의미한다. 이 처리의 결과가 자동 완성 제안을 얻는 색인이라면, 수동으로 추가 및 제거된 단어/구문을 포함하기 위해 이전에 처리된 데이터를 다시 처리해야 하는가?
  - 이런 질문은 엔지니어링 경험을 나타낸다. 재처리할 과거 데이터가 상당히 많을 것이라는 점을 면접관과 논의한다. 그렇다면 새로운 단어나 구문이 수동으로 추가되는 이유는 무엇인가? 과거 사용자 검색 문자열에 대한 분석을 기반으로 한다. 분석과 인사이트를 위해 쿼리하기 쉬운 테이블을 생성하는 ETL 파이프라인을 고려할 수 있다.
- 제안에 대한 데이터 소스는 무엇인가? 이전에 제출된 쿼리만 사용하는가, 아니면 사용자 인구 통계와 같은 다른 데이터 소스도 있는가?
  - 다른 데이터 소스를 고려하는 것은 좋은 생각이다. 제출된 쿼리만 사용하자. 향후 다른 데이터 소스를 수용할 수 있는 확장 가능한 설계가 좋은 아이디어일 것이다.
- 모든 사용자 데이터를 기반으로 제안을 표시해야 하는가, 아니면 개인화된 자동 완성과 같은 현재 사용자 데이터를 기반으로 해야 하는가?
  - 모든 사용자 데이터로 시작한 다음 개인화를 고려하자.
- 제안에 어느 기간을 사용해야 하는가?
  - 우선 모든 시간을 고려한 다음 1년 이상 된 데이터를 제거하는 것을 고려할 수 있다. 작년 1월 1일 이전의 데이터는 고려하지 않는 등의 기준일을 사용할 수 있다.

### 11.3.4 콘텐츠 조정과 공정성

콘텐츠 조정 및 공정성과 같은 다른 가능한 기능도 고려할 수 있다.

- 부적절한 제안을 신고할 수 있는 메커니즘은 어떤가?
    - 유용하겠지만, 지금은 무시할 수 있다.
- 소수의 사용자가 대부분의 검색을 제출한 경우 이를 고려해야 하는가? 자동 완성 서비스가 사용자당 동일한 수의 검색을 처리해 대다수 사용자에 서비스를 제공해야 하는가?
    - 아니다. 검색 문자열 자체만 고려하자. 어떤 사용자가 검색했는지는 고려하지 않는다.

## 11.4 비기능적 요구사항

기능적 요구사항을 논의한 후에는 유사한 Q&A를 통해 비기능적 요구사항에 대해 논의할 수 있다. 여기에는 가용성 대 성능과 같은 가능한 트레이드오프에 대한 설명이 포함될 수 있다.

- 글로벌 사용자 기반이 사용할 수 있게 확장 가능해야 한다.
- 높은 가용성은 필요하지 않다. 중요한 기능이 아니므로 내결함성은 양보할 수 있다.
- 높은 성능과 처리량이 필요하다. 사용자는 0.5초 내에 자동 완성 제안을 볼 수 있어야 한다.
- 일관성은 필요하지 않다. 추천이 몇 시간 전의 것이라도 허용할 수 있으며, 새로운 사용자가 검색한다고 해서 즉시 추천을 업데이트할 필요는 없다.
- 프라이버시와 보안을 위해 자동 완성 기능을 사용하는 데 인증이나 승인은 필요하지 않지만 사용자 데이터는 비공개로 유지해야 한다.
- 정확도에 관해서는 다음과 같이 추론할 수 있다.
    - 검색 빈도에 따라 제안을 반환하고자 할 수 있으므로 검색 문자열의 빈도를 계산할 수 있다. 첫 번째 설계 단계에서는 이러한 계산이 정확할 필요가 없으며 근사치로 충분하다고 결정할 수 있다. 시간이 있다면 정확도 지표 정의를 포함해 더 나은 정확도를 고려할 수 있다.
    - 맞춤법 오류나 혼합 언어 쿼리는 고려하지 않는다. 맞춤법 검사가 유용하겠지만 이 질문에서는 무시하자.
    - 잠재적으로 부적절한 단어와 구문에 관해서는 제안을 단어 집합으로 제한하여 부적절한 단어는 방지할 수 있지만 구문은 방지할 수 없다. 사전이 아닌 우리가 추가한 단어가 포함되어 있더라도 이를 '사전 단어'라고 부르기로 하자. 원한다면 관리자가 이 집합에서 단어와 구문을 수동으로 추가하고 제거할 수 있는 메커니즘을 설계할 수 있다.
    - 제안이 얼마나 최신이어야 하는지에 대해서는 1일의 느슨한 요건을 적용할 수 있다.

## 11.5 상위 수준 아키텍처 계획

시스템 설계 면접의 설계 구상 과정을 그림 11.1과 같은 매우 상위 수준의 초기 아키텍처 다이어그램을 스케치하며 시작할 수 있다. 사용자가 검색 쿼리를 제출하면 수집 시스템이 이를 처리한 후 데이터베이스에 저장한다. 사용자는 검색 문자열을 입력할 때 데이터베이스에서 자동 완성 제안을 받는다. 사용자가 자동 완성 제안을 받기 전에 쿼리 시스템이라고 표시한 다른 중간 단계가 있을 수 있다. 이 다이어그램은 추론 과정을 안내해 준다.

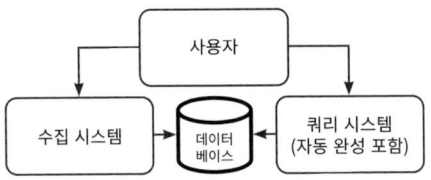

**그림 11.1** 자동 완성 서비스의 매우 높은 수준의 초기 아키텍처. 사용자들은 자신의 문자열을 수집 시스템에 제출하고, 이는 데이터베이스에 저장된다. 사용자들은 자동 완성 추천을 위해 쿼리 시스템에 요청을 보낸다. 데이터 처리가 어디에서 이뤄지는지에 대해서는 아직 설명하지 않았다.

다음으로, 시스템을 다음과 같은 구성요소로 나눌 수 있다고 추론한다.

1. 데이터 수집
2. 데이터 처리
3. 처리된 데이터를 쿼리해 자동 완성 추천을 얻는다.

데이터 처리는 일반적으로 수집보다 리소스 집약적이다. 수집은 요청을 받아들이고 기록하기만 하면 되며 트래픽 급증을 처리해야 한다. 따라서 확장성을 높이기 위해 데이터 처리 시스템과 수집 시스템을 분리했다. 이는 1장에서 설명한 명령 쿼리 책임 분리(CQRS) 설계 패턴의 예시다.

고려해야 할 또 다른 요소는 수집 시스템이 실제로 검색 서비스의 로깅 서비스일 수 있으며, 이는 조직의 공유 로깅 서비스일 수도 있다는 점이다.

## 11.6 가중치 트라이(Trie) 접근법과 초기 고수준 아키텍처

그림 11.2는 자동 완성 시스템의 초기 고수준 아키텍처를 보여준다. 자동 완성 시스템은 단일 서비스가 아니라 사용자가 하나의 자동 완성 서비스만 쿼리하고 시스템의 나머지 부분과 직접 상호 작용하지 않는 시스템이다. 시스템의 나머지 부분은 사용자의 검색 문자열을 수집하고 주기적으로 가중치 트라이를 생성해 자동 완성 서비스에 전달하는 역할을 한다.

공유 로깅 서비스는 자동 완성 서비스가 사용자에게 제공하는 자동 완성 추천을 도출하는 원시 데이터 소스다. 사용자가 검색 서비스를 이용해 쿼리를 전송하면, 해당 쿼리는 로깅 서비스에 기록된다. 다른 서비스도 이 공유 로깅 서비스에 로그를 남긴다. 자동 완성 서비스는 검색 서비스 로그만 쿼리하거나 자동 완성 제안을 개선하는 데 유용하다고 판단되면 다른 서비스의 로그도 쿼리할 수 있다.

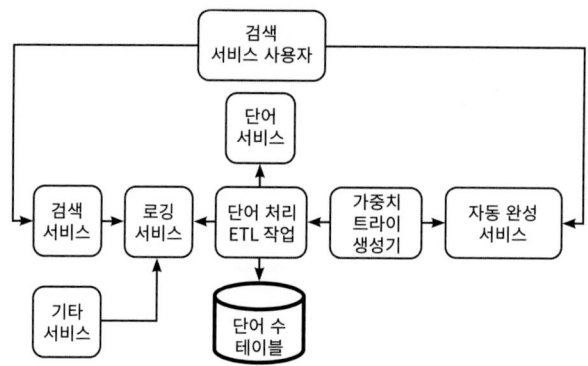

**그림 11.2** 자동 완성 시스템의 초기 고수준 아키텍처. 검색 서비스 사용자는 검색 문자열을 검색 서비스에 제출하고, 이 문자열은 공유 로깅 서비스에 기록된다. 단어 처리 ETL 작업은 기록된 검색 문자열을 읽고 처리하는 배치나 스트리밍 작업일 수 있다. 가중치 트라이 생성기는 단어 수를 읽고 가중치 트라이를 생성한 다음 그것을 자동 완성 서비스로 보내며, 사용자는 이를 통해 자동 완성 제안을 얻는다.

공유 로깅 서비스는 주제와 타임스탬프를 기반으로 로그 메시지를 가져오는 API를 갖춰야 한다. 어떤 데이터베이스를 사용하는지(MySQL, HDFS, 카프카, 로그스태시 등)와 같은 구현 세부 사항은 조직의 공유 로깅 서비스가 아니라 자동 완성 서비스를 설계하는 것이므로 현재 논의와 무관하다고 면접관에게 말할 수 있다. 필요하다면 공유 로깅 서비스의 구현 세부 사항을 설명할 준비가 되어 있다고 덧붙인다.

사용자는 자동 완성 서비스의 백엔드에서 자동 완성 추천을 받는다. 자동 완성 추천은 그림 11.3에 나타낸 가중치 트라이[3]를 사용해 생성된다. 사용자가 문자열을 입력하면 이 문자열은 가중치 트라이와 대

---

[3] (옮긴이) 일반적인 트라이 구조에서 각 노드나 에지에 가중치를 부여한 자료구조다.

조된다. 결과 목록은 대조된 문자열의 자식 노드로 생성되며 가중치가 감소하는 순서로 정렬된다. 예를 들어, 검색 문자열 "ba"는 ["bay", "bat"]라는 결과를 반환한다. "bay"의 가중치는 4이고 "bat"의 가중치는 2이므로 "bay"가 "bat" 앞에 온다.

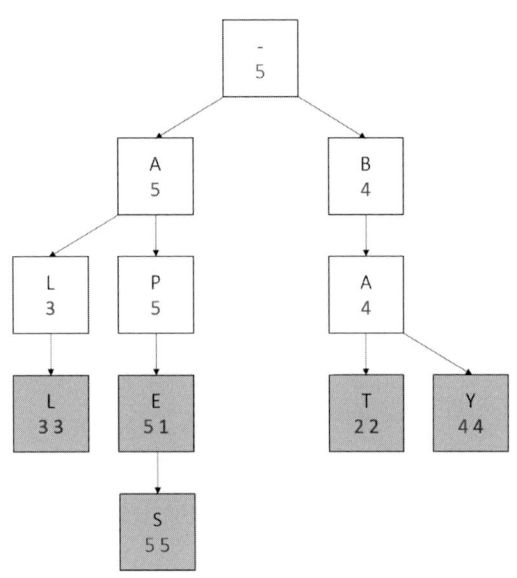

그림 11.3 "all", "apes", "bat", "bay" 단어의 가중치 트라이 구조[4]

이제 이 단계의 상세한 구현을 설명한다.

## 11.7 상세 구현

가중치 트라이 생성기는 일일 배치 ETL 파이프라인(또는 실시간 업데이트가 필요하면 스트리밍 파이프라인)이 될 수 있다. 이 파이프라인은 단어 처리 ETL 작업을 포함한다. 그림 11.2에서 단어 처리 ETL 작업과 가중치 트라이 생성기가 별도의 파이프라인 단계로 되어 있는 이유는 단어 처리 ETL 작업이 다른 여러 목적과 서비스에 유용할 수 있고, 별도의 단계로 구성하면 각각을 독립적으로 구현, 테스트, 유지보수 및 확장할 수 있기 때문이다.

단어 수 계산 파이프라인은 다음과 같은 작업/단계를 포함할 수 있으며, 그림 11.4에서 DAG로 설명되어 있다.

---

[4] 그림 출처: https://courses.cs.duke.edu/cps100/spring16/autocomplete/trie.html

1. 로깅 서비스의 검색 토픽(그리고 다른 토픽)에서 관련 로그를 가져와 임시 저장소에 저장한다.
2. 검색 문자열을 단어로 분리한다.
3. 부적절한 단어를 걸러낸다.
4. 단어 수를 세어 단어 수 테이블에 기록한다. 필요한 정확도에 따라 모든 단어를 세거나 카운트-민 스케치와 같은 근사 알고리즘(17.7.1절에서 설명)을 사용할 수 있다.
5. 적절한 단어를 필터링하고 잘 알려지지 않은 인기 단어를 기록한다.
6. 단어 수 테이블에서 가중치 트라이를 생성한다.
7. 가중치 트라이를 백엔드 호스트로 전송한다.

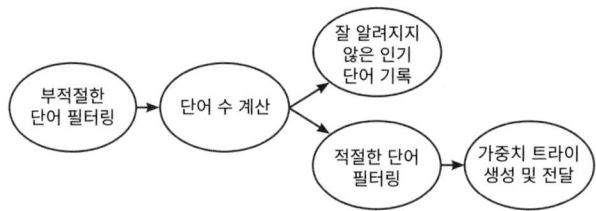

**그림 11.4** 단어 수 계산 파이프라인의 DAG. 잘 알려지지 않은 인기 단어 기록과 단어 필터링은 독립적으로 수행할 수 있다.

원시 검색 로그에 대해 다음과 같은 데이터베이스 기술을 고려할 수 있다.

- 일반적인 ELK 스택의 일부인 일별로 분할된 일래스틱서치 인덱스로, 기본 보존 기간은 7일이다.
- 각 일자의 로그는 HDFS 파일(즉, 일별 분할)이 될 수 있다. 사용자 검색은 어떤 이유로든 오래된 메시지를 확인해야 할 경우를 대비해 보존 기간이 며칠(단 하루가 아닌)인 카프카 토픽으로 생성할 수 있다. 매일 설정된 특정 시간에 첫 번째 파이프라인 단계는 설정된 시간보다 최근의 타임스탬프가 있는 메시지에 도달할 때까지(즉, 메시지를 하나 더 소비하지만 이 약간의 부정확성은 괜찮다) 또는 토픽이 비워질 때까지 메시지를 소비한다. 소비자는 해당 날짜에 해당하는 파티션의 새 HDFS 디렉터리를 만들고 모든 메시지를 해당 디렉터리 내의 단일 파일에 추가한다. 각 메시지는 타임스탬프와 사용자 ID, 검색 문자열을 포함할 수 있다. HDFS는 보존 기간을 설정하는 메커니즘을 제공하지 않으므로, 이러한 선택을 하기 위해 파이프라인에 오래된 데이터를 삭제하는 단계를 추가해야 한다.
- 모든 데이터가 단일 노드에 들어가야 하므로 SQL은 실행 불가능하다.

로깅 서비스가 ELK 서비스라고 가정한다. 4.3.5절에서 언급했듯이 HDFS는 맵리듀스 프로그래밍 모델의 일반적인 저장 시스템이다. 맵리듀스 프로그래밍 모델을 사용해 여러 노드에 걸쳐 데이터 처리를 병렬화한다. HDFS와 함께 하이브나 스파크를 사용할 수 있다. 하이브를 사용한다면 스파크상의 하이브[5]를 사용할 수 있으므로, 하이브나 스파크 접근 방식 모두 실제로는 스파크를 사용하는 것이다. 스파크는 HDFS에서 메모리로 데이터를 읽고 쓸 수 있으며, 메모리에서 데이터를 처리할 수 있어 디스크에서 처리하는 것보다 훨씬 빠르다. 이어지는 절에서 일래스틱서치와 하이브, 스파크를 사용한 구현을 간략히 설명한다. 코드에 대한 상세한 설명은 시스템 설계 면접의 범위를 벗어나며, 간단한 설명으로 충분하다.

이는 전형적인 ETL 작업이다. 각 단계에서 이전 단계의 데이터베이스 저장소에서 데이터를 읽고 처리한 다음, 다음 단계에서 사용할 데이터베이스 저장소에 기록한다.

### 11.7.1 각 단계는 독립적인 작업이어야 한다

그림 11.4의 배치 ETL DAG를 다시 참조하면, 각 단계가 왜 독립적인 단계일까? MVP를 처음 개발할 때는 가중치 트라이 생성을 단일 작업으로 구현하고 모든 함수를 연결할 수 있다. 이러한 접근 방식은 간단하지만 유지보수가 어렵다. (복잡성과 유지보수성은 상관관계가 있는 것으로 보이며 단순한 시스템이 일반적으로 유지보수하기가 더 쉽지만, 여기서는 트레이드오프가 있는 예를 살펴본다.)

개별 함수에 대한 철저한 단위 테스트를 구현해 버그를 최소화하고, 로깅을 구현해 운영 환경에서 발견되는 남은 버그를 식별하며, 오류를 던질 수 있는 함수를 try-catch 블록으로 감싸고 이러한 오류를 기록할 수 있다. 그럼에도 불구하고 특정 문제를 놓칠 수 있으며, 가중치 트라이 생성에서 오류가 발생해 프로세스가 중단되면 전체 프로세스를 처음부터 다시 시작해야 한다. 이러한 ETL 작업은 계산 집약적이며 완료하기까지 몇 시간이 걸릴 수 있으므로 이러한 접근 방식은 성능이 낮다. 이러한 단계를 별도의 작업으로 구현하고 에어플로와 같은 작업 스케줄러 시스템을 사용해 이전 작업이 성공적으로 완료된 후에만 각 작업이 실행되게 해야 한다.

### 11.7.2 일래스틱서치에서 HDFS로 관련 로그 가져오기

하이브의 경우 `CREATE EXTERNAL TABLE` 명령[6]을 사용해 일래스틱서치 토픽에 하이브 테이블을 정의할 수 있다. 그다음 `INSERT OVERWRITE DIRECTORY '/path/to/output/dir' SELECT * FROM Log WHERE created_at = date_sub(current_date, 1);`과 같은 하이브 명령을 사용해 로그를 HDFS에 기록할 수 있다. (이 명령은 어제의 로그를 가져온다고 가정한다.)

---

[5] https://spark.apache.org/docs/latest/sql-data-sources-hive-tables.html
[6] https://www.elastic.co/guide/en/elasticsearch/hadoop/current/hive.html#_reading_data_from_elasticsearch

스파크에서는 SparkContext esRDD 메서드[7]를 사용해 일래스틱서치 토픽에 연결한 다음, 스파크 필터 쿼리를 사용해 적절한 날짜의 데이터를 읽고, 그다음 스파크 `saveAsTextFile` 함수[8]를 사용해 HDFS에 기록할 수 있다.

면접 중에 하이브나 스파크에 일래스틱서치 통합 기능이 있다는 사실을 모르더라도, 이러한 플랫폼이 널리 사용되는 주류 데이터 플랫폼이기 때문에 그러한 통합 기능이 존재할 수 있다고 면접관에게 말할 수 있다. 그런 통합 기능이 없거나 면접관이 요청하면 한 플랫폼에서 읽고 다른 플랫폼에 쓰는 스크립트를 어떻게 코딩할지 간단히 논의할 수 있다. 이 스크립트는 각 플랫폼의 병렬 처리 기능을 활용해야 한다. 또한 분할 전략을 설명할 수도 있다. 이 단계에서 입력/로그는 서비스별로 분할될 수 있지만 출력은 날짜별로 분할된다. 진행하는 동안 검색 문자열의 양쪽 끝에서 공백을 제거할 수도 있다.

### 11.7.3 검색 문자열을 단어 및 다른 간단한 연산으로 분할하기

다음으로 split 함수를 사용해 검색 문자열을 공백으로 분할한다. (사용자가 공백을 생략하거나(예: 'HelloWorld') 마침표, 대시, 쉼표와 같은 다른 구분자를 사용하는 등의 일반적인 문제도 고려해야 할 수 있다. 이 장에서는 이러한 문제가 드물다고 가정하고 무시할 수 있다. 검색 로그를 분석하여 이러한 문제가 실제로 얼마나 자주 발생하는지 알아볼 수 있다.) 이렇게 분할된 문자열을 '검색어'라고 부른다. 하이브의 split 함수는 이 문서[9]를, 스파크의 split 함수는 이 문서[10]를 참조한다. 이전 단계에서 HDFS 파일에서 읽은 다음 문자열을 분할한다.

이 단계에서는 6자 이상이고 숫자나 특수 문자가 없는 문자만 포함된 문자열을 필터링하고 모든 문자열을 소문자로 변환하는 등 시스템 수명 동안 변경될 가능성이 낮은 다양한 간단한 작업을 수행할 수 있다. 이렇게 하면 추가 처리 시 대소문자를 고려할 필요가 없다. 그런 다음 이 문자열을 다른 HDFS 파일로 기록한다.

### 11.7.4 부적절한 단어 필터링하기

적절한 단어를 필터링하거나 부적절한 단어를 필터링할 때는 다음 두 부분을 고려한다.

---

[7] https://www.elastic.co/guide/en/elasticsearch/hadoop/current/spark.html#spark-read
[8] https://spark.apache.org/docs/latest/api/scala/org/apache/spark/api/java/JavaRDD.html#saveAsTextFile(path:String):Unit
[9] https://cwiki.apache.org/confluence/display/Hive/LanguageManual+UDF#LanguageManualUDF-StringFunctions
[10] https://spark.apache.org/docs/latest/api/sql/index.html#split

1. 적절한 단어와 부적절한 단어 목록 관리하기
2. 검색어 목록을 적절한 단어와 부적절한 단어 목록과 대조해 필터링하기

### 단어 서비스

단어 서비스는 정렬된 적절한 단어나 부적절한 단어 목록을 반환하는 API 엔드포인트를 가진다. 이 목록은 최대 몇 MB 크기이며 이진 검색을 허용하게 정렬돼 있다. 크기가 작으므로 목록을 가져오는 모든 호스트는 단어 서비스를 사용할 수 없을 때를 대비해 이를 메모리에 캐시할 수 있다. 그럼에도 불구하고 3.3.2절에서 설명한 대로 상태 비저장 UI와 백엔드 서비스, 그리고 복제된 SQL 서비스로 구성된 일반적인 수평 확장 아키텍처를 단어 서비스에 사용할 수 있다. 그림 11.5는 SQL 데이터베이스에서 단어를 읽고 쓰는 간단한 애플리케이션인 단어 서비스의 고수준 아키텍처를 보여준다. 적절한 단어와 부적절한 단어를 위한 SQL 테이블은 단어용 문자열 열과 단어가 테이블에 추가된 타임스탬프, 이 단어를 추가한 사용자, 그리고 단어가 적절하거나 부적절한 이유 등의 정보를 제공하는 선택적 문자열 열과 같은 다른 열을 포함할 수 있다. 단어 서비스는 관리자 사용자들이 적절한 단어와 부적절한 단어 목록을 볼 수 있고, 수동으로 단어를 추가하거나 제거할 수 있는 UI를 제공하며, 이 모든 기능은 API 엔드포인트로 구현돼 있다. 백엔드는 또한 범주별로 단어를 필터링하거나 단어를 검색하는 엔드포인트를 제공할 수 있다.

그림 11.5 단어 서비스의 고수준 아키텍처

### 부적절한 단어 필터링하기

단어 수 계산 ETL 파이프라인은 단어 서비스에 부적절한 단어를 요청한 다음 이 목록을 HDFS 파일에 기록한다. 이전 요청에서 이미 HDFS 파일이 있을 수 있다. 단어 서비스 관리자가 그 이후 특정 단어를 삭제했을 수 있으므로 새 목록에는 이전 HDFS 파일에 있던 단어가 없을 수 있다. HDFS는 추가 전용이므로 HDFS 파일에서 개별 단어를 삭제할 수 없고, 대신 이전 파일을 삭제하고 새 파일을 작성해야 한다.

부적절한 단어가 있는 HDFS 파일이 있으면 LOAD DATA 명령을 사용해 이 파일에 하이브 테이블을 등록한 다음, 다음과 같은 간단한 쿼리로 부적절한 단어를 필터링하고 출력을 다른 HDFS 파일에 기록할 수 있다.

스파크와 같은 분산 분석 엔진을 사용해 어떤 검색 문자열이 부적절한 단어인지 판단할 수 있다. PySpark나 스칼라(Scala)[11]로 코딩하거나 Spark SQL 쿼리를 사용해 사용자의 단어를 적절한 단어와 JOIN할 수 있다.

면접에서는 SQL 쿼리에 30초 이내에 다음과 같이 중요한 로직을 적어 내려가야 한다. 50분을 잘 관리하고 싶어 완벽한 SQL 쿼리를 작성하는 데 귀중한 시간을 쓰고 싶지 않다고 간단히 설명하면 된다. 면접관은 이것이 시스템 설계 면접의 범위를 벗어나며 우리가 SQL 기술을 과시하러 온 게 아니라는 데 동의하고 넘어갈 것이다. 데이터 엔지니어 직무에 지원한다면 예외일 수 있다.

- WHERE 절과 같은 필터
- JOIN 조건
- AVG, COUNT, DISTINCT, MAX, MIN, PERCENTILE, RANK, ROW_NUMBER 등과 같은 집계

```
SELECT word FROM words WHERE word NOT IN (SELECT word from inappropriate_words);
```

부적절한 단어 테이블이 작으므로 더 빠른 성능을 위해 **맵 조인**(map join, 맵리듀스 작업의 매퍼(Mapper)가 조인을 수행할 수 있다. 관련 문서[12] 참조)을 사용할 수 있다.

```
SELECT /*+ MAPJOIN(i) */ w.word FROM words w LEFT OUTER JOIN inappropriate_words i ON i.word = w.word WHERE i.word IS NULL;
```

스파크의 **브로드캐스트 해시 조인**(Broadcast hash join)은 하이브의 맵 조인과 유사하다. 브로드캐스트 해시 조인은 각 노드의 메모리에 들어갈 수 있는 작은 변수 또는 테이블(스파크에서는 기본적으로 10MB인 spark.sql.autoBroadcastJoinThreshold 속성에 설정됨)과 노드 간에 분할해야 하는 더 큰 테이블 사이에서 발생한다. 브로드캐스트 해시 조인은 다음과 같이 진행된다.

---

[11] (옮긴이) JVM 기반의 함수형 프로그래밍 언어로, 빅데이터 처리와 분산 컴퓨팅에 적합하며 아파치 스파크의 주요 언어로 사용돼 데이터 분석과 처리 작업에 널리 활용된다.
[12] https://cwiki.apache.org/confluence/display/hive/languagemanual+joins

1. 작은 테이블의 해시 테이블을 생성한다. 여기서 키는 조인할 값이고 값은 전체 행이다. 예를 들어, 현재 상황에서는 단어 문자열로 조인하므로 ("word," "created_at," "created_by") 열이 있는 inappropriate_words 테이블의 해시 테이블에는 {("apple", ("apple", 1660245908, "brad")), ("banana", ("banana", 1550245908, "grace")), ("orange", ("orange", 1620245107, "angelina")) . . .}와 같은 항목이 포함될 수 있다.
2. 이 해시 테이블을 조인 연산을 수행하는 모든 노드에 브로드캐스트/복사한다.
3. 각 노드는 더 작은 테이블을 노드의 더 큰 테이블 부분과 JOIN한다.

두 테이블이 모두 메모리에 맞지 않으면 셔플된 정렬 병합 조인을 수행한다. 여기서 두 데이터셋을 셔플하고, 레코드를 키별로 정렬한 다음, 양쪽을 반복하면서 조인 키를 기준으로 병합 조인을 수행한다. 이 접근 방식은 부적절한 단어의 통계를 유지할 필요가 없다고 가정한다. 다음은 스파크 조인에 관한 추가 읽기 자료다.

- JOIN 성능을 향상시키기 위한 다양한 스파크 JOIN 전략에 관한 공식 스파크 문서[13]를 참조할 수 있다. 사용 가능한 다양한 JOIN 전략을 설명하지만 자세한 메커니즘은 설명하지 않는다. 자세한 설명은 다음 리소스를 참조한다.
- https://spark.apache.org/docs/latest/sql-performance-tuning.html#join-strategy-hints-for-sql-queries
- 줄스 담지, 브룩 웨닉, 타타가타 다스, 데니 리, 《러닝 스파크: 아파치 스파크를 이용한 데이터 분석 및 머신러닝 알고리즘》(제이펍, 2022)
- 챔버스, B. 및 자하리아, M. 조인스, 《Spark: The Definitive Guide: Big Data Processing Made Simple》(O'Reilly Media, 2018)
- https://docs.qubole.com/en/latest/user-guide/engines/hive/hive-mapjoin-options.html
- https://towardsdatascience.com/strategies-of-spark-join-c0e7b4572bcf

## 11.7.5 퍼지 매칭과 철자 교정

단어를 세기 전 마지막 처리 단계는 사용자의 검색어에서 철자 오류를 수정하는 것이다. 문자열을 받아 퍼지 매칭(Fuzzy matching)[14] 알고리즘이 있는 라이브러리를 사용해 가능한 철자 오류를 수정하고 원래 문자열이나 퍼지 매칭된 문자열을 반환하는 함수를 코딩할 수 있다. (퍼지 매칭은 근사 문자열 매칭

---

[13] https://spark.apache.org/docs/latest/sql-performance-tuning.html#join-strategy-hints-for-sql-queries
https://spark.apache.org/docs/latest/rdd-programming-guide.html#broadcast-variables
[14] (옮긴이) 정확한 일치가 아닌 유사성이나 근사값을 기반으로 데이터를 비교하고 매칭하는 기법으로, 오타, 변형이나 불완전한 정보를 다룰 때 유용한 패턴 인식 방법이다.

이라고도 하며 패턴과 대략적으로 일치하는 문자열을 찾는 기술이다. 퍼지 매칭 알고리즘의 개요는 이 책의 범위를 벗어난다.) 그런 다음 스파크를 사용해 균등하게 크기가 나눠진 하위 목록으로 나눈 단어 목록에 이 함수를 병렬로 실행한 다음 출력을 HDFS에 기록할 수 있다.

이 맞춤법 수정 단계는 여러 퍼지 매칭 알고리즘과 라이브러리 또는 서비스 중에서 선택할 수 있어 요구사항에 맞게 최적화하기 위해 특정 알고리즘을 선택할 수 있으므로 독립적인 작업 단계다. 이 단계를 분리하면 이 파이프라인 단계의 변경 사항이 다른 단계에 영향을 미치지 않으므로 퍼지 매칭을 위해 라이브러리나 서비스 간에 쉽게 전환할 수 있다. 라이브러리를 사용한다면 변화하는 트렌드와 인기 있는 신조어를 따라잡기 위해 라이브러리를 업데이트해야 할 수도 있다.

### 11.7.6 단어 수 세기

이제 단어 수를 셀 준비가 됐다. 이는 간단한 맵리듀스 작업일 수도 있고 카운트-민 스케치와 같은 알고리즘을 사용할 수도 있다(17.7.1절 참조).

다음 스칼라 코드는 맵리듀스 접근 방식을 구현한다. 이 코드는 주석의 문서[15]에서 약간 수정한 것이다. 입력 HDFS 파일의 단어를 (String, Int) 쌍인 counts로 매핑하고, counts의 내림차순으로 정렬한 다음 다른 HDFS 파일로 저장한다.

```
val textFile = sc.textFile("hdfs://...")
val counts = textFile.map(word => (word, 1)).reduceByKey(_ + _).map(item => item.swap).sortByKey(false).map(item => item.swap)
counts.saveAsTextFile("hdfs://...")
```

### 11.7.7 적절한 단어 필터링하기

단어 수 세기 단계에서는 필터링할 단어 수를 크게 줄여야 한다. 적절한 단어 필터링은 11.7.4절의 부적절한 단어 필터링과 매우 유사하다.

SELECT word FROM counted_words WHERE word IN (SELECT word FROM appropriate_words);와 같은 간단한 하이브 명령을 사용해 적절한 단어를 필터링하거나 SELECT /*+ MAPJOIN(a) */ c.word FROM counted_words c JOIN appropriate_words a on c.word = a.word;와 같은 맵 조인이나 브로드캐스트 해시 조인을 사용할 수 있다.

---

[15] https://spark.apache.org/examples.html

## 11.7.8 잘 알려지지 않은 인기 신조어 관리하기

이전 단계에서 단어 수를 센 후 상위 100개에 잘 알려지지 않은 인기 신조어를 발견할 수 있다. 이 단계에서는 이 단어를 단어 서비스에 기록하며, 이는 SQL unknown_words 테이블에 기록될 수 있다. 11.7.4절과 유사하게, 단어 서비스는 운영팀이 이러한 단어들을 적절한 단어나 부적절한 단어 목록에 수동으로 추가하기로 선택할 수 있게 UI 기능과 백엔드 엔드포인트를 제공한다.

그림 11.4의 단어 수 계산 배치 ETL 작업 DAG에 나타낸 대로 이 단계는 독립적으로, 그리고 적절한 단어에 대한 필터링과 병렬로 수행할 수 있다.

## 11.7.9 가중치 트라이 생성 및 전달하기

이제 가중치 트라이를 구성할 적절한 상위 단어 목록을 갖고 있다. 이 목록은 단 몇 MB에 불과해 가중치 트라이를 단일 호스트에서 생성할 수 있다. 가중치 트라이를 구성하는 알고리즘은 시스템 설계 면접의 범위를 벗어난다. 이는 코딩 테스트 문제로 출제될 수 있다. 부분적인 스칼라 클래스 정의는 다음과 같지만, 백엔드 프로그래밍 언어로 코딩한다.

```
class TrieNode(var children: Array[TrieNode], var weight: Int) {
  // 함수:
  // 트라이 노드 생성과 반환
  // 트라이에 노드 삽입
  // 가장 높은 가중치를 가진 자식 노드 얻기
}
```

가중치 트라이를 JSON으로 직렬화한다. 트라이의 크기는 몇 MB로, 사용자에게 검색창이 표시될 때마다 클라이언트에 다운로드하기에는 너무 크지만 모든 호스트에 복제하기에는 충분히 작다. 트라이를 AWS S3와 같은 공유 객체 저장소나 MongoDB나 아마존 도큐먼트DB(Amazon DocumentDB)와 같은 문서 데이터베이스에 기록할 수 있다. 백엔드 호스트는 매일 객체 저장소에 쿼리해 업데이트된 JSON 문자열을 가져오게 구성할 수 있다. 호스트는 무작위 시간에 쿼리하거나 동시에 많은 요청이 객체 저장소에 부담을 주는 것을 방지하기 위해 지터[16]를 사용해 동시에 쿼리하게 구성할 수 있다.

---

[16] (옮긴이) 데이터 전송이나 신호 처리에서 발생하는 불규칙한 시간 변동이나 편차로, 네트워크 지연이나 타이밍 오차로 인해 발생하며 데이터 품질에 영향을 줄 수 있는 현상이다.

공유 객체가 GB단위로 크다면 CDN에 배치하는 것을 고려해야 한다. 이 작은 트라이의 또 다른 장점은 사용자가 검색 앱을 로드할 때 전체 트라이를 다운로드할 수 있어 트라이 조회가 서버 사이드가 아닌 클라이언트 사이드에서 이뤄진다는 점이다. 이는 백엔드에 대한 요청 횟수를 크게 줄여 다음과 같은 이점이 있다.

- 네트워크가 불안정하거나 느리면 사용자가 검색 문자열을 입력할 때 간헐적으로 제안을 받지 못할 수 있어 사용자 경험이 좋지 않다.
- 트라이가 업데이트될 때 검색 문자열을 입력 중인 사용자가 변화를 느낄 수 있다. 예를 들어, 이전 트라이의 문자열이 어떤 식으로 관련돼 있었다면 새 트라이에는 이러한 관계가 없을 수 있어 사용자가 이 갑작스러운 변화를 인지할 수 있고, 사용자가 몇 글자를 지우면 이전과 다른 제안을 받을 수 있다.

사용자 기반이 지리적으로 분산돼 있을 때 높은 성능 요구사항을 고려하면 네트워크 지연이 허용할 수 없는 수준이 된다. 여러 데이터 센터에 호스트를 프로비저닝할 수 있지만, 비용이 많이 들고 복제 지연을 초래할 수 있다. CDN은 비용 효율적인 선택이다.

자동 완성 서비스는 가중치 트라이를 업데이트하기 위한 PUT 엔드포인트를 제공해야 하며, 이 단계에서는 생성된 가중치 트라이를 자동 완성 서비스에 전달하는 데 사용한다.

## 11.8 샘플링 접근 방식

자동 완성에 높은 정확도가 필요하지 않다면 샘플링해야 한다. 그러면 가중치 트라이를 생성하는 대부분의 작업을 단일 호스트 내에서 수행할 수 있어 다음과 같은 많은 이점이 있다.

- 트라이를 훨씬 빠르게 생성할 수 있다.
- 트라이를 훨씬 빠르게 생성할 수 있으므로 운영 환경에 배포하기 전에 코드 변경 사항을 더 쉽게 테스트할 수 있다. 전체 시스템을 개발, 디버그, 유지보수하기가 더 쉬워진다.
- 처리, 저장소, 네트워크를 포함한 하드웨어 리소스를 훨씬 적게 소비한다.

샘플링은 대부분의 단계에서 수행할 수 있다.

1. 로깅 서비스에서 검색 문자열 샘플링하기. 이 접근 방식은 정확도가 가장 낮지만 복잡성도 가장 낮다. 통계적으로 유의미한 수의 단어를 얻으려면 6자 이상의 긴 단어로 구성된 큰 샘플이 필요할 수 있다.

2. 검색 문자열을 개별 단어로 분할하고 6자 이상 길이의 단어를 필터링한 후 단어 샘플링하기. 이 접근 방식은 적절한 단어를 필터링하는 계산 비용을 피할 수 있으며, 이전 접근 방식만큼 큰 샘플이 필요하지 않을 수 있다.

3. 적절한 단어를 필터링한 후 단어 샘플링하기. 이 접근 방식은 정확도는 높지만 구현 복잡성도 크다.

## 11.9 저장소 요구사항 처리하기

고수준 아키텍처를 기반으로 다음과 같은 열을 가진 테이블을 만들 수 있으며, 각 테이블을 사용해 다음을 채울 수 있다.

1. 타임스탬프, 사용자 ID, 검색 문자열이 있는 원시 검색 요청. 이 테이블은 자동 완성 외에도 다양한 목적으로 사용할 수 있다(예: 사용자 관심사와 인기 검색어 발견을 위한 분석).
2. 원시 검색 문자열을 분할한 후 개별 단어를 날짜와 단어에 대한 열이 있는 테이블에 추가할 수 있다.
3. 어떤 검색 문자열이 사전 단어인지 판단하고 날짜(이전 테이블에서 복사), 사용자 ID, 사전 단어를 포함하는 테이블을 생성한다.
4. 사전 단어를 단어 수 테이블로 집계한다.
5. 자동 완성 추천을 제공하기 위한 가중치 트라이를 만든다.

필요한 저장 공간의 양을 추정해보자. 10억 명의 사용자가 있다고 가정하자. 각 사용자는 하루에 10번의 검색을 제출하고 검색당 평균 20자를 입력한다. 매일 약 1B * 10 * 20 = 200GB의 검색 문자열이 있을 수 있다. 한 달에 한 번 오래된 데이터를 삭제할 수 있으므로 언제든지 최대 12개월의 데이터를 보유하게 되어 검색 로그는 검색 문자열 열만으로도 200GB * 365 = 73TB가 필요하다. 저장 비용을 줄이고 싶다면 다양한 방법을 고려할 수 있다.

한 가지 방법은 근사화와 샘플링 기법을 사용해 정확도를 트레이드오프하는 것이다. 예를 들어, 사용자 검색의 약 10%만 샘플링해 저장하고 이 샘플에 대한 트라이를 생성할 수 있다.

다른 방법은 그림 11.6에 나와 있다. 그림 11.6은 저장된 데이터의 양을 줄이기 위해 다양한 기간으로 데이터를 집계하고 롤업하는 배치 ETL 작업을 보여준다. 각 단계에서 입력 데이터를 롤업된 데이터로 덮어쓸 수 있다. 언제든지 최대 하루치의 원시 데이터, 주별로 롤업된 4주치의 데이터, 월별로 롤업된 11개월치의 데이터를 보유한다. 각 롤업 작업에서 가장 빈번한 문자열의 상위 10%나 20%만 유지해 필요한 저장소 용량을 더 줄일 수 있다.

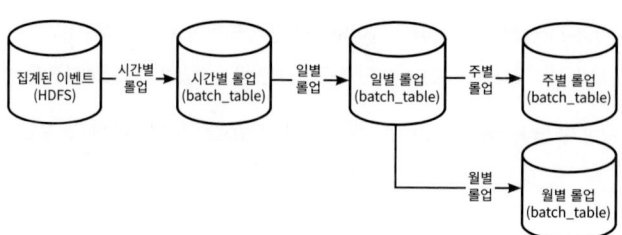

**그림 11.6** 배치 파이프라인의 흐름도. 각 단계에서 처리되는 행 수를 줄이기 위해 시간 간격을 점진적으로 늘려가며 롤업하는 작업이 있다.

이 접근 방식은 확장성도 개선한다. 롤업 작업 없이는 단어 수 계산 배치 ETL 작업이 73TB의 데이터를 처리해야 하므로 시간이 오래 걸리고 비용이 많이 든다. 롤업 작업은 가중치 트라이 생성기가 사용하는 최종 단어 수 계산에 필요한 처리 데이터양을 줄인다.

로깅 서비스에 대한 보존 기간을 14~30일과 같이 짧게 설정하면 저장소 요구사항이 2.8-6TB에 불과하다. 일일 가중치 트라이 생성기 배치 ETL 작업은 주별 또는 월별로 롤업된 데이터를 수행할 수 있다. 그림 11.7은 롤업 작업이 포함된 새로운 고수준 아키텍처를 보여준다.

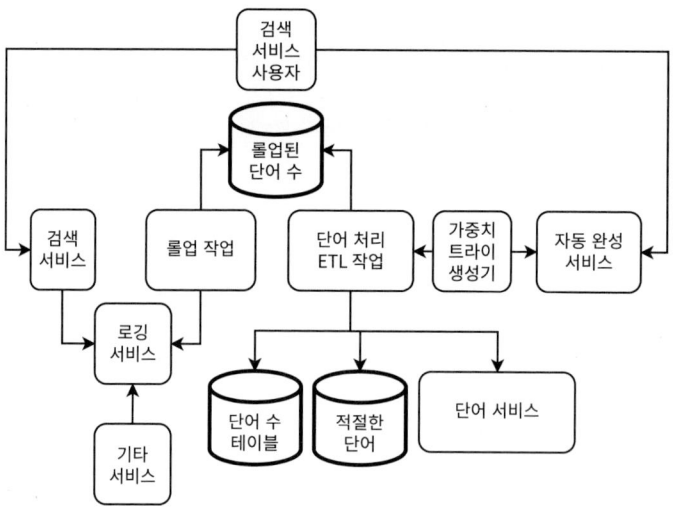

**그림 11.7** 롤업 작업이 포함된 자동 완성 시스템의 고수준 아키텍처. 점진적으로 더 큰 간격으로 단어 수를 집계/롤업함으로써 전체 저장소 요구사항과 단어 처리 ETL 작업의 클러스터 크기를 줄일 수 있다.

## 11.10 단일 단어 대신 구문 처리하기

이 절에서는 단일 단어 대신 구문을 처리하도록 시스템을 확장할 때 고려할 사항 몇 가지를 논의한다. 트라이의 크기는 커지지만 가장 인기 있는 구문만 유지함으로써 여전히 몇 MB로 제한할 수 있다.

### 11.10.1 자동 완성 추천의 최대 길이

이전 결정대로 자동 완성 추천의 최소 길이를 5자로 유지할 수 있다. 그러나 자동 완성 추천의 최대 길이는 어떻게 해야 할까? 최대 길이가 길수록 사용자에게 가장 유용하지만 비용과 성능 간의 트레이드오프가 필요하다. 시스템은 더 많은 하드웨어 리소스가 필요하거나 더 긴 문자열을 로깅하고 처리하느라 더 오래 걸린다. 트라이가 너무 커질 수 있다.

최대 길이를 결정해야 한다. 이는 언어와 문화에 따라 다를 수 있다. 아랍어와 같은 특정 언어는 영어보다 더 장황하다. 시스템에서는 영어만 고려하지만 이것이 기능적 요구사항이 되면 다른 언어로 확장할 준비를 해야 한다.

한 가지 가능한 해결책은 배치 ETL 파이프라인을 구현해 사용자 검색 문자열 길이의 90번째 백분위수를 찾아 이를 최대 길이로 사용하는 것이다. 중앙값이나 백분위수를 계산하려면 목록을 정렬한 다음 적절한 위치에 있는 값을 선택한다. 분산 시스템에서 중앙값이나 백분위수를 계산하는 것은 이 책의 범위를 벗어난다. 대신 검색 문자열을 샘플링하고 90번째 백분위수를 계산할 수 있다.

결정에 대한 분석을 수행하는 것이 과도한 엔지니어링이라고 판단하고 대신 간단한 휴리스틱을 적용할 수도 있다. 30자로 시작해 사용자 피드백, 성능과 비용 고려 사항에 따라 이 숫자를 변경한다.

### 11.10.2 부적절한 단어 방지하기

여전히 부적절한 단어를 필터링해야 한다. 다음과 같이 결정할 수 있다.

- 구문에 부적절한 단어가 하나라도 포함돼 있으면 전체 구문을 필터링한다.
- 더 이상 적절한 단어를 필터링하지 않고 모든 단어나 구문을 자동 완성으로 제안한다.
- 구문에서 맞춤법이 틀린 단어는 수정하지 않는다. 맞춤법 오류가 충분히 드물어 자동 완성 제안에 나타나지 않을 것이라고 가정한다. 또한 인기 있는 구문은 대부분 맞춤법에 맞게 표기돼 있어 자동 완성 추천에 나타날 것이라고 가정한다.

어려운 과제는 부적절한 단어뿐만 아니라 부적절한 구문을 필터링해야 한다는 점이다. 이는 문제 공간의 방대함 때문에 구글조차도 완전한 해결책을 찾지 못한 복잡한 문제[17]다. 가능한 부적절한 자동 완성 추천에는 다음이 포함된다.

- 종교, 성별, 그리고 그 밖의 집단에 대한 차별이나 부정적 고정관념
- 기후 변화나 예방 접종 음모론과 같은 정치적 허위 정보나 기업의 의도에 따른 허위 정보를 포함한 잘못된 정보
- 유명 인사 비방이나 판결이 나지 않은 법적 소송의 피고인 비방

현재의 해결책은 휴리스틱과 머신러닝의 조합을 사용하는 것이다.

## 11.11 로깅, 모니터링과 경보

9장에서 소개한 일반적인 조치 외에도, 자동 완성 결과를 반환하지 않는 검색을 로깅해야 한다. 이는 트라이 생성기의 버그를 나타내는 지표다.

## 11.12 기타 논의 가능한 주제

다음은 면접이 진행됨에 따라 제기될 수 있는 다른 가능한 요구사항과 논의 사항이다.

- 'then', 'continue', 'hold,' 'make', 'know', 'take'와 같이 세 글자보다 긴 흔한 단어는 많다. 이러한 단어 중 일부는 지속적으로 가장 인기 있는 단어 목록에 있을 수 있다. 인기 있는 단어를 계속 세는 것은 계산 리소스의 낭비일 수 있다. 자동 완성 시스템이 이러한 단어 목록을 유지하고 사용자가 입력할 때 어떤 단어를 반환할지 근사화 기법을 사용해 결정할 수 있을까?
- 앞서 언급했듯이 이러한 사용자 로그는 자동 완성 외에도 다양한 목적으로 사용할 수 있다. 예를 들어, 추천 시스템에 적용할 수 있는 인기 검색어를 제공하는 서비스가 될 수 있다.
- 분산 로깅 서비스 설계하기
- 부적절한 검색어 필터링하기. 부적절한 콘텐츠 필터링은 대부분 서비스의 일반적인 고려 사항이다.
- 개인화된 자동 완성 기능을 만들기 위해 다른 데이터 입력 및 처리를 고려할 수 있다.

---

[17] https://algorithmwatch.org/en/auto-completion-disinformation/

- 람다 아키텍처를 고려할 수 있다. 람다 아키텍처는 빠른 파이프라인을 포함해 사용자 쿼리가 가중치 트라이 생성기로 예를 들어 몇 초나 몇 분 내에 빠르게 전파돼 자동 완성 추천이 정확도를 트레이드오프하면서 빠르게 업데이트된다. 람다 아키텍처에는 정확하지만 더 느린 업데이트를 위한 느린 파이프라인도 포함되어 있다.
- 업스트림 컴포넌트가 다운되었을 때 오래된 추천을 반환하는 단계적 기능 저하 방식
- 서비스의 진입점에 위치한 속도 제한기로 DoS 공격을 방지
- 자동 완성과 관련은 있지만 구별되는 서비스로, 사용자가 맞춤법이 틀린 단어를 입력하면 단어 제안을 받는 철자 추천 서비스가 있다. A/B 테스트나 다중 암드 밴딧과 같은 실험 기법을 사용해 다양한 퍼지 매칭 함수가 사용자 이탈에 미치는 영향을 측정하는 철자 제안 서비스를 설계할 수 있다.

## 요약

- 자동 완성 시스템은 대량의 데이터를 지속적으로 수집하고 처리해 사용자가 특정 목적으로 쿼리하는 작은 데이터 구조로 만드는 시스템의 예다.
- 자동 완성에는 많은 사용 사례가 있다. 자동 완성 서비스는 다른 여러 서비스에서 사용하는 공유 서비스가 될 수 있다.
- 자동 완성은 검색과 일부 겹치는 부분이 있지만 목적이 명확히 다르다. 검색은 문서를 찾기 위한 것이고 자동 완성은 사용자가 입력하려는 내용을 제안하기 위한 것이다.
- 이 시스템은 많은 데이터 전처리를 포함하므로 전처리와 쿼리를 별도의 구성 요소로 나눠 독립적으로 개발하고 확장할 수 있다.
- 검색 서비스와 로깅 서비스를 자동 완성 서비스의 데이터 입력으로 사용할 수 있다. 자동 완성 서비스는 이러한 서비스가 사용자로부터 기록한 검색 문자열을 처리하고 이 문자열에서 자동 완성 제안을 제공할 수 있다.
- 자동 완성에는 가중치 트라이를 사용한다. 조회가 빠르고 저장소 요구사항이 낮다.
- 대규모 집계 작업을 여러 단계로 나눠 저장소와 처리 비용을 줄인다. 이에 따른 트레이드오프는 높은 복잡성과 유지보수다.
- 기타 고려사항으로는 처리된 데이터의 다른 용도, 샘플링, 콘텐츠 필터링, 개인화, 람다 아키텍처, 단계적 성능 저하, 속도 제한 등이 있다.

# 12
## 플리커 설계

**이 장에서 다루는 내용**

- 비기능적 요구사항에 기반한 저장 서비스 선택하기
- 중요 서비스 접근 최소화하기
- 비동기 프로세스를 위한 사가 패턴 활용하기

이 장에서는 플리커(Flickr)와 같은 이미지 공유 서비스를 설계한다. 파일/이미지 공유 외에도 사용자는 접근 제어, 댓글, 또는 즐겨찾기와 같은 메타데이터를 파일과 다른 사용자에게 추가할 수 있다.

이미지와 비디오를 공유하고 상호 작용하는 것은 사실상 모든 소셜 애플리케이션의 기본 기능이며 일반적인 면접 주제다. 이 장에서는 수동과 프로그래밍 방식의 사용자를 포함해 10억 명의 사용자 간 이미지 공유와 상호 작용을 위한 분산 시스템 설계를 논의한다. CDN을 연결하는 것 이상의 의미가 있다는 것을 알게 될 것이다. 다운로드할 수 있게 준비하기 전에 업로드된 콘텐츠에 대해 수행해야 하는 확장 가능한 전처리 작업을 위한 시스템 설계 방법을 설명한다.

## 12.1 사용자 스토리와 기능 요구사항

면접관과 사용자 스토리를 논의하고 간단히 적어본다.

- 사용자는 다른 사용자가 공유한 사진을 볼 수 있다. 이 사용자를 뷰어라고 한다.
- 앱은 너비 50px의 썸네일을 생성하고 표시해야 한다. 사용자는 그리드에서 여러 사진을 보고 한 번에 하나씩 선택해 전체 해상도 버전을 볼 수 있다.

- 사용자는 사진을 업로드할 수 있다. 이 사용자를 공유자라고 한다.
- 공유자는 자신의 사진에 대한 접근 제어를 설정할 수 있다. 접근 제어가 개별 사진 수준이어야 하는지, 아니면 공유자가 뷰어에게 모든 사진을 볼 수 있게 하거나 전혀 볼 수 없게 해야 하는지 질문할 수 있다. 단순화를 위해 후자의 옵션을 선택한다.
- 사진에는 미리 정의된 메타데이터 필드가 있으며, 이 값은 공유자가 제공한다. 예를 들어 위치나 태그 등이 있다.
- 동적 메타데이터의 예로는 파일 읽기 권한이 있는 뷰어 목록이 있다. 이 메타데이터는 변경될 수 있으므로 동적이다.
- 사용자는 사진에 댓글을 달 수 있다. 공유자는 댓글 기능을 켜거나 끌 수 있다. 사용자는 새 댓글 알림을 받을 수 있다.
- 사용자는 사진을 즐겨찾기 할 수 있다.
- 사용자는 사진 제목과 설명으로 검색할 수 있다.
- 사용자는 API 등을 통해 프로그래밍 방식으로 다운로드할 수 있다. 이 논의에서 '사진 보기'와 '사진 다운로드'는 동의어다. 사용자가 기기 저장소에 사진을 다운로드할 수 있는지와 같은 사소한 세부 사항은 논의하지 않는다.
- 개인화를 간단히 논의한다.

다음은 논의하지 않을 몇 가지 사항이다.

- 사용자가 사진 메타데이터로 사진을 필터링할 수 있다. 이 요구사항은 간단한 SQL 경로 매개변수로 충족할 수 있으므로 논의하지 않는다.
- 위치(GPS와 같은 하드웨어에서), 시간(기기의 시계에서), 카메라 세부 정보(운영체제에서) 등 클라이언트가 기록하는 사진 메타데이터.
- 비디오는 논의하지 않는다. 코덱과 같은 비디오의 많은 세부 사항 논의는 일반적인 시스템 설계 면접 범위를 벗어나는 전문적인 도메인 지식이 필요하다.

## 12.2 비기능적 요구사항

다음은 비기능적 요구사항을 설명할 수 있는 몇 가지 질문이다.

- 예상되는 사용자 수와 API를 통한 다운로드 수는 얼마인가?
    - 시스템은 확장 가능해야 한다. 전 세계에 분산된 10억 명의 사용자를 지원해야 한다. 트래픽이 많을 것으로 예상한다. 사용자의 1%(1천만 명)가 매일 10개의 고해상도(10MB) 이미지를 업로드한다고 가정한다. 이는 매일 1PB의 업로드나 10년 동안 3.65EB에 해당한다. 평균 트래픽은 초당 1GB 이상이지만, 트래픽 급증을 예상해야 하므로 초당 10GB를 계획해야 한다.

- 업로드 직후 사진을 즉시 사용할 수 있어야 하는가? 삭제는 즉시 이뤄져야 하는가? 개인정보 설정 변경이 즉시 적용돼야 하는가?
    - 사진이 전체 사용자에게 표시되기까지는 몇 분이 소요될 수 있다. 일관성이나 지연 시간과 같은 특정 비기능적 특성을 낮은 비용으로 트레이드오프할 수 있으며, 댓글도 마찬가지다. 최종 일관성은 허용된다.
    - 개인정보 설정은 더 빨리 적용돼야 한다. 삭제된 사진이 모든 저장소에서 몇 분 내에 지워질 필요는 없으며, 몇 시간이 허용된다. 그러나 몇 분 내에 모든 사용자가 접근할 수 없어야 한다.
- 고해상도 사진은 높은 네트워크 속도가 필요하며 비용이 많이 들 수 있다. 비용을 어떻게 통제할 수 있는가?
    - 논의 끝에 사용자는 한 번에 하나의 고해상도 사진만 다운로드할 수 있게 하되, 여러 개의 저해상도 썸네일은 동시에 다운로드할 수 있게 결정했다. 사용자가 파일을 업로드할 때는 한 번에 하나씩 업로드할 수 있다.

다른 비기능적 요구사항은 다음과 같다.

- 99.999% 가용성과 같은 높은 가용성. 사용자가 사진을 다운로드하거나 업로드하는 것을 방해하는 중단이 없어야 한다.
- 썸네일 다운로드에서는 P99 1초의 높은 성능과 낮은 지연 시간이 필요하지만, 고해상도 사진에 대해서는 이것이 필요 없다.
- 업로드에는 높은 성능이 필요하지 않다.

썸네일과 관련해 CSS `img` 태그의 `width`[1]나 `height` 속성을 사용해 전체 해상도 이미지에서 썸네일을 표시할 수 있다. 모바일 앱에도 유사한 마크업 태그가 있다. 이 접근 방식은 네트워크 비용이 높고 확장성이 없다. 클라이언트에서 썸네일 그리드를 표시하려면 모든 이미지를 전체 해상도로 다운로드해야 한다. 면접관에게 MVP(Minimum Viable Product, 최소 기능 제품)에 이를 구현할 것을 제안할 수 있다. 서비스를 확장해 대량의 트래픽을 처리할 때는 썸네일을 생성하는 두 가지 접근 방식을 고려할 수 있다.

첫 번째 접근 방식은 클라이언트가 썸네일을 요청할 때마다 서버가 전체 해상도 이미지에서 썸네일을 생성하는 것이다. 썸네일 생성 비용이 낮다면 이 접근 방식은 확장성이 있을 수 있다. 그러나 전체 해상도 이미지 파일은 수십 MB 크기다. 뷰어는 일반적으로 단일 요청에서 10개 이상의 썸네일 그리드를 요청한다. 전체 해상도 이미지가 10MB라고 가정하면 서버가 1초 P99를 충족하기 위해 1초보다 훨씬 더 짧은 시간 내에 100MB 이상의 데이터를 처리해야 한다. 더욱이 뷰어가 썸네일을 스크롤하면서 몇 초 내에 이러한 요청을 여러 번 할 수 있다. 저장소와 처리가 같은 서버에서 이뤄지고 그 서버가 회전식 하드 디스크가 아닌 SSD 하드 디스크를 사용한다면 이는 계산적으로 가능할 수 있다. 그러나 이 접근

---

1 https://developer.mozilla.org/en-US/docs/Web/HTML/Element/img#attr-width

방식은 비용이 매우 많이 든다. 게다가 처리와 저장을 별도의 서비스로 나누는 기능적 분할을 할 수 없게 된다. 매초 처리와 저장 서비스 간에 수 GB를 전송하는 네트워크 지연으로 인해 1초 P99를 달성할 수 없다. 따라서 이 접근 방식은 전반적으로 실현 가능하지 않다.

유일하게 확장 가능한 접근 방식은 파일이 업로드된 직후 썸네일을 생성하고 저장한 다음, 뷰어가 요청할 때 이 썸네일을 제공하는 것이다. 각 썸네일은 몇 KB 크기에 불과하므로 저장 비용이 낮다. 12.7절에서 설명할 내용이지만 썸네일과 전체 해상도 이미지 파일을 모두 클라이언트에 캐시할 수도 있다. 이 장에서는 이 접근 방식을 설명한다.

## 12.3 고수준 아키텍처

그림 12.1은 초기 고수준 아키텍처를 보여준다. 공유자와 뷰어 모두 백엔드를 통해 이미지 파일을 업로드하거나 다운로드하도록 요청한다. 백엔드는 SQL 서비스와 통신한다.

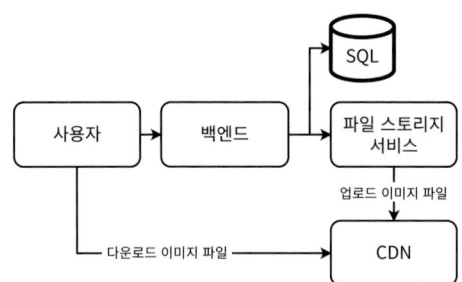

**그림 12.1** 이미지 공유 서비스의 초기 고수준 아키텍처. 사용자는 CDN에서 직접 이미지 파일을 다운로드할 수 있다. CDN으로의 업로드는 별도의 분산 파일 저장 서비스를 통해 버퍼링될 수 있다. 사용자 정보나 이미지 파일 접근 권한과 같은 다른 데이터는 SQL에 저장할 수 있다.

첫 번째는 이미지 파일과 이미지 메타데이터(각 이미지 메타데이터는 형식화된 JSON이나 YAML 문자열)를 위한 CDN이다. 이는 대부분 서드파티 서비스일 것이다.

다음과 같은 이유로 공유자가 이미지 파일을 업로드하기 위한 별도의 분산 파일 저장 서비스가 필요할 수 있으며, 이 서비스는 CDN과의 상호 작용을 처리한다. 이를 파일 저장 서비스라고 부를 수 있다.

- CDN 제공업체와의 SLA 계약에 따라 CDN이 다양한 데이터 센터에 이미지를 복제하는 데 최대 몇 시간이 걸릴 수 있다. 그 사이 특히 많은 뷰어가 다운로드하려고 해서 다운로드 요청 비율이 높으면 뷰어가 이 이미지를 다운로드하는 속도가 느려질 수 있다.

- CDN에 이미지 파일을 업로드하는 지연 시간이 공유자에게 허용할 수 없을 정도로 느릴 수 있다. 여러 공유자가 동시에 이미지를 업로드하는 것을 CDN이 지원하지 못할 수 있다. 파일 저장 서비스를 필요에 따라 확장해 높은 업로드/쓰기 트래픽을 처리할 수 있다.
- 파일을 CDN에 업로드한 후 파일 저장 서비스에서 삭제하거나 백업으로 유지할 수 있다. 후자를 선택하는 이유는 CDN의 SLA를 완전히 신뢰하지 않고 CDN에 중단이 발생할 경우 파일 저장 서비스를 백업으로 사용하고 싶기 때문일 수 있다. CDN은 몇 주나 몇 달의 보존 기간이 있을 수 있으며, 그 이후에는 파일을 삭제하고 필요할 때 지정된 원본/소스에서 다시 다운로드한다. 갑자기 CDN에 보안 문제가 있다는 것을 발견해 CDN과의 연결을 끊어야 하는 상황 등 그 밖의 가능한 상황도 있을 수 있다.

## 12.4 SQL 스키마

어떤 사진이 어떤 사용자와 연결돼 있는지 등 클라이언트 앱에 표시되는 동적 데이터에는 SQL 데이터베이스를 사용한다. 예제 코드 12.1에서 다음과 같은 SQL 테이블 스키마를 정의할 수 있다. Image 테이블은 이미지 메타데이터를 포함한다. 각 공유자에게 고유한 CDN 디렉터리를 할당할 수 있으며, 이는 ImageDir 테이블을 사용해 추적한다. 스키마 설명은 CREATE 문에 포함돼 있다.

**예제 코드 12.1** Image와 ImageDir 테이블에 대한 SQL CREATE 문

```
CREATE TABLE Image (
cdn_path VARCHAR(255) PRIMARY KEY COMMENT="CDN의 이미지 파일 경로.",
cdn_photo_key VARCHAR(255) NOT NULL UNIQUE COMMENT="CDN이 할당한 ID.",
file_key VARCHAR(255) NOT NULL UNIQUE COMMENT="파일 저장 서비스가 할당한 ID. CDN에 업로드한 후 파일 저장 서비스에서 이미지를 삭제한다면 이 열이 필요하지 않을 수 있다.",
resolution ENUM('thumbnail', 'hd') COMMENT="이미지가 썸네일인지 고해상도인지 구분한다",
owner_id VARCHAR(255) NOT NULL COMMENT="이미지 소유자의 ID.",
is_public BOOLEAN NOT NULL DEFAULT 1 COMMENT="이미지가 공개인지 비공개인지 나타낸다.",
INDEX thumbnail (Resolution, UserId) COMMENT="특정 사용자에 속한 썸네일이나 고해상도 이미지를 빠르게 찾을 수 있게 해상도와 사용자 ID 복합 인덱스."
) COMMENT="이미지 메타데이터.";
CREATE TABLE ImageDir (
cdn_dir VARCHAR(255) PRIMARY KEY COMMENT="사용자에게 할당된 CDN 디렉터리.",
user_id INTEGER NOT NULL COMMENT="사용자 ID."
) COMMENT="각 공유자에게 할당된 CDN 디렉터리를 기록한다.";
```

사용자 ID와 해상도로 사진을 가져오는 것이 일반적인 쿼리이므로 이러한 필드로 테이블에 인덱스를 생성한다. 4장에서 설명한 접근 방식에 따라 SQL 읽기를 확장할 수 있다.

다음과 같은 스키마를 정의해 공유자가 뷰어에게 자신의 사진을 볼 수 있는 권한을 부여하고 뷰어가 사진을 즐겨찾기 하게 할 수 있다. 두 개의 테이블을 사용하는 대신 Share 테이블에 `is_favorite`이라는 Boolean 칼럼을 정의하는 방법도 있지만, 이 경우 불필요한 저장 공간을 사용하는 희박한 칼럼이 된다.

```
CREATE TABLE Share (
  id INT PRIMARY KEY,
  cdn_photo_key VARCHAR(255),
  user_id VARCHAR(255)
);
CREATE TABLE Favorite (
  id INT PRIMARY KEY,
  cdn_photo_key VARCHAR(255) NOT NULL UNIQUE,
  user_id VARCHAR(255) NOT NULL UNIQUE
);
```

## 12.5 CDN에서 디렉터리와 파일 구성하기

CDN 디렉터리를 구성하는 한 가지 방법을 설명해보자. 디렉터리 계층 구조는 사용자〉 앨범〉 해상도〉 파일이 될 수 있다. 사용자가 최근 파일에 더 관심이 있을 수 있으므로 날짜도 고려할 수 있다.

각 사용자는 자신의 CDN 디렉터리를 가진다. 사용자가 앨범을 만들게 할 수 있으며, 각 앨범에는 0개 이상의 사진이 있다. 앨범과 사진의 매핑은 1:N이다. 즉, 각 사진은 하나의 앨범에만 속할 수 있다. CDN에서는 앨범에 없는 사진을 'default'라는 앨범에 배치할 수 있다. 따라서 사용자 디렉터리에는 하나 이상의 앨범 디렉터리가 있을 수 있다.

앨범 디렉터리는 다양한 해상도의 여러 이미지 파일을 각각 고유한 디렉터리에 저장하고, JSON 이미지 메타데이터 파일도 저장할 수 있다. 예를 들어, 'original' 디렉터리에는 원본으로 업로드된 'swans.png' 파일이 있을 수 있고, 'thumbnail' 디렉터리에는 생성된 썸네일 'swans_thumbnail.png'가 있을 수 있다.

CdnPath 값 템플릿은 〈album_name〉/〈resolution〉/〈image_name.extension〉이다. 사용자 ID나 이름은 UserId 필드에 포함돼 있으므로 필요하지 않다.

예를 들어, 'alice'라는 사용자 이름을 가진 사용자가 'nature'라는 앨범을 만들고 'swans.png'라는 이미지를 넣을 수 있다. CdnPath 값은 'nature/original/swans.png'가 된다. 해당 썸네일의 CdnPath는 'nature/thumbnail/swans_thumbnail.png'가 된다. CDN에서 tree 명령을 실행하면 다음과 같이 표시된다. 'bob'은 다른 사용자다.

```
$ tree ~ | head -n 8
.
├── alice
│   └── nature
│       ├── original
│       │   └── swans.png
│       └── thumbnail
│           └── swans_thumbnail.png
├── bob
```

이후의 설명에서는 '이미지'와 '파일'이라는 용어를 혼용한다.

## 12.6 사진 업로드하기

썸네일을 클라이언트에서 생성해야 할까, 서버에서 생성해야 할까? 서문에서 언급했듯이 다양한 접근 방식을 논의하고 그 트레이드오프를 평가해야 한다.

### 12.6.1 클라이언트에서 썸네일 생성하기

클라이언트에서 썸네일을 생성하면 백엔드의 계산 리소스를 절약할 수 있고, 썸네일이 작아 네트워크 트래픽에 거의 영향을 주지 않는다. 100px 썸네일은 약 40KB로, 몇 MB에서 수십 MB 크기일 수 있는 고해상도 사진에 비해 무시할 만한 크기가 추가된다.

업로드 과정 전에 클라이언트는 썸네일이 이미 CDN에 업로드되었는지 확인할 수 있다. 업로드 과정에서는 그림 12.2에서처럼 다음 단계가 발생한다.

1. 썸네일을 생성한다.
2. 두 파일을 폴더에 넣은 다음 Gzip이나 Brotli 같은 인코딩으로 압축한다. 몇 MB에서 수십 MB를 압축하면 상당한 네트워크 트래픽을 절약할 수 있지만, 백엔드에서 디렉터리 압축을 풀기 위해 CPU와 메모리 리소스를 사용할 것이다.

3. POST 요청을 사용해 압축된 파일을 CDN 디렉터리에 업로드한다. 요청 본문은 업로드되는 이미지의 수와 해상도를 설명하는 JSON 문자열이다.

4. CDN에서 필요한 디렉터리를 만들고, 압축 파일을 해제하고, 파일을 디스크에 기록한다. 그것을 다른 데이터 센터로 복제한다(다음 질문 내용 참조).

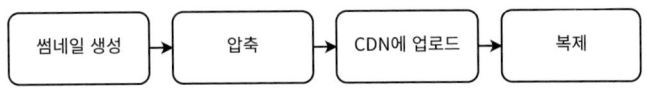

그림 12.2 클라이언트가 이미지 공유 서비스에 사진을 업로드하는 과정

노트 서문에서 암시했듯이 면접에서는 압축 알고리즘, 암호화 보안 해싱 알고리즘, 인증 알고리즘, 픽셀-MB 변환에 대한 세부사항이나 '썸네일'이라는 용어를 알고 있기를 기대하지 않는다. 지원자가 지능적으로 추론하고 명확하게 소통할 수 있어야 한다고 기대한다. 면접관은 썸네일이 고해상도 이미지보다 작고, 압축이 큰 파일을 네트워크를 통해 전송하는 데 도움이 되며, 파일과 사용자 인증과 권한 부여가 필요하다는 점을 추론할 수 있기를 기대한다. '썸네일'이라는 용어를 모른다면 '작은 미리보기 사진의 격자'나 '작은 격자 사진'과 같은 명확한 용어를 사용하고, '작다'는 것이 작은 픽셀 수를 의미하며, 파일 크기가 작다는 의미임을 명확히 설명할 수 있어야 한다.

## 클라이언트 사이드 생성의 단점

그러나 클라이언트 사이드 처리의 단점은 무시할 수 없다. 클라이언트 기기를 제어할 수 없고 그 환경을 자세히 알지 못해 버그를 재현하기가 어렵다. 또한 서버에 비해 클라이언트에서 발생할 수 있는 더 많은 실패 시나리오를 예상해야 한다. 예를 들어, 클라이언트의 하드 디스크 공간이 부족하거나 다른 애플리케이션에서 CPU나 메모리를 너무 많이 사용하거나 네트워크 연결이 갑자기 끊겨 이미지 처리가 실패할 수 있다.

클라이언트에서 발생할 수 있는 이러한 상황의 대부분을 제어할 수 없다. 구현과 테스트 중에 실패 시나리오를 간과할 수 있으며, 소유하고 관리자 접근 권한이 있는 서버보다 클라이언트 기기에서 발생한 상황을 재현하기 더 어려워 디버깅이 더 어렵다.

다음과 같은 많은 가능한 요인이 애플리케이션에 영향을 미칠 수 있어 무엇을 로깅해야 할지 결정하기 어렵다.

- 클라이언트에서 생성하려면 각 클라이언트 유형, 즉 브라우저, 안드로이드, iOS에서 썸네일 생성을 구현하고 유지보수해야 한다. 플러터와 리액트 네이티브(React Native) 같은 크로스 플랫폼 프레임워크를 사용하지 않는 한 각각 다른 언어를 사용하며, 이러한 프레임워크도 자체적인 트레이드오프가 있다.
- CPU가 너무 느리거나 메모리 부족 등의 하드웨어 요인으로 인해 썸네일 생성 속도가 허용할 수 없을 정도로 느릴 수 있다.
- 클라이언트에서 실행 중인 운영 체제의 특정 OS 버전에 버그나 보안 문제가 있어 이미지 처리가 위험하거나, 예상하거나 해결하기에 매우 어려운 문제를 일으킬 수 있다. 예를 들어, 이미지 업로드 중 OS가 갑자기 충돌하면 손상된 파일을 업로드할 수 있으며, 이는 뷰어에게 영향을 미친다.
- 클라이언트에서 실행 중인 다른 소프트웨어가 CPU나 메모리를 너무 많이 소비해 썸네일 생성이 실패하거나 허용할 수 없을 정도로 느려질 수 있다. 클라이언트는 또한 애플리케이션을 방해하는 바이러스와 같은 악성 소프트웨어를 실행할 수 있다. 클라이언트에 이러한 악성 소프트웨어가 있는지 확인하는 것은 비현실적이며, 클라이언트가 보안 모범 사례를 따르고 있다고 보장할 수 없다.
- 이전 지적과 관련해, 자체 시스템에서는 악의적인 활동을 방지하기 위해 보안 모범 사례를 따를 수 있지만 클라이언트가 동일한 조치를 취하도록 하는 데는 거의 영향을 미치지 못한다. 이러한 이유로 클라이언트의 데이터 저장과 처리를 최소화하고 서버에서만 데이터를 저장하고 처리하고자 할 수 있다.
- 차단된 포트나 호스트, 또는 VPN과 같은 클라이언트의 네트워크 구성이 파일 업로드를 방해할 수 있다.
- 일부 클라이언트는 네트워크 연결이 불안정할 수 있다. 갑작스러운 네트워크 연결 끊김을 처리하는 로직이 필요할 수 있다. 예를 들어, 클라이언트는 서버에 업로드하기 전에 생성된 썸네일을 기기 저장소에 저장해야 한다. 업로드가 실패하면 클라이언트는 업로드를 재시도하기 전에 썸네일을 다시 생성할 필요가 없다.
- 이전 지적과 관련해, 썸네일을 저장할 기기 저장 공간이 부족할 수 있다. 클라이언트 구현에서는 썸네일을 생성하기 전에 충분한 기기 저장 공간이 있는지 확인해야 한다는 점을 기억해야 한다. 그렇지 않으면 공유자가 썸네일이 생성되기를 기다렸다가 저장 공간 부족으로 오류가 발생하는 좋지 않은 사용자 경험을 할 수 있다.
- 같은 사항과 관련해, 클라이언트 사이드 썸네일 생성으로 인해 앱에 로컬 저장소에 쓰기 권한과 같은 더 많은 권한이 필요할 수 있다. 일부 사용자는 앱에 기기 저장소 쓰기 접근 권한을 부여하는 것을 불편하게 여길 수 있다. 이 권한을 남용하지 않더라도 외부나 내부 당사자가 시스템을 손상시킬 수 있으며, 해커가 시스템을 통해 사용자 기기에서 악의적인 활동을 수행할 수 있다.

현실적인 문제는 각각의 개별 문제가 소수의 사용자에게만 영향을 미칠 수 있으며, 이 소수의 사용자에게 영향을 미치는 문제를 해결하기 위해 자원을 투자할 가치가 없다고 판단할 수 있지만, 이러한 문제가 누적되면 전체 사용자 중 상당수에게 영향을 줄 수 있다.

### 지루하고 긴 소프트웨어 릴리스 수명 주기

클라이언트 사이드 처리는 버그 발생 확률이 높고 해결 비용이 높으므로 배포 전 각 소프트웨어 반복을 테스트하는 데 상당한 리소스와 시간을 투자해야 하며, 이는 개발 속도를 늦출 것이다. 서비스 개발에서 할 수 있는 CI/CD(지속적 통합/지속적 배포)를 활용할 수 없다. 그림 12.3과 같은 소프트웨어 릴리스 수명 주기를 채택해야 한다. 각 새 버전은 내부 사용자가 수동으로 테스트한 다음 점진적으로 더 큰 비율의 사용자 기반에 릴리스된다. 작은 변경 사항을 빠르게 릴리스하고 롤백할 수 없다. 릴리스가 느리고 지루하므로 각 릴리스에는 많은 코드 변경 사항이 포함된다.

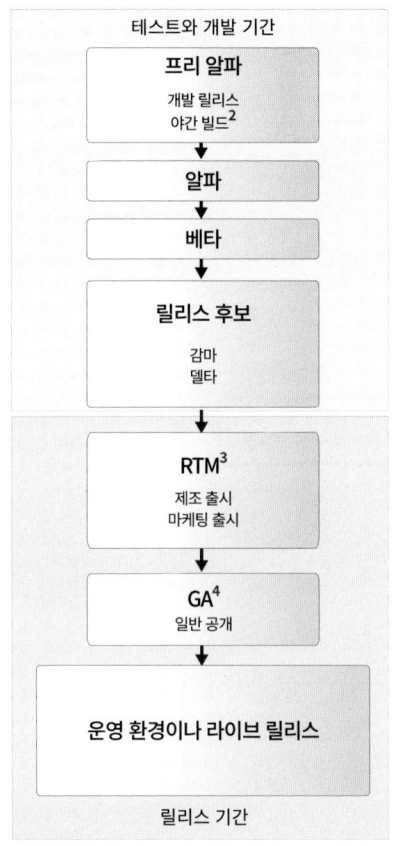

**그림 12.3** 소프트웨어 릴리스 수명 주기의 예[5]. 새 버전은 알파 단계에서 내부 사용자가 수동으로 테스트한 다음 이후 각 단계에서 점진적으로 더 큰 비율의 사용자에게 릴리스된다. 일부 회사의 소프트웨어 릴리스 수명 주기는 여기에 나와 있는 것보다 더 많은 단계를 가진다.

코드 변경을 클라이언트나 서버 모두 릴리스/배포가 느린 상황에서 새 릴리스의 버그를 방지하는 또 다른 가능한 접근 방식은 그림 12.4에 나타난 대로 다음과 같은 방식으로 이전 코드를 제거하지 않고

---

[2] (옮긴이) 매일 밤 자동으로 실행돼 최신 코드 변경사항을 통합하고 테스트하는 소프트웨어 빌드 과정을 말한다.
[3] (옮긴이) RTM(Requirements Traceability Matrix)은 소프트웨어 개발에서 요구사항과 그 구현 상태를 추적하는 도구다.
[4] (옮긴이) GA(General Availability)는 소프트웨어나 제품이 모든 사용자에게 공식적으로 출시돼 사용 가능한 상태를 의미한다.
[5] Heyinsun(https://commons.wikimedia.org/w/index.php?curid=6818861), CC BY 3.0 (https://creativecommons.org/licenses/by/3.0/deed.en).

새 코드를 포함하는 것이다. 이 예시는 새 함수를 릴리스한다고 가정하지만 이 접근 방식은 일반적으로 새 코드에 적용될 수 있다.

1. 새 함수를 추가한다. 이전 함수와 동일한 입력으로 새 함수를 실행하지만 새 함수 대신 이전 함수의 출력을 계속 사용한다. 새 함수의 사용을 try-catch 문으로 감싸 예외가 애플리케이션을 중단시키지 않게 한다. catch 문에서 예외를 로깅하고 로그를 로깅 서비스로 보내 문제를 해결하고 디버그할 수 있게 한다.
2. 함수를 디버그하고 더 이상 버그가 관찰되지 않을 때까지 새 버전을 릴리스한다.
3. 이전 함수에서 새 함수를 사용하게 코드를 전환한다. 코드를 try-catch 블록으로 감싸며, catch 문은 예외를 로깅하고 백업으로 이전 함수를 사용한다. 이 버전을 릴리스하고 문제를 관찰한다. 문제가 관찰되면 코드를 다시 이전 단계, 즉 이전 함수를 사용하게 전환한다.
4. 새로운 함수가 충분히 안정화되었다고 판단될 때 기존 함수를 코드에서 삭제한다. 이러한 개선은 코드의 가독성과 유지보수성을 높이기 위한 것이다.

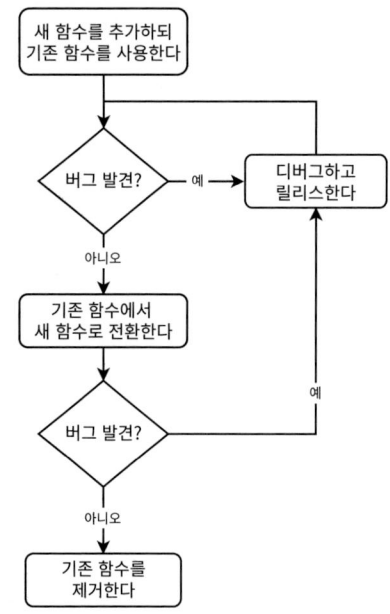

**그림 12.4** 새 코드를 단계적으로 릴리스하고 이전 코드를 점진적으로 제거하는 소프트웨어 릴리스 프로세스의 순서도

이 접근 방식의 한계는 이전 버전과 호환되지 않는 코드를 도입하기 어렵다는 점이다. 또 다른 단점은 코드베이스가 더 커지고 유지보수가 어려워진다는 것이다. 게다가 개발자 팀은 단계를 건너뛰거나 마지막 단계를 무시하고 싶은 유혹에 빠지지 않고 이 프로세스를 끝까지 따른다는 규율이 필요하다.

이 접근 방식은 또한 클라이언트에서 더 많은 계산 리소스와 에너지를 소비하며, 이는 모바일 기기에서 중요한 문제가 될 수 있다.

마지막으로, 이 추가 코드는 클라이언트 앱의 크기를 증가시킨다. 이 효과는 일부 함수에서는 사소한 것이지만 많은 로직에 이러한 안전장치가 필요한 경우 그 영향이 커질 수 있다.

## 12.6.2 백엔드에서 썸네일 생성하기

클라이언트에서 썸네일을 생성하는 것의 트레이드오프를 방금 설명했다. 서버에서 생성하는 것은 더 많은 하드웨어 리소스와 이 백엔드 서비스를 만들고 유지하기 위한 엔지니어링 노력이 필요하지만 서비스는 다른 서비스와 동일한 언어와 도구로 만들 수 있다. 전자의 비용이 후자보다 더 크다고 판단할 수 있다.

이 절에서는 백엔드에서 썸네일을 생성하는 과정을 설명한다. 주요 단계는 세 가지다.

1. 파일을 업로드하기 전에 파일이 이전에 업로드되었는지 확인한다. 이는 비용이 많이 들고 불필요한 중복 업로드를 방지한다.
2. 파일을 파일 저장 서비스와 CDN에 업로드한다.
3. 썸네일을 생성하고 파일 저장 서비스와 CDN에 업로드한다.

파일이 백엔드에 업로드되면 백엔드는 파일을 파일 저장 서비스와 CDN에 기록한 다음 썸네일을 생성하는 스트리밍 작업을 트리거한다.

파일 저장 서비스의 주요 목적은 CDN에 업로드하기 위한 버퍼 역할이므로 데이터 센터 내 호스트 간 복제를 구현할 수 있지만 다른 데이터 센터에는 구현하지 않는다. 데이터 손실이 있는 중요한 데이터 센터 중단 시 CDN의 파일을 복구 작업에 사용할 수도 있다. 파일 저장 서비스와 CDN을 서로의 백업으로 사용할 수 있다.

확장 가능한 이미지 파일 업로드의 경우 이미지 파일 업로드 단계를 비동기적으로 처리할 수 있으므로 사가 패턴 접근 방식을 사용할 수 있다. 사가 패턴에 대한 소개는 5.6절을 참고한다.

### 코레오그래피 사가 패턴 접근 방식

그림 12.5는 이 코레오그래피 사가 패턴의 다양한 서비스와 카프카 토픽을 보여준다. 자세한 단계는 다음과 같다. 단계 번호는 그림 12.5와 12.6에 모두 표시돼 있다.

1. 사용자는 먼저 이미지를 해싱한 다음 백엔드에 GET 요청을 보내 이미지가 이미 업로드되었는지 확인한다. 이는 사용자가 이전 요청에서 이미지를 성공적으로 업로드했지만 파일 저장 서비스나 백엔드가 성공 여부를 반환하는 동안 연결이 실패해 사용자가 업로드를 재시도하기 때문에 발생할 수 있다.
2. 백엔드는 요청을 파일 저장 서비스로 전달한다.
3. 파일 저장 서비스는 파일이 이미 성공적으로 업로드되었는지 여부를 나타내는 응답을 반환한다.
4. 백엔드는 이 응답을 사용자에게 반환한다.
5. 이 단계는 파일이 이미 성공적으로 업로드되었는지 여부에 따라 달라진다.
    a. 이 파일이 이전에 성공적으로 업로드되지 않았다면 사용자는 백엔드를 통해 이 파일을 파일 저장 서비스에 업로드한다. 사용자는 업로드하기 전에 파일을 압축할 수 있다.
    b. 대안으로 파일이 이미 성공적으로 업로드되었다면 백엔드는 카프카 토픽에 썸네일 생성 이벤트를 생성할 수 있다. 여기서 8단계로 건너뛸 수 있다.
6. 파일 저장 서비스는 파일을 객체 저장 서비스에 기록한다.
7. 파일을 성공적으로 기록한 후, 파일 저장 서비스는 CDN 카프카 토픽에 이벤트를 생성한 다음 백엔드를 통해 사용자에게 성공 응답을 반환한다.
8. 파일 저장 서비스는 6단계에서 생성된 이미지 해시를 포함하는 이벤트를 소비한다.
9. 1단계와 유사하게, 파일 저장 서비스는 이미지 해시로 CDN에 요청을 보내 이미지가 이미 CDN에 업로드되었는지 확인한다. 이는 파일 저장 서비스 호스트가 이전에 CDN에 이미지 파일을 업로드했지만 CDN 토픽에 관련 체크포인트를 기록하기 전에 실패할 때 발생할 수 있다.
10. 파일 저장 서비스는 파일을 CDN에 업로드한다. 이는 파일 저장 서비스 업로드와 비동기적이고 독립적으로 수행되므로 CDN 업로드가 느리더라도 사용자 경험에 영향을 미치지 않는다.
11. 파일 저장 서비스는 파일 ID를 포함하는 썸네일 생성 이벤트를 썸네일 생성 카프카 토픽에 생성하고 카프카 서비스로부터 성공 응답을 받는다.
12. 백엔드는 사용자의 이미지 파일이 성공적으로 업로드되었다는 성공 응답을 사용자에게 반환한다. 이 응답은 썸네일 생성 이벤트를 생성한 후에만 반환돼 이 이벤트가 생성되었음을 보장하며, 이는 썸네일 생성이 발생하게 보장하는 데 필요하다. 카프카에 이벤트 생성이 실패하면 사용자는 504 타임아웃 응답을 받는다. 사용자는 1단계부터 이 과정을 다시 시작할 수 있다. 카프카에 이벤트를 여러 번 생성하면 어떻게 될까? 카프카는 정확히 한 번만 보장하므로 이는 문제가 되지 않는다.
13. 썸네일 생성 서비스는 카프카에서 이벤트를 소비해 썸네일 생성을 시작한다.
14. 썸네일 생성 서비스는 파일 저장 서비스에서 파일을 가져와 썸네일을 생성하고, 생성된 썸네일을 파일 저장 서비스를 통해 객체 저장 서비스에 기록한다.

    썸네일 생성 서비스가 CDN에 직접 기록하지 않는 이유는 무엇인가?

- 썸네일 생성 서비스는 썸네일 생성 요청을 받아 파일 저장 서비스에서 파일을 가져오고, 썸네일을 생성한 다음 결과 썸네일을 다시 파일 저장 서비스에 기록하는 독립적인 서비스여야 한다. CDN과 같은 다른 대상에 직접 기록하는 것은 추가적인 복잡성을 도입한다. 예를 들어, CDN이 현재 높은 부하를 경험하고 있다면 썸네일 생성 서비스는 CDN이 파일을 받을 준비가 되었는지 주기적으로 확인해야 하며, 동시에 자체적으로 저장 공간이 부족해지지 않게 해야 한다. CDN 기록을 파일 저장 서비스가 처리하는 것이 더 간단하고 유지보수하기 쉽다.
- CDN에 기록할 수 있는 각 서비스나 호스트는 추가적인 보안 유지보수 부담이 된다. 썸네일 생성 서비스가 CDN에 접근하지 못하게 함으로써 공격 표면을 줄인다.

15. 썸네일 생성 서비스는 파일 저장 서비스가 CDN에 썸네일을 기록하게 요청하기 위해 CDN 토픽에 ThumbnailCdnRequest를 기록한다.
16. 파일 저장 서비스는 CDN 토픽에서 이 이벤트를 소비하고 객체 저장 서비스에서 썸네일을 가져온다.
17. 파일 저장 서비스는 썸네일을 CDN에 기록한다. CDN은 파일의 키를 반환한다.
18. 파일 저장 서비스는 이 키를 사용자 ID와 키의 매핑을 저장하는 SQL 테이블에 삽입한다. 이는 해당 키가 아직 존재하지 않는 경우에 한해 이뤄진다. 16~18단계는 차단(Blocking) 단계임에 주의한다. 이 삽입 단계 중에 파일 저장 서비스 호스트에 중단이 발생하면 대체 호스트가 16단계부터 다시 실행한다. 썸네일 크기는 몇 KB에 불과하므로 이 재시도의 계산 리소스와 네트워크 오버헤드는 미미하다.
19. CDN이 고해상도와 썸네일 이미지 파일을 제공하는 속도에 따라 파일 저장 서비스에서 이러한 파일을 즉시 삭제하거나 1시간 전에 생성된 파일을 삭제하는 주기적인 배치 ETL 작업을 구현할 수 있다. 이러한 작업은 파일 저장 서비스에서 파일을 삭제하기 전에 CDN에 쿼리해 파일이 여러 데이터 센터에 복제되었는지 확인할 수 있지만, 이는 과도한 엔지니어링일 수 있다. 파일 저장 서비스는 파일 해시를 유지해 파일이 이전에 업로드되었는지 확인하는 요청에 응답할 수 있다. 1시간 이상 전에 생성된 해시를 삭제하는 배치 ETL 작업을 구현할 수 있다.

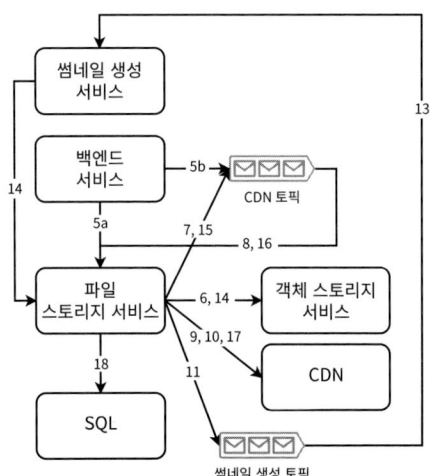

그림 12.5 5a 단계부터 시작하는 썸네일 생성의 코레오그래피 패턴. 화살표는 본문에서 설명한 단계 번호를 나타낸다. 명확성을 위해 사용자는 명시하지 않았다. 파일 저장 서비스가 카프카 토픽에 생성하고 소비하는 일부 이벤트는 객체 저장 서비스와 CDN 간에 이미지 파일을 전송하라는 신호를 보내기 위한 것이다. 썸네일 생성을 트리거하고 CDN 메타데이터를 SQL 서비스에 기록하기 위한 이벤트도 있다.

> **트랜잭션 유형 식별하기**
>
> 보상 가능한 트랜잭션, 피벗 트랜잭션, 재시도 가능한 트랜잭션은 무엇인가? 11단계 이전의 단계는 보상 가능한 트랜잭션이다. 아직 업로드가 성공했다는 확인 응답을 사용자에게 보내지 않았기 때문이다. 11단계는 피벗 트랜잭션이다. 이 단계에서 업로드가 성공했다고 사용자에게 확인하며, 재시도가 불필요하기 때문이다. 12~16단계는 재시도 가능한 트랜잭션이다. 이러한 썸네일 생성 트랜잭션을 계속 재시도하는 데 필요한 이미지 파일 데이터가 있으므로 성공이 보장된다.

썸네일과 원본 해상도 대신 각각 다른 해상도의 이미지를 여러 개 생성하려는 경우 두 가지 접근 방식의 장단점이 더욱 뚜렷해진다.

HTTP POST나 RPC 대신 FTP를 사용해 사진을 업로드하면 어떻게 될까? FTP는 디스크에 기록하므로 추가 처리를 하면 디스크에서 메모리로 읽는 데 지연 시간과 CPU 리소스가 발생한다. 압축된 파일을 업로드하면, 파일의 압축을 풀기 위해 먼저 디스크에서 메모리로 로드해야 한다. 이는 POST 요청이나 RPC를 사용할 때는 발생하지 않는 불필요한 단계다.

파일 저장 서비스의 업로드 속도는 썸네일 생성 요청의 속도를 제한한다. 파일 저장 서비스가 썸네일 생성 서비스가 썸네일을 생성하고 업로드할 수 있는 속도보다 빠르게 파일을 업로드하면 썸네일 생성 서비스가 요청으로 과부하되는 것을 카프카 토픽이 방지한다.

### 오케스트레이션 사가 패턴 접근 방식

파일 업로드와 썸네일 생성 프로세스를 오케스트레이션 사가 패턴으로 구현할 수도 있다. 백엔드 서비스가 오케스트레이터 역할을 한다. 그림 12.6을 참조하면, 썸네일 생성의 오케스트레이션 사가 패턴 단계는 다음과 같다.

1. 첫 단계는 코레오그래피 사가 패턴 접근 방식과 같다. 클라이언트가 이미지가 이미 업로드되었는지 확인하기 위해 백엔드에 GET 요청을 한다.
2. 백엔드 서비스는 파일 저장 서비스를 통해 파일을 그림 12.6에는 표시되지 않은 객체 저장 서비스에 업로드한다. 파일 저장 서비스는 업로드가 성공했음을 나타내는 이벤트를 파일 저장 응답 토픽에 생성한다.
3. 백엔드 서비스는 파일 저장 응답 토픽에서 이벤트를 소비한다.
4. 백엔드 서비스는 CDN에 파일을 업로드하게 요청하는 이벤트를 CDN 토픽에 생성한다.
5. (a) 파일 저장 서비스는 CDN 토픽에서 소비하고 (b) 파일을 CDN에 업로드한다. 이는 객체 저장 서비스에 업로드하는 것과 별도의 단계로 수행되므로, CDN 업로드에 실패하면 이 단계를 반복해도 객체 저장 서비스에 중복 업로드되지 않

는다. 오케스트레이션과 더 일관된 접근 방식은 백엔드 서비스가 파일 저장 서비스에서 파일을 다운로드한 다음 CDN에 업로드하는 것이다. 전체적으로 오케스트레이션 접근 방식을 고수하거나 여기서 벗어나 파일이 세 서비스 사이를 이동할 필요가 없게 할 수 있다. 이 편차를 선택하는 경우 파일 저장 서비스가 CDN에 요청을 보내게 구성해야 함을 명심해야 한다.

6. 파일 저장 서비스는 파일이 CDN에 성공적으로 업로드되었음을 나타내는 이벤트를 CDN 응답 토픽에 생성한다.
7. 백엔드 서비스는 CDN 응답 토픽에서 소비한다.
8. 백엔드 서비스는 업로드된 이미지에서 썸네일을 생성하게 요청하는 썸네일 생성 토픽에 생성한다.
9. 썸네일 생성 서비스는 썸네일 생성 토픽에서 소비한다.
10. 썸네일 생성 서비스는 파일 저장 서비스에서 파일을 가져와 썸네일을 생성하고 이를 파일 저장 서비스에 기록한다.
11. 썸네일 생성 서비스는 썸네일 생성이 성공했음을 나타내는 이벤트를 파일 저장 토픽에 생성한다.
12. 파일 저장 서비스는 파일 저장 토픽에서 이벤트를 소비하고 썸네일을 CDN에 업로드한다. 오케스트레이션과 네트워크 트래픽에 대한 4단계의 설명이 여기에도 적용된다.

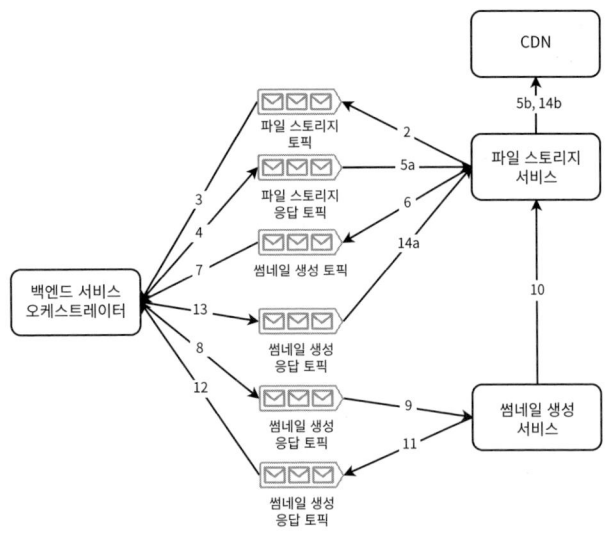

그림 12.6 2단계부터 시작하는 썸네일 생성의 오케스트레이션. 그림 12.5에서는 객체 저장 서비스를 보여줬지만, 이 다이어그램에서는 간결하게 생략했다. 명확성을 위해 사용자도 명시하지 않았다.

### 12.6.3 서버 사이드와 클라이언트 사이드 생성 모두 구현하기

서버 사이드와 클라이언트 사이드 썸네일 생성을 모두 구현할 수 있다. 먼저 서버 사이드 생성을 구현해 모든 클라이언트 썸네일을 생성할 수 있게 한다. 그다음, 각 클라이언트 유형에 클라이언트 사이드 생성을 구현해 클라이언트 사이드 생성의 이점을 실현한다. 클라이언트는 먼저 썸네일 생성을 시도한다. 실패하면 서버에서 생성할 수 있다. 이 접근 방식을 통해 클라이언트 사이드 생성의 초기 구현에서 모든 가능한 실패 시나리오를 고려할 필요가 없으며, 클라이언트 사이드 생성을 반복적으로 개선할 수 있다.

이 접근 방식은 서버 사이드 생성만 하는 것보다 더 복잡하고 비용이 많이 들지만, 클라이언트 사이드 생성만 하는 것보다는 더 저렴하고 쉬울 수 있다. 클라이언트 사이드 생성에 서버 사이드 생성이 페일 오버 역할을 하므로 클라이언트 사이드 버그와 충돌 비용이 덜 들기 때문이다. 클라이언트에 버전 코드를 첨부하고, 클라이언트는 요청에 이 버전 코드를 포함한다. 특정 버전에 버그가 있다는 것을 알게 되면, 해당 클라이언트가 보낸 모든 요청에 대해 서버 사이드 생성을 수행하도록 구성할 수 있다. 버그를 수정하고 새 클라이언트 버전을 제공한 다음, 영향을 받는 사용자에게 클라이언트를 업데이트하게 알릴 수 있다. 일부 사용자가 업데이트를 수행하지 않더라도 이는 심각한 문제가 아니다. 서버 사이드에서 이러한 작업을 수행할 수 있고, 이러한 클라이언트 기기는 시간이 지나면 결국 사용되지 않을 것이기 때문이다.

## 12.7 이미지와 데이터 다운로드하기

이미지와 썸네일이 CDN에 업로드되었으므로 뷰어가 볼 수 있다. 공유자의 썸네일에 대한 뷰어의 요청은 다음과 같이 처리된다.

1. Share 테이블을 쿼리해 뷰어가 이미지를 볼 수 있게 허용한 공유자 목록을 가져온다.
2. Image 테이블을 쿼리해 사용자의 썸네일 해상도 이미지의 모든 CdnPath 값을 얻는다. CdnPath 값과 CDN에서 읽기 위한 임시 OAuth2 토큰을 반환한다.
3. 그러면 클라이언트가 CDN에서 썸네일을 다운로드할 수 있다. 클라이언트가 요청한 파일을 다운로드할 권한이 있는지 확인하기 위해 CDN은 13.3절에서 자세히 소개할 토큰 인증 메커니즘을 사용할 수 있다.

동적 콘텐츠는 업데이트되거나 삭제될 수 있으므로 CDN이 아닌 SQL에 저장한다. 여기에는 사진 댓글, 사용자 프로필 정보, 사용자 설정이 포함된다. 인기 있는 썸네일과 인기 있는 전체 해상도 이미지에는 레디스 캐시를 사용할 수 있다. 뷰어가 이미지를 즐겨찾기 할 때 이미지의 불변성을 활용해 저장 공간이 충분하다면 썸네일과 전체 해상도 이미지를 모두 클라이언트에 캐시할 수 있다. 그러면 뷰어가 즐겨찾는 이미지 그리드를 보기 위한 요청이 서버 리소스를 전혀 사용하지 않고 즉시 표시될 수 있다.

면접 목적상, 사용 가능한 CDN을 사용할 수 없다면 면접 질문은 CDN을 어떻게 설계할 것인지가 되며, 이는 다음 장에서 논의한다.

### 12.7.1 썸네일 페이지 다운로드하기

사용자가 한 번에 한 페이지의 썸네일을 보고, 각 페이지에 10개의 썸네일이 있다고 가정해보자. 1페이지에는 1~10번 썸네일, 2페이지에는 11~20번 썸네일이 있는 식이다. 사용자가 1페이지에 있을 때 새 썸네일(이를 0번 썸네일이라고 하자)이 준비되고 사용자가 2페이지로 이동하면, 2페이지 다운로드 요청의 응답이 10~19번 썸네일 대신 11~20번 썸네일을 포함하게 어떻게 보장할 수 있을까?

한 가지 기법은 `GET thumbnails?page=<page>&page_version=<page_version>`과 같이 페이지네이션에 버전을 부여하는 것이다. `page_version`이 생략되면 백엔드는 기본적으로 최신 버전으로 대체할 수 있다. 이 요청의 응답은 `page_version`을 포함해야 하므로 사용자는 필요에 따라 후속 요청에 동일한 `page_version` 값을 계속 사용할 수 있다. 이렇게 하면 사용자가 원활하게 페이지를 넘길 수 있다. 사용자가 1페이지로 돌아갈 때 `page_version`을 생략하면 최신 1페이지의 썸네일이 표시된다.

그러나 이 기법은 썸네일이 목록의 시작 부분에 추가되거나 삭제될 때만 작동한다. 사용자가 페이지를 넘기는 동안 목록의 다른 위치에 썸네일이 추가되거나 삭제되면 사용자는 새 썸네일을 보지 못하거나 삭제된 썸네일을 계속 보게 된다. 더 나은 기법은 클라이언트가 현재 첫 번째 항목이나 마지막 항목을 백엔드에 전달하는 것이다. 사용자가 앞으로 넘기면 `GET thumbnails?previous_last=<last_item>`을 사용한다. 사용자가 뒤로 넘기면 `GET thumbnails?previous_first=<first_item>`을 사용한다. 이것이 왜 그런지는 간단한 연습 문제로 남겨둔다.

## 12.8 모니터링과 경보

2.5절에서 설명한 내용 외에도 파일 업로드와 다운로드, SQL 데이터베이스 요청을 모니터링하고 경보를 전달해야 한다.

## 12.9 기타 서비스

우선순위와 관계없이 광고와 프리미엄 기능과 같은 수익화, 결제, 검열, 개인화 등을 포함한 많은 다른 서비스에 대해 논의할 수 있다.

### 12.9.1 프리미엄 기능

이미지 공유 서비스는 지금까지 설명한 모든 기능이 포함된 무료 등급을 제공할 수 있다. 공유자에게 다음과 같은 프리미엄 기능을 제공할 수 있다.

공유자는 자신의 사진에 저작권이 있으며 뷰어가 전체 해상도 사진을 다운로드하고 다른 곳에서 사용하려면 비용을 지불해야 한다고 명시할 수 있다. 공유자가 다른 사용자에게 사진을 판매할 수 있는 시스템을 설계할 수 있다. 판매를 기록하고 사진 소유권을 추적해야 한다. 판매자에게 더 나은 비즈니스 결정을 내릴 수 있게 판매 지표, 대시보드, 분석 기능을 제공할 수 있다. 판매자에게 어떤 종류의 사진을 판매하고 어떻게 가격을 책정할지 추천하는 추천 시스템을 제공할 수 있다. 이러한 모든 기능은 무료나 유료일 수 있다.

무료 계정에는 1,000장의 사진을, 다양한 구독 플랜에는 더 큰 용량을 제공할 수 있다. 이러한 프리미엄 기능에 대한 사용량과 과금 서비스도 설계해야 한다.

### 12.9.2 결제와 세금 서비스

프리미엄 기능에는 사용자와의 거래와 결제를 관리하기 위한 결제 서비스와 세금 서비스가 필요하다. 15.1절에서 설명했듯이 결제는 매우 복잡한 주제이며 일반적으로 시스템 설계 면접에서 묻지 않는다. 면접관이 도전적인 주제로 물어볼 수 있다. 세금에도 같은 우려가 적용된다. 판매세, 소득세, 법인세 등 많은 종류의 세금이 있을 수 있다. 각 유형에는 국가, 주, 카운티, 시 세금 등 많은 구성 요소가 있을 수 있다. 소득 수준 또는 특정 제품이나 산업에 따라 세금 면제 규정이 있을 수 있다. 누진세일 수도 있다. 사진을 구매하고 판매한 위치에 대한 관련 사업세 및 소득세 양식을 제공해야 할 수도 있다.

### 12.9.3 검열/콘텐츠 조정

일반적으로 콘텐츠 조정이라고도 하는 검열은 사용자가 서로 데이터를 공유하는 모든 애플리케이션에서 중요하다. 콘텐츠가 공개적이든 선택된 뷰어와만 공유되든 관계없이 애플리케이션을 감독하고 부적절하거나 공격적인 콘텐츠를 제거하는 것은 윤리적으로나 많은 경우에 법적으로도 마찬가지로 책임이 따른다.

콘텐츠 조정을 위한 시스템을 설계해야 한다. 콘텐츠 조정은 수동과 자동으로 모두 수행할 수 있다. 수동 방법에는 뷰어가 부적절한 콘텐츠를 신고하고 운영팀이 이 콘텐츠를 보고 삭제하는 메커니즘이 포함된다. 콘텐츠 조정을 위한 휴리스틱이나 머신러닝 접근 방식을 구현하고자 할 수도 있다. 시스템은 또한 공유자에게 경보하거나 차단하는 관리 기능을 제공하고 운영팀이 지역 법 집행 기관과 쉽게 협력할 수 있게 해야 한다.

### 12.9.4 광고

클라이언트는 사용자에게 광고를 표시할 수 있다. 일반적인 방법은 클라이언트에 서드파티 광고 SDK를 추가하는 것이다. 이러한 SDK는 구글 애즈 같은 광고 네트워크에서 제공한다. 광고 네트워크는 광고주에게 선호하거나 원하지 않는 광고 카테고리를 선택할 수 있는 콘솔을 제공한다. 예를 들어, 성인 광고나 경쟁사 광고를 표시하고 싶지 않을 수 있다.

또 다른 가능성은 클라이언트 내부에서 공유자를 위한 광고를 표시하는 시스템을 설계하는 것이다. 공유자가 사진 판매를 늘리기 위해 클라이언트 내에 광고를 표시하고 싶어 할 수 있다. 앱의 한 가지 사용 사례는 뷰어가 자신의 목적에 맞게 사용하기 위해 구매할 사진을 검색하는 것이다. 뷰어가 앱의 홈페이지를 로드하면 추천 사진이 표시될 수 있으며, 공유자는 자신의 사진이 홈페이지에 표시되도록 비용을 지불할 수 있다. 또한 뷰어가 사진을 검색할 때 '스폰서' 검색 결과를 표시할 수도 있다.

또한 사용자에게 광고 없는 경험을 대가로 유료 구독 패키지를 제공할 수 있다.

### 12.9.5 개인화

서비스가 많은 수의 사용자로 확장됨에 따라 광범위한 사용자층을 수용하고 수익을 증대하기 위해 개인화된 경험을 제공하고자 할 것이다. 앱 내 활동과 기타 출처에서 획득한 사용자 데이터를 기반으로 사용자에게 개인화된 광고, 검색, 콘텐츠 추천을 제공할 수 있다.

데이터 과학과 머신러닝 알고리즘은 일반적으로 시스템 설계 면접의 범위를 벗어나며, 사용자를 실험 그룹으로 나누고 각 그룹에 다른 머신러닝 모델을 제공하며, 결과를 수집하고 분석하고, 성공적인 모델을 더 넓은 사용자층으로 확장하는 실험 플랫폼 설계에 논의가 집중될 것이다.

## 12.10 기타 논의 가능한 주제

다음과 같은 논의 주제도 있다.

- 제목, 설명, 태그와 같은 사진 메타데이터에 대한 일래스틱서치 인덱스를 생성할 수 있다. 사용자가 검색 쿼리를 제출하면 태그뿐만 아니라 제목과 설명에 퍼지 매칭을 수행할 수 있다. 일래스틱서치 클러스터 생성에 관한 설명은 2.6.3절을 참조한다.

- 공유자가 뷰어에게 이미지 보기 접근 권한을 부여하는 방법을 설명했다. 개별 이미지 접근 제어, 다양한 해상도의 이미지 다운로드 권한이나 뷰어가 제한된 수의 다른 뷰어에게 이미지를 공유할 수 있는 권한과 같은 더 세분화된 이미지 접근 제어에 대해 논의할 수 있다. 사용자 프로필 접근 제어에 관해서도 설명할 수 있다. 사용자는 누구나 자신의 프로필을 볼 수 있게 허용하거나 각 개인에게 접근 권한을 부여할 수 있다. 비공개 프로필은 검색 결과에서 제외돼야 한다.

- 사진을 구성하는 더 많은 방법에 대해 논의할 수 있다. 예를 들어, 공유자가 사진을 그룹에 추가할 수 있다. 그룹에는 여러 공유자의 사진이 있을 수 있다. 사용자는 그룹의 사진을 보거나 공유하기 위해 그룹 구성원이 돼야 할 수 있다. 그룹에는 사용자를 그룹에 추가하거나 제거할 수 있는 관리자가 있을 수 있다. 사진 컬렉션을 패키징하고 판매하는 다양한 방법과 관련 시스템 설계에 대해 논의할 수 있다.

- 저작권 관리와 워터마킹 시스템에 관해 논의할 수 있다. 사용자는 각 사진에 특정 저작권 라이선스를 할당할 수 있다. 시스템은 사진에 보이지 않는 워터마크를 첨부하고 사용자 간 거래 중에 추가 워터마크를 첨부할 수 있다. 이러한 워터마크는 소유권과 저작권 침해를 추적하는 데 활용할 수 있다.

- 이 시스템의 사용자 데이터와 이미지 파일은 민감하고 가치가 있다. 가능한 데이터 손실과 예방, 해소를 논의할 수 있다. 여기에는 보안 침해와 데이터 도난이 포함된다.

- 저장 비용을 제어하기 위한 전략에 관해 논의할 수 있다. 예를 들어, 오래된 파일과 새 파일, 또는 인기 이미지와 그 외 이미지에 대해 다른 저장 시스템을 사용할 수 있다.

- 분석을 위한 배치 파이프라인을 만들 수 있다. 예를 들어, 가장 인기 있는 사진을 계산하거나 시간, 일, 월별 업로드된 사진 수를 계산하는 파이프라인이 있다. 이러한 파이프라인에 대해서는 17장에서 설명한다.

- 사용자는 다른 사용자를 팔로우하고 새로운 사진과 댓글 알림을 받을 수 있다.

- 시스템을 확장해 오디오와 비디오 스트리밍을 지원할 수 있다. 비디오 스트리밍에 관한 설명은 일반적인 시스템 설계 면접에서 요구되지 않는 도메인 특정 전문 지식이 필요하므로 이 주제는 해당 전문 지식이 필요한 특정 역할 면접에서 물어보거나 탐색적이거나 도전적인 질문으로 물어볼 수 있다.

## 요약

- 파일이나 이미지 공유 서비스에는 확장성, 가용성, 높은 다운로드 성능이 필요하다. 높은 업로드 성능과 일관성은 필요하지 않다.

- 어떤 서비스가 CDN에 기록할 수 있는가? 정적 데이터에는 CDN을 사용하되, CDN과 같은 민감한 서비스 기록 접근은 보안을 강화하고 제한해야 한다.

- 어떤 처리 작업을 클라이언트에 두고 어떤 작업을 서버에 둘 것인가? 한 가지 고려 사항은 클라이언트에서의 처리가 회사의 하드웨어 리소스와 비용을 절약할 수 있지만, 상당히 더 복잡할 수 있고 이러한 복잡성으로 인해 더 많은 비용이 발생할 수 있다는 점이다.

- 클라이언트 사이드와 서버 사이드는 각기 트레이드오프가 있다. 가능하면 개발/업그레이드가 용이하게 서버 사이드가 선호된다. 둘 다 수행하면 클라이언트 사이드의 낮은 계산 비용과 서버 사이드의 신뢰성을 모두 얻을 수 있다.

- 어떤 프로세스를 비동기적으로 처리할 수 있는가? 이러한 프로세스에 사가 패턴과 같은 기법을 사용해 확장성을 개선하고 하드웨어 비용을 줄일 수 있다.

# 13

# 콘텐츠 배포
# 네트워크 설계하기

이 장에서 다루는 내용

- 장단점과 예상치 못한 상황 논의하기
- 프론트엔드 메타데이터 저장 아키텍처로 사용자 요청 충족하기
- 기본적인 분산 저장 시스템 설계하기

CDN(콘텐츠 배포 네트워크)은 비용 효율적이고 지리적으로 분산된 파일 저장 서비스로, 여러 데이터 센터에 걸쳐 파일을 복제해 지리적으로 분산된 많은 사용자에게 정적 콘텐츠를 빠르게 제공하게 설계되었으며, 각 사용자에게 가장 빠르게 서비스할 수 있는 데이터 센터에서 서비스를 제공한다. 특정 데이터 센터를 사용할 수 없는 경우 다른 데이터 센터에서 사용자에게 서비스를 제공할 수 있는 내결함성과 같은 부가적인 이점도 있다. CDN 서비스(CDN Service)라고 이름 붙인 CDN을 위한 설계를 논의해 보자.

## 13.1 CDN의 장단점

CDN에 대한 요구사항과 시스템 설계를 설명하기 전에 먼저 CDN 사용의 장단점을 설명할 수 있다. 이는 요구사항을 이해하는 데 도움이 될 수 있다.

## 13.1.1 CDN 사용의 장점

회사가 여러 데이터 센터에서 서비스를 호스팅한다면 중복성과 가용성을 위해 여러 데이터 센터에 복제된 공유 객체 저장소가 있을 것이다. 이 공유 객체 저장소는 CDN의 많은 이점을 제공한다. 지리적으로 분산된 사용자 기반이 CDN이 제공하는 광범위한 데이터 센터 네트워크의 혜택을 받을 수 있다면 CDN을 사용한다.

CDN 사용을 고려해야 하는 이유는 1.4.4절에서 설명했으며, 일부를 여기서 반복한다.

- **낮은 지연 시간(Lower latency)** – 사용자는 가까운 데이터 센터에서 서비스를 받으므로 지연 시간이 낮다. 서드파티 CDN 없이는 서비스를 여러 데이터 센터에 배포해야 하며, 이는 가용성을 보장하기 위한 모니터링과 같은 상당한 복잡성을 수반한다. 낮은 지연 시간은 SEO(Search Engine Optimization, 검색 엔진 최적화) 개선 등 그 밖의 이점도 가질 수 있다. 검색 엔진은 느린 웹 페이지에 직접적으로나 간접적으로 불이익을 주는 경향이 있다. 간접적 손실의 예로는 웹사이트 로딩이 느리면 사용자들이 떠날 수 있다는 점이 있다. 이런 웹사이트는 높은 이탈율을 가진 것으로 설명될 수 있으며, 검색엔진은 높은 이탈율을 가진 웹사이트에 불리한 상황을 만든다.

- **확장성(Scalability)** – 서드파티 제공업체를 사용하면 자사 시스템을 직접 확장할 필요가 없다. 서드파티가 확장성을 관리한다.

- **낮은 단위 비용(Lower unit costs)** – 서드파티 CDN은 일반적으로 대량 할인을 제공하므로 더 많은 사용자와 높은 부하를 처리할수록 단위 비용이 낮아진다. 많은 회사의 트래픽을 처리하는 규모의 경제를 통해 하드웨어와 적절한 기술 인력의 비용을 이 더 큰 볼륨에 분산시켜 낮은 비용을 제공할 수 있다. 여러 회사의 변동하는 하드웨어나 네트워크 요구사항은 서로 정규화돼 단일 회사를 서비스하는 것보다 더 안정적인 수요를 만들 수 있다.

- **높은 처리량(Higher throughput)** – CDN은 자사 서비스에 추가 호스트를 제공해 더 많은 동시 사용자와 더 높은 트래픽을 처리할 수 있게 한다.

- **높은 가용성(Higher availability)** – 추가 호스트는 특히 CDN이 SLA를 유지할 수 있으면 자사 서비스의 호스트가 실패할 때 대체 수단으로 작용할 수 있다. 여러 데이터 센터에 지리적으로 분산돼 있는 것도 가용성에 유리하다. 단일 데이터 센터에 중단을 일으키는 재해가 발생해도 멀리 떨어진 다른 데이터 센터에는 영향을 미치지 않기 때문이다. 또한 단일 데이터 센터에 예상치 못한 트래픽 급증을 다른 데이터 센터로 리디렉션하고 균형을 맞출 수 있다.

## 13.1.2 CDN 사용의 단점

많은 자료가 CDN의 장점을 설명하지만 단점을 함께 설명하는 자료는 거의 없다. 엔지니어의 성숙도를 판단하는 면접 지표는 모든 기술적 결정에서 트레이드오프를 설명하고 평가할 수 있는 능력과 다른 엔지니어들이 제기할 수 있는 도전 과제를 예측할 수 있는 능력이다. 면접관은 거의 항상 설계 결정에 도전하고 다양한 비기능적 요구사항을 고려했는지 탐색할 것이다. CDN 사용의 단점은 다음과 같다.

- 시스템에 다른 서비스를 포함시키는 추가적인 복잡성. 이러한 복잡성의 예는 다음과 같다.
    - 추가적인 DNS 조회
    - 추가적인 실패 지점
- CDN은 트래픽이 적을 경우 높은 단위 비용을 가질 수 있다. CDN이 서드파티 네트워크를 사용할 수 있으므로 데이터 전송당 GB 비용과 같은 숨겨진 비용도 있을 수 있다.
- 다른 CDN으로 마이그레이션하는 데 몇 달이 걸리고 비용이 많이 들 수 있다. 다른 CDN으로 마이그레이션해야 하는 이유는 다음과 같다.
    - 특정 CDN이 사용자 근처에 호스트를 두지 않을 수 있다. CDN이 커버하지 않는 지역에서 상당한 사용자 기반을 확보하면 더 적합한 CDN으로 마이그레이션해야 할 수 있다.
    - CDN 회사가 폐업할 수 있다.
    - CDN 회사가 SLA를 이행하지 않아 자사 사용자에게 영향을 미치거나, 고객 지원이 열악하거나, 데이터 손실이나 보안 침해와 같은 사고를 경험하는 등 열악한 서비스를 제공할 수 있다.
- 일부 국가나 조직이 특정 CDN의 IP 주소를 차단할 수 있다.
- 서드파티에 데이터를 저장하는 것에 보안과 프라이버시 우려가 있을 수 있다. CDN이 자사 데이터를 볼 수 없게 저장 시 암호화를 구현할 수 있지만, 이는 추가 비용과 데이터 암호화와 복호화로 인한 지연 시간을 발생시킨다. 설계와 구현은 자격을 갖춘 보안 엔지니어가 구현하거나 검토해야 하며, 이는 팀에 추가 비용과 의사소통 부담을 더한다.
- 또 다른 보안 우려사항은 자바스크립트 라이브러리에 악성 코드를 삽입할 수 있다는 점이며, 이러한 원격 호스팅 라이브러리의 보안과 무결성을 개인적으로 보장할 수 없다.
- 서드파티가 높은 가용성을 보장하게 허용하는 것의 반대 측면은 CDN에 기술적 문제가 발생할 경우 CDN 회사가 이를 해결하는 데 얼마나 시간이 걸릴지 모른다는 것이다. 서비스 저하는 고객에게 영향을 미칠 수 있으며, 타사와의 의사소통 부담이 자사와의 의사소통보다 더 클 수 있다. CDN 회사가 SLA를 제공할 수 있지만, 이것이 지켜질 것이라고 확신할 수 없으며, 앞서 설명했듯이 다른 CDN으로 마이그레이션하는 것은 비용이 많이 든다. 또한 SLA가 서드파티에 의존한다.
- CDN이나 일반적인 서드파티 도구/서비스의 구성 관리가 특정 사용 사례를 충분히 사용자 정의할 수 없어 예상치 못한 문제가 발생할 수 있다. 다음 절에서 이 예시를 설명한다.

## 13.1.3 이미지 제공 CDN을 사용할 때 발생할 수 있는 예상치 못한 문제의 예

이 절에서는 일반적으로 CDN이나 서드파티 도구 또는 서비스를 사용할 때 발생할 수 있는 예상치 못한 문제의 예를 설명한다.

CDN은 GET 요청의 User-Agent[1] 헤더를 읽어 요청이 웹 브라우저에서 온 것인지 확인하고, 업로드된 PNG나 JPEG 형식 대신 WebP[2] 형식으로 이미지를 반환할 수 있다. 일부 서비스에서는 이상적일 수 있지만, 원본 형식으로 이미지를 반환받고자 하는 다른 브라우저 애플리케이션에는 세 가지 선택지가 있다.

1. 웹 애플리케이션에서 User-Agent 헤더를 재정의한다.
2. 특정 서비스에는 WebP 이미지를 제공하고 다른 서비스에는 원본 형식으로 이미지를 제공하게 CDN을 구성한다.
3. 요청을 백엔드 서비스를 통해 라우팅한다.

해결책 1과 관련해, 이 책의 출판 시점에 크롬 웹 브라우저는 애플리케이션이 User-Agent 헤더를 재정의하는 것을 허용하지 않지만 파이어폭스는 허용[3]함을 참조할 수 있다. 해결책 1은 사용자를 특정 웹 브라우저로 제한하므로 실현 불가능할 수 있다.

해결책 2와 관련해, CDN이 개별 서비스에 이 설정을 사용자 정의할 수 있는 기능을 제공하지 않을 수 있다. 모든 서비스에서 WebP 형식으로 이미지를 제공하는 설정을 광범위하게 켜거나 끌 수만 있을 수 있다. 개별화된 구성을 제공하더라도 회사에서 CDN 구성을 관리하는 관련 인프라 팀이 개별 서비스에 이 구성을 설정할 수 없거나 원하지 않을 수 있다. 이 문제는 큰 회사에서 더 흔히 겪을 수 있다.

해결책 3은 개발자가 CDN에서 원본 이미지를 가져오려면 API 엔드포인트를 노출해야 한다. 이 해결책은 CDN의 대부분의 이점을 무효화하므로 피해야 한다. 추가적인 지연 시간과 문서화와 유지보수 부담을 포함한 복잡성이 생긴다. 백엔드 호스트가 지리적으로 사용자와 멀리 있을 수 있어 사용자는 가까운 데이터 센터에서 서비스를 받는 CDN의 이점을 잃게 된다. 이 백엔드 서비스는 이미지 수요에 따라 확장돼야 한다. 이미지 요청 비율이 높으면 CDN과 백엔드 서비스 모두 확장해야 한다. 이 해결책을 채택하는 대신 백엔드 서비스와 같은 데이터 센터에 호스트가 있는 더 저렴한 객체 저장소에 파일을 저장하는 것이 더 합리적이다. 안타깝게도 필자는 개인적으로 큰 회사에서 이 '해결책'이 사용되는 것을 봤다. 애플리케이션과 CDN이 다른 팀에 소유되었고, 경영진이 팀 간의 협력을 촉진하는 데 관심이 없었기 때문이다.

---

1 https://developer.mozilla.org/en-US/docs/Web/HTTP/Headers/User-Agent
2 https://developers.google.com/speed/webp
3 https://bugs.chromium.org/p/chromium/issues/detail?id=571722
  https://bugzilla.mozilla.org/show_bug.cgi?id=1188932
  https://stackoverflow.com/a/42815264

## 13.2 요구사항

기능 요구사항은 단순하다. 권한이 있는 사용자는 디렉터리를 만들고, 10GB 크기 제한으로 파일을 업로드하며, 파일을 다운로드할 수 있어야 한다.

> **노트** 여기서는 콘텐츠 관리를 다루지 않는다. 콘텐츠 관리는 사용자가 다른 사용자가 만든 콘텐츠를 볼 수 있는 모든 애플리케이션에서 필수적이다. 그것은 CDN을 사용하는 조직의 책임이지, CDN을 제공하는 회사의 책임이 아니라고 가정한다.

비기능 요구사항의 대부분은 CDN의 장점이다.

- **확장성(Scalable)** – CDN은 페타바이트 규모의 저장 용량과 하루 테라바이트 수준의 다운로드 용량을 지원할 수 있게 확장해야 한다.
- **고가용성(High availability)** – 4~5개의 9로 표현[4]되는 가동 시간이 필요하다.
- **고성능(High performance)** – 파일은 요청자에게 가장 빠르게 제공할 수 있는 데이터 센터에서 다운로드돼야 한다. 그러나 동기화에 시간이 걸릴 수 있으므로 업로드 성능은 덜 중요하다. 동기화가 완료되기 전에 최소한 하나의 데이터 센터에서 파일을 사용할 수 있으면 된다.
- **내구성(Durable)** – 파일이 손상돼서는 안 된다.
- **보안과 프라이버시(Security and privacy)** – CDN은 데이터 센터 외부의 요청을 처리하고 파일을 전송한다. 권한이 있는 사용자만 파일을 다운로드하고 업로드할 수 있어야 한다.

## 13.3 CDN 인증과 권한 부여

부록 B에서 설명한 바와 같이, 인증의 목적은 사용자를 식별하는 것이고, 인가의 목적은 CDN 파일에 접근하는 사용자가 리소스 권한을 가지고 있는지 확인하는 것이다. 이런 조치로 핫링킹(Hotlinking)[5]을 방지한다. 핫링킹은 사이트나 서비스가 허가 없이 CDN 자산에 접근하는 것이다. CDN은 이러한 사용자들에게 서비스를 제공하는 비용을 받지 못한 채 부담하게 되며, 무단 파일이나 데이터 접근은 저작권 위반에 해당할 수 있다.

---

4  (옮긴이) 99.99%(4개의 9)나 99.999%(5개의 9)의 시간 동안 중단 없이 안정적으로 운영돼야 함을 의미하는 고가용성 목표다.
5  (옮긴이) 기타 웹사이트의 리소스(주로 이미지)를 허가 없이 직접 링크해 사용하는 행위를 뜻한다.

> **팁**
> 인증과 권한 부여에 대한 소개는 부록 B를 참조한다.

CDN 인증과 권한 부여는 쿠키 기반 인증이나 토큰 기반 인증으로 할 수 있다. B.4절에서 설명한 것처럼 토큰 기반 인증은 메모리를 덜 사용하고, 보안 전문성이 더 높은 서드파티 서비스를 사용할 수 있으며, 세밀한 접근 제어가 가능하다. 이런 이점 외에도 CDN을 위해 토큰 인증은 요청자를 허용된 IP 주소나 특정 사용자 계정으로 제한할 수 있다.

이 절에서는 CDN 인증과 권한 부여를 위한 일반적인 구현을 설명한다. 다음 절에서는 면접에서 논의할 수 있는 가능한 CDN 시스템 설계를 다루며, 여기에는 이 인증과 권한 부여 과정을 설계에서 어떻게 구현할 수 있는지도 포함한다.

### 13.3.1 CDN 인증과 권한 부여 단계

여기서는 CDN 사용 업체를 CDN에 자산을 업로드한 후 사용자/클라이언트를 CDN으로 유도하는 웹사이트나 서비스로 정의한다. CDN 사용자는 CDN에서 자산을 다운로드하는 클라이언트를 의미한다.

CDN은 각 사용 업체에게 비밀 키를 발급하고 다음 정보로 접근 토큰을 생성하는 SDK나 라이브러리를 제공한다. 그림 13.1을 참조하면 접근 토큰 생성 과정은 다음과 같다.

1. 사용자가 CDN 사용 업체 앱에 인증 요청을 보낸다. CDN 사용 업체 앱은 인증 서비스를 사용해 인증을 수행할 수 있다. 인증 메커니즘의 세부 사항은 CDN 접근 토큰 생성 과정과 무관하다. 단순 로그인과 OpenID Connect 같은 다양한 인증 프로토콜에 대한 소개는 부록 B를 참조한다.

2. CDN 사용 업체 앱이 SDK를 사용해 다음 입력으로 접근 토큰을 생성한다.

    a. **비밀 키(Secret key)** – 사용 고객의 비밀 키

    b. **CDN URL** – 생성된 접근 토큰이 유효한 CDN URL

    c. **만료(Expiry)** – 접근 토큰의 만료 타임스탬프. 이후에는 사용자가 새 접근 토큰이 필요하다. 사용자가 만료된 토큰으로 CDN에 요청하면 CDN은 302 응답을 반환해 사용자를 CDN 사용 업체에게 리디렉션할 수 있다. CDN 사용 업체는 새 접근 토큰을 생성한 후 이 접근 토큰을 302 응답과 함께 사용자에게 반환해 CDN에 요청을 재시도하게 한다.

    d. **리퍼러(Referrer)** – HTTP 요청 헤더의 리퍼러(Referrer)[6]다.

---

[6] (옮긴이) 웹 브라우저가 현재 페이지로 이동하기 직전에 있었던 이전 웹페이지의 주소를 나타낸다.

> **리퍼러 헤더와 보안**
>
> 클라이언트/사용자가 CDN에 HTTP 요청을 할 때는 CDN 사용 업체의 URL을 **리퍼러(Referrer)** HTTP 헤더로 포함해야 한다. CDN은 승인된 리퍼러만 허용하므로 이는 승인되지 않은 리퍼러가 CDN을 사용하는 것을 막는다.
>
> 하지만 이것은 적절한 보안 체계가 아니다. 클라이언트는 다른 URL을 Referrer 헤더로 사용해 Referrer 헤더를 쉽게 위조할 수 있다. 사이트/서비스는 승인된 사이트/서비스를 가장해 리퍼러 헤더를 위조하고 클라이언트가 승인된 사이트/서비스와 통신한다고 믿게 할 수 있다.

   e. **허용된 IP(Allowed IPs)** – CDN 자산을 다운로드할 권한이 있는 IP 주소 범위 목록일 수 있다.

   f. **허용된 국가나 지역(Allowed countries or regions)** – 국가/지역의 블랙리스트나 화이트리스트를 포함할 수 있다. '허용된 IP' 항목은 이미 어떤 국가/지역이 허용되는지 나타내고 있지만, 사용자의 편의성을 위해 이 항목을 그대로 유지할 수 있다.

3. 고객 앱이 토큰을 저장한 후 이 토큰을 사용자에게 반환한다. 추가 보안을 위해 토큰은 암호화된 형태로 저장할 수 있다.

4. 고객 앱이 사용자에게 CDN URL을 제공할 때마다, 그리고 사용자가 이 CDN 자산에 GET 요청을 할 때마다 GET 요청에는 접근 토큰으로 서명해야 한다. 이를 URL 서명이라고 한다. 서명된 URL의 예는 http://12345.r.cdnsun.net/photo.jpeg?secure=DMF1ucDxtHCxwYQ와 같으며 주석[7]의 문서를 참조한다. 'secure=DMF1ucDxtHCxwYQ'는 CDN에 접근 토큰을 보내는 쿼리 매개변수다. CDN은 권한 부여를 수행한다. 사용자의 토큰이 유효한지, 그 토큰으로 자산을 다운로드할 수 있는지 확인하고, 사용자의 IP나 국가/지역도 확인한다. 마지막으로, CDN이 사용자에게 자산을 전달한다.

5. 사용자가 로그아웃하면 고객 앱은 사용자의 토큰을 파기한다. 사용자는 로그인할 때 다른 토큰을 생성해야 한다.

---

[7] https://cdnsun.com/knowledgebase/cdn-static/setting-a-url-signing-protect-your-cdn-content

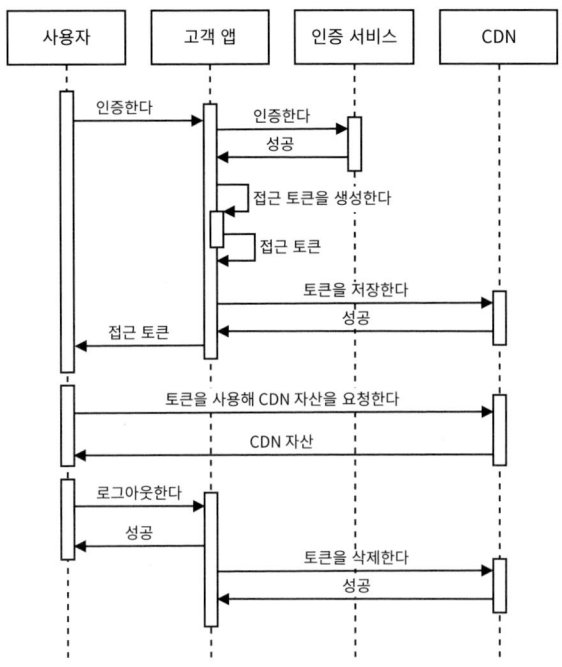

**그림 13.1** 토큰 생성 과정의 순서도. 이어서 토큰을 사용해 CDN 자산을 요청하고, 사용자 로그아웃 시 토큰을 파기한다. 그림에서 보듯이 토큰 파기 과정은 비동기적일 수 있으며, 로그아웃이 자주 일어나는 이벤트가 아니므로 동기적일 수도 있다.

그림 13.1에서 보듯이 토큰 삭제는 비동기적일 수 있으며, 로그아웃이 자주 일어나는 이벤트가 아니므로 동기적일 수도 있다. 토큰 삭제가 비동기적이면 이 삭제를 처리하는 CDN사용 업체 앱 호스트가 갑자기 실패할 때 토큰이 삭제되지 않을 위험이 있다. 한 가지 해결책은 이 문제를 무시하고 일부 토큰이 파기되지 않게 허용하는 것이다. 다른 해결책은 이벤트 기반 접근법을 사용하는 것이다. CDN사용 업체 앱 호스트는 카프카 큐에 토큰 삭제 이벤트를 생성할 수 있고, 소비자 클러스터는 이 이벤트를 소비하고 CDN에서 토큰을 삭제할 수 있다. 세 번째 해결책은 토큰 삭제를 동기식/차단 방식으로 구현하는 것이다. CDN사용 업체 앱 호스트가 예기치 않게 종료되어 토큰 삭제가 실패할 경우 사용자/클라이언트는 500 오류를 받고, 클라이언트는 로그아웃 요청을 재시도할 수 있다. 이 접근법은 로그아웃 요청의 지연 시간을 높이지만 수용 가능할 수 있다.

CDN 토큰 인증과 권한 부여의 자세한 내용은 주석의 문서[8]를 참조한다.

---

[8] https://docs.microsoft.com/en-us/azure/cdn/cdn-token-auth
https://cloud.ibm.com/docs/CDN?topic=CDN-working-with-token-authentication
https://blog.cdnsun.com/protecting-cdn-content-with-token-authentication-and-url-signing

## 13.3.2 키 교체

해커가 키를 훔치는 데 성공하더라도 키가 변경될 때까지만 유용하게 피해를 제한하기 위해 고객의 키를 주기적으로 변경할 수 있다.

키는 갑자기 변경되는 대신 교체된다. **키 교체(Key rotation)**는 이전 키와 새 키가 모두 유효한 기간을 포함하는 키 갱신 과정이다. 새 키가 고객의 모든 시스템에 전파되는 데 시간이 걸리므로 그동안 고객은 이전 키와 새 키를 모두 계속 사용할 수 있다. 정해진 만료 시간에 이전 키는 만료되며, 사용자는 만료된 키로 CDN 자산에 접근할 수 없다.

해커가 키를 훔친 것을 알고 있는 경우를 대비해 이 절차를 수립하는 것이 유용하다. CDN은 키를 교체하고 이전 키의 만료 시간을 짧게 설정할 수 있다. CDN 사용 업체는 가능한 한 빨리 새 키로 전환할 수 있다.

## 13.4 상위 수준 아키텍처

그림 13.2는 CDN의 상위 수준 아키텍처를 보여준다. 일반적인 API 게이트웨이-메타데이터-저장소/데이터베이스 아키텍처를 채택한다. 사용자 요청은 다양한 그 밖의 서비스에 요청하는 계층/서비스인 API 게이트웨이가 처리한다. API 게이트웨이의 개요는 1.4.6절을 참조한다. 여기에는 SSL 종료, 인증과 권한 부여, 속도 제한 방식(8장 참조), 분석과 요금 청구 같은 목적의 공유 로깅 서비스의 로깅이 포함된다. API 게이트웨이를 구성해 메타데이터 서비스를 조회해 모든 사용자를 어떤 저장소 서비스 호스트에서 읽거나 쓸지 결정할 수 있다. CDN 자산이 저장 시 암호화돼 있다면 메타데이터 서비스도 이를 기록할 수 있으며, 비밀 관리 서비스를 사용해 암호화 키를 관리할 수 있다.

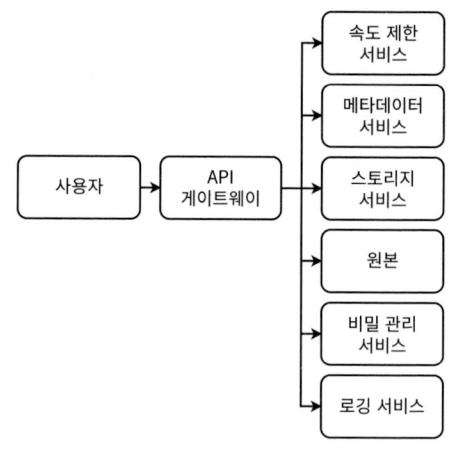

**그림 13.2** CDN의 상위 수준 아키텍처. 사용자 요청은 API 게이트웨이를 통해 라우팅되며, 이는 속도 제한과 로깅을 포함한 적절한 서비스에 요청한다. 자산은 저장소 서비스에 저장되고, 메타데이터 서비스는 각 자산을 저장하는 저장소 서비스 호스트와 파일 디렉터리를 추적한다. 자산이 암호화돼 있다면 비밀 관리 서비스를 사용해 암호화 키를 관리한다. 요청한 자산이 없다면 API 게이트웨이가 원본, 즉 메타데이터 서비스에 구성된 서비스에서 가져와 저장소 서비스에 추가하고 메타데이터 서비스를 업데이트한다.

작업을 읽기(다운로드)와 쓰기(디렉터리 생성, 업로드, 파일 삭제)로 일반화할 수 있다. 초기 설계를 단순화하려면 모든 파일을 모든 데이터 센터에 복제할 수 있다. 그렇지 않으면 시스템이 다음과 같은 복잡성을 처리해야 한다.

- 메타데이터 서비스가 어떤 데이터 센터에 어떤 파일이 있는지 추적해야 한다.
- 사용자 쿼리 메타데이터를 주기적으로 사용해 데이터 센터 간 최적의 파일 분배를 결정하는 파일 분배 시스템. 여기에는 복제본의 수와 위치가 포함된다.

## 13.5 저장소 서비스

저장소 서비스는 파일을 포함하는 호스트/노드의 클러스터다. 4.2절에서 설명한 대로 대용량 파일을 저장하는 데 데이터베이스를 사용해서는 안 된다. 파일은 호스트의 파일 시스템에 저장해야 한다. 가용성과 내구성을 위해 파일을 복제해야 하며, 각 파일을 여러(예를 들어, 3개) 호스트에 할당해야 한다. 가용성 모니터링과 메타데이터 서비스를 업데이트하고 대체 노드를 프로비저닝하는 장애 조치 프로세스가 필요하다. 호스트 관리자는 클러스터 내부나 외부에 있을 수 있다. 클러스터 내부 관리자는 노드를 직접 관리하고, 클러스터 외부 관리자는 작은 독립 노드 클러스터를 관리하며, 각각의 작은 클러스터는 자체적으로 관리한다.

### 13.5.1 클러스터 내부

주키퍼를 클러스터 내부 관리자로 포함하는 HDFS와 같은 분산 파일 시스템을 사용할 수 있다. 주키퍼는 리더 선출을 관리하고 파일, 리더, 팔로워 간의 매핑을 유지한다. 클러스터 내부 관리자 역시 신뢰성, 확장성, 고성능이 필요한 매우 정교한 구성 요소다. 이러한 구성 요소를 피할 수 있는 대안은 클러스터 외부 관리자다.

### 13.5.2 클러스터 외부

클러스터 외부 관리자가 관리하는 각 클러스터는 여러 데이터 센터에 분산된 3개 이상의 노드로 구성된다. 파일을 읽거나 쓰려면 메타데이터 서비스가 파일이 저장돼 있거나 저장돼야 할 클러스터를 식별한 다음 클러스터에서 무작위로 선택한 노드에서 파일을 읽거나 쓴다. 이 노드는 클러스터 내의 다른 노드로의 복제를 담당한다. 리더 선출은 필요하지 않지만 파일을 클러스터에 매핑하는 것은 필요하다. 클러스터 외부 관리자는 파일과 클러스터의 매핑을 유지한다.

### 13.5.3 평가

실제로 클러스터 외부 관리자가 클러스터 내부 관리자보다 단순하지는 않다. 표 13.1은 이 두 접근 방식을 비교한다.

표 13.1 클러스터 내부 관리자와 클러스터 외부 관리자 비교

| 클러스터 내부 관리자 | 클러스터 외부 관리자 |
| --- | --- |
| 메타데이터 서비스가 클러스터 내부 관리자에게 요청하지 않는다. | 메타데이터 서비스가 클러스터 외부 관리자에게 요청을 한다. |
| 클러스터 내 개별 역할의 파일 할당을 관리한다. | 클러스터로의 파일 할당을 관리하지만 개별 노드로는 관리하지 않는다. |
| 클러스터의 모든 노드를 알아야 한다. | 각 개별 노드에 대해서는 알지 못할 수 있지만 각 클러스터에 대해서는 알아야 한다. |
| 노드의 하트비트를 모니터링한다. | 각 독립 클러스터의 상태를 모니터링한다. |
| 호스트 실패를 처리한다. 노드가 죽을 수 있고 새 노드가 클러스터에 추가될 수 있다. | 각 클러스터의 사용률을 추적하고 과부하된 클러스터를 처리한다. 용량 한계에 도달한 클러스터에는 더 이상 새 파일을 할당하지 않을 수 있다. |

## 13.6 일반적인 작업

클라이언트가 IP 주소 대신 CDN 서비스의 도메인(예: cdnservice.flickr.com)으로 요청하면 GeoDNS(1.4.2절과 7.9절 참조)가 가장 가까운 호스트의 IP 주소를 할당하고, 여기서 로드 밸런서가 API 게이트웨이 호스트로 요청을 보낸다. 6.2절에서 설명한 대로 API 게이트웨이는 캐싱을 포함한 여러 작업을 수행한다. 프런트엔드 서비스와 관련 캐싱 서비스는 자주 접근하는 파일의 캐싱을 지원할 수 있다.

## 13.6.1 읽기: 다운로드

다운로드에서 다음 단계는 이 요청을 처리할 저장소 호스트를 선택하는 것이다. 메타데이터 서비스는 다음과 같은 메타데이터를 유지하고 제공함으로써 이 선택 과정을 지원한다. 레디스나 SQL 둘 다 사용할 수 있다.

- 파일을 포함하는 저장소 서비스 호스트. 일부 혹은 모든 호스트가 다른 데이터 센터에 있을 수 있으므로 그 정보도 저장해야 한다. 파일이 호스트 간에 복제되는 데 시간이 걸린다.
- 각 데이터 센터의 메타데이터 서비스는 호스트의 현재 부하를 추적한다. 호스트의 부하는 현재 제공 중인 파일 크기의 합으로 비슷하게 산정할 수 있다.
- 호스트에서 파일을 다운로드하는 데 걸리는 시간을 예측하거나 동일한 이름을 가진 파일들을 구분하는 등의 목적으로 사용된다. 단, 후자일 때는 주로 MD5나 SHA 해시를 사용한다.
- 파일 소유권과 접근 제어
- 호스트의 상태

### 다운로드 과정

그림 13.3은 CDN이 이 자산을 포함하고 있다고 가정할 때 API 게이트웨이가 파일을 다운로드하는 단계의 순서도다. SSL 종료, 인증과 권한 부여, 로깅 같은 일부 단계는 생략한다.

1. 속도 제한 서비스를 통해 클라이언트의 요청이 제한을 초과하는지 검사한다. 속도 제한기가 요청을 허용한다고 가정한다.
2. 메타데이터 서비스에 쿼리해 이 자산을 포함하는 저장소 서비스 호스트를 가져온다.
3. 저장소 호스트를 선택하고 자산을 클라이언트로 스트리밍한다.
4. 저장소 호스트의 부하 증가로 메타데이터 서비스를 업데이트한다. 메타데이터 서비스가 자산의 크기를 기록하고 있다면 이 단계는 3단계와 병렬로 수행할 수 있다. 그렇지 않으면 API 게이트웨이가 자산의 크기를 측정해 정확한 부하 증가로 메타데이터 서비스를 업데이트해야 한다.

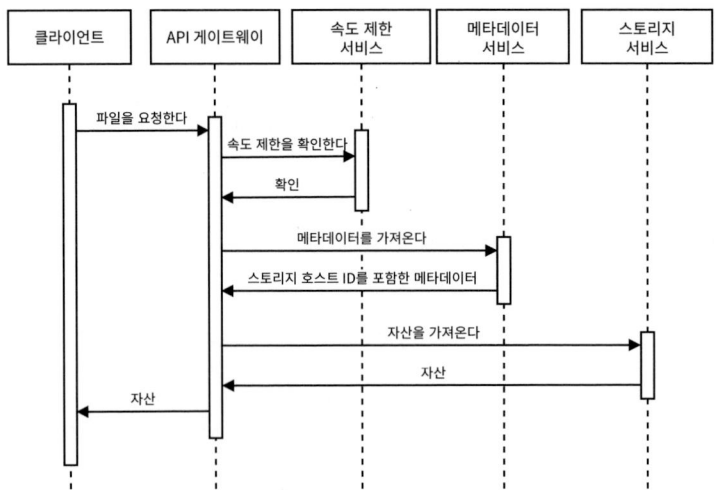

**그림 13.3** 클라이언트가 CDN 다운로드를 수행하는 시퀀스 다이어그램. 속도 제한기가 요청을 허용한다고 가정한다. 자산이 있는 경우 시퀀스는 간단하다.

주의 깊은 독자라면 API 게이트웨이가 메타데이터 서비스에 부하를 업데이트하는 마지막 단계를 비동기적으로 수행할 수 있다는 점을 알아챌 것이다. API 게이트웨이 호스트에 이 업데이트 중 장애가 발생하면 메타데이터 서비스가 해당 업데이트를 받지 못할 수 있다. 이 오류를 무시하고 사용자가 허용된 양보다 더 많이 CDN을 사용하게 허용할 수 있다. API 게이트웨이 호스트가 이 이벤트를 카프카 토픽에 생성하게 할 수 있다. 메타데이터 서비스가 이 토픽을 소비하거나 전용 소비자 클러스터를 사용해 토픽을 소비한 다음 메타데이터 서비스를 업데이트할 수 있다.

CDN에 해당 자산이 없을 수 있다. 다음과 같은 이유로 삭제했을 수 있다.

- 자산에 몇 달이나 몇 년과 같은 일정한 보존 기간이 설정돼 있고, 해당 자산의 보존 기간이 지났을 수 있다. 보존 기간은 자산에 마지막으로 접근한 시점을 기준으로 할 수도 있다.
- 가능성은 낮지만 CDN의 저장 공간이 부족하거나 다른 오류로 인해 자산이 업로드되지 않았는데 CDN 사용 업체가 성공적으로 업로드됐다고 인식할 때일 수 있다.
- CDN의 기타 오류

그림 13.4를 참조하면, CDN에 자산이 없으면 CDN 사용 업체가 제공한 백업 위치인 원본에서 다운로드해야 한다. 이로 인해 지연 시간이 증가한다. 그런 다음 저장소 서비스에 업로드하고 메타데이터 서비스를 업데이트해 저장해야 한다. 지연 시간을 최소화하기 위해 저장 프로세스는 클라이언트에 자산을 반환하는 작업과 병렬로 수행할 수 있다.

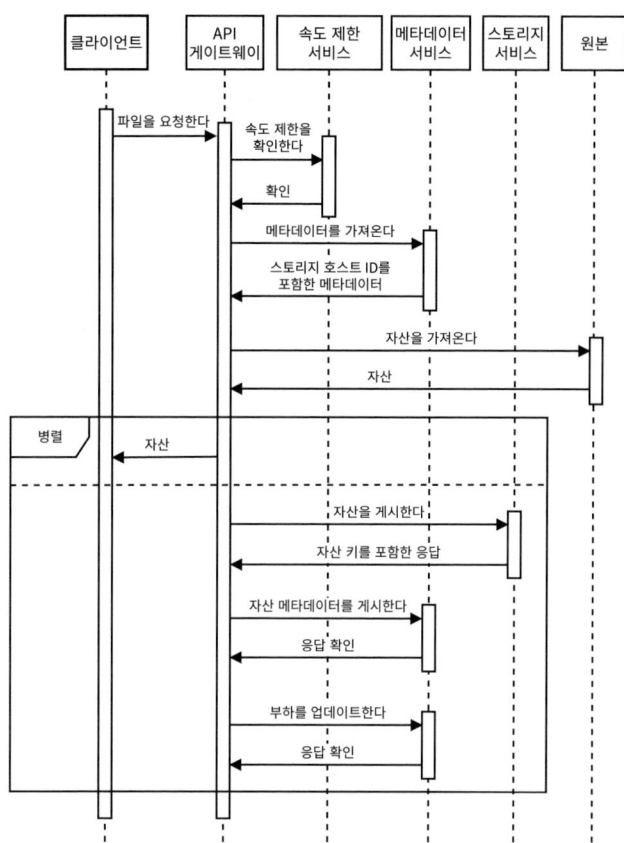

**그림 13.4** CDN에 요청된 자산이 없을 때의 CDN 다운로드 과정의 시퀀스 다이어그램. CDN은 CDN 사용 업체가 제공한 백업 위치인 원본에서 자산을 다운로드해 사용자에게 반환하고, 향후 요청을 위해 자산을 저장해야 한다. 자산 메타데이터 POST와 업로드 부하는 단일 요청으로 수행할 수 있지만, 단순화를 위해 별도의 요청으로 유지할 수 있다.

## 저장 시 암호화가 적용된 다운로드 과정

자산을 암호화된 형태로 저장해야 한다면 어떻게 할까? 그림 13.5를 참조하면, 암호화 키 인증이 필요한 비밀 관리 서비스에 저장할 수 있다. API 게이트웨이 호스트가 초기화될 때 비밀 관리 서비스로 인증하면 비밀 관리 서비스는 향후 요청을 위해 토큰을 호스트에 전달한다. 그림 13.5를 참조하면 인가된 사용자가 자산을 요청할 때 호스트는 먼저 비밀 관리 서비스에서 자산의 암호화 키를 얻은 다음, 저장소 서비스에서 암호화된 자산을 가져와 복호화하고 사용자에게 반환한다. 자산이 크면 저장소 서비스에 여러 블록으로 저장돼 있을 수 있으며, 각 블록을 따로 가져와 복호화해야 한다.

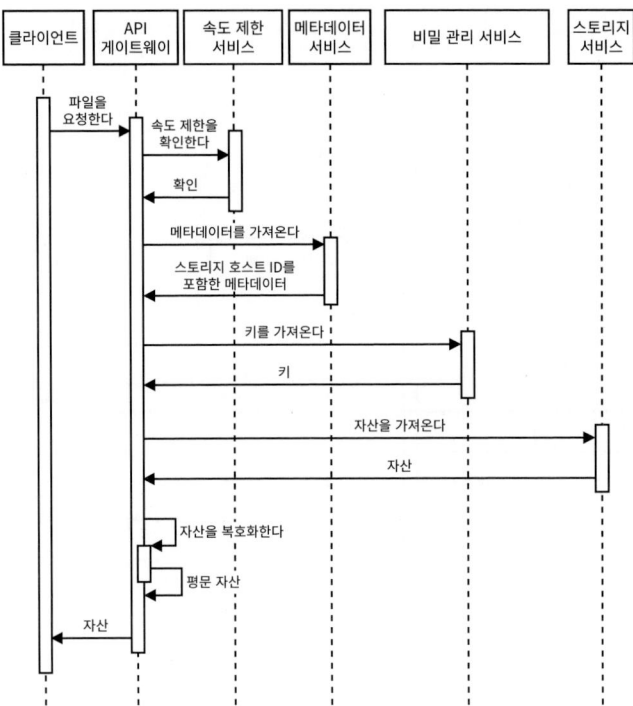

**그림 13.5** CDN에 자산이 있다고 가정할 때 저장 시 암호화된 자산을 다운로드하는 과정을 보여주는 시퀀스 다이어그램. 자산이 크면 저장소 서비스에 여러 블록으로 저장돼 있을 수 있으며, 각 블록을 따로 가져와 복호화해야 한다.

그림 13.6은 CDN이 보유하지 않은 암호화된 자산을 가져오는 요청이 있을 때 발생하는 과정을 보여준다. 그림 13.5와 유사하게 API 게이트웨이는 원본에서 자산을 가져와야 한다. 그다음 API 게이트웨이는 사용자에게 자산을 반환하는 동시에 저장소 서비스에 저장할 수 있다. API 게이트웨이는 임의의 암호화 키를 생성하고 자산을 암호화한 다음, 자산을 저장소 서비스에 쓰고 키를 비밀 관리 서비스에 쓸 수 있다.

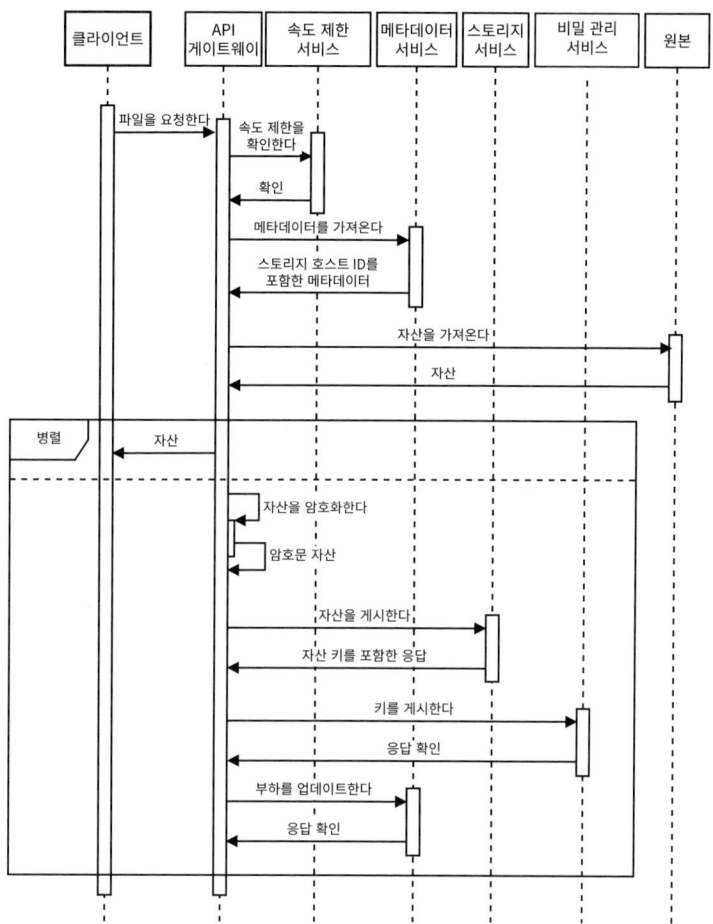

**그림 13.6** 암호화된 파일을 다운로드하는 단계의 시퀀스 다이어그램. 자산 POST와 키 POST는 병렬로 수행할 수도 있다.

## 13.6.2 쓰기: 디렉터리 생성, 파일 업로드, 파일 삭제

파일은 내용이 아닌 ID로 식별한다. 다른 사용자가 다른 파일에 같은 이름을 지정할 수 있고, 한 사용자도 다른 파일에 같은 이름을 지정할 수 있으므로 파일 이름을 식별자로 사용할 수 없다. ID는 다르지만 내용이 같은 파일은 다른 파일로 여겨진다. 똑같지만 소유자가 다른 파일을 따로 저장해야 할까, 아니면 파일 복사본을 하나만 유지해 저장 공간을 절약해야 할까? 이런 방식으로 저장 공간을 절약하려면 소유자 그룹을 관리하는 추가 복잡성 계층을 구축해야 한다. 그래야 소유자가 다른 그룹에 속한 소유자가 아닌, 자신이 인식하는 또 다른 소유자가 파일에 접근할 수 있음을 확인할 수 있다. 동일한 파일 수가 전체 파일 중 적은 비율을 차지한다고 가정하므로 이는 과도한 설계일 수 있다. 초기 설계에서는 이러한 파일을 따로 저장해야 하지만 시스템 설계에 절대적인 진리는 없다는 점을 기억해야 한다. 따라서 시스템 설계는 과학이 아닌 예술이다. CDN이 사용하는 총 저장 공간이 커짐에 따라 파일 중복 제거로 절약할 수 있는 비용이 추가 복잡성과 비용을 감수할 만큼 가치가 있을 수 있다는 점을 면접관과 논의할 수 있다.

파일 크기가 GB 또는 TB 수준일 수 있으며, 업로드나 다운로드 도중 실패가 발생할 수 있다면 어떻게 대응해야 할까? 처음부터 다시 업로드하거나 다운로드하는 것은 낭비다. 체크포인팅이나 벌크헤드와 유사한 프로세스를 개발해 파일을 청크로 나눠야 한다. 그러면 클라이언트는 완료되지 않은 청크에만 업로드나 다운로드 작업을 반복하면 된다. 이러한 업로드 프로세스를 멀티파트 업로드(multipart upload)라고 하며, 같은 원리를 다운로드에도 적용할 수 있다.

멀티파트 업로드를 위한 프로토콜을 설계할 수 있다. 이 프로토콜에서 청크 업로드는 독립 파일 업로드와 같다고 볼 수 있다. 단순화를 위해 청크 크기는 128MB와 같이 고정할 수 있다. 클라이언트가 청크 업로드를 시작할 때 사용자 ID, 파일 이름, 크기 등 일반적인 메타데이터가 포함된 초기 메시지를 보낼 수 있다. 여기에 업로드할 청크 번호도 포함할 수 있다. 멀티파트 업로드에서 저장소 호스트는 이제 파일을 저장할 적절한 디스크 주소 범위를 할당하고 이 정보를 기록해야 한다. 청크 업로드를 받기 시작하면 적절한 주소에 청크를 써야 한다. 메타데이터 서비스는 어떤 청크 업로드가 완료됐는지 추적할 수 있다. 클라이언트가 마지막 청크 업로드를 완료하면 메타데이터 서비스는 파일을 복제 및 다운로드 준비가 완료된 것으로 표시한다. 청크 업로드가 실패한 경우 클라이언트는 전체 파일이 아닌 해당 청크만 다시 업로드하면 된다.

클라이언트가 모든 청크를 성공적으로 업로드하기 전에 업로드를 중단하면 이 청크는 저장소 호스트의 공간을 쓸데없이 차지한다. 주기적으로 이런 불완전하게 업로드된 파일의 청크를 삭제하는 간단한 크론 작업이나 배치 ETL 작업을 구현할 수 있다. 다른 가능한 설명 주제는 다음과 같다.

- 클라이언트가 청크 크기를 선택할 수 있게 하는 것
- 파일을 업로드하는 동안 복제해 CDN 전체에서 더 빨리 다운로드할 수 있게 하는 것. 이는 추가적인 복잡성을 도입하며 필요할 가능성이 낮지만, 그런 고성능이 필요하면 이런 시스템을 논의해볼 수 있다.
- 클라이언트가 첫 번째 청크를 다운로드하자마자 미디어 파일 재생을 시작할 수 있게 하는 것. 이는 13.9절에서 간단히 다룬다.

노트 여기서 설명한 체크포인팅을 사용한 멀티파트 업로드는 multipart/form-data HTML 인코딩과 무관하다. 후자는 파일이 포함된 폼 데이터를 업로드하기 위한 것이다. 자세한 내용은 주석의 문서[9]를 참조한다. 또 다른 의문은 이 분산 시스템에서 파일 추가, 업데이트(내용), 삭제를 어떻게 처리하는가이다. 4.3절에서 업데이트와 삭제 작업의 복제, 그에 따른 복잡성, 일부 해결책을 다뤘다. 해당 절에서 채택한 해결책 몇 가지를 설명할 수 있다.

- 특정 데이터 센터가 이런 작업을 수행하고 변경 사항을 다른 데이터 센터에 전파하게 지정하는 단일 리더 접근 방식. 이 방식은 특히 모든 데이터 센터에서 변경 사항을 신속하게 사용할 필요가 없다면 요구사항을 충족하기에 충분할 수 있다.
- 튜플을 포함한 다중 리더 접근 방식. (튜플에 관한 설명은 주석의 도서[10]를 참조한다.)
- 클라이언트가 모든 데이터 센터에서 이 파일의 잠금을 획득하고, 모든 데이터 센터에서 이 작업을 수행한 다음, 잠금을 해제한다.

이 각각의 접근 방식에서 프론트엔드는 데이터 센터에서 파일의 가용성에 따라 메타데이터 서비스를 업데이트한다.

### 모든 데이터 센터에 파일 사본을 유지하지 않기

특정 파일은 주로 특정 지역에서 사용될 수 있으므로(예: 특정 지역에서 주로 사용되는 언어로 된 오디오 또는 텍스트 파일) 모든 데이터 센터에 해당 파일의 사본을 포함할 필요는 없다. 복제 기준을 설정하여 파일을 특정 데이터 센터에 복사해야 하는 시기를 결정할 수 있다(예: 지난 달 해당 파일의 요청 수나 사용자 수). 하지만 이는 내결함성을 위해 데이터 센터 내에 파일을 복제해야 함을 의미한다.

특정 콘텐츠는 특정 사용자에게 특정 파일 조합을 제공해야 하는 애플리케이션 요구사항 때문에 여러 파일로 분리된다. 예를 들어 비디오 파일은 모든 사용자에게 제공되고, 특정 언어의 동반 오디오 파일이 있을 수 있다. 이 로직은 CDN이 아닌 애플리케이션 수준에서 처리할 수 있다.

### 배치 ETL 작업의 재조정

다양한 데이터 센터에 파일을 분산하고 수요를 충족하기 위해 적절한 수의 호스트에 파일을 복제하는 주기적인(시간별 또는 일별) 배치 작업이 수행한다. 이 배치 작업은 로깅 서비스에서 이전 기간의 파일 다운로드 로그를 가져와 파일의 요청 수를 확인하고, 이 숫자를 사용해 각 파일 저장소 호스트 수를

---

[9] https://swagger.io/docs/specification/describing-request-body/multipart-requests/
https://developer.mozilla.org/en-US/docs/Web/HTTP/Methods/POST
[10] 마틴 클레프만, 《데이터 중심 애플리케이션 설계: 신뢰할 수 있고 확장 가능하며 유지보수하기 쉬운 시스템을 지탱하는 핵심 아이디어》(위키북스, 2018)

조정한다. 그다음 각 노드에 추가하거나 삭제해야 할 파일의 맵을 만들고 이 맵을 사용해 해당 셔플링(Shuffling)을[11] 수행한다.

실시간 동기화를 위해 메타데이터 서비스를 더 발전시켜 파일 위치와 접근을 지속적으로 분석하고 파일을 재분배할 수 있다.

데이터 센터 간 복제는 고난이도 주제로, 관련 전문 지식이 요구되지 않는 면접에서는 깊이 다루지 않을 수 있다. 이 절에서는 메타데이터 서비스의 파일 매핑과 저장소 서비스의 파일을 업데이트하기 위해 가능한 설계를 논의한다.

> 노트 주키퍼에서 데이터 센터 간 복제를 구성하는 방법에 관한 자세한 정보는 주석의 문서[12]를 참조한다. 주키퍼를 사용해 노드를 관리하는 검색 플랫폼인 Solr[13]에서 데이터 센터 간 복제를 구성하는 방법은 이 문서[14]를 참조한다.

메타데이터 서비스에 새 파일 메타데이터를 쓰고 그에 따라 저장소 서비스의 데이터 센터(클러스터 내 접근 방식) 또는 호스트(클러스터 외 접근 방식) 간에 파일을 셔플하는 접근 방식을 설명한다. 이 접근 방식에서는 다양한 데이터 센터의 호스트 간에 파일을 전송하려면 저장소 서비스에 요청을 해야 한다. 쓰기 요청 실패 시 메타데이터 서비스와 저장소 서비스 간의 불일치를 방지하기 위해 메타데이터 서비스는 저장소 서비스로부터 파일이 새 위치에 성공적으로 기록됐다는 성공 응답을 받았을 때만 파일 위치 메타데이터를 업데이트해야 한다. 저장소 서비스는 자체 노드/호스트 내에서 일관성을 보장하기 위해 관리자(클러스터 내외)에 의존한다. 이는 파일이 해당 위치에 성공적으로 기록되기 전에 메타데이터 서비스가 파일 위치를 반환하지 않게 보장한다.

또한 파일이 새 위치에 성공적으로 기록된 후에만 이전 노드에서 삭제돼야 한다. 그러면 새 위치에 파일 쓰기가 실패하더라도 파일은 계속 이전 위치에 존재하며, 메타데이터 서비스는 해당 파일 요청을 받았을 때 이전 파일 위치를 계속 반환할 수 있다.

사가 패턴 접근 방식을 사용할 수 있다(5.6절 참조). 그림 13.7은 코레오그래피 사가 패턴 접근 방식을 보여주고, 그림 13.8은 메타데이터 서비스가 오케스트레이터인 오케스트레이션 사가 패턴 접근 방식을 보여준다.

---

11 (옮긴이) 과적합 방지와 모델의 일반화 능력을 향상시키기 위해 학습 데이터의 순서를 무작위로 섞는 기법이다.
12 https://serverfault.com/questions/831790/how-to-manage-failover-in-zookeeper-across-datacenters-using-observers
https://zookeeper.apache.org/doc/r3.5.9/zookeeperObservers.html
https://stackoverflow.com/questions/41737770/how-to-deploy-zookeeper-across-multiple-data-centers-and-failover
13 (옮긴이) 아파치에서 개발한 오픈소스 엔터프라이즈 검색 플랫폼으로, 대규모 텍스트 데이터의 고성능 전문 검색과 분석 기능을 제공한다.
14 https://solr.apache.org/guide/8_11/cross-data-center-replication-cdcr.html

그림 13.7의 단계는 다음과 같다.

1. 셔플링 작업이 셔플링 토픽에 이벤트를 생성한다. 이는 특정 위치에서 다른 위치로 파일을 이동하는 것에 해당한다. 이 이벤트는 이 파일을 포함해야 하는 리더 노드 수에 해당하는 이 파일의 권장 복제 계수 같은 정보도 포함할 수 있다.
2. 저장소 서비스가 이 이벤트를 소비하고 파일을 새 위치에 쓴다.
3. 저장소 서비스가 메타데이터 토픽에 이벤트를 생성해 메타데이터 서비스에 파일 위치 메타데이터 업데이트를 요청한다.
4. 메타데이터 서비스가 메타데이터 토픽에서 소비하고 파일 위치 메타데이터를 업데이트한다.
5. 메타데이터 서비스가 파일 삭제 토픽에 이벤트를 생성해 저장소 서비스에 이전 위치로부터 파일 삭제를 요청한다.
6. 저장소 서비스가 이 이벤트를 소비하고 이전 위치로부터 파일을 삭제한다.

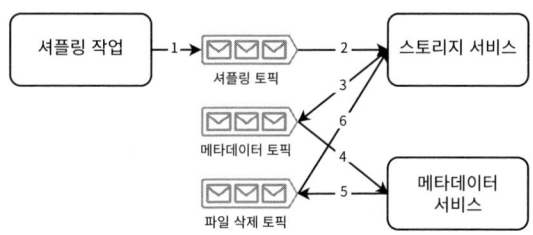

그림 13.7 메타데이터 서비스와 저장소 서비스를 업데이트하기 위한 코레오그래피 사가 패턴

> **트랜잭션 유형 식별**
>
> 보상 가능한 트랜잭션, 피벗 트랜잭션, 재시도 가능한 트랜잭션은 무엇인가?
>
> 6단계 이전의 모든 트랜잭션은 보상 가능하다. 6단계는 파일 삭제를 되돌릴 수 없으므로 피벗 트랜잭션이다. 이는 마지막 단계이므로 재시도 가능한 트랜잭션은 없다.
>
> 다만 파일 삭제를 **소프트 삭제**(soft delete), 즉 데이터를 삭제된 것으로 표시하지만 실제로 삭제하지는 않게 구현할 수 있다. 데이터베이스에서 주기적으로 **하드 삭제**(hard delete), 즉 다시 사용하거나 복구할 의도 없이 저장 하드웨어에서 데이터 삭제를 수행할 수 있다. 이때 모든 트랜잭션이 보상 가능하며 피벗 트랜잭션은 없다.

그림 13.8 메타데이터 서비스와 저장소 서비스를 업데이트하기 위한 오케스트레이션 사가 패턴

그림 13.8의 단계는 다음과 같다.

1. 이는 앞서 설명한 코레오그래피 사가 패턴 접근 방식의 1단계와 같다.
2. 메타데이터 서비스가 이 이벤트를 소비한다.
3. 메타데이터 서비스가 파일 생성 토픽에 이벤트를 생성해 저장소 서비스에 새 위치에 파일 생성을 요청한다.
4. 저장소 서비스가 이 이벤트를 소비하고 파일을 새 위치에 쓴다.
5. 저장소 서비스가 응답 토픽에 이벤트를 생성해 메타데이터 서비스에 파일 쓰기가 성공적으로 완료됐음을 알린다.
6. 메타데이터 서비스가 이 이벤트를 소비한다.
7. 메타데이터 서비스가 파일 삭제 토픽에 이벤트를 생성해 저장소 서비스에 이전 위치에서의 파일 삭제를 요청한다.
8. 저장소 서비스가 이 이벤트를 소비하고 이전 위치에서 파일을 삭제한다.

## 13.7 캐시 무효화

CDN은 주로 정적 파일 제공에 사용되므로 캐시 무효화는 덜 중요한 이슈일 수 있다. 4.11.1절에서 설명한 대로 파일에 핑거프린트를 남길 수 있다. 다양한 캐싱 전략(4.8절)과 캐시에서 오래된 파일을 모니터링하는 시스템 설계에 대해 논의했다. 이 시스템은 높은 트래픽을 예상해야 한다.

## 13.8 로깅, 모니터링, 경보

2.5절에서 면접에서 언급해야 할 로깅, 모니터링, 경보의 주요 개념을 설명했다. 2.5절에서 설명한 것 외에도 다음 사항을 모니터링하고 경보를 보내야 한다.

- 업로더가 파일의 업로드 진행 중 완료나 실패 상태 등을 추적할 수 있어야 한다.
- CDN 미스를 기록하고 모니터링하며 낮은 긴급도의 경보를 트리거한다.
- 프론트엔드 서비스가 파일의 요청 속도를 기록할 수 있다. 이는 공유 로깅 서비스에서 수행할 수 있다.
- 비정상적이거나 악의적인 활동을 모니터링한다.

## 13.9 미디어 파일 다운로드에 대한 기타 가능한 논의

미디어 파일을 완전히 다운로드하기 전에 재생할 수 있기를 바랄 수 있다. 해결책은 미디어 파일을 더 작은 파일로 나누는 것이다. 이 파일은 순서대로 다운로드돼 원본의 부분 버전인 미디어 파일로 조립될 수 있다. 이런 시스템은 부분 버전을 재생하면서 그러한 조립을 수행할 수 있는 클라이언트 사이드 미디어 플레이어가 필요하다. 세부 사항은 시스템 설계 면접의 범위를 벗어날 수 있다. 이는 파일의 바이트 문자열을 맞추는 것과 관련이 있다.

순서가 중요하므로 먼저 다운로드할 파일을 나타내는 메타데이터가 필요하다. 시스템은 파일을 더 작은 파일로 분할하고 각각의 작은 파일에 시퀀스 번호를 할당한다. 파일 순서와 총 개수 정보가 포함된 메타데이터 파일도 생성한다. 특정 순서로 파일을 효율적으로 다운로드하려면 어떻게 해야 할까? 그 외 가능한 비디오 스트리밍 최적화 전략에 관해서도 논의할 수 있다.

## 요약

- CDN은 확장 가능하고 탄력적인 분산 파일 저장 서비스로, 대규모나 지리적으로 분산된 사용자 기반을 제공하는 거의 모든 웹 서비스에 필요한 유틸리티다.
- CDN은 지리적으로 분산된 파일 저장 서비스로, 각 사용자가 가장 빠르게 서비스할 수 있는 데이터 센터에서 파일에 접근할 수 있게 한다.
- CDN의 장점은 낮은 지연 시간, 확장성, 낮은 단위 비용, 높은 처리량, 높은 가용성 등이다.
- CDN의 단점은 추가적인 복잡성, 낮은 트래픽의 높은 단위 비용과 숨겨진 비용, 고비용 마이그레이션, 가능한 네트워크 제한, 보안과 프라이버시 문제, 불충분한 사용자 정의 기능 등이다.
- 저장소 서비스는 특정 파일을 저장하는 저장소 서비스 호스트를 추적하는 메타데이터 서비스와 분리할 수 있다. 저장소 서비스의 구현은 호스트 프로비저닝과 상태에 집중할 수 있다.

- 파일 접근을 기록하고 이 데이터를 사용해 지연 시간과 저장소를 최적화할 수 있게 데이터 센터 전체에 파일을 재분배하거나 복제할 수 있다.
- CDN은 안전하고 신뢰할 수 있으며 세분화된 접근 제어를 위해 키 교체가 있는 서드파티 토큰 기반 인증과 권한 부여를 사용할 수 있다.
- 가능한 CDN 고수준 아키텍처는 일반적인 API 게이트웨이-메타데이터-저장소/데이터베이스 아키텍처일 수 있다. 각 구성 요소를 특정 기능과 비기능 요구사항에 맞게 사용자 정의하고 확장한다.
- 분산 파일 저장 서비스는 클러스터 내부나 외부에서 관리할 수 있다. 각각 장단점이 있다.
- 자주 접근하는 파일은 더 빠른 읽기를 위해 API 게이트웨이에 캐시할 수 있다.
- 저장 시 암호화를 위해 CDN은 비밀 관리 서비스를 사용해 암호화 키를 관리할 수 있다.
- 대용량 파일은 파일을 청크로 나누고 각 청크의 업로드를 별도로 관리하는 멀티파트 업로드 프로세스로 업로드해야 한다.
- 낮은 다운로드 지연 시간을 유지하면서 비용을 관리하기 위해 주기적인 배치 작업으로 데이터 센터 전체에 파일을 재분배하고 적절한 수의 호스트에 복제할 수 있다.

# 14

# 문자 메시징 앱 설계

**이 장에서 다루는 내용**

- 수십억 명의 클라이언트가 짧은 메시지를 보낼 수 있는 앱 설계
- 지연 시간 vs. 비용을 트레이드오프하는 접근 방식 고려
- 내결함성을 위한 설계

문자 메시징 앱을 설계해보자. 이 앱은 10만 명의 사용자가 서로 몇 초 내에 메시지를 주고받을 수 있는 시스템이다. 비디오나 오디오 채팅은 고려하지 않는다. 사용자가 예측 불가능한 속도로 메시지를 보내므로 시스템은 이러한 트래픽 급증을 처리할 수 있어야 한다. 이 책에서 정확히 한 번 전달(exactly-once delivery)을 고려하는 첫 번째 예시 시스템이다. 메시지는 손실되지 않아야 하며, 한 번 이상 전송돼서도 안 된다.

## 14.1 요구사항

약간의 논의 후 다음과 같은 기능 요구사항을 결정했다.

- 실시간 또는 결과적 일관성, 두 경우를 모두 고려한다.
- 채팅방에 얼마나 많은 사용자가 있을 수 있는가? 채팅방은 2명에서 1,000명의 사용자를 포함할 수 있다.
- 메시지에 문자 제한이 있는가? 제한을 1000 UTF-8 문자로 정한다. 문자당 최대 32비트, 메시지 크기는 최대 4KB다.

- 알림은 플랫폼별 세부사항으로 고려할 필요가 없다. 안드로이드, iOS, 크롬, 윈도우 앱은 각각 플랫폼별 알림 라이브러리가 있다.
- 전송 확인과 읽음 확인
- 메시지를 기록한다. 사용자는 최대 10MB의 과거 메시지를 조회하고 검색할 수 있다. 사용자 수가 10억 명이면 전체 저장소 용량은 약 10PB에 달한다.
- 메시지 본문은 비공개. 한 사용자에서 다른 사용자로 메시지가 전송됐다는 정보를 포함하여 모든 메시지 정보를 볼 수 있는지 면접관과 논의할 수 있다. 그러나 메시지 전송 실패와 같은 오류 이벤트가 발생하면 우리가 볼 수 있는 오류가 트리거돼야 한다. 이러한 오류 로깅과 모니터링은 사용자 프라이버시를 보호해야 한다. 종단 간(end-to-end) 암호화가 이상적이다.
- 사용자 온보딩(즉, 새 사용자가 메시징 앱에 가입하는 과정)을 고려할 필요가 없다.
- 같은 사용자 그룹에 여러 채팅방/채널을 고려할 필요가 없다.
- 일부 채팅 앱은 사용자가 '좋은 아침'이나 '지금 통화할 수 없어요. 나중에 답장할게요.'와 같은 메시지를 빠르게 작성하고 보낼 수 있는 템플릿 메시지가 있다. 이는 여기서 고려하지 않는 클라이언트 사이드 기능일 수 있다.
- 일부 메시징 앱은 연결된 사람이 온라인 상태인지 사용자가 볼 수 있게 한다. 우리는 이를 고려하지 않는다.
- 음성 메시지, 사진, 동영상 같은 미디어가 아닌 텍스트 전송만 고려한다.

### 비기능 요구사항

- **확장성**(Scalability): 동시 사용자 10만 명. 각 사용자가 1분마다 4KB 메시지를 보낸다고 가정하면 쓰기 속도는 400MB/분이다. 사용자는 최대 1,000개의 연결을 가질 수 있고, 메시지는 최대 1,000명의 수신자에게 전송될 수 있으며, 각 수신자는 최대 5개의 기기를 가질 수 있다.
- **고가용성**(High availability): 99.99% 가용성
- **고성능**(High performance): P99 메시지 전송 시간 10초
- **보안과 프라이버시**(Security and privacy): 사용자 인증 필요. 메시지는 비공개여야 한다.
- **일관성**(Consistency): 메시지의 엄격한 순서는 필요 없다. 여러 사용자가 거의 동시에 서로에게 메시지를 보내면 이 메시지는 사용자마다 다른 순서로 나타날 수 있다.

## 14.2 초기 구상

얼핏 보면 이는 9장에서 설명한 알림/경보 서비스와 유사해 보인다. 자세히 살펴보면 표 14.1에 나열된 몇 가지 차이점이 있다. 알림/경보 서비스의 설계를 그대로 재사용할 수는 없지만 시작점으로 활용할 수 있다. 유사한 요구사항과 해당하는 설계 구성 요소를 식별하고 차이점을 이용해 설계의 복잡성을 적절히 증가시키거나 줄일 수 있다.

표 14.1 메시징 앱과 알림/경보 서비스의 차이점

| 메시징 앱 | 알림/경보 서비스 |
|---|---|
| 모든 메시지의 우선순위가 동일하며 P99 전송 시간이 10초다. | 이벤트에 다른 우선순위 수준이 있을 수 있다. |
| 메시지는 단일 서비스의 단일 채널 내에서 한 클라이언트에서 다른 클라이언트로 전달된다. 다른 채널이나 서비스를 고려할 필요가 없다. | 이메일, SMS, 자동 전화 통화, 푸시 알림, 앱 내 알림 등 여러 채널이 있다. |
| 수동 트리거 조건만 있다. | 이벤트를 수동, 프로그래밍 방식, 또는 주기적으로 트리거할 수 있다. |
| 메시지 템플릿이 없다. 메시지 제안은 예외일 수 있다. | 사용자가 알림 템플릿을 만들고 관리할 수 있다. |
| 종단 간 암호화로 인해 사용자의 메시지를 볼 수 없으므로 계산 리소스 소비를 줄이기 위해 공통 요소를 식별하고 함수로 중복을 제거할 여지가 적다. | 종단 간 암호화가 없다. 템플릿 서비스와 같은 추상화를 만들 여지가 더 많다. |
| 사용자가 이전 메시지를 요청할 수 있다. | 대부분의 알림은 한 번만 보내면 된다. |
| 전송 확인과 읽음 확인이 앱의 일부다. | 이메일, 문자, 푸시 알림 등 대부분의 알림 채널에 접근할 수 없으므로 전송과 읽음 확인이 불가능할 수 있다. |

## 14.3 초기 고수준 설계

사용자는 먼저 수신자 목록에서 메시지를 보낼 이름으로 수신자를 선택한다. 그다음 모바일, 데스크톱이나 브라우저 앱에서 메시지를 작성하고 전송 버튼을 누른다. 앱은 먼저 수신자의 공개 키로 메시지를 암호화한 다음 메시징 서비스에 메시지 전달을 요청한다. 메시징 서비스는 수신자에게 메시지를 보낸다. 수신자는 발신자에게 전송 확인과 읽음 확인 메시지를 보낸다. 이 설계에는 다음과 같은 의미가 있다.

- 앱은 이름과 공개 키를 포함한 각 수신자의 메타데이터를 저장해야 한다.
- 메시징 서비스는 각 수신자와 열린 웹소켓 연결을 유지해야 한다.
- 수신자가 둘 이상에서는 발신자는 각 수신자의 공개 키로 메시지를 암호화해야 한다.
- 메시징 서비스는 많은 발신자가 짧은 시간 내에 갑자기 메시지를 보내기로 결정하는 예측 불가능한 트래픽 급증을 처리해야 한다.

그림 14.1을 참조하면, 다른 기능 요구사항을 제공하고 그 외 비기능 요구사항을 최적화하기 위해 별도의 서비스를 만든다.

- **발신자 서비스(Sender service)**: 발신자로부터 메시지를 받아 즉시 수신자에게 전달한다. 또한 이 메시지를 다음에 설명할 메시지 서비스에 기록한다.
- **메시지 서비스(Message service)**: 발신자는 이 서비스에 보낸 메시지를 요청할 수 있고, 수신자는 이 서비스에 받은 메시지와 받지 않은 메시지를 모두 요청할 수 있다.
- **연결 서비스(Connection service)**: 사용자의 활성과 차단된 연결을 저장하고 검색하며, 다른 사용자를 연락처 목록에 추가하고, 다른 사용자가 메시지를 보내는 것을 차단한다. 연결 서비스는 이름, 아바타, 공개 키와 같은 연결 메타데이터도 저장한다.

그림 14.1은 서비스 간의 관계를 보여주는 고수준 아키텍처를 보여준다. 사용자는 API 게이트웨이를 통해 서비스에 요청한다. 발신자 서비스는 메시지 서비스에 메시지를 기록해 달라고 요청하며, 여기에는 수신자에게 전달하지 못한 메시지도 포함된다. 또한 수신자가 메시지 발신자를 차단했는지 확인하기 위해 연결 서비스에 요청을 한다. 자세한 내용은 이후 절에서 설명한다.

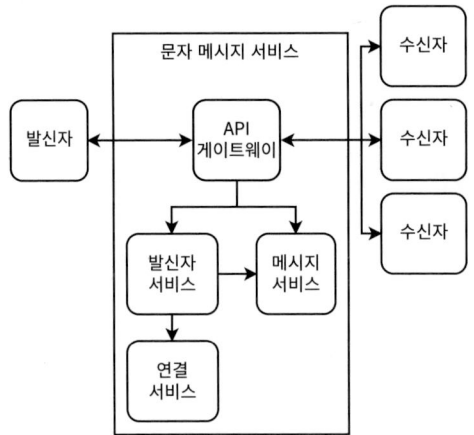

**그림 14.1** 서비스 간의 관계를 보여주는 고수준 아키텍처. 수신자는 전송 확인과 읽음 확인을 보내기 위한 요청을 할 수 있으며, 이는 발신자에게 전송된다. 발신자나 수신자 등 모든 사용자는 메시지 서비스에 이전 메시지나 전달되지 않은 메시지를 요청할 수 있다.

## 14.4 연결 서비스

연결 서비스는 다음 엔드포인트를 제공해야 한다.

- `GET /connection/user/{userId}`: 사용자의 모든 연결과 메타데이터를 가져온다. 활성 및 차단된 연결과 활성 연결의 공개 키를 포함한다. 연결 그룹 또는 다른 카테고리로 필터링하기 위한 추가 경로나 쿼리 매개변수를 추가할 수도 있다.

- `POST /connection/user/{userId}/recipient/{recipientId}`: userId를 가진 사용자가 recipientId를 가진 다른 사용자에게 새 연결 요청을 보낸다.

- `PUT /connection/user/{userId}/recipient/{recipientId}/request/{accept}`: Accept는 연결 요청을 수락하거나 거부하는 불리언 변수다.

- `PUT /connection/user/{userId}/recipient/{recipientId}/block/{block}`: Block은 연결을 차단하거나 차단 해제하는 불리언 변수다.

- `DELETE /connection/user/{userId}/recipient/{recipientId}`: 연결을 삭제한다.

## 14.4.1 연결 만들기

사용자의 연결(활성 연결과 차단된 연결 모두 포함)은 사용자의 기기(즉, 데스크톱이나 모바일 앱) 또는 브라우저 쿠키나 로컬스토리지에 저장돼야 한다. 따라서 연결 서비스는 사용자가 기기를 변경하는 경우에 대비한 이 데이터의 백업이 되거나 사용자의 여러 기기 간에 이 데이터를 동기화하는 역할을 한다. 많은 쓰기 트래픽이나 대량의 데이터를 예상하지 않으므로 공유 SQL 서비스에 데이터를 저장하는 간단한 상태 비저장 백엔드 서비스로 구현할 수 있다.

## 14.4.2 발신자 차단

사용자가 이 발신자를 차단한 경우 차단된 연결을 차단된 발신자 연결이라고 하고, 사용자가 이 수신자를 차단하면 차단된 수신자 연결이라고 한다. 이 절에서는 성능과 오프라인 기능을 극대화하기 위한 메시징 앱 설계를 논의한다. 그림 14.2를 참조하면, 차단은 모든 계층에서 구현해야 한다. 즉, 클라이언트(발신자와 수신자의 기기 모두)와 서버에서 구현해야 한다. 이 절의 나머지 부분에서는 이 접근 방식과 관련된 고려사항 몇 가지를 설명한다.

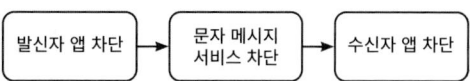

그림 14.2 차단은 모든 계층에서 구현돼야 한다. 차단된 발신자가 메시지를 보내려고 하면 발신자의 기기가 이를 차단해야 한다. 이 차단이 실패하고 메시지가 서버로 갔다면 서버가 이를 차단해야 한다. 서버가 메시지 차단에 실패하고 수신자의 기기에 도달했다면 수신자의 기기가 이를 차단해야 한다.

### 트래픽 줄이기

서버로의 트래픽을 줄이기 위해 차단된 수신자 연결은 사용자의 기기에 저장돼야 한다. 그러면 사용자가 이 수신자와 상호작용하는 것을 기기가 방지할 수 있고, 서버가 이런 원치 않는 상호작용을 차단할 필요가 없다. 다른 사용자가 자신을 차단했다는 것을 사용자에게 알릴지 여부는 우리가 결정할 UX 설계 결정이다.

### 즉시 차단/차단 해제 허용

사용자가 클라이언트에서 발신자를 차단하는 요청을 제출하면 클라이언트는 발신자를 차단하기 위한 관련 PUT 요청도 보내야 한다. 하지만 이 특정 엔드포인트를 사용할 수 없을 경우를 대비해 클라이언트는 발신자를 차단했다는 사실도 기록할 수 있다. 그러면 차단된 발신자의 메시지를 숨기고 새 메시지 알림을 표시하지 않을 수 있다. 클라이언트는 발신자 차단 해제에 유사한 작업을 수행한다. 이 요청은 기기의 데드 레터 큐로 보내고 해당 엔드포인트를 다시 사용할 수 있을 때 서버로 보낼 수 있다. 이는 정상 성능 저하의 예다. 시스템의 일부가 실패해도 제한된 기능이 유지된다.

이는 사용자의 다른 기기가 차단하려던 발신자로부터 계속 메시지를 받거나 차단 해제하려던 발신자의 메시지를 차단할 수 있음을 의미할 수 있다.

연결 서비스는 어떤 기기가 서비스와 연결을 동기화했는지 추적할 수 있다. 동기화된 기기가 발신자를 차단한 수신자에게 메시지를 보내면 이는 버그가 있거나 악의적인 활동임을 나타내므로 연결 서비스는 개발자에게 경보를 트리거해야 한다. 이는 14.6절에서 더 자세히 설명한다.

### 앱 해킹

발신자가 앱을 해킹해 자신을 차단한 수신자 데이터를 삭제하려는 시도를 막을 실용적인 방법은 없다. 발신자의 기기에서 차단된 수신자를 암호화하면 키를 안전하게 저장할 유일한 방법은 서버에 저장하는 것이다. 이는 발신자의 기기가 차단된 수신자를 보려면 서버에 쿼리해야 함을 의미하며, 이는 이 데이터를 발신자의 기기에 저장하는 목적을 무력화한다. 이 보안 문제는 모든 계층에서 차단을 구현해야 하는 또 다른 이유다. 보안과 해킹에 대한 자세한 설명은 이 책의 범위를 벗어난다.

### 가능한 일관성 문제

사용자는 여러 기기에서 같은 차단 또는 차단 해제 요청을 보낼 수 있다. 처음에는 PUT 요청이 멱등성이 있으므로 문제가 없을 것 같았다. 하지만 불일치가 발생할 수 있다. 정상 성능 저하 메커니즘으로 인해 이 기능이 더 복잡해졌다. 그림 14.3을 참조하면, 사용자가 한 기기에서 차단 요청을 하고 나서 차단 해제 요청을 하고 다른 기기에서도 차단 요청을 한 경우 최종 상태가 발신자를 차단할지 차단 해제할지 불분명하다. 이 책의 다른 부분에서 언급했듯이 요청의 순서를 결정하기 위해 기기의 타임스탬프를 요청에 첨부하는 것은 해결책이 아니다. 기기의 시계를 완벽하게 동기화할 수 없기 때문이다.

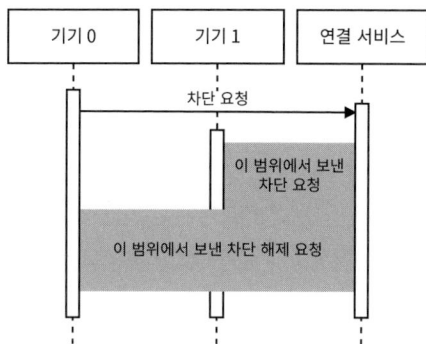

**그림 14.3** 여러 기기가 연결 서비스에 요청을 보낼 수 있다면 불일치가 발생할 수 있다. 기기 0이 차단 요청을 하고 나서 차단 해제 요청을 하는 동안 기기 1이 기기 0 이후에 차단 요청을 하면 사용자의 의도가 차단인지 차단 해제인지 불분명하다.

한 번에 하나의 기기만 연결을 허용해도 이 문제는 해결되지 않는다. 서버에 요청을 할 수 없으면 이러한 요청을 사용자의 기기에서 큐에 넣을 수 있기 때문이다. 그림 14.4를 참조하면, 사용자가 한 기기에 연결해 큐에 있는 일부 요청을 한 다음, 다른 기기에 연결해 다른 요청을 성공적으로 수행하면 첫 번째 기기가 서버에 요청을 성공적으로 할 수 있다.

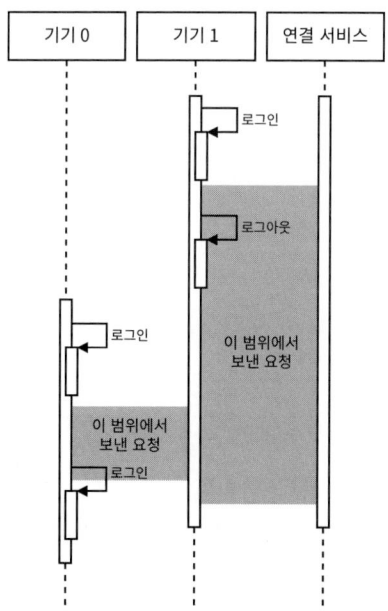

**그림 14.4** 요청을 하려면 기기에 로그인해야 하더라도 불일치가 발생할 수 있다. 기기에서 요청이 큐에 들어갔다가 사용자가 로그아웃한 후 연결 서비스로 전송될 수 있기 때문이다.

이 일반적인 일관성 문제는 오프라인 기능이 쓰기 작업을 포함할 때 발생한다.

한 가지 해결책은 사용자에게 각 기기의 최종 상태를 확인하게 요청하는 것이다. 이 예시[1]는 저자가 작성한 이 앱이 따르는 접근 방식이다. 단계는 다음과 같을 수 있다.

1. 사용자가 한 기기에서 이런 쓰기 작업을 수행하면 해당 기기가 서버를 업데이트한다.
2. 다른 기기가 서버와 동기화하고 자신의 상태가 서버와 다르다는 것을 발견한다.
3. 기기는 사용자에게 최종 상태를 확인하게 요청하는 UI를 제공한다.

또 다른 가능한 해결책은 불일치를 방지하는 방식으로 쓰기 작업과 오프라인 기능에 제한을 두는 것이다. 이때 기기가 차단 요청을 보내면 다른 모든 기기가 서버와 동기화될 때까지 차단 해제를 허용하지 않아야 하며, 차단 해제 요청에서도 마찬가지다.

두 접근 방식의 단점은 UX가 매끄럽지 않다는 것이다. 사용성과 일관성 사이에 트레이드오프가 있다. 기기가 네트워크 연결 상태와 관계없이 임의의 쓰기 작업을 보낼 수 있다면 UX가 더 좋겠지만, 이는 일관성을 유지하기 불가능하다.

## 공개 키

기기가 앱을 설치(혹은 재설치)하고 처음 시작할 때 공개–비공개 키 쌍을 생성한다. 공개 키를 연결 서비스에 저장해야 한다. 연결 서비스는 웹소켓 연결을 통해 새 공개 키로 사용자의 연결을 즉시 업데이트해야 한다.

사용자는 최대 1,000개의 연결을 가질 수 있고 각 연결은 5개의 기기를 가질 수 있으므로 키 변경에는 최대 5,000개의 요청이 필요할 수 있으며, 수신자를 사용할 수 없어 일부 요청이 실패할 수 있다. 키 변경은 드문 이벤트일 것이므로 예측하지 못한 트래픽 급증을 일으키지 않을 것이며, 연결 서비스는 메시지 브로커링[2]이나 카프카를 사용할 필요가 없을 것이다. 업데이트를 받지 못한 연결은 나중에 GET 요청에서 받을 수 있다.

발신자가 오래된 공개 키를 사용해 메시지를 암호화하면 수신자가 복호화한 후 이상한 문자로 나타날 것이다. 수신 기기에서 수신 사용자에게 이런 오류가 표시되지 않게 하기 위해 발신자는 SHA-2와 같은 암호화 해시 함수로 메시지를 해싱하고 이 해시를 메시지의 일부로 포함할 수 있다. 수신 기기는 복

---

[1] https://play.google.com/store/apps/details?id=com.zhiyong.tingxie
[2] (옮긴이) 서로 다른 시스템 간에 데이터를 교환할 수 있도록 중개 역할을 수행하는 기술이다.

호화된 메시지를 해싱하고 해시가 일치할 때만 복호화된 메시지를 수신 사용자에게 표시할 수 있다. 다음 절에서 자세히 설명할 발신자 서비스는 수신자가 발신자에게 메시지 재전송을 요청할 수 있는 특별한 메시지 엔드포인트를 제공할 수 있다. 수신자는 공개 키를 포함할 수 있으므로 발신자는 이 오류를 반복하지 않고 오래된 공개 키를 새 것으로 교체할 수 있다.

이런 오류를 방지하는 한 가지 방법은 공개 키 변경이 즉시 적용되지 않게 하는 것이다. 공개 키 변경 요청에는 두 키가 모두 유효한 유예 기간(예: 7일)이 포함될 수 있다. 수신자가 이전 키로 암호화된 메시지를 받으면 새 키가 포함된 특별한 메시지 요청을 발신자 서비스에 보낼 수 있으며, 발신자 서비스는 발신자에게 해당 키를 업데이트하게 요청한다.

## 14.5 발신자 서비스

발신자 서비스는 발신자로부터 메시지를 받아 거의 실시간으로 수신자에게 전달하는 단일 기능의 확장성, 가용성, 성능에 최적화되어 있다. 이 중요한 기능의 디버깅 가능성과 유지보수성을 최적화하기 위해 가능한 한 간단하게 만들어야 한다. 예측하지 못한 트래픽 급증이 있으면 이러한 메시지를 임시 저장소에 버퍼링해 충분한 리소스가 있을 때 처리하고 전달할 수 있어야 한다.

그림 14.5는 발신자 서비스의 고수준 아키텍처다. 두 개의 서비스와 그 사이의 카프카 토픽으로 구성된다. 이는 새 메시지 서비스와 메시지 전송 서비스라고 부른다. 이 접근 방식은 9.3절의 알림 서비스 백엔드와 유사하다. 그러나 여기서는 메타데이터 서비스를 사용하지 않는다. 내용이 암호화돼 있어 공통 구성 요소를 ID로 대체하기 위해 구문 분석할 수 없기 때문이다.

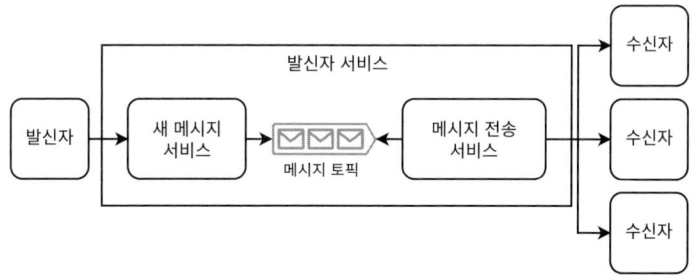

그림 14.5 발신자 서비스의 고수준 아키텍처. 발신자는 API 게이트웨이(그림에 없음)를 통해 발신자 서비스에 메시지를 보낸다.

메시지는 발신자 ID, 최대 1,000개의 수신자 ID 목록, 본문 문자열, 메시지 전송 상태 열거형(가능한 상태는 '메시지 전송됨', '메시지 전달됨', '메시지 읽음')의 필드가 있다.

### 14.5.1 메시지 보내기

메시지 보내기는 다음과 같이 진행된다. 클라이언트에서 사용자가 발신자 ID, 수신자 ID, 본문 문자열을 포함한 메시지를 작성한다. 전송 확인과 읽음 확인은 false로 초기화된다. 클라이언트는 본문을 암호화한 다음 발신자 서비스에 메시지를 보낸다.

새 메시지 서비스는 메시지 요청을 받아 새 메시지 카프카 토픽에 생성한 다음, 발신자에게 200 성공을 반환한다. 한 발신자의 메시지 요청에 최대 5,000개의 수신자가 포함될 수 있으므로 이런 식으로 비동기적으로 처리해야 한다. 새 메시지 서비스는 요청이 제대로 형식화됐는지 등의 간단한 유효성 검사를 수행하고 유효하지 않은 요청에 400 오류를 반환할 수 있다. (개발자에게 적절한 경보도 트리거 한다.)

그림 14.6은 메시지 전송 서비스의 고수준 아키텍처를 보여준다. 메시지 생성기는 새 메시지 카프카 토픽에서 소비하고 각 수신자에 별도의 메시지를 생성한다. 호스트는 스레드를 분기하거나 스레드 풀을 유지해 메시지를 생성할 수 있다. 호스트는 메시지를 수신자 토픽이라고 부르는 카프카 토픽에 생성한다. 호스트는 레디스 같은 분산 인메모리 데이터베이스에 체크포인트를 쓸 수도 있다. 메시지 생성 중 호스트가 실패하면 대체 호스트가 이 체크포인트를 조회해 중복 메시지를 생성하지 않게 할 수 있다.

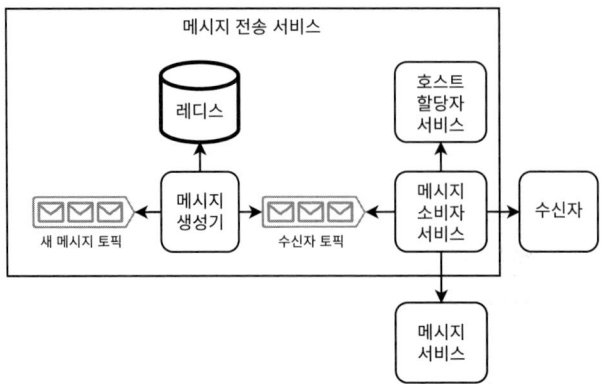

**그림 14.6** 메시지 전송 서비스의 고수준 아키텍처. 메시지 소비자 서비스는 여기에 명시된 것처럼 직접 수신자에게 메시지를 보내는 대신 다른 서비스를 거쳐 수신자에게 메시지를 보낼 수 있다.

메시지 소비자 서비스는 수신자 토픽에서 소비한 후 다음 단계를 수행한다.

1. 발신자가 차단됐어야 하는지 확인한다. 메시지 전송 서비스는 모든 메시지를 연결 서비스에 요청하는 대신 이 데이터를 저장해야 한다. 메시지에 차단된 발신자가 있다면 클라이언트 사이드 차단 메커니즘이 실패했음을 나타내며, 버그나 악의적인 활동 때문일 수 있다. 이때 개발자에게 경보를 트리거해야 한다.

2. 각 메시지 전송 서비스 호스트는 여러 수신자와 웹소켓 연결이 있다. 이 숫자를 실험해 적절한 균형을 결정할 수 있다. 카프카 토픽을 사용하면 각 호스트가 메시지를 전달할 준비가 됐을 때만 카프카 토픽에서 소비할 수 있으므로 각 호스트가 더 많은 수의 수신자를 처리할 수 있다. 서비스는 주키퍼 같은 분산 구성 서비스를 사용해 기기에 호스트를 할당할 수 있다. 이 주키퍼 서비스는 특정 수신자를 처리하는 호스트를 반환하는 적절한 API 엔드포인트를 제공하는 다른 서비스 뒤에 있을 수 있다. 이를 호스트 할당자 서비스라고 부를 수 있다.

    a. 현재 메시지를 처리하는 메시지 전송 서비스 호스트는 호스트 할당자 서비스에 적절한 호스트를 쿼리한 다음, 수신자에게 메시지를 전달하게 해당 호스트에 요청할 수 있다. 자세한 내용은 14.6.3절을 참조한다.

    b. 그와 동시에 메시지 전송 서비스는 메시지를 메시지 서비스에도 기록해야 한다. 이는 다음 절에서 더 자세히 설명한다. 14.6절에서 메시지 전송 서비스를 더 자세히 설명한다.

3. 발신자 서비스가 수신자 클라이언트에 메시지를 보낸다. 대부분 수신자 기기가 꺼져 있거나 인터넷 연결이 없어 수신자 클라이언트에 메시지를 전달할 수 없으면, 메시지가 이미 메시지 서비스에 기록됐고 나중에 기기가 검색할 수 있으므로 메시지를 그냥 버릴 수 있다.

4. 수신자는 메시지가 중복되지 않았는지 확인한 다음 사용자에게 표시할 수 있다. 수신자 앱은 사용자의 기기에 알림을 트리거할 수도 있다.

5. 사용자가 메시지를 읽으면 앱이 발신자에게 읽음 확인 메시지를 보낼 수 있으며, 이는 유사한 방식으로 전달될 수 있다.

1~4단계가 그림 14.7의 시퀀스 다이어그램에 명시돼 있다.

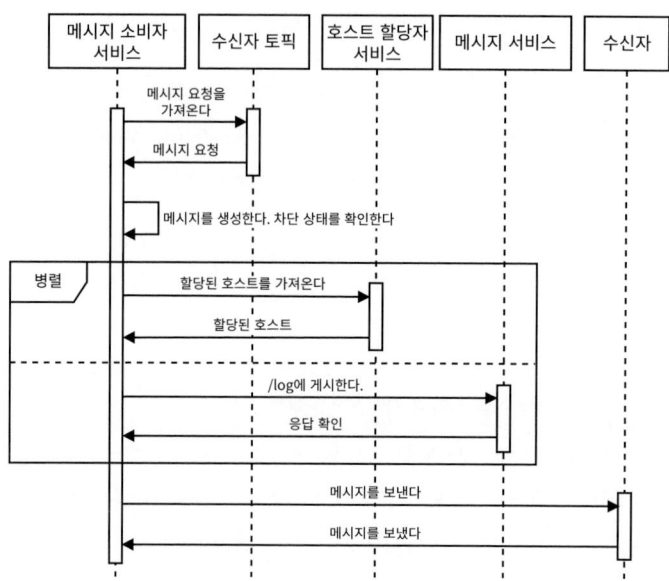

**그림 14.7** 수신자 카프카 토픽에서 메시지를 소비한 다음 수신자에게 보내는 시퀀스 다이어그램

> **연습**
> 이 단계는 코레오그래피 사가 패턴이나 오케스트레이션 사가 패턴으로 어떻게 수행할 수 있을까? 관련 코레오그래피 사가 패턴과 오케스트레이션 사가 패턴 다이어그램을 그려보자.

어떻게 기기가 받지 않은 메시지만 검색할 수 있을까? 한 가지 가능성은 메시지 서비스가 사용자의 어떤 기기가 해당 메시지를 받지 않았는지 기록하고 이를 사용해 각 기기가 받지 않은 메시지만 검색할 수 있는 엔드포인트를 제공하는 것이다. 이 접근 방식은 메시지 서비스가 각 기기에 동일한 메시지를 한 번 이상 전달할 필요가 없다고 가정한다. 메시지가 전달됐다가 손실될 수 있다. 사용자가 메시지를 삭제했다가 다시 읽고 싶어 할 수 있다. 메시지 앱에 버그가 있거나 기기에 문제가 있어 사용자가 메시지를 잃을 수 있다. 이런 사용 사례일 때 메시지 서비스 API는 기기가 최신 메시지보다 새로운 메시지를 쿼리할 수 있는 경로나 쿼리 매개변수를 노출할 수 있다. 기기가 동일한 메시지를 중복 수신할 수 있으므로, 중복 여부를 확인하고 제거해야 한다.

앞서 언급했듯이 메시지 서비스는 몇 주의 보존 기간을 가질 수 있으며, 그 후에는 메시지를 삭제한다.

수신자 기기가 온라인 상태가 되면 메시징 서비스에 새 메시지를 쿼리할 수 있다. 이 요청은 해당 호스트로 전달되며, 호스트는 메타데이터 서비스에 새 메시지를 쿼리하고 수신자 기기에 반환할 수 있다.

메시지 전송 서비스는 차단/차단해제 된 발신자를 업데이트하는 엔드포인트도 제공한다. 연결 서비스는 메시지 전송 서비스에 차단/차단해제 된 발신자를 업데이트하기 위한 요청을 한다. 연결 서비스와 메시지 전송 서비스는 독립적인 확장을 허용하기 위해 분리돼 있다. 후자가 전자보다 트래픽이 더 많을 것으로 예상한다.

### 14.5.2 기타 논의사항

다음 질문을 살펴볼 수 있다.

- 사용자가 백엔드 호스트에 메시지를 보냈지만 백엔드 호스트가 받았다고 응답하기 전에 다운되면 어떻게 되는가?

백엔드 호스트가 다운되면 클라이언트는 5xx 오류를 받는다. 지수 재시도와 백오프, 데드 레터 큐와 같은 실패한 요청에 대한 일반적인 기술을 구현할 수 있다. 클라이언트는 프로듀서 호스트가 메시지를 성공적으로 큐에 넣고 백엔드 호스트에 200 응답을 반환할 때까지 재시도할 수 있으며, 백엔드 호스트는 마찬가지로 발신자에게 200 응답을 반환할 수 있다.

컨슈머 호스트가 다운되면 다른 컨슈머 호스트가 해당 카프카 파티션에서 메시지를 소비한 다음 해당 파티션의 오프셋을 업데이트할 수 있게 자동이나 수동 장애 조치 프로세스를 구현할 수 있다.

- 메시지 순서를 해결하려면 어떤 접근 방식을 취해야 하는가?

일관된 해싱을 사용해 특정 수신자 메시지를 특정 카프카 파티션에 생성할 수 있다. 이렇게 하면 특정 수신자 메시지가 순서대로 소비되고 수신된다.

일관된 해싱 접근 방식으로 인해 특정 파티션에 메시지가 과부하되면 파티션 수를 늘리고 일관된 해싱 알고리즘을 변경해 더 많은 수의 파티션에 메시지를 균등하게 분산시킬 수 있다. 다른 방법은 레디스 같은 인메모리 데이터베이스를 사용해 수신자-파티션 매핑을 저장하고, 특정 파티션에 과부하가 걸리지 않게 이 매핑을 필요에 따라 조정하는 것이다.

마지막으로, 클라이언트도 메시지가 순서대로 도착하는지 확인할 수 있다. 메시지가 순서가 맞지 않게 도착하면 추가 조사를 위해 낮은 긴급도의 경보를 트리거할 수 있다. 클라이언트는 메시지 중복도 제거할 수 있다.

- 메시지가 1:1이 아닌 N:N이라면 어떻게 되는가?

채팅방의 인원 수를 제한할 수 있다.

이 아키텍처는 확장 가능하다. 비용 효율적으로 확장하거나 축소할 수 있다. API 게이트웨이와 공유 카프카 서비스 같은 공유 서비스를 사용한다. 카프카를 사용하면 중단 없이 트래픽 급증을 처리할 수 있다.

주요 단점은 지연 시간이며, 특히 트래픽 급증일 때 그렇다. 큐와 같은 풀 메커니즘을 사용하면 결과적 일관성을 허용하지만 실시간 메시징에는 적합하지 않다. 실시간 메시징이 필요하다면 카프카 큐를 사용할 수 없고 대신 호스트와 기기 비율을 줄이고 대규모 호스트 클러스터를 유지해야 한다.

## 14.6 메시지 서비스

메시지 서비스는 메시지 로그 역할을 한다. 사용자는 다음 목적으로 요청할 수 있다.

- 사용자가 새 기기에 로그인했거나 기기의 앱 저장소가 지워질 때 기기는 과거에 보낸 메시지와 받은 메시지 모두를 다운로드해야 한다.
- 메시지를 전달할 수 없을 수 있다. 가능한 이유로는 전원이 꺼졌거나, OS에 비활성화됐거나, 서비스와의 네트워크 연결이 없을 때가 포함된다. 클라이언트가 켜지면 사용할 수 없는 동안 보내진 메시지를 메시지 서비스에 요청할 수 있다.

프라이버시와 보안을 위해 시스템은 종단 간 암호화를 사용해야 하므로 시스템을 통과하는 메시지는 암호화된다. 종단 간 암호화의 추가 이점은 메시지가 전송 중과 저장 시 자동으로 암호화한다는 것이다.

> **종단 간 암호화**
>
> 종단 간 암호화는 세 가지 간단한 단계로 이해할 수 있다.
> 1. 수신자가 공개-비공개 키 쌍을 생성한다.
> 2. 발신자가 수신자의 공개 키로 메시지를 암호화한 다음 수신자에게 메시지를 보낸다.
> 3. 수신자가 자신의 비공개 키로 메시지를 복호화한다.

클라이언트가 메시지를 성공적으로 받은 후 메시지 서비스는 몇 주의 보존 기간을 가질 수 있으며, 그 후에는 저장 공간을 절약하고 더 나은 프라이버시와 보안을 위해 메시지를 삭제한다. 이러한 삭제는 해커가 서비스의 가능한 보안 결함을 악용해 메시지 내용을 얻는 것을 방지한다. 해커가 사용자 기기에서 비공개 키를 훔치는 데 성공할 경우 시스템에서 훔치고 복호화할 수 있는 데이터의 양을 제한한다.

그러나 사용자가 이 메시징 앱을 실행하는 여러 기기를 가지고 있을 수 있다. 모든 기기에 메시지를 전달하려면 어떻게 해야 할까?

한 가지 방법은 메시지를 전달되지 않은 메시지 서비스에 보관하고 주기적인 배치 작업으로 설정된 기간보다 오래된 데드 레터 큐의 데이터를 삭제하는 것이다. 또 다른 방법은 사용자가 언제든 한 대의 기기에만 로그인할 수 있게 하고, 사용자의 기기를 통해 메시지를 주고받을 수 있는 데스크톱 앱을 제공하는 것이다. 사용자가 다른 기기로 로그인하면 이전 기기의 이전 메시지를 볼 수 없다. 사용자가 데이터를 클라우드 저장소 서비스(예: 구글 드라이브(Google Drive)나 마이크로소프트 원드라이브(Microsoft OneDrive))에 백업해 다른 기기로 다운로드할 수 있는 기능을 제공할 수 있다.

메시지 서비스는 높은 쓰기 트래픽과 낮은 읽기 트래픽을 예상하며, 이는 카산드라의 이상적인 사용 사례다. 메시지 서비스의 아키텍처는 상태 비저장 백엔드 서비스와 공유 카산드라 서비스일 수 있다.

## 14.7 메시지 전송 서비스

14.5절에서는 유효하지 않은 메시지를 걸러내고 메시지를 카프카 토픽에 버퍼링하는 새 메시지 서비스를 포함하는 발신자 서비스에 대해 설명했다. 대부분의 처리와 메시지 전달은 메시지 전송 서비스가 수행하며, 이 절에서 자세히 설명한다.

### 14.7.1 소개

수신자 기기가 서버가 아니므로 발신자 서비스는 수신자가 먼저 세션을 시작하지 않고 수신자에게 메시지를 보낼 수 없다. 사용자의 기기가 서버가 되는 것은 일반적으로 다음과 같은 이유로 불가능하다.

- **보안(Security)**: 악의적인 공격자가 DDoS 공격을 하기 위해 기기를 하이재킹[3]하는 등 악성 프로그램을 기기에 보낼 수 있다.
- **기기로의 네트워크 트래픽 증가(Increased network traffic to devices)**: 기기가 먼저 연결을 시작하지 않고도 다른 기기로부터 네트워크 트래픽을 받을 수 있다. 이로 인해 소유자에게 증가된 트래픽에 대한 과도한 요금이 부과될 수 있다.
- **전력 소비(Power consumption)**: 모든 앱이 기기를 서버로 사용해야 한다면 증가된 전력 소비로 인해 배터리 수명이 상당히 줄어들 것이다.

---

[3] (옮긴이) 공격자가 정상적인 통신 세션이나 시스템 제어권을 가로채거나 탈취하는 행위를 의미한다.

비트토렌트 같은 P2P 프로토콜을 사용할 수 있지만 앞서 설명한 트레이드오프가 있다. 이는 더 이상 설명하지 않을 것이다.

기기가 연결을 시작해야 한다는 요구사항은 메시징 서비스가 각 클라이언트에 대해 하나씩, 많은 수의 연결을 지속적으로 유지해야 함을 의미한다. 대규모 호스트 클러스터가 필요하며, 이는 메시지 큐 사용의 목적을 무력화한다.

웹소켓을 사용해도 도움이 되지 않는다. 열린 웹소켓 연결도 호스트 메모리를 소비하기 때문이다.

소비자 클러스터는 최대 10만 명의 동시 수신자/사용자를 처리하기 위해 수천 개의 호스트를 가질 수 있다. 이는 각 백엔드 호스트가 그림 14.1에 나와 있듯이 여러 사용자와 열린 웹소켓 연결을 유지해야 함을 의미한다. 이 상태 저장은 불가피하다. 사용자에게 호스트를 할당하려면 주키퍼 같은 분산 조정 서비스가 필요할 것이다. 호스트가 다운되면 주키퍼가 이를 감지하고 대체 호스트를 프로비저닝해야 한다.

메시지 전송 서비스 호스트가 다운되었을 때의 장애 조치 절차를 고려해보자. 호스트는 기기에 하트비트를 보내야 한다. 호스트가 다운되면 기기는 메시지 전송 서비스에 새 웹소켓 연결을 요청할 수 있다. 쿠버네티스와 같은 컨테이너 오케스트레이션 시스템은 새 호스트를 프로비저닝하고, 주키퍼를 사용해 기기를 결정하고, 이 기기와 웹소켓 연결을 열어야 한다.

이전 호스트가 멈추기 전에 일부 수신자에게는 메시지를 성공적으로 전달했지만 모든 수신자에게는 전달하지 못했을 수 있다. 새 호스트가 같은 메시지를 다시 전달해 중복을 일으키는 것을 어떻게 피할 수 있을까?

한 가지 방법은 각 메시지를 보낼 때마다 체크포인트를 기록하는 방식이다. 레디스 같은 인메모리 데이터베이스를 사용하고 강한 일관성을 위해 레디스 클러스터를 분할할 수 있다. 호스트는 메시지가 수신자에게 성공적으로 전달될 때마다 레디스에 쓸 수 있다. 호스트는 메시지를 전달하기 전에 레디스에서 읽으므로 중복 메시지를 전달하지 않을 것이다.

다른 방법은 모든 수신자에게 메시지를 다시 보내고 수신자의 기기에 의존하여 메시지를 중복 제거하게 하는 것이다.

세 번째 방법은 발신자가 몇 분 후 확인을 받지 못하면 메시지를 다시 보내는 것이다. 이 메시지는 다른 소비자 호스트에 처리되고 전달될 수 있다. 이 문제가 지속되면 공유 모니터링과 경보 서비스에 경보를 트리거해 개발자에게 이 문제를 알릴 수 있다.

## 14.7.2 고수준 아키텍처

그림 14.8은 메시지 전송 서비스의 고수준 아키텍처를 보여준다. 주요 구성 요소는 다음과 같다.

1. 메시징 클러스터. 이는 여러 기기에 할당된 대규모 호스트 클러스터다. 개별 기기에 ID를 할당할 수 있다.
2. 호스트 할당자 서비스. 이는 주키퍼 서비스를 사용해 기기 ID와 호스트의 매핑을 유지하는 백엔드 서비스다. 쿠버네티스 같은 클러스터 관리 시스템도 주키퍼 서비스를 사용할 수 있다. 장애 조치 중 쿠버네티스는 주키퍼 서비스를 업데이트해 이전 호스트의 레코드를 제거하고 새로 프로비저닝된 호스트에 관한 레코드를 추가한다.
3. 이 장의 앞부분에서 설명한 연결 서비스.
4. 그림 14.6에 명시된 메시지 서비스. 기기가 받거나 보낸 모든 메시지도 메시지 서비스에 기록된다.

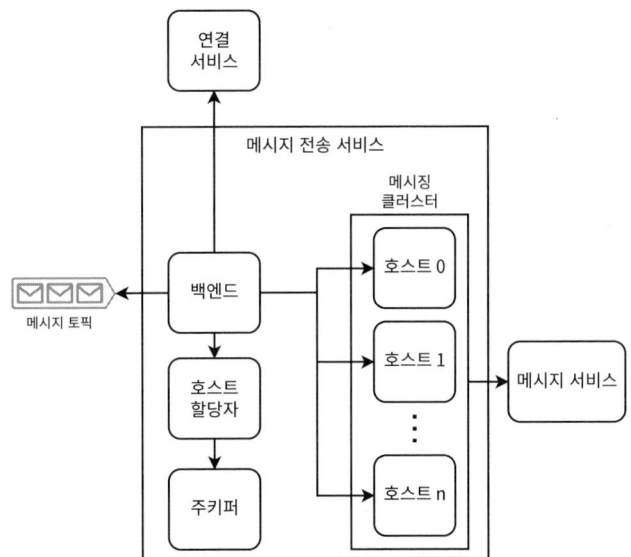

**그림 14.8** 클라이언트를 전용 호스트에 할당하는 메시지 전송 서비스의 고수준 아키텍처. 메시지 백업은 명시되지 않았다.

모든 클라이언트는 웹소켓을 통해 발신자 서비스에 연결되므로 호스트는 거의 실시간 지연으로 클라이언트에 메시지를 보낼 수 있다. 이는 메시징 클러스터에 상당한 수의 호스트가 필요함을 의미한다. 특정 엔지니어링 팀은 단일 호스트에서 수백만 개의 동시 연결을 설정했다[4]. 모든 호스트는 연결의 공개 키도 저장해야 한다. 메시징 서비스는 연결이 필요에 따라 자신의 새 공개 키를 호스트에 보낼 수 있는 엔드포인트가 필요하다.

---

[4] https://migratorydata.com/2013/10/10/scaling-to-12-million-concurrent-connections-how-migratorydata-did-it/

그러나 이는 단일 호스트가 수백만 클라이언트와 동시에 메시지를 주고받을 수 있다는 의미는 아니기에 트레이드오프가 필요하다. 몇 초 내에 전달할 수 있는 메시지는 작아야 하며 몇 백 자의 텍스트로 제한돼야 한다. 사진이나 동영상 같은 파일을 처리하기 위한 자체 호스트 클러스터가 있는 별도의 메시징 서비스를 만들고 이 서비스를 텍스트를 처리하는 메시징 서비스와 독립적으로 확장할 수 있다. 트래픽 급증 시 사용자는 몇 초의 지연으로 계속 서로 메시지를 보낼 수 있지만 파일 전송에는 몇 분이 걸릴 수 있다.

각 호스트는 최대 며칠 전의 메시지를 저장하고 주기적으로 오래된 메시지를 메모리에서 삭제할 수 있다. 그림 14.9를 참조하면, 호스트가 메시지를 받으면 메모리에 메시지를 저장하는 동시에 스레드를 분기해 카프카 큐에 메시지를 생성할 수 있다. 소비자 클러스터는 큐에서 소비하고 공유 레디스 서비스에 메시지를 쓸 수 있다. 레디스는 빠른 쓰기가 가능하지만 더 높은 내결함성을 위해 여전히 카프카를 사용해 쓰기를 버퍼링할 수 있다. 클라이언트가 이전 메시지를 요청하면 이 요청은 백엔드를 통해 해당 호스트로 전달되고, 호스트는 공유 레디스 서비스에서 이 이전 메시지를 읽는다. 이 전체적인 접근 방식은 쓰기보다 읽기를 우선시하므로 읽기 요청은 낮은 지연 시간을 가질 수 있다. 또한 쓰기 트래픽이 읽기 트래픽보다 훨씬 더 많으므로 카프카 큐를 사용하면 트래픽 급증이 레디스 서비스를 압도하지 않게 보장한다.

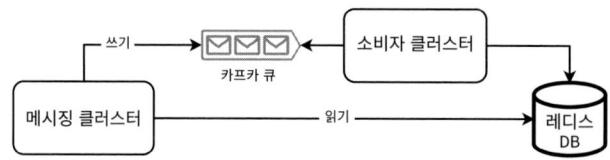

그림 14.9 메시징 클러스터와 레디스 데이터베이스 간의 상호작용. 더 높은 내결함성을 위해 카프카 큐를 사용해 읽기를 버퍼링할 수 있다.

호스트 할당자 서비스는 클라이언트/채팅방 ID와 호스트의 매핑을 포함할 수 있으며, 이 매핑을 레디스 캐시에 유지한다. 일관된 해싱, 라운드 로빈이나 가중 라운드 로빈을 사용해 ID를 호스트에 할당할 수 있지만, 이는 빠르게 특정 호스트가 불균형한 부하를 처리하는 핫 샤드 문제로 이어질 수 있다. 메타데이터 서비스는 각 호스트의 트래픽 정보를 포함할 수 있으므로 호스트 할당자 서비스는 이 정보를 사용해 핫 샤드 문제를 피하려면 어떤 호스트에 클라이언트나 채팅방을 할당할지 결정할 수 있다. 각 호스트가 높은 트래픽과 낮은 트래픽을 가진 클라이언트의 동일한 비율을 처리하게 호스트의 균형을 맞출 수 있다.

메타데이터 서비스는 각 사용자의 기기 정보도 포함할 수 있다.

호스트는 요청 활동, 즉 메시지 처리 활동을 로깅 서비스에 기록할 수 있으며, 이는 HDFS에 저장될 수 있다. 클라이언트와 호스트를 재할당하고 메타데이터 서비스를 업데이트해 호스트의 균형을 재조정하는 주기적인 배치 작업을 실행할 수 있다. 부하 재조정을 더욱 개선하려면 머신러닝과 같은 더 복잡한 통계적 접근 방식을 고려할 수 있다.

### 14.7.3 메시지 전송 단계

이제 14.5.1절의 3a 단계를 더 자세히 설명할 수 있다. 백엔드 서비스가 다른 개별 기기나 채팅방에 메시지를 보낼 때 해당 메시지의 텍스트 및 파일 콘텐츠에 대해 다음 단계가 별도로 발생할 수 있다.

1. 백엔드 호스트가 호스트 할당자 서비스에 요청을 하면 이 서비스는 주키퍼를 조회해 어떤 호스트가 수신자 개별 클라이언트나 채팅방을 처리하는지 결정한다. 아직 할당된 호스트가 없다면 주키퍼가 호스트를 할당할 수 있다.
2. 백엔드 호스트가 수신자 호스트에 메시지를 보낸다.

### 14.7.4 몇 가지 질문

면접관으로부터 상태 저장에 대한 질문을 받을 수 있다. 이 설계는 궁극적인 일관성을 강조하는 클라우드 네이티브의 원칙을 깨는 것이다. 이것이 문자 메시징 앱의 이 사용 사례, 특히 그룹 채팅에는 적합하지 않다고 설명할 수 있다. 클라우드 네이티브는 높은 쓰기 지연과 결과적 일관성을 낮은 읽기 지연, 높은 가용성 등과 교환하는 특정 트레이드오프를 가지며, 이는 낮은 쓰기 지연과 강한 일관성이라는 요구 사항에 완전히 적용되지 않을 수 있다. 그 밖의 논의할 수 있는 질문은 다음과 같다.

- **수신자에게 메시지를 전달하거나 발신자에게 '전송됨' 알림을 전달하기 전에 서버가 멈추면 어떻게 되는가?** 수신자의 기기가 오프라인 상황을 처리하는 방법을 설명했다. '전송됨' 알림이 발신자에게 전달되는 것을 어떻게 보장하는가? 한 가지 접근 방식은 클라이언트와 수신자 호스트가 최근의 '메시지 전송' 이벤트를 저장하는 것이다. 빠른 쓰기를 위해 카산드라를 사용할 수 있다. 발신자가 일정 시간 후 응답을 받지 못하면 메시징 서비스에 메시지가 전송됐는지 쿼리할 수 있다. 클라이언트나 수신자 호스트는 발신자에게 성공 응답을 반환할 수 있다. 다른 접근 방식은 '전송됨' 알림을 별도의 메시지로 취급하는 것이다. 수신자 호스트는 발신자 기기에 '전송됨' 알림을 보낼 수 있다.
- **메시지 순서를 해결하려면 어떤 접근 방식을 취해야 하는가?** 각 메시지에는 발신자 클라이언트의 타임스탬프가 있다. 나중 메시지가 이전 메시지보다 먼저 성공적으로 처리되고 전달될 수 있다. 수신자 기기가 메시지를 순서대로 표시하고 사용자가 기기를 보고 있다면 이전 메시지가 갑자기 나중 메시지 앞에 나타나 사용자를 혼란스럽게 할 수 있다. 해결책은 나중 메시지가 이미 수신자의 기기에 전달됐다면 이전 메시지를 버리는 것이다. 수신자 클라이언트가 메시지를 받으면 더 나중 타임스탬프를 가진 메시지가 있는지 확인하고, 있다면 적절한 오류 메시지와 함께 422 오류를 반환할 수 있다. 오류는 발신자의 기기로 전파될 수

있다. 메시지를 보낸 사용자는 성공적으로 전달된 나중 메시지 이후에 나타날 것이라는 것을 알고 메시지를 다시 보내기로 결정할 수 있다.

- 메시지가 1:1이 아닌 N:N이라면 어떻게 되는가? 채팅방의 인원 수를 제한할 것이다.

### 14.7.5 가용성 개선

그림 14.8의 고수준 아키텍처에서 각 클라이언트는 단일 호스트에 할당된다. 호스트로부터 하트비트를 받는 모니터링 서비스가 있더라도 호스트 실패로부터 복구하는 데 최소 수십 초가 걸릴 것이다. 호스트 할당자는 클라이언트를 호스트 간에 재분배하려면 복잡한 알고리즘을 실행해야 한다.

일반적으로 클라이언트를 처리하지 않고 하트비트만 보내는 대기 호스트 풀을 두어 가용성을 개선할 수 있다. 호스트가 실패하면 호스트 할당자는 즉시 모든 클라이언트를 대기 호스트에 할당할 수 있다. 이는 다운타임을 몇 초로 줄일 것이며, 이것이 허용 가능한지 면접관과 논의할 수 있다.

다운타임을 최소화하는 설계는 미니 클러스터를 만드는 것이다. 각 호스트에 하나나 두 개의 보조 호스트를 할당한다. 후자를 주 호스트라고 부를 수 있다. 이 주 호스트는 모든 요청을 지속적으로 보조 호스트로 전달해 보조 호스트가 주 호스트와 최신 상태를 유지하고 항상 주 호스트 역할을 수행할 준비가 돼 있게 한다. 주 호스트가 실패하면 보조 호스트로의 장애 조치가 즉시 이뤄질 수 있다. 테라폼을 사용해 이 인프라를 정의할 수 있다. 3개의 파드로 구성된 쿠버네티스 클러스터를 정의한다. 각 파드에는 하나의 노드가 있다. 전반적으로 이 접근 방식은 비용이 너무 많이 들고 복잡할 수 있다.

### 14.8 검색

각 사용자는 자신의 메시지만 검색할 수 있다. 텍스트 메시지를 직접 검색하게 검색을 구현하고 각 클라이언트에 역 인덱스를 구축하지 않아 역 인덱스의 설계, 구현, 유지보수 비용을 피할 수 있다. 평균 클라이언트의 메시지 저장 크기는 아마도 1GB(미디어 파일 제외)보다 훨씬 작을 것이다. 이러한 메시지를 메모리에 로드하고 검색하는 것은 간단하다.

미디어 파일 이름은 검색할 수 있지만 파일 자체의 내용은 검색하지 않는다. 바이트 문자열 검색은 이 책의 범위를 벗어난다.

## 14.9 로깅, 모니터링, 경보

2.5절에서 면접에서 언급해야 할 로깅, 모니터링, 경보의 주요 개념을 설명했다. 2.5절에서 설명한 것 외에도 다음을 로깅해야 한다.

- API 게이트웨이에서 백엔드 서비스로의 요청 등 서비스 간 요청을 로깅한다.
- 메시지 전송 이벤트를 로깅한다. 사용자 프라이버시를 보호하려면 특정 세부 정보는 로깅하고 다른 정보는 로깅하지 않을 수 있다.
- 사용자 프라이버시를 위해 모든 필드, 즉 발신자, 수신자, 본문, 전송 확인, 읽음 확인 등을 포함한 메시지 내용을 절대 로깅하지 않는다.
- 메시지가 데이터 센터 내에서 전송됐는지, 아니면 하나의 데이터 센터에서 다른 데이터 센터로 전송됐는지 로깅한다.
- 메시지 전송, 전송 확인 이벤트, 읽음 확인 이벤트의 오류 등 오류 이벤트를 로깅한다.

2.5절에서 설명한 것 외에도 다음을 모니터링하고 경보를 보내야 한다.

- 평소와 같이 오류와 타임아웃을 모니터링한다. 확장 결정을 위해 다양한 서비스의 사용률을 모니터링한다. 전달되지 않은 메시지 서비스의 저장소 소비를 모니터링한다.
- 백엔드 서비스에 오류가 없고 전달되지 않은 메시지 서비스의 저장소 사용률이 지속적으로 작다는 것은 발신자 서비스 클러스터 크기를 줄이는 것을 고려할 수 있다는 것을 나타낸다.
- 높은 속도로 메시지를 보내는 클라이언트와 같은 사기와 비정상적인 상황도 모니터링한다. 프로그래밍 방식의 전송은 허용되지 않는다. API 게이트웨이나 백엔드 서비스 앞에 속도 제한기를 두는 것을 고려한다. 문제를 조사하는 동안 이러한 클라이언트가 메시지를 보내거나 받는 것을 완전히 차단한다.

## 14.10 기타 논의 가능한 주제

이 시스템의 논의해 볼 만한 다른 주제는 다음과 같다.

한 사용자가 다른 사용자에게 메시지를 보내려면 먼저 후자에게 허가를 요청해야 한다. 후자는 수락하거나 차단할 수 있다. 후자는 차단 후 마음을 바꿔 허가를 할 수 있다.

사용자는 언제든 다른 사용자를 차단할 수 있다. 후자는 전자를 선택해 메시지를 보낼 수 없다. 이 사용자들은 같은 채팅방에 있을 수 없다. 사용자를 차단하면 해당 사용자가 포함된 모든 채팅방에서 자신이 제거된다.

다른 기기에서 로그인하는 것은 어떤가? 한 번에 하나의 기기에서만 로그인을 허용해야 한다.

시스템은 메시지가 보낸 순서대로 수신되는 것을 보장하지 않는다. 또한 채팅방에 여러 참가자가 있고 시간상 가깝게 메시지를 보내면 다른 참가자가 순서대로 메시지를 받지 못할 수 있다. 메시지는 다양한 참가자에게 다른 순서로 도착할 수 있다. 메시지가 순서대로 표시되게 보장하는 시스템을 어떻게 설계할 수 있을까? 어떤 가정을 할 수 있을까? 참가자 A가 인터넷에 연결되지 않은 상태에서 메시지를 보내고 인터넷에 연결된 다른 참가자가 곧이어 메시지를 보내면 다른 사용자의 기기에는 어떤 순서로 메시지가 표시돼야 하고, 참가자 A의 기기에는 어떤 순서로 나타나야 할까?

시스템을 확장해 파일 첨부나 오디오 및 비디오 채팅을 지원하려면 어떻게 해야 할까? 새로운 구성 요소와 서비스를 간단히 설명할 수 있다.

메시지 삭제는 논의하지 않았다. 일반적인 메시징 앱은 사용자가 메시지를 삭제할 수 있게 하며, 삭제 후에는 다시 받지 않아야 한다. 기기가 오프라인 상태일 때도 사용자가 메시지를 삭제할 수 있게 해야 하며, 이러한 삭제는 서버와 동기화돼야 한다. 이 동기화 메커니즘은 추가 설명 대상이 될 수 있다.

사용자를 차단하거나 차단 해제하는 메커니즘을 더 자세히 설명할 수 있다.

현재 설계에서의 가능한 보안과 프라이버시 위험은 무엇이며, 가능한 해결책은 무엇인가?

시스템이 사용자의 여러 기기 간 동기화를 어떻게 지원할 수 있을까?

사용자가 다른 사용자를 채팅에 추가하거나 제거할 때 발생할 수 있는 경쟁 조건은 무엇인가? 감지되지 않는 오류가 발생하면 어떻게 되는가? 서비스가 불일치를 어떻게 감지하고 해결할 수 있을까?

스카이프(Skype)나 비트토렌트 같은 P2P 프로토콜 기반의 메시징 시스템[5]에 대해서는 논의하지 않았다. 클라이언트가 정적 IP 주소[6]가 아닌 동적 IP 주소를 가지므로 클라이언트는 IP 주소가 변경될 때마다 서비스를 업데이트하는 데몬을 실행할 수 있다. 가능한 복잡성은 무엇인가?

계산 리소스와 비용을 줄이기 위해 발신자는 메시지를 암호화하고 보내기 전에 압축할 수 있다. 수신자는 메시지를 받고 복호화한 후 압축을 풀 수 있다.

사용자 온보딩을 위한 시스템 설계에 대해 논의한다. 새 사용자가 어떻게 메시징 앱에 가입할 수 있을까? 새 사용자가 어떻게 연락처를 추가하거나 초대할 수 있을까? 사용자는 수동으로 연락처를 입력

---

5 (옮긴이) 중앙 서버 없이 사용자 간 직접 연결을 통해 메시지를 교환하는 분산형 통신 네트워크다.
6 (옮긴이) 정적 IP 주소는 클라이언트의 인터넷 서비스 제공업체의 유료 서비스다.

하거나 블루투스나 QR 코드를 사용해 연락처를 추가할 수 있다. 모바일 앱이 해당 안드로이드나 iOS 권한이 필요한 기기의 연락처 목록에 접근할 수 있다. 사용자는 앱을 다운로드하거나 가입할 수 있는 URL을 보내 새 사용자를 초대할 수 있다.

아키텍처는 중앙 집중형 접근 방식이다. 모든 메시지는 백엔드를 거쳐야 한다. 모든 기기가 서버이고 다른 기기로부터 요청을 받을 수 있는 P2P 아키텍처와 같은 분산 접근 방식을 설명할 수 있다.

## 요약

- 간단한 문자 메시징 앱 시스템 설계에 대한 주요 논의는 많은 수의 클라이언트 간에 대량의 메시지를 어떻게 라우팅할 것인가에 관한 것이다.
- 채팅 시스템은 알림/경보 서비스와 유사하다. 두 서비스 모두 많은 수의 수신자에게 메시지를 보낸다.
- 트래픽 급증을 처리하는 확장 가능하고 비용 효율적인 기술은 메시지 큐를 사용하는 것이다. 그러나 트래픽 급증 시 지연 시간이 증가한다.
- 호스트에 할당되는 사용자 수를 줄여 지연 시간을 줄일 수 있지만, 비용이 더 높아진다는 트레이드오프가 있다.
- 두 솔루션 모두 호스트 실패를 처리하고 호스트의 사용자를 다른 호스트에 재할당해야 한다.
- 수신자의 기기를 사용할 수 없을 수 있으므로 메시지를 검색하는 GET 엔드포인트를 제공한다.
- 서비스 간 요청과 메시지 전송 이벤트와 오류 이벤트의 세부 정보를 로깅해야 한다.
- 사용량 지표를 모니터링해 클러스터 크기를 조정하고 사기인지 모니터링할 수 있다.

# 15

# 에어비앤비 설계

**이 장에서 다루는 내용**

- 예약 시스템 설계
- 운영팀이 항목과 예약을 관리하기 위한 시스템 설계
- 복잡한 시스템의 범위 설정

이번 면접 질문은 집주인이 여행자에게 단기 숙박을 위한 방을 임대할 수 있는 서비스를 설계하는 것이다. 이는 코딩과 시스템 설계 질문 모두가 될 수 있다. 코딩 테스트는 여러 클래스의 코딩과 객체 지향 프로그래밍(OOP) 해결책 형태가 될 것이다. 이 장에서는 이 질문이 일반적으로 다음과 같은 예약 시스템에 적용될 수 있다고 가정한다.

- 영화 티켓
- 항공권
- 주차장
- 택시나 차량 공유 서비스도 있지만, 이는 다른 비기능적 요구사항과 시스템 설계를 필요로 한다.

## 15.1 요구사항

에어비앤비의 요구사항을 설명하기 전에 우리가 어떤 종류의 시스템을 설계하고 있는지 설명할 수 있다. 에어비앤비는,

1. 예약 앱이므로 한정된 항목을 예약하는 유형의 사용자가 있다. 에어비앤비는 이를 '게스트'라고 부른다. 또한 이러한 항목의 목록을 만드는 유형의 사용자도 있다. 에어비앤비는 이를 '호스트'라고 부른다.
2. 마켓플레이스 앱이다. 제품과 서비스를 판매하는 사람과 구매하는 사람을 연결한다. 에어비앤비는 호스트와 게스트를 연결한다.
3. 결제도 처리하고 수수료를 받는다. 이는 분쟁을 조정하고 사기를 모니터링하고 대응하기 위한 고객 지원과 일반적으로 'ops'로 약칭하는 운영 담당 내부 사용자가 있음을 의미한다. 이는 에어비앤비를 크레이그리스트 같은 더 간단한 앱과 구별한다. 에어비앤비 같은 회사의 대부분 직원은 고객 지원과 운영 담당이다.

이 시점에서 면접관에게 면접의 범위가 호스트와 게스트로 제한되는지, 아니면 다른 유형의 사용자도 포함하는지 명확히 할 수 있다. 이 장에서는 호스트, 게스트, 운영, 분석을 설명한다.

호스트의 사용 사례는 다음과 같다. 이 목록은 매우 길 수 있으므로 설명을 다음 사용 사례로 제한한다.

- 온보딩과 업데이트로 목록을 추가, 업데이트, 삭제한다. 업데이트에는 목록 사진 변경 같은 작은 작업이 포함될 수 있다. 복잡한 비즈니스 로직이 많을 수 있다. 예를 들어, 목록에는 최소나 최대 예약 기간이 있을 수 있고, 요일이나 다른 기준에 따라 가격이 달라질 수 있다. 앱은 가격 추천을 표시할 수 있다. 목록은 지역 규정의 적용을 받을 수 있다. 예를 들어, 샌프란시스코의 단기 임대법은 호스트가 숙소에 없다면 연간 최대 90일로 임대를 제한한다. 특정 목록 변경은 게시되기 전에 운영팀의 승인이 필요할 수도 있다.
- 예약 처리 – 예를 들어 예약 요청을 수락하거나 거부한다.
  - 호스트는 게스트의 예약 요청을 수락하거나 거부하기 전에 다른 호스트가 작성한 게스트의 평점과 리뷰를 볼 수 있다.
  - 에어비앤비는 높은 평균 평점을 가진 게스트와 같이 호스트가 지정한 특정 기준에 따른 자동 수락과 같은 추가 옵션을 제공할 수 있다.
  - 예약을 수락한 후에 취소한다. 이는 금전적 페널티나 목록 게시 권한 정지를 유발할 수 있다. 정확한 규칙은 복잡할 수 있다.
- 앱 내 메시징 등을 통해 게스트와 소통한다.
- 게스트 평점과 리뷰를 게시하고 게스트의 평점과 리뷰를 본다.
- 게스트로부터 에어비앤비 수수료를 제외한 숙박비를 받는다.
- 세금 신고 문서를 받는다.
- 시간에 따른 수입, 평점, 리뷰 내용 보기 등의 분석을 한다.
- 조정 요청(예: 게스트에게 손해 배상 요구)이나 사기 신고 등을 포함해 운영팀과 소통한다.

게스트의 사용 사례는 다음과 같다.

- 목록을 검색하고 본다.
- 예약 요청과 결제를 제출하고 예약 요청 상태를 확인한다.
- 호스트와 소통한다.
- 목록 평점과 리뷰를 게시하고 호스트의 평점과 리뷰를 본다.
- 호스트와 유사하게 운영팀과 소통한다.

운영팀의 사용 사례는 다음과 같다.

- 목록 요청을 검토하고 부적절한 목록을 제거한다.
- 분쟁 조정, 대체 목록 제안, 환불 전송 등의 목적으로 고객과 소통한다.

결제는 복잡하므로 자세히 설명하지 않겠다. 결제 솔루션은 국가, 주, 도시와 기타 정부 수준에 따라 다르고 다양한 제품과 서비스에 따라 다른 수많은 통화와 규정(세금 포함)을 고려해야 한다. 결제 유형에 따라 다른 거래 수수료를 부과할 수 있다. 예를 들어 수표의 최대 거래 금액이나 기프트 카드 구매를 장려하기 위한 기프트 카드 결제 할인이 있다. 환불 메커니즘과 규정은 결제 유형, 제품, 국가, 고객을 비롯해 수많은 기타 요인에 따라 다르다. 결제를 받는 방법은 수백 가지나 수천 가지가 있다. 예를 들면 다음과 같다.

- 현금
- 마스터카드, 비자 등 다양한 직불카드와 신용카드 처리업체. 각각 자체 API가 있다.
- 페이팔이나 알리페이(Alipay) 같은 온라인 결제 처리업체
- 수표
- 스토어 크레딧(Store credit)
- 특정 회사와 국가 조합에 특화된 결제 카드나 기프트 카드
- 암호화폐

요구사항 논의로 돌아가서, 약 5~10분간의 빠른 논의와 메모 후 다음과 같은 기능 요구사항을 명확히 한다.

- 호스트는 방을 등록할 수 있다. 방은 한 사람용이라고 가정한다. 방의 속성은 도시와 가격이다. 호스트는 방 하나에 대해 최대 10장의 사진과 25MB의 동영상을 제공할 수 있다.
- 게스트는 도시, 체크인, 체크아웃 날짜로 방을 필터링할 수 있다.
- 게스트는 체크인과 체크아웃 날짜로 방을 예약할 수 있다. 예약에 호스트의 승인은 필요하지 않다.
- 호스트나 게스트는 예약이 시작되기 전 언제든 예약을 취소할 수 있다.
- 호스트나 게스트는 자신의 예약 목록을 볼 수 있다.
- 게스트는 특정 날짜에 하나의 방만 예약할 수 있다.
- 방은 중복 예약될 수 없다.
- 단순화를 위해 여기서는 실제 에어비앤비와 달리 다음 기능은 제외한다.
  - 호스트가 수동으로 예약 요청을 수락하거나 거부하게 허용
  - 예약 후 취소(게스트나 호스트에 의한)는 다루지 않음
  - 게스트와 호스트 알림(푸시나 이메일 등)을 간단히 설명할 수 있지만 깊이 들어가지 않음
  - 게스트와 호스트 간, 운영팀과 게스트/호스트 간 등 사용자 간 메시징

다음은 이 면접의 범위를 벗어난다. 비판적 사고와 세부 사항에 대한 관심을 보여주기 위해 다음과 같은 기능적 요구사항을 언급하는 것이 좋다.

- 숙소의 기타 세부 사항, 예를 들어
  - 정확한 주소. 도시 문자열만 필요하다. 주나 국가 같은 그 외 위치 세부 정보는 무시한다.
  - 모든 목록은 한 명의 게스트만 허용한다고 가정한다.
  - 집 전체 vs. 개인실 vs. 공용실
  - 개인 욕실 vs. 공용 욕실 또는 주방 등 편의 시설 세부 정보
  - 어린이 친화적
  - 반려동물 동반 가능 여부
- 분석
- 에어비앤비가 호스트에게 가격 추천을 제공할 수 있다. 목록은 최소 및 최대 1박당 가격을 설정할 수 있고, 에어비앤비는 이 범위 내에서 가격을 변경할 수 있다.
- 청소 비용과 기타 수수료, 주말과 공휴일 등 성수기와 기타 가격이나 세금 등 추가 가격 옵션 및 속성
- 취소 위약금을 포함한 결제 또는 환불

- 분쟁 조정을 포함한 고객 지원. 운영팀이 목록 요청을 검토하는 방법에 대해 논의해야 하는지 여부를 명확히 하는 것이 좋다. 또한 범위에서 제외된 고객 지원이 예약 과정만을 의미하는지 아니면 목록 작성 과정의 고객 지원도 포함하는지 물어볼 수 있다. '고객'이라는 용어는 호스트와 게스트 모두를 지칭한다는 점을 명확히 밝힌다. 이 면접에서는 면접관이 운영팀의 목록 검토를 간단히 논의하게 요청할 수 있다고 가정한다.

- 보험

- 호스트와 게스트 등 모든 당사자 간 채팅 또는 기타 커뮤니케이션. 이는 예약 서비스가 아닌 메시징 서비스나 알림 서비스(다른 장에서 설명)이므로 범위에서 제외된다.

- 회원가입과 로그인

- 서비스 중단에 대한 호스트와 게스트 보상

- 게스트가 숙박을 리뷰하거나 호스트가 게스트의 행동을 리뷰하는 등의 사용자 리뷰

방 목록 작성과 예약을 위한 API 엔드포인트를 설명해야 한다면 다음과 같을 수 있다.

- findRooms(cityId, checkInDate, checkOutDate)
- bookRoom(userId, roomId, checkInDate, checkOutDate)
- cancelBooking(bookingId)
- viewBookings(hostId)
- viewBookings(guestId)

비기능적 요구사항은 다음과 같다.

- 10억 개의 방이나 1억 건의 일일 예약으로 확장 가능. 과거 예약 데이터는 삭제할 수 있다. 프로그래밍 방식으로 생성된 사용자 데이터는 없다.

- 예약, 더 정확히는 목록 가용성에 강한 일관성을 적용. 따라서 일반적으로 이중 예약이나 이용 불가능한 날짜의 예약이 없을 것이다. 설명이나 사진 같은 다른 목록 정보에는 결과적 일관성이 허용될 수 있다.

- 예약 손실에 대한 금전적 결과가 있으므로 높은 가용성을 적용. 그러나 15.2.5절에서 나중에 설명하듯이 이중 예약을 방지하고 싶다면 예약 손실을 완전히 방지할 수는 없다.

- 높은 성능은 불필요하다. P99 몇 초면 허용 가능하다.

- 일반적인 보안과 프라이버시 요구사항은 인증이 필요하다. 사용자 데이터는 비공개다. 이 면접 범위에서는 권한 부여가 기능 요구사항이 아니다.

## 15.2 설계 결정

방 목록 작성과 예약을 위한 설계를 논의할 때 다음 질문을 하게 된다.

1. 방 목록의 정보를 여러 데이터 센터에 복제해야 하는가?
2. 데이터 모델은 방의 가용성을 어떻게 표현해야 하는가?

### 15.2.1 복제

에어비앤비 시스템은 제품이 지역화돼 있다는 점에서 크레이그리스트와 유사하다. 검색은 한 번에 한 도시에서만 가능하다. 이를 활용해 많은 목록이 있는 도시나 목록이 적은 여러 도시에 데이터 센터 호스트를 할당할 수 있다. 쓰기 성능이 중요하지 않으므로 단일 리더 복제를 사용할 수 있다. 읽기 지연을 최소화하기 위해 보조 리더와 팔로워를 지리적으로 데이터 센터에 분산시킬 수 있다. 메타데이터 서비스를 사용하여 도시와 리더 및 팔로워 호스트 IP 주소의 매핑을 포함하면 우리 서비스가 지리적으로 가장 가까운 팔로워 호스트를 조회하여 특정 도시의 방을 가져오거나 해당 도시에 해당하는 리더 호스트에게 글을 쓸 수 있다. 이 매핑은 크기가 매우 작고 관리자에 드물게 수정되므로 모든 데이터 센터에 간단히 복제할 수 있으며, 관리자는 매핑을 업데이트할 때 수동으로 데이터 일관성을 보장할 수 있다.

CDN을 사용해 방 사진과 동영상을 저장할 수 있으며, 평소와 같이 자바스크립트와 CSS 같은 그 밖의 정적 콘텐츠도 저장할 수 있다.

일반적인 관행과 달리 인메모리 캐시를 사용하지 않기로 선택할 수 있다. 검색 결과에서는 이용 가능한 방만 표시한다. 방이 매우 인기 있다면 곧 예약돼 더 이상 검색에 표시되지 않을 것이다. 방이 계속 검색에 표시된다면 바람직하지 않을 가능성이 높으므로 캐시를 제공하는 비용과 추가 복잡성을 감수하지 않기로 선택할 수 있다. 이를 달리 표현하면, 캐시의 최신성을 유지하기가 어렵고 캐시된 데이터가 빠르게 낡는다는 것이다.

항상 그렇듯이 이러한 결정은 논쟁의 여지가 있으며, 그 트레이드오프를 설명할 수 있어야 한다.

### 15.2.2 방 가용성 데이터 모델

데이터 모델에서 방 가용성을 표현하는 다양한 방법을 빠르게 브레인스토밍하고 그 트레이드오프를 설명해야 한다. 면접에서는 한 가지 접근 방식만 제안하는 것이 아니라 여러 접근 방식을 평가할 수 있는 능력을 보여줘야 한다.

- (room_id, date, guest_id) 테이블(table) – 이는 개념적으로 단순하지만 날짜만 다른 여러 행을 포함해야 한다는 트레이드오프가 있다. 예를 들어 방 1이 1월 한 달 동안 게스트 1에 의해 예약되면 31개의 행이 있을 것이다.

- (room_id, guest_id, check_in, check_out) 테이블(table) – 이는 더 간결하다. 게스트가 체크인과 체크아웃 날짜로 검색을 제출할 때 날짜가 겹치는지 확인하는 알고리즘이 필요하다. 이 알고리즘을 데이터베이스 쿼리에 코딩해야 할까, 아니면 백엔드에 코딩해야 할까? 전자는 유지보수와 테스트가 더 어렵다. 하지만 백엔드 호스트가 데이터베이스에서 대상이 되는 방의 가용성 데이터를 가져와야 한다면 I/O 비용이 발생할 것이다. 두 접근 방식 모두에 대한 코드는 코딩 테스트에서 질문할 수 있다.

가능한 데이터베이스 스키마는 많다.

### 15.2.3 겹치는 예약 처리

여러 사용자가 같은 방을 겹치는 날짜로 예약하려고 시도하면 첫 번째 사용자의 예약이 허용돼야 하며, UI는 다른 사용자에게 선택한 날짜에 이 방을 더 이상 이용할 수 없음을 알리고 이용 가능한 다른 방을 찾게 안내해야 한다. 이는 사용자 경험에 부정적인 영향을 줄 수 있으므로, 몇 가지 대안을 간단히 제안해볼 수 있다. 다른 가능성을 제안할 수도 있다.

### 15.2.4 검색 결과 무작위화

이러한 발생을 줄이기 위해 검색 결과의 순서를 무작위로 지정할 수 있지만, 이는 개인화(예: 추천 시스템)에 방해가 될 수 있다.

### 15.2.5 예약 과정 중 방 잠금

사용자가 검색 결과를 클릭해 방 세부 정보를 보고 예약 요청을 제출하려고 할 때 몇 분 동안 그 방에 대해 해당 날짜를 잠글 수 있다. 이 시간 동안 겹치는 날짜로 다른 사용자가 검색하면 결과 목록에 이 방이 표시되지 않는다. 다른 사용자가 이미 검색 결과를 받은 후 이 방이 잠기면 방 세부 정보를 클릭했을 때 잠금 알림과 가능하다면 남은 시간을 표시해 해당 사용자가 방을 예약하지 않을 때를 대비해 다시 시도할 수 있게 해야 한다.

이는 일부 예약을 잃게 된다는 것을 의미한다. 이중 예약을 방지하는 것이 예약 손실의 트레이드오프를 감수할 만한 가치가 있다고 판단할 수 있다. 이는 에어비앤비와 호텔의 차이점이다. 호텔은 몇 건의 취소가 발생할 것으로 예상할 수 있으므로 저렴한 객실의 초과 예약을 허용할 수 있다. 특정 날짜에 저렴한 객실이 초과 예약되면 호텔은 초과 손님을 더 비싼 객실로 업그레이드할 수 있다. 에어비앤비 호스트는 이렇게 할 수 없으므로 이중 예약을 허용할 수 없다.

2.4.2절은 여러 사용자가 공유 구성을 동시에 업데이트할 때 발생하는 동시 업데이트 충돌을 방지하는 메커니즘에 대해 설명한다.

## 15.3 고수준 아키텍처

이전 절의 요구사항 논의로부터 그림 15.1에 나와 있는 고수준 아키텍처를 그릴 수 있다. 각 서비스는 관련된 기능 요구사항 그룹을 제공한다. 이를 통해 서비스를 별도로 개발하고 확장할 수 있다.

- **예약 서비스(Booking service)** – 게스트가 예약하기 위한 서비스. 이 서비스는 직접적인 수익원이며 가용성과 지연 시간에 가장 엄격한 비기능적 요구사항이 있다. 높은 지연 시간은 직접적으로 낮은 수익으로 이어진다. 이 서비스의 다운타임은 수익과 평판에 가장 심각한 영향을 미친다. 그러나 강한 일관성은 덜 중요할 수 있으며, 가용성과 지연 시간을 위해 일관성을 희생할 수 있다.

- **목록 서비스(Listing service)** – 호스트가 목록을 만들고 관리하기 위한 서비스. 중요하지만 예약과 목록 서비스보다는 덜 중요하다. 예약 및 가용성 서비스와는 다른 기능적, 비기능적 요구사항을 가지므로 별도의 서비스이며, 따라서 리소스를 공유해서는 안 된다.

- **가용성 서비스(Availability service)** – 가용성 서비스는 목록 가용성을 추적하며 예약과 목록 서비스 모두에서 사용된다. 가용성과 지연 시간 요구사항은 예약 서비스만큼 엄격하다. 읽기는 확장 가능해야 하지만 쓰기는 덜 빈번하며 확장성이 필요하지 않을 수 있다. 이는 15.8절에서 더 자세히 설명한다.

- **승인 서비스(Approval service)** – 새 목록 추가나 특정 목록 정보 업데이트와 같은 일부 작업은 게시 전 운영 승인이 필요할 수 있다. 이러한 사용 사례를 위해 승인 서비스를 설계할 수 있다. 이 서비스를 모호한 '검토 서비스' 대신 '승인 서비스'라고 명명한다.

- **추천 서비스(Recommender service)** – 게스트에게 개인화된 목록 추천을 제공한다. 내부 광고 서비스로 볼 수 있다. 자세한 논의는 면접의 범위를 벗어나지만 다이어그램에 포함시키고 잠시 논의할 수 있다.

- **규정 서비스(Regulations service)** – 앞서 설명했듯이 목록 서비스와 예약 서비스는 지역 규정을 고려해야 한다. 규정 서비스는 목록 서비스에 API를 제공해 후자가 호스트에게 지역 규정을 준수하는 목록을 만들기 위한 적절한 UX를 제공할 수 있다. 목록 서비스와 규정 서비스는 별도의 팀에서 개발할 수 있으므로 각 팀원은 각 서비스와 관련된 도메인 전문 지식을 습득하는 데 집중할 수 있다. 규정 처리는 처음에는 면접의 범위를 벗어날 수 있지만 면접관은 이를 어떻게 다루는지 보는 데 관심이 있을 수 있다.

- **기타 서비스(Other services)**: 분석과 같은 내부 용도의 특정 서비스 집합적 라벨로, 대부분 이 면접의 범위를 벗어난다.

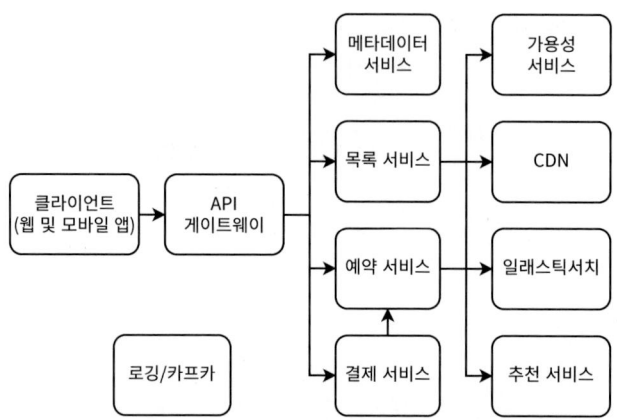

그림 15.1 고수준 아키텍처. 평소와 같이 API 게이트웨이 대신 목록과 예약 서비스에 서비스 메시를 사용할 수 있다.

## 15.4 기능적 분할

7.9절에서 크레이그리스트와 함께 설명된 접근 방식과 유사하게 지리적 지역별로 기능적 분할을 적용할 수 있다. 목록은 데이터 센터에 배치될 수 있다. 애플리케이션을 여러 데이터 센터에 배포하고 각 사용자를 해당 도시를 서비스하는 데이터 센터로 라우팅한다.

## 15.5 목록 생성 또는 업데이트

목록 생성은 두 가지 작업으로 나눌 수 있다. 첫 번째 작업은 호스트가 적절한 목록 규정을 얻는 것이다. 두 번째 작업은 호스트가 목록 요청을 제출하는 것이다. 이 장에서는 목록 생성과 업데이트를 모두 목록 요청이라고 한다.

그림 15.2는 적절한 규정을 얻는 시퀀스 다이어그램이다. 순서는 다음과 같다.

1. 호스트는 현재 새 목록을 만들기 위한 버튼을 제공하는 클라이언트(웹페이지 모바일 앱 구성 요소)에 있다. 호스트가 버튼을 클릭하면 앱은 사용자의 위치가 포함된 요청을 목록 서비스로 보낸다. (호스트의 위치는 호스트에게 수동으로 제공하게 요청하거나 위치 접근 권한을 요청해 얻을 수 있다.)

2. 목록 서비스는 호스트의 위치를 규정 서비스로 전달한다(15.10.1절 참조). 규정 서비스는 적절한 규정으로 응답한다.

3. 목록 서비스는 규정을 클라이언트에 반환한다. 클라이언트는 규정에 맞춰 UX를 조정할 수 있다. 예를 들어, 예약이 최소 14일 이상 지속돼야 한다는 규칙이 있다면 클라이언트는 호스트가 14일 미만의 최소 예약 기간을 입력하면 즉시 오류를 표시한다.

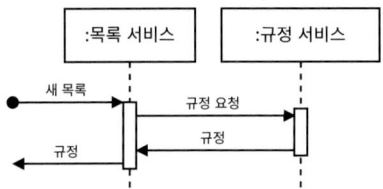

**그림 15.2** 적절한 목록 규정을 얻는 시퀀스 다이어그램

그림 15.3은 간소화된 목록 요청의 시퀀스 다이어그램이다. 호스트가 목록 정보를 입력하고 제출한다. 이는 POST 요청으로 목록 서비스에 전송된다. 목록 서비스는 다음을 수행한다.

1. 요청 본문을 검증한다.
2. 목록을 위한 SQL 테이블에 기록한다. 이를 Listing 테이블이라고 부를 수 있다. 새 목록과 특정 업데이트는 운영팀의 수동 승인이 필요하다. Listing 테이블에는 운영팀의 승인 여부를 나타내는 'Approved'라는 불리언 필드를 포함할 수 있다.
3. 운영 승인이 필요하면 승인 서비스에 POST 요청을 보내 운영에 목록 검토를 알린다.
4. 클라이언트에 200 응답을 보낸다.

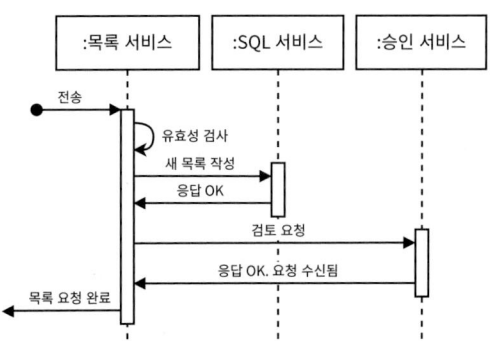

**그림 15.3** 간소화된 목록 생성이나 업데이트 요청의 시퀀스 다이어그램

그림 15.4를 참조하면, 2단계와 3단계는 CDC를 사용해 병렬로 수행할 수 있다. 모든 단계는 멱등성이 있다. 중복 쓰기를 방지하려면 SQL 테이블에 INSERT IGNORE를 사용할 수 있다[1]. 5.3절에서 논의한 트랜잭션 로그 테일링도 사용할 수 있다.

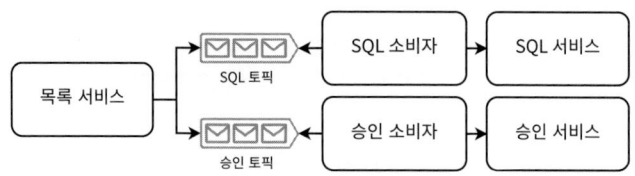

**그림 15.4** SQL 서비스와 승인 서비스에 분산 트랜잭션 CDC 사용

이는 간소화된 설계다. 실제 구현에서는 목록 프로세스가 목록 서비스에 여러 요청으로 구성될 수 있다. 목록 생성 양식은 여러 부분으로 나뉠 수 있으며, 호스트는 각 부분을 별도로 작성하고 제출할 수 있으며, 각 제출은 별도의 요청이다. 예를 들어, 목록에 사진을 추가하는 것은 한 번에 하나씩 수행될 수 있다. 호스트는 목록의 제목, 유형, 설명을 작성하고 하나의 요청으로 제출한 다음 가격 세부 정보를 작성하고 다른 요청으로 제출하는 등의 작업을 할 수 있다.

또 하나 주목할 점은 호스트가 검토 중인 목록 요청에 추가 업데이트를 할 수 있게 허용하는 것이다. 각 업데이트는 해당 목록 테이블 행을 UPDATE해야 한다.

알림에 관해서는 자세히 논의하지 않겠다. 알림을 위한 정확한 비즈니스 로직이 복잡하고 자주 변경될 수 있기 때문이다. 알림은 목록 서비스에 요청을 하고 공유 알림 서비스에 알림 전송을 요청하는 배치 ETL 작업으로 구현할 수 있다. 배치 작업은 완성되지 않은 목록을 쿼리한 다음, 다음과 같은 작업을 할 수 있다.

- 호스트에게 목록 작성 과정을 완료하지 않았음을 상기시키는 알림을 보낸다.
- 운영팀에게 완성되지 않은 목록을 알려 호스트에게 연락해 목록 작성 과정을 완료하게 장려하고 안내하게 한다.

---

[1] https://stackoverflow.com/a/1361368/1045085

## 15.6 승인 서비스

면접관은 예약 과정에 더 관심이 있을 수 있으므로 승인 서비스에 대한 논의는 간단할 수 있다.

승인 서비스는 트래픽이 적은 내부 애플리케이션으로 간단한 아키텍처를 가질 수 있다. 그림 15.5를 참조하면, 설계는 클라이언트 웹 애플리케이션과 목록 서비스와 공유 SQL 서비스에 요청을 하는 백엔드 서비스로 구성된다. 모든 요청에 수동 승인이 필요하다고 가정한다. 예를 들어, 승인이나 거부를 자동화할 수 없다.

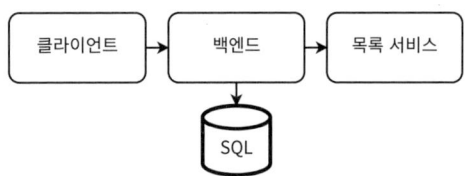

그림 15.5 운영팀이 목록 추가나 업데이트와 같은 특정 작업을 검토하기 위한 승인 서비스의 고수준 아키텍처

승인 서비스는 목록 서비스가 검토가 필요한 목록 요청을 제출할 수 있는 POST 엔드포인트를 제공한다. 이러한 요청을 'listing_request'라고 부르는 SQL 테이블에 쓸 수 있으며, 다음과 같은 열을 포함한다.

- id – ID. 기본 키.
- listing_id – 목록 서비스의 Listing 테이블에 있는 목록 ID. 두 테이블이 같은 서비스에 있다면 이는 외래 키가 될 것이다.
- created_at – 이 목록 요청이 생성되거나 업데이트된 타임스탬프.
- listing_hash – 운영팀이 검토 중 변경된 목록 요청 승인이나 거부를 제출하지 않게 하는 추가 메커니즘의 일부로 이 열을 포함할 수 있다.
- status – 목록 요청의 열거형으로 'none', 'assigned', 'reviewed' 값 중 하나일 수 있다.
- last_accessed – 이 목록 요청이 마지막으로 운영팀에게 가져와 반환된 타임스탬프.
- review_code – 열거형. 승인된 목록 요청에서는 'APPROVED'일 수 있다. 목록 요청을 거부하는 이유 카테고리에 해당하는 여러 열거형이 있을 수 있다. 예: VIOLATE_LOCAL_REGULATIONS, BANNED_HOST, ILLEGAL_CONTENT, SUSPICIOUS, FAIL_QUALITY_STANDARDS 등.
- reviewer_id – 이 목록 요청을 할당받은 운영팀의 ID.
- review_submitted_at – 운영팀이 승인이나 거부를 제출한 타임스탬프.
- review_notes – 운영팀이 이 목록 요청을 승인하거나 거부한 이유를 작성할 수 있는 메모.

운영팀 10,000명이 있고 각 직원이 주당 최대 5,000개의 새 목록이나 업데이트된 목록을 검토한다고 가정하면, 운영은 주당 5천만 행을 SQL 테이블에 쓸 것이다. 각 행이 1KB를 차지한다면 승인 테이블은 월간 1KB * 50M * 30일 = 1.5TB씩 증가할 것이다. SQL 테이블에 1~2개월 분량의 데이터를 보관하고 주기적인 배치 작업을 실행해 오래된 데이터를 객체 저장소에 아카이브할 수 있다.

각 운영팀이 할당된 작업/검토를 수행하기 위한 엔드포인트와 SQL 테이블도 설계할 수 있다. 운영팀은 먼저 자신의 ID가 포함된 GET 요청을 보내 listing_request 테이블에서 목록 요청을 가져올 수 있다. 여러 직원에게 같은 목록 요청이 할당되는 것을 방지하려면 백엔드는 다음 단계로 SQL 트랜잭션을 실행할 수 있다.

1. 직원에게 이미 목록 요청이 할당되면 이 할당된 요청을 반환한다. 상태가 'assigned'이고 reviewer_id가 해당 직원의 ID인 행을 SELECT한다.
2. 할당된 목록 요청이 없으면 상태가 'none'이고 created_at 타임스탬프가 최소인 행을 SELECT한다. 이것이 할당된 목록 요청이 된다.
3. 상태를 'assigned'로, reviewer_id를 운영팀의 ID로 UPDATE한다.

백엔드는 이 목록 요청을 운영팀에게 반환하고, 직원은 이를 검토해 승인하거나 거부한다. 그림 15.6은 동기식 승인 프로세스의 시퀀스 다이어그램이다. 승인이나 거부는 승인 서비스 POST 요청으로, 다음 단계를 트리거한다.

1. listing_request 테이블의 행을 UPDATE한다. status, review_code, review_submitted_at, review_notes 열을 UPDATE한다.

    운영팀이 검토하는 동안 호스트가 목록 요청을 업데이트할 수 있는 경쟁 조건이 있을 수 있으므로, POST 요청에는 승인 서비스가 이전에 운영팀에게 반환한 목록 해시가 포함돼야 하며 백엔드는 이 해시가 현재 해시와 동일한지 확인해야 한다. 해시가 다르면 업데이트된 목록 요청을 운영팀에게 반환하고, 직원은 검토를 반복해야 한다.

    listing_request.last_accessed 타임스탬프가 listing_request.review_submitted_at보다 최근인지 확인해 이 경쟁 조건을 식별하려고 할 수 있다. 그러나 이 기술은 신뢰할 수 없다. 타임스탬프 열을 기록하는 다양한 호스트의 시간 정보를 완벽하게 동기화하지 않기 때문이다. 또한 일광 절약 시간, 서버 재시작, 서버 시간 정보가 주기적으로 참조 서버와 동기화되는 등 여러 이유로 시간이 변경됐을 수 있다. 분산 시스템에서는 시간 정보에 의존해 일관성을 보장하는 것이 불가능하다[2].

---

[2] 마틴 클레프만, 《데이터 중심 애플리케이션 설계: 신뢰할 수 있고 확장 가능하며 유지보수하기 쉬운 시스템을 지탱하는 핵심 아이디어》(위키북스, 2018)

> **램포트(Lamport) 시간 정보와 벡터 시간 정보**
>
> 램포트 시간 정보[3]는 분산 시스템에서 이벤트의 순서를 정하는 기술이다. 벡터 시간 정보는 더 정교한 기술이다. 자세한 내용은 이 책[4]을 참조한다.

2. 목록 서비스에 PUT 요청을 보내 listing_request.status와 listing_request.reviewed_at 열을 UPDATE한다. 다시 말하지만 먼저 해시를 SELECT하고 제출된 해시와 동일한지 확인한다. 두 SQL 쿼리를 트랜잭션으로 감싼다.
3. 예약 서비스에 POST 요청을 보내 예약 서비스가 이 목록을 게스트에게 보여주게 한다. 대안적 접근 방식은 그림 15.7에 설명돼 있다.
4. 백엔드는 또한 9장의 공유 알림 서비스에 요청해 호스트에게 승인이나 거부를 알린다.
5. 마지막으로 백엔드는 클라이언트에 200 응답을 보낸다. 이 단계는 멱등성 있게 작성돼야 하므로 호스트가 어떤 단계에서 실패하더라도 일부나 모든 단계를 반복할 수 있다.

모든 단계가 완료되기 전에 실패하고 동일한 요청을 재시도해야 할 때를 대비해 이 POST 요청을 어떻게 멱등성 있게 만들 수 있는지 다음의 예시처럼 설명한다.

- 백엔드는 알림 요청을 하기 전에 특정 알림 요청이 이미 이뤄졌는지 확인하기 위해 알림 서비스에 쿼리할 수 있다.
- 승인 테이블에 중복 행이 생기는 것을 방지하기 위해 SQL 행 삽입 시 'IF NOT EXISTS' 연산자를 사용할 수 있다.

보다시피, 이 동기 요청은 여러 서비스 요청을 포함하며 긴 지연 시간을 가질 수 있다. 어떤 서비스든 요청이 실패하면 불일치가 발생한다.

---

3 https://martinfowler.com/articles/patterns-of-distributed-systems/lamport-clock.html
4 조지 쿨루리스, 진 돌리모어, 팀 킨드버그, 고든 블레어, 《Distributed Systems: Concepts and Design(분산 시스템: 개념 및 설계)》(Pearson, 2011)

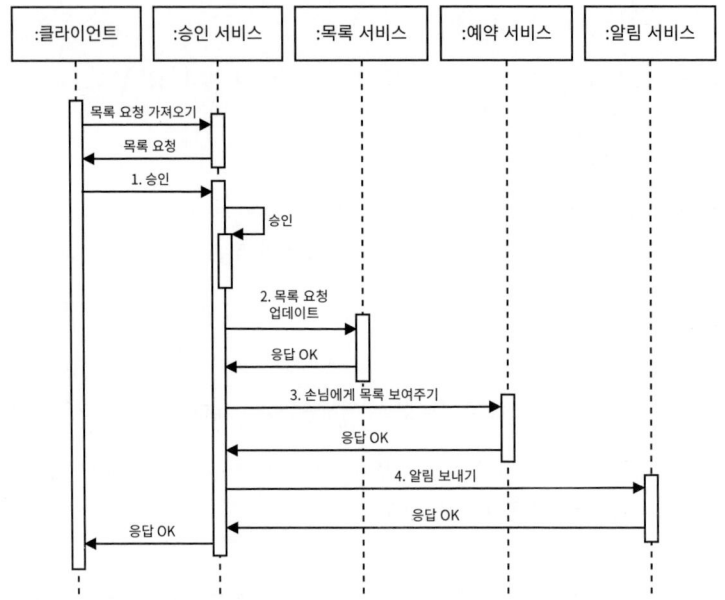

**그림 15.6** 목록 요청을 가져온 후 목록 요청의 동기식 승인 시퀀스 다이어그램. 승인 서비스는 사가 패턴의 오케스트레이터가 될 수 있다.

변경 데이터 캡처(CDC)를 대신 사용해야 할까? 그림 15.7은 이 비동기 접근 방식을 보여준다. 승인 요청에서 승인 서비스는 카프카 큐에 생성하고 200을 반환한다. 소비자는 카프카 큐에서 소비하고 그 밖의 모든 서비스에 요청한다. 승인 속도가 낮으므로 소비자는 지수 백오프와 재시도를 사용해 카프카 큐가 비어 있을 때 빠르게 폴링하는 것을 피하고 큐가 비어 있을 때 분당 한 번만 폴링할 수 있다.

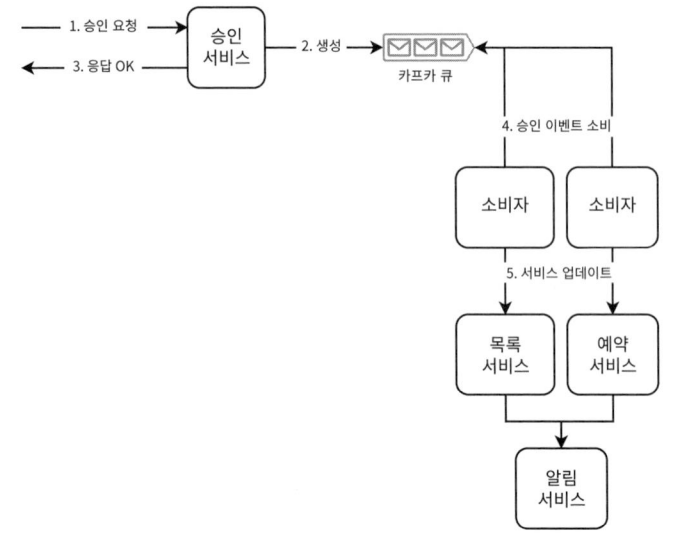

**그림 15.7** 변경 데이터 캡처를 사용한 목록 요청 승인의 비동기 접근 방식. 모든 요청을 재시도할 수 있으므로 사가 패턴을 사용할 필요가 없다.

알림 서비스는 목록과 예약 서비스가 업데이트된 후에만 호스트에게 알려야 하므로 각 서비스에 해당하는 두 개의 카프카 토픽에서 소비한다. 알림 서비스가 특정 목록 승인 이벤트에 해당하는 한 토픽에서 이벤트를 소비할 때 같은 목록 승인 이벤트에 해당하는 다른 서비스의 이벤트를 기다려야 하며, 그 후에 알림을 보낼 수 있다. 따라서 알림 서비스는 이러한 이벤트를 기록하기 위한 데이터베이스가 필요하다. 이 데이터베이스는 그림 15.7에 표시하지 않았다.

서비스 간 불일치를 일으킬 수 있는 감지되지 않는 오류에 대한 추가 안전장치로, 세 서비스를 감사하는 배치 ETL 작업을 구현할 수 있다. 이 작업은 불일치를 발견하면 개발자에게 경보를 트리거할 수 있다.

이 프로세스에 사가 패턴 대신 CDC를 사용하는 이유는 서비스 중 어느 것도 요청을 거부하지 않을 것으로 예상하기 때문이며, 따라서 필요한 보상 트랜잭션이 없을 것이다. 목록 서비스와 예약 서비스는 목록을 활성화하는 것을 막을 이유가 없고, 알림 서비스는 사용자에게 알림을 보내지 않을 이유가 없다.

그러나 사용자가 목록이 승인되기 직전에 계정을 취소하면 어떻게 될까? 목록을 비활성화하거나 삭제하고 필요에 따라 다른 서비스에 요청하는 CDC 프로세스가 필요할 것이다. 그림 15.6의 승인 프로세스에 관련된 다양한 서비스가 승인 요청 직전에 사용자 삭제 요청을 받으면, 목록이 유효하지 않다고 기록하거나 목록을 삭제할 수 있다. 그러면 승인 요청이 목록을 활성화하지 않을 것이다. 다양한 접근 방식의 트레이드오프와 떠오르는 그 밖의 관련 문제를 면접관과 논의해야 한다. 면접관은 이러한 세부 사항에 대한 관심을 높이 평가할 것이다.

다른 요청 기능이 있을 수도 있다. 예를 들어, 목록 검토에 한 명 이상의 운영팀이 관여할 수 있다. 면접관이 관심을 보인다면 이런 점을 언급하고 논의할 수 있다.

운영팀이 특정 관할권의 목록 요청 검토를 전문적으로 검토할 수 있는데, 이들에게 적절한 목록 요청을 할당하려면 어떻게 해야 할까? 애플리케이션이 이미 지역별로 기능적으로 분할돼 있으므로 직원이 특정 데이터 센터의 목록에 목록 요청을 검토할 수 있다면 설계에 다른 것은 필요 없다. 그렇지 않다면 몇 가지 가능성을 설명할 수 있다.

- 특정 국가나 도시의 목록 요청을 가져오기 위한 listing_request 테이블과 listing 테이블 간 JOIN 쿼리. listing_request 테이블과 listing 테이블이 서로 다른 서비스에 있으므로 다른 해결책이 필요하다.
  - 시스템 재설계. 목록과 승인 서비스를 결합해 두 테이블을 같은 서비스에 둔다.
  - 애플리케이션 계층에서 조인 로직을 처리하며, 서비스 간 데이터 전송의 I/O 비용 등의 단점이 있다.

- listing_request 테이블에 위치 열을 추가하거나 승인 서비스에 listing 테이블을 복제해 목록 데이터를 비정규화하거나 복제한다. 목록의 물리적 위치는 변경되지 않으므로 비정규화나 복제로 인한 불일치 위험이 낮지만, 버그나 처음 입력한 위치가 잘못돼 수정될 때 등 불일치가 발생할 수 있다.
  - 목록 ID에 도시 ID를 포함시켜 목록 ID로 목록의 도시를 결정할 수 있다. 회사는 ID, 도시 목록을 유지하고 모든 서비스에서 접근하게 할 수 있다. 이 목록은 추가만 가능해야 한다. 그래야 비용이 많이 들고 오류가 발생하기 쉬운 데이터 마이그레이션을 할 필요가 없기 때문이다.

여기서 언급했듯이 승인된 목록은 예약 서비스로 복사된다. 예약 서비스는 트래픽이 많을 수 있으므로 이 단계가 가장 높은 실패율을 가질 수 있다. 일반적인 접근 방식대로 지수 백오프와 재시도 또는 데드 레터 큐를 구현할 수 있다. 승인 서비스에서 예약 서비스로 발생하는 트래픽은 게스트의 예약 요청에 비해 적기 때문에 승인 서비스에서의 트래픽을 줄여 예약 서비스 다운타임 확률을 줄이려 하지 않을 것이다.

마지막으로, 일부 승인 또는 거부의 자동화에 대해 논의할 수 있다. SQL 테이블 'Rules'에 규칙을 정의하고, 함수가 이 규칙을 가져와 목록 내용에 적용할 수 있다. 머신러닝도 사용할 수 있다. 머신러닝 서비스에서 머신러닝 모델을 훈련시키고 선택된 모델 ID를 Rules 테이블에 넣어 함수가 목록 내용과 모델 ID를 머신러닝 서비스에 보내면 승인, 거부 또는 결론 없음(즉, 수동 검토 필요)을 반환할 수 있다. listing_request.reviewer_id는 'AUTOMATED'와 같은 값이 될 수 있고, 결론 없는 검토의 listing_request.review_code 값은 'INCONCLUSIVE'가 될 수 있다.

## 15.7 예약 서비스

간소화된 예약 프로세스의 단계는 다음과 같다.

1. 게스트가 다음 조건에 맞는 목록 검색 쿼리를 제출하고 이용 가능한 목록 리스트를 받는다. 결과 리스트의 각 목록은 썸네일과 간단한 정보를 포함할 수 있다. 요구사항 절에서 설명했듯이 다른 세부 사항은 범위에서 제외된다.
   - 도시
   - 체크인 날짜
   - 체크아웃 날짜
2. 게스트는 가격과 다른 목록 세부 사항으로 결과를 필터링할 수 있다.

3. 게스트는 목록을 클릭해 고해상도 사진과 동영상을 포함한 더 많은 세부 정보를 볼 수 있다. 여기서 게스트는 결과 리스트로 돌아갈 수 있다.

4. 게스트가 예약할 목록을 결정했다. 예약 요청을 제출하고 확인이나 오류를 받는다.

5. 게스트가 확인을 받으면 결제를 하게 안내된다.

6. 게스트가 마음을 바꿔 취소 요청을 제출할 수 있다.

앞서 설명한 목록 서비스와 유사하게 다음과 같은 알림을 보내기로 선택할 수 있다.

- 예약이 성공적으로 완료되거나 취소된 후 게스트와 호스트에게 알림.
- 게스트가 예약 요청 세부 정보를 작성했지만 예약 요청을 완료하지 않으면 몇 시간이나 며칠 후에 예약 요청을 완료하게 상기시킴.
- 과거 예약, 본 목록, 다른 온라인 활동, 인구통계 등 다양한 요소를 기반으로 게스트에게 목록 추천. 목록은 추천 시스템에 의해 선택될 수 있다.
- 결제 관련 알림. 결제와 관련해 호스트가 수락하기 전에 에스크로(escrow) 결제[5]를 선택하거나 호스트가 수락한 후에만 결제를 요청할 수 있다. 알림 로직은 이에 따라 달라질 것이다.

확장성 요구사항을 빠르게 설명해보자. 앞서 설명했듯이 도시별로 목록을 기능적으로 분할할 수 있다. 특정 도시에 최대 100만 개의 목록이 있다고 가정할 수 있다. 검색, 필터링, 목록 세부 정보에 대해 일일 최대 1,000만 건의 요청이 있다고 과도하게 추정할 수 있다. 이 1,000만 건의 요청이 하루 중 한 시간에 집중된다고 가정하더라도 이는 초당 3,000개 미만의 쿼리로, 단일이나 소수의 호스트로 처리할 수 있다. 그럼에도 불구하고 이 절에서 논의하는 아키텍처는 훨씬 더 큰 트래픽을 처리할 수 있을 것이다.

그림 15.8은 예약 서비스의 상위 수준 아키텍처다. 모든 쿼리는 백엔드 서비스에서 처리되며, 이 서비스는 필요에 따라 공유 일래스틱서치나 SQL 서비스에 쿼리를 보낸다.

---

5 (옮긴이) 서드파티가 대금을 일시적으로 보관해 거래의 안전성을 보장하는 결제 시스템이다.

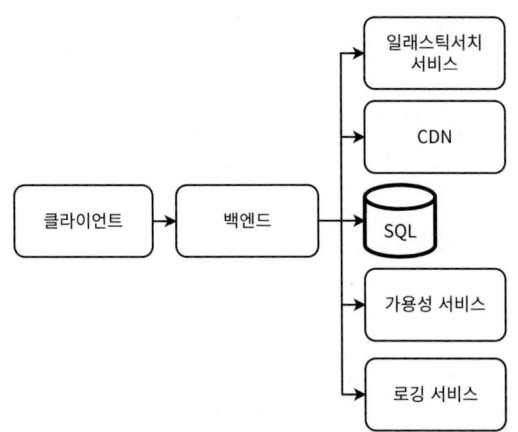

**그림 15.8** 예약 서비스의 상위 수준 아키텍처

검색과 필터 요청은 일래스틱서치 서비스에서 처리된다. 일래스틱서치 서비스는 페이지네이션도 처리할 수 있어 한 번에 적은 수의 결과만 반환함으로써 메모리와 CPU 사용량을 절약할 수 있다. 일래스틱서치는 퍼지 검색을 지원하므로 철자 오류가 있는 위치나 주소 입력에도 적절한 결과를 제공할 수 있다.

숙소 세부 정보 CRUD 요청은 ORM을 사용해 SQL 쿼리로 변환된 후 SQL 서비스로 전달된다. 사진과 동영상은 CDN에서 다운로드된다. 예약 요청은 가용성 서비스로 전달되는데, 이에 대해서는 다음 절에서 자세히 다룬다. 예약 서비스의 SQL 데이터베이스 쓰기 작업은 다음과 같을 때 이뤄진다.

1. 예약 요청
2. 이전 절에서 설명한 승인 서비스. 승인 서비스는 숙소 세부 정보를 가끔 업데이트한다.
3. 예약 취소와 숙소 재이용 가능 요청. 이는 결제 실패 시 발생한다.

이 예약 서비스에서 사용하는 SQL 서비스는 4.3.2절에서 설명한 리더-팔로워 아키텍처를 사용할 수 있다. 가끔 발생하는 쓰기 작업은 리더 호스트에서 수행되며, 이는 팔로워 호스트로 복제된다. SQL 서비스는 다음과 같은 열을 가진 Booking 테이블을 포함할 수 있다.

- id – 예약에 할당된 기본 키 ID
- listing_id – Listing 서비스에서 할당한 숙소의 ID. 이 테이블이 listing 서비스에 있다면 이 열은 외래 키가 된다.
- guest_id – 예약한 게스트의 ID

- check_in – 체크인 날짜

- check_out – 체크아웃 날짜

- timestamp – 이 행이 삽입되거나 업데이트된 시간. 이 열은 기록 유지용일 수 있다.

이 과정의 다른 쓰기 작업은 가용성 서비스에 대한 작업이다.

1. 예약이나 취소 요청은 관련 날짜의 숙소 가용성을 변경한다.
2. 게스트가 예약 요청을 진행하는 동안, 숙소를 5분간 잠궈 중복 예약을 방지할 수 있다. 이는 현재 게스트와 날짜가 겹치는 검색어를 입력한 다른 게스트에게는 해당 숙소가 표시되지 않는다는 뜻이다. 반대로, 게스트가 검색만 하고 예약을 진행하지 않는 경우, 해당 숙소의 잠금을 5분 이내에 해제할 수 있다.

숙소의 가용성이나 세부 정보가 변경되면 일래스틱서치 인덱스를 업데이트해야 한다. 숙소를 추가하거나 업데이트하려면 SQL 서비스와 일래스틱서치 서비스 모두에 쓰기 요청이 필요하다. 5장에서 설명했듯이, 분산 트랜잭션을 사용하면 하나의 서비스에서 장애가 발생해도 데이터 불일치를 방지할 수 있다. 예약 요청은 예약 서비스와 가용성 서비스(다음 절에서 설명) 모두의 SQL 서비스에 쓰기가 필요하므로 이 역시 분산 트랜잭션으로 처리해야 한다.

예약으로 인해 숙소가 추가 등록 자격을 잃게 되면, 예약 서비스는 자체 데이터베이스를 업데이트해 추가 예약을 방지하고 일래스틱서치 서비스도 업데이트해 이 숙소가 검색 결과에 더 이상 나타나지 않게 해야 한다.

일래스틱서치 결과는 게스트 평점을 기준으로 내림차순 정렬할 수 있다. 결과는 머신러닝 실험 서비스로 정렬될 수도 있다. 이러한 고려사항은 이 책의 범위를 벗어난다.

그림 15.9는 간소화된 예약 과정의 시퀀스 다이어그램이다.

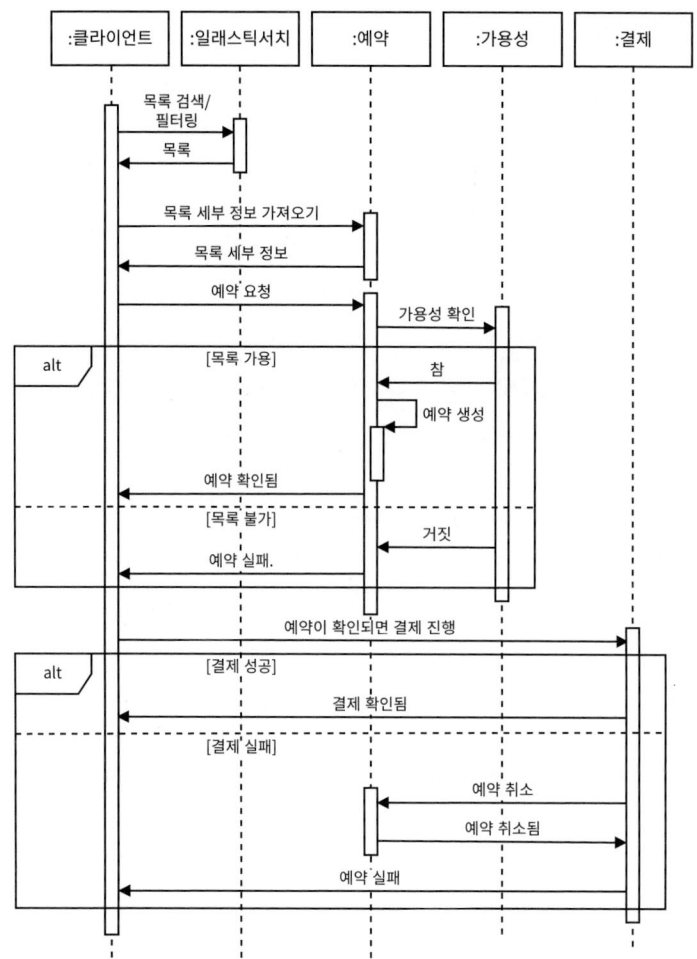

**그림 15.9** 간소화된 예약 과정의 시퀀스 다이어그램. 많은 세부 사항은 생략했다. 예를 들어 숙소 세부 정보를 가져오는 과정에는 CDN이 관여할 수 있다. 호스트에게 예약 요청을 수동으로 수락하거나 거절할 수 있는 옵션은 제공하지 않았다. 결제 과정에는 다수의 서비스에 많은 요청이 포함될 것이다. 알림 서비스 요청은 그림에 표시하지 않았다.

마지막으로, 많은 게스트가 예약 요청을 하기 전에 숙소를 검색하고 여러 숙소의 세부 정보를 볼 수 있으므로 검색 및 조회 기능과 예약 기능을 별도의 서비스로 분리하는 것을 고려할 수 있다. 이렇게 하면 각 서비스를 독립적으로 확장할 수 있다. 숙소를 검색하고 조회하는 서비스는 더 많은 트래픽을 받게 되므로 예약 요청을 처리하는 서비스보다 더 많은 리소스를 할당받게 될 것이다.

## 15.8 가용성 서비스

가용성 서비스는 다음과 같은 상황을 피해야 한다.

- 이중 예약
- 게스트의 예약이 호스트에게 보이지 않을 때
- 호스트가 특정 날짜를 이용 불가로 표시했는데 게스트가 그 날짜에 예약할 때
- 이러한 좋지 않은 경험으로 인해 고객 지원 부서가 게스트와 호스트의 불만 처리로 과부하가 걸릴 때

가용성 서비스는 다음과 같은 엔드포인트를 제공한다.

- 위치 ID, 숙소 유형 ID, 체크인 날짜, 체크아웃 날짜가 주어졌을 때, 이용 가능한 숙소 GET
- 특정 체크인 날짜부터 체크아웃 날짜까지 숙소를 몇(예: 5분) 분간 잠근다.
- 특정 체크인 날짜부터 체크아웃 날짜까지의 예약 CRUD

그림 15.10은 가용성 서비스의 상위 수준 아키텍처다. 이는 공유 SQL 서비스에 요청을 보내는 백엔드 서비스로 구성된다. 공유 SQL 서비스는 그림 4.1과 4.2에 나온 리더-팔로워 아키텍처를 가진다.

**그림 15.10** 가용성 서비스의 상위 수준 아키텍처

SQL 서비스는 가용성 테이블을 포함할 수 있으며, 이 테이블은 다음과 같은 열을 가질 수 있다. 기본 키는 없다.

- listing_id – 숙소 서비스에서 할당한 숙소의 ID
- date – 가용성 날짜
- booking_id – 예약이 이뤄졌을 때 예약 서비스에서 할당한 예약 ID
- available – 열거형으로 기능하는 문자열 필드. 숙소가 이용 가능한지, 잠겼는지, 또는 예약됐는지를 나타낸다. 이 (listing_id, date) 조합이 잠기거나 예약되지 않았다면 행을 삭제해 공간을 절약할 수 있다. 하지만 높은 점유율을 목표로 하므로 이러한 공간 절약은 무의미할 것이다. 또 다른 단점은 SQL 서비스가 모든 가능한 행에 충분한 저장 공간을 프로비저닝해야 한다는 것

이다. 따라서 필요할 때만 행을 삽입해 공간을 절약한다면, 숙소 전반에 걸쳐 높은 점유율을 달성할 때까지 저장 공간이 부족하다는 사실을 알아채지 못할 수 있다.

- timestamp – 이 행이 삽입되거나 업데이트된 시간

이전 절에서 숙소 잠금 과정을 설명했다. 웹이나 모바일 앱 등 클라이언트에 6분 타이머를 표시할 수 있다. 클라이언트와 백엔드 호스트의 시간 정보를 완벽히 동기화할 수 없으므로 클라이언트의 타이머는 백엔드의 타이머보다 약간 더 길어야 한다.

이 숙소 잠금 메커니즘은 여러 게스트가 중복된 예약 요청을 하는 것을 줄일 수 있지만 완전히 방지할 수는 없다. 중복 예약을 방지하기 위해 SQL 행 잠금을 사용할 수 있다. 백엔드 서비스는 리더 호스트에서 SQL 트랜잭션을 사용해야 한다. 먼저 SELECT 쿼리로 요청된 날짜에 숙소가 이용 가능한지 확인한다. 그다음 INSERT나 UPDATE 쿼리로 숙소를 적절히 표시한다.

리더-팔로워 SQL 아키텍처의 일관성 트레이드오프는 검색 결과에 이용 불가능한 숙소가 포함될 수 있다는 점이다. 게스트가 이용 불가능한 숙소를 예약하려고 하면 예약 서비스는 409 응답을 반환할 수 있다. 사용자가 숙소를 조회하는 동안 예약이 이뤄질 수 있다는 점은 사용자에게 예상 가능한 상황이므로, 사용자 경험에 큰 영향을 미치지 않을 수 있다. 그러나 이러한 상황의 발생을 모니터링하는 지표를 모니터링 서비스에 추가해야 한다. 그래야 과도하게 발생할 때 경보를 받고 필요에 따라 대응할 수 있다.

이 장의 앞부분에서 인기 있는 (숙소, 날짜) 쌍을 캐시하지 않는 이유를 설명했다. 이를 선택한다면 읽기 부하가 많은 상황에 적합한 캐싱 전략을 구현할 수 있다. 관련 내용은 4.8.1절에서 설명했다.

얼마나 많은 저장 공간이 필요한가? 각 열이 64비트를 차지한다면 한 행은 40바이트를 차지한다. 100만 개의 숙소는 180일의 데이터에 대해 7.2GB를 차지하며, 이는 단일 호스트에 쉽게 들어갈 수 있다. 필요에 따라 오래된 데이터를 수동으로 삭제해 공간을 확보할 수 있다.

대안적인 SQL 테이블 스키마는 이전 절에서 설명한 Booking 테이블과 유사할 수 있다. 다만 숙소가 잠겼는지 또는 예약됐는지를 나타내는 'status'나 'availability' 열이 추가될 수 있다. 특정 체크인과 체크아웃 날짜 사이에 숙소 이용이 가능한지 찾는 알고리즘은 코딩 테스트 문제가 될 수 있다. 코딩 테스트에서는 해결책을 코딩하라는 요청을 받을 수 있지만, 시스템 설계 면접에서는 그렇지 않다.

## 15.9 로깅, 모니터링, 경보

2.5절에서 설명한 CPU, 메모리, 레디스의 디스크 사용량, 일래스틱서치의 디스크 사용량 외에도 다음 사항을 모니터링하고 경보를 보내야 한다.

비정상적인 예약률, 숙소 등록률, 취소율에 대한 이상 탐지 기능이 있어야 한다. 다른 예로는 비정상적으로 높은 비율의 숙소 목록이 수동 또는 프로그래밍 방식으로 비정상적인 것으로 표시되는 경우가 있다.

호스트가 숙소를 등록하는 단계나 게스트가 예약하는 단계와 같은 종단 간 사용자 스토리를 정의한다. 완료된 사용자 스토리/흐름과 완료되지 않은 사용자 스토리/흐름의 비율을 모니터링하고, 사용자가 전체 스토리/흐름을 거치지 않는 상황이 비정상적으로 많이 발생할 때 경보를 만든다. 이러한 상황은 낮은 퍼널 전환율(Funnel conversion rate)[6]로도 알려져 있다.

예약 요청이 이뤄지지 않거나 게스트와 호스트 간 소통 후 취소되는 등의 바람직하지 않은 사용자 스토리의 비율을 정의하고 모니터링할 수 있다.

## 15.10 기타 논의 가능한 주제

이 장에서 논의한 다양한 서비스와 비즈니스 로직은 복잡한 비즈니스를 단편적으로 다루고 크게 단순화한 것처럼 보인다. 면접에서는 더 많은 서비스를 설계하고 그 요구사항, 사용자, 서비스 간 통신을 설명할 수 있다. 또한 다양한 사용자 스토리와 그에 따른 시스템 설계의 복잡성을 더 자세히 고려할 수 있다.

- 사용자가 검색 기준과 정확히 일치하지 않는 숙소에 관심을 가질 수 있다. 예를 들어, 이용 가능한 체크인 날짜나 체크아웃 날짜가 약간 다르거나, 인근 도시의 숙소도 받아들일 수 있다. 이러한 결과를 반환하는 검색 서비스를 어떻게 설계할 수 있을까? 일래스틱서치에 제출하기 전에 검색 쿼리를 수정할 수 있을까, 아니면 이러한 결과를 관련성이 있는 것으로 간주하는 일래스틱서치 인덱스를 어떻게 설계할 수 있을까?
- 호스트, 게스트, 운영팀, 그리고 다른 사용자에 대해 그 밖의 어떤 기능을 설계할 수 있을까? 예를 들어, 게스트가 부적절한 숙소를 신고할 수 있는 시스템을 설계할 수 있을까? 호스트와 게스트의 행동을 모니터링해 서비스 사용 제한이나 계정 비활성화 같은 징계 조치를 추천하는 시스템을 설계할 수 있을까?

---

6 (옮긴이) 마케팅이나 판매 과정에서 단계별로 고객이 다음 단계로 이동하는 비율을 나타내는 지표다.

- 앞서 면접 범위 밖으로 정의된 기능적 요구사항. 이러한 요구사항이 현재 서비스에서 충족되는지 아니면 별도의 서비스여야 하는지 등 아키텍처 세부사항.
- 검색에 관해 논의하지 않았다. 게스트가 키워드로 숙소를 검색할 수 있게 하는 것을 고려할 수 있다. 숙소를 인덱싱해야 할 것이다. 일래스틱서치를 사용하거나 자체 검색 서비스를 설계할 수 있다.
- 비즈니스 여행객에게 적합한 숙소 제공 등 제품 범위 확장.
- 호텔과 유사하게 이중 예약 허용. 더 비싼 객실은 공실률이 높은 경향이 있으므로 객실을 이용할 수 없으면 게스트를 업그레이드한다.
- 17장에서는 분석 시스템의 예를 다룬다.
- 사용자에게 숙소의 인기도와 같은 일부 통계를 보여준다.
- 객실 추천 시스템과 같은 개인화. 예를 들어, 추천 서비스는 새로운 숙소를 추천해 빠르게 게스트를 유치할 수 있게 해 새로운 호스트를 격려할 수 있다.
- 프론트엔드 엔지니어나 UX 디자이너 면접에는 UX 플로에 관한 설명이 포함될 수 있다.
- 사기 방지와 해소.

### 15.10.1 규정 처리

규정 정보를 전달하는 표준 API를 제공하는 전용 규정 서비스를 설계하고 구현하는 것을 고려할 수 있다. 다른 모든 서비스는 이 API와 상호 작용하게 설계돼야 한다. 그래야 변화하는 규정에 유연하게 대응하거나 최소한 예상치 못한 규정에 대응해 더 쉽게 재설계할 수 있다.

저자의 경험상 변화하는 규정에 유연하게 대응할 수 있는 서비스를 설계하는 것은 많은 기업의 사각지대다. 규정이 바뀔 때마다 재구조화, 구현, 마이그레이션에 상당한 리소스를 소비한다.

> **연습**
> 연습 삼아 에어비앤비와 크레이그리스트 간의 규정 요구사항 차이를 논의할 수 있다.

데이터 프라이버시법은 많은 기업과 관련된 문제다. COPPA[7], GDPR[8], CCPA[9] 등이 그 예다. 일부 정부는 기업에 자국 관할 구역에서 발생하는 활동 데이터를 공유하게 요구하거나 자국민의 데이터를 국외로 유출하지 않게 요구할 수 있다.

---

7 https://www.ftc.gov/enforcement/rules/rulemaking-regulatory-reform-proceedings/childrens-online-privacy-protection-rule
8 https://gdpr-info.eu/
9 https://oag.ca.gov/privacy/ccpa

규정은 기업의 핵심 비즈니스에 영향을 미칠 수 있다. 에어비앤비에서는 호스트와 게스트에 대한 직접적인 규정이 있다. 이러한 규정의 예는 다음과 같다.

- 숙소는 연간 최대 일수까지만 호스팅할 수 있다.
- 특정 연도 이전이나 이후에 지어진 건물만 등록할 수 있다.
- 특정 공휴일 등 특정 날짜에는 예약할 수 없다.
- 특정 도시에서는 예약 기간에 최소나 최대 제한이 있을 수 있다.
- 특정 도시나 주소에서는 숙소 등록이 전면 금지될 수 있다.
- 숙소에 일산화탄소 감지기, 화재 감지기, 비상 탈출구 등 안전 장비가 필요할 수 있다.
- 다른 거주 및 안전 규정이 있을 수 있다.

한 국가 내에서도 특정 조건을 충족하는 숙소에만 적용되는 규정이 있을 수 있으며, 구체적인 내용은 국가, 주, 도시, 심지어 주소(예를 들면, 특정 아파트 단지가 자체 규칙을 부과할 수 있음)에 따라 다를 수 있다.

## 요약

- 에어비앤비는 예약 앱이자 마켓플레이스 앱, 고객 지원, 운영 앱이다. 호스트, 게스트, 운영팀이 주요 사용자 그룹이다.
- 에어비앤비의 상품은 현지화되어 있어 숙소를 지역별로 데이터 센터에서 그룹화할 수 있다.
- 숙소 등록과 예약에 관여하는 서비스의 수가 너무 많아 시스템 설계 면접에서 포괄적으로 논의하는 것은 불가능하다. 주요 서비스 몇 가지를 나열하고 그 기능을 간략히 설명할 수 있다.
- 숙소 등록 시 현지 규정을 준수하기 위해 에어비앤비 호스트의 여러 요청이 필요할 수 있다.
- 에어비앤비 호스트가 숙소 등록 요청을 제출한 후에는 운영/관리자의 수동 승인이 필요할 수 있다. 승인 후에 게스트가 검색하고 예약할 수 있다.
- 이러한 다양한 서비스 간의 상호작용은 낮은 지연 시간이 불필요하다면 비동기적이어야 한다. 비동기 상호작용을 가능하게 하려면 분산 트랜잭션 기술을 사용한다.
- 캐싱이 지연 시간을 줄이는 데 항상 적합한 전략은 아니다. 특히 캐시가 빨리 노후화될 경우 더욱 그렇다.
- 아키텍처 다이어그램과 시퀀스 다이어그램은 복잡한 트랜잭션을 설계하는 데 있어 매우 중요하다.

# 16

# 뉴스 피드
# 설계

**이 장에서 다루는 내용**

- 개인화된 확장 가능한 시스템 설계
- 뉴스 피드 항목 필터링
- 이미지와 텍스트를 제공하는 뉴스 피드 설계

사용자가 선택한 주제에 속하는 대략적인 시간 역순으로 정렬된 뉴스 항목 목록을 사용자에게 제공하는 뉴스 피드를 설계한다. 뉴스 항목은 1~3개의 주제로 분류할 수 있다. 사용자는 언제든지 최대 3개의 관심 주제를 선택할 수 있다.

이는 흔한 시스템 설계 면접 질문이다. 이 장에서는 '뉴스 항목'과 '게시물'이라는 용어를 서로 바꿔 사용한다. 페이스북이나 트위터 같은 소셜 미디어 앱에서 사용자의 뉴스 피드는 보통 친구나 연결된 사용자의 게시물로 채워진다. 하지만 이 뉴스 피드에서 사용자는 연결된 사용자가 아닌 일반적으로 다른 사용자가 작성한 게시물을 받는다.

## 16.1 요구사항

다음은 뉴스 피드 시스템의 기능적 요구사항이다. 보통 면접관과의 약 5분간의 질의응답을 통해 이를 논의하거나 밝힐 수 있다.

- 사용자는 관심 주제를 선택할 수 있다. 최대 100개의 태그가 있다. ('카프카 주제'라는 용어와의 모호성을 피하기 위해 '뉴스 주제' 대신 '태그'라는 용어를 사용한다.)
- 사용자는 한 번에 10개씩, 최대 1,000개까지 영어 뉴스 항목 목록을 가져올 수 있다.
- 사용자는 최대 1,000개의 항목만 조회하면 되지만, 시스템은 모든 항목을 보관해야 한다.
- 먼저 사용자의 지리적 위치와 관계없이 동일한 항목을 받을 수 있게 한 다음, 위치와 언어 같은 요소를 기반으로 개인화를 고려한다.
- 최신 뉴스를 먼저 보여준다. 즉, 뉴스 항목은 시간의 역순으로 정렬돼야 하지만 이는 근사치일 수 있다.
- 뉴스 항목의 구성 요소는 다음과 같다.
    - 뉴스 항목은 보통 여러 텍스트 필드를 포함한다. 예를 들어 150자 제한의 제목과 10,000자 제한의 본문이 있을 수 있다. 단순화하기 위해 10,000자 제한의 텍스트 필드 하나만 고려할 수 있다.
    - 항목이 생성된 시간을 나타내는 유닉스 타임스탬프.
    - 처음에는 오디오인지, 이미지인지, 또는 동영상인지를 고려하지 않는다. 시간이 있다면 각각 최대 1MB의 0~10개 이미지 파일을 고려할 수 있다.

> **팁**
> 초기 기능 요구사항에서 이미지를 제외하는 이유는 이미지가 시스템 설계에 상당한 복잡성을 추가하기 때문이다. 먼저 텍스트만 처리하는 시스템을 설계한 다음 이미지와 다른 미디어를 처리하게 확장하는 방법을 고려할 수 있다.

- 부적절한 내용을 포함하고 있어서 특정 항목을 제공하고 싶지 않을 수도 있다는 점을 고려할 수 있다.

다음은 기능적 요구사항의 범위에서 대부분 또는 완전히 벗어난 사항이다.

- 버전 관리는 고려하지 않는다. 기사는 여러 버전을 가질 수 있다. 작성자가 기사에 추가 텍스트나 미디어를 추가하거나 오류를 수정하기 위해 기사를 편집할 수 있기 때문이다.
- 처음에는 관심 주제, 표시된 기사, 읽기로 선택한 기사 등 사용자 데이터 분석이나 정교한 추천 시스템을 고려할 필요가 없다.
- 공유나 댓글 작성 같은 다른 개인화나 소셜 미디어 기능은 필요하지 않다.
- 뉴스 항목의 출처를 고려할 필요가 없다. 뉴스 항목을 추가하기 위한 POST API 엔드포인트만 제공하면 된다.
- 처음에는 검색을 고려할 필요가 없다. 다른 요구사항을 충족한 후 검색을 고려할 수 있다.
- 사용자 로그인, 결제, 구독 등 수익화는 고려하지 않는다. 모든 기사가 무료라고 가정할 수 있다. 기사와 함께 광고를 제공하는 것도 고려하지 않는다.

뉴스 피드 시스템의 비기능적 요구사항은 다음과 같다.

- 일일 활성 사용자 10만 명이 각각 하루 평균 10회 요청을 하고, 100만 개의 뉴스 항목/일을 처리할 수 있게 확장 가능해야 한다.
- 읽기 작업의 P99 지연 시간[1]이 1초 이내여야 한다.
- 사용자 데이터는 비공개여야 한다.
- 최대 몇 시간의 최종 일관성은 허용된다. 사용자가 기사가 업로드된 직후에 바로 보거나 접근할 수 있을 필요는 없지만, 몇 초 내에 가능한 것이 바람직하다. 일부 뉴스 앱은 '속보'로 지정된 항목을 즉시 높은 우선순위로 전달해야 하는 요구사항이 있지만, 뉴스 피드는 이 기능을 지원할 필요가 없다.
- 쓰기 작업에 고가용성이 필요하다. 읽기 작업 고가용성은 보너스지만 필수는 아니다. 사용자가 오래된 뉴스를 자신의 기기에 캐시할 수 있기 때문이다.

## 16.2 상위 수준 아키텍처

먼저 뉴스 피드 시스템의 매우 상위 수준 아키텍처를 그림 16.1과 같이 스케치한다. 뉴스 항목의 출처에서 백엔드의 수집 서비스로 뉴스 항목을 제출하면 이것이 데이터베이스에 기록된다. 사용자는 뉴스 피드 서비스에 쿼리하고, 이 서비스는 데이터베이스에서 뉴스 항목을 가져와 사용자에게 반환한다.

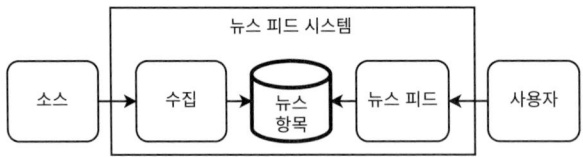

그림 16.1 뉴스 피드의 초기 매우 상위 수준 아키텍처. 뉴스 출처는 수집 서비스에 뉴스 항목을 제출하고, 이 서비스는 이를 처리해 데이터베이스에 저장한다. 다른 쪽에서 사용자는 뉴스 피드 서비스에 쿼리하고, 이 서비스는 데이터베이스에서 뉴스 항목을 가져온다.

이 아키텍처에서 관찰할 수 있는 점 몇 가지는 다음과 같다.

- 수집 서비스는 고가용성을 갖추고 무겁고 예측 불가능한 트래픽을 처리해야 한다. 카프카 같은 이벤트 스트리밍 플랫폼 사용을 고려해야 한다.
- 데이터베이스는 모든 항목을 보관해야 하지만 사용자에게는 최대 1,000개의 항목만 제공해야 한다. 이는 모든 항목을 보관하는 데이터베이스와 필요한 항목을 제공하는 다른 데이터베이스를 사용할 수 있음을 시사한다. 각 사용 사례에 가장 적합한 데이터베이스 기술을 선택할 수 있다. 뉴스 항목은 10,000자로, 10KB와 같다. UTF-8 문자라면 텍스트 크기는 40KB가 된다.

---

[1] (옮긴이) 모든 요청의 99%가 처리되는 시간을 의미하며, 시스템 성능과 사용자 경험의 일관성을 평가하는 중요한 지표다.

- 1,000개 항목과 100개 태그에 해당하는 전체 뉴스 콘텐츠의 크기는 약 1GB로, 레디스 캐시에 쉽게 들어갈 수 있다.
- 보관용으로는 HDFS 같은 분산 샤딩 파일 시스템을 사용할 수 있다.

■ 최대 몇 시간의 최종 일관성이 허용된다면, 사용자 기기는 한 시간에 한 번 이상 뉴스 항목을 업데이트할 필요가 없어 뉴스 피드 서비스의 부하를 줄일 수 있다.

그림 16.2는 상위 수준 아키텍처를 보여준다. 큐와 HDFS 데이터베이스는 CDC(Change Data Capture, 5.3절 참조)의 예이며, HDFS에서 읽어 레디스에 쓰는 ETL 작업은 CQRS(1.4.6절 참조)의 예다.

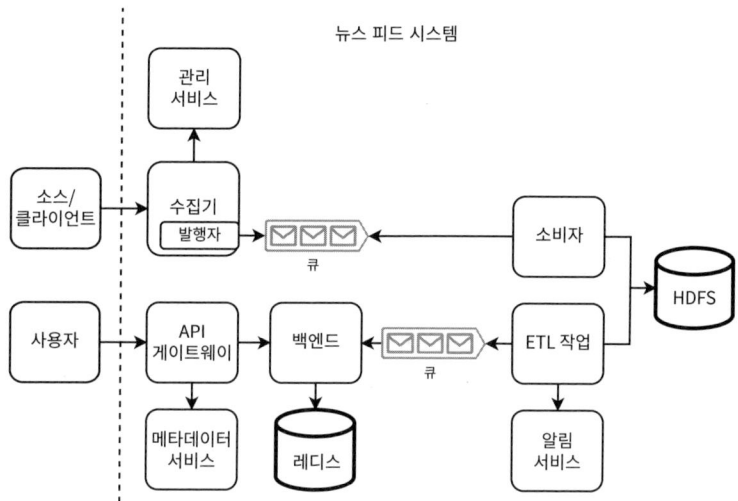

**그림 16.2** 뉴스 피드 서비스의 상위 수준 아키텍처. 클라이언트가 뉴스 피드 서비스에 게시물을 제출한다. 수집기가 게시물을 받아 간단한 유효성 검사를 수행한다. 유효성 검사를 통과하면 수집기는 이를 카프카 큐에 생성한다. 소비자 클러스터가 게시물을 소비해 HDFS에 기록한다. 배치 ETL 작업이 게시물을 처리해 다른 카프카 큐에 생성한다. 또한 알림 서비스를 통해 알림을 트리거할 수 있다. 게시물 사용자 요청은 API 게이트웨이를 통과하며, 이는 메타데이터 서비스에서 사용자의 태그를 검색한 다음 백엔드 서비스를 통해 레디스 테이블에서 게시물을 검색할 수 있다. 백엔드 호스트는 유휴 상태일 때 큐에서 소비해 레디스 테이블을 업데이트한다.

뉴스 피드 서비스의 출처는 새 게시물을 수집기로 푸시한다. 수집기는 뉴스 항목만으로 수행할 수 있는 유효성 검사 작업을 수행한다. 다른 뉴스 항목이나 다른 데이터에 의존하는 유효성 검사는 수행하지 않는다. 이러한 유효성 검사 작업의 예시는 다음과 같다.

- SQL 인젝션을 방지하기 위해 값을 검증한다.
- 부적절한 언어 감지 같은 필터링과 검열 작업. 두 가지 기준 집합이 있을 수 있다. 하나는 즉시 거부를 위한 것으로, 이 기준을 만족하는 항목은 즉시 거부된다. 다른 하나는 이 기준을 만족하는 항목에 수동 검토를 위한 플래그를 지정한다. 이 플래그는 항목이 큐에 생성되기 전에 추가될 수 있다. 이는 다음 절에서 더 자세히 설명한다.

- 게시물이 차단된 출처/사용자로부터 오지 않았는지 확인. 수집기는 조정 서비스에서 차단된 사용자 목록을 얻는다. 이 차단된 사용자는 운영팀이 수동이나 특정 이벤트 후 자동으로 조정 서비스에 추가된다.
- 필수 필드의 길이가 0이 아닌지 확인.
- 최대 길이가 있는 필드가 그 길이를 초과하는 값을 포함하지 않는지 확인.
- 구두점[2]과 같은 특정 문자를 포함할 수 없는 필드에 그러한 문자를 포함하지 않았는지 확인.

이러한 유효성 검사는 출처의 클라이언트 앱에서, 수집기로 게시물을 제출하기 전에 사전 수행할 수 있다. 그러나 클라이언트의 버그나 악의적인 활동으로 인해 유효성 검사 작업이 생략되면 수집기에서 이러한 유효성 검사를 반복할 수 있다. 수집기에서 유효성 검사가 실패하면 클라이언트와 수집기가 다른 유효성 검사 결과를 반환하는 이유를 확인할 수 있게 개발자에게 경보를 트리거해야 한다.

특정 출처의 요청은 수집기에 도달하기 전에 인증과 권한 부여 서비스를 통과해야 할 수 있다. 이는 그림 16.2에 표시하지 않았다. OAuth 인증과 OpenID 권한 부여에 관한 설명은 부록 B를 참조한다.

이 예측 불가능한 트래픽을 처리하려면 카프카 큐를 사용한다. 수집기 유효성 검사를 통과하면 수집기는 게시물을 카프카 큐에 생성하고 출처에 200 Success를 반환한다. 유효성 검사가 실패하면 수집기는 출처에 400 Bad Request를 반환하고 실패한 유효성 검사에 대한 설명을 포함할 수 있다.

소비자는 큐에서 폴링해 HDFS에 기록한다. 최소한 두 개의 HDFS 테이블이 필요하다. 하나는 소비자가 제출한 원시 뉴스 항목용이고, 기타 하나는 사용자에게 제공할 준비가 된 뉴스 항목용이다. 사용자에게 제공되기 전에 수동 검토가 필요한 항목을 위한 별도의 테이블도 필요할 수 있다. 수동 검토 시스템에 관한 자세한 설명은 면접 범위를 벗어날 가능성이 높다. 이러한 HDFS 테이블은 태그와 시간으로 분할된다.

사용자는 API 게이트웨이에 **GET /post** 요청을 보내고, 이는 메타데이터 서비스에서 사용자의 태그를 쿼리한 다음 백엔드 서비스를 통해 레디스 캐시에서 적절한 뉴스 항목을 쿼리한다. 레디스 캐시 키는 **(tag, hour)** 튜플이 될 수 있고, 값은 해당하는 뉴스 항목 목록이 될 수 있다. 이 데이터 구조를 **{(tag, hour), [post]}**로 표현할 수 있다. 여기서 **tag**는 문자열, **hour**는 정수, **post**는 게시물 ID 문자열과 바디/콘텐츠 문자열을 포함하는 객체다.

API 게이트웨이는 6.1절에서 설명한 대로 인증과 권한 부여, 그리고 속도 제한 방식과 같은 일반적인 역할도 수행한다. 호스트 수가 대규모로 증가하고, 프론트엔드의 일반적인 역할이 메타데이터 서비스

---

[2] (옮긴이) 문장의 구조와 의미를 명확히 하고 읽기 쉽게 만들기 위해 사용되는 마침표, 쉼표, 물음표 등의 문장 부호를 말한다.

와 레디스 서비스를 조회하는 데 필요한 하드웨어 사양과 다르면 이 두 기능을 별도의 백엔드 서비스로 분리할 수 있다. 이렇게 하면 이러한 기능들을 독립적으로 확장할 수 있다.

최종 일관성 요구사항과 사용자 기기가 한 시간에 한 번 이상 뉴스 항목을 업데이트할 필요가 없다는 관찰과 관련하여, 사용자가 이전 요청 후 한 시간 이내에 업데이트를 요청하면 다음 두 가지 접근 방식 중 하나 이상을 통해 서비스 부하를 줄일 수 있다.

1. 기기에서 요청을 무시한다.
2. 기기에서 요청을 하지만 응답이 504 시간 초과이면 재시도하지 않는다.

ETL 작업은 다른 카프카 큐에 기록한다. 백엔드 호스트가 게시물에 대한 사용자 요청을 처리하지 않을 때 카프카 큐에서 소비해 레디스 테이블을 업데이트할 수 있다. ETL 작업은 다음 기능을 수행한다.

원시 뉴스 항목을 사용자에게 제공하기 전에 먼저 다른 뉴스 항목이나 외부 데이터와 연계된 유효성 검사 또는 검열 작업이 필요한 경우도 있다. 단순화를 위해 이러한 모든 작업을 '유효성 검사 작업'이라고 통칭한다. 그림 16.3을 참조하면, 이는 병렬 ETL 작업일 수 있다. 각 작업에 추가 HDFS 테이블이 필요할 수 있다. 각 테이블은 유효성 검사를 통과한 항목 ID를 포함한다. 예는 다음과 같다.

- 중복 항목 찾기
- 지난 1시간 이내에 제출할 수 있는 특정 태그/주제에 대한 뉴스 항목 수에 제한이 있는 경우 이에 대한 유효성 검사 작업이 있을 수 있다.
- 중간 HDFS 테이블의 항목 ID 교집합을 결정한다. 이는 모든 유효성 검사를 통과한 ID 집합이다. 이 집합을 최종 HDFS 테이블에 기록한다. 최종 HDFS 테이블에서 ID를 읽은 다음 해당 뉴스 항목을 복사해 레디스 캐시를 덮어쓴다.

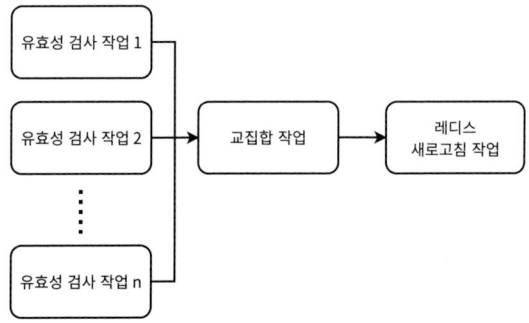

**그림 16.3** ETL 작업 DAG. 유효성 검사 작업은 병렬로 실행된다. 각 유효성 검사 작업은 유효한 게시물 ID 집합을 출력한다. 작업이 완료되면 교집합 작업이 이 모든 집합의 교집합을 결정하며, 이는 사용자에게 제공될 수 있는 게시물의 ID다.

알림 서비스를 통해 알림을 트리거하는 ETL 작업도 있을 수 있다. 알림 채널에는 모바일과 브라우저 앱, 이메일, 문자 메시지, 소셜 미디어가 포함될 수 있다. 알림 서비스에 자세한 설명은 9장을 참조한다. 이 장에서는 이를 자세히 설명하지 않는다.

그림 16.2에서 보여주고 ETL 작업 맥락에서 언급한 바와 같이, 뉴스 피드 서비스에서 조정 기능이 핵심적인 역할을 한다는 점을 인식해야한다. 또한 각 특정 사용자의 게시물에 대해서도 조정이 필요할 수 있다. 예를 들어, 앞서 언급한 대로 차단된 사용자는 요청을 할 수 없어야 한다. 그림 16.4를 참조하면, 이 모든 조정 기능을 단일 조정 서비스로 통합하는 것을 고려할 수 있다. 이에 대해서는 16.4절에서 더 자세히 다룰 예정이다.

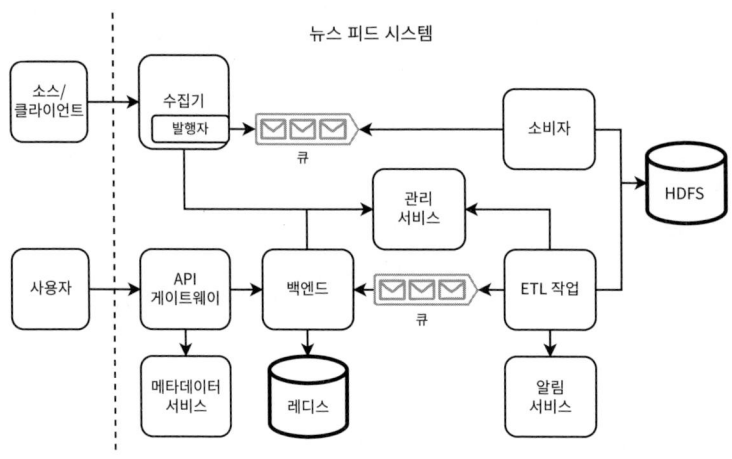

그림 16.4 모든 콘텐츠 조정이 조정 서비스로 집중된 뉴스 피드 시스템의 상위 수준 아키텍처. 개발자는 이 서비스에서 모든 콘텐츠 관리 로직을 정의할 수 있다.

## 16.3 사전에 피드 준비하기

그림 16.2의 설계에서 각 사용자는 (tag, hour) 쌍마다 하나의 레디스 쿼리가 필요하다. 각 사용자는 관련되거나 원하는 항목을 얻기 위해 많은 쿼리를 해야 할 수 있으며, 이는 뉴스 피드 서비스에 높은 읽기 트래픽과 높은 지연 시간을 유발할 수 있다.

사용자의 피드를 사전에 준비함으로써 더 많은 저장 공간을 사용하는 대신 낮은 지연 시간 및 트래픽을 얻을 수 있다. {user ID, post ID}와 {post ID, post}의 두 해시맵을 준비할 수 있다. 각각 1K 10K 문자 항목을 가진 100개의 태그를 가정하면, 후자의 해시맵은 1GB를 약간 넘는 공간을 차지한다. 전자의 해시맵[3]에서는, 10억 개의 사용자 ID와 최대 100*1000개의 게시물 ID를 저장해야 한다. ID는 64비트다. 총 저장 공간 요구사항은 최대 800TB로, 레디스 클러스터의 용량을 초과할 수 있다. 한 가지 해결책은 사용자를 지역별로 분할하고 데이터 센터당 두세 개의 지역만 저장하는 것이다. 이렇게 하면 데이터 센터당 최대 2천만 명의 사용자가 있어 16TB가 된다. 다른 해결책은 몇 십 개의 게시물 ID로 제한해 저장 공간 요구사항을 1TB로 제한하는 것이지만, 이는 1,000개 항목 요구사항을 충족하지 못한다.

또 다른 해결책은 4.3절에서 논의했듯이 {user ID, post ID} 쌍에 샤딩된 SQL 구현을 사용하는 것이다. 이 테이블을 해싱된 사용자 ID로 샤딩할 수 있어 사용자 ID가 노드 간에 무작위로 분산되고 더 집중적인 사용자도 무작위로 분산된다. 이는 핫 샤드 문제를 방지할 것이다. 백엔드가 사용자 ID의 게시물 요청을 받으면 사용자 ID를 해싱한 다음 적절한 SQL 노드에 요청할 수 있다. 적절한 SQL 노드를 찾는 방법은 잠시 후에 설명한다. {post ID, post} 쌍을 포함하는 테이블은 모든 노드에 복제돼 이 두 테이블 간에 JOIN 쿼리를 수행할 수 있다. 이 테이블에는 타임스탬프, 태그 등의 다른 차원 열도 포함될 수 있다. 그림 16.5는 샤딩과 복제 전략을 보여준다.

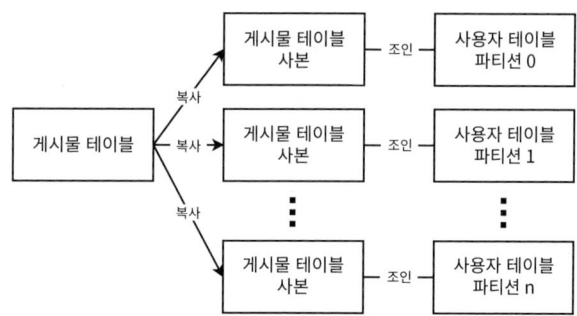

**그림 16.5** 샤딩과 복제 전략 설명. {해시된 user ID, post ID}가 있는 테이블은 여러 리더 호스트에 샤딩되고 분산되며 팔로워 호스트에 복제된다. {post ID, post}가 있는 테이블은 모든 호스트에 복제된다. 게시물 ID로 JOIN할 수 있다.

그림 16.6을 참조하면, 해시된 사용자 ID의 64비트 주소 공간을 클러스터 간에 나눌 수 있다. 클러스터 0은 $[0, (2^{64} - 1)/4)$ 범위의 해시된 사용자 ID를, 클러스터 1은 $[(2^{64} - 1)/4, (2^{64} - 1)/2)$ 범위의 해시된 사용자 ID를, 클러스터 2는 $[(2^{64} - 1)/2, 3 * (2^{64} - 1)/4)$ 범위의 해시된 사용자 ID를, 클러스터 3은 $[3 * (2^{64} - 1)/4, 2^{64} - 1)$ 범위의 해시된 사용자 ID를 포함할 수 있다. 이 균등한 분할로 시작할 수 있다. 클러스터 간 트래픽이 불균등할 것이므로 분할의 수와 크기를 조정해 트래픽의 균형을 맞출 수 있다.

---

**3** (옮긴이) 키-값 쌍을 저장하는 자료구조로, 해시 함수를 사용해 빠른 데이터 검색과 삽입을 가능하게 한다.

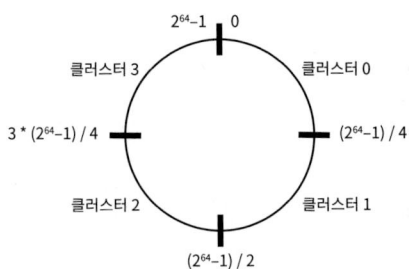

**그림 16.6** 해싱된 사용자 ID의 클러스터 이름으로의 일관된 해싱. 64비트 주소 공간에 걸쳐 클러스터를 나눌 수 있다. 이 그림에서는 4개의 클러스터가 있다고 가정하므로 각 클러스터는 주소 공간의 4분의 1을 차지한다. 균등한 분할로 시작한 다음 분할의 수와 크기를 조정해 클러스터 간 트래픽의 균형을 맞출 수 있다.

백엔드는 어떻게 적절한 SQL 노드를 찾는가? 해싱된 사용자 ID를 클러스터 이름에 매핑해야 한다. 각 클러스터는 팔로워마다 하나씩 여러 A 레코드를 가질 수 있어 백엔드 호스트가 적절한 클러스터의 팔로워 노드에 무작위로 할당된다.

핫 샤드를 감지하고 클러스터 크기를 적절히 조정해 트래픽의 균형을 맞추기 위해 클러스터로의 트래픽 양을 모니터링해야 한다. 비용을 절약하기 위해 호스트의 하드 디스크 용량을 조정할 수 있다. 클라우드 벤더를 사용하면 사용하는 VM(가상 머신) 크기를 조정할 수 있다.

그림 16.7은 이 설계를 적용한 뉴스 피드 서비스의 상위 수준 아키텍처를 보여준다. 사용자가 요청하면 백엔드는 방금 설명한 대로 사용자 ID를 해싱한다. 그런 다음 백엔드는 주키퍼에서 적절한 클러스터 이름을 조회하고 SQL 쿼리를 클러스터로 보낸다. 쿼리는 무작위 팔로워 노드로 전송돼 실행된 다음, 결과 게시물 목록이 사용자에게 반환된다.

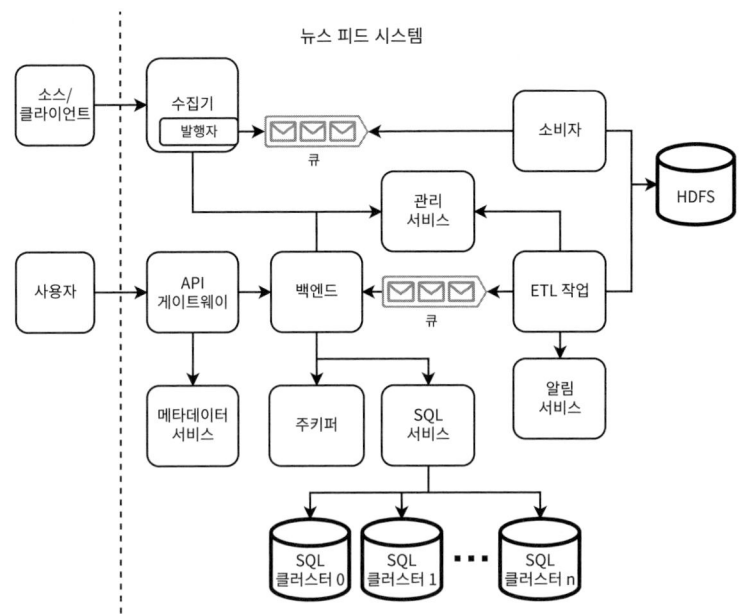

그림 16.7 사용자 피드를 사전에 준비한 뉴스 피드 서비스의 상위 수준 아키텍처. 그림 16.4와의 차이점은 굵게 표시했다. 사용자 요청이 백엔드에 도착하면 백엔드는 먼저 적절한 SQL 클러스터 이름을 얻은 다음 적절한 SQL 클러스터에 게시물을 쿼리한다. 백엔드는 요청된 사용자 ID가 포함된 팔로워 노드로 사용자 요청을 직접 전달할 수 있다. 여기서 보여주는 것처럼 SQL 요청의 라우팅을 별도의 SQL 서비스로 분리할 수 있다.

유일한 클라이언트가 모바일 앱이라면(즉, 웹 앱이 없으면) 클라이언트에 게시물을 저장해 저장 공간을 절약할 수 있다. 그러면 사용자가 게시물을 한 번만 가져오고 가져온 후에는 해당 행을 삭제한다고 가정할 수 있다. 사용자가 다른 모바일 기기로 로그인하면 이전 기기에서 가져온 게시물을 볼 수 없게 된다. 이러한 일은 충분히 드물게 발생기 때문에 수용 가능하다. 특히 뉴스가 빠르게 식상해지고, 사용자들이 게시물을 올린 지 며칠 후에는 거의 관심을 보이지 않기 때문이다.

또 다른 방법은 타임스탬프 열을 추가하고 24시간보다 오래된 행을 주기적으로 삭제하는 ETL 작업을 하는 것이다.

샤딩된 SQL을 피하기 위해 두 접근 방식을 결합해 사용하기로 결정할 수 있다. 사용자가 모바일 앱을 열면 준비된 피드를 사용해 게시물에 첫 번째 요청만 처리하고 단일 노드에 맞는 수의 게시물 ID만 저장할 수 있다. 사용자가 아래로 스크롤하면 앱이 더 많은 게시물을 요청할 수 있고, 이러한 요청은 레디스에서 처리될 수 있다. 그림 16.8은 레디스를 사용한 이 접근 방식의 상위 수준 아키텍처를 보여준다. 이 접근 방식은 더 낮은 지연 시간과 비용을 위해 더 높은 복잡성과 유지보수 부담을 트레이드오프한다.

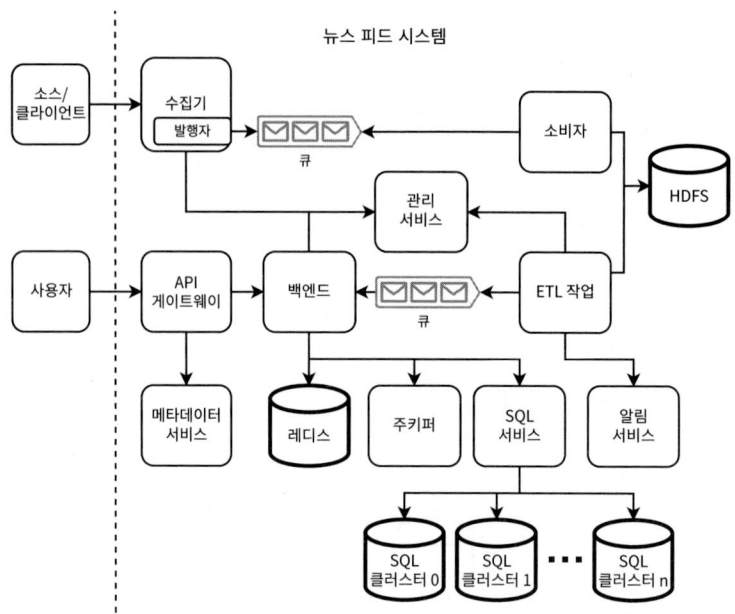

그림 16.8 준비된 피드와 레디스 서비스를 모두 사용한 상위 수준 아키텍처. 그림 16.7과의 차이점은 추가된 레디스 서비스로, 굵게 표시했다.

클라이언트가 레디스에서 동일한 게시물을 두 번 이상 가져오는 것을 피할 수 있는 몇 가지 방법을 논의해 보자.

1. 클라이언트는 GET /post 요청에 게시물 ID를 포함할 수 있어 클라이언트가 아직 가져오지 않은 게시물을 백엔드가 반환할 수 있다.
2. 레디스 테이블은 게시물을 시간별로 레이블링한다. 클라이언트는 특정 시간의 게시물을 요청할 수 있다. 반환할 게시물이 너무 많으면 시간당 10분 단위 등 더 작은 시간 단위로 게시물을 레이블링할 수 있다. 그 외 가능한 방법은 특정 시간의 모든 게시물 ID를 반환하는 API 엔드포인트를 제공하고, GET /post 엔드포인트의 요청 본문에서 사용자가 가져오고자 하는 게시물 ID를 지정할 수 있게 하는 것이다.

## 16.4 검증과 콘텐츠 조정

이 절에서는 검증과 관련한 우려사항과 그 해결책을 다룬다. 검증으로 모든 문제를 잡아내지 못할 수 있으며, 게시물이 사용자에게 잘못 전달될 수 있다. 콘텐츠 필터링 규칙은 사용자의 인구통계학적 특성에 따라 다를 수 있다.

검증과 콘텐츠 조정을 위한 또 다른 접근 방식인 에어비앤비의 승인 서비스에 대한 논의는 15.6절을 참조한다. 여기서는 이에 관해 간단히 다룰 것이다. 그림 16.9는 승인 서비스를 포함한 고수준 아키텍처를 보여준다. 특정 ETL 작업은 일부 게시물에 수동 검토 플래그를 지정할 수 있다. 이러한 게시물은 수동 검토를 위해 승인 서비스로 보낼 수 있다. 검토자가 게시물을 승인하면 해당 게시물은 카프카 큐로 전송돼 백엔드에서 소비되고 사용자에게 제공된다. 검토자가 게시물을 거부하면 승인 서비스는 메시징 서비스를 통해 소스/클라이언트에 알릴 수 있다.

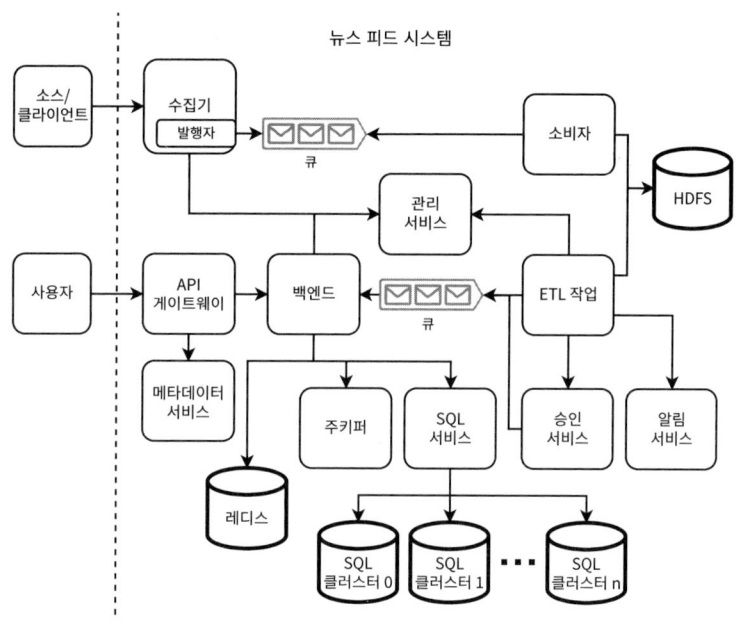

**그림 16.9** ETL 작업은 특정 게시물에 수동 승인 플래그를 지정할 수 있다. 이러한 게시물은 카프카 큐로 전송되는 대신 수동 검토를 위해 승인 서비스(굵게 표시된 부분은 그림 16.8에서 추가)로 보낼 수 있다. 검토 플래그가 지정된 게시물의 비율이 높다면 승인 서비스 자체에 카프카 큐가 필요할 수 있다. 검토자가 게시물을 승인하면 ETL 작업을 통해 다시 카프카 큐로 전송돼 백엔드에서 소비되거나 백엔드로 직접 전송할 수 있다. 검토자가 게시물을 거부하면 승인 서비스는 메시징 서비스를 통해 소스/클라이언트에 알릴 수 있다. 이는 그림에 표시하지 않았다.

## 16.4.1 사용자 기기의 게시물 변경

특정 유효성 검사는 자동화하기 어렵다. 예를 들어, 게시물이 불완전할 수 있다. 간단히 하나의 문장으로 된 다음과 같은 게시물을 생각해 보자: "이것은 게시물입니다." 불완전한 게시물은 다음과 같을 수 있다: "이것은." 맞춤법 오류가 있는 게시물은 쉽게 감지할 수 있지만, 이 게시물은 맞춤법 오류는 없으나 명백히 유효하지 않다. 이러한 문제는 자동화된 검증으로 해결하기 어렵다.

부적절한 단어 사용과 같은 특정한 부적절한 내용은 쉽게 감지할 수 있지만, 연령에 부적합한 내용, 폭탄 위협이나 가짜 뉴스와 같은 많은 부적절한 내용은 자동으로 선별하기가 매우 어렵다.

모든 시스템 설계에서 모든 오류와 실패를 방지하려고 해서는 안 된다. 실수와 실패는 불가피하다고 가정하고, 이를 쉽게 감지하고 문제를 해결하며 수정할 수 있는 메커니즘을 개발해야 한다. 전달되지 말아야 할 특정 게시물이 실수로 사용자에게 전달될 수 있다. 이러한 게시물을 뉴스 피드 서비스에서 삭제하거나 수정된 게시물로 덮어쓰는 메커니즘이 필요하다. 사용자의 기기가 게시물을 캐시하면, 이를 삭제하거나 수정된 버전으로 덮어써야 한다.

이때 GET /posts 엔드포인트를 수정할 수 있다. 사용자가 게시물을 가져올 때마다 응답에는 수정된 게시물 목록과 삭제할 게시물 목록이 포함돼야 한다. 클라이언트 모바일 앱은 수정된 게시물을 표시하고 적절한 게시물을 삭제해야 한다.

한 가지 방법은 게시물에 '이벤트' 열거형을 추가하는 것이다. 가능한 값으로는 REPLACE와 DELETE가 있다. 클라이언트의 이전 게시물을 교체하거나 삭제하려면 이전 게시물과 동일한 게시물 ID를 가진 새 게시물 객체를 생성해야 한다. 게시물 객체는 교체일 때 REPLACE 값을, 삭제일 때 DELETE 값을 가진 이벤트를 포함해야 한다.

뉴스 피드 서비스가 클라이언트 측 게시물을 수정하려면, 클라이언트가 어떤 게시물을 보유하고 있는지 파악할 수 있어야 한다. 뉴스 피드 서비스는 클라이언트가 다운로드한 게시물의 ID를 로그로 기록할 수 있지만, 저장 요구사항이 너무 크고 비용이 많이 들 수 있다. 클라이언트에 보존 기간(예: 24시간 또는 7일)을 설정해 오래된 게시물을 자동으로 삭제하면 이러한 오래된 로그도 삭제할 수 있지만, 저장 비용이 여전히 높을 수 있다.

다른 해결책은 클라이언트가 GET /post 요청에 현재 게시물 ID를 포함시키는 것이다. 백엔드는 이러한 게시물 ID를 처리해 어떤 새 게시물을 보낼지 결정하고(앞에서 설명함) 어떤 게시물을 변경하거나 삭제해야 하는지도 결정할 수 있다.

16.4.3절에서 관리자가 뉴스 피드 서비스에서 현재 이용 가능한 게시물을 보고 게시물을 변경하거나 삭제하는 조정 결정을 내릴 수 있는 조정 서비스를 설명한다.

## 16.4.2 게시물 태깅

승인이나 거부는 전체 게시물에 적용된다고 가정할 수 있다. 즉, 게시물의 일부라도 검증이나 조정에 실패하면 일부만 제공하려고 시도하지 않고 전체 게시물을 거부한다. 검증에 실패한 게시물은 어떻게 처리해야 할까? 삭제하거나 그 출처에 알리거나 수동으로 검토할 수 있다. 첫 번째 선택은 사용자 경험을 저하시킬 수 있고, 세 번째 선택은 대규모로 수행하면 비용이 너무 많이 들 수 있다. 두 번째 옵션을 선택할 수 있다.

그림 16.3의 교차 작업을 확장하면 검증이 실패할 경우 담당 출처/사용자에게도 메시지를 보낼 수 있다. 교차 작업은 모든 실패한 검증을 집계하고 단일 메시지로 출처/사용자에게 보낼 수 있다. 메시지를 보내기 위해 공유 메시징 서비스를 사용할 수 있다. 각 검증 작업은 ID와 간단한 설명을 가질 수 있다. 메시지에는 실패한 검증 ID와 설명이 포함돼 사용자가 게시물에 필요한 변경 사항을 설명하거나 거부 결정에 이의를 제기하기 위해 회사에 연락하고자 할 때 참조할 수 있다.

논의가 필요한 또 다른 요구사항은 전 세계적으로 적용되는 규칙과 지역별 규칙을 구분해야 하는지 여부다. 특정 규칙은 현지의 문화적 민감성이나 정부 법규로 인해 특정 국가에만 적용될 수 있다. 일반화하면 사용자의 명시된 선호도와 연령이나 지역 같은 특성에 따라 특정 게시물을 보여주지 말아야 한다. 또한 수집기에서 이러한 게시물을 거부할 수 없다. 그렇게 하면 이러한 검증 작업이 특정 사용자가 아닌 모든 사용자에게 적용되기 때문이다. 대신 각 사용자에 특정 게시물을 필터링하기 위해 사용할 특정 메타데이터로 게시물에 태그를 지정해야 한다. 사용자 관심사 태그와의 모호성을 방지하기 위해 이러한 태그를 필터 태그 또는 줄여서 '필터'라고 부른다. 게시물은 태그와 필터를 모두 가질 수 있다. 태그와 필터의 주요 차이점은 사용자가 선호하는 태그를 구성하는 반면 필터는 회사가 완전히 제어한다는 것이다. 다음 하위 절에서 설명하듯이 이러한 차이점은 필터를 조정 서비스에서 구성하지만 태그는 그렇지 않다는 것을 의미한다.

새 태그/필터가 추가되거나 현재 태그/필터가 삭제될 때 이 변경 사항은 향후 게시물에만 적용되며 과거 게시물에 다시 레이블을 지정할 필요가 없다고 가정한다.

사용자가 게시물을 가져오기 위해 단일 레디스 조회만으로는 더 이상 충분하지 않다. 다음과 같은 키-값 쌍을 가진 세 개의 레디스 해시 테이블이 필요하다.

- {post ID, post}: ID로 게시물 가져오기
- {tag, [post ID]}: 태그로 게시물 ID 필터링
- {post ID, [filter]}: 필터로 게시물 필터링

여러 키-값 조회가 필요하다. 단계는 다음과 같다.

1. 클라이언트가 뉴스 피드 서비스에 GET /post 요청을 한다.
2. API 게이트웨이가 메타데이터 서비스에 클라이언트의 태그와 필터를 쿼리한다. 클라이언트가 자체 태그와 필터를 저장하고 GET /post 요청에 제공할 수도 있으며, 이때 조회를 건너뛸 수 있다.
3. API 게이트웨이가 레디스에 쿼리를 보내 사용자의 태그와 필터가 있는 게시물 ID를 얻는다.
4. 각 게시물 ID의 필터를 레디스에 쿼리하고 사용자의 필터 중 하나라도 포함되면 이 게시물 ID를 사용자에서 제외한다.
5. 각 게시물 ID의 게시물을 레디스에 쿼리한 다음 이러한 게시물을 클라이언트에 반환한다.

태그별로 게시물 ID를 필터링하는 로직은 애플리케이션 수준에서 수행해야 한다는 점을 명심한다. 레디스 테이블 대신 SQL 테이블을 사용하는 것이 대안이 될 수 있다. (post_id, post) 열이 있는 게시물 테이블, (tag, post_id) 열이 있는 태그 테이블, (filter, post_id) 열이 있는 필터 테이블을 만들고 단일 SQL JOIN 쿼리로 클라이언트의 게시물을 얻을 수 있다.

```
SELECT post
FROM post p JOIN tag t ON p.post_id = t.post_id
LEFT JOIN filter f ON p.post_id = f.post_id
WHERE p.post_id IS NULL
```

16.3절에서 {user_id, post_id}로 레디스 테이블을 준비해 사용자의 피드를 미리 준비하는 것을 설명했다. 이 절에서 논의한 게시물 필터링 요구사항이 있더라도 이 레디스 테이블을 준비하는 ETL 작업을 수행할 수 있다.

마지막으로, 지역별 뉴스 피드에서는 지역별로 레디스 캐시를 분할하거나 레디스 키에 추가 '지역' 열을 도입해야 할 수 있다. 여러 언어를 지원해야 할 때도 이렇게 할 수 있다.

### 16.4.3 조정 서비스

시스템은 네 곳에서 검증을 수행한다. 클라이언트, 수집기, ETL 작업, GET /post 요청 중 백엔드에서다. 개발과 유지보수가 중복되고 버그 위험이 높아지지만 다양한 브라우저와 모바일 앱, 수집기에서 동일한 검증을 구현한다. 검증은 CPU 처리 오버헤드를 추가하지만 뉴스 피드 서비스로의 트래픽을 줄여 더 작은 클러스터 크기와 낮은 비용을 의미한다. 이 접근 방식은 더 안전하기도 하다. 해커가 뉴스 피드 서비스에 직접 API 요청을 해 클라이언트 사이드 검증을 우회하더라도 서버 사이드 검증이 이러한 유효하지 않은 요청을 잡아낸다.

서버 사이드 검증에 관해서는 수집기, ETL 작업, 백엔드가 기타 검증을 한다. 그러나 그림 16.4를 참조하면 이를 단일 서비스로 통합하고 추상화할 수 있으며 이를 조정 서비스라고 부를 수 있다.

이전 하위 절에서 태그와 필터를 언급했듯이 조정 서비스의 일반적인 목적은 회사가(사용자 아님) 사용자가 제출한 게시물을 볼 수 있는지 제어하는 것이다. 지금까지의 설명을 바탕으로 조정 서비스는 관리자에게 다음과 같은 기능을 제공한다.

1. 검증 작업과 필터를 구성한다.
2. 게시물을 변경하거나 삭제하는 조정 결정을 실행한다.

조정을 단일 서비스로 통합하면 뉴스 피드 서비스 내의 다양한 서비스에서 작업하는 팀이 실수로 중복 검증을 구현하는 것을 방지하고 콘텐츠 조정 팀의 비기술 직원이 엔지니어링 지원을 요청하지 않고도 모든 조정 작업을 수행할 수 있다. 조정 서비스는 또한 검토나 감사, 또는 롤백(조정 결정의 취소)하기 위해 이러한 결정을 기록한다.

> **도구를 사용한 소통**
>
> 일반적으로 엔지니어링 팀과 소통하고 엔지니어링 작업의 우선순위를 정하는 것은 어렵다. 특히 대규모 조직에서는 더욱 그렇다. 이러한 소통 없이 작업을 수행할 수 있게 해주는 도구를 사용하는 것은 대체로 좋은 투자다.

이 조정 요청은 뉴스 피드 서비스의 다른 쓰기 요청과 동일한 방식으로 처리할 수 있다. ETL 작업과 유사하게 조정 서비스는 뉴스 피드 주제로 생성하고, 뉴스 피드 서비스는 이 이벤트를 소비해 관련 데이터를 레디스에 쓴다.

## 16.5 로깅, 모니터링, 경보

2.5절에서 면접에서 언급해야 할 로깅, 모니터링, 경보의 주요 개념을 논의했다. 2.5절에서 설명한 내용 외에도 다음 사항을 모니터링하고 경보를 보내야 한다.

- 특정 소스로부터의 비정상적으로 많거나 적은 트래픽 비율
- 모든 항목과 각 개별 소스 내에서 검증에 실패한 항목의 비정상적으로 높은 비율
- 사용자가 기사를 악용이나 오류로 신고하는 등의 부정적인 사용자 반응

파이프라인 전체에서 비정상적으로 긴 항목 처리 시간. 이는 항목이 업로드된 시점의 타임스탬프와 항목이 레디스 데이터베이스에 도달한 현재 시간을 비교해 모니터링할 수 있다. 비정상적으로 긴 처리 시간은 특정 파이프라인 구성 요소의 규모를 확장해야 하거나 재검토해야 할 비효율적인 파이프라인 작업이 있음을 나타낼 수 있다.

### 16.5.1 텍스트와 이미지 함께 제공

뉴스 항목에 최대 1MB 크기의 이미지를 0~10개까지 허용하자. 게시물의 이미지를 게시물 객체의 일부로 여기고, 태그나 필터는 게시물 본문이나 개별 이미지와 같은 개별 속성이 아닌 전체 게시물 객체에 적용된다고 본다.

이는 GET /post 요청의 부하를 크게 증가시킨다. 이미지 파일은 게시물 본문 문자열과 상당히 다르다.

- 이미지 파일은 본문보다 훨씬 크며, 이때 다른 저장 기술을 고려할 수 있다.
- 이미지 파일은 여러 게시물에서 재사용될 수 있다.
- 이미지 파일의 검증 알고리즘은 게시물 본문 문자열 검증과는 상당히 다른 이미지 처리 라이브러리를 사용할 가능성이 높다.

### 16.5.2 고수준 아키텍처

먼저 기사 텍스트의 40KB 저장 요구사항은 이미지의 10MB 요구사항에 비해 무시할 만한 수준이라는 점을 알 수 있다. 이는 기사 텍스트 업로드나 처리 작업은 빠르지만 이미지 업로드나 처리는 더 많은 시간과 컴퓨팅 리소스가 필요하다는 것을 의미한다.

그림 16.10은 미디어 서비스가 포함된 고수준 아키텍처를 보여준다. 미디어 업로드는 동기식이어야 한다. 출처에서 업로드 성공 여부를 알아야 하기 때문이다. 이는 수집기 서비스의 클러스터가 기사에 미디어를 추가하기 전보다 훨씬 더 커질 것임을 의미한다. 미디어 서비스는 여러 데이터 센터에 복제된 공유 객체 서비스에 미디어를 저장할 수 있어 사용자가 가장 가까운 데이터 센터에서 미디어에 접근할 수 있다.

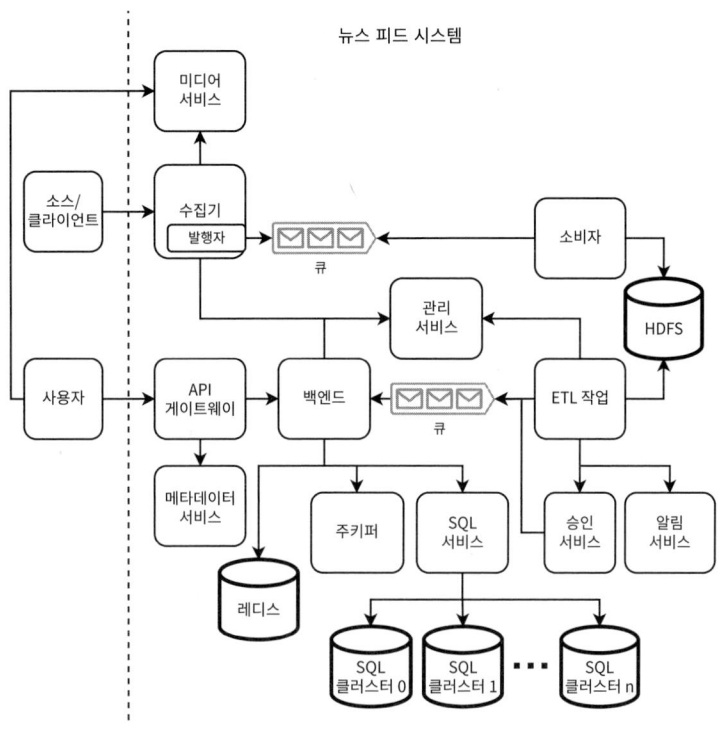

**그림 16.10** 미디어 서비스 추가(굵게 표시한 서비스는 그림 16.9에서 추가). 이를 통해 뉴스 항목에 오디오, 이미지, 비디오를 포함할 수 있다. 별도의 미디어 서비스를 사용하면 뉴스 항목과 별개로 미디어를 더 쉽게 관리하고 분석할 수 있다.

그림 16.11은 기사를 업로드하는 출처의 시퀀스 다이어그램이다. 미디어 업로드는 메타데이터나 텍스트보다 더 많은 데이터 전송이 필요하므로 카프카 큐에 기사의 메타데이터와 텍스트를 생성하기 전에 미디어 업로드를 완료해야 한다. 미디어 업로드는 성공했지만 큐로의 생성이 실패하면 출처에 500 오류를 반환할 수 있다. 미디어 서비스에 파일을 업로드하는 과정에서 수집기는 먼저 파일을 해싱하고 이 해시를 미디어 서비스에 보내 파일이 이미 업로드됐는지 확인할 수 있다. 그렇다면 미디어 서비스는 수집기에 304 응답을 반환할 수 있으며, 비용이 많이 드는 네트워크 전송을 피할 수 있다. 이 설계에서 소비자 클러스터는 미디어 서비스 클러스터보다 훨씬 작을 수 있다는 점에 주목한다.

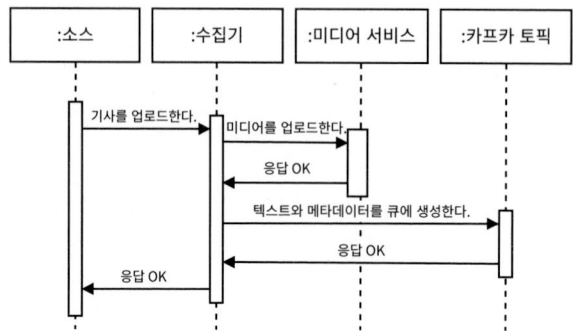

그림 16.11 출처가 기사를 업로드하는 시퀀스 다이어그램. 미디어는 거의 항상 텍스트보다 크므로 수집기는 먼저 미디어 서비스에 미디어를 업로드한다. 수집기가 미디어를 성공적으로 업로드한 후 카프카 주제에 텍스트와 메타데이터를 생성하고, 이 장에서 설명한 대로 이를 소비해 HDFS에 쓴다.

미디어가 성공적으로 업로드됐지만 카프카 주제로 생성하기 전에 수집기 호스트가 실패하면 어떻게 될까? 미디어 업로드 과정이 리소스를 많이 사용하므로 미디어 업로드를 삭제하기보다는 유지하는 것이 합리적이다. 출처는 오류 응답을 받고 업로드를 다시 시도할 수 있다. 이번에는 미디어 서비스가 앞 단락에서 논의한 대로 304를 반환할 수 있고, 그 후 수집기가 해당 이벤트를 생성할 수 있다. 출처가 재시도하지 않을 수도 있다. 이때 주기적으로 감사 작업을 실행해 HDFS에 해당 메타데이터와 텍스트가 없는 미디어를 찾아 삭제할 수 있다.

사용자가 지리적으로 널리 분산돼 있거나 사용자 트래픽이 미디어 서비스에 너무 많은 부하를 줄 때 CDN을 사용할 수 있다. CDN 시스템 설계에 관한 설명은 13장을 참조한다. CDN에서 이미지를 다운로드하기 위한 인증 토큰은 서비스 메시 아키텍처를 사용해 API 게이트웨이에서 부여할 수 있다. 그림 16.12는 CDN이 포함된 고수준 아키텍처를 보여준다. 새 항목에는 제목, 본문, 미디어 URL과 같은 콘텐츠 텍스트 필드가 포함된다. 그림 16.12를 참조하면 출처는 이미지 서비스에 이미지를 업로드하고 뉴스 피드 서비스에 텍스트 콘텐츠를 업로드할 수 있다. 클라이언트는 다음과 같이 처리할 수 있다.

- 레디스에서 기사 텍스트와 미디어 URL을 다운로드할 수 있다.
- CDN에서 미디어를 다운로드할 수 있다.

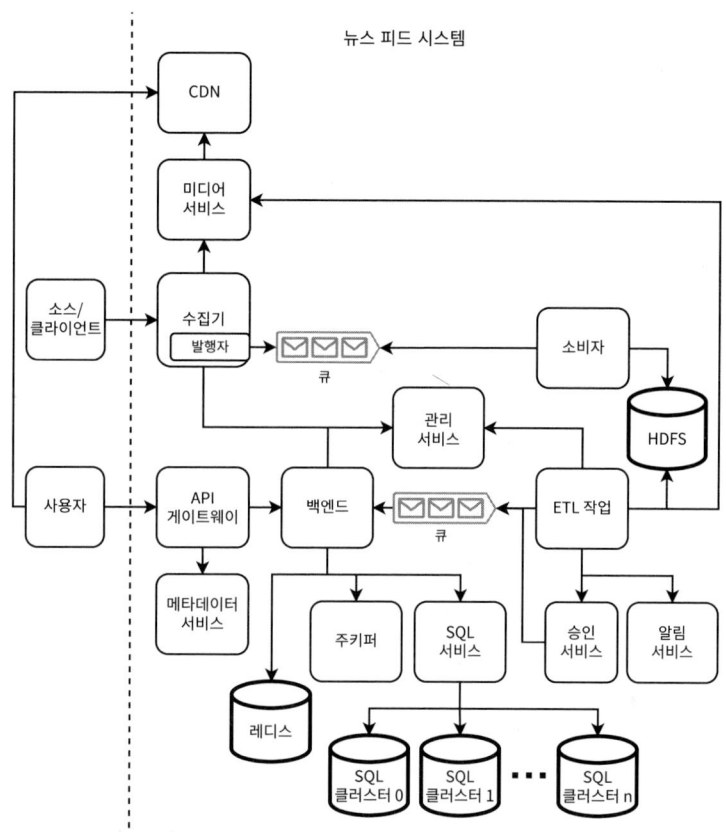

**그림 16.12** 미디어를 호스팅하는 데 CDN을 사용(굵게 표시한 서비스는 그림 16.10에 추가). 사용자는 CDN에서 직접 이미지를 다운로드해 지연 시간 감소와 가용성 향상 같은 CDN의 이점을 얻는다.

그림 16.10과의 주요 차이점은 다음과 같다.

- 미디어 서비스가 CDN에 미디어를 쓰고, 사용자는 CDN에서 미디어를 다운로드한다.
- ETL 작업과 승인 서비스가 미디어 서비스에 요청한다.

미디어 서비스와 CDN을 모두 사용하는 이유는 일부 기사를 사용자에게 제공하지 않아 일부 이미지를 CDN에 저장할 필요가 없어 비용을 줄일 수 있기 때문이다. 특정 ETL 작업은 기사의 자동 승인일 수 있으므로 이러한 작업은 미디어 서비스에 기사가 승인됐음을 알려야 하고, 미디어 서비스는 사용자에게 제공할 기사의 미디어를 CDN에 업로드해야 한다. 승인 서비스 역시 미디어 서비스에 유사한 방식으로 요청을 보낼 수 있다.

텍스트와 미디어를 별도의 서비스에서 처리하고 저장하는 것과 단일 서비스에서 처리하고 저장하는 것의 트레이드오프에 대해 논의할 수도 있다. CDN에서의 미디어 호스팅의 장단점처럼 CDN에서 이미지를 호스팅하는 것에 관한 더 자세한 설명은 13장을 참조한다.

한 걸음 더 나아가 텍스트와 미디어를 포함한 전체 기사를 CDN에 호스팅할 수도 있다. 레디스 값은 기사 ID로 축소될 수 있다. 기사의 텍스트가 일반적으로 미디어보다 훨씬 작지만, 특히 인기 있는 기사의 빈번한 요청일 때 CDN에 할당함으로써 성능 향상을 얻을 수 있다. 레디스는 수평적으로 확장 가능하지만 데이터 센터 간 복제는 복잡하다.

승인 서비스에서 기사의 이미지와 텍스트를 별도로 검토해야 할까, 아니면 함께 검토해야 할까? 단순화를 위해 기사 검토는 텍스트와 동반 미디어를 단일 기사로 함께 검토하는 것으로 구성할 수 있다.

미디어를 더 효율적으로 검토하려면 어떻게 해야 할까? 검토 직원을 고용하는 것은 비용이 많이 들고, 직원은 검토 결정을 내리기 전에 오디오 클립을 듣거나 비디오를 완전히 시청해야 한다. 다음과 같이 오디오를 문자화해서 검토자가 오디오 파일을 듣는 대신 읽을 수 있게 할 수 있다. 이로써 청각 장애가 있는 직원을 고용할 수 있고 이는 회사의 다양성 문화를 향상시킬 수 있다. 직원들은 동영상 파일을 분석할 때 2배속이나 3배속으로 재생하고 문자화된 오디오를 동영상 파일과 별도로 읽을 수 있다. 또한 기사를 자동 평가하기 위한 머신러닝 기반 솔루션을 도입할 수도 있다.

## 16.6 기타 논의 가능한 주제

면접이 진행됨에 따라 면접관이나 면접 지원자가 제안할 수 있는 기타 가능한 논의 주제는 다음과 같다.

- 고정된 주제 집합 대신 동적인 해시태그 생성
- 사용자가 다른 사용자나 그룹과 뉴스 항목을 공유하고자 할 수 있음
- 제작자와 독자에게 알림을 보내는 것에 관한 더 자세한 논의
- 기사의 실시간 배포. ETL 작업이 배치가 아닌 스트리밍이어야 함
- 특정 기사를 다른 기사보다 우선시하는 부스팅

기능 요구사항 논의에서 범위를 벗어난 항목을 고려할 수 있다.

- 분석
- 개인화. 모든 사용자에게 동일한 1,000개의 뉴스 항목을 제공하는 대신 각 사용자에게 개인화된 100개의 뉴스 항목 집합을 제공. 이 설계는 상당히 더 복잡할 것이다.
- 영어 외의 언어로 기사 제공. UTF 처리나 언어 번역과 같은 잠재적 복잡성.
- 뉴스 피드의 수익화. 주제에는 다음이 포함된다.
  - 구독 시스템 설계
  - 특정 게시물을 구독자용으로 예약
  - 비구독자를 위한 기사 제한
  - 광고와 프로모션 게시물

## 요약

- 뉴스 피드 시스템의 초기 고수준 아키텍처를 그릴 때 주요 관심 데이터를 고려하고 이 데이터를 데이터베이스에 읽고 쓰는 구성 요소를 그린다.
- 데이터 읽기와 쓰기의 비기능적 요구사항을 고려한 다음, 적절한 데이터베이스 유형을 선택하고, 필요하면 관련 서비스를 고려한다. 여기에는 카프카 서비스와 레디스 서비스가 포함된다.
- 낮은 지연 시간이 필요하지 않은 작업을 고려해 확장성을 위해 이를 배치와 스트리밍 작업으로 할당한다.
- 읽기와 쓰기 전후에 수행해야 하는 처리 작업을 결정하고 이를 서비스로 래핑(Wrap)[4]한다. 사전 작업에는 압축, 콘텐츠 조정, 관련 ID나 데이터를 얻기 위한 기타 서비스 조회 등이 포함될 수 있다. 사후 작업에는 알림과 인덱싱이 포함될 수 있다. 뉴스 피드 시스템에서 이러한 서비스의 예로는 수집기 서비스, 소비자 서비스, ETL 작업, 백엔드 서비스가 있다.
- 실패와 관심을 가질 만한 비정상적인 이벤트에 로깅, 모니터링, 경보를 수행해야 한다.

---

[4] (옮긴이) 기존 시스템이나 기능을 새로운 인터페이스로 감싸서 확장하거나 통합하는 것을 의미한다.

# 17

# 판매량 기준 아마존 상위 10개 제품 대시보드 설계

**이 장에서 다루는 내용**

- 대규모 데이터 스트림에서 집계 작업 확장
- 빠른 대략적인 결과와 느린 정확한 결과를 위해 람다 아키텍처 사용
- 람다 아키텍처의 대안으로 카파(Kappa) 아키텍처[1] 사용
- 더 빠른 속도를 위한 집계 작업 근사

분석은 시스템 설계 면접에서 흔한 논의 주제다. 특정 네트워크 요청과 사용자 상호 작용을 항상 로깅하고, 수집한 데이터를 기반으로 분석을 수행한다.

**상위 K 문제(Top K Problem, Heavy Hitters로 불리기도 한다)**[2]는 흔한 유형의 대시보드다. 특정 제품의 인기 여부에 따라 해당 제품을 홍보하거나 단종하겠다는 결정을 내릴 수 있다. 이러한 결정은 단순하지 않을 수 있다. 예를 들어 제품이 인기가 없는 경우 판매 비용을 절감하기 위해 단종하기로 결정하거나 판매를 늘리기 위해 더 많은 자원을 투자해 홍보하기로 결정할 수 있다.

상위 K 문제는 분석을 논의할 때 면접에서 흔히 다룰 수 있는 주제이거나 독립적인 면접 질문이 될 수 있다. 이는 무한한 형태를 취할 수 있다. 상위 K 문제의 몇 가지 예는 다음과 같다.

- 온라인 쇼핑몰 앱에서 판매량이나 수익 기준 최고 판매나 최저 판매 제품
- 온라인 쇼핑몰 앱에서 가장 많이 본 제품이나 가장 적게 본 제품
- 앱 스토어에서 가장 많이 다운로드된 앱

---

1 (옮긴이) 실시간 데이터 처리와 배치 처리를 통합해 단일 데이터 처리 파이프라인으로 구성하는 빅데이터 처리 아키텍처다.
2 (옮긴이) 대규모 데이터 스트림에서 가장 빈번하게 발생하는 상위 K개의 요소를 효율적으로 식별하고 추적하는 알고리즘 문제다.

- 유튜브 같은 비디오 앱에서 가장 많이 본 동영상
- 스포티파이 같은 음악 앱에서 가장 인기 있는 노래나 가장 인기 없는 노래
- 로빈후드(Robinhood)나 E*TRADE 같은 거래소에서 가장 많이 거래된 주식
- 소셜 미디어 앱에서 가장 많이 전달된 게시물. 예를 들어, 가장 많이 리트윗된 트위터 트윗이나 가장 많이 공유된 인스타그램 게시물.

## 17.1 요구사항

기능과 비기능 요구사항을 결정하기 위해 몇 가지 질문을 해본다. 서비스는 아마존이나 관심 있는 온라인 쇼핑몰 앱의 데이터 센터에 접근할 수 있다고 가정한다.

- 동점은 어떻게 처리하나?

높은 정확도가 중요하지 않을 수 있으므로 동점이면 어떤 항목이나 선택할 수 있다.

- 어떤 시간 간격을 고려하나?

시스템은 시간, 일, 주 또는 연도와 같은 특정 지정된 간격으로 집계할 수 있어야 한다.

- 사용 사례는 원하는 정확도(그리고 확장성과 같은 기타 요구사항)에 영향을 미친다. 이 정보의 사용 사례는 무엇인가? 원하는 정확도와 일관성/지연 시간은 어느 정도인가?

좋은 질문이다. 어떤 생각이 드는가?

실시간으로 정확한 판매량과 순위를 계산하는 것은 리소스가 많이 필요할 것이다. 아마도 람다 아키텍처를 사용해 최근 몇 시간 동안의 근사 판매량과 순위를 제공하는 최종적으로 일관된 솔루션과 몇 시간 이전 시간대의 정확한 수치를 제공할 수 있을 것이다.

또한 정확도를 낮추는 대신 더 높은 확장성, 더 낮은 비용, 더 낮은 복잡성, 더 나은 유지보수성을 얻는 것을 고려할 수 있다. 특정 기간 내의 특정 상위 K 목록을 해당 기간이 지난 후 최소 몇 시간 후에 계산할 것으로 예상하므로 일관성은 문제가 되지 않는다.

낮은 지연 시간은 문제가 되지 않는다. 목록을 생성하는 데 몇 분이 걸릴 것으로 예상할 수 있다.

- 상위 K나 상위 10개만 필요한가, 아니면 임의의 수의 제품 판매량과 순위가 필요한가?

이전 질문과 유사하게 최근 몇 시간 동안의 상위 10개 제품의 대략적인 판매량과 순위, 그리고 몇 시간 이상 지난 최대 몇 년까지 시간대의 임의의 수의 제품 판매량과 순위를 제공하는 솔루션을 수용할 수 있다. 솔루션이 10개 이상의 제품을 표시할 수 있어도 괜찮다.

- 상위 K 목록에 판매 수를 표시해야 하나, 아니면 제품 판매 순위만 표시하면 되나?

순위와 수량을 모두 표시한다. 이는 불필요한 질문처럼 보일 수 있지만, 특정 데이터를 표시할 필요가 없다면 설계를 단순화할 수 있는 가능성이 있다.

- 판매 후 발생하는 이벤트를 고려해야 하나? 고객이 환불을 요청하거나, 동일 제품 또는 다른 제품으로 교환을 요청하거나, 제품이 리콜될 수 있다.

이는 업계 경험과 세부 사항에 대한 주의를 보여주는 좋은 질문이다. 초기 판매 이벤트만 고려하고 분쟁이나 제품 리콜과 같은 후속 이벤트는 무시한다고 가정한다.

- 확장성 요구사항을 논의해보자. 판매 거래 비율은 어떻게 되나? 상위 K 문제 대시보드 요청 비율은 어떻게 되나? 제품은 몇 개나 있나?

하루에 100억 건 대량의 판매 거래 트래픽 판매 이벤트가 있다고 가정한다. 이벤트당 1KB라면 쓰기 속도는 하루 10TB다. 상위 K 문제 대시보드는 직원만 볼 수 있으므로 요청 비율이 낮을 것이다. 약 100만 개의 제품이 있다고 가정한다.

그 밖의 비기능적 요구사항은 없다. 높은 가용성이나 낮은 지연 시간, 그리고 이에 따른 시스템 설계의 복잡성은 필요하지 않다.

## 17.2 초기 구상

첫 번째 생각은 이벤트를 HDFS나 일래스틱서치와 같은 분산 저장소 솔루션에 기록하고, 특정 기간 내 상위 K 제품 목록을 계산해야 할 때 맵리듀스나 스파크, 또는 일래스틱서치 쿼리를 실행하는 것일 수 있다. 그러나 이 접근 방식은 계산 집약적이며 시간이 너무 오래 걸릴 수 있다. 특정 월이나 연도 내 상위 K 제품 목록을 계산하는 데 몇 시간이나 며칠이 걸릴 수 있다.

이 목록 생성을 제외하고는 판매 이벤트 로그를 장기간 보관할 뚜렷한 이유가 없다면 이 목적만을 위해 이러한 로그를 몇 달이나 몇 년 동안 저장하는 것은 낭비다. 초당 수백만 건의 요청을 기록한다면 연간 수 PB에 달할 수 있다. 고객 분쟁과 환불 처리, 문제 해결이나 규정 준수 목적 등 다양한 목적으로 원시 이벤트를 몇 달이나 몇 년 동안 저장하고 싶을 수 있다. 그러나 이 보존 기간은 원하는 상위 K 목록을 생성하기에는 너무 짧을 수 있다.

이러한 상위 K 목록을 계산하기 전에 데이터를 전처리해야 한다. 주기적으로 집계를 수행하고 제품 판매량을 계산하며, 시간, 일, 주, 월, 연 단위로 버킷팅(Bucketing)[3]해야 한다. 그런 다음 상위 K 목록이 필요할 때 다음 단계를 수행할 수 있다.

1. 필요하면 원하는 기간에 따라 적절한 버킷의 수를 합산한다. 예를 들어, 한 달 기간의 상위 K 목록이 필요하다면 해당 월의 버킷만 사용한다. 특정 3개월 기간이 필요하다면 해당 기간의 1개월 버킷의 수를 합산한다. 이렇게 하면 수를 합산한 후 이벤트를 삭제해 저장 공간을 절약할 수 있다.
2. 이러한 합계를 정렬해 상위 K 목록을 얻는다.

판매가 매우 불균등할 수 있으므로 버킷을 저장해야 한다. 극단적인 상황에서, 제품 'A'는 특정 연도의 특정 시간 동안 100만 건의 판매가 있고 그 해의 기타 모든 시간에는 판매가 0일 수 있으며, 다른 모든 제품의 판매량 합계는 그 해에 총 100만 건보다 훨씬 더 적을 수 있다. 제품 A는 그 시간을 포함하는 모든 기간의 상위 K 목록에 포함될 것이다.

이 장의 나머지 부분은 분산 방식으로 이러한 작업을 대규모로 수행하는 것에 관한 것이다.

## 17.3 초기 고수준 아키텍처

먼저 람다 아키텍처를 고려한다. **람다 아키텍처(Lambda architecture)**는 배치와 스트리밍 방법을 모두 사용해 대량의 데이터를 처리하는 접근 방식이다. 그림 17.1을 참조하면, 람다 아키텍처는 두 개의 병렬 데이터 처리 파이프라인과 이 두 파이프라인의 결과를 결합하는 서빙 계층으로 구성된다.

1. 판매 거래가 발생하는 모든 데이터 센터에서 실시간으로 이벤트를 수집하고 근사 알고리즘을 사용해 가장 인기 있는 제품의 판매량과 순위를 계산하는 스트리밍 계층/파이프라인이다.

---

[3] (옮긴이) 데이터를 특정 기준에 따라 여러 그룹(버킷)으로 나누어 구성하는 데이터 구조화와 분류 기법이다.

2. 정확한 판매량과 순위를 계산하기 위해 시간별, 일별, 주별, 연별 등 주기적으로 실행되는 배치 계층이나 배치 파이프라인. 사용자가 정확한 숫자를 이용 가능해지는 대로 볼 수 있게, 배치 파이프라인 ETL 작업에는 후자가 준비될 때마다 스트리밍 파이프라인의 결과를 배치 파이프라인의 결과로 덮어쓰는 작업이 포함될 수 있다.

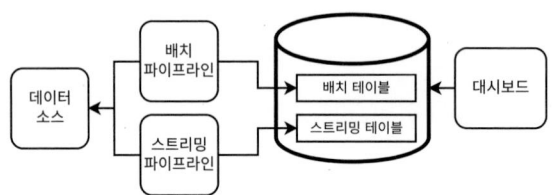

**그림 17.1** 람다 아키텍처의 고수준 다이어그램. 화살표는 요청의 방향을 나타낸다. 데이터는 병렬 스트리밍과 배치 파이프라인을 통해 흐른다. 각 파이프라인은 최종 출력을 데이터베이스의 테이블에 쓴다. 스트리밍 파이프라인은 speed_table에 쓰고 배치 파이프라인은 batch_table에 쓴다. 대시보드는 speed_table과 batch_table의 데이터를 결합해 상위 K 목록을 만든다.

EDA(Event Driven Architecture)[4] 접근 방식에 따라 판매 백엔드 서비스는 카프카 토픽으로 이벤트를 보내고, 이는 상위 K 대시보드와 같은 모든 다운스트림 분석에 사용될 수 있다.

## 17.4 집계 서비스

람다 아키텍처에 적용할 수 있는 초기 최적화는 판매 이벤트에 대한 집계를 수행하고 이렇게 집계된 판매 이벤트를 스트리밍과 배치 파이프라인에 전달하는 것이다. 집계는 스트리밍과 배치 파이프라인 클러스터의 크기를 줄일 수 있다. 그림 17.2에서 초기 아키텍처를 더 자세하게 나타냈다. 스트리밍과 배치 파이프라인은 모두 RDBMS(SQL)에 쓰며, 대시보드는 이를 낮은 지연 시간으로 쿼리할 수 있다. 단순한 키-값 조회만 필요하다면 레디스를 사용할 수도 있지만, 대시보드와 다른 향후 서비스를 위해 필터링과 집계 작업이 필요할 가능성이 높다.

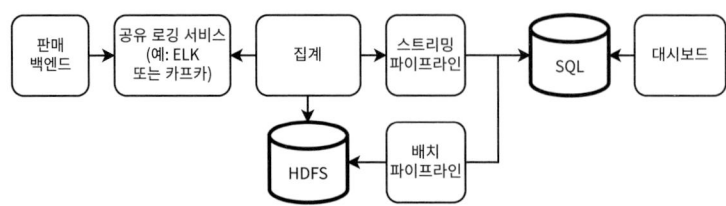

**그림 17.2** 초기 집계 서비스와 스트리밍과 배치 파이프라인으로 구성된 람다 아키텍처. 화살표는 요청의 방향을 나타낸다. 판매 백엔드는 이벤트(판매 이벤트 포함)를 공유 로깅 서비스에 기록하며, 이는 대시보드의 데이터 소스다. 집계 서비스는 공유 로깅 서비스에서 판매 이벤트를 소비하고, 이를 집계한 후 스트리밍 파이프라인과 HDFS로 플러시한다. 배치 파이프라인은 HDFS 데이터에서 수를 계산하고 이를 SQL batch_table에 쓴다. 스트리밍 파이프라인은 배치 파이프라인보다 빠르지만 덜 정확하게 수를 계산하고 이를 SQL speed_table에 쓴다. 대시보드는 batch_table과 speed_table의 데이터를 조합해 상위 K 목록을 만든다.

4 (옮긴이) 시스템 구성 요소 이벤트를 생성, 감지, 소비, 반응하는 방식으로 상호작용하는 소프트웨어 설계 패턴이다.

노트   이벤트 기반 아키텍처(EDA)는 이벤트를 사용해 분리된 서비스 사이에서 트리거하고 통신한다. 자세한 정보는 기타 자료를 참조한다. 예를 들어, 이벤트 기반 아키텍처 소개는 이 문서[5]를 참조한다.

4.5절에서 집계의 이점과 트레이드오프를 설명했다. 집계 서비스는 판매 이벤트를 기록하고, 이벤트를 집계하고, 집계된 이벤트를 (카프카를 통해) HDFS와 스트리밍 파이프라인에 플러시/쓰는 카프카 토픽을 구독하는 호스트 클러스터로 구성된다.

## 17.4.1 제품 ID별 집계

예를 들어, 원시 판매 이벤트는 (timestamp, product ID)와 같은 필드를 포함할 수 있고 집계된 이벤트는 (product_id, start_time, end_time, count, aggregation_host_id) 형태일 수 있다. 정확한 타임스탬프는 중요하지 않으므로 이벤트를 집계할 수 있다. 시간별 특정 시간 간격이 중요하다면 (start_time, end_time) 쌍이 항상 같은 시간 내에 있게 할 수 있다. 예를 들어, (0100, 0110)은 괜찮지만 (0155, 0205)는 그렇지 않다.

## 17.4.2 호스트 ID와 제품 ID 매칭

집계 서비스는 제품 ID별로 분할할 수 있어 각 호스트가 특정 ID 세트를 집계하는 역할을 맡게 된다. 간소화를 위해 (host ID, product ID) 맵을 수동으로 관리할 수 있다. 이 구성에는 다음과 같은 여러 가지 실행 방안이 있다.

1. 서비스 소스 코드에 포함된 구성 파일. 파일을 변경할 때마다 전체 클러스터를 재시작해야 한다.
2. 공유 객체 스토어의 구성 파일. 서비스의 각 호스트는 시작 시 이 파일을 읽고 담당하는 제품 ID를 메모리에 저장한다. 서비스는 제품 ID를 업데이트하는 엔드포인트도 필요하다. 파일을 변경할 때 다른 제품 ID를 소비할 호스트에서 이 엔드포인트를 호출할 수 있다.
3. SQL이나 레디스에 데이터베이스 테이블로 맵 저장.
4. 사이드카 패턴. 호스트가 사이드카에 페치(Fetch) 요청을 한다. 사이드카는 적절한 제품 ID의 이벤트를 페치해 호스트에 반환한다.

---

[5] 아르투르 에즈몬트(Artur Ejsmont)의 《스타트업 엔지니어를 위한 웹 확장성(Web Scalability for Startup Engineers)》(2015)

보통 옵션 2나 4를 선택해 구성 변경마다 전체 클러스터를 재시작할 필요가 없게 한다. 다음과 같은 이유로 데이터베이스보다 파일을 선택한다.

- YAML이나 JSON 같은 구성 파일 형식을 해시 맵 데이터 구조로 직접 파싱하기 쉽다. 데이터베이스 테이블로 같은 효과를 얻으려면 더 많은 코드가 필요하다. ORM 프레임워크[6]로 코딩하고, 데이터베이스 쿼리와 데이터 접근 객체를 코딩하고, 데이터 접근 객체를 해시 맵과 매칭해야 한다.
- 호스트 수가 수백이나 수천을 넘지 않을 것이므로 구성 파일은 매우 작을 것이다. 각 호스트가 전체 파일을 페치할 수 있다. 데이터베이스의 낮은 지연 시간 읽기 성능을 가진 솔루션은 필요하지 않다.
- 구성이 SQL이나 레디스 같은 데이터베이스의 오버헤드를 정당화할 만큼 자주 변경되지 않는다.

## 17.4.3 타임스탬프 저장

정확한 타임스탬프 저장이 필요하다면 이 저장은 분석이나 상위 K 문제 서비스가 아닌 판매 서비스에서 처리해야 한다. 책임의 분리를 유지해야 한다. 상위 K 문제 외에도 판매 이벤트에 정의되는 수많은 분석 파이프라인이 있을 것이다. 다른 서비스와 무관하게 이러한 파이프라인을 개발하고 폐기할 수 있는 완전한 자유가 있어야 한다. 즉, 다른 서비스가 이러한 분석 서비스의 종속성이 돼야 하는지 결정할 때 주의해야 한다.

## 17.4.4 호스트의 집계 프로세스

집계 호스트는 제품 ID를 키로, 수량을 값으로 하는 해시 테이블을 포함한다. 또한 소비하는 카프카 토픽에 체크포인팅을 수행하며, 체크포인트를 레디스에 쓴다. 체크포인트는 집계된 이벤트의 ID로 구성된다. 집계 서비스는 카프카 토픽의 파티션 수보다 더 많은 호스트를 가질 수 있지만, 집계가 간단하고 빠른 작업이므로 이는 필요하지 않을 것이다. 각 호스트는 반복적으로 다음을 수행한다.

1. 토픽에서 이벤트를 소비한다.
2. 해시 테이블을 업데이트한다.

집계 호스트는 설정된 주기나 메모리가 부족할 때 중 더 빠른 시점에 해시 테이블을 플러시할 수 있다. 플러시 프로세스의 가능한 구현은 다음과 같다.

---

[6] (옮긴이) ORM(객체 관계 매핑) 프레임워크는 객체 지향 프로그래밍 언어와 관계형 데이터베이스 사이의 불일치를 해소해 개발자가 SQL 대신 객체를 통해 데이터베이스를 조작할 수 있게 해주는 도구다.

1. 집계된 이벤트를 'Flush'라는 이름의 카프카 토픽으로 생성한다. 몇 MB 크기로 집계된 데이터가 작다면 하나의 이벤트로 쓸 수 있다. 이는 ("product ID", "earliest timestamp", "latest timestamp", "number of sales")와 같은 필드를 가진 제품 ID 집계 튜플 목록으로 구성된다. 예: [(123, 1620540831, 1620545831, 20), (152, 1620540731, 1620545831, 18), ... ].

2. 5.3절에서 참조할 수 있는 변경 데이터 캡처(CDC)를 사용해 각 목적지는 이벤트를 소비하고 다음을 쓰는 소비자를 가진다.

   a. 집계된 이벤트를 HDFS에 쓴다.

   b. 'complete' 상태의 튜플 체크포인트를 레디스에 쓴다(예: {"hdfs": "1620540831, complete"}).

   c. 스트리밍 파이프라인에 2a~c 단계를 반복한다.

이 'Flush' 카프카 토픽이 없다면 소비자 호스트가 특정 목적지에 집계된 이벤트를 쓰는 동안 실패하면 집계 서비스가 해당 이벤트를 재집계해야 할 것이다.

두 개의 체크포인트를 써야 하는 이유는 무엇인가? 이는 일관성을 유지하기 위한 여러 가능한 알고리즘 중 하나일 뿐이다.

호스트가 1단계 중에 실패하면 기타 호스트가 플러시 이벤트를 소비하고 쓰기를 수행할 수 있다. 2a 단계에서 호스트가 실패하면 HDFS에 대한 쓰기가 성공했거나 실패했을 수 있으며, 다른 호스트가 HDFS에서 읽기를 통해 쓰기가 성공했는지, 아니면 재시도가 필요한지를 확인할 수 있다. HDFS에서 읽는 것은 비용이 많이 드는 작업이다. 호스트 실패는 드문 이벤트이므로 이 비용이 많이 드는 작업도 드물 것이다. 이 비용이 많이 드는 실패 복구 메커니즘이 우려된다면 1분에서 몇 분 사이의 모든 '처리 중' 체크포인트를 읽는 주기적인 작업으로 실패 복구 메커니즘을 구현할 수 있다.

진행 중 실패해서 반복해야 할 때를 대비해 실패 복구 메커니즘 자체도 멱등성을 가져야 한다.

내결함성을 고려해야 한다. 모든 쓰기 작업은 실패할 수 있다. 집계 서비스, 레디스 서비스, HDFS 클러스터나 스트리밍 파이프라인의 어떤 호스트도 언제든 실패할 수 있다. 네트워크 문제로 서비스의 어떤 호스트에 쓰기 요청이 중단될 수 있다. 쓰기 이벤트 응답 코드가 200이어도 실제로는 자잘한 오류가 발생할 수 있다. 이러한 이벤트로 세 서비스가 일관되지 않은 상태가 될 수 있다. 따라서 HDFS와 스트리밍 파이프라인에 별도의 체크포인트를 쓴다. 쓰기 이벤트에는 ID가 있어야 하므로 목적지 서비스가 필요하면 중복 제거를 수행할 수 있다.

여러 서비스에 이벤트를 써야 하는 이러한 상황에서 일관성 없음을 방지하는 방법은 무엇인가?

1. 방금 설명한 대로 각 서비스에 쓰기 후 체크포인트를 수행한다.
2. 요구사항에서 일관성 없음이 허용된다고 명시하면 아무것도 하지 않을 수 있다. 예를 들어 스트리밍 파이프라인의 일부 부정확성은 허용할 수 있지만 배치 파이프라인은 정확해야 한다.
3. 주기적 감사(감독자라고도 함)는 숫자가 맞지 않으면 일관되지 않은 결과를 버리고 관련 데이터를 재처리한다.
4. 2PC, 사가 패턴, 변경 데이터 캡처나 트랜잭션 감독자와 같은 분산 트랜잭션 기술을 사용한다. 이는 4장과 부록 D에서 설명했다.

4.5절에서 설명했듯이 집계의 단점은 실시간 결과가 집계와 플러시에 필요한 시간만큼 지연된다는 것이다. 대시보드에 낮은 지연 시간 업데이트가 필요할 때 집계가 적합하지 않을 수 있다.

## 17.5 배치 파이프라인

배치 파이프라인은 개념적으로 스트리밍 파이프라인보다 더 간단하므로 먼저 논의할 수 있다.

그림 17.3은 배치 파이프라인의 간소화된 흐름도를 보여준다. 배치 파이프라인은 증가하는 간격으로 집계/롤업 작업으로 구성된다. 시간별, 일별, 주별, 그리고 월별과 연도별로 롤업한다. 100만 개의 제품 ID가 있다면,

1. 시간별 롤업은 하루에 2,400만 행이나 주에 1억 6,800만 행이 된다.
2. 월별 롤업은 월에 2,800만~3,100만 행이나 연간 3억 3,600만~3억 7,200만 행이 된다.
3. 일별 롤업은 주에 700만 행이나 연간 3억 6,400만 행이 된다.

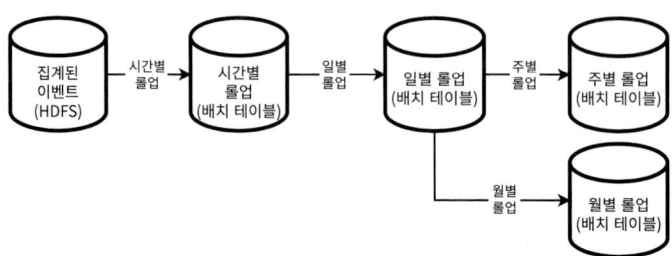

**그림 17.3** 배치 파이프라인의 롤업 작업 간소화 흐름도. 각 단계에서 처리되는 행 수를 줄이기 위해 점진적으로 시간 간격을 늘려가며 롤업하는 작업이 있다.

저장소 요구사항을 추정해보자. 각각 10개의 64비트 열을 가진 4억 행은 32GB를 차지한다. 이는 단일 호스트에 쉽게 맞출 수 있다. 시간별 롤업 작업은 수십억 건의 판매 이벤트를 처리해야 할 수 있으므로 하이브 쿼리를 사용해 HDFS에서 읽은 다음 결과 수를 SQL batch_table에 쓸 수 있다. 다른 간격의 롤업은 시간별 롤업에서 크게 줄어든 행 수를 사용하며, 이 SQL batch_table에서만 읽고 쓰면 된다.

이러한 각 롤업에서 수를 내림차순으로 정렬하고 상위 K, 즉 유연성을 위해 K*2개의 행을 SQL 데이터베이스에 써서 대시보드에 표시할 수 있다.

그림 17.4는 배치 파이프라인의 한 단계, 즉 1개 롤업 작업의 ETL DAG의 간단한 다이어그램이다. 각 롤업마다 하나의 DAG, 즉 총 4개의 DAG가 있을 것이다. ETL DAG는 다음 4가지 작업을 가진다. 3번째와 4번째 요소는 동일한 계층에 있다. DAG, 작업, 실행에 에어플로 용어를 사용한다.

1. 시간별보다 큰 모든 롤업에서는 종속 롤업 실행이 성공적으로 완료됐는지 확인하는 작업이 필요하다. 작업이 필요한 HDFS나 SQL 데이터가 사용 가능한지 확인할 수 있지만, 이는 비용이 많이 드는 데이터베이스 쿼리를 포함한다.
2. 하이브나 SQL 쿼리를 실행해 수를 내림차순으로 합산하고 결과 수를 batch_table에 쓴다.
3. speed_table에서 해당 행을 삭제한다. 이 작업은 2단계 작업과 별개다. 후자를 다시 실행하지 않고도 전자를 다시 실행할 수 있기 때문이다. 이 3단계 작업이 행을 삭제하려는 동안 실패하면 2단계의 비용이 많이 드는 하이브나 SQL 쿼리를 다시 실행하지 않고 삭제를 다시 실행해야 한다.
4. 이 새로운 batch_table 행을 사용해 적절한 상위 K 목록을 생성하거나 재생성한다. 17.5절에서 나중에 설명하듯이, 이 상위 K 목록은 정확한 batch_table 데이터와 부정확한 speed_table 데이터를 모두 사용해 이미 생성됐을 가능성이 높으므로 batch_table만으로 이 목록을 재생성할 것이다. 이 작업은 비용이 많이 들지 않지만 실패할 때 독립적으로 다시 실행할 수 있으므로 별도의 작업으로 구현한다.

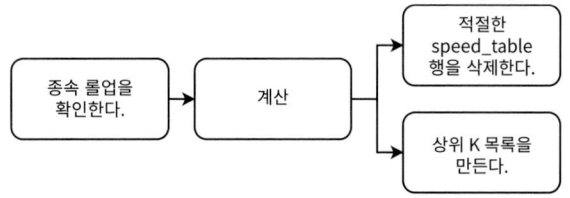

**그림 17.4** 하나의 롤업 작업의 ETL DAG. 구성 작업은 종속 롤업이 완료됐는지 확인하고, 롤업/카운팅을 수행해 SQL에 수를 유지하며, 더 이상 필요하지 않으므로 적절한 speed_table 행을 삭제하는 것이다.

1단계 작업과 관련해, 일별 롤업은 종속된 모든 시간별 롤업이 HDFS에 기록될 때만 가능하며, 주별과 월별 롤업도 마찬가지다. 하나의 일별 롤업 실행은 24개의 시간별 롤업 실행에 종속되고, 하나의 주별 롤업 실행은 7개의 일별 롤업 실행에 종속되며, 하나의 월별 롤업 실행은 월에 따라 28~30개의 일별 롤업 실행에 종속된다. 에어플로를 사용한다면 일별, 주별, 월별 DAG에서 적절한 execution_date 매개변수 값을 가진 ExternalTaskSensor[7] 인스턴스를 사용해 종속 실행이 성공적으로 완료됐는지 확인할 수 있다.

## 17.6 스트리밍 파이프라인

배치 작업은 완료하는 데 많은 시간이 걸릴 수 있어 모든 간격의 롤업에 영향을 미칠 수 있다. 예를 들어, 최신 시간별 롤업 작업의 하이브 쿼리가 완료되는 데 30분이 걸릴 수 있어 다음 롤업과 그에 따른 상위 K 목록을 사용할 수 없게 된다.

- 해당 시간의 상위 K 목록
- 해당 시간을 포함하는 날의 상위 K 목록
- 해당 날을 포함하는 주와 월의 상위 K 목록

스트리밍 파이프라인의 목적은 배치 파이프라인이 아직 제공하지 않은 수와 상위 K 목록을 제공하는 것이다. 스트리밍 파이프라인은 배치보다 훨씬 빠르게 수치를 계산해야 하며, 이를 위해 근사 기법을 사용할 수 있다.

초기 집계 후, 다음 단계는 최종 수를 계산하고 내림차순으로 정렬하는 것이며, 그러면 상위 K 목록을 얻게 된다. 이 절에서는 먼저 단일 호스트의 접근 방식을 고려한 다음 이를 수평적으로 확장 가능하게 만드는 방법을 찾아 이 문제에 접근한다.

### 17.6.1 단일 호스트의 해시 테이블과 최대 힙

첫 번째 시도는 해시 테이블을 사용하고 크기 K의 최대 힙을 사용해 빈도 수로 정렬하는 것이다. 예제 코드 17.1은 이 접근 방식을 사용한 상위 K Golang 함수의 예시다.

---

[7] https://airflow.apache.org/docs/apache-airflow/stable/howto/operator/external_task_sensor.html#externaltasksensor

예제 코드 17.1 상위 K 목록을 계산하는 Golang 함수 예시

```go
type HeavyHitter struct {
  identifier string
  frequency int
}
func topK(events []string, int k) (HeavyHitter) {
  frequencyTable := make(map[string]int)
  for _, event := range events {
    value := frequencyTable[event]
    if value == 0 {
      frequencyTable[event] = 1
    } else {
      frequencyTable[event] = value + 1
    }
  }
  pq = make(PriorityQueue, k)
  i := 0
  for key, element := range frequencyTable {
    pg[i++] = &HeavyHitter{
      identifier: key,
      frequency: element
    }
    if pq.Len() > k {
      pq.Pop(&pq).(*HeavyHitter)
    }
  }
  /*
   * 힙 내용을 목적지에 쓴다.
   * 여기서는 배열로 반환한다.
   */
  var result [k]HeavyHitter
  i := 0
  for pq.Len() > 0 {
    result[i++] = pq.Pop(&pq).(*HeavyHitter)
  }
  return result
}
```

시스템에서는 다양한 시간 버킷, 즉 시간, 일, 주, 월, 년에 이 함수의 여러 인스턴스를 병렬로 실행할 수 있다. 각 기간이 끝날 때마다 최대 힙의 내용을 저장하고, 수를 0으로 재설정한 다음, 새 기간의 계산을 시작할 수 있다.

### 17.6.2 여러 호스트로의 수평적 확장과 다중 계층 집계

그림 17.5는 여러 호스트로의 수평적 확장과 다중 계층 집계를 보여준다. 중간 열의 두 호스트는 왼쪽 열의 상위 호스트에서 (product, hour) 수를 합산하고, 오른쪽 열의 최대 힙은 중간 열의 상위 호스트에서 (product, hour) 수를 집계한다.

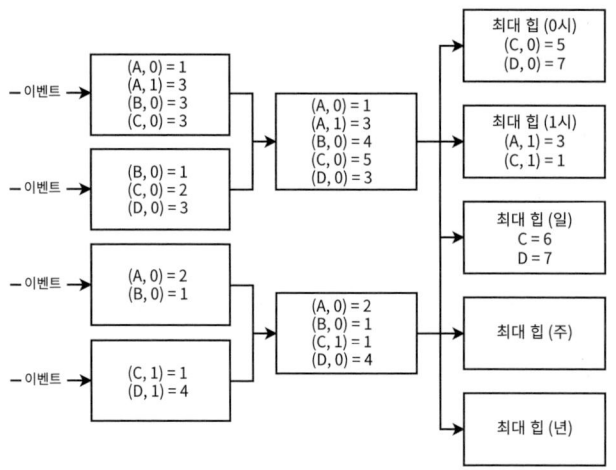

**그림 17.5** 최종 해시 테이블 호스트로의 트래픽이 너무 높다면 스트리밍 파이프라인에 다중 계층 접근 방식을 사용할 수 있다. 간결성을 위해 키를 (product, hour) 형식으로 표시한다. 예를 들어 '(A, 0)'은 0시의 제품 A를 나타낸다. 최종 계층의 호스트는 각 롤업 간격당 하나의 최대 힙을 포함할 수 있다. 이 설계는 4.5.2절에서 설명한 다중 계층 집계 서비스와 매우 유사하다. 각 호스트는 관련 카프카 토픽이 있지만 여기서는 표시하지 않는다.

이 접근 방식에서는 첫 번째 계층의 호스트와 최종 해시 테이블 호스트 사이에 더 많은 계층을 삽입해 어떤 호스트도 처리할 수 있는 것보다 많은 트래픽을 받지 않게 한다. 이는 다중 계층 집계 서비스 구현의 복잡성을 집계 서비스에서 스트리밍 파이프라인으로 옮기는 것이다. 이 해결책은 4.5.2절에서도 설명했듯이 지연 시간을 도입할 것이다. 또한 4.5.3절에서 설명하고 그림 4.6에서 보여준 접근 방식을 따라 분할도 수행한다. 핫 파티션 처리 절의 설명 사항에 주목한다. 제품 ID로 파티션을 나눈다. 판매 이벤트 타임스탬프로도 파티션을 나눌 수 있다.

> **집계**
>
> 제품 ID와 타임스탬프의 조합으로 집계한다는 점에 주목한다. 계속 읽기 전에 그 이유를 생각해보자.

제품 ID와 타임스탬프의 조합으로 집계하는 이유는 무엇인가? 상위 K 목록에는 시작 시간과 종료 시간이 있는 기간이 있기 때문이다. 각 판매 이벤트가 정확한 시간 범위에 집계되게 해야 한다. 예를 들어, 2023-01-01 10:08 UTC에 발생한 판매 이벤트는 다음과 같이 집계돼야 한다.

1. [2023-01-01 10:08 UTC, 2023-01-01 11:00 UTC) 시간 범위.

2. [2023-01-01, 2023-01-02) 일 범위.

3. [2022-12-28 00:00 UTC, 2023-01-05 00:00 UTC) 주 범위. 2022-12-28과 2023-01-05는 모두 월요일이다.

4. [2023-01-01, 2013-02-01) 월 범위.

5. [2023, 2024) 연 범위.

접근 방식은 가장 작은 기간, 즉 시간으로 집계하는 것이다. 어떤 이벤트든 클러스터의 모든 계층을 통과하는 데 몇 초밖에 걸리지 않을 것으로 예상하므로, 클러스터에서 1시간 이상 된 키는 거의 없을 것이다. 각 제품 ID는 고유한 키를 가진다. 각 키에 시간 범위가 추가되므로 키의 수가 제품 ID 수의 두 배보다 많을 가능성은 낮다.

기간이 끝난 후 1분 – 예를 들어 [2023-01-01 10:08 UTC, 2023-01-01 11:00 UTC)를 2023-01-01 11:01 UTC나 [2023-01-01, 2023-01-02)에 2023-01-02 00:01 UTC – 최종 계층의 해당 호스트(최종 호스트라고 부를 수 있음)는 힙을 SQL speed_table에 쓸 수 있고, 그러면 대시보드가 이 기간 상위 K 목록을 표시할 준비가 된다. 간혹 이벤트가 전체 계층을 통과하는 데 1분 이상 소요될 수 있으며, 이때 최종 호스트는 업데이트된 힙을 speed_table에 쓸 수 있다. 최종 호스트가 오래된 집계 키를 유지하게 몇 시간이나 며칠의 보존 기간을 설정할 수 있으며, 그 후에는 삭제할 수 있다.

1분을 기다리는 대신 이벤트가 호스트를 통과할 때 추적하고 관련 이벤트가 모두 최종 호스트에 도달한 후에만 최종 호스트가 힙을 speed_table에 쓰게 트리거하는 시스템을 구현하는 방법도 있다. 그러나 이는 지나치게 복잡할 수 있고 모든 이벤트가 완전히 처리되기 전에 대시보드가 근사치를 표시하는 것을 방해한다.

## 17.7 근사

더 낮은 지연 시간을 달성하려면 집계 서비스의 계층 수를 제한해야 할 수 있다. 그림 17.6은 이러한 설계의 예시다. 최대 힙으로만 구성된 계층이 있다. 이 접근 방식은 정확성을 더 빠른 업데이트와 더 낮은 비용으로 교환한다. 더 느리고 매우 정확한 집계는 배치 파이프라인에 의존할 수 있다.

최대 힙을 별도의 호스트에 두는 이유는 무엇인가? 클러스터를 확장할 때 새 호스트를 프로비저닝하기 쉽게 하기 위해서다. 3.1절에서 언급했듯이, 시스템이 쉽게 확장과 축소될 수 있다면 확장 가능한 것으로 여겨진다. 해시 테이블 호스트 수는 자주 변경될 수 있지만 활성 최대 힙 호스트와 그 복제본은 항상 하나뿐이므로 해시 테이블 호스트와 최대 힙 호스트에 별도의 도커 이미지를 가질 수 있다.

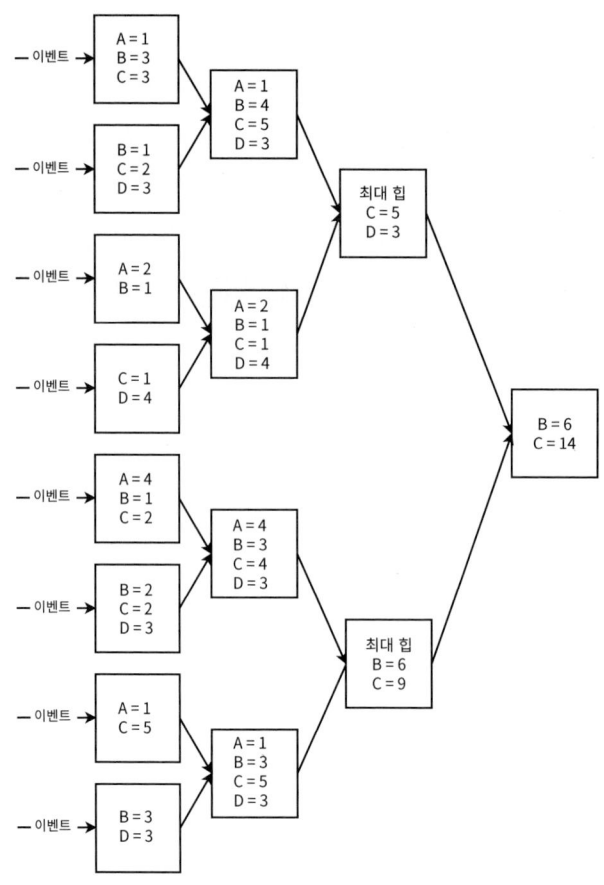

그림 17.6 최대 힙이 있는 다중 계층. 집계는 더 빠르지만 덜 정확할 것이다. 간결성을 위해 이 그림에서는 시간 버킷을 표시하지 않는다.

그러나 이 설계로 생성된 상위 K 목록은 부정확할 수 있다. 각 호스트에 최대 힙을 두고 최대 힙을 병합할 수는 없다. 그렇게 하면 최종 최대 힙이 실제로 상위 K 제품을 포함하지 않을 수 있기 때문이다. 예를 들어, 호스트 1의 해시 테이블이 {A: 7, B: 6, C: 5}이고 호스트 2의 해시 테이블이 {A: 2, B: 4, C: 5}이며 최대 힙의 크기가 2라면, 호스트 1의 최대 힙은 {A: 7, B: 6}을 포함하고 호스트 2의 최대 힙은 {B: 4, C: 5}를 포함할 것이다. 최종 결합된 최대 힙은 {A: 7, B: 10}이 돼 C를 상위 2개 목록에서 잘못 제외한다. 올바른 최종 최대 힙은 {B: 10, C: 11}이어야 한다.

## 17.7.1 카운트-민 스케치

이전 예시 접근 방식은 각 호스트에서 제품 수(약 100만 개)와 같은 크기의 해시 테이블에 많은 메모리가 필요하다. 근사를 사용해 정확성과 낮은 메모리 소비를 교환하는 것을 고려할 수 있다.

카운트-민 스케치는 적합한 근사 알고리즘이다. 이를 너비와 높이가 있는 2차원(2D) 테이블로 생각할 수 있다. 너비는 보통 몇 천이고 높이는 작으며 해시 함수의 수(예: 5)를 나타낸다. 각 해시 함수의 출력은 너비로 제한된다. 새 항목이 도착하면 각 해시 함수를 항목에 적용하고 해당 셀을 증가시킨다.

간단한 시퀀스 'A C B C C'를 사용한 카운트-민 스케치의 예를 살펴보자. C가 가장 흔한 문자로 3번 나타난다. 표 17.1~17.5는 카운트-민 스케치 테이블을 보여준다. 각 단계에서 해시된 값을 강조하기 위해 굵게 표시했다.

1. 첫 번째 문자 'A'를 5개의 해시 함수 각각으로 해시한다. 표 17.1은 각 해시 함수가 'A'를 다른 값으로 해싱함을 보여준다.

**표 17.1** 단일 문자 'A'를 추가한 후의 샘플 카운트-민 스케치 테이블

| 1 | | | | | | |
|---|---|---|---|---|---|---|
| | 1 | | | | | |
| | | | | 1 | | |
| | | 1 | | | | |
| | | | 1 | | | |

2. 두 번째 문자 'C'를 해싱한다. 표 17.2는 처음 네 개의 해시 함수가 'C'를 'A'와 다른 값으로 해싱함을 보여준다. 다섯 번째 해시 함수에서 충돌이 발생한다. 'A'와 'C'의 해시된 값이 동일하므로 해당 값이 증가한다.

**표 17.2** 'A C'를 추가한 후의 샘플 카운트–민 스케치 테이블

| 1 |   |   | 1 |   |
|---|---|---|---|---|
|   | 1 | 1 |   |   |
| 1 |   |   | 1 |   |
|   | 1 | 1 |   |   |
|   | 2(충돌) |   |   |   |

**3.** 세 번째 문자 'B'를 해싱한다. 표 17.3은 네 번째와 다섯 번째 해시 함수에서 충돌(collision)이 발생함을 보여준다.

**표 17.3** 'A C B'를 추가한 후의 샘플 카운트–민 스케치 테이블

| 1 |   | 1 | 1 |   |
|---|---|---|---|---|
|   | 1 |   | 1 | 1 |
| 1 | 1 |   | 1 |   |
|   | 2(충돌) | 1 |   |   |
|   | 3(충돌) |   |   |   |

**4.** 네 번째 문자 'C'를 해싱한다. 표 17.4는 다섯 번째 해시 함수에서만 충돌이 발생함을 보여준다.

**표 17.4** 'A C B C'를 추가한 후의 샘플 카운트–민 스케치 테이블

| 1 |   | 1 | 2 |   |
|---|---|---|---|---|
|   | 1 | 2 |   | 1 |
| 2 | 1 |   | 1 |   |
|   | 2 | 2 |   |   |
|   | 4(충돌) |   |   |   |

**5.** 다섯 번째 문자 'C'를 해싱한다. 이 작업은 이전 단계와 같다. 표 17.5는 시퀀스 'A C B C C' 후의 카운트–민 스케치 테이블이다.

**표 17.5** 시퀀스 'A C B C C' 후의 샘플 카운트–민 스케치 테이블

| 1 |   | 1 | 3 |   |
|---|---|---|---|---|
|   | 1 | 3 |   | 1 |
| 3 | 1 |   | 1 |   |
|   | 2 | 3 |   |   |
|   | 5(충돌) |   |   |   |

가장 많이 발생한 항목을 찾으려면 먼저 각 행의 최댓값 {3, 3, 3, 3, 5}를 구한 다음 이 최댓값의 최솟값인 '3'을 구한다. 두 번째로 많이 발생한 항목을 찾으려면 먼저 각 행에서 두 번째로 큰 숫자 {1, 1, 1, 2, 5}를 구한 다음 이 집합의 최솟값인 '1'을 구한다. 이런 식으로 계속한다. 최솟값을 취함으로써 과대 추정[8]의 가능성을 줄인다.

원하는 정확도와 그 정확도를 달성할 확률에 기반해 너비와 높이를 계산하는 데 도움이 되는 공식이 있다. 이는 이 책의 범위를 벗어난다.

카운트-민 스케치 2D 배열은 이전 접근 방식의 해시 테이블을 대체한다. 여전히 Heavy Hitters 목록을 저장하기 위한 힙이 필요하지만 잠재적으로 큰 해시 테이블을 데이터 세트 크기에 관계없이 고정된 사전 정의된 크기의 카운트-민 스케치 2D 배열로 대체한다.

## 17.8 람다 아키텍처를 사용한 대시보드

그림 17.7을 참조하면, 대시보드는 백엔드 서비스에 GET 요청을 보내는 브라우저 앱 형태일 수 있으며, 백엔드 서비스는 차례로 SQL 쿼리를 실행한다. 지금까지의 설명은 batch_table에 쓰는 배치 파이프라인과 speed_table에 쓰는 스트리밍 파이프라인에 관한 것이었으며, 대시보드는 두 테이블에서 상위 K 목록을 구성해야 한다.

**그림 17.7** 대시보드는 간단한 아키텍처를 가지며, 백엔드 서비스에 GET 요청을 하는 브라우저 앱으로 구성된다. 백엔드 서비스는 차례로 SQL 요청을 한다. 브라우저 앱의 기능 요구사항은 시간이 지남에 따라 전월과 같은 특정 기간의 상위 10개 목록을 표시하는 것에서 더 큰 목록, 더 많은 기간, 필터링이나 집계(백분위수, 평균, 최빈값, 최댓값, 최솟값 등)를 포함하게 확장될 수 있다.

그러나 SQL 테이블은 순서를 보장하지 않으며, batch_table과 speed_table을 필터링하고 정렬하는 데 몇 초가 걸릴 수 있다. P99를 1초 미만으로 달성하려면 SQL 쿼리는 순위와 수를 포함하는 단일 뷰의 간단한 SELECT 쿼리여야 하며, 이를 `top_1000` 뷰라고 부른다. 이 뷰는 각 기간의 speed_table과 batch_table에서 상위 1,000개 제품을 선택해 구성할 수 있다. 또한 각 행이 speed_table에서 온 것인지 batch_table에서 온 것인지 나타내는 추가 열을 포함할 수 있다. 사용자가 특정 간격의 상위 K

---

**8** (옮긴이) 통계적 모델이나 예측이 실제 값보다 일관되게 더 큰 값을 산출하는 편향된 상태를 의미한다.

대시보드를 요청하면 백엔드는 이 뷰를 쿼리해 배치 테이블에서 가능한 한 많은 데이터를 얻고 스피드 테이블로 빈 곳을 채울 수 있다. 4.10절을 참조하면, 브라우저 앱과 백엔드 서비스는 쿼리 응답을 캐시할 수도 있다.

> **연습**
>
> 연습으로 top_1000 뷰 SQL 쿼리를 정의해보자.

## 17.9 카파 아키텍처 접근 방식

**카파 아키텍처**(Kappa architecture)는 스트리밍 데이터를 처리하기 위한 소프트웨어 아키텍처 패턴으로, 단일 기술 스택으로 배치와 스트리밍 처리를 모두 수행한다. 이는 들어오는 데이터를 저장하기 위해 카프카와 같은 추가 전용 불변 로그를 사용하고, 이후 스트림 처리와 사용자가 쿼리할 수 있는 데이터베이스에 저장하는 과정을 거친다.

이 절에서는 람다와 카파 아키텍처를 비교하고 대시보드를 위한 카파 아키텍처를 설명한다.

### 17.9.1 람다 vs. 카파 아키텍처

람다 아키텍처는 복잡하다. 배치 계층과 스트리밍 계층이 각각 자체 코드베이스와 클러스터를 필요로 하며, 이에 따른 운영 부담과 개발, 유지보수, 로깅, 모니터링, 경보에 관련된 복잡성과 비용이 발생하기 때문이다.

카파 아키텍처는 람다 아키텍처를 단순화한 것으로, 스트리밍 계층만 있고 배치 계층은 없다. 이는 단일 기술 스택에서 스트리밍과 배치 처리를 모두 수행하는 것과 유사하다. 서빙 계층은 스트리밍 계층에서 계산된 데이터를 제공한다. 모든 데이터는 메시징 엔진에 삽입된 직후 읽히고 변환돼 스트리밍 기법으로 처리된다. 이는 실시간 대시보드나 모니터링과 같은 낮은 지연 시간과 거의 실시간 데이터 처리에 적합하다. 람다 아키텍처 스트리밍 계층에 관해 앞서 설명했듯이, 성능을 위해 정확도를 트레이드오프할 수 있다. 하지만 이런 트레이드오프를 하지 않고 매우 정확한 데이터를 계산하게 선택할 수도 있다.

카파 아키텍처는 배치 작업이 전혀 필요하지 않고 스트리밍이 모든 데이터 처리 작업과 요구사항을 처리할 수 있다는 주장에서 비롯됐다. 배치의 단점과 스트리밍이 이러한 단점을 갖지 않는 이유를 설명하는 참조 링크[9]를 참고한다.

이러한 참조 링크에서 설명한 사항 외에도, 배치 작업이 스트리밍 작업에 비해 갖는 또 다른 단점은 개발과 운영 부담이 훨씬 높다는 것이다. HDFS와 같은 분산 파일 시스템을 사용하는 배치 작업은 적은 양의 데이터에서 실행하더라도 완료하는 데 최소 몇 분이 걸리는 경향이 있다. 이는 HDFS의 큰 블록 크기, 즉 유닉스 파일 시스템의 4KB와 비교해 64MB나 128MB이므로 낮은 지연 시간을 높은 처리량으로 교환하기 때문이다. 반면, 적은 양의 데이터를 처리하는 스트리밍 작업은 완료하는 데 몇 초밖에 걸리지 않을 수 있다.

배치 작업 실패는 개발부터 테스트, 운영 환경에 이르는 전체 소프트웨어 개발 수명 주기 동안 실질적으로 불가피하며, 배치 작업이 실패하면 다시 실행해야 한다. 배치 작업을 기다리는 시간을 줄이기 위한 일반적인 기법 중 하나는 이를 여러 단계로 나누는 것이다. 각 단계는 다음 단계의 입력으로 사용될 중간 저장소에 데이터를 출력한다. 이는 에어플로 DAG의 기본 개념이다. 개발자로서 배치 작업이 각각 30분이나 1시간 이상 걸리지 않게 설계할 수 있지만, 개발자와 운영팀은 여전히 작업이 성공했는지 실패했는지 확인하려면 30분이나 1시간을 기다려야 한다. 좋은 테스트 커버리지는 운영 문제를 줄여주기는 해도 완전히 제거해주지는 않는다.

전반적으로 배치 작업의 오류는 스트리밍 작업의 오류보다 더 비용이 많이 든다. 배치 작업에서는 하나의 버그가 전체 작업 실패로 이어질 수 있다. 스트리밍에서는 단일 버그가 해당 특정 이벤트의 처리에만 영향을 미친다.

카파 아키텍처가 람다 아키텍처에 비해 갖는 또 다른 장점은 전자의 상대적 단순성이다. 카파는 단일 처리 프레임워크를 사용하는 반면, 람다는 배치와 스트리밍 파이프라인에 다른 프레임워크를 필요로 할 수 있다. 스트리밍에는 레디스, 카프카, 플링크와 같은 프레임워크를 사용할 수 있다.

카파 아키텍처의 한 가지 고려사항은 카프카와 같은 이벤트 스트리밍 플랫폼에 대량의 데이터를 저장하는 것이 대용량을 위해 설계된 HDFS와 달리 비용이 많이 들고 몇 PB 이상으로는 확장할 수 없다는 점이다. 카프카는 **로그 압축(Log compaction)**[10]을 통해 무한 보존을 제공하므로 카프카의 로그 압축은 각 메시지 키의 최신 값만 유지하고, 이전 값을 삭제함으로써 저장 공간을 절약한다. 또 다른 접근

---

[9] https://www.oreilly.com/radar/questioning-the-lambda-architecture/
https://www.kai-waehner.de/blog/2021/09/23/real-time-kappa-architecture-mainstream-replacing-batch-lambda/
[10] https://kafka.apache.org/documentation/#compaction

방식은 거의 접근하지 않는 데이터를 장기 저장하기 위해 S3와 같은 객체 스토리지를 사용하는 것이다. 표 17.6은 람다와 카파 아키텍처를 비교한 표다.

**표 17.6** 람다와 카파 아키텍처 비교

| 람다 | 카파 |
|---|---|
| 별도의 배치와 스트리밍 파이프라인. 별도의 클러스터, 코드베이스, 처리 프레임워크. 각각 자체 인프라, 모니터링, 로깅, 지원이 필요하다. | 단일 파이프라인, 클러스터, 코드베이스, 처리 프레임워크. |
| 배치 파이프라인은 대량의 데이터 처리에서 더 빠른 성능을 허용한다. | 대량의 데이터 처리는 람다 아키텍처보다 느리고 비용이 더 많이 든다. 그러나 데이터는 수집되는 즉시 처리되므로 일정에 따라 실행되는 배치 작업보다 더 빨리 데이터를 제공할 수 있다. |
| 배치 작업의 오류로 모든 데이터를 처음부터 재처리해야 할 수 있다. | 스트리밍 작업의 오류는 영향을 받은 데이터 포인트만 재처리하면 된다. |

### 17.9.2 대시보드를 위한 카파 아키텍처

상위 K 대시보드를 위한 카파 아키텍처는 17.3.2절의 접근 방식을 사용할 수 있다. 여기서 각 판매 이벤트는 제품 ID와 시간 범위로 집계된다. 판매 이벤트를 HDFS에 저장한 다음 배치 작업을 수행하지 않는다. 100만 제품의 수는 단일 호스트에 쉽게 맞출 수 있지만, 단일 호스트로는 하루 10억 건에 달하는 이벤트를 처리하기 어렵다. 다중 계층 집계가 필요하다.

심각한 버그는 많은 이벤트에 영향을 미칠 수 있으므로 오류를 로깅하고 모니터링하며 오류율을 모니터링해야 한다. 이러한 버그를 해결하고 많은 수의 이벤트 스트리밍 파이프라인을 다시 실행하기 어려우므로, 중요 오류율을 정의하고 오류율이 이 정의된 중요 오류율을 초과하면 파이프라인을 카프카 소비자가 이벤트를 소비하고 처리하는 것을 중지할 수 있다.

그림 17.8은 카파 아키텍처를 사용한 고수준 아키텍처를 보여준다. 이는 그림 17.2에 나타난 람다 아키텍처에서 배치 파이프라인과 집계 서비스를 제외한 것이다.

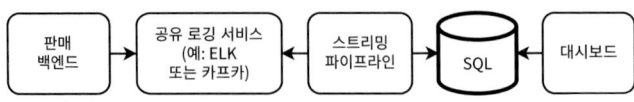

**그림 17.8** 카파 아키텍처를 사용한 고수준 아키텍처. 이는 그림 17.2의 람다 아키텍처에서 배치 파이프라인과 집계 서비스를 제외한 것이다.

## 17.10 로깅, 모니터링, 경보

2.5절에서 설명한 내용 외에도 다음 사항을 모니터링하고 경보를 보내야 한다.

공유 배치 ETL 플랫폼은 이미 로깅, 모니터링, 경보 시스템과 통합돼 있어야 한다. 롤업 작업 내 어떤 작업의 비정상적으로 긴 실행 시간이나 실패 경보를 받게 된다.

롤업 작업은 HDFS 테이블에 쓴다. 10장에서 설명한 데이터 품질 모니터링 도구를 사용해 유효하지 않은 데이터 포인트를 감지하고 경보를 발생시킬 수 있다.

## 17.11 기타 논의 가능한 주제

국가나 도시와 같은 기타 특성으로 이 목록을 분할한다. 판매량 대신 수익별로 상위 K 제품을 반환하려면 어떤 설계 변경이 필요한가? 판매량이나 수익 변화별로 상위 K 제품을 어떻게 추적할 수 있는가?

패턴과 일치하는 이름이나 설명을 가진 특정 제품의 순위와 통계를 조회하는 것이 유용할 수 있다. 이러한 사용 사례를 위한 검색 시스템을 설계할 수 있다.

머신러닝과 실험 서비스와 같은 상위 K 목록의 프로그래밍 방식 사용자를 설명할 수 있다. 낮은 요청 비율을 가정했고 높은 가용성과 낮은 지연 시간이 필요하지 않다고 가정했다. 프로그래밍 방식 사용자가 새로운 비기능적 요구사항을 도입하면 이러한 가정은 더 이상 유효하지 않을 것이다.

대시보드가 이벤트가 완전히 집계되기 전이나 심지어 이벤트가 발생하기 전에 상위 K 목록 근사값을 표시할 수 있는가?

판매 집계의 상당한 복잡성은 고객의 환불이나 교환 요청과 같은 분쟁이다. 판매 수치에 진행 중인 분쟁을 포함해야 하는가? 환불, 반품이나 교환을 고려해 과거 데이터를 수정해야 하는가? 환불이 승인되거나 거부되거나 같은 제품이나 다른 제품으로 교환이 있을 때 어떻게 판매 이벤트를 재집계하는가?

몇 년의 보증을 제공할 수 있으므로 판매 후 몇 년이 지나서 분쟁이 발생할 수 있다. 데이터베이스 쿼리는 수년 전에 발생한 판매 이벤트를 검색해야 할 수 있다. 이러한 쿼리는 메모리 부족 문제를 야기할 수 있다. 이는 오늘날에도 많은 엔지니어가 직면하는 도전적인 문제다.

제품 리콜과 같은 극단적인 이벤트가 있을 수 있다. 예를 들어, 장난감이 갑자기 아이들에게 안전하지 않다는 것이 밝혀져 리콜해야 할 수 있다. 이러한 문제가 발생했을 때 판매 이벤트 수를 조정해야 하는지 설명할 수 있다.

이전 이유로 상위 K 목록을 재생성하는 것 외에도, 데이터 변경에 따라 상위 K 목록을 재생성하는 것으로 일반화할 수 있다.

브라우저 앱은 상위 K 목록만 표시한다. 판매 동향을 표시하거나 현재나 신제품의 향후 판매를 예측하는 등 기능 요구사항을 확장할 수 있다.

## 17.12 참고 문헌

이 장은 미하일 스마르쇼크(Mikhail Smarshchok)의 시스템 설계 면접(System Design Interview) 유튜브 채널에 있는 상위 K 문제(Heavy Hitters) 프레젠테이션의 자료[11]를 사용했다.

## 요약

- 정확한 대규모 집계 작업이 너무 오래 걸릴 때 근사 기법을 사용해 정확성을 속도와 교환하는 병렬 스트리밍 파이프라인을 실행할 수 있다. 빠르지만 부정확한 파이프라인과 느리지만 정확한 파이프라인을 병렬로 실행하는 것을 람다 아키텍처라고 한다.
- 대규모 집계의 한 단계는 나중에 집계할 키로 파티션하는 것이다.
- 집계와 직접 관련이 없는 데이터는 다른 서비스에 저장해야 기타 서비스에서 쉽게 사용할 수 있다.
- 체크포인팅은 저렴한 읽기 작업(예: 레디스)과 비용이 많이 드는 읽기 작업(예: HDFS)을 모두 포함하는 분산 트랜잭션을 위한 기법 중 하나다.
- 근사 대규모 집계 작업을 위해 힙과 다중 계층 수평 확장의 조합을 사용할 수 있다.
- 카운트-민 스케치는 계수를 위한 근사 기법이다.
- 대규모 데이터 스트림을 처리하려면 카파 아키텍처나 람다 아키텍처를 고려할 수 있다.

---

11 https://youtu.be/kx-XDoPjoHw

부록

# A
# 모놀리스 vs. 마이크로서비스

이 부록은 모놀리스와 마이크로서비스를 평가한다. 저자의 개인적인 경험으로는 많은 자료가 모놀리스 아키텍처에 비해 마이크로서비스의 장점을 설명하지만 트레이드오프에 대해서는 설명하지 않는 것 같아 여기서 설명하고자 한다. 여기서는 '서비스'와 '마이크로서비스'라는 용어를 같은 의미로 사용한다.

**마이크로서비스 아키텍처(Microservice architecture)** 는 소프트웨어 시스템을 느슨하게 결합되고 독립적으로 개발, 배포, 확장되는 서비스의 집합으로 구축하는 것에 관한 것이다. **모놀리스(Monoliths)** 는 단일 단위로 설계, 개발, 배포된다.

## A.1 모놀리스의 장점

표 A.1은 서비스에 비해 모놀리스가 갖는 장점을 논의한다.

표 A.1 서비스에 비한 모놀리스의 장점

| 모놀리스 | 서비스 |
|---|---|
| 단일 애플리케이션이므로 처음에는 더 빠르고 쉽게 개발할 수 있다. | 개발자는 모든 서비스에서 직렬화와 역직렬화를 처리하고 서비스 간 요청과 응답을 처리해야 한다. |
| | 개발을 시작하기 전에 먼저 서비스 간 경계를 어디에 둘지 결정해야 하며, 선택한 경계가 잘못된 것으로 판명될 수 있다. 경계를 변경하기 위해 서비스를 재개발하는 것은 보통 비현실적이다. |
| 단일 데이터베이스는 저장 공간을 적게 사용하지만 트레이드오프가 있다. | 각 서비스는 자체 데이터베이스를 가져야 하므로 데이터 중복과 전체적으로 더 많은 저장 요구사항이 있을 수 있다. |
| 일반적으로 단일 데이터베이스와 더 적은 데이터 저장 위치로 인해 데이터 프라이버시 규정을 준수하기가 더 쉬울 수 있다. | 데이터가 여러 위치에 흩어져 있어 조직 전체에서 데이터 프라이버시 규정을 준수하게 보장하기가 더 어렵다. |
| 디버깅이 더 쉬울 수 있다. 개발자는 중단점을 사용해 코드의 모든 줄에서 함수 호출 스택을 보고 해당 줄에서 일어나는 모든 논리를 이해할 수 있다. | 예거나 집킨과 같은 분산 추적 도구를 사용해 요청 팬아웃을 이해하지만 요청에 관련된 서비스의 함수 호출 스택과 같은 많은 세부 정보를 제공하지 않는다. 서비스 간 디버깅은 일반적으로 모놀리스나 개별 서비스보다 더 어렵다. |
| 이전 사항과 관련해, 단일 위치에서 모든 코드를 쉽게 볼 수 있고 함수 호출을 추적할 수 있어 서비스 아키텍처보다 애플리케이션/시스템 전체를 일반적으로 더 쉽게 이해할 수 있다. | 서비스의 API는 블랙박스로 제시된다. API의 세부 사항을 이해할 필요가 없어 사용하기 쉬울 수 있지만, 시스템의 많은 세부 사항을 이해하기 어려워질 수 있다. |
| 운영 비용이 적고 성능이 더 좋다. 모든 처리가 단일 호스트의 메모리 내에서 이뤄져 훨씬 느리고 비용이 많이 드는 호스트 간 데이터 전송이 없다. | 서로 간에 대량의 데이터를 전송하는 서비스 시스템은 호스트와 데이터 센터 간 데이터 전송으로 인해 매우 높은 비용이 발생할 수 있다. 아마존 프라임 비디오가 분산 마이크로서비스 아키텍처의 대부분의 서비스를 모놀리스로 병합해 시스템의 인프라 비용을 90% 줄인 방법에 관해서는 주석의 문서[1]를 참조한다. |

## A.2 모놀리스의 단점

모놀리스는 마이크로서비스에 비해 다음과 같은 단점이 있다.

- 대부분의 기능이 자체 수명 주기를 가질 수 없어 애자일 방법론을 실천하기 어렵다.
- 변경 사항을 적용하려면 전체 애플리케이션을 재배포해야 한다.
- 번들 크기가 크다. 리소스 요구사항이 높다. 시작 시간이 길다.
- 단일 애플리케이션으로 확장해야 한다.

[1] https://www.linkedin.com/pulse/scaling-up-prime-video-audiovideo-monitoring-service-reducing-kumar

- 모놀리스의 어느 부분에서든 버그나 불안정성이 운영 환경에서 장애를 일으킬 수 있다.
- 단일 언어로 개발해야 하므로 다양한 사용 사례의 요구사항을 해결하는 데 있어 다른 언어와 그 프레임워크가 제공하는 기능을 활용할 수 없다.

## A.3 서비스의 장점

모놀리스에 비교한 서비스의 장점은 다음과 같다.

1. 제품 요구사항/비즈니스 기능의 애자일하고 빠른 개발 및 확장
2. 모듈성과 대체 가능성
3. 장애 격리와 내결함성
4. 더 잘 정의된 소유권과 조직 구조

### A.3.1 애자일하고 신속한 제품 요구사항 및 비즈니스 기능의 개발과 확장

제품 요구사항을 충족하는 소프트웨어를 설계, 구현, 배포하는 것은 모놀리스가 서비스보다 느리다. 모놀리스는 훨씬 더 큰 코드베이스와 더 긴밀하게 결합된 종속성을 가지기 때문이다.

서비스를 개발할 때는 소수의 관련 기능과 사용자에 대한 서비스 인터페이스에 집중할 수 있다. 서비스는 서비스 인터페이스를 통해 네트워크 호출로 통신한다. 다시 말해, 서비스는 HTTP, gRPC, GraphQL과 같은 산업 표준 프로토콜을 통해 정의된 API로 통신한다. 서비스는 API 형태로 명확한 경계를 가지지만 모놀리스는 그렇지 않다. 모놀리스에서는 특정 코드가 코드베이스 전체에 흩어진 수많은 종속성을 가지는 것이 훨씬 더 일반적이며, 모놀리스에서 개발할 때는 전체 시스템을 고려해야 할 수 있다.

클라우드 기반 컨테이너 네이티브 인프라를 사용하면 서비스를 모놀리스의 비슷한 기능보다 훨씬 빠르게 개발하고 배포할 수 있다. 잘 정의된 관련 기능 집합을 제공하는 서비스는 CPU 집약적이거나 메모리 집약적일 수 있으며, 이에 맞는 최적화된 하드웨어를 선택하여 필요에 따라 비용 효율적으로 확장하거나 축소할 수 있다. 많은 기능을 제공하는 모놀리스는 개별 기능을 최적화하는 방식으로 확장할 수 없다.

개별 서비스의 변경 사항은 다른 서비스와 독립적으로 배포된다. 모놀리스에 비해 서비스는 번들 크기가 작고, 리소스 요구사항이 낮으며, 시작 시간이 빠르다.

### A.3.2 모듈성과 대체 가능성

서비스의 독립적인 특성은 모듈성을 높이고 대체하기 쉽게 만든다. 동일한 인터페이스를 가진 다른 서비스를 구현하고 기존 서비스를 새로운 것으로 교체할 수 있다. 모놀리스에서는 다른 개발자가 우리와 동시에 코드와 인터페이스를 변경할 수 있어 서비스에 비해 이러한 개발을 조정하기가 더 어렵다.

서비스 요구사항에 가장 적합한 기술을 선택할 수 있다(예: 프론트엔드, 백엔드, 모바일, 분석 서비스를 위한 특정 프로그래밍 언어).

### A.3.3 장애 격리와 내결함성

모놀리스와 달리 마이크로서비스 아키텍처는 단일 장애 지점이 없다. 각 서비스를 별도로 모니터링할 수 있어 장애를 즉시 특정 서비스로 좁힐 수 있다. 모놀리스에서는 단일 런타임 오류가 호스트를 중단시켜 다른 모든 기능에 영향을 줄 수 있다. 내결함성을 위한 모범 사례를 채택한 서비스는 의존하는 다른 서비스들의 높은 지연 시간과 사용 불가능 상태에 적응할 수 있다. 이러한 모범 사례는 3.3절에서 설명했으며, 다른 서비스의 응답을 캐싱하거나 지수 백오프 및 재시도를 포함한다. 서비스는 또한 중단되는 대신 적절한 오류 응답을 반환할 수 있다.

일부 서비스는 다른 서비스보다 더 중요하다. 예를 들어, 수익에 더 직접적인 영향을 미치거나 사용자에게 더 가시적일 수 있다. 별도의 서비스를 두면 중요도에 따라 분류하고 그에 따라 개발 및 운영 리소스를 할당할 수 있다.

### A.3.4 소유권과 조직 구조

잘 정의된 경계를 가진 서비스는 모놀리스에 비해 팀에 대한 소유권 매핑이 간단하다. 이를 통해 전문성과 도메인 지식을 집중시킬 수 있다. 즉, 특정 서비스를 소유한 팀은 해당 서비스에 강한 이해와 개발 전문성을 갖출 수 있다. 반면에 개발자는 다른 서비스를 이해하기 어렵고 전체 시스템에 이해와 소유권이 적어진다. 모놀리스는 개발자가 개발하고 유지보수해야 할 특정 구성 요소를 넘어 시스템의 더 많은 부분을 이해하게 강제할 수 있다. 예를 들어, 개발자가 다른 서비스에서 일부 변경이 필요하면 직접 수행하기보다는 관련 팀에 구현을 요청할 수 있어 개발 시간과 통신 오버헤드가 높아진다. 해당 서비스에 익숙한 개발자가 변경을 수행하면 시간이 덜 걸리고 버그나 기술 부채의 위험이 낮아질 수 있다.

잘 정의된 경계를 가진 서비스의 특성은 또한 다양한 서비스 아키텍처 스타일이 REST를 위한 OpenAPI, gRPC를 위한 프로토콜 버퍼, GraphQL을 위한 스키마 정의 언어(SDL)를 포함한 API 정의 기술을 제공할 수 있게 한다.

## A.4 서비스의 단점

모놀리스와 비교해 서비스의 단점으로는 중복 구성 요소와 추가 구성 요소의 개발 및 유지보수 비용이 있다.

### A.4.1 중복 구성 요소

각 서비스는 서비스 간 통신과 보안을 구현해야 하며, 이는 대부분 서비스 전반에 걸쳐 중복된 작업이다. 시스템은 약점만큼이나 강하고, 서비스 수가 많기 때문에 모놀리스에 비해 확보해야 할 표면적이 넓다.

다른 팀의 개발자가 중복된 구성 요소를 개발할 때 실수도 중복되고 이러한 실수를 발견하고 수정하는 데 필요한 노력도 중복돼 개발 및 유지보수 낭비가 발생한다. 이러한 작업의 중복과 시간 낭비는 중복된 서비스의 사용자와 운영팀에게도 영향을 준다. 이 인원들은 이러한 오류로 인해 발생한 버그를 접하게 되며, 문제 해결 및 개발자와의 소통에 중복된 에너지를 쏟게 된다.

서비스는 데이터베이스를 공유해서는 안 되며, 그렇지 않으면 더 이상 독립적이지 않게 된다. 예를 들어, 한 서비스에 맞춰 데이터베이스 스키마를 변경하면 다른 서비스가 작동하지 않게 된다. 데이터베이스를 공유하지 않으면 데이터가 중복될 수 있고 시스템의 전체적인 저장량과 비용이 높아질 수 있다. 이는 또한 데이터 프라이버시 규정을 준수하는 것을 더 복잡하고 비용이 많이 들게 만들 수 있다.

### A.4.2 추가 구성 요소의 개발 및 유지보수 비용

조직의 다양한 서비스를 탐색하고 이해하기 위해 서비스 레지스트리와 서비스 검색을 위한 추가 서비스가 필요할 것이다.

모놀리식 애플리케이션은 단일 배포 수명 주기를 가진다. 마이크로서비스 애플리케이션은 관리해야 할 수많은 배포가 있으므로 CI/CD가 필수다. 여기에는 도커 같은 컨테이너, 컨테이너 레지스트리와 쿠버네티스, 도커스웜, 메소스 같은 컨테이너 오케스트레이션, 젠킨스와 같은 CI 도구, 블루/그린 배포, 카나리, A/B 테스팅과 같은 배포 패턴을 지원할 수 있는 CD 도구와 같은 인프라가 포함된다.

서비스가 요청을 받으면 이 요청을 처리하는 과정에서 다운스트림 서비스에 요청을 할 수 있으며, 이어서 추가적인 다운스트림 서비스에 요청을 할 수 있다. 이는 그림 A.1에 나와 있다. 넷플릭스 홈페이지에 대한 단일 요청은 수많은 다운스트림 서비스로 요청이 팬아웃(fan out)[2]되게 한다. 이러한 각 요청은 네트워킹 지연 시간을 추가한다. 서비스의 엔드포인트는 1초의 P99 SLA를 가질 수 있지만, 여러 엔드포인트가 서로 의존관계에 있다면(예: 서비스 A가 서비스 B를 호출하고, B가 C를 호출하는 등) 원래 요청자는 높은 지연 시간을 경험할 수 있다.

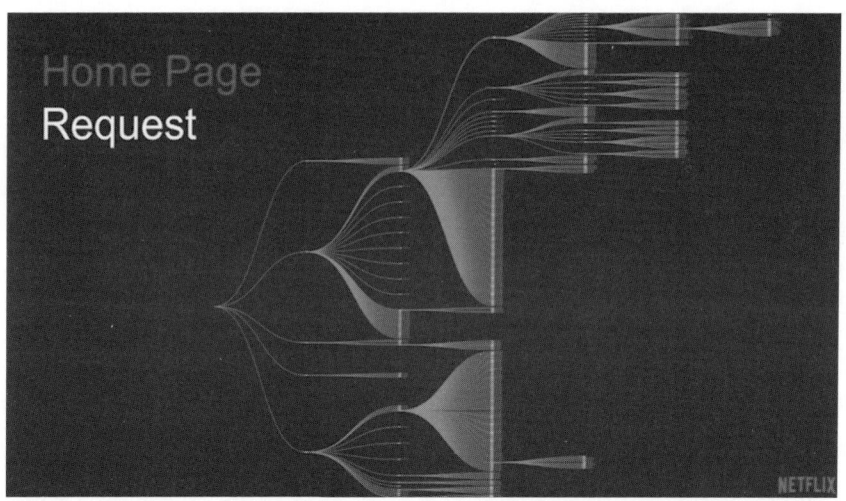

**그림 A.1** Netflix 홈페이지를 가져오는 요청에서 발생하는 다운스트림 서비스로의 요청 팬아웃 구조[3].

캐싱은 이를 해소하는 한 가지 방법이지만, 오래된 데이터를 피하기 위해 캐시 만료와 캐시 새로 고침 정책을 고려해야 하고 분산 캐시 서비스를 개발하고 유지보수하는 오버헤드와 같은 복잡성을 도입한다.

서비스는 요청을 보내는 다른 서비스의 중단을 처리하기 위해 지수 백오프와 3.3.4절에서 설명한 재시도 방법을 구현하는 추가적인 복잡성과 개발 및 유지보수 비용이 필요할 수 있다.

---

2   (옮긴이) 하나의 입력 신호나 요청이 여러 개의 출력 신호나 요청으로 분산되는 현상을 가리킨다.
3   https://www.oreilly.com/content/application-caching-at-netflix-the-hidden-microservice/

마이크로서비스 아키텍처에 필요한 또 다른 복잡한 추가 구성 요소는 분산 추적이다. 이는 마이크로서비스 기반 분산 시스템의 모니터링과 문제 해결에 사용된다. 예거와 집킨은 인기 있는 분산 추적 솔루션이다.

모놀리스에서 라이브러리를 설치/업데이트하는 것은 모놀리스의 단일 인스턴스에 해당 라이브러리를 업데이트하는 것을 포함한다. 여러 서비스에서 사용되는 라이브러리를 설치/업데이트하는 것은 이 모든 서비스에 걸쳐 설치/업데이트하는 것을 포함한다. 업데이트에 호환성을 깨는 변경사항이 있으면 각 서비스의 개발자는 수동으로 라이브러리를 업데이트하고 후방 호환성 문제로 인해 깨진 코드나 구성을 수정해야 한다. 다음으로 CI/CD(지속적 통합/지속적 배포) 도구를 사용해 이러한 업데이트를 배포해야 하며, 최종적으로 운영 환경에 배포하기 전에 여러 환경에 하나씩 배포해야 할 수 있다. 이러한 배포를 모니터링해야 한다. 개발과 배포 과정에서 예상치 못한 문제를 해결해야 한다. 오류 메시지를 복사해 구글이나 슬랙이나 마이크로소프트 팀즈와 같은 회사 내부 채팅 애플리케이션에서 해결책을 검색하는 것으로 이어질 수 있다. 배포가 실패하면 개발자는 문제를 해결하고 배포를 재시도한 다음 다시 성공하거나 실패할 때까지 기다려야 한다. 개발자는 복잡한 시나리오(예: 특정 호스트에서 지속적인 실패)를 처리해야 한다. 이 모든 것이 개발자에게 상당한 부담을 줄 수 있다. 또한 이러한 로직과 라이브러리의 중복은 무시할 수 없는 양의 추가 저장 공간을 차지할 수 있다.

## A.4.3 분산 트랜잭션

서비스는 별도의 데이터베이스를 가지므로 단일 관계형 데이터베이스에 트랜잭션을 수행할 수 있는 모놀리스와 달리 이러한 데이터베이스 간의 일관성을 위해 분산 트랜잭션이 필요할 수 있다. 분산 트랜잭션을 구현해야 하는 것은 또 다른 비용, 복잡성, 지연 시간, 가능한 오류와 실패의 원천이다. 5장에서 분산 트랜잭션을 설명했다.

## A.4.4 참조 무결성

**참조 무결성(Referential integrity)**은 관계 내 데이터의 정확성과 일관성을 의미한다. 한 관계에서 하나의 속성 값이 다른 속성의 값을 참조한다면 참조된 값이 반드시 존재해야 한다.

모놀리스의 단일 데이터베이스에서 참조 무결성은 외래 키를 사용해 쉽게 구현할 수 있다. 외래 키 열의 값은 외래 키가 참조하는 기본 키에 존재하거나 null이어야 한다[4]. 데이터베이스가 서비스에 분산돼

---

[4] https://www.interfacett.com/blogs/referential-integrity-options-cascade-set-null-and-set-default

있으면 참조 무결성이 더 복잡해진다. 분산 시스템에서 참조 무결성을 위해서는 여러 서비스와 관련된 쓰기 요청이 모든 서비스에서 성공하거나 모든 서비스에서 실패/중단/롤백해야 한다. 쓰기 프로세스에는 재시도나 롤백/보상 트랜잭션과 같은 단계가 포함돼야 한다. 분산 트랜잭션에 관한 자세한 설명은 5장을 참조한다. 또한 참조 무결성을 확인하기 위해 서비스 간 주기적인 감사가 필요할 수 있다.

## A.4.5 여러 서비스에 걸친 기능 개발 및 배포 조정

새로운 기능이 여러 서비스에 걸쳐 있다면 개발과 배포를 조정해야 한다. 예를 들어, 한 API 서비스가 다른 서비스에 의존할 수 있다. 다른 예로, 러스트 로켓(Rust Rocket)[5] RESTful API 서비스의 개발자 팀이 별도의 UI 개발자 팀이 개발한 React UI 서비스에서 사용할 새로운 API 엔드포인트를 개발해야 할 수 있다. 후자의 예를 논의해보자.

이론적으로 두 서비스에서 기능 개발을 병렬로 진행할 수 있다. API 팀은 새로운 API 엔드포인트의 사양만 제공하면 된다. UI 팀은 새로운 리액트 컴포넌트와 관련 node.js나 Express 서버 코드를 개발할 수 있다. API 팀이 아직 실제 데이터를 반환하는 테스트 환경을 제공하지 않았으므로, 서버 코드나 새 API 엔드포인트의 모의나 스텁 응답을 사용해 개발할 수 있다. 이 접근 방식은 스파이 테스트(spy tests)[6]를 포함한 UI 코드의 단위 테스트 작성에도 유용하다.

팀은 또한 기능 플래그를 사용해 불완전한 기능을 개발 및 스테이징 환경에 선택적으로 노출하면서 운영 환경에서는 숨길 수 있다. 이를 통해 이러한 새 기능에 의존하는 다른 개발자와 이해관계자가 진행 중인 작업을 볼 수 있고 논의할 수 있다.

실제로는 상황이 훨씬 더 복잡할 수 있다. 새로운 API 엔드포인트 집합의 복잡성을 이해하기 어려울 수 있으며, 해당 API 작업에 상당한 경험이 있는 개발자와 UX 디자이너도 마찬가지다. 각 서비스 개발 중 API 개발자와 UI 개발자 모두 미묘한 문제를 발견할 수 있고, API를 변경해야 할 수 있으며, 두 팀은 해결책을 논의하고 이미 완료된 작업의 일부를 낭비할 수 있다.

- 데이터 모델이 UX에 적합하지 않을 수 있다. 예를 들어, 알림 시스템의 템플릿에 버전 관리 기능을 개발한다면 UX 디자이너는 개별 템플릿을 고려해 버전 관리 UX를 설계할 수 있다. 그러나 실제로 템플릿은 별도로 버전 관리되는 하위 구성 요소로 구성될 수 있다. 이러한 혼란은 UI와 API 개발이 진행 중일 때까지 발견되지 않을 수 있다.

- 개발 중에 API 팀은 새로운 API 엔드포인트가 비효율적인 데이터베이스 쿼리, 예를 들면 지나치게 큰 SELECT 쿼리나 큰 테이블 간의 JOIN 작업을 필요로 한다는 것을 발견할 수 있다.

---

[5] https://rocket.rs/
[6] https://jestjs.io/docs/mock-function-api

- REST나 RPC API(즉, GraphQL이 아님)의 경우 사용자가 여러 API 요청을 하고 응답에 복잡한 후처리 작업을 수행해야 데이터를 요청자에게 반환하거나 UI에 표시할 수 있다. 제공된 API가 UI에 필요한 것보다 훨씬 더 많은 데이터를 가져와 불필요한 지연을 일으킬 수 있다. 내부적으로 개발된 API에서는 UI 팀은 API를 더 단순하고 효율적으로 사용하기 위해 재설계를 요구할 수 있다.

### A.4.6 인터페이스

서비스는 다른 언어로 작성될 수 있으며 텍스트나 이진 프로토콜을 통해 서로 통신한다. JSON이나 XML과 같은 텍스트 프로토콜에서는 이러한 문자열을 객체로 변환하고 다시 문자열로 변환해야 한다. 누락된 필드에 유효성 검사와 오류 및 예외 처리를 위한 추가 코드가 필요하다. 우아한 성능 저하를 허용하기 위해 서비스는 누락된 필드가 있는 객체를 처리해야 할 수 있다. 의존하는 서비스가 이러한 데이터를 반환하는 경우를 처리하기 위해 의존 서비스의 데이터를 캐싱하고 이 오래된 데이터를 반환하거나 누락된 필드가 있는 데이터를 직접 반환하는 등의 백업 단계를 구현해야 할 수 있다. 이로 인해 구현이 문서와 다를 수 있다.

## A.5 참고 문헌

이 부록은 카순 인드라시리, 프라바스 시리와데나의 《엔터프라이즈 환경을 위한 마이크로서비스: 마이크로서비스 아키텍처의 개념 이해부터 적용, 구현까지》(에이콘출판, 2020) 자료를 사용했다.

# B

# OAuth 2.0 인가와 OpenID Connect 인증[1]

## B.1 인가 vs. 인증

**인가**(Authorization)는 개인이나 시스템 등 사용자에게 특정 리소스나 기능에 접근할 수 있는 권한을 부여하는 과정이다. **인증**(Authentication)은 사용자 식별하는 것이다. OAuth 2.0은 일반적인 인가 알고리즘이다. OAuth 1.0 프로토콜은 2010년 4월에 발표됐고, OAuth 2.0은 2012년 10월에 발표됐다. **OpenID Connect**는 인증을 위한 OAuth 2.0의 확장이다. 인증과 인가/접근 제어는 서비스의 일반적인 보안 요구사항이다. OAuth 2.0과 OpenID Connect는 인가 및 인증에 관한 면접에서 간단히 논의될 수 있다.

온라인에서 흔히 볼 수 있는 오해는 'OAuth2로 로그인'이라는 개념이다. 이러한 온라인 자료들은 권한 부여 방식인 인가와 인증이라는 서로 다른 개념을 혼동하고 있다. 이 절은 OAuth2를 통한 인가와 OpenID Connect를 통한 인증을 소개하며, 인가와 인증 구분을 명확히 설명한다.

---

[1] (옮긴이) 이 절은 네이트 바베티니(Nate Barbettini)의 뛰어난 입문 강의인 "OAuth 2.0 and OpenID Connect (쉬운 영어로 됨)" 비디오(http://oauthacademy.com/talk)와 https://auth0.com/docs의 자료를 사용했다. 더 자세한 정보는 https://oauth.net/2/를 참조한다.

## B.2 개요: 간단한 로그인, 쿠키 기반 인증

가장 기본적인 인증 유형은 일반적으로 **간단한 로그인(simple login)**, **기본 인증(basic authentication)**이나 **폼 인증(forms authentication)**이라고 한다. 간단한 로그인에서 사용자는 (identifier, password) 쌍을 입력한다. 일반적인 예로는 (username, password)와 (email, password)가 있다. 사용자가 사용자 이름과 비밀번호를 제출하면 백엔드는 해당 사용자 이름과 연결된 비밀번호가 올바른지 확인한다. 보안을 위해 비밀번호에는 임의의 추가 문자열을 더하고 해시 처리해야 한다. 확인 후 백엔드는 이 사용자를 위한 세션을 생성한다. 백엔드는 서버의 메모리와 사용자의 브라우저에 모두 저장될 쿠키를 생성한다. UI는 사용자의 브라우저에 Set-Cookie: sessionid=f00b4r; Max-Age: 86400;과 같은 쿠키를 설정한다. 이 쿠키는 세션 ID를 포함한다. 브라우저의 추가 요청은 이 세션 ID를 인증에 사용하므로 사용자는 사용자 이름과 비밀번호를 다시 입력할 필요가 없다. 브라우저가 백엔드에 요청을 할 때마다 브라우저는 세션 ID를 백엔드로 보내고, 백엔드는 이 전송된 세션 ID를 자체 복사본과 비교해 사용자 식별한다.

이 과정을 **쿠키 기반 인증(cookie-based authentication)**이라고 한다. 세션은 유한한 기간을 가지며, 그 후에는 만료/시간 초과돼 사용자는 사용자 이름과 비밀번호를 다시 입력해야 한다. 세션 만료에는 절대적 시간 초과와 비활성 시간 초과의 두 가지 유형이 있다. **절대적 시간 초과(Absolute timeout)**는 지정된 기간이 경과한 후 세션을 종료한다. **비활성 시간 초과(Inactivity timeout)**는 사용자가 애플리케이션과 상호 작용하지 않은 지정된 기간 후에 해결책을 종료한다.

## B.3 단일 로그인

**단일 로그인(Single sign-on, SSO)**을 사용하면 액티브 디렉터리 계정과 같은 단일 마스터 계정으로 여러 시스템에 로그인할 수 있다. SSO는 일반적으로 보안 어설션 마크업 언어(SAML)라는 프로토콜로 수행된다. 2000년대 후반 모바일 앱의 도입으로 다음이 필요해졌다.

- 쿠키는 기기에 적합하지 않으므로 사용자가 앱을 닫은 후에도 모바일 앱에 로그인 상태를 유지하는 장기 세션을 위한 새로운 메커니즘이 필요했다.
- **위임된 인가(delegated authorization)**라는 새로운 사용 사례. 리소스 집합의 소유자가 이러한 리소스의 전부는 아닌 일부 접근 권한을 지정된 클라이언트에게 위임할 수 있다. 예를 들어, 특정 앱에 공개 프로필과 생일과 같은 특정 종류의 페이스북 사용자 정보를 볼 수 있는 권한을 부여하지만 담벼락에 게시할 수는 없게 할 수 있다.

## B.4 단순 로그인의 단점

단순 로그인의 단점으로는 복잡성, 유지보수의 어려움, 그리고 부분적 권한 부여가 불가능하다는 점이 있다.

### B.4.1 복잡성과 유지보수성 부족

단순 로그인(또는 일반적인 세션 기반 인증)의 많은 부분은 애플리케이션 개발자가 구현하며, 다음을 포함한다.

- 로그인 엔드포인트와 로직, 암호화 보강 및 해싱 작업 포함
- 사용자 이름과 암호화 보강 + 해싱된 비밀번호의 데이터베이스 테이블
- 비밀번호 재설정 이메일과 같은 2FA 작업을 포함한 비밀번호 생성 및 재설정

이는 애플리케이션 개발자가 보안 모범 사례를 준수할 책임이 있음을 의미한다. OAuth 2.0과 OpenID Connect에서는 별도의 서비스가 비밀번호를 처리한다. 이는 모든 토큰 기반 프로토콜에 해당한다. OAuth 2.0과 OpenID Connect는 토큰 기반 프로토콜이다. 애플리케이션 개발자는 보안 방식이 우수한 서드파티 서비스를 사용할 수 있으므로 비밀번호가 해킹될 위험이 줄어든다.

쿠키는 서버가 상태를 유지해야 한다. 로그인한 각 사용자의 서버는 세션을 생성해야 한다. 수백만 개의 세션이 있다면 메모리 오버헤드가 너무 비쌀 수 있다. 토큰 기반 프로토콜은 메모리 오버헤드가 없다.

개발자는 또한 GDPR(일반 데이터 보호 규정), CCPA(캘리포니아 소비자 개인정보 보호법), HIPAA(건강보험 이동성 및 책임법)와 같은 관련 사용자 프라이버시 규정을 준수하게 애플리케이션을 유지보수할 책임이 있다.

### B.4.2 부분 권한 부여 불가

단순 로그인은 부분적 접근 제어 권한의 개념이 없다. 특정 목적을 위해 다른 당사자에게 자신의 계정에 부분적 접근 권한을 부여하고 싶을 수 있다. 완전한 접근 권한을 부여하는 것은 보안 위험이다. 예를 들어, 민트(Mint)[2]와 같은 예산 관리 앱에 은행 계좌 잔액을 볼 수 있는 권한은 부여하되 송금과 같은

---

2 https://mint.intuit.com/

다른 권한은 부여하지 않고 싶을 수 있다. 은행 앱이 단순 로그인만 있다면 이는 불가능하다. 사용자는 민트에서 은행 잔액을 보기 위해 은행 앱 계정의 사용자 이름과 비밀번호를 민트에 전달해야 하며, 이는 민트에 완전한 은행 계정 접근 권한을 부여하는 것이다.

또 다른 예는 OAuth 개발 이전의 Yelp[3]다. 그림 B.1에서 보듯이, Yelp 사용자 등록 마지막에 Yelp는 사용자에게 Gmail 로그인을 요청해 연락처 목록에 추천 링크나 초대 링크를 보낼 수 있다. 사용자는 각 연락처에 단일 추천 이메일을 보내기 위해 Yelp에 완전한 Gmail 계정 접근 권한을 부여해야 한다.

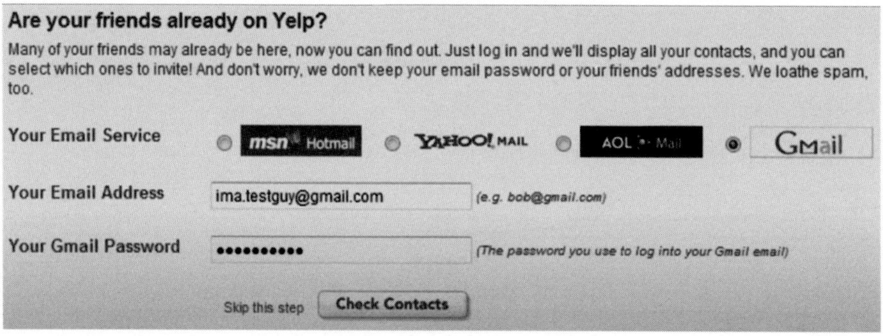

그림 B.1 OAuth 이전 Yelp 브라우저 앱의 추천 기능 스크린샷 내용[4]. 단순 로그인에서 부분 인가가 없는 단점을 보여준다. 사용자는 이메일 주소와 비밀번호를 입력하게 요청받아 Yelp가 각 연락처에 단일 이메일만 보내고자 함에도 불구하고 이메일 계정에 대한 전체 권한을 부여한다.

OAuth 2.0 채택이 이제 널리 퍼져 대부분의 앱은 더 이상 이러한 관행을 사용하지 않는다. 중요한 예외는 은행 업계다. 2022년 기준으로 대부분의 은행은 OAuth를 채택하지 않았다.

## B.5 OAuth 2.0 흐름

이 절에서는 OAuth 2.0 흐름에 대해 설명하며, 구글과 같은 앱에서 OAuth 2.0을 사용해 사용자가 Yelp와 같은 앱이 사용자의 구글 연락처에 이메일 보내는 등 구글 사용자 소유의 리소스에 접근할 수 있게 권한을 부여하는 방법을 설명한다.

그림 B.2는 Yelp와 구글 간의 OAuth 2.0 흐름의 단계를 보여준다. 이 장에서는 그림 B.2를 자세히 따라간다.

---

[3] https://www.yelp.com/
[4] http://oauthacademy.com/talk

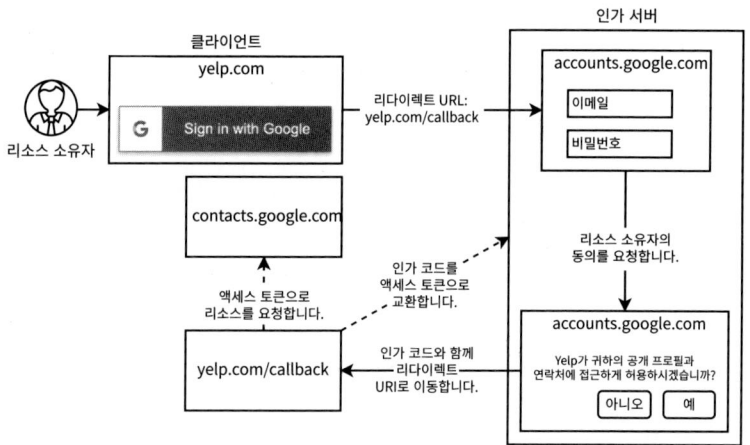

그림 B.2 이 절에서 자세히 설명하는 OAuth2 흐름 다이어그램. 프론트 채널 통신은 실선으로 표시된다. 백 채널 통신은 점선으로 표시된다.

## B.5.1 OAuth 2.0 용어

- **리소스 소유자(Resource owner)** – 애플리케이션이 요청하는 데이터를 소유하거나 특정 작업을 제어하는 사용자. 예를 들어, 구글 계정에 연락처가 있다면 그 사람이 그 데이터의 리소스 소유자다. 애플리케이션에 해당 데이터에 접근할 수 있는 권한을 부여할 수 있다. 이 절에서는 간단히 리소스 소유자를 사용자라고 한다.

- **클라이언트(Client)** – 리소스를 요청하는 애플리케이션.

- **인가 서버(Authorization server)** – 사용자가 권한을 인가하는 데 사용하는 accounts.google.com 같은 시스템.

- **리소스 서버(Resource server)** – 클라이언트가 원하는 데이터를 보유한 시스템의 구글 연락처 API 같은 API. 시스템에 따라 인가 서버와 리소스 서버가 동일하거나 별도의 시스템일 수 있다.

- **인가 부여(Authorization grant)** – 리소스에 접근하는 데 필요한 권한 사용자 동의의 증명.

- **리다이렉트 URI, 콜백이라고도 함(Redirect URI, also called callback)** – 인가 서버가 클라이언트로 다시 리다이렉트할 때의 URI이나 목적지.

- **접근 토큰(Access token)** – 클라이언트가 인가된 리소스를 얻는 데 사용하는 키.

- **범위(Scope)** – 인가 서버가 이해하는 범위 목록(예: 사용자의 구글 연락처 목록 읽기, 이메일 읽기, 또는 이메일 삭제). 클라이언트는 필요한 리소스에 따라 특정 범위 집합을 요청할 수 있다.

## B.5.2 초기 클라이언트 설정

민트나 Yelp와 같은 앱은 클라이언트가 되고 사용자가 OAuth를 사용할 수 있게 구글과 같은 인가 서버와 일회성 설정을 해야 한다. 민트가 구글에 클라이언트 생성을 요청하면 구글은 다음을 제공한다.

- 클라이언트 ID는 일반적으로 긴 고유 문자열 식별자다. 프론트 채널의 초기 요청과 함께 전달된다.
- 클라이언트 비밀은 토큰 교환 중에 사용된다.

### 1. 사용자로부터 인가받기

흐름은 클라이언트 Yelp 앱의 구글 리소스 소유자로부터 시작된다. Yelp는 사용자가 구글 계정의 특정 데이터 접근 권한을 부여할 수 있는 버튼을 표시한다. 이 버튼을 클릭하면 사용자는 OAuth 흐름을 거치게 되며, 이는 애플리케이션이 인가를 받고 요청된 정보만 접근할 수 있게 되는 단계다.

사용자가 버튼을 클릭하면 브라우저는 인가 서버(예: accounts.google.com과 같은 구글 도메인, 또는 페이스북, 또는 Okta 인가 서버)로 리다이렉트된다. 여기서 사용자는 로그인하라는 메시지를 받는다(즉, 이메일과 비밀번호를 입력하고 로그인을 클릭한다). 브라우저의 탐색 표시줄에서 구글 도메인에 있음을 확인할 수 있다. 이는 민트나 Yelp와 같은 다른 앱이 아닌 구글에 이메일과 비밀번호를 제공하므로 보안이 향상된 것이다.

'https://accounts.google.com/o/oauth2/v2/auth?client_id=yelp&redirect_uri=https%3A%2F%2Foidcdebugger.com%2Fdebug&scope=openid&response_type=code&response_mode=query&state=foobar&nonce=uwtukpm946m'와 같은 리다이렉트에서 클라이언트의 URL 쿼리를 통해 구성 정보를 인가 서버에 전달한다. 쿼리 매개변수는 다음과 같다.

- client_id – 인가 서버에 클라이언트를 식별한다. 예를 들어, Google에 Yelp가 클라이언트임을 알린다.
- redirect_uri(콜백 URI라고도 함) – 리다이렉트 URI.
- scope – 요청된 범위 목록.
- response_type – 클라이언트가 원하는 인가 부여 유형. 여러 유형이 있으며 곧 설명할 것이다. 지금은 가장 일반적인 유형인 인가 코드 부여를 가정한다. 이는 인가 서버에 코드를 요청하는 것이다.
- state – 클라이언트에서 콜백으로 전달되는 상태. 다음의 4단계에서 설명하는 내용과 같이, 이는 사이트 간 요청 위조(Cross-Site Request Forgery, CSRF) 공격을 방지한다.
- nonce – '한 번만 사용되는 숫자'를 의미한다. 재생 공격을 방지하기 위해 요청을 고유하게 레이블하는 데 사용되는 서버 제공 난수 값이다(이 내용은 이 책의 범위를 벗어난다).

## 2. 사용자가 클라이언트의 범위에 동의

로그인 후, 인가 서버는 사용자에게 클라이언트가 요청한 범위 목록에 동의하게 요청한다. 예를 들어, 구글은 다른 앱이 요청하는 공개 프로필 및 연락처 목록 등 리소스 목록과 해당 앱에 이러한 리소스 접근 권한을 부여하는 데 동의하는지 확인 요청을 표시한다. 이는 의도하지 않은 리소스 접근 권한을 부여하고 속임 당하지 않게 한다.

'아니오'를 클릭하든 '예'를 클릭하든 브라우저는 사용자의 결정에 따라 다른 쿼리 매개변수와 함께 앱의 콜백 URI로 다시 리다이렉트된다. '아니오'를 클릭하면 앱에 접근 권한이 부여되지 않는다. 리다이렉트 URI는 'https://yelp.com/callback?error=access_denied&error_description=The user did not consent'와 같을 수 있다. '예'를 클릭하면 앱은 구글 연락처 API와 같은 구글 API에서 사용자가 부여한 리소스를 요청할 수 있다. 인가 서버는 인가 코드와 함께 리다이렉트 URI로 리다이렉트한다. https://yelp.com/callback?code=3mPDQbnIOyseerTTKPV&state=foobar와 같이 리다이렉트 URI가 될 수 있으며, 여기서 쿼리 매개변수 'code'가 인가 코드다.

## 3. 접근 토큰 요청

클라이언트는 인가 코드를 접근 토큰으로 교환하기 위해 클라이언트와 인가 서버만 아는 비밀 키를 포함하는 POST 요청을 인가 서버에 보낸다. 예시는 다음과 같다.

```
POST www.googleapis.com/oauth2/v4/token
Content-Type: application/x-www-form-urlencoded
code=3mPDQbnIOyseerTTKPV&client_id=yelp&client_secret=secret123&grant_
type=authorization_code
```

인가 서버는 코드를 검증한 다음 접근 토큰과 클라이언트로부터 받은 상태로 응답한다.

## 4. 리소스 요청

CSRF 공격을 방지하기 위해 클라이언트는 서버로 보낸 상태가 응답의 상태와 동일한지 확인한다. 그다음, 클라이언트는 접근 토큰을 사용해 리소스 서버에서 인가된 리소스를 요청한다. 접근 토큰을 통해 클라이언트는 요청된 범위(예: 사용자의 구글 연락처에 대한 읽기 전용 접근)에만 접근할 수 있다. 범위를 벗어나거나 다른 범위에 있는 리소스 요청은 거부된다. 연락처 삭제나 사용자의 위치 기록 접근 예시는 다음과 같다.

```
GET api.google.com/some/endpoint
Authorization: Bearer h9pyFgK62w1QZDox0d0WZg
```

### B.5.3 백 채널과 프론트 채널

인가 코드를 받은 다음 이를 접근 토큰으로 교환하는가? 그리고 인가 코드를 그냥 사용하거나 접근 토큰을 즉시 받지 않는가?

백 채널과 프론트 채널이라는 네트워크 보안 용어 개념을 소개한다.

**프론트 채널 통신**(Front-channel communication)은 프로토콜 내에서 관찰 가능한 둘 이상의 시스템 간의 통신을 말한다. **백 채널 통신**(Back-channel communication)은 프로토콜 내에서 최소한 하나의 시스템에게 관찰되지 않는 통신을 말한다. 이로 인해 백 채널이 프론트 채널보다 더 안전하다.

백 채널 또는 매우 안전한 채널의 예는 클라이언트의 서버에서 구글 API 서버로의 SSL 암호화된 HTTP 요청이다. 프론트 채널의 예는 사용자의 브라우저다. 브라우저는 안전하지만 데이터가 유출될 수 있는 일부 허점이나 장소가 있다. 웹 애플리케이션에 비밀번호나 키가 있고 이를 웹 앱의 HTML이나 자바스크립트에 넣으면 이 비밀은 페이지 소스를 보는 사람에게 보인다. 해커는 또한 네트워크 콘솔이나 크롬 개발자 도구를 열어 자바스크립트를 보고 수정할 수 있다. 브라우저는 완전히 신뢰할 수 없지만 백엔드 서버에서 실행되는 코드는 완전히 신뢰할 수 있으므로 프론트 채널로 여겨진다.

클라이언트가 인가 서버로 가는 상황을 고려해보자. 이는 프론트 채널에서 일어난다. 전체 페이지 리다이렉트, 나가는 요청, 인가 서버로의 리다이렉트, 인가 서버 요청 내용이 모두 브라우저를 통해 전달된다. 인가 코드도 브라우저, 즉 프론트 채널을 통해 전송된다. 이 인가 코드가 악의적인 도구 모음이나 브라우저 요청을 기록할 수 있는 메커니즘에 의해 가로챈 경우 토큰 교환이 백 채널에서 이뤄지므로 해커는 접근 코드를 얻을 수 없다.

토큰 교환은 브라우저가 아닌 백엔드와 인가 채널 사이에서 이뤄진다. 백엔드는 또한 토큰 교환에 해커가 모르는 비밀 키를 포함한다. 이 비밀 키의 전송이 브라우저를 통해 이뤄진다면 해커가 훔칠 수 있으므로 전송은 백 채널을 통해 이뤄진다.

OAuth 2.0 흐름은 프론트 채널과 백 채널의 최상의 특성을 활용해 높은 보안성을 보장하게 설계됐다. 프론트 채널은 사용자와 상호 작용하는 데 사용된다. 브라우저는 사용자에게 로그인 화면과 동의 화면을 제시하는데, 이는 사용자와 직접 상호 작용하고 이러한 화면을 표시하기 위한 것이다. 비밀 키가 있는 브라우저를 완전히 신뢰할 수 없으므로 흐름의 마지막 단계(즉, 교환)는 신뢰할 수 있는 시스템인 백 채널에서 이뤄진다.

인가 서버는 또한 접근 토큰이 만료되면 사용자와 상호 작용하지 않고 클라이언트가 새 접근 토큰을 얻을 수 있게 새로 고침 토큰을 발급할 수 있다. 이는 이 책의 범위를 벗어난다.

## B.6 다른 OAuth 2.0 흐름

백 채널과 프론트 채널을 모두 포함하는 인가 코드 흐름에 대해 설명했다. 다른 흐름으로는 암시적 흐름(프론트 채널만 해당), 리소스 소유자 비밀번호 자격 증명(백 채널만 해당), 클라이언트 자격 증명(백 채널만 해당)이 있다.

암시적 흐름은 앱에 백엔드가 없으면 OAuth 2.0을 사용할 수 있는 유일한 방법이다. 그림 B.3은 암시적 흐름의 예를 보여준다. 모든 통신은 프론트 채널만을 사용한다. 인가 서버는 인가 코드 없이, 그리고 교환 단계 없이 접근 코드를 직접 반환한다.

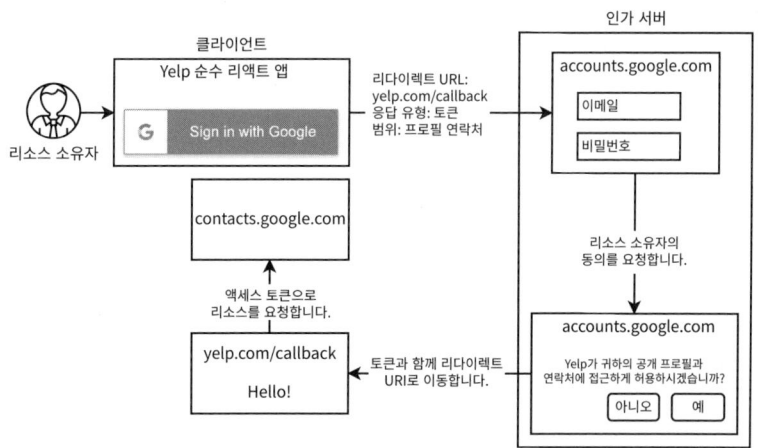

**그림 B.3** OAuth2 암시적 흐름. 모든 통신은 프론트 채널이다. 인가 서버 요청의 응답 유형이 'code' 대신 'token'임에 주목한다.

암시적 흐름은 접근 토큰이 브라우저에 노출되므로 보안 트레이드오프가 있다.

리소스 소유자 비밀번호 흐름이나 리소스 소유자 비밀번호 자격 증명 흐름은 오래된 애플리케이션에서 사용되며 새로운 애플리케이션에는 권장되지 않는다. 백엔드 서버는 자신의 자격 증명을 사용해 인가 서버에 접근 토큰을 요청한다. 클라이언트 자격 증명 흐름은 서버 간이나 서비스 간 통신을 할 때 때때로 사용된다.

## B.7 OpenID Connect 인증

페이스북으로 로그인 버튼이 2009년에 도입됐고, 이어서 구글로 로그인 버튼과 트위터, 마이크로소프트, 링크드인 등 많은 다른 회사의 유사한 버튼이 등장했다. 페이스북, 구글이나 다른 소셜 미디어의 기존 자격 증명으로 사이트에 로그인할 수 있었다. 이러한 버튼은 웹 전체에 보편화됐다. 이 버튼들은 로그인 사용 사례에 잘 부합했고 OAuth 2.0으로 구축됐지만, OAuth 2.0이 인증에 사용되게 설계되지는 않았다. 본질적으로 OAuth 2.0은 위임된 인가 이상의 목적으로 사용되고 있었다.

그러나 인증에 OAuth를 사용하는 것은 나쁜 관행이다. OAuth에서는 사용자 정보를 얻을 방법이 없기 때문이다. OAuth 2.0으로 앱에 로그인하면 해당 앱은 누가 방금 로그인했는지나 이메일 주소와 이름 같은 다른 정보를 알 수 없다. OAuth 2.0은 권한 범위를 적용하기 위해 설계됐다. 접근 토큰이 특정 리소스 집합에 범위가 지정됐음을 확인할 뿐이다. 사용자가 누구인지는 확인하지 않는다.

다양한 회사들이 OAuth를 기반으로 소셜 로그인 버튼을 구축할 때 클라이언트가 사용자 정보를 얻을 수 있게 OAuth 위에 모두 사용자 정의 해킹을 추가해야 했다. 이러한 다양한 구현을 읽을 때 이들이 서로 다르고 상호 운용할 수 없다는 점에 유념해야 한다.

이러한 표준화 부족을 해결하기 위해 인증에 OAuth 2.0을 채택하기 위한 표준으로 OpenID Connect가 만들어졌다. OpenID Connect는 인증에 사용할 수 있는 OAuth 2.0 위에 얇은 계층을 추가한 것이다. OpenID Connect는 OAuth 2.0에 다음을 추가한다.

- **ID 토큰**(ID token) - ID 토큰은 사용자의 ID를 나타내며 일부 사용자 정보를 포함한다. 이 토큰은 토큰 교환 중에 인가 서버에서 반환된다.
- **사용자 정보 엔드포인트**(User info endpoint) - 클라이언트가 인가 서버에서 반환한 ID 토큰에 포함된 것보다 더 많은 정보를 원하면 사용자 정보 엔드포인트에서 더 많은 사용자 정보를 요청할 수 있다.
- **표준 범위 집합**(Standard set of scopes)

따라서 OAuth 2.0과 OpenID Connect의 유일한 기술적 차이는 OpenID Connect가 접근 코드와 ID 토큰을 모두 반환하고 사용자 정보 엔드포인트를 제공한다는 것이다. 클라이언트는 원하는 OAuth 2.0 범위 외에도 OpenID 범위를 인가 서버에 요청해 접근 코드와 ID 토큰을 모두 얻을 수 있다.

표 B.1은 OAuth 2.0(인가)과 OpenID Connect(인증)의 사용 사례를 요약한다.

**표 B.1** OAuth 2.0(인가)과 OpenID Connect(인증)의 사용 사례

| OAuth2 (인가) | OpenID Connect (인증) |
|---|---|
| API 접근 권한을 부여한다. | 사용자 로그인 |
| 다른 시스템의 사용자 데이터에 접근한다. | 다른 시스템에서 계정을 사용할 수 있게 한다. |

ID 토큰은 세 부분으로 구성된다.

- 헤더(Header) – 서명을 인코딩하는 데 사용된 알고리즘과 같은 여러 필드를 포함한다.
- 클레임(Claims) – ID 토큰의 본문/페이로드. 클라이언트는 클레임을 디코딩해 사용자 정보를 얻는다.
- 서명(Signature) – 클라이언트는 서명을 사용해 ID 토큰이 변경되지 않았음을 확인할 수 있다. 즉, 클라이언트 애플리케이션은 인가 서버에 연락하지 않고도 서명을 독립적으로 확인할 수 있다.

클라이언트는 접근 토큰을 사용해 인가 서버의 사용자 정보 엔드포인트에 사용자의 프로필 사진과 같은 추가 정보를 요청할 수도 있다. 표 B.2는 사용 사례에 따라 어떤 허가 유형을 사용해야 하는지 설명한다.

**표 B.2** 사용 사례에 따른 허가 유형

| 서버 백엔드가 있는 웹 애플리케이션 | 인가 코드 흐름 |
|---|---|
| 네이티브 모바일 앱 | PKCE(Proof Key for Code Exchange)를 사용한 인가 코드 흐름 (이 책의 범위를 벗어남) |
| API 백엔드가 있는 자바스크립트 단일 페이지 앱(Single-Page App, SPA) | 암시적 흐름 |
| 마이크로서비스 및 API | 클라이언트 자격 증명 흐름 |

# C

## C4 모델

C4 모델[1]은 사이먼 브라운(Simon Brown)이 만든 시스템 아키텍처 다이어그램 기법으로, 시스템을 다양한 추상화 수준으로 분해한다. 이 절에서는 C4 모델을 간단히 소개한다. 웹사이트에 C4 모델에 대한 잘 정리된 소개와 심층적인 내용이 있으므로 여기서는 간략히 다룬다. 자세한 내용은 웹사이트를 참조하기 바란다. C4 모델은 4단계의 추상화 수준을 정의한다.

컨텍스트 다이어그램은 시스템을 단일 상자로 표현하고, 그 주변에 사용자와 상호 작용하는 다른 시스템들을 배치한다. 그림 C.1은 기존 메인프레임 뱅킹 시스템 위에 설계하려는 새로운 인터넷 뱅킹 시스템의 컨텍스트 다이어그램 예시다. 사용자는 개인 뱅킹 고객이며, 개발한 UI 앱을 통해 인터넷 뱅킹 시스템을 사용한다. 인터넷 뱅킹 시스템은 기존 이메일 시스템도 사용한다. 그림 C.1에서는 사용자와 시스템을 상자로 그리고, 이들 사이의 요청을 화살표로 연결해 표현한다.

---

1 https://c4model.com/

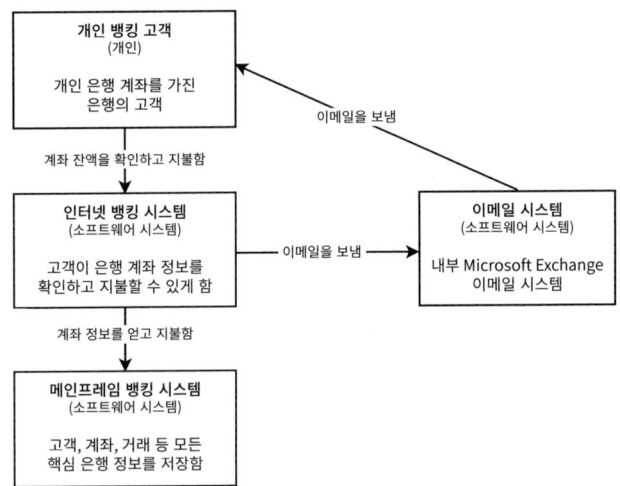

**그림 C.1** 인터넷 뱅킹 시스템 설계 컨텍스트 다이어그램[2]. 사용자는 개인 뱅킹 고객으로, UI 앱을 통해 인터넷 뱅킹 시스템을 사용한다. 인터넷 뱅킹 시스템은 기존 메인프레임 뱅킹 시스템에 요청을 보내고, 기존 이메일 시스템을 사용해 사용자에게 이메일을 보낸다. 사용할 수 있는 다른 공유 서비스 대부분은 아직 없으며, 이 설계의 일부로 설명될 수 있다.

**컨테이너 다이어그램(container diagram)**은 c4model.com에서 '코드를 실행하거나 데이터를 저장하는 별도로 실행/배포 가능한 단위'로 정의한다. 컨테이너를 시스템을 구성하는 서비스로 이해할 수도 있다. 그림 C.2는 컨테이너 다이어그램의 예시다. 그림 C.1에서 단일 상자로 표현한 인터넷 뱅킹 시스템을 여기서 분해한다.

웹/브라우저 사용자는 웹 애플리케이션 서비스에서 단일 페이지의 브라우저 앱을 다운로드하고 이 앱을 통해 추가 요청을 할 수 있다. 모바일 사용자는 앱 스토어에서 모바일 앱을 다운로드하고 이 앱을 통해 모든 요청을 할 수 있다.

브라우저와 모바일 앱은 백엔드 API 애플리케이션/서비스에 요청을 보낸다. 백엔드 서비스는 오라클(Oracle) SQL 데이터베이스, 메인프레임 뱅킹 시스템, 이메일 시스템에 요청을 보낸다.

**컴포넌트 다이어그램(component diagram)**은 기능을 구현하기 위한 인터페이스 뒤의 클래스 모음이다. 컴포넌트는 별도로 배포할 수 있는 단위가 아니다. 그림 6.3은 그림 6.2의 (백엔드) API 애플리케이션/서비스의 컴포넌트 다이어그램 예시로, 인터페이스와 클래스, 다른 서비스와의 요청을 보여준다.

[2] https://c4model.com/, https://creativecommons.org/licenses/by/4.0/ 라이선스

브라우저와 모바일 앱은 백엔드에 요청을 보내고, 이는 적절한 인터페이스로 라우팅된다.

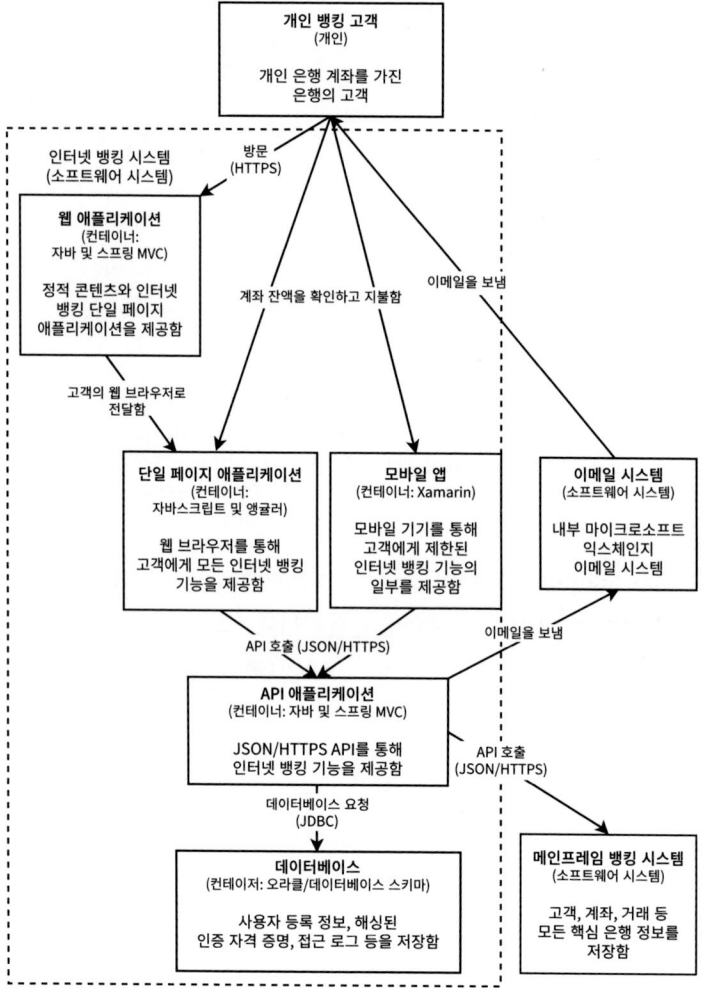

**그림 C.2 컨테이너 다이어그램**[3]

로그인 컨트롤러는 로그인 요청을 받는다. 비밀번호 재설정 컨트롤러는 비밀번호 재설정 요청을 받는다. 보안 컴포넌트는 로그인 컨트롤러와 비밀번호 재설정 컨트롤러의 보안 관련 기능을 처리하는 함수를 가지고 있다. 이는 오라클 SQL 데이터베이스에 데이터를 유지한다.

---

[3] 출처: https://c4model.com/에서 수정, https://creativecommons.org/licenses/by/4.0/ 라이선스.

이메일 컴포넌트는 이메일 시스템에 요청을 보내는 클라이언트다. 비밀번호 재설정 컨트롤러는 이메일 컴포넌트를 사용해 사용자에게 비밀번호 재설정 이메일을 보낸다.

계좌 요약 컨트롤러는 사용자에게 은행 계좌 잔액 요약을 제공한다. 이 정보를 얻기 위해 메인프레임 뱅킹 시스템 퍼사드의 함수를 호출하고, 이는 다시 메인프레임 뱅킹 시스템에 요청을 보낸다. 그림 C.3 에는 표시되지 않았지만 백엔드 서비스에 메인프레임 뱅킹 시스템 퍼사드를 사용해 메인프레임 뱅킹 시스템에 요청을 보내는 다른 컴포넌트도 있을 수 있다.

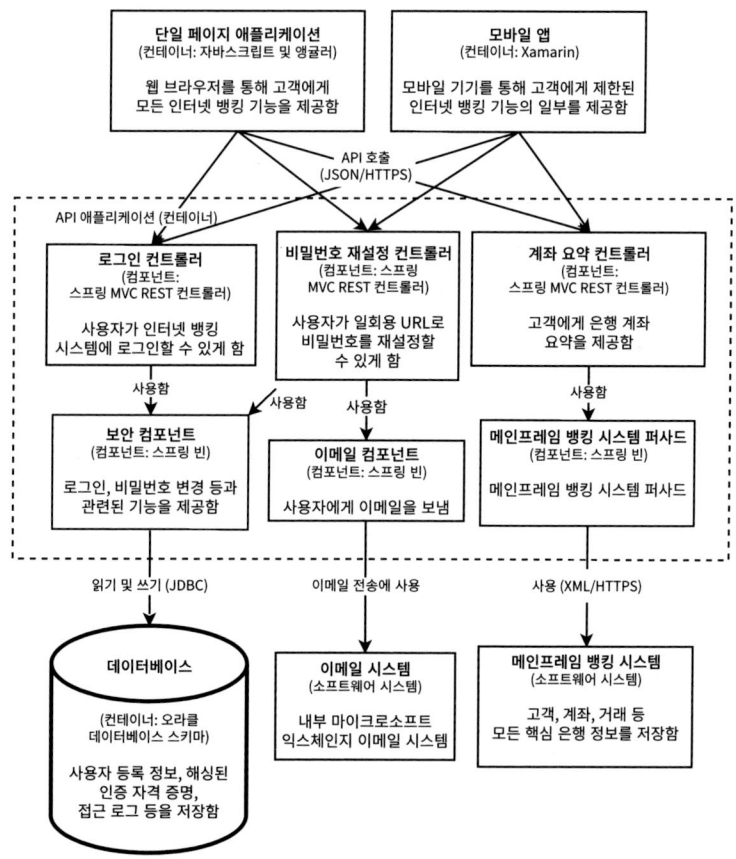

그림 C.3 컴포넌트 다이어그램[4]

---

[4] 출처: https://c4model.com/에서 수정한 이미지, https://creativecommons.org/licenses/by/4.0/ 라이선스.

**코드 다이어그램**(code diagram)은 UML 클래스 다이어그램이다. UML에 익숙하지 않다면 주석의 문서[5]를 참조한다. 인터페이스를 설계할 때 객체 지향 프로그래밍(OOP) 디자인 패턴을 사용할 수 있다.

그림 C.4는 그림 C.3의 메인프레임 뱅킹 시스템 퍼사드의 코드 다이어그램 예시다. 퍼사드 패턴을 사용해 MainframeBankingSystemFacade 인터페이스를 MainframeBankingSystemFacadeImpl 클래스에서 구현한다. 팩토리 패턴을 사용해 MainframeBankingSystemFacadeImpl 객체가 GetBalanceRequest 객체를 생성한다. 템플릿 메서드 패턴을 사용해 AbstractRequest 인터페이스와 GetBalanceRequest 클래스, InternetBankingSystemException 인터페이스와 MainframeBankingSystemException 클래스, AbstractResponse 인터페이스와 GetBalanceResponse 클래스를 정의할 수 있다. MainframeBankingSystemFacadeImpl 객체는 BankingSystemConnection 연결 풀을 사용해 메인프레임 뱅킹 시스템에 연결하고 요청을 보내며, 오류가 발생하면 MainframeBankingSystemException 객체를 던질 수 있다. 그림 C.4에서는 의존성 주입을 표시하지 않았다.

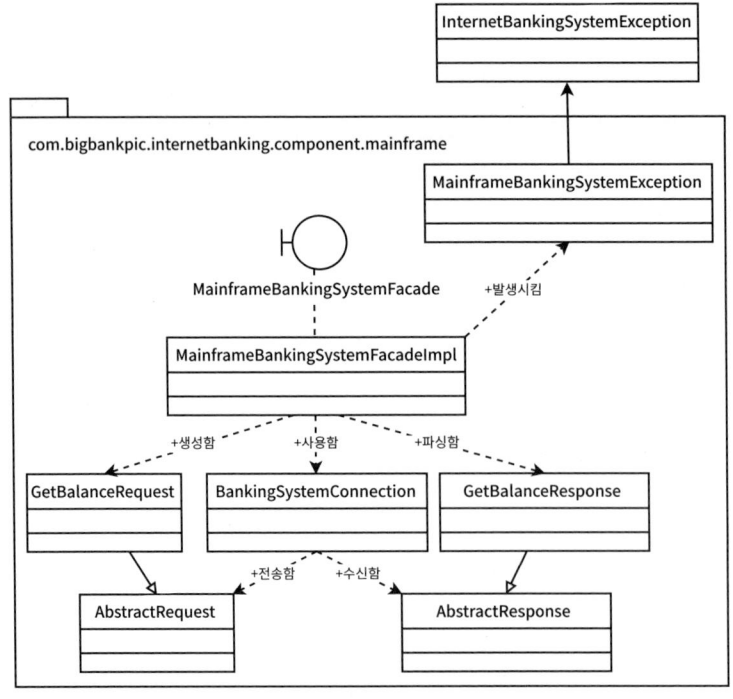

그림 C.4 코드(UML 클래스) 다이어그램[6]

---

**5** https://www.uml.org/
**6** 출처: https://c4model.com/에서 수정한 이미지, https://creativecommons.org/licenses/by/4.0/ 라이선스.

면접이나 시스템 문서에서 그린 다이어그램은 특정 수준의 컴포넌트만 포함하지 않고 대개 1~3 수준의 컴포넌트를 혼합한다.

C4 모델의 가치는 이 프레임워크를 그대로 따르는 것이 아니라 추상화 수준을 인식하고 시스템 설계를 유연하게 확대하고 축소할 수 있다는 점에 있다.

# D

## 2단계 커밋(2PC)

여기서 2단계 커밋(2PC)을 분산 트랜잭션 기법으로 논의하지만, 분산 서비스에는 적합하지 않음을 강조한다. 면접에서 분산 트랜잭션을 논의할 때는 2PC를 가능성으로 간단히 언급하고 서비스에 사용하지 말아야 하는 이유도 설명할 수 있다. 이 절에서는 이 내용을 다룬다.

그림 D.1은 성공적인 2PC 실행을 보여준다. 2PC 이름의 유래로 준비 단계와 커밋 단계, 두 단계로 구성된다. 코디네이터(Coordinator)는 먼저 모든 데이터베이스에 준비 요청을 보낸다. 여기서는 수신자를 데이터베이스라고 하지만 서비스나 다른 유형의 시스템일 수도 있다. 모든 데이터베이스가 성공적으로 응답하면 코디네이터는 모든 데이터베이스에 커밋 요청을 보낸다. 어떤 데이터베이스라도 응답하지 않거나 오류로 응답하면 코디네이터는 모든 데이터베이스에 중단 요청을 보낸다.

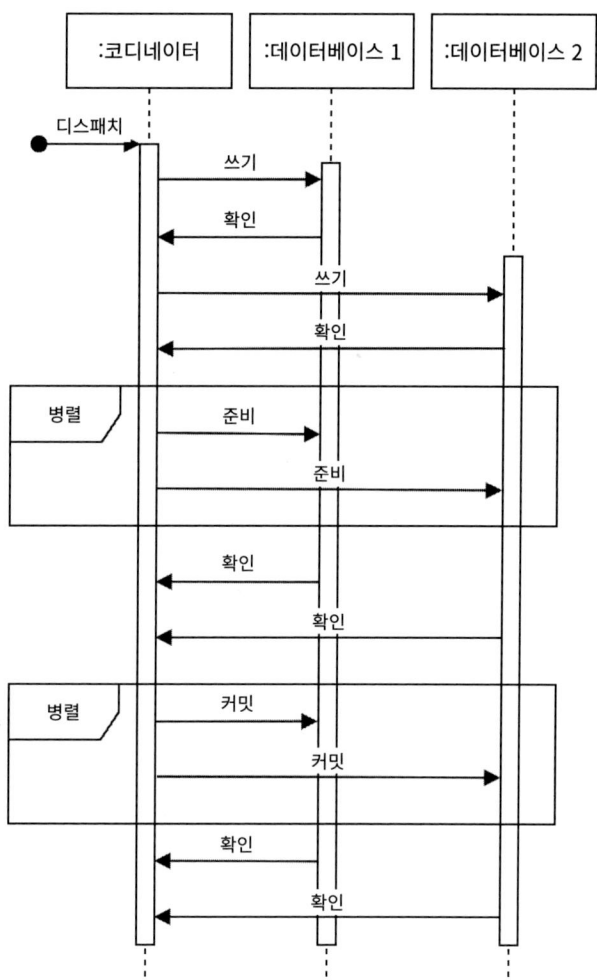

**그림 D.1** 성공적인 2PC 실행[1]. 이 그림은 두 개의 데이터베이스를 보여주지만, 같은 단계가 임의의 수의 데이터베이스에 적용된다.

2PC는 차단 요구사항으로 인한 성능 트레이드오프를 통해 일관성을 달성한다. 2PC의 약점은 코디네이터가 프로세스 전체에 걸쳐 가용해야 하며, 그렇지 않으면 불일치가 발생할 수 있다는 점이다. 그림 D.2는 커밋 단계에서 코디네이터 충돌이 불일치를 일으킬 수 있음을 보여준다. 일부 데이터베이스는 커밋하지만 나머지는 중단하기 때문이다. 더욱이 코디네이터를 사용할 수 없으면 데이터베이스 쓰기가 전혀 일어나지 않는다.

---

1　(옮긴이) 출처: 마틴 클레프만, 《데이터 중심 애플리케이션 설계: 신뢰할 수 있고 확장 가능하며 유지보수하기 쉬운 시스템을 지탱하는 핵심 아이디어》(위키북스, 2018)에서 수정한 그림.

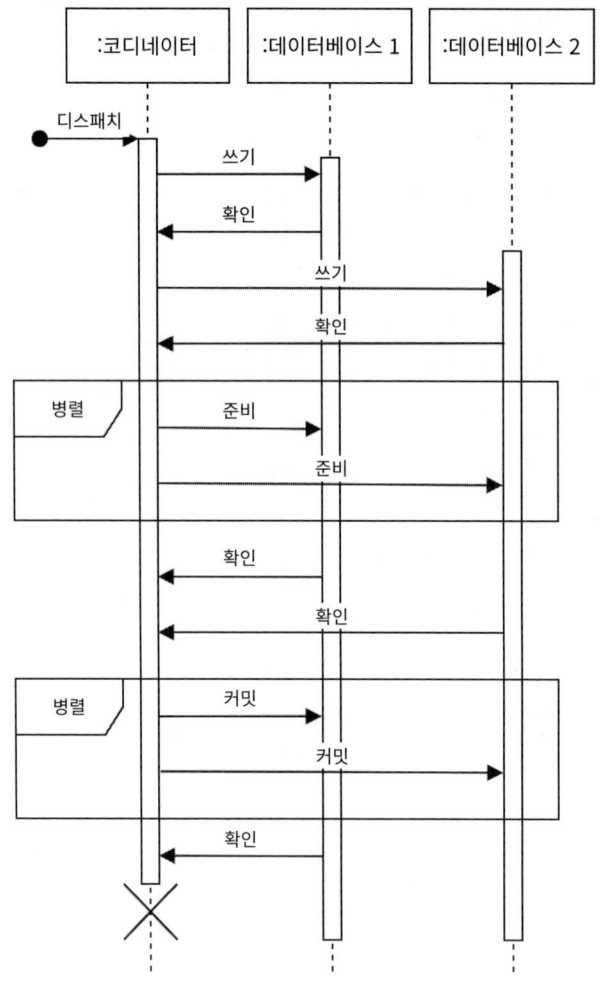

**그림 D.2** 커밋 단계에서 코디네이터 충돌은 불일치를 일으킨다[2].

참여하는 데이터베이스가 트랜잭션의 결과가 명시적으로 결정될 때까지 커밋하거나 중단하지 않으면 불일치를 피할 수 있다. 이는 코디네이터가 돌아올 때까지 해당 트랜잭션이 잠금을 유지하고 다른 트랜잭션을 오랫동안 차단할 수 있다는 단점이 있다.

2PC는 모든 데이터베이스가 코디네이터와 상호 작용하기 위한 공통 API를 구현해야 한다. 이 표준은 X/Open XA(eXtended Architecture, 확장된 아키텍처)라고 하며, C API로 다른 언어에도 바인딩이 있다.

---

2 (옮긴이) 출처: 마틴 클레프만, 《데이터 중심 애플리케이션 설계: 신뢰할 수 있고 확장 가능하며 유지보수하기 쉬운 시스템을 지탱하는 핵심 아이디어》(위키북스, 2018)에서 수정한 그림.

2PC는 다음과 같은 이유로 서비스에 일반적으로 적합하지 않다.

- 코디네이터는 모든 트랜잭션을 로깅해야 한다. 충돌 복구 시 로그를 데이터베이스와 비교해 동기화를 결정할 수 있어야 하기 때문이다. 이는 추가적인 저장소 요구사항을 부과한다.
- 더욱이 이는 상태를 저장하지 않는 서비스에는 적합하지 않다. 이러한 서비스는 상태를 저장하지 않는 프로토콜인 HTTP를 통해 상호 작용할 수 있다.
- 커밋이 이뤄지려면 모든 데이터베이스가 응답해야 한다. 즉, 어떤 데이터베이스라도 사용할 수 없으면 커밋이 일어나지 않는다. 점진적 성능 저하가 없다. 전반적으로 확장성, 성능, 내결함성이 낮다.
- 일부 데이터베이스에는 쓰기가 커밋되고 다른 데이터베이스에는 커밋되지 않으므로 충돌 복구와 동기화를 수동으로 해야 한다.
- 관련된 모든 서비스/데이터베이스에서 2PC 개발 및 유지보수 비용이 든다. 프로토콜 세부 사항, 개발, 구성, 배포를 이 작업에 관련된 모든 팀이 조율해야 한다.
- 카산드라와 MongoDB 같은 NoSQL 데이터베이스, 카프카와 RabbitMQ 같은 메시지 브로커 등 많은 최신 기술이 2PC를 지원하지 않는다.
- 2PC는 가용성을 낮춘다. 커밋을 위해 모든 참여 서비스를 사용할 수 있어야 하기 때문이다. 사가 패턴 같은 다른 분산 트랜잭션 기법은 이런 요구사항이 없다.

표 D.1은 2PC와 사가 패턴를 간단히 비교한다. 서비스가 관련된 분산 트랜잭션에는 2PC를 피하고 사가 패턴, 트랜잭션 감독자, 변경 데이터 캡처, 체크포인팅 같은 다른 기법을 선호해야 한다.

**표 D.1** 2PC와 사가 패턴

| 2PC | 사가 패턴 |
| --- | --- |
| XA는 개방형 표준이지만 구현이 특정 플랫폼/공급업체에 묶일 수 있어 종속을 유발할 수 있다. | 보편적이다. 일반적으로 카프카 토픽에 메시지를 생산하고 소비해 구현한다. (5장 참조) |
| 일반적으로 즉시 트랜잭션용이다. | 일반적으로 장기 실행 트랜잭션용이다. |
| 단일 프로세스에서 트랜잭션을 커밋해야 한다. | 트랜잭션을 여러 단계로 나눌 수 있다. |

## 【번호】

| | |
|---|---|
| 2단계 커밋 | 470 |
| 4계층 | 66 |
| 4계층 로드 밸런서 | 200 |
| 7계층 | 66 |
| 7계층 로드 밸런서 | 200 |
| 7계층 OSI 모델 | 158 |

## 【A – F】

| | |
|---|---|
| A 레코드 | 8 |
| A/B 테스트 | 13, 30 |
| ACID | 49, 127 |
| ACID 일관성 | 77 |
| AMQP | 112 |
| API 게이트웨이 | 15, 117, 141, 142, 334, 402 |
| Avro | 83, 162 |
| AWS 글래시어 | 187 |
| AWS 다이나모 | 77 |
| AWS 람다 | 23, 24 |
| AWS 앱 메시 | 145 |
| AWS 클라우드프론트 | 10 |
| AWS S3 | 297 |
| Blob 객체 | 92 |
| C4 모델 | 32, 464 |
| CAP 일관성 | 77 |
| CAP 정리 | 68 |
| CCPA | 231, 396, 455 |
| CDC | 401 |
| CDN | 76, 307, 326 |
| CDN 서비스 | 326 |
| CI/CD | 313, 449 |
| COPPA | 396 |
| Couchbase | 130 |
| CouchDB | 77 |
| count-min 스케치 | 82 |
| CQRS | 401 |
| CRUD | 32, 170 |
| CSRF 공격 | 459 |
| CSS 미디어 쿼리 | 175 |
| DDoS | 210 |
| DDoS 공격 | 86 |
| Debezium | 132 |
| DoS | 210 |
| DSL | 47 |
| EDA | 424 |
| ELK | 42 |
| EPaxos | 139 |
| ETL | 18, 108, 210, 269, 403 |
| ETL 파이프라인 | 72, 145, 289 |
| ETL DAG | 429 |
| Eventuate CDC Service | 132 |
| ExternalTaskSensor | 430 |
| FaaS | 24 |
| FIFO 큐 | 219 |
| Flume | 109 |
| FOSS | 42 |

## 【G – O】

| | |
|---|---|
| GA | 313 |
| GDPR | 231, 396, 455 |
| GeoDNS | 7, 336 |
| GET API 엔드포인트 | 249 |
| GraalVM | 24 |
| GraphQL | 149, 163 |
| gRPC | 145 |
| HAProxy | 65 |
| HBase | 77 |
| HDFS | 172, 401, 422, 427 |
| HDFS 파일 | 290 |
| HIPAA | 455 |
| HiveQL | 262 |
| HTTP | 65 |
| HTTP 핸드셰이크 | 164 |
| ID 토큰 | 462 |
| InfluxDB | 43 |
| JSON | 159 |
| JSON 스키마 조직 | 159 |
| LBaaS | 65 |
| LDAP | 241 |
| LOAD DATA | 259 |
| LRU | 91 |
| LRU 캐시 | 183 |
| match-sorter | 252 |
| Memcached | 80 |

| | |
|---|---|
| MGET | 221 |
| MinIO | 53 |
| MongoDB | 77, 130, 258, 297 |
| MSET | 218 |
| MTBF | 69 |
| MTTR | 69 |
| MVP | 306 |
| MySQL | 94 |
| MySQL binlog | 96 |
| NGINX | 65 |
| Node.js | 149 |
| NoSQL | 91 |
| OAuth2 | 236 |
| OAuth 2.0 | 85 |
| OData | 163 |
| OpenAPI | 160 |
| OpenID Connect | 85, 169, 236, 269 |
| OpenTSDB | 43 |
| ORM | 178 |
| ORM 프레임워크 | 426 |

### 【P – Z】

| | |
|---|---|
| P2P 프로토콜 | 364 |
| P99 | 62 |
| P99 메시지 | 53 |
| P99 지연 시간 | 27, 400 |
| PACELC | 88 |
| Paxos | 79 |
| Postgres | 94 |
| protobuf | 83 |
| PySpark | 294 |
| QPS | 27 |
| RabbitMQ | 112 |
| Raft | 79, 139 |
| RDBMS | 424 |
| RDBMS 데이터베이스 | 77 |
| Resilience4j | 71 |
| REST | 76, 149 |
| RPC | 76 |
| RPC 직렬화 프레임워크 | 83 |
| RPC API | 452 |
| RTM3 | 313 |

| | |
|---|---|
| scalability | 6 |
| Scribe | 109 |
| SEO | 327 |
| SLA | 183 |
| SMTP | 235 |
| Solr | 344 |
| SQL | 49, 91, 184, 259, 393 |
| SQL 스키마 | 171 |
| SQLite 데이터베이스 | 251 |
| SRE | 191 |
| SSL 종료 | 67, 142 |
| SSTable 디스크 | 257 |
| Thrift | 83 |
| TLS | 142 |
| TLS 종료 | 66, 85 |
| TTL | 119 |
| User-Agent | 329 |
| UX | 284 |
| Vue.js | 150 |
| WebP | 329 |
| XML | 159 |
| Yandex | 282 |
| Yelp | 456 |
| Zab | 79, 139 |

## 【ㄱ - ㄹ】

| 용어 | 페이지 |
|---|---|
| 가십 프로토콜 | 78, 215 |
| 가용성 | 62, 68, 116, 169, 268, 327 |
| 가중 트라이 | 281 |
| 간단한 로그인 | 454 |
| 감사 | 44 |
| 개인 식별 정보 | 40, 231 |
| 객체 스토리지 | 92, 190 |
| 객체 지향 프로그래밍 | 372 |
| 검색 | 190 |
| 경량 디렉터리 접근 프로토콜 | 86 |
| 경보 | 39 |
| 계층 | 15 |
| 고가용성 | 232, 330, 350, 400 |
| 고성능 | 330 |
| 고유성 | 257 |
| 고정 세션 | 66 |
| 공개 키 | 356 |
| 관리자 | 344 |
| 관점 지향(Aspect-Oriented) 프로그래밍 | 15 |
| 관찰 가능성 | 191 |
| 구글 드라이브 | 363 |
| 구글맵 | 75 |
| 구글 클라우드 펑션 | 25 |
| 구글 클라우드 플랫폼 | 18 |
| 구독자 | 111 |
| 그라파나 | 43 |
| 그라파이트 | 43 |
| 그래프 | 91 |
| 그루비 | 152 |
| 기본 인증 | 454 |
| 깃 | 35 |
| 깃허브 | 258 |
| 나기오스 | 43 |
| 내결함성 | 62, 93, 427 |
| 내구성 | 330 |
| 네이티브 안드로이드용 웹뷰 라이브러리 | 175 |
| 네이티브 iOS용 웹뷰 라이브러리 | 175 |
| 네임노드 | 99 |
| 네티 | 76 |
| 논블로킹 | 128 |
| 뉴렐릭 | 43 |
| 다변량 테스트 | 13 |
| 다운타임 | 68 |
| 다이나모 | 99 |
| 다이나모DB | 81, 207 |
| 다이나모DB 스트림 | 132 |
| 단위 비용 | 327 |
| 대시보드 | 39 |
| 데드 레터 큐 | 72, 128, 354 |
| 데브옵스 | 11 |
| 데이타독 | 43 |
| 데이터 갱신 상태 | 276 |
| 데이터노드 | 99 |
| 데이터버스 | 132 |
| 데이터베이스 | 91, 400, 470 |
| 데이터베이스 스키마 | 258 |
| 데이터 센터 | 182, 344 |
| 데이터셋 | 256 |
| 데이터 조작 언어 | 98 |
| 데이터 품질 | 256 |
| 데이터 플레인 | 145 |
| 데이터허브 | 276 |
| 데코레이터(Decorator) 패턴 | 15 |
| 도메인 | 336 |
| 도메인 특화 언어 | 11 |
| 도커 | 11, 54 |
| 도커 스웜 | 11 |
| 동기화 | 215 |
| 동시 활성화 방식 | 68 |
| 드롭박스 | 21 |
| 디지털오션 | 20 |
| 디코딩 | 162 |
| 디큐 | 219 |
| 라우팅 | 182 |
| 라우팅 결정 | 66 |
| 라운드 로빈 | 366 |
| 람다 아키텍처 | 423 |
| 람다 함수 | 190 |
| 래핑 | 419 |
| 랙스페이스 | 10 |
| 램포트(Lamport) 시간 | 385 |
| 러스트 로켓 | 451 |
| 런북 | 41 |
| 런타임 | 24 |
| 레디스 | 8, 77, 130, 211, 366, 402, 426 |

| 용어 | 페이지 |
|---|---|
| 로그스태시 | 42 |
| 로그 압축 | 439 |
| 로깅 서비스 | 15 |
| 로드 밸런서 | 200 |
| 로드 밸런싱 | 66, 67 |
| 로빈후드 | 421 |
| 로컬스토리지 | 102 |
| 롤백 | 12, 413 |
| 롤업 | 43, 300 |
| 루씬 | 48 |
| 루이지 | 109 |
| 리더-리더 복제 | 208 |
| 리더-팔로워 | 207 |
| 리버스 프록시 | 15, 67 |
| 리사이즈 옵저버 | 153 |
| 리소스 소유자 | 457 |
| 리악 | 77, 99 |
| 리액트 | 150 |
| 리액트 네이티브 | 312 |
| 리액트 네이티브용 웹뷰 라이브러리 | 175 |
| 리액트 네이티브 포 웹 | 152 |
| 리퍼러 | 331 |

## 【 ㅁ - ㅂ 】

| 용어 | 페이지 |
|---|---|
| 마이그레이션 | 59 |
| 마이크로서비스 아키텍처 | 444 |
| 마이크로서비스 패턴 | 18 |
| 마이크로소프트 원드라이브 | 363 |
| 만료 | 331 |
| 맵리듀스 | 115 |
| 맵 조인 | 294 |
| 머신러닝 | 323, 418 |
| 멀티암드 밴딧 | 13, 30 |
| 멀티 클라우드 | 23 |
| 멀티파트 업로드 | 342 |
| 메모리 확장 | 93 |
| 메시 | 77 |
| 메시지 브로커 | 18, 112 |
| 메시지 큐 | 111 |
| 메인프레임 | 23 |
| 메타데이터 | 145, 304, 334 |
| 메타캣 | 276 |
| 메테오 | 150 |
| 메트릭 | 39 |
| 멤테이블 | 257 |
| 멱등성 | 10 |
| 명령 쿼리 책임 분리 | 18, 287 |
| 모바일 앱OS | 157 |
| 무감지 오류 | 73 |
| 무작위 교체 | 123 |
| 무작위 리더 | 81, 215 |
| 무차별 대입 공격 | 199 |
| 문서 | 91 |
| 미디어 쿼리스 | 153 |
| 민트 | 455 |
| 바이너리 로그 | 181 |
| 바이두 | 282 |
| 반응형 웹 디자인 | 153 |
| 발행자 | 111 |
| 방향성 비순환 그래프 | 109 |
| 배치 | 19, 108 |
| 배치 파이프라인 | 424 |
| 배치 ETL | 190, 275 |
| 백업 링 | 67 |
| 백 채널 통신 | 460 |
| 버전 추적 | 37 |
| 버킷팅 | 423 |
| 번들링 | 157 |
| 벌크헤드 | 73 |
| 벌크(Bulk) API | 48 |
| 벡터 시간 | 385 |
| 벡터 시계 | 81 |
| 벤더 | 11 |
| 벤더 락인 | 207 |
| 변경 데이터 캡처 | 131, 386 |
| 보상 트랜잭션 | 133 |
| 보안 | 62, 169, 236, 268, 330, 363 |
| 보안 어설션 마크업 언어 | 454 |
| 볼드모트 | 99 |
| 분산 서비스 거부 | 199 |
| 분산 트랜잭션 | 128, 134 |
| 분산 파일 시스템 | 70 |
| 불꽃 그래프 | 156 |
| 불리언 | 381 |
| 브라우저 | 150 |

| | |
|---|---|
| 브로드캐스트 | 78 |
| 브로드캐스트 해시 조인 | 294 |
| 브로드캐스팅 | 214 |
| 브로틀리 | 6 |
| 블록 스토리지 | 92 |
| 비기능적 요구사항 | 32, 62 |
| 비밀 | 265 |
| 비밀 키 | 331 |
| 비용 | 63 |
| 비정규화 | 116 |
| 비즈니스 로직 | 76 |
| 비트 | 42 |
| 비트토렌트 | 79 |
| 빙 | 75 |

## 【ㅅ - ㅇ】

| | |
|---|---|
| 사가 패턴 | 68, 134, 387 |
| 사가(Saga) 패턴 | 128 |
| 사기 탐지 | 20 |
| 사용자 경험 | 13 |
| 사용자 요청 | 203 |
| 사이드카(Sidecar) 패턴 | 16 |
| 사후 분석 | 41 |
| 상위 K 문제 | 420 |
| 상태 비저장 | 6, 7, 212 |
| 상태 저장 | 164 |
| 상태 확인 | 31 |
| 섀도우 밴 | 200 |
| 서드파티 | 328 |
| 서명 | 463 |
| 서버 사이드 | 413 |
| 서버 사이드 데이터 암호화 | 143 |
| 서버 사이드 디스커버리 | 147 |
| 서버 사이드 프레임워크 | 151 |
| 서비스 거부 | 199 |
| 서비스 메시 | 15, 16, 141 |
| 서비스 수준 협약 | 39 |
| 서비스 워커 | 153 |
| 서킷 브레이커 | 70 |
| 선언적 데이터 가져오기 | 162 |
| 선입선출 | 123 |
| 선입후출 | 123 |

| | |
|---|---|
| 성능 | 62, 116, 169 |
| 세션 복제 | 67 |
| 센수 | 43 |
| 셔플링 | 344 |
| 셰익스피어식 템플릿 언어 | 154 |
| 소나큐브 | 84 |
| 소프트 삭제 | 345 |
| 소프트웨어 릴리스 수명 주기 | 313 |
| 속도 제한 | 143, 198, 236 |
| 속도 제한기 요청 | 203 |
| 순추천지수 | 52 |
| 스레드 풀 | 73 |
| 스로틀링 | 143 |
| 스위프트 | 151, 152 |
| 스카이프 | 370 |
| 스칼라 | 294 |
| 스캐폴드 | 54 |
| 스케일 | 268 |
| 스케일링 | 64 |
| 스키마 | 33 |
| 스택 오버플로 | 218 |
| 스토리지 용량 | 93 |
| 스토리지 확장 | 93 |
| 스트레스 테스트 | 236 |
| 스트리밍 | 19, 109 |
| 스파이 테스트 | 451 |
| 스팬 | 15 |
| 스프링 클라우드 펑션 | 25 |
| 스플렁크 | 42, 43 |
| 스플릿 브레인 | 80 |
| 슬라이딩 윈도우 | 39 |
| 슬라이딩 윈도우 로그 | 222 |
| 슬라이딩 윈도우 카운터 | 223 |
| 시계열 데이터베이스 | 43 |
| 시퀀스 다이어그램 | 245 |
| 신뢰성 | 10 |
| 쓰기 우회 | 120 |
| 쓰기 전략 | 119 |
| 쓰기 통과 | 118 |
| 아마존 도큐먼트DB | 297 |
| 아마존 API 게이트웨이 | 142 |
| 아마존 RDS | 102 |
| 아문센 | 276 |

| | | | |
|---|---|---|---|
| 아파치 메소스 | 11 | 요청 디스패칭 | 143 |
| 아파치 이그나이트 | 130 | 요청 유효성 검사 | 143 |
| 안티 패턴 | 5 | 요청 중복 제거 | 143 |
| 알리바바 | 258 | 우버 | 21, 280 |
| 알리바바 펑션 컴퓨트 | 25 | 웹뷰 | 175 |
| 알림 서비스 | 190 | 웹소켓 | 163, 364 |
| 애저 아카이브 스토리지 | 187 | 웹 스크래핑 | 199 |
| 애저 펑션 | 23 | 위임된 인가 | 454 |
| 애플 푸시 | 233 | 유효성 | 257 |
| 애플 푸시 알림 서비스 | 234 | 응답 지시어 | 161 |
| 앤서블 | 11 | 응용 계층 | 66 |
| 앱 매니페스트 | 153 | 의사코드 함수 시그니처 | 30 |
| 앱 해킹 | 354 | 이벤트 | 410 |
| 앵귤러 | 150 | 이벤트 기반 아키텍처 | 128 |
| 야간 빌드 | 313 | 이벤트 소싱 | 68, 130 |
| 얼럿매니저 | 44 | 이벤트 스트리밍 | 112 |
| 에스크로 | 389 | 이스티오 | 16, 54, 141 |
| 에어플로 | 19, 109, 242 | 인가 | 142, 453 |
| 에지 케이스 | 52 | 인가 부여 | 457 |
| 엔드포인트 | 8, 244, 352, 410 | 인가 서버 | 457 |
| 엔보이 | 145 | 인그레스 | 17 |
| 엔지니어 | 59 | 인덱스 | 47, 48, 195 |
| 엔티티 | 130 | 인증 | 66, 142, 453 |
| 엘릭서(Elixir) 언어 | 154 | 인코딩 | 162 |
| 역할 기반 접근 제어 | 87, 231 | 인큐 | 219 |
| 연결 드레이닝 | 178 | 인터럽트 | 109 |
| 영속성 계층 | 76 | 일관성 | 63, 98, 256, 350 |
| 예거 | 15 | 일래스틱서치 | 14, 46, 422 |
| 오라클 | 465 | 일래스틱서치 쿼리 언어 | 49 |
| 오류 | 39 | 일래스틱 스택 | 15 |
| 오류 수정 코드 | 70 | 일반 데이터 보호 규정 | 86 |
| 오버플로 | 106 | 읽기 통과 | 118 |
| 오버헤드 | 215 | | |
| 오브젝트C | 152 | | |
| 오케스트레이션 | 134 | **【ㅈ - ㅋ】** | |
| 오케스트레이션 사가 | 360 | 자가 치유 | 41 |
| 오케스트레이션 사가 패턴 | 318 | 자동 복구 | 69 |
| 오프셋 스토리지 | 72 | 자동화 | 41 |
| 오픈파스 | 24 | 자동 확장 | 21 |
| 온콜 | 41 | 자바 | 152 |
| 완전 메시 | 214 | 자비스 | 43 |
| 완전성 | 256 | 작업 생성기 | 233 |
| 왓츠앱 | 121 | 잠금 메커니즘 | 37 |

| | | | |
|---|---|---|---|
| 재시도 폭풍 | 71 | 카운트-민 스케치 | 103 |
| 적시성 | 257 | 카파(Kappa) 아키텍처 | 115 |
| 적은 리소스 | 180 | 카프카 | 19, 33, 109, 184 |
| 적응형 동시성 제한 | 71 | 카프카 스트림 | 246 |
| 전력 소비 | 363 | 카프카 토픽 | 72, 134, 426 |
| 전문 | 47 | 칼럼 지향 | 91 |
| 전반적인 지연 시간 감소 | 180 | 캐시 | 8 |
| 전방 오류 수정 | 70 | 캐시 무효화 | 122 |
| 전송 계층 | 66 | 캐시 미스 | 117 |
| 전이중 통신 | 163 | 캐시 버스팅 | 122 |
| 전체 대 전체 | 214 | 캐시 어사이드 | 117 |
| 점진적 롤아웃 | 12 | 캐시 워밍 | 124 |
| 접근 제어 | 79 | 캐시 히트 | 117 |
| 접근 토큰 | 457 | 캐싱 | 76, 143, 160, 194, 236 |
| 정적 콘텐츠 | 9 | 캘리포니아 소비자 개인정보 보호법 | 86 |
| 정족수 | 77, 139 | 컨테이너 다이어그램 | 465 |
| 정족수 일관성 | 257 | 컨텍스트 다이어그램 | 465 |
| 정확도 | 421 | 컨트롤 플레인 | 18 |
| 정확성 | 63, 82, 256, 268 | 컬처핏 | 2 |
| 제어 쿠키 | 66 | 컴포넌트 다이어그램 | 465 |
| 제어 플레인 | 145 | 케이네이티브 | 24 |
| 젠킨스 | 11, 54 | 코드 다이어그램 | 468 |
| 조정 서비스 | 215 | 코드로서의 인프라 | 11 |
| 종단 간 | 350 | 코디네이터 | 470 |
| 종단 간 암호화 | 362 | 코레오그래피 | 134 |
| 주키퍼 | 79 | 코레오그래피 사가 | 360 |
| 지속적 배포 | 11, 84 | 코레오그래피 사가 패턴 | 245, 315 |
| 지속적 통합 | 11 | 코틀린 | 152 |
| 지역성 | 94 | 콘텐츠 배포 네트워크 | 9 |
| 지연 로드 | 117 | 콘텐츠 조정 | 323 |
| 지연 시간 | 10, 39, 62, 93, 327 | 콜드 스타트 | 119 |
| 지연 쓰기 | 118, 119 | 콜드스타트 | 24 |
| 지터 | 71, 297 | 콩 | 142 |
| 집킨 | 15 | 쿠버네티스 | 11, 54 |
| 차단 | 317 | 쿠키 기반 인증 | 454 |
| 처리량 | 10, 62, 93, 327 | 크론 | 109, 186 |
| 처리 확장 | 94 | 크론탭 | 109 |
| 청크 | 342 | 클라우드 네이티브 | 367 |
| 체크포인트 | 364, 426 | 클라우드 네이티브 컴퓨팅 파운데이션 | 87 |
| 체크포인팅 | 128 | 클라우드 바운서 | 218 |
| 최근 최소 사용 | 123 | 클라우드플레어 | 10 |
| 카디널리티 | 82 | 클라이언트 사이드 디스커버리 | 147 |
| 카산드라 | 33, 77, 99 | 클라이언트 SDK | 224 |

| | |
|---|---|
| 클레임 | 463 |
| 클록 스큐 | 97 |
| 클릭베이트 | 169 |
| 키-값 | 91, 240 |
| 키 교체 | 334 |
| 키네시스 | 19 |
| 키바나 | 42 |

## 【 ㅌ - ㅎ 】

| | |
|---|---|
| 타입스크립트 | 151 |
| 타입어헤드 | 20 |
| 테라폼 | 11, 54 |
| 테이블 | 378 |
| 통합 개발 환경 | 282 |
| 툼스톤 | 94 |
| 트라이 | 298 |
| 트래픽 | 39, 353 |
| 트래픽 디렉터 | 18 |
| 트래픽 스파이크 | 74 |
| 트랜잭션 | 127, 318, 345 |
| 트랜잭션 감독자 | 133 |
| 트랜잭션 로그 테일링 패턴 | 131 |
| 트러스트 | 280 |
| 트레이드오프 | 2 |
| 트리거 규칙 | 277 |
| 트리노 | 262, 267 |
| 파드 | 16 |
| 파이어베이스 리얼타임 데이터베이스 | 115 |
| 파이어베이스 클라우드 메시징 | 233, 234 |
| 파이어폭스 | 234 |
| 파일 스토리지 | 92 |
| 팍소스 | 90 |
| 팬아웃 | 449 |
| 퍼널 전환율 | 395 |
| 퍼시스턴트 | 37 |
| 퍼지 매칭 | 47, 295 |
| 페이저듀티 | 44, 228 |
| 페이지네이션 | 170 |
| 페치 | 425 |
| 포화 | 39 |
| 폴링 | 109 |
| 폴백(Fallback) 패턴 | 75 |

| | |
|---|---|
| 폼 인증 | 454 |
| 푸시 | 112 |
| 푸시게이트웨이 | 44 |
| 풀 | 112 |
| 프라이버시 | 63, 236, 330 |
| 프레스토 | 82 |
| 프레임워크 | 150 |
| 프로그레시브 웹 앱 | 153 |
| 프로메테우스 | 43 |
| 프로메테우스 쿼리 언어 | 44 |
| 프로토콜 버퍼 | 162 |
| 프록시 | 145 |
| 프론트 채널 통신 | 460 |
| 플러시 | 107 |
| 플러터 | 312 |
| 플리커 | 304 |
| 플링크 | 19, 72, 109 |
| 핑거프린팅 | 122 |
| 하둡 | 70, 77 |
| 하드디스크 | 64 |
| 하드 삭제 | 345 |
| 하스켈 | 151 |
| 하이버네이트 | 37 |
| 하이브 | 267, 291 |
| 하이퍼미디어 | 159 |
| 하이퍼미디어 제어 | 159 |
| 합의 | 128 |
| 합의(Consensus) 알고리즘 | 139 |
| 핫링킹 | 330 |
| 헬름 | 54 |
| 호스트 | 344 |
| 확장성 | 6, 62, 116, 169, 327, 330, 350 |
| 회복력 | 88 |
| 후속 쓰기 | 119 |
| 후입선출 | 123 |
| 휴리스틱 | 323 |
| 히스트릭스 | 71 |

memo